張美翊手札考釋注評（上册）

侯學書　編著

文物出版社

圖書在版編目（CIP）數據

張美翊手札考釋注評／侯學書編著．—北京：文物出版社，2020.11

ISBN 978－7－5010－6494－6

Ⅰ.①張… Ⅱ.①侯… Ⅲ.①張美翊（1856－1924）—書信集 Ⅳ.①K827＝52

中國版本圖書館 CIP 數據核字（2020）第 001482 號

張美翊手札考釋注評

編　　著：侯學書

封面設計：程星濤
責任編輯：張　瑋
責任印製：張　麗

出版發行：文物出版社
地　　址：北京市東直門内北小街 2 號樓
郵　　編：100007
網　　址：http：//www.wenwu.com
郵　　箱：web@wenwu.com
經　　銷：新華書店
印　　刷：河北鵬潤印刷有限公司
開　　本：889mm×1194mm　1/16
印　　張：53.75
版　　次：2020 年 11 月第 1 版
印　　次：2020 年 11 月第 1 次印刷
書　　號：ISBN 978－7－5010－6494－6
定　　價：450.00 圓（全二册）

目録

上册

凡例

一、凡所録信札手稿，無標點者，統一加以新式標點。
二、凡所録信札手稿，原札自作小注者，小注加（）括之。
三、凡所録信札手稿，書明顯錯字者，忠實原札録入錯字。並於錯字後加［］號，内填入正確文字標明。
四、凡所録信札手稿，書異體字者，忠實原札録入異體字，不一一標明。
五、凡所録信札手稿，書今字有别而古字可通者，忠實原札録入可通字，不一一標明。
六、凡所録信札手稿，書避諱缺筆字者，直接録以正確文字，不一一標明。
七、凡所録信札手稿，書古已有之簡體字者，直接録以繁體字，不一一標明。
八、凡行文中所引用之文字，統一按上述辦法處理。

走近張美翊

張美翊，字讓三，亦作讓山。號簡石，亦作蹇石、簡碩、蹇碩。晚號蹇修、蹇叜、蹇老人、蹇道人。鄉人私謚『澄賢先生』。浙江鄞縣櫟社鄉里仁堂村（今寧波市鄞州區石碶街道西楊村里仁堂村）人，生於寧波郡城中青石橋。一八五七年三月三日（咸豐七年丁巳二月初八）生，一九二四年八月十日（民國十三年七月初十日申時）卒。享年六十八歲。

美翊，按二十八世張韞山《新編張氏世系排行》，原爲『奕』字輩，後因避諱改爲『翊』。

美翊有兄張善翊（一八四七—一八九五），字湘三。號意園。國學生；中書科中書。有姊妹三人：長適國學生范多蓮；次適慈溪副貢生吳景襄；三冥適史筱康。

張氏雲龍宗祠堂號『明義堂』。元至正乙巳歲，葉恒（敬常）題。

張氏青石祠堂號『味芹堂』（月湖芙蓉洲青石街，今寧波市海曙區）。

祠堂後對過是張氏祖宅，室名『菉猗閣』，亦名『後素樓』。二十八世（遷青石九世）張錫琨（字有斯。號過雲。晚號四青山人）晚年居此。後爲張美翊祖父張宗渭（字淇右。號竹菴）房宅。

張美翊常居處：寧波城中新巷弄、鼎新街三〇號、北門外大街四七號洋房、『後樂園』藏書樓『薛樓』。

產業有上海『蹇記』各大紙莊，寧波道前『文華閣』紙號。

張美翊主纂《甬上青石張氏家譜·系録》（張頤題簽，味芹堂鉛印本，一九二五年）：

> 三十五世讓三府君：美翊，延青次子。字讓三。號簡石；晚號蹇叜。光緒三年丁丑，浙江學政吏部左侍郎善化黄倬歲試補鄞縣學生。光緒十三年丁亥，學政大學士善化瞿鴻禨調考優廩生。由廩貢生中試光緒甲午浙江鄉試副貢。出使英法義比國大臣都察院左副都御史無錫薛福成奏調出使隨員，由江蘇候補縣丞奏保同知銜直隸候補知縣。督辦鐵路大臣郵傳部尚書武進盛宣懷奏派鐵路總公司文案委員，奏派總理南洋公學兼提調，洊保直隸候補直隸州知府，誥授奉政大夫。光緒戊戌、癸卯兩次徵舉經濟特科，未赴。歷充南洋大臣顧問官，浙江、江西巡撫幕府。生咸豐七年丁巳二月初八日午時，卒民國十三年七月初十日申時，壽六十八。

張美翊的虛銜有：由江蘇候補縣丞洊保同知銜直隸候補知縣。光緒甲午（一八九四）《考本·履歷》（顧廷龍主編《清代硃卷集成》，臺北成文出版社，一九九二年）作：『同知銜江蘇補用知縣。』江蘇補用知縣當早於直隸候補知縣。

洊保同知銜（正五品）江蘇補用知縣，是隨薛福成出使泰西，三年期滿（光緒十八年十二月十九日），由薛在光緒十九年癸巳三月（一八九三）洊保。

中國第一歷史檔案館編《清代中國與東南亞各國關係檔案史料匯編·軍機處檔案》（國際文化出版社，一九九八年）：

> 謹將派駐英法兩國並新加坡總領事署期滿人員擬請奬叙，謹繕清單，恭呈御覽。
>
> ……駐法隨員，指分江蘇試用縣丞張美翊，擬請免補本班，以知縣仍留本省，歸候補班補用，并請賞加同知銜。

洊保候補直隸州知州、誥授奉政大夫（清正五品概授奉政大夫）。是盛宣懷洊保。時間是奏派張美翊爲南洋公學總理兼提調前後，即光緒二十九年癸卯（一九〇三）前後。

一、文獻記載中的張美翊

（一）民國《鄞縣通志》中的『方聞』張美翊

張美翊，民國《鄞縣通志·文獻志》人物類表第九中列入『方聞』類：

> 方聞。……民國：　張美翊、馮丙然、盛炳緯、王世釗、李鏡第、盧洪昶。
>
> 題曰方聞，以其人皆負一方之令聞而大有造於其時者也。……張美翊説盛宣懷聯盟東南以制拳寇，使垂危之天下轉於盤石，何功之偉也。……國家命脉所繫重，不僅一時之望，故特表而出之。

方聞，典出《尚書·微子之命》：『爾惟踐修厥猷，舊有令聞。』孔傳：『汝微子言，能踐湯德，久有善譽，昭聞遠近。』即『一鄉賢達』『一方令聞』。民國《鄞縣通志》界定爲：『以其人皆負一方之令聞而大有造於其時者也。』即在地方上有美譽，能够造福一方，拯一方民衆於水火，甚至能够引導歷史潮流之人。此種人，鄞縣歷史中最傑出者衹有二人，清：陳政鑰。民國：張美翊。

民國《鄞縣通志》對張美翊的定位，足見張美翊已經遠遠超出一般文人、藝人之流，而是『國家命脉所繫重』者。

民國《鄞縣通志·文獻志·張美翊傳》：

> 張美翊，字讓三，一字簡碩。晚號蹇叟。少邁異嗜學，尤好政治、地理。清末以副貢生兩舉經濟特科不赴。嘗從無錫薛福成使英、法、比、義四國，所至必察風俗政治，著書以告國人。歷參鐵路督辦盛宣懷；浙江巡撫張曾敭、增韞；江西巡撫馮汝騤幕府。間充南洋大臣顧問官、南洋公學總理及憲政編查館咨議官、度支部咨議官等職。先後匡贊大吏凡四十年，知無不言，言無不盡。當拳匪亂起，美翊説宣懷創東南互保之策，約諸疆帥，不奉朝廷亂命，八國聯軍乃不敢藉口南侵，拳匪勢亦稍戢。論者謂其功不淺云。生平爲學，不主故常，少時治詞章，中年貴經世之務，既老，憫士大夫夸狃域外，國故寢廢，益反本推究中夏固有學術。性好提獎後進，一時鄉國英隽多歸之。其歿也，學者悲失所宗，有肅然泣下者。
>
> 美翊性慈愛善感，好爲人排解紛難。晚年徇旅滬同鄉之請，主會事上海，推發群議，畢誠以赴，鄉人懷之。既歿，爲崇祀事於滬北紅鎮，曰澄賢祠，誦其清也。

（二）時賢文字中的張美翊

王榮商《容膝軒文集·送張讓三大令序（美翊）》（上海書店出版社，一九九四年）有云：

> 鄞縣張讓三大令，博學多聞，嘗隨副都御使薛公出使泰西，於各國風土政教，語言文字，皆能得其要領，尤精於輿地之學，凡五洲之內，山川道里，如視諸掌。其根底深厚，議論通達，非苟爲大言以欺世者。今將需次津沽，過余言別，余喜中國人才之日出而緩急之有所依賴也，因爲文以贈其行。

汪康年《振綺堂叢書初集》（宣統二年汪康年刊）有云：

右《蒙古西域諸國錢譜》五卷，爲洪文卿侍郎出使時從英文原本譯出。余戚陳駿生大令其鏕所筆述，鄞縣張讓三太守美翊編定者也。……張君亦嘗隨薛欽使至歐洲，生平研究輿地之學，於南洋地理尤熟，著有南洋各島書數種。余因舉是書托其整理。張君以治事餘暇詳細校勘，釐爲五卷，其世次表二卷，尤費心力。……辛亥初夏汪康年跋。

王榮商（一八五二—一九二一），字友萊。號容膝軒主人。浙江鎮海高塘田三洋（今寧波市北侖區新碶五星村）人。光緒十二年丙戌（一八八六）進士。曾任順天府鄉試同考官，四川鄉試正考官。

汪康年（一八六〇—一九一一），初名灝年，字梁卿。後名康年，字穰卿。晚號毅伯、恢伯、醒醉生。浙江錢塘人。光緒二十年甲午（一八九四）進士。汪康年墓志銘，林琴南（紓）撰；錢罕書。

王榮商、汪康年將張美翊歸於洋務派中的才俊，尤精於輿地學。

一九一四年，沈曾植主纂《浙江通志》，張美翊一九一六年致冒廣生函（上海博物館圖書館編《冒廣生友朋書札》，上海書畫出版社，二〇〇九年）有云：

近承沈一老約修省志，以海防、關税、海島、水産見囑。

許小富主編《杭州歷史大事記》（方志出版社，二〇〇六年）：

一九一四年，春，浙江於杭州省議會舊址設通志局，續修《浙江通志》。人員：提調爲徐班義；總纂沈曾植；副總纂爲吴慶坻、黄子棠；分纂爲陶拙存、馬一浮、張讓三、章梫、王梅伯、金甸丞等二十餘人。

後來，湯濬（一八六四—一九三六）纂《岱山鎮志》，亦曾請教張美翊。舟山市政協文史委編《舟山文史資料第一輯》（浙江人民出版社，一九九〇年）：

湯遁盦《岱山鎮志》，就正於鄞縣張讓三。

繆荃孫《張讓三先生六十壽詩》（《甬上青石張氏家譜·贈言》味芹堂鉛印本，一九二五年）有云：

峨峨四明山，靈氣天所鍾。諸萬及全蔣，史學冠南東。繼起有張君，干莫藏其鋒。

繆荃孫定位張美翊是繼萬充宗、萬季野、全謝山、蔣學鏞等之後的浙東學派學者。

陳訓正《張讓三先生六十壽序》（《甬上青石張氏家譜·贈言》，味芹堂鉛印本，一九二五年）：

吾郡自有宋以來，士皆淑於深寧之教，相尚於樸學，不較較於文辭之工拙。衍至清世，大儒先後輩出，所務益精。若鄞萬氏充宗、季野，全氏謝山；若吾邑姜氏西溟，類能博洽弘通，自奮於絶學爲式，後士彬彬焉有文之實矣。然其於辭，蓋無所稱也。洎乎無錫薛公以

> 兵備寧紹台三府駐節吾郡，於其署之傍構精舍，徵三府士之秀者日出其所，受於湘鄉曾氏所謂古文義法者，禮而教之，士之祈向既正，始稍稍辨其涂徑。於是，吾郡乃有高世文字之學，而鄞張先生讓三者其著也。……然使無錫開建於前而不得高第弟子如先生者掞張於後，則其爲澤亦僅矣。

陳訓正論寧波的文脉，從南宋末鄞縣人王應麟（深寧）創立的深寧學派始，歷數清代如萬充宗（斯大）、萬季野（斯同）、全謝山（祖望）、姜西溟（宸英）等著名學者，於文章有實却無名。直至薛福成繼承曾國藩的『古文義法』（即『湘鄉義法』）教授於崇實書院，鄞人爲文始有『古文義法』之名。而張美翊則是繼承曾國藩、薛福成『古文義法』之最優秀者。故而，由此定位張美翊是寧波文脉承上啓下的關鍵人物。

劉聲木《桐城文學淵源·撰述考》（黄山書社，一九八九年）：

> 張美翊，字讓三。號蹇叟，鄞縣人。光緒□□副榜，壬寅奏保經濟特科，官直隸候補知府，辛亥國變不仕。師事薛福成，受古文法，隨使數年，得以從容親承指授，肆力甚久，并喜言桐城文法。博學多聞，於各國風土、政教、語言、文字皆能得其要領，尤精於輿地之學，凡五洲之内山川、道里，如示諸掌。其文淵懿樸茂，根柢深厚，議論通達，非苟爲大言之欺世者。遭辛亥亂後，則嗚咽往復，馳騁之間有不勝其亂離之感，尤徵忠愛之忱。我朝末造，其爲第一流人物乎？

陳訓正、劉聲木將張美翊的文章，歸於『古文義法』并喜言『桐城文法』。『古文義法』原出於『桐城文法』，衹是曾國藩學桐城派而有所變化，再傳至張美翊而已。

張壽鏞《約園雜著》三編卷三（上海書店，一九九二年影印民國版）：

> 喻君兆蕃字庶三，己丑春闈出先君子門下，癸卯來守吾郡，有政聲。時吾鄉閉塞，君毅然思有以改革之，獨推張讓三先生與余。……壬午重陽後一日，約園。

是張美翊具有改革思想，與喻兆蕃、張壽鏞有共同點。

馮君木《張美翊行述》（馮君木《回風堂詩文集》，中華書局倣宋字鉛印本，一九四一年）有云：

> 平日最服膺曾文正，自以出無錫薛公門下，於文正爲再傳弟子，故爲文篤守曾氏家法。嘉興沈君曾植嘗與君指數當世文流，目君爲寄湘鄉籬下用相嘲噱，君彌自喜也。

馮君木概述張美翊的生平，述及張美翊爲曾文正公再傳弟子，文章篤守曾氏家法。對張美翊的人品評價尤高。

二、晚清時期張美翊略歷

光緒十六年庚寅正月十一日（一八九〇年一月三十一日）隨薛福成出使泰西。

光緒二十年甲午四月二十三日（一八九四年五月二十七日）隨薛福成登『堪爾圖寧』號郵船回國。甲午五月二十八日（七月一日）抵吴淞口。

光緒二十三年丁酉（一八九七），《時務報》館外文校對。

《時務報》，光緒二十二年丙申七月一日（一八九六年八月九日）創辦，館址在福州路福建路口。

閭小波《中國早期現代化中的傳播媒介》（上海三聯書店，一九九五年）：

張讓三，寧波人。任《時務報》館外文校對。

同年，張美翊與寧波知府程稻村以及嚴信厚等人，在月湖西面的崇教寺（今偃月街小學）創辦官辦的中西式『儲才學堂』，與盛炳緯合草儲才學堂章程。

盛炳緯著《養園賸稿·述中校起緣》（張壽鏞輯《四明叢書》刻本，第六集，一九四〇年）：

清光緒二十三年，……張君讓三迺與炳緯合草儲才學堂章程，即名斯校爲儲才學堂。

光緒二十八年壬寅正月十五日（一九〇二年二月二十二日），上海成立上海商業會議公所，爲議員。

金普森等編《寧波幫大辭典》（寧波出版社，二〇〇一年）：

一九〇二年上海商業會議公所浙籍人員：議員……張讓三美翊，鄞縣，四明公所。

光緒三十一年乙巳七月（一九〇五年八月），爲寧波『抵制美約社』會長。

《申報》一九〇五年八月二十一日《甬郡定期集議拒約》有云：

甬郡抵制美約社擬於本月二十三日開特别大會，聞曾少卿觀察亦來與會，刻有張君來甬，已由本社公舉爲會長矣。

《申報》一九〇五年八月二十三日《匯録抵制美約致曾少卿函》有云：

寧波抵制美約社會長張讓三代表……等一百三十六人上曾書。

《申報》一九〇五年八月二十六日《甬郡第二次大會演説抵制美約》有云：

演説抵制美約。……先由張君讓三宣布宗旨。

是年廢科舉，崇實書院改爲寧波府教育會。九月十二日（乙巳七月二十四日）張美翊任寧波府教育會會長（一九〇八年七月卸任）。

民國《鄞縣通志·政教志》：

寧波府教育會：光緒三十一年七月二十四日，會長張美翊。

同年十月至十二月，張美翊等將寧波的『月湖書院』改爲初級師範學堂。張爲首任監堂（校長）。

《申報》一九〇五年十月二日《禀請改書院爲學堂》有云：

寧郡職員張美翊等日前聯名禀呈府署，請以寧城月湖書院改爲初級師範學堂。

《申報》一九〇五年十月十三日《阻撓改設學堂》有云：

日前，甬紳張美翊等具禀寧府請以月湖書院改作初級師範學堂。

《申報》一九〇五年十月二十八日《師範學堂將次開學》有云：

甬郡月湖書院前由張美翊等禀准當道改作師範學堂，已由寧府喻庶三太守於九月十二日在府署考驗各學生。

《申報》一九〇五年十二月五日《禀請改書院爲學堂》有云：

寧郡月湖書院前由張紳美翊等禀准寧府喻庶三太守改作師範學堂，籌集公欵將書院改造。

《申報》一九〇五年十二月十二日《鄮山書院改設學堂》有云：

甬郡月湖書院前由張紳美翊等禀准寧府改作初級師範學堂。

同年十一月（乙巳十月），爲上海地方自治機構城厢内外總工程局議董（一九一〇年一月卸任）。

復旦大學歷史系《歷史研究》編輯部編《近代中國資産階級研究（續輯）》（復旦大學出版社，一九八六年）：

四、議董、議員（四八）張美翊（一）：字讓三。光緒三十一年十月至宣統元年十二月議董。四明公所董事。

同年十二月（乙巳十一月），英國捕頭大鬧公堂案（黎黄氏案），列名《紳商致外務部，商部，江督，蘇撫電》（上海文獻彙編編委會編《上海文獻彙編》史地卷，二〇一四年）：

應請俯察輿情，查照條約，切實辦理，以安衆心而維大局：上海紳商……張美翊。

光緒三十二年丙午十一月一日（一九〇六年十二月十六日），上海成立『預備立憲公會』，會長鄭孝胥，副會長張謇、湯壽潛。張美翊爲會員。

汪林茂主編《浙江辛亥革命史料集·浙江立憲運動》（浙江古籍出版社，二〇一四年）預備立憲公會會員題名表：

> 姓名：張美翊；字：讓三；籍貫：浙江鄞縣；職業：候補直隸知州。

題名表以先後入會爲序，張美翊排序爲第八人。

同年，列名上書上海道員，要求拆除上海城墻。

何益忠著《老城厢：晚清上海的一個視窗》（上海人民出版社，二〇〇八年）引楊逸纂《上海市自治志》（臺北成文出版社，一九七五年）一九〇六年列名上書上海道台要求拆除城墻人員情况表：

> ……張美翊（讓三），四明公所董事。

光緒三十三年丁未七月（一九〇七年九月），參與發起成立『浙江教育總會』。

《申報》一九〇七年九月六日《浙江教育總會開會定期廣告》有云：

> 浙江教育總會發起人：濮子潼、湯壽潛、孫詒讓、陶葆廉、張美翊、王廷揚。

一九〇七年，『浙江旅滬學會』成立，爲會董（一九〇九年爲副會長）。

沈飈民《高山憶舊録》（中國人民政治協商會議臨河縣委員會文史資料室編《文史資料選輯》，一九八三年）：

> 一九〇七年學會正式成立……會董……張美翊。一九〇九年，……副會長：劉錦藻、張美翊。

光緒三十四年戊申（一九〇八），張美翊等人提議開釋蒙冤報人杭慎修（辛齋）。

姜緯堂等編《維新志士愛國報人彭翼仲》注二七（大連出版社，一九九六年）：

> 光緒三十四年（一九〇八年）『浙路拒款風潮』中，……由張讓三、王燮陽、項士元等提議開釋杭慎修，獲一致通過。……獲准。

同年七月，張美翊提議寧波六邑教育會以及商學等會簽名請願設立國會。

《申報》一九〇八年七月十五日《府教育會開會詳紀》有云：

> 寧波教育會，……國會請願，由張讓三君提議，先將簽名簿分送六邑。

同年，創辦《甬報》，出刊約四月後停辦。

蔡罕等編著《寧波新聞傳播史》（浙江大學出版社，二〇一二年）：

何守先主編的《寧波新聞縱横》説：『在寧波，甬人自辦報刊，當以張讓三創辦《甬報》爲最早。』張讓三創辦《甬報》時在一九〇八年。

宣統元年己酉六月（一九〇九年七月），爲浙江省咨議局候補議員。

《申報》一九〇九年七月二十二日《各省籌辦咨議局·復選舉再開票》有云：

寧府復選舉當選議員……選舉候補議員，當選六名：張美翊二十票、唐鳳翔十二票、盛炳緯十一票、馮丙然十一票、陳鼎年八票、陳訓正五票。

同年七月，參與籌辦鄞縣財政調查所及地方自治公會，曾爲臨時議長。

《申報》一九〇九年七月三十日《鄞民會議地方要政》有云：

鄞邑教育會勸學所擬發起在縣學明倫堂設立財政調查所以及籌辦地方自治一節，……公推張君讓三爲臨時議長。

同年八月，爲鄞縣自治公所所長。

《申報》一九〇九年八月十六日《自治公所成立大會》有云：

鄞邑設立自治公所，……投票舉定張君讓三爲正所長。

《申報》一九〇九年八月二十日《寧波地方自治公所成立詳情》有云：

由張君讓三述開會詞，公推陳君季衡爲臨時議長，……公舉會長，正會長劉楚薌……副會長范仰喬。

同年九月，爲航業維持會寧波分會會長。

《申報》一九〇九年九月十五日《航業維持會分會開會詳情·寧波》有云：

寧紹旅滬各界設立航北維持會，……公推張讓三君爲臨時會長。

宣統二年庚戌七月（一九一〇年八月），寧紹航業維持會周年紀念大會，爲臨事議長。

《申報》一九一〇年八月十二日《寧紹航業維持會開閉詳紀》有云：

本月初三日午後，寧紹航業維持會在寧波天后宫開周年紀念大會，紳學軍商工各界到者五千餘人，公推張讓三君爲臨事議長。即由張君宣布開會宗旨，謂寧紹公司開辦至今，經營極爲發達，而兩輪之堅固，船上招待之勤慎，實爲他公司所未有，洵我寧紹人之福也。兹届一年，過勝欣幸。

同年九月，呈文浙撫增韞：《學務關繫憲政理宜取決公論》。

上海圖書館編《中國近代期刊彙録》第二卷下册（上海人民出版社，一九八二年）録《浙江教育官報第三十五期，一九一〇年十月十二日（宣統二年九月初十日）》：

本署司袁札寧波府，奉撫憲批：諮議局議員張美翊等呈學務關繫憲政理宜取決公論一案，應由府查復文。

同年十月，呈文浙撫增韞稟設青石初等小學。

《浙江教育官報》第四〇期，一九一〇年十一月六日（宣統二年十月初五日）：

本署司袁批鄞縣詳［鄉］紳張美翊等稟投青石初等小學請立案給戳由。

同年，呈文浙撫增韞：請派員澈查四月分慈谿毁學事。

田正平等編著《中國教育早期現代化問題——以清末民初鄉村教育衝突考察爲中心》（浙江教育出版社，二〇〇九年）：

《撫部院增批寧波張美翊等呈爲慈谿毁學情由請派員澈查究懲由》（《浙江官報》一九一〇年第五六期）。

同年十一月（一九一〇年十二月），連任鄞縣教育會會長。

民國《鄞縣通志·政教志》：

鄞縣教育會：宣統二年九月，推張美翊……諸人爲名譽學務議董。十一月，……改選職員張美翌、黄次會當選爲正副會長。

三、晚清時期張美翊生平大事考略

（一）隨薛福成師出使泰西

薛福成以正三品京堂候補（賞二品頂戴），欽命出使英、法、義、比四國。

薛福成出使泰西，除填房盛氏（盛宣懷遠房堂妹）和次女、武弁趙占魁、王鐸，婢僕外。還精心挑選有二十名隨行人員。

隨行人選的標準：一是有外交經驗；二是精通外語；三是秘書、後勤之類。

有外交經驗者：

黄遵憲（一八四八—一九〇五），字公度。廣東梅州人。舉人。時爲二品頂戴、分省補用道。出使職爲二等參贊。光緒三年丁丑（一八七七），隨何如璋出使日本四年；光緒八年壬午（一八八二），任駐美國舊金山總領事，至光緒十一年乙酉（一八八五）回國。一八九一年任新加坡總領事。

許珏（一八四三—一九一六），字靜山。晚號復庵。江蘇無錫人。舉人。時爲候選知縣。出使職爲三等參贊。光緒十一年乙酉（一八八五），曾隨張蔭恒出使美國、日本、秘魯。

王咏霓（一八三九—一九一六），原名王仙驥，字子裳。號六潭。黄巖兆橋鄉人。師事翁同龢。光緒六年庚辰（一八八〇）進士。時爲直隸州知州。出使職爲隨員（推遲出使）。光緒十年甲申（一八八四），曾爲駐法國、德國、義大利、荷蘭、奥地利、匈牙利帝國公使兼攝比利時使務的嘉興人許景澄隨員。

精通外語者：

趙元益（一八四〇—一九〇二），字静涵。新陽人。薛福成門生。副貢生。時供職江南製造局翻譯館。出使職爲隨員，醫官兼翻譯。駐英。

王豐鎬（一八五八—一九三三），字省三，亦作省山。號木堂。上海縣法華鎮人。曾入京師同文館學習。附生。出使職爲四等翻譯。

王鳳喈（？—一八九〇），字儀廷，亦作儀亭。浙江慈溪人。早期留美八年，天津水師學堂教習八年。時爲候補千總。出使職爲武巡捕兼候補翻譯。剛到巴黎即因病去世。

那三，字華祝。滿洲駐防東粤人。曾入廣東同文館、京師同文館學習英語。時爲候選直隸州知州。出使職爲翻譯。一八九一年駐新加坡。

陳星庚（一八六四—？），原名運鴻。字翔生、鈞侯。鄞縣人。肄業崇實書院。舉人。出使職爲隨員，翻譯（推遲出使）。世益三譯《緬甸國志》《中國印度圖説》，陳星庚述。

胡惟德（一八六三—一九三三），字馨吾。吴興（今浙江湖州市吴興區）人。舉人。同文館學生（曾在上海廣方言館習法文十年）。出使職爲駐英國使館見習學生翻譯。駐英。

世增，字益三。遼寧鐵嶺人。同文館學生。出使職爲見習學生翻譯（同文館肄業後指派，見習期三年）。駐法。

郭家驥（一八七〇—一九三一），字穉良。號秋坪。順天府宛平人。監生。出使職爲見習學生翻譯。駐法。

秘書、後勤：

顧錫爵（一八四八—一九一七），字延卿。江蘇如皋人。廪貢生。出使職爲隨員，公使館首席秘書。駐法。

沈翊清（一八五五—一九四三），亦作翊青。號逋梅，亦作補梅。别署匏叜。祖籍慈溪沈師橋，客籍平湖。時爲江蘇候補縣丞。出使職爲隨員，秘書。駐英。

王錫庚，字鵬九。時爲候選直隸州。出使職爲供事（書吏）。

隨員中除了張美翊，尚有五人具體出使職能不詳：

聯豫，字健侯，亦作建侯。原姓王。時爲内務府員外郎。内務府主要職能是管理皇家事務，諸如日膳、服飾、禮儀、扈從等等。出使職爲隨員，職能似爲後勤、警衛之類。駐法。

潘承烈，字景周，亦作錦洲。時爲候選府經歷。出使職爲隨員。經歷是知府的屬官，主管出納、文書事。職能似爲後勤之類。

楊振鑣（一八二三—一九〇一），字叔平；一字少山。時爲浙江候補鹽大使。出使職爲隨員。駐英。

左運璣，字子衡。擅書。時爲候選通判。出使職爲隨員。駐英。

錢恂（一八五四—一九二七）或（一八五三—一九二七），譜名學嘉，字念劬，亦作彦劬。號受兹室主人，亦作受兹堂主人；積跬步齋主人。浙江歸安人。貢生。時爲直隸候補縣丞。出使職爲隨員。

聯豫時爲内務府員外郎。潘、楊、左、錢四人官銜均爲『候補』，爲虚職。從全體隨員的學歷、銜級等綜合因素來看，張美翊是此行中唯一學歷、銜級最低的隨員。可見薛福成對其器重程度之深。而薛福成看中張美翊什麽？張美翊的出使職能究竟又是什麽？

從世益三、吴宗濂、郭家驥等人的譯著多由張美翊『述』，可見端倪。

『述』，《康熙字典》：『凡終人之事，纂人之言，皆曰述。』張美翊『述』，就是把出使的同事以及見習學生翻譯爲漢語的著作，編纂整理、潤色，最後定稿，當是以國文文字功夫見長。再者，《庸庵全集》本《出使日記》目録，主署：無錫薛福成叔耘纂著；副署：鄞張美翊讓三、上海王豐鎬省三、嘉定吴宗濂挹清、歸安胡惟德馨吾采譯。薛福成還分飭四人遍譯泰西各國歷史、地志資料，輯爲《續瀛環志略》稿數十册。説明張美翊也兼做翻譯。

與張美翊情況相同的還有錢恂。張、錢皆爲隨侍薛福成身邊多年的門生，最受薛福成器重和信任。出使泰西前，薛福成《庸盦文編》編成，即是交付張美翊、錢恂核校，於光緒十三年丁亥正月（一八八七年二月）開雕。光緒二十年甲午（一八九四）薛福成離任回國，又把《出使奏疏》交付張美翊校刻。（此時錢恂經翁同龢推薦復隨龔照瑗出使英、法、義、比各國。）薛福成之所以將重要的著作交由張美翊校刻，也當是看重張美翊的文字功夫。由此推測，張美翊是文案。

《甬上青石張氏家譜·家集》載張美翊《上海四明公所大事記序》（味芹堂鉛印本，一九二五年）有云：

光緒戊戌，余方客毘陵宫保幕府。

（二）入盛宣懷幕及倡議『東南互保』

盛宣懷遠房堂妹（盛慶第三女）是薛福成的填房，或緣此關係，隨薛出使泰西的隨員往往能爲盛所知。

光緒二十四年戊戌（一八九八），盛宣懷奏派張美翊爲鐵路總公司文案（秘書）委員。初供職於蘆漢鐵路南段。

一九〇〇五月二十九日（光緒二十六年五月二日）張美翊致盛宣懷函云（陳旭麓等編《義和團——盛宣懷檔案資料選輯之七》，上海人民出版社，二〇〇一年）：『前年隨節來漢』，『前年』則爲一八九八年。

據上海圖書館編《汪康年師友書札》（上海書店出版社，二〇一七年），光緒二十四年戊戌九月（一八九八年十月）張美翊致汪康年函云：『張香帥電屬毗陵』，可證張美翊此時已在盛宣懷幕中。函又云『弟七月在京』，説明張美翊光緒二十四年戊戌七月（一八九八年八月）隨盛宣懷在京。

光緒二十四年戊戌十一月（一八九九年一月）張美翊致汪康年函云：『弟備書毗陵之門』。

光緒二十六年（一九〇〇）庚子事變，張美翊勸説盛宣懷，倡議『東南互保』，終使盛宣懷等人與英、美策劃訂定《東南互保約款》。

東南互保，根據《愚齋存稿》中許多電文，可考是盛宣懷首倡。

一九〇〇年，義和團拆毁鐵路，焚毁車站機場，督辦蘆漢鐵路大臣盛宣懷首先是直接受害者，所以自庚子五月始，不斷地聯絡清廷重臣，請治拳亂。

盛宣懷《愚齋存稿》（盛氏思補樓刻本，一九三九年）部分電文：

《寄李中堂》光緒二十六年五月初二：拳匪戕楊福同，後折毁盧保鐵路及半。

《寄劉峴帥》光緒二十六年五月初三：拳匪二十九、初一將涿州至盧溝橋、豐臺鐵路車站機場全行焚毁，……恐養癰成患，各國生心，何堪設想。

《寄榮中堂》光緒二十六年五月初三：拳匪豈足抵敵外患？……毁鐵路，仍是國家喫虧。猶恐各國藉端派兵自衛。……宣懷斷非因鐵路請泄憤，實慮養癰成患，各國生心，大局何堪設想。

《寄北京欽差大臣榮中堂、路礦總局王中堂》光緒二十六年五月十四日：駐津路透電外國云政府顯袒拳匪無疑，惟有各國合力保護旅華西人身家産業，并須速下辣手占管鐵路爲要着。又英使寄滬領事電云拳匪與西人爲難已有證據，……明喻各西人電請本國添兵，如中國不能自辦，祇得代中國執持兵政如埃及故事。

《寄劉峴帥、張香帥》光緒二十六年五月十六日：頃傳相接赫德電，若局面無迅速轉機，各國必定并力，大局危亡，即在旦夕。

《寄江鄂兩帥》光緒二十六年五月十九日：危在眉睫，尚不定計，天乎人乎？

《寄劉峴帥》光緒二十六年五月二十四日：福開森面稟，各領事并無占吴淞之意，英領事要我請其保護，是其僞術，若爲所愚，各國必不服。白藻泰已將此情電法等語。自吴淞以迄長江内地，公應飭滬道，告之各國領事自認保護，勿任干預。

當時山東巡撫袁世凱回覆盛宣懷電文：

《袁慰帥來電》光緒二十六年五月二十七日：尊論甚佳，仍可請李、劉、張主稿，約會各督撫聯名奏籲，可有濟。

從袁電中可以看出，盛宣懷在上海出謀劃策，主要説服兩廣總督李鴻章、兩江總督劉坤一、湖廣總督張之洞等人，『約會各督撫』，共同實行東南互保之策。

正當得到李鴻章、劉坤一、張之洞等人的支持，即可進一步實施東南互保計劃之時。光緒二十六年庚子五月二十五日（一九〇〇年六月二十一日），清廷以光緒的名義向英、美、法、德、義、日、俄、西、比、荷、奥十一國同時宣戰。東南互保的實施難度驟然增大。

《愚齋存稿》部分電文：

《寄京慶親王、榮中堂》光緒二十六年五月二十七日江鄂皖東督撫帥會電：可否電詔李鴻章派爲全權大臣，先與各國外部電商，聲明中朝絶無助拳拒洋之意。亂匪准由中國自剿，使館即派宋軍保護，勸止添兵。一面催李鴻章到京請旨，與各使籌議，可挽救危局。請代奏。坤一、之洞、之春、世凱、宣懷謹肅云。

《寄李中堂、劉峴帥、張香帥》光緒二十六年五月二十八日：須乘奉旨之先，峴帥、香帥會同電飭地方官上海道，與各領事訂約。上海租界准歸各國保護，長江内地均歸督撫保護，兩不相擾。……北事不久必壞，留東南三大帥以救社稷蒼生，似非從權不可。若一拘泥，不僅東南同毁，挽回全局亦難。

《寄粤李中堂、寧劉峴帥、鄂張香帥》光緒二十六年五月二十九日：欲全東南以保宗社，東南諸大帥須以權宜應之，以定各國之心。仍不背廿四日各省督撫聯絡一氣以保疆土之旨。

李鴻章回電：

《李中堂來電》光緒二十六年五月二十九日：二十五詔，粤斷不奉，所謂矯詔也。希將此電密致峴帥、香帥。

張之洞回電：

《張香帥來電》光緒二十六年五月二十九日：公有何救時良策，速密示。

在李鴻章拒絶服從清廷命令態度的支持和張之洞問『救時良策』的督促下，盛宣懷迅速與上海道余聯沅製定了東南互保的具體條款。《愚齋存稿》：

《寄劉峴帥》光緒二十六年五月三十日：長江上海保護條款以與余道擬妥，措辭皆預留後步，各領事必有更改，今晚會議再詳告。

條款幾經修改，最終余聯沅與各國駐滬領事商定了『保護東南章程九款』。一九〇〇年六月，南方各省督撫與英、美達成《東南互保章程》，主要内容：上海租界歸各國共同保護，長江及蘇杭内地均歸各省督撫保護；東南各地方政府不奉行宣戰詔令，列强也不得在東南地區啓釁。

參加東南互保的有兩江總督劉坤一；湖廣總督張之洞；閩浙總督許應騤；山東巡撫袁世凱；浙江巡撫劉樹棠；安徽巡撫王之春；廣東巡撫德壽（李鴻章北上議和，由德壽署理兩廣總督兼廣東巡撫）。陝西巡撫端方和四川總督奎俊雖没加入，但支持東南互保。

東南互保的意義在於八國聯軍侵華期間，戰火未延及東南，穩住了勢力範圍爲長江流域的英國，以及使參戰國列强没有藉口侵占東南。保住東南，即保存了收拾北方半壁江山的基礎實力，所以事後慈禧褒獎盛宣懷，加其爲太子太保。

給盛宣懷獻東南互保之策的則是張美翊。張美翊當時僅僅是一名文案（秘書），故朝廷大員的檔案材料中很難查到其名。而民國《鄞縣通志》的記載，當爲準確。

佐證有《甬上青石張氏家譜·贈言》（味芹堂鉛印本，一九二五年）所收壽詩：

吴士鑒《讓三張先生六十壽詩》有云：

約劑定南服，偉哉張與劉。倡議自君始，媾和成良謀。

張元濟《讓三張先生六十壽詩》有云：

往者妖拳禍，彌天戰血腥。微言靖江海，長算結藩屏。逐鹿從高枕，連鷄遂解鈴。爲謀安半壁，食報合千齡。

梁建章《讓三先生六十壽初度謹獻長句爲壽》有云：

一言天下繫安危，誰信儒冠畫策奇。競使東南能自保，不隨西北亂如糜。

孫寶瑄《張讓三先生六十壽詩》有云：

當時南北烟塵生，海内豪英各奔走。惟公翩然入幕賓，奇功密贊金湯守。

馮毓孳《張讓三先生六十壽詩》有云：

鄒魯弦誦地，遍地起黄巾。妖氛亙數月，京輔扇烟塵。九廟淪異域，乘輿□西巡。畸士抱隱憂，所謀在從薪。東南支阽危，瘖口何斷斷。江漢固吾圉，水火出吾民。功成名不居，茂矣仁者仁。壺關定漢策，無乃公之倫。

『功成名不居』，是真實寫照。

（三）經濟特科不赴

保舉經濟特科：光緒二十四年戊戌（一八九八）；光緒二十九年癸卯（一九〇三）。

據張一麐《經濟特科同徵録》（李舜臣等編著《歷代制舉史料匯編》，武漢大學出版社，二〇〇九年）：

江西學政吴士鑒保五人：直隸候補知縣張美翊。

刑部左侍郎沈家本保七人：浙江生員候補同知張美翊。

沈家本（一八四〇—一九一三），同治三年甲子（一八六四）任刑部郎中；吴士鑒（一八六八—一九三四），光緒二十九年癸卯（一九〇三年）任江西學政。

張美翊爲浙江鄉試副榜貢生，無會試資格，故與正常科舉無緣。衹有兩次特殊機會，即被舉薦入選經濟特科。兩次保舉的人才中都有張美翊，但均未參加考試。究其原因：

第一次經濟特科是因爲清廷本來就没舉行考試。

經濟特科『經濟』的概念，是傳統意義上的『經國濟世』『經世濟時』之意。光緒二十四年戊戌正月（一八九八年二月），由貴州學政嚴修奏請以内政、外交、理財、經武、格物、考工六事開經濟特科。宗旨是選拔洞達中外時務的人才。應試者的資格，要有擅長西學的名聲，還須有中央和地方大員的保薦。經濟特科得清廷批准後，大員們多取觀望態度。百日維新中清廷再下詔催促，才積極薦舉。

胡思敬《戊戌履霜録·内外薦舉經濟特科人名表》（上海古籍出版社，影印本，一九九五年）記載，從戊戌正月至八月，共有十七位舉主薦舉了一百三十四人應試（實際被舉的是一百二十人，因其中有十四人是被不同的舉主薦舉而重出）。後因政變而考試作罷。

光緒二十七年辛丑（一九〇一）由慈禧下詔第二次保舉。《清史稿·選舉志四》：

二十七年，皇太后詔舉經濟特科，命各部、院堂官及各省督、撫、學政保薦，有志慮忠純、規模閎遠、學問淹通、洞達中外時務者，悉心延攬。

光緒二十九年癸卯閏五月十六日（一九〇三年七月十日）考試在保和殿進行。

此時，張美翊在南洋公學任總辦，事業如日中天，無意經濟特科考試。

另外，不赴考試的主要原因，或是由於經濟特科本身的矛盾性：清廷既需要擅長西學的人才，卻又疑忌通西學的人才思想有不軌之嫌。如兩江總督魏光燾，把很多各地保奏的應試者指爲革命黨。即便是張美翊尊崇的恩師『清流』瞿鴻禨，亦嫉『西』如仇。《三水梁燕孫先生年譜》（鳳岡及門弟子編，上海書店，一九三九年）：

> 榜既發，未覆試，頑腐官僚競作飛語，謂其中多革命黨人。軍機大臣某尤惡特科，於召見時，太后詢之曰：『外間言特科品流龐雜，心術不端，有所聞否？』對曰：『一等第一名梁士詒，係廣東人，爲梁啓超之弟，其名末字又與康祖詒相同，梁頭康尾，其人可知。』太后益不悅。第二場覆試，易閲卷大臣四人，草草了事。

『軍機大臣某』乃瞿鴻禨。正場初試取中第一名是廣東三水梁士詒，覆試時則改爲雲南袁嘉穀。

不僅僅是張美翊放棄經濟特科應試，當時被舉薦有三百六十三人，參加考試祇有一百八十六人。張美翊好友湯壽潛、章梫等亦不赴。至於一開始就不肯被保舉的、或認爲特科非正途的，亦大有人在。

（四）供職南洋公學

至遲自光緒二十七年辛丑（一九〇一）四月始，至光緒三十一年乙巳（一九〇五）四月，張美翊供職南洋公學。

光緒二十二年丙申（一八九六）冬，盛宣懷在上海創辦南洋公學，隸屬於招商局和電報局。次年四月八日在上海徐家匯正式開學。張美翊參與創辦南洋公學，爲董事。馮金牛著《書林札記》（《博雅文叢》，復旦大學出版社，二〇〇八年）：

> 張讓三是南洋公學董事之一。

在主政南洋公學之前，張美翊已經參與該校教務活動。佐證有四：

其一，光緒二十七年辛丑（一九〇一）四月，南洋公學接受沈曾植提議，辦經濟特科班。招生初試，蔡元培主試，張美翊和呂景端參加。張美翊稱考生郭弼爲奇才。余振棠主編《瑞安歷史人物傳略》（浙江古籍出版社，二〇〇六年）：

> 郭弼，……一九〇一年，南洋公學招特班生，應試名列榜首，……張讓三老師稱他爲奇才。

其二，參與招考閲卷。高平叔編撰《蔡元培年譜長編》（人民教育出版社，一九九六年）：一九〇一年十一月二日：

> 到張讓三、呂幼舲許，評閲南洋公學招考日文學生的試卷。

其三：參與會考。

許全勝編《沈曾植年譜長編》（中華書局，二〇〇七年）：

一九〇二年一月十二日《沈曾植與盛宣懷書》有云：

大考題擬呈，請閲定發下。考期擬初五、六、七三日，請子淵、讓三來會考，以重其事。

其四：處理『墨水瓶事件』。

光緒二十八年壬寅十月（一九〇二年十一月中旬）南洋公學發生『墨水瓶事件』，學生集體退學。張美翊持盛宣懷手諭令學生留校。

張星烺輯《泗陽張沌谷居士年譜》（載張相文《南園叢稿》，臺北文海出版社，一九六八年）：

督辦盛宣懷得悉汪鳳藻辭職，學生暴動事，派其文案張美翊（字讓三）持手諭，令學生留校。時學生已有半數行李遷出。美翊至，爲學生辱罵，幾被毆。盛氏手諭被撕，美翊竄竄逃去。……盛督辦新聘劉樹屏（字葆良）爲總辦，張美翊爲提調，提調猶今之教務長也。

上海交通大學校史編纂委員會編《上海交通大學紀事》（上海交通大學出版社，二〇〇六年）：

一九〇二年：

十一月二十一日（十月二十二日）改派前翰林院編修、安徽候補道劉樹屏爲公學總理。

冬，延聘張美翊爲提調。

一九〇三年

一月：本月，劉樹屏辭職。

春：盛宣懷任命公學提調張美翊任代總辦。

《上海交通大學紀事》記張美翊任提調、代總辦的時間爲冬、春，不確月日。

歐七斤著《盛宣懷與中國近代教育》（上海交通大學出版社，二〇一六年）：

一九〇二年，十一月：

選派劉樹屏任總辦、張美翊爲提調。

張美翊任提調應在一九〇二年十一月下旬，與劉樹屏任公學總理時間相近。

一九〇三年一月劉樹屏辭職。一月八日（光緒二十八年壬寅十二月初十日），盛宣懷致署江督張之洞電，敦請陳伯潛（寶琛）爲南洋公學總理，《寄寧張宫保》電文要求：

燈節前到滬，以便開學。

燈節（元宵節）爲一九〇三年二月十二日。延聘陳伯潛未果。盛宣懷任命原提調張美翊任代總辦兼提調，似應在一九〇三年二月（光緒二十九年癸卯正月），因燈節後學校要開學，日常工作不可一日無主。換言之，張美翊一九〇三年二月即主政南洋公學。

光緒二十九年癸卯正月二日（一九〇三年一月三十日）張美翊向盛宣懷匯報工作函（《盛宣懷實業朋僚函稿》，中研院出版社，一九八三年）：

宮保鈞右：

謹將稟陳諸事條列於後：

一、日本留學畢業生富士英内渡來見，呈出專門學校文憑，并汪伯棠京卿致那侍郎函。緣那琴軒侍郎於三月初之東游考察鑄錢製幣之法，伯翁薦該生同行。生言廿六北上，經謁侍郎。惟究係公學出身，求職稟明憲台，總當終身報效。議論平實，毫無習氣。汪致那函云『富生籍隸浙江，係南洋公學生，肄業早稻田政治理財專門科，於銀行貨幣尤所留心。去夏畢業後，復行實地考察。台從銜命東行借鏡銀行之制度，富生學有根底，足資顧問，值其内渡，特令晉謁，倘得隨節，則考察各事，尤所熟悉』等語。另有致袁慰帥、徐菊人編修函，亦稱該生習於錢幣制度，可供驅策。職面詢詳細，頗有所得，尤喜該生和平中正，非囂張一流，故爲馳電稟聞，究係我公學人材，不過暫供人用而已。

一、公學諸生，一月以來，格外安静，於中西功課，頗爲奮勉。每逢文課察課，高才生下筆千言，屢幅不盡，競有絶好文字。今年係專門分題，并非空論，尤爲難得。華文教習聯絡一氣，監起居查、胡兩君管理學生盡心辦事，甚爲悦服。

一、二班生西文程度已高，而華文亦長進極速，將來多係中西通貫之材。

一、洋教習三人於增加課程亦肯商量，與職交情極好，每與談歷史、地學，似尚傾倒，而職則禮貌加優，公事不稍遷就。

一、譯書院歸并以後，銷路通暢，計二月分已售洋二千元左右，江賬房語五六月可做大宗生意，現已添加《原富》等書即就，售書所餘，周轉支用，毫不動支公款。并擬排印譯稿數種，爲費無幾，大約商務理財之書居多，必可獲利。菊生交代譯稿甚多，而精粗參半。查原單存有鈞處《商業提要》一種，可否發下備印。又：尊刻《經世文續編》可否發交公學批售，以免外間翻印。到京如晤嚴又陵觀察詢及《原富》譯稿，請憲台告以菊生鑄版不精，尚須校對，銷售不廣。如詢及著書餘利，請答以按照何眉翁定章辦理。

一、如晤長沙尚書詢及公學，請告以近來風氣甚好，毫無惡習，斷不肯隨學界風潮而去。數月以來，所録佳卷極多，頗擬排印，以備函送管學大臣，未知稍涉標榜否，故未敢擅專也。

一、愛國學社風潮極大，屢次演説，男女雜沓，無非痛陳流血革命、破壞主義。吕尚書派員往聽，不大謂然，聞飭袁道向領事商禁。又恩藝帥亦派專員來滬探訪，恐蔡鶴卿將有風波。然與公學劃分兩派，毫無干涉，諸生聽教，絶不往來，可請憲台放心也。肅稟，敬請鈞安。職張美翊謹叩，一月三十日。

函云『去夏畢業後』，富士英一九〇二年四月畢業於早稻田大學，故此函爲一九〇三年。函末署『一月三十日』，當爲公曆，農曆癸卯一月無三十日。『汪伯棠』乃汪大燮；『那琴軒』乃葉赫那拉·那桐；『袁慰帥』乃袁世凱；『徐菊人』乃徐世昌；『洋教習三人』乃薛來西、勒芬邇、樂提摩。原爲監院，因一九〇二年五月九日，監院裁撤，安排上課。『何眉翁』乃南洋公學第一任總理何嗣焜；『吕尚書』乃吕海寰；『袁道』乃上海道袁樹勛；『恩藝帥』乃江蘇巡撫恩壽；『長沙尚書』乃張百熙。

光緒二十九年癸卯五月二十七日（一九〇三年六月二十二日）張美翊致盛宣懷函（上海圖書館編《上海圖書館藏盛宣懷檔案萃編》，上海古籍出版社，二〇〇八年）：

宫保鈞右：

敬禀者，南洋公學洋教習樂提摩託呈憲台洋文一稟，今譯呈鈞覽。查樂教習係光緒廿七年七月到學，前總理沈部郎（當時代理監院即薛來西）與訂合同四年，月薪一百五十兩。計今年暑假止僅及兩年，合同未滿，忽請加薪，未敢擅擬。本年三月下旬後，政治班及一班生請將英文功課改授法文，並未添加時刻。係先由職與該教習函商，聲明薪水照舊致送，有來往函件可憑。惟聞該教習係美國古總領事之中表，由古領事託福開森參贊薦入公學。前因兼辦美領事署文件，月貼一百元，今事竣終止。而該教習獨携妻子在此聲稱不敷用度，措辭尚屬恭順。公學洋教習三人，薛來西教計學、公法；勒芬邇教政治、史學，皆有博士文憑，故月薪二百四十兩。樂教習係教文學，自應稍有軒輊。應否？逕請憲台據合同未滿答覆，或每月均加五十兩，飭令後兩年加添功課一，惟公學之命是聽。或由鈞處轉詢福君，示以洋函，妥籌辦法。專候酌核示復，實爲公便。敬請鈞安。張美翊謹禀，五月廿七夕。

計呈樂提摩洋函一件，譯文一件。

敬再禀者，今正辭退算學教習兩員，暑假後英文、算學副教習徐兆熊又擬停課（其父徐芝生來函告辭）。今訪得鏡清兵輪吴佩璋（履歷附呈）長於英文、算學，尤精繪圖、機器，正於憲台崇尚實業之意相合。今託公學教習黄斌代訂，擬自七月到學起，月給薪銀四十兩。惟該員係官學生，故請俯准咨調（薪水與徐生等不相上下，務求准如所請）。又，吴治儉學費一節，似宜改由漢廠支給。今呈中文兩件。再請均安。美翊謹又叩。

信封：宫保鈞啓，南洋公學謹呈（光緒二十九年五月二十八日到）。

再證於光緒二十九年癸卯（一九〇三）張美翊《南洋公學諸事陳條》（上海圖書館編《上海圖書館藏盛宣懷檔案萃編》，上海古籍出版社，二〇〇八年）：

謹將公學諸事條列如下：

一、現定閏五月十四至十七日大考，十九日給憑，二十日散學。據洋教習云，給憑應有禮節，擬求憲台駕臨親給，獎勉數語，以資鼓勵。並請吕欽差、吴侍郎、伍欽差、輪電總辦、上海道縣、福參贊到堂親禮，或另請西賓。其時刻擬定十九日午後二點鐘。

一、中院一班既升政治班，即係專門。擬酌定課程及畢業時期，或添教實業。

一、去年已升政治班，現存五人，請酌派數生差事，俾有出路。

一、日本游學生章宗祥係廪生出身，今年七月在日本法科大學堂畢業，接其來函，擬以一、二月游歷內地，考察一切，求寄下半年學費，并稱北洋生游歷資係二百，今意欲援例以請（據稱求汪監督函告，然未收到）。查廿八年册報日本游學生回華，每名給洋五十元作爲川資。前月給富士英亦照此辦，惟章生已得法科文憑，與早稻田畢業者微有不同。現擬不寄學費，月費、游歷資加給回華川資一百元，令其內渡，惟歸後仍無從安插。統祈批示酌辦。

光緒二十九年癸卯八月二十日（一九〇三年十月十日），盛宣懷《陳明南洋公學士習端正片》（《愚齋存稿》，盛氏思補樓刻本，一九三九年）有云：

現派四品銜直隸候補知縣張美翊總理堂務。該員曾隨薛福成出洋有年，留心西學而力主正派。本年上海報館流言，士氣橫雜。該員訓迪諸生不爲誘惑，猶所難能。閏五月，中院學生行畢業禮，臣邀同商約大臣呂海寰、伍廷芳，電政大臣吴重憙莅堂給獎。

與張美翊《南洋公學諸事陳條》相佐證。

至光緒二十九年癸卯（一九〇三）底，張美翊辭總辦職。由張鶴齡任總辦，張美翊任提調。可證諸光緒二十九年（一九〇三）年底，南洋公學呈報各員薪水單（《上海交通大學紀事》）：

提調張美翊一〇〇兩。

歷時三月，張鶴齡辭總辦職。光緒三十年甲辰二月（一九〇四年三月），仍由張美翊任代總辦（兼提調），直至光緒三十一年乙巳二月二十六日（一九〇五年三月三十一日）結束。

實際上張美翊主政南洋公學的時期是一九〇三年、一九〇四年（闕三個月）、一九〇五年三月底。是盛宣懷時代南洋公學，主政時間較長（僅次於何嗣焜）、也是最後一任總辦。

光緒三十一年乙巳二月（一九〇五年三月），盛宣懷《請獎南洋公學教員片》（《愚齋存稿》，盛氏思補樓刻本，一九三九年）有云：

惟同知銜直隸候補知縣張美翊，受事稍久，成勞較多，表率有方，諸生翕服。去年上海革命自由諸黨紛紛煽惑，公學近在咫尺，該令尤能約束生徒，不爲所誘，其心地誠篤，學識淵深，實不僅爲時務通才。……該公學總理張美翊，教習張天爵二員，淡於榮利，均聲稱不敢仰邀獎叙。

張美翊光緒二十九年癸卯（一九〇三）年底辭總辦職的原因，是張美翊與張元濟工作中引起的矛盾，張美翊負氣辭職。直接原因，一是《原富》；二是《日本法規大全》。導火索是張元濟（菊生）、伍光建（昭扆）爲嚴復《原富》『查賬』，即『譯書院查賬』。從張美翊致盛宣懷信函内容可考。（《盛宣懷實業朋僚函稿》，中研院出版社，一九八三年）：

宫保鈞右：

昨奉賜閲張菊生來函，敬悉。查張函祇請片譯書餘利事，現由張總辦調查，似無法再覆，致生枝節。前張菊生、伍昭扆來此向張總辦查賬，總辦詢以從前有無訂過合同准予查看賬簿，彼亦無辭。因給與餘利清單一張。又：銀票由張總辦同拜菊生面交，昨想去過，尚無下文。菊生來此深怪鈞函『瑣屑』兩字用之不當，甚矣其器小也。職不揣才力，攬辦譯院，正月初旬，菊生創議盡售與商務印書館，計銀二千五百兩。渠與夏瑞芳極好，職因事關奏案，首先稟阻，已中其忌，嗣因屢索未完譯費，終被索去。又：職生平率直，深訾譯稿草率，而《法規大全》又無一可用。彼謂眼法太高，積有嫌隙。又：彼於福開森所識之人，無一而可，售書處江趨丹係福舊人，謂職所用非人。

不知職承乏此間，當敗壞之後，在堂員司皆仍其舊，祇論人才相當與否，不問與福交情如何，且另有丁叔良管銀錢賬目。（張呂至戚，然用在前。）至餘利一節，職本深怪辦法不善，又陵既得購稿二千兩，茲又分我餘利每部三角五分，今年春月菊生幫又陵索至每部一元，殊駭聽聞。後聳動又陵贖回原稿（聞商務印書館設法欲購），又索手稿，謂欲寫改另售，職再三推托，允加每部一角五分。因思譯院生意從前呆做，劃一不二，幾乎無人過問。今年改爲批發折扣，遂與徐頌遐、江趨丹相商，謂書價既有折扣，則餘利亦可折扣，且餘利爲數過鉅，辦事人勞苦得之，又陵安坐享之，殊不甘心。於是春季以後餘利確有折扣，而萬不便言明。然三季餘利已有一千六七百元之多，若非菊生挑剔，又陵烏得知之。所有扣下之款，涓滴歸公，可請憲台密詢徐頌遐、江趨丹、丁叔良。（從前未言者，以統歸公款，不必以此見好也。）前與蟄仙談及，以生平做事不苟，乃因折扣提歸公款，反爲旁人所持，殊犯不着。蟄笑職愚，亦深訾又陵專利太厚，則是非亦有公論。以上各節，已和盤知會張總辦，祇好一錯到底。張總辦深惡又陵、昭扆，以爲《原富》一書現且停售，實亦因翻版太多，毫無生意，再商辦法，或競由又陵備價贖回，或定餘利數目，已與菊生、昭扆談過，不日請示核辦。另由職將今年出售《原富》實數分利，折算開單續呈（明後日呈），以明心迹。以區區利益而菊生始終與我爲難，於此知利權之害人，而旁觀不知當局之苦心也。總冊更正附呈，以後通歸總辦經手，以清界限。職擬自放學後，求公銷差，令派相宜差事，斷不願往北洋，首鼠兩端，豈人所爲。若果以職爲無可用，祇好遁入商界工界耳。恃愛密陳，敬請鈞安。職美翊謹叩。季冬月二日。閱後藏過。

上函考定爲光緒二十九年癸卯十二月二日（一九〇四年一月十八日）。函中『張總辦』乃張鶴齡；『江趨丹』乃江紹墀；『又陵』乃嚴復；『蟄仙』乃湯壽潛。

函云『前張菊生、伍昭扆來此向張總辦查賬』，所謂查賬，是指南洋公學譯書院印售嚴復譯著《原富》經濟利益事。孫應祥等編《〈嚴復集〉補編》（福建人民出版社，二〇〇四年），一九〇三年嚴復致張美翊三函與此相關。

其一，一九〇三年九月七日嚴復致張美翊函有云：

讓三先生執事：

逕啓者，一昨得菊生緘，知《原富》夏季分利，……此款尚未寄到。

愚弟嚴復頓首。九月初七日。

嚴函『菊生』乃張元濟。知張美翊函云『若非菊生挑剔，又陵烏得知之』不虛。

其二，一九〇三年九月十九日嚴復致張美翊函有云：

讓三吾兄大人執事：

……《原富》分利一節，……荷蒙執事推愛，定爲每部半元之額。……最好許復隨時可以查帳，萬一身不能至可以派人代查。……再有懇者，惠復時乞將以下數條查明見示爲禱。

一、今年此書印過幾次？

二、每次印者若干部？

三、目今此書存者尚有若干？

……弟復頓首。九月□九日。

一九〇二年十一月十六日（農曆壬寅十月十七日），嚴復《原富》全書經南洋公學出版。公學給嚴復函寄夏季所售《原富》餘利按每部三角五計送。一九〇三年春，嚴復欲贖回《原富》版權，盛宣懷未允許，經斟酌，張美翊同意增加餘利，每部以五角計送，自農曆壬寅七月起算。

其三，一九〇三年十月五日嚴復致張美翊函有云：

讓三仁兄大人閣下：

……夏季《原富》譯利……每部分半元之約，……今年二月朔後，此書印過幾次，每次幾部，已售出者幾部，現存者尚有幾部，瑤答實深懸懸。

再者，此書分利之事，雖蒙加派至於半元，……然使未得查帳之權，則所謂實惠者安知非虛受乎？……敝徒伍君昭扆南歸，經托商之左右，并於使中白之毗陵宫保，……秋季譯利應懇飭算交由敝友張菊生比部代收，……愚弟嚴復頓首。十月初五夕。

由嚴復致張美翊三函，可知張元濟、伍昭扆是替嚴復來查《原富》分利賬。

張美翊函云：『職擬自放學後，求公銷差，令派相宜差事，……若果以職爲無可用，衹好遁入商界工界耳。』即張美翊的辭職宣言。光緒二十九年癸卯年十二月二日（一九〇四年一月十八日）之後，張美翊辭職，真正的原因是『以生平做事不苟，乃因折扣提歸公款，反爲旁人所持，殊犯不着。』衹是因工作中的矛盾，并無原則冲突。

一九〇三年年底至一九〇四年一月間，是張美翊與張鶴齡（筱圃）的交接時間段。張鶴齡於一九〇四年初（癸卯冬）正式接任南洋公學總理（一九〇四年三月結束）。

張美翊在南洋公學的工作，參見上海交通大學校史編纂委員會編《上海交通大學紀事》（上海交通大學出版社，二〇〇六年）零星記載：

一九〇三年：

二月十七日（癸卯正月二十日），張呈請盛，在英留學的李福基、曾宗鑒、胡振平、趙興昌四生每年的費用爲一一〇〇英鎊。

二月二十日（癸卯正月二十三日），張呈請盛，申請師範院領班朱樹人殘疾人年金。

四月二十一日（癸卯三月二十四日），張呈請盛，爲政治班學生張景堯、張逢辰、包光鏞、侯士綰、周幬等申請公費，去比利時學習路礦。

五月一日（癸卯四月初五），張致信英國留學生監督藍博德，轉達盛宣懷面諭；張發三江師範學堂監督，呈送南洋公學所譯政治兵學及各種教科書計三十種（各一册），藉備採覽，列册報銷。

五月二十四日（癸卯四月二十八日），盛札飭張，三江師範學堂咨取南洋公學譯書院書籍，應准如請，列册報銷。

七月一日（癸卯閏五月初七），兩江總督魏光燾同意張的請求，調鏡清兵輪三管輪吴佩璋到公學充當英文、算學、繪圖、兵操教習。

七月二十一日（癸卯閏五月二十七日），張呈文盛宣懷《南洋公學呈請督辦大臣盛宣懷給予李廣平咨文應順天鄉試》。

八月二十二日（癸卯六月三十日），張呈請盛，給予此次通過上院考核的十五名中院畢業生頒發刊印文憑，並册報禮部在案。

九月六日（癸卯七月十五日），張擬訂高等商務暫行課程表。

十一月四日（癸卯九月十六日），張致信漢陽鐵廠總辦盛春頤，請先期籌撥一五〇英鎊交公學，以便代匯吴治儉作爲下一年上半年的學費。

是年，張美翊選編了《南洋公學課文録選》，上海南洋公學一九〇四年二月初版。（顧黄初主編《中國現代語文教育百年事典》，上海教育出版社，二〇〇一年。）

一九〇四年：

四月十五日（甲辰二月三十日），張致信留英學生吴治儉、胡振平、曾宗鑒、李福基、趙興昌，令寄送學業報告和近照，同時將第六期學費五九〇英鎊交藍博德監督。

四月三十日（甲辰三月十五日），張呈請盛，批准中院二班學生莊裕孫、胡詒芳自費赴英國愛丁堡大學留學。

六月九日（甲辰四月二十六日），盛宣懷札飭張美翊（交通大學校史撰寫組編《交通大學校史資料選編》，西安交通大學出版社，一九八六年）：

讓三仁兄大人閣下：

逕啓者，現派礦師前赴萍鄉勘驗鐵礦。擬由公學中選擇通曉測量學生二名，隨同前往，……應請閣下即與該教習妥議選擇，即將該學生姓名開具前來，以憑派往。祈查照是荷，專此敬頌升祺。愚弟盛宣懷頓首，四月二十六日。

六月二十三日（甲辰五月十日）張美翊致函萍礦總辦張紹甄。張美翊《選派學生實習致張紹甄觀察書》有云：

紹甄先生觀察大人閣下：

敬啓者，前奉宫保面諭，飭派學生隨同李御礦師、周鼎觀都戎前赴萍鄉勘驗鐵礦，遵派畢業生胡壯猷，二班生鈕孝賢、周善同、夏孫鵬四人，開具履歷呈送行轅。一面帶同該生等偕周都戎往見礦師布盧特、李御，以西語問答，據該礦師云，有此程度，堪以學習，意甚欣然。且願極意教授，俾有進步。嗣蒙宫保核示，自五月分起，每生月給薪水規銀二十兩，又每月另給裝費洋二十元，以備購置皮靴、凉帽等用。所有前項薪水（五月分）、裝費等，業經給發。以後該生等到差，自六月分起至事竣回堂之日止，按月薪水應請尊處知會萍局支給。惟約計到工之後，諸生零用不多，擬每生月支十二兩，其餘八兩煩貴收支處暫爲扣存，一俟事竣匯總函寄尊處。於由漢回滬起程時，交與四生回堂呈驗。俟出差數月贏餘銀數十兩，告知父母寄回家中，如此方不愧爲佳子弟。誠恐諸生年僅弱冠左右，有錢在手反致多費，故爲此委曲瑣屑之舉告知諸生，皆以樂從。務求台端准予照辦。其由漢至萍沿途各事，及到山以後辦工各節，候示遵行。且有周都戎携往，極爲放心。惟冀其格外要好，顧全名譽，早已再三叮囑諸生，年少有志當可聽受。弟身居學界，惟此至誠相孚，此次派生學習爲從前所未有，頗爲懸繫。諸生合帶跟僕文奎一名，係徇周都戎之囑，所有薪工由該生等自給，合并陳明，附呈履歷一紙，勸諭一紙。

七月二十三日（甲辰六月十一日），盛札發公學《章程》，令張即便查照辦理。

七月二十六日（甲辰六月十四日），學務大臣上奏議覆南洋公學開辦高等商務學堂一摺，九月一日，盛發文令張欽遵查照。

九月二十九日（甲辰八月二十日），張呈請盛，將本届畢業生徐維震等五生及因父親生病未能留比的上届畢業生胡壯猷派往加利福尼亞州貝克萊大學肄業專科四年。

十月三日（甲辰八月二十四日），張呈請盛，給自費在美國貝克萊大學學商學的嵇岑孫、在英國蘇格蘭阿伯丁大學學工程的莊裕孫本年秋季獎款各二五〇兩銀。

十一月十日（甲辰十月初四日），林康保致函張，請求在校南地基上興築小學校舍。

十一月十九日（甲辰十月十三日），張呈請盛，批准公學西學教習胡詒穀公費赴美貝克萊大學學習商業。

十二月七日（甲辰十一月一日），盛批覆張副呈，南洋公學小學堂總教習陳懋治、分教習沈慶鴻赴日留學費用，准如所請。

十二月二十日（甲辰十一月十四日）盛札飭張，撥給武進溪南小學開辦經費規元一〇〇〇兩。

十二月二十三日（甲辰十一月十七日），公學選派周善同、夏孫鵬兩生前往大冶礦場參加測量工程。二十八日，張呈請盛，援例支給學生薪金及治裝費。

十二月三十日（甲辰十一月二十四日），張美翊寫成《呈報公學歷年辦理情形》摺（附《清册》八本）（《交通大學校史》撰寫組編《交通大學校史資料選編第一卷》，西安交通大學出版社，一九八六年）：

為呈覆事：……溯當經營伊始，風氣未開，尺木寸土，皆勞擘劃，篳路藍縷，甫肇文明。自光緒二十三年飭由招商局歲撥規銀六萬兩，電報局歲撥規銀四萬兩，經費籌定，創立規模，遂就上海徐家匯地方廣購基地，議建學舍。先期另租屋宇，設立師範院，教師範生，□為儲備教員之用。洎中院學舍告成，益延聘中西教員，添招學生，設中等教科，以合於中學堂程度；迨上院學舍工竣，復設高等學科，以合於高等學堂程度；又附設高等小學堂，以為中學堂之預科。考東西洋各國學制，小學最占多數，公學開辦之初，即擬倣行，以端蒙養。曾於花園南首購定基地，預備添造小學校舍。嗣因總辦提調屢易其人，迄未舉辦，論者惜之。自蒙奏設高等商務學堂，增授高等商科，以合於高等實業學堂程度，學科增進，程度漸高，凡畢業諸生，派赴東西洋各國游學者，皆得直入大學校肄習專門，無庸預備。自開辦至今，時逾八年，老生畢業歷有四次，先後出洋游學多至五十餘人，其學成而歸者已效用於當途；在外留學者亦傳譽於各國；其未畢業之優等生迭蒙京外大憲考選，或派游學，或充教習。復蒙憲台飭派諸生，隨同洋礦師到山勘礦，繪圖測算，心細力强。洋員緘［僉］稱其才，倚以辦事。至所有教科學級，草創討論，屢經改訂，不厭求詳。嗣又遵照學務大臣奏定章程，參酌東西洋實業各科，督飭在事各員會同華洋各教習，擬定現行章程。大要總以保存國粹講求實業為宗旨，而尤以各學科能普通專長為成效。蓋南洋公學創歷辦之原委，大略如此。

再，憲台前在天津創設北洋大學堂，首闢學界，早儲成材。嗣因遭亂中止，荷蒙選派頭等畢業生游學美國。光緒二十七年，飭招商局每年添撥規銀二萬兩，電報局添撥洋銀二萬元，以備游學經費。派員專司匯寄，飭知公學附列報銷。此又南洋公學兼籌北洋學生游學經費之情形，所應陳明者也。自去年正月輪電兩局改章，經費驟減，所幸歷屆撥款撙節動用，尚有餘存，仰承面諭，仍前開學，幸免停辦。

今蒙咨准商部俯允管理公學，從此聯屬一氣，名實相符，將來明定出身，優予獎勵，寬籌學費，設法擴充。傳告教員諸生，同聲□舞。茲謹遵飭先行造具各項簡明清册，共計八本，并上、中院現行章程、高等小學堂章程各一本。所有商部垂詢籌經費、建學舍、聘教員、定獎章、以及學科之區分；管理之規則；入學、畢業之章程；出洋游學之名數各節。自光緒二十二年十二月起，至三十年十月止，大致情形略具於是。其北洋大學堂游學諸生姓名、經費清册，一并繕附。理合呈請憲台察核，咨請商部核辦。另有書籍、家具清册，并各項詳細册報，届時一并聽候移交。合并聲明，須至呈者。

附呈

南洋公學光緒二十三年至二十九年收支簡明總册一本（後附本年正月至十月收支簡明清册）；

南洋公學學舍基地産業清册一本；

南洋公學辦事人員姓名薪水清册一本；

南洋公學出洋游學生姓名經費清册一本（後附北洋大學堂游學生姓名經費清册）；

南洋公學中、上院各班學生姓名清册一本；

南洋公學高等小學堂學生姓名清册一本；

南洋公學師範生姓名清册一本；

南洋公學在外游學、辦事學生姓名清册一本；

南洋公學章程一本；

南洋公學高等小學堂章程一本。

右呈

欽命鐵路總公司事務大臣太子少保尚書銜前工部左堂盛。

光緒三十年十一月二十四日總辦兼提調張。

一九〇五年：

一月十一日（甲辰十二月六日），張致函英國留學生曾宗鑒、李福基、趙興昌、胡振平，同意曾入劍橋大學繼續學習；李赴德國漢尼爾理克廠實習，在兩年延期内每人每年發學費一八〇英鎊。

二月二十五日（乙巳正月二十二日），商部照會張美翊辦理移交，并由王清穆核收。

三月五日（乙巳正月三十日），盛宣懷致商部載振電：『如總辦等尚未定人，或可仍令提調張令美翊暫時代理。』後商部派議堂王清穆會同張美翊先行接收。

三月十日（乙巳二月五日），張美翊將經費、文卷目録清册一本、關防一顆、地基圖三册等備文呈請王清穆檢存，並以患目疾爲由請辭。

三月十三日（乙巳二月八日），王清穆致信盛宣懷，暫不同意張美翊辭職，令張暫留公學主校，辦理接收開學事宜，俟楊士琦返滬後再定去留。

三月三十一日（乙巳二月二十六日），商部同意張美翊銷差回籍就醫。

四月一日（乙巳二月二十七日），張美翊卸任南洋公學總辦。

一九〇四年年底至一九〇五年年初，此間南洋公學改隸商部，意味着盛宣懷失去公學的掌控權，是以張美翊亦將離開公學。此從張美翊《致袁思亮書》可見一斑：

伯葵仁兄有道：

手示敬悉。菊生惓惓於公學，當世能有幾人？昨得京師學生函，王慈善（即二班生）在商部學堂程度太高，無人可教。先派爲助教，略給薪水，明年出洋。喜其有出路矣。中國辦事，惟氣焰以取之。毗陵當庚子年何等聲光？迨後稍驕，乃不振至此。要其辦南北洋學堂，不掣辦事之肘，究爲難得。現商先發制人之策，索性請直轄商部。然毗陵督辦之名，若一概抹煞，則我亦不爲楊子萱、朱子文。擬於今夕商定函稿（代毗陵），明日下午與幼舲勘定（府主承囑），非此則毗陵之事終成瓜分局面。然鄙意在定出身，籌經費，以爲擴充計，恐仍辦不到。

前與幼舲長談，深慨府主用人之多，而緩急一無可恃。大老官亦真不易爲。

前詢一節，原知謡傳。豈有君家喬梓而爲此腐敗乎？前令弟偕其婦及古納夫人來樂提摩處，與之一談，知其夫婦有美洲之行，可勝嘆羡。

弟明日午赴樊時勉之約（在徐園），有王、楊兩公，當先以言勉之。旁晚得暇，或夜中，當奉訪。專覆，敬請侍安。美翊謹狀。廿一日。

舊時幕職稱其長官的敬詞爲『府主』，指盛宣懷。『王、楊兩公』乃王清穆、楊士琦。

一九〇五年四月二十日（乙巳三月十六日），盛宣懷辭去督辦。五月一日（乙巳三月二十七日）正式奏辦移交。此間，張美翊離開南洋公學。

五月，參與張謇、湯壽潛、許鼎霖創辦『上海大達輪步股份有限公司』。光緒三十一年乙巳四月二十八日（一九〇五年五月三十一日）張謇致沈曾植函云（李明勛等編《張謇全集》，上海辭書出版社，二〇一二年）：『上海輪步已屬張讓三』，當是張美翊此時已離開南洋公學。此年初，張美翊與張謇聯係密切。

張謇《柳西草堂日記》（臺北文海出版社，一九六七年影印本）：

光緒三十一年（一九〇五）：

乙巳正月九日（二月十二日）：

與讓三訊，托編祝先師及小學校歌鋼琴譜。

乙巳二月九日（三月十四日）：

約同久香、讓三諸人一品香午餐集晤。

乙巳三月六日（四月十日）：

覆易園、讓三訊。十一鐘至舟（江永）。讓三、禹九、彦復、蘭孫同送至舟。

乙巳三月七日（四月十一日）：

與讓三訊。

（五）參與浙江保路

光緒三十一年乙巳六月二十二日（一九〇五年七月二十四日），浙江紳商集議拒絶英美借款，決定集資自造鐵路，創設『商辦全浙鐵路有限公司』。舉湯壽潛爲總理，劉錦藻（澄如）爲副理。

八月，清廷授湯壽潛四品京卿，總理全浙鐵路。

張美翊參與浙江集資自辦鐵路事。

張樹年主編《張元濟年譜》（商務印書館，一九九一年）：

光緒三十一年乙巳二月二十四日（一九〇五年三月二十九日）：

美國協豐公司代表倍次由浙江洋務道許鼎霖、滬寧路總辦沈敦和陪同，於一品香菜館邀浙北各府在滬代表集議籌辦浙贛鐵路事。……出席者有湯壽潛、夏曾佑、張美翊等。與會者拒絶倍次要求。

光緒三十一年乙巳四月二十四日（一九〇五年五月二十七日）：

先生與湯壽潛，夏曾佑、張美翊四人在《中外日報》上發表公開信，駁斥倍次與美國領事捏造浙紳同意與美商合作建造浙江鐵路，號召全浙紳商集資自辦。

《申報》一九〇五年七月二十六日《寓滬浙省紳商議定自辦全浙鐵路致京師各電》：

呈外務部電北京外務部王爺中堂諸位大人鈞鑒：昨日寓滬全浙紳商集議，全浙鐵路議定自辦，不附洋股，蘇杭甬草合同懇請主持飭廢。謹先電達。浙江京官代表孫廷翰、沈衛、張元濟、汪康年；留學生代表何燏時；及寓滬紳商王存善、沈敦和、嚴信厚、龐元濟、李厚祐、施則敬、周晉鑣、沈能虎、徐而谷、夏曾佑、朱佩珍、張美翊、謝炯輝、虞和德、樊棻、徐棠、孫思敬等一百六十人公具。

一九〇六年三月間，張美翊助湯壽潛辦滬杭甬鐵路。

浙江省政協文史資料研究委員會《浙江文史資料》十二輯（一九七九年）：

一九〇六年，奉旨擔任商辦滬杭甬鐵路局總理的四品欽賞銜湯壽潛……由對外交事務較熟悉及曾接觸洋人的巡撫衙門幕友張讓三、宋育仁……同席，由鐵路局幫辦于葵三邀請任芝卿赴宴聚談。

任芝卿（一八五三—一九二七），杭州耶穌教華籍牧師。此人有讓地給外國人之嫌。

同年，十月二十六日，出席浙江鐵路公司第一次股東會，爲湯壽潛的代言人。

湯壽潛《商辦浙江全省鐵路有限公司股東會第一次議事録》（汪林茂《浙江辛亥革命史料集》第二卷，浙江古籍出版社，二〇一三年）：

……丙午九月九日，本公司假小米巷法政學堂開第一次全體股東正式會。……到會股東紳如陸春江中丞、濮賓盧護帥、樊介軒翰講、張菊生部郎、孫問清太史、張讓三直刺。……既就席，職員祝鳳樓君代表總副理宣讀意見書，……宣讀畢，總、副理請股東舉議長，衆或舉張菊生君，或舉張讓三君。兩君謂：實業首重資本，推副理劉澄如京卿爲議長。衆拍掌，復由議長舉金君鞏伯、邵君伯絅、張君讓三、袁君文藪爲整理員。

……議長改宣第四條（規定總副理及董事、查賬人薪水），張菊生君援《商律》請總、副理回避，舉張讓三君爲臨時議長，衆贊成。

……十一日爲本公司開會之第三日。……總、副理以任期太長、月薪太豐，宣布意見書，請張讓三君爲代表，以白話演説之，其文如下：

『潛、藻辦理濡滯，方以一年任滿，汲汲向股東引罪求退，反定月薪，又視蘇省倍。雖章程不専爲潛、藻，且支銷與否，潛、藻亦能自主，第目前已令潛、藻蒙虚名，公司受實害，股東何苦？爲此若不改議，是速之去，徒限久任無益。』

……張讓三君請仍原議，總理月薪五百元，副理月薪四百元。張菊生君言，如此總、副理不得再有異辭。張讓三君謂：如有異辭，由代表人擔其責任。

……議長請股東提議第十條（四省公所合設鐵路學堂）。……張讓三君代表總、副理意見言，此事前經劉副理面允蘇省之約，又與湯總理直接函商，一旦罷棄，殊乖友助之誼。今股東意如是，總、副理亦不便專主，但將來尚須歸董事會詳細酌議。大衆無異言。

《申報》一九〇六年十一月二日《浙路股東開會續記》有云：

同年，參與浙江鐵路公司集股。爲浙江鐵路公司股東（投資五千元），爲整議員。

《申報》一九〇六年十一月五日《浙路公司第一次股東會記事》有云：

（五十整股到會股東）……張讓三。

又由議長推舉張讓三君……爲整議員。

一九〇七年，張美翊代表旅杭寧波同鄉會，參與浙路公司集股。

《申報》一九〇七年十二月二十一日《甬屬集股處認股清單》有云：

旅杭寧波同鄉會四萬股，代表張讓三。

次年，繼續參與浙路集股。

《申報》一九〇八年五月十一日《甬屬集股大會紀事》有云：

周金箴君言：既不獲己願，任事公司，惟不居坐辦之名，不支薪水。……張讓三君言：不支薪水，可從周君之議，至公司應有花紅，於理不能不受。

一九〇七年，汪大燮任外務部右侍郎，奉命與英國駐華公使談判蘇杭甬借款築路事，湯壽潛指斥汪大燮『賣國』。此時張美翊爲署撫信勤代言人。

《浙江鐵路風潮》（第一期，光緒三十三年鉛印本）紀事二則：

其一、《紀國民拒款會開會詳情》：

近日外間謡傳，將掘汪之祖墳。……張讓三君布告會中人云：此事浙路公司電詢各股東，均不贊成。信中丞亦不謂然。請在會諸君，合力籌議保全之策。

其二、《浙路紀事》：

浙省全體因外部勒借英款一事，於（光緒三十三年八月）十六日借仁錢教育會開特别抵制會，……署府信（勤）中丞特派張讓三君代表其演説詞，力主和平，大致謂電稿語太激烈，中丞或不肯代發，當經會衆公議，用國民資格徑電政府。

張美翊參與浙路事，一直受巡撫幕僚身份的束縛。最能説明張美翊兩難境地的是一九〇七年十一月二十日，『國民拒款公會』在杭州成立，推舉張美翊爲副會長。

《申報》一九〇七年十一月二十九日《全浙國民拒款會紀事》有云：

全省國民拒款大會二十日下午二句鐘借兩級師範學堂開會，……經臨時議長布告推舉王夔石相國爲會長，……次由寧嘉代表倡議選舉副會長二人，……張菊生得七十四票當選，次多數爲張讓三君。會員某起言：張君菊生現在上海，一時不能到杭，且上海亦爲機關重要之一區，得張君坐鎮尤資借重。惟會長一席責任重大，勢難久曠，擬請次多數張讓三君代理。衆贊成。張君力辭，並云『某身居幕府，兩涉嫌疑，萬一辦理失當，何顔以對國民？好在信中丞去任在即，某不久卸事，然後可到會辦事，現在不能承認。』經學界書記傅君力勸張君擔任，言：公如可憐全浙同胞，望速出幕府，力負義務。言辭痛切，全座拍掌，張君亦慨允不再辭。

一九〇八年四月二日，『全浙鐵路保存會』在杭州成立。張美翊參與其事。

《申報》一九〇八年四月二日《全浙鐵路保存會記事》有云：

張讓三言：發電無益，不應再出冤錢。如二辰丸一案，粤人萬衆一心。吾浙不妨倣效之，選派代表赴申，結合大團體，用正式之控告。

當時，有謡傳張美翊代湯宣布辭職意見書。

《杭州白話報》一九〇八年四月五日《有意推翻浙路》有云：

初三日，白衣寺開第二次浙路保存大會。湯總理所發表的意見書，即本報昨日注銷繳股以免用存款一節，并無辭職意見。不料某報登有張讓三大令宣布湯總理辭職意見書，……是日會場，張君不但没有代湯總理宣布此意，連議論都没發過。這話不知從何而來？……現開會中同人，已向該報詰責，就是張讓三君，亦不甘受此誣捏。

一九〇九年八月，張美翊等致電浙江巡撫增韞『留湯』。事因是浙江鐵路公司總理湯壽潛因蘇杭甬鐵路風潮，清廷授湯爲雲南按察使，繼又授爲江西提學使，湯均辭而不赴。

《申報》一九〇九年八月二十日《甬人請湯總理上浙撫電》有云：

杭州撫憲增鈞鑒：杭嘉通軌，紹甬喫緊，浙人全體開會，强留湯公，幾於拼命。頃奉電旨，授湯滇臬，人心惶惶，甬屬尤甚，湯去路必不成，乞電奏收回成命候示。寧波紳商學界張美翊、鄭賢滋、馮丙然公叩。

《申報》一九〇九年八月三十日《浙路股東研究會紀事》有云：

浙路股東昨日假錢江會館開研究會，……首由浙路董事孫問清君言：今日之會，以湯總理有簡授滇臬之命，郵部即於翌日來電囑另舉總理，因登報召集杭甬股東研究此問題。……宣布浙路保存會委托周湘舲爲代表，甬屬舉張讓三爲代表。……張讓三言：試舉各路故事證之，閩路陳總理召進京，而郵部未聞有另舉總理之電；蘇路王總理任浙路財政，郵部亦未有另舉之電，何獨於湯則不然？此郵部之用意可知也。鄙人有代表甬城集股處之責，集股處曾告鄙人，杭滬通車後繳股者尤爲踴躍，如湯、劉不留，則萬不繳股。諸股東思玆事之關繫爲何如？周湘舲君又代表浙路保存會宣讀意見書，衆皆贊成，誓不再舉總理，亦决不令總理去。……張讓三言：某敢代表甬股東深表同情。……周湘舲又提議：遞一正式呈文，求浙撫代奏，……沈迪民言：呈文請張讓三主稿，由董事閲後再發。……或洵呈文如何着筆。張君言：總抱不放湯總理、不另舉總理爲宗旨，兼叙及滬杭存款問題未了，尤爲總理未了之經手事件。

同年十二月七日，杭滬新舊董事，爲為浙路請命《致葛振卿暨鄉老諸公》列名。

《致葛振卿暨鄉老諸公》（《張元濟全集·書信》，商務印書館，二〇〇七年）：

北京浙路轉葛尚書暨鄉老諸公……杭滬新舊董事……張美翊。

（六）入幕浙贛

張美翊離南洋公學後，至遲於光緒三十一年乙巳（一九〇五）五月後、七月前，入浙江巡撫張曾敭幕。至光緒三十三年丁未（一九〇七）九月結束。

湯壽潛於一九〇六年十月八日在《時報》發表《答〈南方報〉十一日所登來函》有云：

罵潛『安頓張讓三君於撫幕』。讓公之入幕，是否潛所薦□，筱帥知之。渠以杭地事非多，許久不果來，筱帥屬敦促則有之。

函中『筱帥』乃張曾敭，此知張原不願入浙撫張曾敭幕，張筱帆囑湯壽潛敦促張美翊前來。

張曾敭（一八五二—一九二〇），字筱帆，亦作小颿；又字抑仲。直隸南皮（今河南省南皮縣）人。同治七年戊辰（一八六八）進士。光緒三十一年乙巳（一九〇五）任浙江巡撫。

光緒三十三年丁未九月五日（一九〇七年七月二十八日），張曾敭因秋瑾案民憤太大調任。陝西布政使馮汝騤擢任浙江巡撫，馮到任前，暫由浙江布政使信勤署撫代理。張美翊仍留浙撫。至遲是年十二月，馮汝騤到任，張美翊轉幕浙撫馮汝騤。

《申報》一九〇七年十二月二十三日（丁未十一月十九日）《杭州撫幕張讓三致湯總理電》：

> 上海浙路公司湯鑒：馮帥力任維持，吾公勿信謠言，千萬勿尚意氣，函電斟酌。讓三叩。

馮汝騤（一八五八—一九一一），亦作汝奎，字星巖。祥符（今河南開封市）人。光緒九年癸未（一八八三）進士。

光緒三十四年戊申（一九〇八）馮汝騤調任江西巡撫。

寧波市政協文史委員會編《近現代報刊上的寧波》（寧波出版社，二〇一六年）録有《浙江巡撫馮汝騤奏寧波府法政學堂將届畢業請獎立案摺》，馮汝騤奏摺日期爲光緒三十四年戊申三月十六日（一九〇八年四月十六日）。

第一歷史檔案館編譯《光緒朝朱批奏摺》（中華書局，一九九六年）録有《十九日調補江西巡撫浙江巡撫臣馮汝騤》片，馮汝騤奏摺日期爲光緒三十四年戊申三月十七日（一九〇八年四月十七日）。據此可知馮汝騤由浙調贛日期。

張美翊隨行日期應在一九〇八年八月前後。

據《申報》一九〇八年八月十三日《浙省總教育會開會詳情》，可知此時張美翊參加浙江省總教育會的選舉大會，離杭時間的上限在一九〇八年八月（戊申七月）。

再從八指頭陀、陳三立有關張美翊詩作可知，張美翊在江西巡撫馮汝騤幕中的時期，約自光緒三十四年戊申秋至宣統元年己酉夏（一九〇八年秋—一九〇九年夏）。

光緒三十四年戊申（一九〇八年）八指頭陀贈張美翊（讓三）六絶句（并序）（《八指頭陀詩文集》，岳麓書社，一九八四年）：

> 余耳讓三名，垂三十年，惜未一見。戊申孟冬，君自西江返棹，始得把晤於寒花瘦石間。……君行將仍赴章門馮中丞幕，感爲六絶句贈别，并訂明春天童之游。

序中言『戊申孟冬，君自西江返棹』，與一九〇八年，張美翊《溪上詩人三病夫一狂夫歌》序云『戊申十月，由贛回甬』相吻合。是此間張美翊在馮汝騤幕，暫回甬。從八指頭陀序云『君行將仍赴章門馮中丞幕，感爲六絶句贈别，并訂明春天童之游』可證。

宣統元年元旦，在江西，撰《書江定甫事》（墨迹藏天一閣）。

宣統元年己酉三月（一九〇九年五月），陳三立（散原）從江寧赴南昌與諸友小聚，作《熊文叔招觀三村桃花，林詒書、傅苕生、黎少屏、張讓三、邵蓮士、賀爾翊、文法和、劉皓如諸君同游》（劉經富《陳寅恪家族稀見史料探微》，中華書局，二〇一三年）。證此時張美翊尚在馮汝騤幕。

宣統元年己酉夏—宣統三年辛亥（一九〇九夏—一九一一），張美翊轉幕浙江巡撫增韞。

增韞，字子固。蒙古鑲黄旗人。附生。光緒三十四年戊申（一九〇八）任浙江巡撫。

浙江水文化研究教育中心編《浙江海塘宸翰》（中國水利水電出版社，二〇一五年）録有浙江巡撫增韞所奉光緒帝諭：

光緒三十四年七月十八日有人奏《浙江海塘坍損潰决堪虞請飭親勘派員督修》一摺，所陳各節關繫民命。着增韞詳細查勘，力除積弊，妥籌辦理。

可知至遲一九〇八年八月十四日（己酉七月十八日），增韞已在浙江。

張美翊入增韞幕的日期，應在一九〇九年六月前後。

從八指頭陀有關張美翊詩作可知：

宣統元年己酉（一九〇九）夏《張讓三自江右新歸，枉顧白衣寺，喜贈》：

去冬揮手别，忽忽半年餘。久看廬山瀑，仍還甬水居。吏情閑更遠，豪氣老難除。筇杖引凉步，尋僧月上初。

宣統元年己酉（一九〇九）《題張讓三小像》：

此老誰能識？倏然吏隱間。看雲心更遠，籌筆鬢先斑。世事真成笑，浮生好自閑。請觀身外影，一笑豈君顔！

宣統二年庚戌五月一日（一九一〇年六月七日）《尋張蹇翁夜話》：

庚戌五月朔，冒雨尋張蹇翁夜話有作。

月黑雨傾盆，牽衣夜打門。欲將喫秃意，來與蹇翁論。水月定中影，山河夢里痕。一燈寒自照，了了更何言？

宣統元年己酉（一九〇九），張美翊爲浙江省咨議局常駐議員，宣統三年辛亥（一九一一年三月）辭。

一九〇九年十二月二日，浙江省咨議局閉會。王天松編著《褚輔成年譜長編》（中國文史出版社，二〇一二年）：

余君鏡清係寧波人，以張美翊君確定補入。

張美翊在幕僚生涯中，間任南洋大臣顧問、度支部咨議（見民國《鄞縣通志·文獻志》）。一九〇六年户部更名度支部，張美翊度支部咨議，當爲一九〇六年後。

樂承耀《寧波與辛亥革命》（寧波出版社，二〇〇一年）：

辛亥革命，張美翊終於結束了幕僚生涯。

四、民國時期的張美翊

辛亥革命時，對没有革命黨人血債的前清官吏，原則上持尊重的態度。一般是採取準照原官職級别推舉或留用。浙江革命新軍生俘浙江巡撫增韞、浙江督練公所軍事總參議官袁思永。袁思永是新軍浙江省都督湯壽潛門生、浙江督練公所科員吕公望的上司；增韞任巡撫期間，曾暗中保護秋瑾靈柩。所以由新軍參謀長吕公望提出：浙撫增韞、總參議袁思永，未殺過革命黨。決議釋放。後來增韞任民國參政院參政。

辛亥時作爲巡撫增韞幕僚的張美翊情況如何？

陳去病《鑒湖女俠秋瑾傳》（殷安如等編《陳去病詩文集》，社會科學文獻出版社，二〇〇九年）：

郡人有胡道南者，夙與君忤，至是竟輸其情於紹興知府貴福。貴福者，虜人也，聞之急星夜渡江至杭，白巡撫張曾敭。曾敭以詢湯壽潛、張美翊。曰：『信』。遂遣兵往捕之，君用不免。逾日殺之古軒亭口，時六月六日黎明也。

張美翊幕浙江巡撫張曾敭期間。紹興知府貴福捕秋瑾，上報張曾敭。曾敭以秋瑾爲革命黨事詢問湯壽潛、張美翊，二人據實回答。秋瑾被害後，張曾敭遭社會輿論强烈譴責而調任，四個月後憂懼成疾，辭官。至於『湯壽潛、張美翊。曰：信』，雖然與此事有牽連，畢竟衹是作爲幕僚回答府主的詢問，是職責所在。

《申報》一九一二年一月九日《函紹郡徐紳》：

日前某某諸志士發起杭州光復社，攻訐張讓三，謂係陷害秋瑾女俠之首犯，并指紹紳杜子懋首先告密，分電軍政府及上海各報界，意在興獄。

民國初，確也有人欲以秋案問責張美翊。未遂。是因在秋案後張美翊保護了如朱瑞、俞煒、蔣尊簋等大批革命黨人。

顧子才《浙軍杭州光復記》（丘權政等編《辛亥革命史料選輯》，湖南人民出版，二〇〇八年）：

及至秋案發生，朱瑞、俞煒等均涉嫌疑，商諸蔣，蔣云：『關於秋案，無論如何危險，尊簋可以設法。』不料蔣公亦處嫌疑，乃由同人運動浙紳湯蟄仙、撫幕張讓三在張撫曾敭處緩頰，始免株連。

傅墨正《辛亥浙江光復回憶》（沈祖煒主編《辛亥革命親歷記》，中西書局，二〇一一年）：

浙撫張曾敭自辦理秋案後，本擬按照搜到名册，分别拘捕在省黨人，以圖一網打盡。後經撫署總文案張讓三陳説利害，稱在此民氣激揚之時，不可大興黨獄以激動民變，影響全國安危，不如將名册等等盡行燒毀，以安人心。浙撫允其所請，不予追究。

褚輔成《浙江辛亥革命記實》（柴德賡等編《中國近代史資料叢刊·辛亥革命》，上海人民出版社，一九五七年）：

而内地士紳如……寧波張讓三……等，或斥資接濟黨人，或遇黨案暗中掩護，贊助之力甚大。

范賢方《寧波光復記》（寧波市政協文史資料委員會編《寧波文史資料第十五輯》，一九九四年）：

光復前之寧波吾郡黨人，奉化爲盛。……官吏邀功，欲興大獄屢矣。幸諸鄉老盛炳緯、張美翊，默弭暗消，好事者不得逞。

張美翊曾有恩於革命黨人，所以辛亥革命後仍受尊重。

此間，張美翊曾任教於鯤池書院（鎮海縣中學堂前身）。

入民國後，張美翊無意進仕，生活中大抵有四類事：一是與前清遺老往來唱酬，寄情金石書畫；二是興辦地方教育、衛生事業；三是着意相邦文獻的搜集整理刊刻；四是任寧波旅滬同鄉會會長，做慈善爲人排解紛難，獎掖後進。

（一）『遺老』間往來唱酬，寄情金石書畫

一九一三年四月九日，周慶雲和劉承幹等結『淞社』於上海，首集在海寧絲商徐棣三（鴻達）的徐園（閘北唐家弄『雙清別墅』）。

周慶雲（一八六四—一九三三），字景星，又字逢吉。號湘舲、夢坡（神往蘇東坡）。南潯（今浙江湖州南潯區）人。倚虹樓、天韵樓均爲淞社會飲之地，共舉行過四十餘次雅集。

一九一六年，張美翊參與周慶雲『愚園修禊』。

鄭逸梅著《鄭逸梅選集·風雅巨商周湘舲》（黑龍江人民出版社，二〇〇一年）：

『愚園修禊』，那是丙辰上巳，恰值清明，修禊滬上愚園。……這次修禊，有張石銘、繆荃孫、潘蘭史、章一山、張讓三、陶拙存等。

一九二三年，張美翊參與發起成立東方學會。

俞樟華等著《桐城派編年》（人民文學出版社，二〇一五年）：

王秉恩、柯劭忞、陳三立、辜鴻銘、葉爾愷、鄭孝胥、朱祖謀、陶葆廉、李孺、章鈺、寶熙、王季烈、張美翊、徐乃昌、陳曾矩、陳毅、金梁、劉承幹、王國維、羅振玉等二十人八月聯名發起成立東方學會。

（二）搜集、整理、刊刻、保護鄉邦文獻，主張編刊叢書

張美翊《甬上屠氏家集·序》有云：

文獻凋落，鄉邦之耻。

宣統三年辛亥正月晦（一九一一年二月二十八日），張美翊重裝清初董正國（一六五八—一七二九）《南墩詩稿》。並作題語。

傅璇琮編《濡沫集》（湖南人民出版社，一九九七年）：

按此册有二枚『美翊小印』（朱印），此美翊即張美翊，號讓三、蹇叟，亦爲寧波人，爲清朝末年學者，民國前期曾任交通大學校長，

人稱其時『浙江三傑』之一。此書卷首有張美翊一文，文末署『宣統三年正月晦蹇叟重裝記』。

宣統三年辛亥十月六日（一九一一年十一月二十六日），張美翊題英國傳教士蘭士德著（莫鎮藩等譯）《中亞細亞俄屬游記》（上海時務報館，光緒甲午印本）：

此書於俄屬亞細亞各地游歷參考爲詳，今亦不易得矣。辛亥十月六日，蹇叟重裝記。書中李仲約、沈子培簽記均有考證，擬盡半月之力一疏析之。

『李仲約』乃李文田（沈曾植之師）；『沈子培』乃沈曾植。《中亞細亞俄屬游記》爲光緒十九年癸巳（一八九三）秋沈曾植校刻。次年四月作《譯刻中亞細亞俄屬游記跋》（許全勝《沈曾植年譜長編》，中華書局，二〇〇七年）有云：

其秋從事譯署，奉南海公命，校刻是書，排比衆説，愚管亦附存焉。凡簡端所録，皆順德侍郎説；書中夾注者，朱孝廉説；加按字者，曾植當時所簽記也。

此時爲辛亥革命的動盪時期，尚有心思『重裝』，並擬用半月的時間『一疏析之』。

一九一二年，張美翊重裝《續甬上耆舊詩節録》鈔本，款署：

壬子四月晦，張美翊重裝記。

（鈐印）美翊小印（白文）。

一九一三年，張美翊請馮孟顓手鈔明末清初毛聚奎撰《呑月子集》。八月（癸丑七月）張美翊跋《呑月子集》（張壽鏞輯《四明叢書》刻本，第二集，一九三四年）：

毛象來《呑月子集》，凡詩四首，文七十四篇，首列呑月子制義序，無目録。舊藏鎮亭山房陸師處。今年夏六月，師命長孫寶慈愛伯借讀，因浼馮貞群孟顓傳鈔一冊，並爲裝修完整以答一瓻之惠。謝山先生《毛户部傳》謂竭力求先生集不得，惟先大父曾録其文數篇。凡傳中所述均見集中，惟《孽狐傳》附見續耆舊集，此冊未見。書法古秀，於廟諱不缺筆，當是康熙前鈔本。癸丑七月，後學張美翊記。

一九一四年，張美翊借《宋公文鈔》與孫鏘，以印《宋公全集》（羅月霞主編《宋濂全集》，浙江古籍出版社，一九九九年）：

孫鏘從鄞縣張美翊借鈔明刻選本《宋公文鈔》中有《討中原檄》一篇，爲清時諸刻所未載。

甲、參與編寫天一閣、薛樓書目

早在光緒四年戊寅（一八七八）夏，宗源瀚邀楊振藩（蕉隱）、何松（徠青）編天一閣書目，楊校經子兩部；何校史集兩部，歷時半年。成《天一閣校書記》（未刊），錯漏較多。

一八八七年薛福成命董沛、錢恂、張美翊三人協同編目天一閣藏書，歷時二年編成《天一閣見存書目》（光緒十五年崇實書院刻本四册）。由薛福成『訂定體例，斟分部目』，故名《薛目》。《薛目》是天一閣歷史上最具學術研究價值的三部書目（阮元、薛福成、馮孟顓）之一。而《薛目》實由張美翊總其成。一九一五年范玉森在《嘉靖十一年進士登科録》襯頁上題識（駱兆平《天一閣叢談》，中華書局，一九九三年）有云：

> 蓋先生於吾閣原委最悉，前薛星使刻《見存書目》，先生實總其成，……乙卯仲夏司馬公十一世孫玉森謹識。

寧波府屬鄞縣、慈溪、鎮海、奉化、象山、定海。六邑公會會址在後樂園寧波府教育會（今中山公園内）。一九一三年，六邑公會在後樂園西北部建西式樓房三楹，名薛樓，將薛、吴及以後購贈的圖書，全部藏薛樓，庋藏書籍一萬兩千册。薛樓後來陸續收贖張美翊和蔡鴻鑒墨海樓的藏書。一九二一年，張美翊擬擴大薛樓建築及藏書，改爲公用圖書館。

一九二二年十一月，張美翊招沙孟海、葛夷谷、吴公阜、竺玉殊等人檢點薛樓藏籍，勘誤補遺，編寫書目。《沙孟海全集》（西泠印社出版社，二〇一〇年）第十卷《僧孚日録》壬戌九月二十三日：

> 約同往薛樓編寫書目。

乙、籌款訪贖天一閣被竊書籍

一九一四年夏，天一閣被竊，書籍散售於上海書肆。張美翊在上海設法籌款贖回天一閣古籍。

張美翊求助最早發現天一閣失竊的繆荃孫。

張繆早有交往。張廷銀等主編《繆荃孫全集·日記》（鳳凰出版社，二〇一四年）：

一八九六年：

丙申十一月十九日（十二月二十三日）：

> 詣盛太常不晤。穰卿招飲一品香，華若汀、張讓三、鄭同席。

一九一四年：

甲寅五月十二日（六月五日）：

> 張讓三來。范偉文、引笙來。議贖天一閣事。……讓三名美翊，偉文名玉森；兆淵，引生名。

甲寅五月十三日（六月六日）：

> 拜張讓山，交書單。

繆荃孫謂『交書單』，當是繆荃孫根據經眼的天一閣失竊書所作《天一閣失竊書目》。

張美翊復求助盛宣懷。見一九一四年張美翊致盛宣懷二函（《盛宣懷實業朋僚函稿》，中研院出版社，一九八三年）：

其一、五月十六日（六月九日）：

愚齋先生鈞右：日昨侍坐，備聆大教，憂國如家，今有幾人？荷蒙推愛，致函孫慕老爲兒子道地，極感。茲擬呈函略名條，敢求慕府修正繕清，請公簽月日，或親筆數語，徑寄京師蟄老。致岱杉函、菊老致昭扆函，今日均發，年老志衰，乃效子叔，疑所爲愧汗無地。恭請崇安。屬吏張美翊謹狀。五月十六日。

其二、五月十八日（六月十一日）：

愚齋先生鈞右：連日爲范氏天一閣書事，困難已極。頃天一裔孫往晤食舊廛商贖，而金頌清君輒以王子翁還萬四千金爲言，殊難合龍。前侍請知尊意，以物歸原主爲是，料子翁必表同情。昨晤培老，亦勸和商量。而天一裔孫久滯此間，日益憤鬱。敝同鄉會亦頗擔任籌款。聞宋本已散，而價仍居奇，培老囑美翊訪子翁，商兩全之策，尚未往訪，愚意求公主持，解此難決問題，并代懇子翁爲力，范氏感且不朽。敬請公安。美翊謹狀。五月十八日。

『金頌清』（回族）乃法租界三洋涇橋堍（新北門外天主堂街四三號）的『食舊廛』書店老闆，一九一三年與羅振常合股開店。『王子翁』乃王存善（子展）；『培老』乃沈曾植。

當時王子展欲使盛宣懷購天一閣被竊書，未果。

《繆荃孫全集·日記》（鳳凰出版社，二〇一四年）：

一九一四年：

甲寅五月十九日（六月十二日）：

王子展回條，勸盛宮保購天一閣書。

甲寅五月二十二日（六月十五日）：

得張讓三條，言天一閣事不能挽回，即致羅子敬一柬。

甲寅閏五月一日（六月二十三日）：

讓三改稿來。……范偉君來，以前鈔書目送之。

當時范玉森屢提訴訟，最終法租界受理，是年七月，『六藝書局』『來青閣』『食舊廛』在法租界對簿公堂。

金頌清在致商會的《説帖》中爲叙述與范交涉，提及沈曾植、張美翊名。沈曾植盛怒，責怪羅振常。羅、沈兩家爲姻親。一九一四年七月十四日《羅振玉致羅振常函》（許全勝編《沈曾植年譜長編》，中華書局，二〇〇七年）：

敬弟覽：得手書，知頌清終興訟事，連次苦口勸阻，終不見聽，……而將子培先生及張讓翁名列入，尤爲荒謬絶倫。子培先生爲今日憖遺之一老，我平日北面所師事，人倫道德，并世所無，乃能爲彼等對簿乎？讓三先生，我之舊交，好意出爲調人，亦復牽入。……望屬頌清，速設法將説帖取出，將沈、張二老名速除去。……子培先生及讓三先生皆因兄之故，苦心調護，今頌清乃以怨報德，置兄於何地乎？……一言以明告吾弟，曰：此訟必敗訴，食舊廛不能存立於社會矣。……兄玉手啓。

最終，三家書店被罰款，而范書却一本也未追回。祇有張美翊訪得范氏最珍貴的《科舉録》兩種，歸還天一閣。證之於一九一五年范玉森在《嘉靖十一年進士登科録》襯頁上題識（駱兆平《天一閣叢談》，中華書局，一九九三年）：

先司馬東明府君舉嘉靖戊子浙江鄉試，迄壬辰舉進士。鄉試録、登科録敬藏天一閣，自明迄今四百年矣。去歲夏，閣書失竊，……邑中張讓三先生，先君子舊好也，今夏從上海友人處得此兩録，暨先禮部潞公府君手抄詩稿，交小子還藏閣中。……今雖僅得此三種，而先生之關懷文獻與不忘先人之交情，亦足見矣。用記數語，以志名感。乙卯仲夏司馬公十一世孫玉森謹識。

張美翊曾代『正獻後人』轉贈《絜齋集》八册於天一閣（宋人袁燮謚『正獻』，著《絜齋集》）。正獻後人，疑是袁堯年家。

丙、捜求、校訂張蒼水集

一九〇一年，章太炎鉛印出版《張蒼水集》。原稿出自張美翊所藏手鈔本。張蒼水、張美翊同爲『青石張』。

章太炎《張蒼水集·後序》（《太炎文録初編》，上海人民出版社，二〇一四年）：

《張蒼水集》得之鄞張美翌，……美翌寫本故有校語。

張壽鏞《約園雜著》三編卷一（上海書店，一九九二年影印民國版）：

張讓三丈美翊手校張蒼水公全集十卷，附録四卷，序跋一卷，補遺一卷，題咏二卷，人物考略一卷，傳略補一卷。此即余刻蒼水集於四明叢書第二集所依據，……甲寅五月，讓丈寓於上海賓樂公旅館，因出示鄧本蒼水集手校之稿，且諄諄屬爲速刻。相距二十載始刊成，凡丈所勘校者一一注之，見於集中，以見先輩捜校之勤，且不負曩年付囑之意。今集雖刊竟而丈之手校原稿固珍重若拱璧，因爲重裝，後之人宜寶視毋忽。……乙酉春約園。

丁、編校李杲堂未刻詩文

李杲堂，黄宗羲弟子。

張廷銀等主編《繆荃孫全集・日記》（鳳凰出版社，二〇一四年）一九一四年：

甲寅六月四日（六月二十六日）：

《杲堂詩文鈔》送張讓山。

是年十二月二十三日，馮孟顓跋《杲堂詩文集》（浙江古籍出版社，二一〇三年）有云：

《杲堂文鈔》行於世者凡六卷，……頃張丈蹇安謀刻《杲堂詩文集》，命群任編校之役，并以杲堂族孫彭年君所藏衣德樓本文鈔四冊見示，較黃本增二十四首，……甲寅長至節，馮貞群書於伏跗室。

一九一五年，張美翊致冒廣生函（上海博物館圖書館編《冒廣生友朋書札》，上海書畫出版社，二〇〇九年）有云：

嘗編校錢希聲、張蒼水、李杲堂未刻詩文。

戊、倡議編刊《錢忠介公遺集》《續甬上耆舊詩》《四明叢書》等

一九一二年春，建議馮貞群編錢忠介公（錢肅樂字希聲）遺集，馮貞群《錢忠介公年譜》（張壽鏞輯《四明叢書》刻本，第二集，一九三四年）：

元年春，張丈蹇安美翊屬編《錢忠介公遺集》，……約園主人方刻《四明叢書》，趣其授梓刊布傳餉人間，惜蹇安墓木已拱，不及見矣。重次年譜終卷，因書其緣起如此。民國二十年五月二十七日哺時貞群題記。

一九一三年，張美翊《重編錢忠介公遺集題詞》張壽鏞按語（張壽鏞輯《四明叢書》刻本，第二集，一九三四年）：

壽鏞按：讓三先生題詞，爲馮君孟顓輯本而作，今既得謝山原編本，孟顓以爲一切可覆瓿也。鏞既不忍泯孟顓編輯之苦心，而讓丈平日訪求桑海遺文，枌榆掌故，拳拳之意亦於詞中見之，是可存也，因附於此。

可知後來張壽鏞刻《四明叢書》時，雖已得全祖望全編本《錢肅樂集》，但仍將馮孟顓輯本及張美翊題詞附刻，以志不忘。

一九一七年，張美翊鼓動進士梁秉年（廉夫，張舅父劉藝蘭門人）出資刊刻《續甬上耆舊詩》。次年，由四明文獻社出版。馮貞群《續甬上耆舊詩・考略》（駱兆平著《天一閣研究叢書》，寧波出版社，二〇一二年）有云：

同邑後學張美翊讓三審定，慈溪後學馮貞群孟顓編次。

一九一四年，張美翊曾建議張壽鏞編刊《四明叢書》，直至一九三一年，張壽鏞終於決心編刊《四明叢書》。

張壽鏞《四明叢書凡例》（張芝聯編《約園著作選輯》，中華書局，一九九五年）：

是編之刻，……惟發願在十餘年前，其時張讓三丈猶在，相與勸勉。

馮貞群《編輯四明叢書記聞》（張芝聯輯《約園著作選輯·紀念文選》，中華書局，一九八九年）：

議刻四明叢書，發端於張蹇叜徵士美翊。民國元年二月，蹇叜倦游歸里，來訪鄉先遺書。貞群就所見知者，寫定未刻書目，凡六十種，以募資未集而罷。每遇蹇叜，叜輒津津口叢書不倦。（十一年十月貞群爲友人麗水章閣代編《處州叢書》，叜聞而大喟曰：四明爲古鄮山人始創叢書之地，反不及僻陋山鄉耶？）嘗謂表章先哲，宜刻總集，用力少而傳者衆，資斧省而事易舉。乃於六年八月，慫恿梁廉夫比部秉年，校印全祖望《續甬上耆舊詩》一百二十卷。殺青之日，蹇叜大快曰：『此叢書之嚆矢也。』……夫叢書之議，起於張蹇叜，成於張約園。

己、一九二三年，勸沈補愚校印沈善寶《名媛詩話》

沈善寶（一八〇八—一八六二），字湘佩。錢塘（今浙江杭州）人。江西義寧州判沈學琳女。咸豐時爲吏部郎中武凌雲繼室。陳文述弟子。工詩詞，著有《鴻雪樓詩選初集》《鴻雪樓詞》《名媛詩話》。

張美翊《名媛詩話·序》（《名媛詩話》沈補愚刊本，一九二三年）：

武林沈君補愚久客甬上，出示其祖姑湘佩女史《名媛詩話》稿本八卷，輯清初顧和知迄道光間太清主人。凡閨秀名章秀句，遺聞韵事，都萃於此，誠古今詩話所未有也。女史諱善寶，錢塘沈韵秋州判長女，幼隨侍江右，稍長即工詩善畫。適州判官義寧，以失意鬱鬱死，老弱流滯，越四年始奉母吴浣素夫人回里，旋即棄養。是時女士至貧苦，以鬻詩畫度日。久之，積貲葬其先世八棺祔於祖墓。大事既終，乃適道光乙未進士；禮部主事；吏部郎中；山西朔平府知府；來安武君凌雲。時武君供職京曹，女史從夫僑寓都門。及洪楊倡亂，浙中淪陷，沈氏家毀，有殉難者。嗣是南北隔絶，與女史音問不通矣。沈氏墓在丁家山，亂後祭掃，父老尚嘖嘖述女史營葬事。女史著有《鴻雪樓詩初集》，刊本四卷，始己卯終乙未，蓋其十二歲至廿八歲作。有道光十八年丙申，雲間丁步珊女士及長白富海帆、佟謹堂諸序。嘗師事吾鄉陳籥樓明經權，明經固以詩書畫名家，當時女史尚在室。《詩話》八卷之末，有『癸卯初夏，宗穆君以芍藥來相質，有都中牡丹絶少重臺，遜於芍藥遠矣』之語，則隨宦武君京曹時矣。宗穆君者，宗滌樓給諫稷辰之女，即是編所稱『受業會稽宗康校字』者也。沈君先得女史詩集刊本於無錫華君，復就無錫王君蒓農，得日報附印《詩話》，借鈔校讎。以視其兄伯初手録本，增至十倍，裒然成帙，惟惜書中有闕佚耳。略讀一過，乃知女史閨閣交游，大率名門世族，猶見承平大家風度，而於表章節義貞孝，尤再三致意。其所纂録，非聊爾流連光景，掞張風雅之作。因勸沈君，亟付校印，庶於女學有萬一之助。且此吉光片羽，固歷經兵火，僅而得存者也。

一九二四年捐書東南大學。

一九二四年二月十日竺可楨致張其昀函（竺可楨著《竺可楨全集》第二二卷，上海科技教育出版，二〇一二年）：

其昀同學惠盼：……貴邑張讓三先生，楨耳其名久矣。猶憶十八年前，在上海澄衷學校有同學張君美品，聞係乃郎，未識確否？張君如願捐助珍藏圖書，極所歡迎。專此，順頌近祺。友生竺可楨頓，二月十號。

吴子修（慶坻）曾贈張美翊壽聯云（龔聯壽《中華對聯大典》，復旦大學出版社，一九九八年）：

讀百國寶書，異域見聞，軼段酉陽雜俎而上；集四明文獻，端居著述，正王深寧杜門之年。

晚唐・段成式（八〇三—八六三），字柯古。鄒平（今山東濱州市鄒平縣）人。能詩善文，代表作有志怪小説集《酉陽雜俎》。

南宋・王應麟（一二二三—一二九六），字伯厚。號深寧居士；又號厚齋。祖籍河南開封，客籍鄞縣。理宗淳佑元年進士，寶佑四年復中博學宏詞科。一生著述計有二十餘種、六百多卷。相傳《三字經》爲其所著。

吴慶坻將張美翊與晚唐的段成式、南宋的王應麟并論。段成式年輕時隨父段文昌（曾任四川節度使等職）轉徙各地，了解各地風土人情、軼聞趣事。張美翊早年隨薛福成出使泰西，游歷異域各國；王應麟、段成式、張美翊晚年皆無意仕途；王應麟、段成式、張美翊都富於撰述。比擬確當。

（三）維護地方，興辦教育衛生事業

民國初年，張美翊與陳屺懷（訓正）、馮幵（君木）、洪佛矢（允祥）等創辦國學社。

沙孟海《馮君木馮都良父子遺事》（朱關田總編《沙孟海全集》，西泠印社出版社，二〇一〇年）：

民國初年，各位先生曾一度就郡中後樂園創辦國學社，招收學生，補習經史文學，推陳先生爲社長，執教者又有鎮海虞含章（輝祖）、馮汲蒙（毓孳），皆一時勝流。張讓三先生旅外時多，馮、陳、洪三先生則久處郡中，主持風會。

民國二年癸丑（一九一三）『二次革命』時爲保護地方，秘函鄞縣知事沈祖緜（瓞民）。寧波市政協文史委員會編《辛亥革命寧波史料選輯》（寧波出版社，二〇一一年）：

瓞公左右：

晨起閲報，駭見顧君褫職命令。吾輩苦心孤詣，保全地方，籌借商款，一番好意，概付東流。顧君力持大體，聽商民自由，御兵士有法，何負於大府，何負於地方？下此辣手，是棄吾浙東矣！軍事尊嚴，誠非人民所能干預，然關繫吾浙生命財産，正賴顧君始終保障，此後何所措乎？蟄公去杭，聞今日重來，擬即電催。刻先與洽老諸公密商辦法。另有函致省、洨、冕、季諸公，祈分致。共同籌議，勿遲勿慌，格外鎮定。軍界水陸各團體，求公聯絡勸告，并求顧君通諭安静。吾鄉自有公論，斷不肯令好官受屈，長材遭毁，庶民國前途尚有豸乎！密達。敬問

台祉。

名心叩，十月初一日。

函中『顧君』乃顧乃斌，光復杭州的功臣。一九一三年十月一日袁世凱下令『顧乃斌褫職查辦』。『蟄公』乃湯蟄仙；『洽老』乃虞洽卿；『省』乃盛省傳；『洨』乃章述洨；『冕』乃費冕卿；『季』乃陳季衡。

一九一五年，上海『勸用國貨會』駐會辦事員。

《申報》一九一五年四月十三日《勸用國貨會第三次開會紀》有云：

張讓三君報告各業調查及綢業、紗業贈樣本事件。

《申報》一九一五年七月二日《勸用國貨會近况紀要》有云：

公推張讓三、陳良玉兩君爲駐會辦事員。

《申報》一九一五年七月十二日《勸用國貨會常會紀事》有云：

張讓三起言，減税請願發起，業已多日。現各團體既無覆信，可作爲默認，須及早趕辦。後又由張讓三報告屠景三發起紗廠事，謂係積極上進，諸君須竭力助成之云云。

一九一六年，爲『博文女校』校董。

《申報》一九一六九月九日《介紹博文女校公啓》有云：

博文女校校董譚延闓、張美翊、清道人、章梫同啓。八月十一日。

一九一六年秋，參與『中國烟酒聯合會』反對『袁氏柄政苛税病商』活動。

《申報》一九一六年八月七日《烟酒聯合會歡宴童亦翰》有云：

浙江政務參議會議員童亦翰當袁政府時代避居滬上，……本埠烟酒聯合會因童君現尚在滬，特於前日午刻在四馬路美德利設宴歡迎，該會正副幹事陳良玉、賴漢濱，法律顧問秦待如、金鑒之及張讓三、黄輯虔、裘子怡等亦均在座云。

《申報》一九一六年八月三十一日《全國烟酒聯合會歡送代表入京紀》有云：

全國烟酒聯合會於昨晚（二十九日）假座福州路美德利西菜館歡送代表入京請願，到會者陳良玉、秦聯奎、張讓三……裘子怡謝詞：……再蒙張讓三、俞咏詹先生指教，金律師盡義務編輯意見書。

《申報》一九一七年九月十七日《全國烟酒聯合會選舉大會紀事》有云：

中國烟酒聯合會……開第二次選舉會……來賓張讓三演説，大旨謂我人受公責之苦痛已極，讓三浙人，請以浙論。我浙從前烟如宓大昌，酒如章東明、王恒豫等皆爲國貨之特種，今受苛税營業衰減殊甚。次言美國烟業及法國波爾多酒業團體之堅，每逢選舉必争舉其業中人，以期在政府有提議權，我同人自當效法云云。

《申報》一九一八年十一月十一日《烟酒聯合會大會紀》有云：

中國烟酒聯合會昨開第三届選舉大會……張讓三演説，大旨爲商有關之困難實由於捐税之繁重，然欲除困難，先須官商同氣，官不知商則隔閡多，而商業遂不可問矣。次歷舉捐務上種種弊病，全場鼓掌。

一九一七年四月二十六日、二十八日，張美翊應邀參加南洋公學二十周年校慶，並爲燈賽做評判。

一九一七年，參加黄炎培組織的『中華職業教育社』。

《上海中華職業教育社志》編輯組著《上海中華職業教育社志》（上海古籍出版社，二〇〇七年）：

民國六年（一九一七年）五月五日晚，在上海假一品香飯店召開預備會，……張讓三先後演説，表示非常贊成，願入社爲社員並介紹親友入社。

同年，參與成立『寧波佛教孤兒院』。

《七塔寺人物志》（宗教文化出版社，二〇〇八年）：

岐昌和尚……邀集當地大居士陳屺懷、張讓三……倡議成立寧波佛教孤兒院。

一九一八年，『美國紅十字會徵求贊成員』發起人之一。

《申報》一九一八年五月十六七日《美國紅十字會贊成員啓》有云：

發起人……張讓三。

同年，參與『四明公所』擴建募捐。

《申報》一九一八年三月二十五日《寧波同鄉之慈善事業》有云：

四明公所因寧波旅滬數衆多，其貧苦身後無以爲殮者，該公所向有賒材、停柩及年滿盤運回籍安葬之舉，……張讓三、陳良玉相繼演説，其大致皆以事關同鄉公益，敦勸同鄉熱心贊助，俾得衆擎易舉之意。……推定募捐團員名單……張讓三……。

同年，參與組織『四明公義會』。

《申報》一九一八年七月二十三日《甬紳倣組四明公義會》有云：

旅滬甬紳虞洽卿、謝蘅牕、張讓三、朱葆三、陳良玉等近見天津、北京等處有人發起組織四明公義會，專爲四明各邑鄉間暴露之棺柩無力營葬者，由會中購置義山若干畝，廣收鄉村墟落浮厝之柩盡埋諸山，以免日久零落。

同年，參與成立『鄞奉公益醫院』。

《申報》一九一八年八月十日《寧波同鄉之急公好義》有云：

寧波旅滬同鄉會開鄞奉公益醫院成立大會，到者二十餘人，張讓三君爲臨時主席。

一九二〇年二月，參與寧波三門灣開發事。六月爲三門灣開闢農墾籌備處咨議員。

郭華巍主編《潮落潮起：近代三門灣開發史事編年》（上海人民出版社，二〇一〇年）：

上海中華國貨維持會，中華工商研究會會員奉浙江實業廳長云海秋君公函，以該會陳請開闢三門灣商埠，……張讓三君演説，謂三門灣又名南田港，鄙人注意已歷念［廿］年，今日隨帶該處地圖。昔意大利要求此灣爲租界，雖至劇烈，政府不屈威武，終屬不允，得以保留至今日。今得華僑諸君經營開闢興辦實業，利賴無窮，鄙人極端贊成。

寧波三門灣開闢農墾一事，……云廳長又邀及旅滬紳商張讓三、虞洽卿諸君等二十人以便隨時磋商。

同年六月，『四明公所北廠聯合會』董事、北廠募捐結埼山團團長。

《申報》一九二〇年六月七日《四明公所常年大會記》有云：

當選聯合會董事姓氏如下：……張讓三。

《申報》一九二〇年六月二十七日《四明公所宴會紀》有云：

四明公所北廠募捐團，……結埼山團張讓三。

同年，任寧波佛教孤兒院董事長。

寧波市佛教協會《寧波佛教志》（中央編譯出版社，二〇〇七年）：

寧波佛教孤兒院……民國九年（一九二〇），改設董事會，舉張讓三爲董事長。

一九二〇年夏，鄞奉公益醫院董事。

寧波市政協文史委員會編（《甬商辦醫——寧波幫與近代寧波慈善醫院史料集》，寧波出版社，二〇一四年）：

《鄞奉公益醫院第二次報告書》……中華民國九年庚申歲夏月……董事……張讓三。

一九二二年，與印光法師等人創辦『寧波功德林蔬食處』。

《印光法師文鈔・寧波功德林蔬食處開辦廣告》（九州島出版社，二〇一二年）有云：

此邦道尹黄公，鎮使王公，知事姜公，及張讓三公，吴東山公等諸鄉紳，……創辦本林，提倡素餐。

一九二二至一九二三年，參與發起募捐爲鄞縣監獄囚徒施齋、講佛經。

金兆鑾、黄慶瀾著《感化録》（上海商務印書館，一九二三年）：

又鄞監自壬戌二月二十三日起，至癸亥正月初八日止，由會稽道黄道尹暨諦閑法師并居士張讓三先生等，發起募捐。

張美翊卸任寧波旅滬同鄉會會長後，仍然參與地方的公益事業。

《申報》一九二三年十二月十七日《官紳會議修築南江塘》有云：

由姜知事主席，宣布開會宗旨，并請重修南江塘緣起畢。張讓三、胡叔田、張申之等相繼討論進行辦法。

一九二三年，參與改良育嬰堂、提倡平民教育。

《申報》一九二三年十月十五日《會議改良育嬰堂》有云：

會稽道黄涵之，爲改良育嬰堂事，……到者盛省傳、張讓三、徐耈青、陳子昂、蔡芳卿等十餘人。

《申報》一九二三年十二月二十四日《提倡平民教育之進行》有云：

寧波青年會、鄞縣教育會，……提倡平民教育運動，……張讓三演講，略謂提倡平民教育，深表同情，惟此事既由青年會、教育會二團體發起，請各界協力相助，況平民學校輕而易舉，鄙人願承認一所。

張美翊一直關心華美醫院（寧波市第二醫院前身）建設。一九二〇年，華美醫院蘭雅谷和任莘耕決定遷建新院。張美翊有捐款。同年六月二十一日，張美翊與吴蔭庭爲蘭雅谷六十壽辰暨來華三十周年紀念會，籌款二千八百八十四點六六美元。另外，華美醫院的重要活動，均有張美翊參加。

《申報》一九二三年十一月二十三日《華美醫院八十周紀念志盛》有云：

甬北郊華美醫院，……張讓三宣讀開會詞，報告該院八十年來大略歷史。

《申報》一九二四年二月十七日《歡迎蘭雅各醫士回美》有云：

甬埠北門頭華美醫院院長蘭雅各醫士，……赴申回國。餞行者有黃道尹、林廳長暨耆紳盛省傳、張讓三、吴叔望及該院醫生百餘人。

張美翊一九二三年五月撰有《寧波華美醫院募建新醫院啓》，文存伏跗室（現藏天一閣）。

一九二四年五月二十八日張美翊已經住院。《沙孟海全集》（西泠印社出版社，二〇一〇年）第十卷《僧孚日録》甲子四月廿五日：『醫院謁蹇丈。』此前一個月，張美翊還出席寧波總商會的議事活動。

《申報》一九二四年四月七日《遣散潰兵費分期撥充建築商會》有云：

甬總商會前以籌建會所，擬將六年遣散潰兵費二萬五千元，移充商會建築經費，由各業議決在案。兹因張財政廳長掃墓回里，三日晚由商會正副會長宴請張氏，并邀士紳張讓三、嚴康懋、張申之等作陪。

（四）寧波旅滬同鄉會

在寧波旅滬同鄉會期間，往來滬甬之間十餘年。

一九一一年三月，同鄉會在四明公所舉行成立大會，選沈仲禮爲會長，虞洽卿、朱葆三等爲副會長（《申報》一九一一年三月二十三日旅滬寧波同鄉會職員表》），其中無張美翊，此時張美翊尚在增韞幕中。

五月，同鄉會事務所遷至二馬路（今九江路）七號。

莊禹梅《關於寧波旅滬同鄉會》（中國人民政治協商會議全國委員會文史和學習委員會編《文史資料選輯合訂本第一一卷總第三三—三四輯》，二〇一一年）有云：

辛亥革命以後，……虞洽卿等出來改組，加『旅滬』二字，定名爲『寧波旅滬同鄉會』。會址改在二馬路七號。會長爲虞洽卿，副會長爲王儒堂（正廷），由秘書長（？）張讓三（美翊）住會辦事。

倘莊禹梅所言無誤，張美翊於一九一二年在同鄉會文牘科。但無確證。

一九一二年四月，虞洽卿爲正會長，沈仲禮、朱葆三爲副會長。

《申報》一九一二年四月九日《寧波同鄉開選舉會》有云：

寧波旅滬同鄉會四月七日開選舉大會，到者近二千人，舉虞洽卿君爲正會長，沈仲禮、朱葆三君爲副會長。

一九一三年，沈仲禮爲正會長，虞洽卿、李徵五爲副會長。至遲此時張美翊已與同鄉會有關。

《申報》一九一三年四月二十一日《寧波同鄉會開會志盛》有云：

次由張讓三君演説，詳述同鄉會之成效，寧波人之優點，凡商界學界以及工業、航業，冒險進取，開通風氣，實以吾甬人爲最占先着，上海一隅尤爲之冠，亟應固結團體，協力進行，洋洋灑灑千餘言。……末開選舉票，沈仲禮君當選爲正會長，虞洽卿、李徵五兩君爲副會長。

一九一四年，張美翊參與調處寧紹公司與虞洽卿『甬興輪風波』。

樓鵬飛等《紀實虞洽卿》（《慈溪文史資料》，第二八輯，寧波出版社，二〇一四年）：

> 後來在朱葆三、張讓三等人的調處下，雙方都作出了讓步，寧紹輪公司不再追究他的責任，虞洽卿也將『甬興輪』退還。

《申報》一九一五年十一月一日《寧波同鄉會開會紀事》有云：

> 日前寧波同鄉會開職員會，由會長虞洽卿君主席報告：本會各科職員於去年九月投票選舉，現届一年期滿，……今將職員名單開列於後：……文牘科張讓三、賀寀唐。

《寧波同鄉會開會紀事》有云『去年九月投票選舉，現届一年期滿』，是知一九一四至一九一五年，張美翊確在同鄉會文牘科。

佐證一：一九一四年夏，張美翊爲籌款贖回天一閣古籍致函盛宣懷函有云：

> 敝同鄉會亦頗擔任籌款。

佐證二：《申報》一九一五年五月三日《寧波同鄉會常年大會紀》有云：

> 寧波旅滬同鄉會昨在法租界四明公所，開第四次常年大會，……由會長指定陳良玉、張讓三兩君報告本會上年辦事成績。

一九一六年同鄉會正會長虞洽卿，副會長張讓三、李徵五。

《申報》一九一六年四月二十五日《寧波旅滬同鄉會常年會紀事》有云：

> 寧波同鄉會假四明公所開常年大會，……由張讓三君報告會中迭次辦事成績；……初選正副會長票，當選者十人。虞洽卿君得五百二十五票，……張讓三君得二百五十二票。

此時外界稱張美翊爲『會長』。是因為張美翊此時實際上行會長事。一九一六年七月二日，同鄉會致鎮海商會會長朱彬繩函，爲調解『祀田糾葛案』。函末署款張美翊排序第一，虞洽卿排序第二。

鎮海區檔案局編《朱忠煜百年來鴻録·致朱彬繩函》（寧波出版社，二〇一四年）：

> 彬繩先生閣下：敬啟者，茲據鎮海李湘泉來會，述及其戚梅宏祺與從兄弟宏成祀田糾葛一案。……愚弟張美翊、虞和德、李徵五謹啟。中華民國五年七月二日。

李定夷著《民國趣史·上海之真國慶》（車吉心總主編《中華野史·民國卷》，泰山出版社，二〇〇〇年）：

五年之雙十節，……中國救濟婦孺總會，……選擇幼孩一百六十名，整隊來滬，……繼至商務總會廣肇公所寧波同鄉會，經會長張讓三歡迎。

周言著《王國維與民國政治》（九州出版，二〇一三年），一九一六年七月五日王國維致羅振玉函有云：

浙督招讓老往，乙老頗勸之。

『浙督』乃呂公望；『讓老』乃張美翊；『乙老』乃沈曾植。張美翊未赴『浙督』招，而是選擇留在同鄉會。

一九一七年六月，同鄉會第六次常年大會推舉會長，虞洽卿票數最高，張美翊第二。

《申報》一九一七年六月十八日《寧波同鄉會常年大會紀事》有云：

寧波旅滬同鄉會昨日在四明公所開第六次常年大會，并推舉會長，……選舉結果：虞洽卿五百十票，張讓三百四十票，……以虞洽卿君爲最多數，當選會長。

但由於虞洽卿力辭會長，祇好由張美翊代理會長行事。

一九一七年十一月，張美翊已經代表寧波旅滬同鄉會面向社會，此可證之於一九一七年十一月二十六日，前浙江都督蔣尊簋等宣布寧波『獨立自主』事件。張美翊等致電代總統馮國璋、江蘇督軍李純、浙江督軍楊善德、省長齊耀珊。

《申報》一九一七年十一月二十八日《寧波獨立之滬濱消息》有云：

旅滬浙人之公電：（致北京、南京電）北京馮代總統、南京李督軍鈞鑒：……浙江旅滬學會毛雍祥、寧波旅滬同鄉會張美翊、紹興旅滬同鄉會田世澤全體叩。（致杭州電）杭州督軍省長師長鈞鑒：……浙江旅滬學會毛雍祥、寧波旅滬同鄉會張美翊、紹興旅滬同鄉會田世澤全體叩。（致寧波電）寧波旅司令部諸公鑒：……浙江旅滬學會毛雍祥、寧波旅滬同鄉會張美翊、紹興旅滬同鄉會田世澤全體叩。

《申報》一九一七年十一月二十九日《寧波獨立之滬濱消息二》有云：

北京探投汪伯棠先生暨同鄉諸公鈞鑒：……浙江旅滬學會、紹興同鄉會、寧波同鄉會張美翊、田世澤、毛雍祥同叩。

『寧波獨立』事敗後，張美翊與毛雍祥赴甬善後。

《申報》一九一七年十二月四日《張毛兩氏之往甬》有云：

寧波同鄉會前日特請張讓三君會同浙江旅滬學會會長毛雍祥君，赴甬調查，俾會同寧波商會籌辦善後各事。

一九一八年三月，張美翊稱正會長，副會長方舜年（樵苓）、錢廷爵（達三）。

《申報》一九一八年三月八日《寧波同鄉會開會記事》有云：

首由會長張讓三君主席按照預定秩序登臺報告開會宗旨。

一九一八年張美翊暨同鄉會大事略，均見《申報》一九一八年：

甲、呈文浙江省長道尹預防水患

五月二十三日《寧紹同鄉會預防水患之呈文》有云：

省長道尹鈞右：敬啓者，今春吾浙江水泛濫，聞浙西潮水溢至六和塔一帶，浙東之西江塘尤爲危險。……此係寧紹兩屬旅滬商民共同意見，……紹興旅滬同鄉會田世澤、寧波旅滬同鄉會張美翊、錢廷爵、方舜年謹肅。

乙、興建寧波旅滬同鄉會新會所

爲建築寧波旅滬同鄉會新會所組織募捐，並按集志書。

六月二十六日《寧波旅滬同鄉會建築輸捐之先聲》有云：

去年倡議建築會場，……今年擬續辦各行各業之鋪捐，……現任張讓三、錢達三、方樵苓正副三會長在一枝香公宴或股東同鄉，或經理同鄉之各業經理人。

八月四日《寧波同鄉特別大會紀事》有云：

寧波同鄉於昨日下午二時在四明公所開特別大會，爲籌議建築寧波同鄉會新會所組織募捐團事，……首由會長張讓三君報告開會宗旨。

八月六日《寧波同鄉會募捐消息》有云：

到會者樂振葆君、錢達三君、陳伯剛君、謝蓮卿君及會長張讓三君，商議募捐建築進行各事。

八月十四日《寧波同鄉會募捐消息》有云：

昨由建築總主任朱葆三君及會長張讓三、錢達三、方樵苓諸君俱來邀集各募捐員在一品香開晚餐會。

八月十六日《寧波同鄉會募捐之第九日》有云：

寧波同鄉會募集建築新會所，……會長張讓三致懇托詞。

八月二十六日《寧波同鄉會募捐團大會紀》有云：

寧波同鄉會昨日在事務所開第二次募捐團大會，首由主席張讓三君宣告開會宗旨。

九月四日《寧波同鄉會募捐團大會紀》有云：

寧波同鄉會昨在事務所開第三次募捐團大會，首由主席張讓三君宣告開會宗旨。

九月十七日《寧波同鄉會募捐消息》有云：

寧波同鄉會建築新會所，……張讓三君募張順寶君十元。

十月五日《寧波同鄉會第六次募捐大會紀》有云：

寧波同鄉會建築募捐團，昨在事務所開第六次募捐團大會。首由會長張讓三宣布開會宗旨。

十月十七日《寧波同鄉會募捐消息》有云：

張讓三、顔芝馨君五十元。

丙、排解寧波金融風潮

一九一八年，浙江齊耀珊省長擬革除銀行『貼現』，引起寧波金融風潮。張美翊等人赴寧波排解，致電齊耀珊省長暨浙江省財政廳。

九月九日《寧波同鄉緊急會議爲甬江錢業暫停收付事》有云：

首由會長張讓三君宣告：今接甬江錢業來電，停止收付，本會對於桑梓市面重要之事，誼應出面設法。

九月十日《維持甬市金融之迫切》有云：

寧波旅滬同鄉會爲甬江錢業停市，……該會代表虞洽卿、張讓三、陳蓉館、秦潤卿、傅洪水諸君昨搭新寧紹輪船赴甬，并電致浙江省長財政廳請爲維持。

經張美翊暨同鄉會排解，寧波金融風潮逐漸平息：

九月十三日《甬江錢業恢復原狀》有云：

寧波旅滬同鄉會爲甬江錢業停止收付，日前派代表虞洽卿、張讓三諸君回甬，會同官商和平調處，……現已雙方允洽照常開市。

九月十三日《平現之錢業風潮》有云：

是日自滬來甬之虞洽卿，秦潤卿，傅鴻綬，張讓三，陳蓉館等邀同本埠錢業領袖嚴君康懋、陳君子塤、陳君蘭孫等集議辦法，聞已妥洽，十一日已照常開市矣。

九月十四日《錢業風潮之平息》有云：

寧波錢業停市風潮，現經商會會長費冕卿君暨紳商虞洽卿、張讓三、盛星璇諸君調停妥洽，業於十二日照常開市。

九月三十日《寧波同鄉會呈財政部文——爲甬江錢業事》：

寧波旅滬同鄉會會長張美翊，……嗣得甬江漁業等函電紛馳，僉稱錢業收付停止，……公推美翊暨會董虞君和德等赴甬排解，一面電告旅京會董謝君天錫代表本會詳告李次長李司長，轉請大部核奪。……玆將甬市實在情形及美翊暨虞董和德等赴甬排解并現擬善後辦法，敢爲縷晰陳之：

……美翊及虞董和德等邀請諸同鄉并由恒孚莊東貝君代表張君蘭坪偕同赴甬，面詢甬市各方面詳情，勸令缺單各莊將銀分期籌還。……對於官廳平現一云，會集衆商再三研究。僉稱一時若將現水革除，應先多備現款爲之接濟。……即省議會之建議，祇云平現，并無革除現水辦法。……竊意即欲一律革除，須以年底爲是。……此美翊及虞董和德等赴甬排解之經過情形也。

總之現水爲錢業惡弊，……美翊及虞董和德以道尹知事委曲成全，反遭嚴斥，省電三令五申非并匯費革除不可。……故勸令錢業各商照常營業，靜候善後辦法，由虞董和德趕赴省署，并對張財政廳長及中國蔡行長開誠布公，而將誤會之處一一説明。……總之，定欲一時革除現水未始不可，但須以實力行實事，决不若以一紙空文了之。非備有二三百萬之現洋儲存甬上，遇需要時爲之接濟，半途不得收回，長年不得計息，……以上善後辦法，伏乞大部電咨浙江省長，准予察核辦理，并令中國總行轉咨杭州蔡行長立籌現金巨數接濟，甬市幸甚，敝會幸甚，謹呈。

一九一九年正會長張讓三，副會長錢廷爵、方樵苓。

《申報》一九一九年五月二十五日《寧波旅滬同鄉會大會紀事》有云：

旋開選舉會長票，初選當選者十人：張讓三、方樵苓、錢達三、朱葆三、虞洽卿、樂振葆、陳良玉、方椒伯、陳鏡如、屠景三。

一九一九年張美翊暨同鄉會大事略，均見《申報》一九一九年：

甲、保護浙洋木商

二月十四日《甬人電請保護浙洋木商》有云：

……海盜猖獗，商船被害於前，應請保護於後，乞准予施行。寧波旅滬同鄉會張美翊、錢廷爵、方舜年叩。……楊督軍覆電云：寧波旅滬同鄉會張會長并轉錢、方先生鑒，……善德。

乙、公餞李思浩

二月二十一日《寧波同鄉會公餞李次長》有云：

財政次長李思浩請假回籍，……寧波旅滬同鄉會會長張讓三、錢達三、方樵苓具柬邀請李次長到會。

二月二十六日《寧波同鄉歡迎李次長》有云：

到者有會長張讓三、錢達三、方樵苓及會董朱葆三、周金箴、嚴子均、秦潤卿等八十餘人。

丙、禁米出口

三月三日《旅滬甬商電請禁米出口》有云：

南京齊省長政務廳長財政廳長江蘇省議會諸公鈞鑒，昨見報登日商採運蘇米出口一案，并財政部覆函運米合同，現擬召集臨時省議會商酌辦理等因。……查該案由省會通過，今尚未決議。米商便爾四處囤米，不顧民食。……且寧波内地向資鎮米，久已禁止裝運，豈有蘇米反裝出洋之理。……務乞省長廳長諸長官一力主持，勿弛此禁。……寧波旅滬同鄉會張美翊、錢廷爵、方舜年暨董事等全體公叩。

丁、參與成立上海商業公團聯合會、支持『五四』運動

三月四日《上海商業團體開聯合大會》有云：

上海商界因國内和議停頓，異常恐慌，昨日下午由寧波旅滬同鄉會招集各商業團體特開大會。……公推臨時幹事張讓三、鄒静齋、沈卓吾、湯節之、朱伯當、徐春榮、方椒伯、陳良玉諸君，修正會章，當場宣告成立。……又議函至南北和議總代表，請勿停滯。決議推張讓三君起草。

彭南生著《中國近代商人團體與經濟社會變遷》（華中師範大學出版社，二〇一三年）：

三月二十日推舉虞洽卿爲正主任幹事，鄒静齋、湯節之爲副主任幹事，張讓三爲常駐會中幹事。

同年三月二十八日，代表上海商業公團聯合會，應邀訪南北和議北方代表辦事處。

中華民國史事紀要編輯委員會《中華民國史事紀要》初稿，（中華民國史料研究中心出版，一九七五年）：

本日爲南北和議序停頓後第二十六日。出席上海會議之北京代表辦事處，邀約上海商業公團聯合會代表叙談。聯合會代表虞洽卿、鄒静齋、湯節之、張讓三等四人，於下午三時往訪北方代表辦事處，……商團代表張讓三亦起言：商界志在求和，他事非所願聞，吾儕今日既承函約來此，不得不爲商界請命，尚祈以國家爲重，凡屬公道正義之事，國人無不爲之贊助。

支持五四運動。

中國社會科學院近代史研究所《近代史資料》編譯室主編《五四愛國運動》（知識産權出版社，二〇一三年）記事二則：

其一、五月五日，學生聯合會……并邀集學商工報各界代表開緊急會議：

……學商工報各界代表虞洽卿、黄任之、蔣夢麟、梁治卿、張讓三、方樵苓、朱少屏君及舒惠楨、朱劍霞、張維貞女士等二百餘人開緊急會議。……推葉楚傖君起草電文并宣言書……電報大意，以北京政府庇護賣國賊，主簽亡國條約，北京學生爲國請命，……此間工商界全體於本日起一律輟業，與學界一致進行。賣國賊存在一日，商學工界即輟業一日，誓不反顧。

其二、五月十三日，參與上海商業公團聯合會譴責上海總商會正、副會長朱佩珍、沈鏞『佳電』：

首由公團推舉湯節之報告，今日開會之宗旨，實爲商會佳電事……次由張讓三起言，表明本會并非與貴商會有所反對，祇因佳電失當，現應想一共同挽救之法。……次張讓三君提議，應一并通知英、法、意各國。

戊、爲鹽民請命

六月三十日《定海漁民鬧鹽》有云：

岱山奉幫漁民，因鹽税問題要求不遂，鹽警開槍示威，致相奮鬥。漁民中彈死者六人，傷者二十餘人。

張美翊等致電北京鹽務署張弧、李思浩；杭州浙江督軍楊善德、省長齊耀珊，爲鹽民請命。

七月三十日《甬團體爲鹽民請命電》有云：

寧波旅滬同鄉會昨致北京電云：北京鹽務署張岱杉，李贊侯先生鑒：兹據奉化，定海鄉耆紛來報告，自今歲試辦魚蜇鹽厫蒙聳，增加魚鹽税率驟至二十倍左右，且必經秤放局及緝私營種種手續方准驗放，漁民板户受害叫苦，無可告訴，遂致冲突肇事。……查甬屬海島人民大半倚海爲生，兩公仁慈，洞知板户漁民之苦，……要知岱山板户并非私梟，桐礁漁民豈是竊匪。……應請台端立飭鹽運使撤銷鹽廒，規復舊辦漁引，……總之，浙東産鹽與浙西行鹽情形迥不相同，年來海盗不靖，島民漁船被劫傷人豈止一次？若再追令漁鹽，窮民走投無路，生計盡絶，非特後患無窮，恐於蘇五屬原有引課税有損無益。……寧波旅滬同鄉會張美翊，方舜年，陳仁琅暨全體叩。又電浙江楊督軍齊省長文同上。

李思浩（贊侯），畢業於寧波儲才學堂。

己、電請維持寧波市面

十二月二日《維持甬市電》有云：

杭州齊省長張財政廳長鈞鑒，……甬埠自平現以來，……各業周轉不靈，勢必同歸於盡，……敢懇將甬市危殆情形電陳省憲，迅飭地方官設法維護以救市面、不勝盼切之至等語前來。錢市不通，百業均敝，法令市情，似宜雙方兼顧，伏乞電知地方長官迅賜救濟，設法維持，以安市面，……寧波旅滬同鄉會張美翊、方舜年、陳仁琅叩。

庚、同鄉會新會所開工

十月十二日《寧波同鄉會開工紀》有云：

屆時建築總主任朱葆三，會長張讓三、陳良玉暨各會董會員紛紛莅止。

辛、主持嚴忱熱二周年紀念會

十二月二日《寧波同鄉會消息·開紀念會》有云：

寧波旅滬同鄉會在河南路事務所爲故董嚴忱熱開二周年紀念會，……首由會長張讓三宣布開會宗旨畢。

壬、處理寧紹公司碼頭附近垃圾堆積問題

張美翊等致函滬南工巡捐局局長姚石蓀（上海市檔案館《上海檔案史料研究》，第二一輯，二〇一六年）：

執事允在該處築牆障蔽，以免穢氣薰蒸，而公司亦願津貼費用，洵屬一舉兩得。現值夏令炎熱，關繫更為緊要。

一九二〇年至一九二一年七月底，正會長張美翊。副會長方舜年、陳仁琅。

一九二〇年張美翊暨同鄉會大事略，均見《申報》一九二〇年：

甲、歡迎王儒堂茶話會

二月一日《寧波同鄉會歡迎王使茶話會》有云：

寧波同鄉會昨日下午三時開茶話會，邀請王儒堂君到會，……首由會長張讓三君致歡迎詞。

乙、寧波同鄉會徵求大會

四月十七日《寧波同鄉會徵求會宴會紀》有云：

張讓三會長致歡迎詞，大略不外互助奮進等詞，且謂今日諸君踴躍莅會，襄助會務，自當極力歡迎，惟因地窄人衆，設備難免不完，抱歉良深，尚望諸同鄉諒之。

丙、推選華顧問、解決食米問題

六月八日《寧波同鄉會開會紀事·華顧問問題·食米問題》有云：

寧波旅滬同鄉會因上海總商會函請推選華顧問事，……由會長張讓三主席報告上海總商會來函，請爲推選華顧問數人，……繼又議上海食米問題。……張會長報告訪問沈知事情形。

丁、公宴新任寧台鎮守使王悦山

十一月二十五日《寧波旅滬紳商歡迎寧台新鎮使紀》有云：

昨日上午十二時，寧波旅滬紳商學各界人士，公宴新任寧台鎮守使王悦山於一品香菜館。……到者朱葆三、謝蘅牕、秦潤卿、張讓三、鄔挺生、厲樹雄等四十餘人。

一九二一年張美翊暨同鄉會大事略，均見《申報》一九二一年：

甲、同鄉會新會所落成

二月二日《寧波同鄉會新屋將落成》有云：

會長張讓三君以將來新會所事務較繁，非一人所能將任，爰組織籌備委員會。

乙、援助寧波因查貨被毆學生

五月四日《再志甬學生查貨被毆後之援助》有云：

最後遂公推張讓三會長及俞宗周、任矜蘋二君爲赴甬代表。

丙、解決四中風潮

爲浙江省立第四中學（張美翊曾參與創辦的原寧波儲才學堂）風潮事，致電浙江省長。

六月六日《旅滬甬人爲四中風潮之公電》：

寧波同鄉會會長爲四中校事，致浙省長電云：

浙江省長沈鈞鑒：寧波第四中學校自夏廳長委任校長非人，違反地方公益，凡我甬籍同人，實不願再爲過問。近據鄉人學生來告，四中又大鬧風潮。宋校長、王學監避居旅館，校務無人主持。二十八日載夏廳長寢電開知事張委員、宋校長有電悉，應將違抗各生勒令退校，四年級先行上課等語，不勝駭異。查全校生達百七十餘人，今斥退大多數學生，而獨留將畢業少數人，辦理太無公道，豈一二三年生一百數十人皆不屑教誨耶。曰違抗，曰勒令，以專制手段壓服諸生。敝鄉子弟各有父兄，犧牲光陰，犧牲金錢，終至中途失學，於心安乎？據學生宣言書，物理教員似乎淺陋，又將成績毀棄，用意何在？又斥退十三人，并未蓋章宣布，甚至有廳長擬令宋校長另組新四中，多派警察勒閉舊校之風説。自係謡傳非實，惟轉瞬暑假，諸生失學，倀無所之。半載以來，幾無求益之一日，於心忍乎？同人以爲校長苟有愛護學生之誠意，矜式學生之學問道德，不必敷衍對付，自然悦服。當宋、王初到校時，宣布學生自治，并許延聘教員，支用經費，一律公開，一味見好，誘脅諸生，是破壞校風則有餘，折服學生則不足，今果決裂不可收拾。而夏君猶偏聽宋某，不惜舉全校以殉之。試問果有善全之策否？猶憶去冬廳令，有勵校長『弁髦廳令，形同化外』等語。美翊等正擬質問，以病中止。勵君延豫，累代書香，三世孝廉。美翊二十年前辦南洋公學時，曾聘爲教員，富有學識，歷任本籍校長、教育會長。其人寬博有容，中校教員頗稱得人。今加以『形同化外』四字，是直以野蠻辱我甬人，太無禮矣。從前學政對於教官，禮貌甚優，不以屬員相待，今校長雖不如清代書院山長，以視廣文，似無多讓。夏君出身詞林，躬司教育，誼應尊重師資，使諸生有所敬畏，今出言不檢，一至於此。吾甬壇坫雖衰，故老尚在，豈肯受此無禮之言。應請令知教廳，查明主稿科員，嚴行申斥。以後對於各校，宜從慎重。一面電飭宋某離校，另委賢能。結束年考諸事，俟下學期再謀整飭，以維學務。率臆直陳，不盡欲言，鵠侯［候］示覆。寧波旅滬同鄉會張美翊、方舜年、陳仁琅叩。

丁、創辦義務學校

七月十五日《各學校消息匯紀》有云：

寧波旅滬同鄉會於去年秋季起，創辦義務學校四所，今春又添設一所，……教務主任烏崖琴君報告辦學一年來概況，於制備制服及獎物品二事，承會長張讓三、會董袁履登等特捐款項，表其謝忱。

四、張美翊的著作文章

關於張美翊著作：

其一、《菉猗閣詩集》（董沛、忻江明輯《四明清詩略續稿》（一九三〇中華書局聚珍版）：

張美翊……著有菉猗閣詩集。

但《菉猗閣詩集》未見行世。

『青石橋張』九世祖張錫琨（有斯）著有《菉猗閣詩集》（全祖望選入《續甬上耆舊詩》）。

其二、《張蹇叟先生文稿》（現藏天一閣），爲張美翊逝世前幾年部分文章手稿。

其三、《張美翊存稿》（手稿存張延章《三代齊眉閣初稿續稿》）。

上述三種，均非正式出版物。

著作：

《張美翊先生遺著五種》（《巫來由部落志》《蘇門答剌島志》《婆羅洲志》《檀香山群島志》《澳大利亞洲志》）。一九三七年一月一日禹貢學會出版《禹貢》第六卷，第七、八合期（南洋研究專號）。

編著：

《大清錢譜》（一九二三年拓印本，綫裝）。

參編：

《天一閣見存書目》（光緒十五年刻本）。光緒十年（一八八四）薛福成聘錢恂、董沛、張美翊編。

勘校、審定：

薛福成《庸盦文編》，張美翊、錢恂核校。光緒十三年丁亥一月（一八八七年二月）無錫薛氏傳經樓家刻本。

薛福成《出使英法義比四國日記》，趙元益、張美翊參校。光緒十七年辛卯十月（一八九一年十一月）傳經樓家刻本。

薛福成《出使奏疏》，光緒十九年癸巳（一八九三）張美翊校理。光緒二十年甲午（一八九四）孟冬，張美翊重校，傳經樓家刻本石印。

薛福成《出使公牘》，張美翊校理。光緒二十四年戊戌（一八九八）孟夏傳經樓家刻本石印。

薛福成《續瀛環志略初編》，薛慈明、張美翊編訂校理。光緒二十八年壬寅（一九〇二）冬傳經樓家刻本石印。

陳其鏕譯《蒙古西域諸國錢譜》，張美翊勘定。宣統三年辛亥（一九一一）汪氏振綺堂本鉛印。

世益三、張美翊譯《東南海島圖經》，張美翊述。光緒二十三年丁酉（一八九七）南清河王氏小方壺齋印本。

吴宗濂、郭家驥、張美翊譯《土耳其國志譯略》《羅馬尼亞國志》，張美翊述。光緒二十八年壬寅（一九〇二）無錫薛氏石印本。

世益三譯《暹羅志》《帕米爾考》，張美翊述。光緒二十八年壬寅（一九〇二）石印本。

吴宗濂、郭家驥譯《塞爾維亞國志》《布加利亞國志》《門得内各羅國志》，張美翊述。光緒二十八年壬寅（一九〇二）無錫薛氏石印本。

全祖望輯選《續甬上耆舊詩》，張美翊審定。一九一八年四明文獻社鉛印本。

釋蓮萍纂《天童寺續志》，張美翊訂定。一九二〇年刻本。

校注《張蒼水集》（張壽鏞《四明叢書》）。

纂修方志、族譜：

李前泮修《奉化縣志》，張美翊等纂修。光緒三十四年戊申（一九〇八）木活字本。

《鎮海柏墅方氏重修宗譜》，張美翊纂修。一九一五年六桂堂木活字本。

《上虞永豐鄉田氏宗譜》，張美翊纂修。一九一五年鳳翔堂木活字本。

屠可全等修《甬上屠氏宗譜》，張美翊纂修。一九一九年既勤堂木活字本。

《甬上青石張氏家譜》，張美翊主纂。一九二五年味芹堂鉛印本。

散見零星文章，暫録於此：

光緒七年（一八八一）《節孝汪宜人傳》；

光緒十年（一八八四）《浙海關洋藥税釐并徵防滬土侵銷策》；

光緒十一年（一八八五）《誥授奉直大夫詩春丈鮑先生六十雙壽序》；

光緒二十一年（一八九五）《麗澤課選·序》；

光緒二十四年（一八九八）《出使公牘·跋》；

光緒三十年（一九〇四）《南洋公學張美翊致兩廣督署幕府書》《致張劭熙朱桂辛函》；

光緒三十一年（一九〇五）《叔母陳太宜人七十壽序》；

光緒三十二年（一九〇六）《家寅鮑先生七十雙壽序》；

宣統元年（一九〇九）《書江定甫事》；

宣統二年（一九一〇）《送章生梅先自南昌回諸暨》；

宣統三年（一九一一）《南墩詩稿・跋》；《谿上費瑚卿廣文小滄桑館落成爲賦長歌》；

一九一二年《天童寺寄禪禪師冷香塔銘》；

一九一三年《寧波人開風氣之先》；《重編錢忠介公遺集・題詞》；《吞月子集・跋》；

一九一四年《重修柏墅方氏宗祠記》；

一九一五年《仰喬府君家傳》；

一九一六年《體淨泉記》《慈溪馮聾公生壙志》（胡炳藻書）《論文集要・跋》《艮園詩集・序》；

一九一七年《友林乙稿・跋》；

一九一八年《方公黼臣傳》《族弟湝卿五秩壽序》；

一九一九年《重修回江橋記》《甬上屠氏家集・序》《族曾祖母戴孺人家傳》《上海商業公團聯合公會致南北和議代表》；

一九二〇年《欽旌節孝陳節母江太孺人靈表》《上海四明公所大事記・序》《天童寺續志・序》《上海雜糧公所頌詞》《上海證券物品交易所頌辭》；

一九二一年《甌海觀政録・序》《樹滋堂銘》《林老表嫂李太宜人七秩壽序》《寧波旅滬同鄉會月刊・序》；

一九二二年《屠蔭椿（執規）府君墓表》《句餘土音・跋》《慈溪費君冕卿行狀》《桃花扇傳奇・跋》；

一九二三年《勸世白話文・跋》《名媛詩話・序》《大觀堂文集・跋》《陶陶軒詩集總鈔十卷・跋》《同治象山縣志・題記》《上海四明公所緣起》《四明文獻集目・跋》《沙母周太孺人八秩壽觴詩・序》《瑚卿道兄廣文費先生七十壽觴詩・序》《虹橋別業記》《寧波華美醫院募建新醫院啓》《誥封淑人徐老世嫂洪淑人靈表》《姚團長去思頌》；

一九二四年《邵君明輝墓志》《鎮海王隱君墓表》。

年月不詳《張蒼水先生墓圖識》《張蒼水先生祠廟志》《寧波江北岸巡捕房先後辦法全案・跋》《通議大夫定海錢府君家傳》《謝母王太夫人六秩壽序》《族叔母董老宜人六旬壽序》等。

零星聯語：

輓建威將軍吕道生本元聯：

提軍兩浙，流寓四明，遺愛擬湘鄉，婦孺知公，應效次飛留畫像；老病七年，餘生百戰，獨居感桑海，英靈保我，定依句甬奠兵氛。

宣統元年（一九〇九）輓高鳳岐聯：

敢言直諫獨無官，事尚可爲，那堪抱病憂時局；出令布憲猶有待，靈其不昧，儻見招魂下大荒。

民國四年（一九一五）十月，上虞市小越鎮田家村《田家祠堂楹聯》：

敬仲以卜姓開基，迨齊公子俠徒，族望綿延徵百世；廣文因報官受宅，近漢孝娥故里，宗祊赫奕奠雙橋。

五、張美翊逝世

《沙孟海全集》（西泠印社出版社，二〇一〇年）第十卷《僧孚日録》甲子七月十二日（一九二四年八月十日）：

張蹇丈於十日申刻病故，爲之泫然，人之云亡，吾邑風教文物於斯頽矣，豈但哭其私而已。

《申報》一九二四年八月十三日《名宿張讓三逝世》：

鄞縣張讓三先生，現年六十八歲，前清時曾爲薛福成隨員，游歷歐洲各國。回國後，曾充上海南洋公學提調，及寧波旅滬同鄉會會長。熱心公益，爲時人所重，忽於本月十日下午四時逝世，甬人多聞而惜之。

《申報》一九二四年八月二十八日《總商會職員會記事》有云：

甬總商會於（甲子七月）二十五日下午二時，……爲追悼張讓三先生事，議決本會發起，函請各團體派代表一人到會，匯議追悼事宜。本會推左竹士、袁端甫等十人爲籌備員。

《申報》一九二四年八月十二日《甬同鄉會前會長張讓三逝世》有云：

寧波旅滬杭同鄉會昨接甬電，知該會前會長張讓三君在原籍病故，該會以張君係創造該會有功之人，聞訊極爲哀悼，因於昨日下半旗一天，以表哀思云。

奉化鄔子松（友棟）輓聯（《逸廬詩稿・輓張讓三先生・代謝某》，奉化文獻編輯處，一九四八年）：

幾番鄉治維新，白社允宜推長者；莫問仙迹何駐，赤松應許結同游。

洪兆麟（允祥）《懷張讓三先生》（洪允祥著《悲華經舍詩存・第五卷》，一九三三年鉛印本）：

鄉國論耆舊，如公復幾人。緣何頭雪白，拋却月湖春。有賦皆《哀郢》，無山可避秦。東陽詩格老，江左兩嶙峋。

張美翊去世前自作輓聯（見《沙孟海全集》（西泠印社出版社，二〇一〇年）第十卷）自評甚謙：

歿世定無稱，且莫問學術文章經濟；往生渺極樂，更休論過去現在未來。

一九二六年，寧波人私謚張美翊曰『澄賢先生』，在滬北虹鎮建『澄賢祠』，刻石立碑，紀念張美翊這位『學術文章經濟』均有輝煌建樹，『過去現在未來』皆爲楷模的平凡名宿。

馮君木《張澄賢先生祠堂碑記》（《寧波旅滬同鄉會月刊》，第七三期，一九二九年八月）：

滬甬相去僅數百里，遵海命航，一昔而至。甬人以好游名，集於滬者尤夥，自薦紳碩賈，下至負販雜技，曹進曹退，紛若歸市。蓋居通市僑人什之三四焉，聯誼集謀，乃爲思次，命曰寧波旅滬同鄉會，用舊府稱，取其該也。鄞縣張君，晚謝官政，來長斯會，其紾變經俗，懷保氣類，汲汲焉，皇皇焉，若飢渴之於飲食，而手足之衛其頭目也。君赴事敏捷，洞察物情，駕頤御緐，卒中肯綮。碩頓無知，不循理紀，風之以言，帖然感孚。是故有所汩作，麾手而事集；有所爭競，片言而平息。單貧孤子，莫我敢侮；民生百業，得以維係。中外人士，無不知有寧波同鄉會者，蓋君料理之力居多。君歿且三年，鄉人慕思益勤，既擇日設位，奠於會所，并議所以易其名者，因私謚曰澄賢先生。又有建議者曰，君福我鄉人，亦既沃矣，不有祠祀，何永大惠。衆應如響，遂度地於滬北虹鎮，數月落成。聲詩伐石，諉之馮幵。自世衰亂，吏治廢缺，憲度不修，民漢益深。賢者負經世志，未獲大用，退隱市里，以道整俗，其平易近人，情亡隔閡，較之親民之官，收效彌大，夫使方六七十，無一夫不得其所，是亦爲政。奚其爲爲政，昔陳仲弓懸車邱山，人高重其德，於公相繄，我張公其若人之儔乎。君諱美翊，字讓三。以副貢生兩舉經濟特科；直隸候補直隸州知州；歷充出使英法義比四國隨員；南洋公學總理；南洋大臣顧問官；憲政編查館咨議官；度支部咨議官；浙江咨議局議員；及佐浙江、江西巡撫幕府。文章風節，海內人士，多能道之，兹不具箸，箸其施於鄉人者，并係之以詩。詩曰：

於惟我君，邦之碩士，懷文抱質，爲時模楷；
滬市海大，僑者萬曹，有渙不集，疇恤我勞；
爰作邸舍，式釐百度，冥行方痛，載以桀輿；
君施猶昨，君身已遊，雖則已邈，祠祀有恪；
滬水湯湯，魂來無方，鄉人之思，邦家之光。

張美翊的書學思想管窺

張美翊與陳屺懷、馮君木合稱『浙江三傑』。其中，張美翊年輩最高，長陳、馮二人十五六歲。馮君木的祖父馮一梅是張美翊的肄業師。三傑中張美翊交游最廣，能量最大。一九二三年六月六日（癸亥年四月廿二日）張致沙孟海函有云：『方知老朽交滿天下，亦不讓西溟、謝山。』此非虛語。

張美翊書法也最好。正書從顔真卿、歐陽詢出。

一九二二年五月，馮君木題《僧孚哀集師友尺牘》：『蹇老之疏宕灑落無論已。』

《沙孟海全集》（西泠印社出版社，二〇一〇年）第十卷《僧孚日録》壬戌十月廿七日：『蹇丈爲余寫定潤例，用曲園倣唐人行卷格。書絶疏宕，似山谷晚歲作。』

張美翊書法造詣甚高，却不以書法名世，是因其書名爲文名所掩。倒是有很多學生大有書名，如朱復戡、沙孟海，還有南洋公學經濟特科班的謝沈（無量）、李廣平（叔同）等。

南洋公學學生，雖然祇是學校里的師生關係，但由於一些特殊原因，亦可見師生之間亦情誼匪淺。如李叔同出家時，張美翊急赴杭州靈隱寺，力勸還俗。一九二三年，張美翊倩已是著名的弘一法師李叔同爲書『戒特殺，修淨土』六字懸諸壁間，此時張、李均研習『淨土宗』。

真正耳提面命的學生，當時張美翊身邊四人：朱復戡（名義方，字百行），沙孟海（文若），葛夷谷（暘），張千里（辟方）。沙孟海更多時間是從馮君木學文。另外，還有學生吴公阜，因張美翊多在上海，後改從馮君木學。吴公阜一九三五年去世。葛、張二人亦早逝，故今人多不知。

張美翊一生著述甚多，却無書學方面的專著，而張美翊的書學觀，却實實在在地培養了一流的書法大家。不妨根據張美翊零星言及書學的書信中管窺張氏的書學主張。

一、張美翊的思想體系

張美翊的思想體系，是充滿新舊冲突的矛盾體。作爲清末副貢，張美翊的思想基礎是儒家思想，晚年又好談佛，復號蹇道人，應是儒釋道合而爲一的典型的、傳統的、封建舊式文人。從曾國藩到薛福成，再到張美翊，是一個師弟傳承的體系。張美翊又曾游歷西方各國，並著書介紹西方文化。張美翊既是傳統文化的衛道士，又是開明的新派人物。

張美翊思想體系的矛盾性，在對婦女的態度上表現的尤爲典型。

張氏反對五四以來的婦女社交自由，視之爲『毒蛇猛虎』（一九二三年五月二十一日癸亥四月六日致朱復戡函）。

認爲婦女的新潮服飾『變不像樣，真是妖怪』（一九二三年六月十四日癸亥五月一日致朱復戡函），而反對『各男女妖怪』。

同時，張氏十分尊重婦女，並且是以儒家文化爲根據，而不盡同於西方的女權思想。一九二三年七月八日癸亥五月二十五日致朱復戡函：『老夫主張單妻主義，視婦女甚重，家之興敗，子女之賢否，以女教爲行先。《易》首「乾坤」；《詩》始「關雎」，皆此義也。』

所以事實上新與舊這一對矛盾，共同存在又相互冲突，似乎便是張美翊的思想體系——儒家文化、西洋文化并重；傳統思想、開明思想兼蓄。

二、張美翊治學從藝的思想體系

張美翊治學從藝的思想，自然是其思想體系的間接反應（均見致朱復戡函）：

一九二二年二月六日壬戌一月十日：『脩學敦行，自足振起。』

一九二二年七月十四日壬戌閏五月二十日：『脩學無窮，立行無窮。』

一九二三年七月十七日癸亥六月四日：『脩德保身，親師取友。』『惟大而道德，小而文藝，可以垂名後世。』道德和文藝，二者雖有大小分别，而其實質，則一般無二，相輔相成。

一九二三年十月一日癸亥八月二十一日：『脩學待時，天豈負人哉？』

道德是文藝的根本，道德是靠脩學而來。脩學，是脩身、齊家、治國、平天下的第一步。

張氏還强調（均見致朱復戡函）：

一九二三年七月八日癸亥五月廿五日：『老夫教裴兒卅九年，今始得禮、義、廉、耻及勤儉二字。』

一九二三年十月六日癸亥八月二十六日：『孝弟忠信禮義廉耻八字，萬勿忘却。』

脩學，立行，成爲正人君子，以德治藝，藝如其人。這些都没有脱離儒家思想的説教，張美翊道德準則的重要内容，即是張美翊書學思想基礎。

在脩學的問題上，一九二三年九月八日癸亥七月二十八日張氏在致脩能學社校長馮君木函云：『得夷弟函，知貴社教法乃與敝見符合，此時方知經書之宜讀，以前亦曾主張廢經，不料禍至此也。』

函中『夷弟』，即是馮君木的外甥葛暘（夷谷）。一九二五年，同時師事張美翊和馮君木的沙孟海也轉到該校任教，當時脩能學社聚集的精英之士尚有錢太希、陳布雷等人，可見其學術地位不低，而教法是讀經，浙江三傑中的張美翊、馮君木都明確是讀經派。讀經派反對新文化。

張美翊對蔡元培、胡適、經亨頤等人所倡行的新文化十分不滿，以之爲禍，告誡弟子（均見致朱復戡函）：

一九二一年十月十八日辛酉九月十八日：『書函白話最討厭，勿效爲要。』

一九二三年五月八日癸亥三月廿三日：『新文化，不必學。』

一九二三年九月八日癸亥七月二十八日致馮君木函：『無新文化習氣也』，甚至以爲褒揚之語。

反對新文化，則要求『讀古書』，『經書之宜讀』（一九二三年九月八日癸亥七月二十八日致馮君木函）。

一九二三年五月八日癸亥三月廿三日致朱復戡函：『望賢多近老人、看古書，束身自愛爲要。』

所以張美翊爲朱復戡開書目，贈書。爲沙孟海、朱復戡介紹書界、學界的老人。

張美翊雖然反對新文化，但絶非那種祇鑽故紙堆的迂闊腐儒。而是治學講經世致用。一方面講求多讀古文，繼承國粹。另一方面，張美翊早年隨薛福成游歷各國，看到了西洋文化，也頗吸收西洋文化的先進成分。張美翊與其子張晉、張謙，都能用英、俄、法、德、日五種文字閲讀。重視外語（均見致朱復戡函）：

一九二〇年七月二十日庚申六月五日：『法文仍宜温習勿荒。』

一九二〇年七月二十五日庚申六月十日：『法文會話自佳（然須擇友），而英文必須兼通，方爲適用。』

一九二一年九月十五日辛酉八月十四日：『兩生能得暇看書，日積日富，參以西文，必成通材。』

一九二二年十二月五日壬戌十月十七日：『英、法文極有用。』

一九二三年十月一日癸亥八月二十一日：『賢習英文兼法文，與西文友相交，……老夫之意，大亂之世，宜多交外人，最好與外人營業。……賢若有西友與之辦事，勝於做官。』

都是諄諄告誡弟子要重視學習外語，以便借鏡西學。要學英文、法文，並要有選擇地與西洋人交友，甚至認爲與西洋人經營，與西洋人辦事。

張美翊的『脩學』，是中西兩條綫兼脩，以成『通材』，而不是書法篆刻的『專家』。

對於藝術修養，張美翊也是兩條綫並行。

一九二〇年五月五日庚申三月十七日致朱節鏞函：『將來可造到金冬心、丁龍泓、趙次閑諸家。鄙意以爲此亦技而已。』

金農、丁敬、趙之琛均爲布衣藝術家，相對而言，學術稍遜，對於僅僅是以『技藝』立世的『藝人』，張美翊并不看好。

張美翊自己的一生是追求『學術』『文章』『經濟』（經世濟用），對學生的期望亦是如此。

一九二二年五月二十八日壬戌五月二日，張美翊作五言詩條幅贈與朱復戡：

朱生靜者徒，年少頗愛好。海上賃一廬，云以奉二老。讀書尚不多，學字能獨到。周秦溯籀篆，漢魏兼隸草。老夫嘗謂生，游藝宜進道。雖通別國文，待發儒林藻。經史窮朝夕，金石恣搜討。當爲膚寸雲，毋效方秋潦。邪説與暴行，舉世已顛倒。願生思吾言，勖哉庶永保。

朱生靜堪年少能書，好刻印，各體俱工，若有天授，海上諸老皆矜異之。生年甫冠，前程正遠。從此益晉，豈可限量。賦詩勖能，不僅以金石書畫入《印人傳》中人相期終也。壬戌五月二日，蹇安時年六十有六。

此詩及跋語可謂基本上是張美翊教導朱復戡的總綱。

從張美翊的思想深處，更看重的是『游藝宜進道。』技藝是小，道德是大。技藝當上昇爲『道』，方可傳之後世。此可謂張美翊藝術觀的核心。

解決了認識論，之後就是方法論的問題了。易言之，用什麽方法使能够達到『游藝宜進道』。

第一，是『讀書爲要』。

張美翊一九二一年九月十四日辛酉八月十三日（致朱復戡函）：『做人寫字，勿入歧途。』

是道德文藝要走正道的簡化説法。具體而言，學習藝術，張氏主要强調讀書（均見致朱復戡函）：

一九二〇年六月二十一日庚申五月六日：『能多讀書，文理自然進益；徒作書畫，將爲人役，殊可惜矣。』

一九二〇年六月二十四日庚申五月九日：『多讀書，自有豁然貫通之日。』

一九二一年八月二十五日辛酉七月二十二日：『願賢效我，多讀書爲要。』

一九二一年九月一日辛酉七月二十九日：『老輩自有獨到之處，虛心體會萬勿菲薄，則尤在多讀書矣。』

一九二二年四月十八日壬戌三月二十二日：『望速息心靜氣，日親書卷。』

那麽，讀什麽書？讀書的作用是什麽？

張美翊對讀書的要求，主要還是圍繞培養道德情操，學養，才幹。

一是脩德、做人（均見致朱復戡函）：

一九二〇年六月二十一日庚申五月六日：『多看朱子《小學》第二册，以植做人根基。』『我室中有《勸戒近録》（九録止），共廿册，可取去一部。』

一九二〇年六月二十四日庚申五月九日：『《聽訓齋語》，合《小學》觀之，……《勸戒録》廿本，……時時閲之。』

一九二一年四月三十日辛酉三月二十三日：『少年人得暇必須從事文學，使其志趣高尚，道德進步，庶免墮落。汝宜格外小心，凡事韜晦，必視人較我，好隨處效法，書畫其一也。』

一九二二年二月六日壬戌一月十日：『前人謂朱子《小學》是做人榜樣，賢望徽國，尤宜服膺弗失，以後來函，務須引《小學》數語。』

一九二三年七月十七日癸亥六月四日：『賢與朱子同宗……一部《小學》，尤爲入德之門。』

一九二三年九月七日癸亥七月二十七日：『《小學集注》。（此書最宜熟讀。）』『《五種遺規》（《養正》《教女》《訓俗》，宜先看。）』『《曾文正公家書》《家訓》（……必須看。）』

朱子理學，是自宋末以來，一直處於統治地位的思想理論。

曾國藩《家書》《家訓》，内容涉及小到人際交往瑣事和家庭生計瑣事；大到治學脩身、進德脩業、經世致用、内政外交、經邦緯國之道。是晚清以至民國脩德經世的必讀之書。

二是增長才幹（均見致朱復戡函）：

一九二〇年六月二十一日庚申五月六日：『在交易所可帶《古文觀止》一册，法文一册，以時温習。』『老夫前教汝讀《古文觀止》，今教汝讀《左傳句解》。』

一九二〇年六月二十四日庚申五月九日：『《薛星使全集》，……有古文，有公牘，有書函，極博極精。』

一九二〇年七月二十五日庚申六月十日：『《勸戒録》敘事明晰，可知文法，然須讀《左傳》，古文方成片段。』

一九二二年十二月五日壬戌十月十七日：『留心《説文》，小學自然進步。』

三是養筆下之書卷氣（均見致朱復戡函）：

讀書，對於掌握文理、文法、公牘、書函。這些學養都是治藝必須的根本。多讀書，才能長見識，寫文章。

一九二〇年七月二十五日庚申六月十日：『且篆隸正草，亦須讀書多，見聞廣，則出筆自然淵雅。』

一九二〇年八月十二日庚申六月二十八日：『凡學字，先宜多讀書。』

一九二二年七月四日壬戌閏五月十日：『近考鄧完白事，知鄧少亦不甚讀書。特好隸篆而有誤筆，惟張皋文編修一見之，勸其習《説文》、小學書，博觀碑版，遂以成名。』

一九二一年八月二十五日辛酉二十二日：『曲園篆隸楷，全是書卷氣，老輩自有獨到之處，虚心體會，萬勿菲薄，則尤在多讀書矣。即以書牘言，亦須多看《名人尺牘》。』

張美翊對尺牘特别重視（均見致朱復戡函）：

一九二一年十月十八日辛酉九月十八日：『孟海書札大佳，今附覽，書函白話最討厭，勿效爲要。』

一九二二年二月六日壬戌一月十日：『望賢留意尺牘，萬勿亂説亂寫，爲人笑話。賢試觀前賢手牘，何等矜慎，可妄爲耶。』

一九二二年五月七日壬戌四月十一日：『來牋寫作俱佳，就此研究古人書牘，可以獨步江東。』

一九二二年五月十六日壬戌四月二十日：『賢尺牘大進，可以應世。』

一九二二年七月十四日壬戌閏五月二十日：『沙、葛諸生謂賢書函好，老朽則謂尚不免火氣。』

一九二三年十月六日癸亥八月二十六日：『來函具悉，今爲改定奉還，以後常常如此，可作教課何如？』

把作爲通訊工具信函作爲教課（均見致朱復戡函）：

一九二一年九月十二日辛酉八月十一日：『虎賁實似中郎……何必近捨皇甫湜，遠求白樂天耶？此二典出處，望賢與千里覆我。』張美翊爲督促朱復戡（包括張千里）養成讀書究根尋源的學風。

一九二三年十二月十九日癸亥十一月十二日：『百里奚與其妻炊扊扅，卒爲秦相（見《古人典林》，試考之記之）。』亦是此意。

此類事又見一九二二年五月一日壬戌四月五日題屠武仲家藏《穆氏先塋石表》：『山谷老人題語「聞李監石刻之所在，無風雨晨夜」下語氣未絶，當檢山谷文集校之。』『《石表》爲河南穆庭秀、伯初父子而作，文亦出魯翁手，稱述穆氏父子孝友隱約如東漢人，頗簡古可誦，不但篆書勝也。』

張美翊爲督促學生對於碑帖考鑒亦如此，一九二二年十月二十四日壬戌九月五日題葛夷谷《東坡七集》：『陶齋曾刻成化本《東坡七集》，盍取校此帖，注其來歷。』

《沙孟海全集》（西泠印社出版社，二〇一〇年）第九卷《僧孚日録》辛酉十一月十一日：『過謁張蹇丈。……因勸吾輩爲學，宜先務廣博。』

這些都是因爲張美翊要求學生要成爲真正的書家，必須能够連作帶寫，書文并茂，不僅僅衹能抄寫别人文章。

第二、取法乎上——師法古人，另闢境界。

學習書法，首先是『師古』（均見致朱復戡函）：

一九二一年九月二十七日辛酉八月二十六日：『古之所無，不可自造。』

一九二三年二月六日壬戌一月十日：『專心師古，勿逐時流。』

一九二二年九月二十七日壬戌八月七日：『師古人然後知今人來處，寐叟、缶老另闢境界，正其獨立處。』師法前人，然後方能另闢境界，自立門户。

『師古』，主要在幾個方面：

（一）重視古文字（篆字）

張美翊的書學思想體系中，最爲突出的是對篆書的重視，尤重石鼓文，並對晚清研究、書寫石鼓文的各家各派，均有研究，具有精闢的見解（均見致朱復戡函）：

一九二一年四月二十日辛酉三月十三日前後：『雪堂考釋石鼓文，空前絶後，潘勖以下，皆弗如矣。昨夕校對汝篆，乃猶過之，此手可值萬金。能縮臨照格一册，又顧研本一册，如此格大小，可付石印，必驚倒老輩。』

一九二二年六月二十九日壬戌閏五月五日：『石鼓文考釋，所見甚多，人各一説，雪老本自較確。將來刻石，必須審定釋文，不使稍有罅漏，貽笑通人（石鼓絶學，錫山安本、國子監本、阮本、羅釋，合參可已）。』

一九二三年五月十八日癸亥四月三日：『石鼓……《因宜堂》本蓋參楊慎説也。』楊慎《石鼓文音釋》有僞托之嫌。

一九二三年五月二十三日癸亥四月八日：『異於王虚舟、錢十蘭之墨守；亦非鄧完白、吴昌老之變態。』『老夫嘗謂鄧篆自秦碑出，故兩脚長；吴篆自金文出，故左脚伸右脚縮。賢以爲然否？（近煩朱酇卿楷寫張叔未跋顧研《石鼓》於羅雪老釋文後，容并寄。）近代篆書，完白而後，缶老實爲獨步（海藏亦稱之），殆與海藏行草另闢一面目，爲古人所無，此評何如？雪老學人之篆，又當别論也。鄦意煩賢用朱筆在青田石縮寫《石鼓》，大約以阮刻及張芑堂《金石契》爲底本，參以羅釋。』

一九二三年五月三十日癸亥四月十五日：『鄦意《石鼓》而外，再縮摹李斯《嶧山》《會稽》（皆有之，可寄上）、《碣石》（雙鈎在賢處，極難得）、《刻石泰山》二十九字、李少温《城隍廟碑》《栖三墳記》，冬閑再寫《説文》九千數百字一部，可以横絶古今，豈特爭霸海上而已。』不學清人篆書，是取法乎上。

（二）通小學，碑、帖、金石兼融

張氏對書法超凡的見解，與碑、帖、金石學的研究很深以及家藏甚富有關。

光緒三十四年（一九〇八）李前泮修《奉化縣志》四十卷中的《奉化縣志金石》，即張美翊所輯。

一九一七年張美翊致冒廣生函（上海博物館圖書館編《冒廣生友朋書札》，上海書畫出版社，二〇〇九年）有云：『今歲校閲《金石全例》諸書，乃知徐刻元本潘《例》，反不如盧刻遠甚，因於碑版體例領會頗多。』

張美翊一九二一年九月六日辛酉八月五日致沙孟海函：『喜賢通小學，不慕榮利，此真吾黨星鳳。』

一九二〇年六月十八日庚申五月三日致李梅庵函：『舊藏《文公下碑》，自較新拓爲勝。』『如有臨本《流沙墜簡》，檢賜一二，俾得學習。』贈李梅庵拓片，亦向李梅庵索西北漢魏簡牘臨本。

一九二一年七月五日辛酉六月一日致朱復戡函：『徐積翁送來鼎文、洗文。』得徐積餘所贈。

贈朱復戡，與朱復戡言及金石（均見致朱復戡函）：

一九二〇年四月二十日庚申三月二日：『龍門山造像二十種，……以贈朱生義方。』

一九二〇年六月二十一日庚申五月六日：『家中懸《三老碑》及《馮使君神道》。』《三老諱字忌日碑》《馮焕神道闕》，皆爲漢碑。

一九二〇年六月二十四日庚申五月九日：『刻檢出《大代華岳廟碑》，系劉鐵雲石印孤本，甚不易得。其碑文書法與《中岳嵩高靈廟碑》相同，惟中間《嵩》《華》詞句换易而已。然《中岳》大半漫滅，惟《華岳》大可臨摹。清道人所寫「寄禪塔銘」，皆從此出。』

一九二〇年六月二十六日庚申五月十一日致朱復戡函：『我房中「北魏」已裱一包，倚在壁上。』皆爲魏碑。

一九二一年二月三日庚申十二月二十六日：『今頗檢書帖碑版，將帶滬供臨閲。』

一九二一年九月十四日辛酉八月十三日：『《道因碑》殊可學。』《道因碑》，唐碑。

一九二一年九月一日辛酉七月二十九日：『商務印書館印晉苻秦《廣武將軍弓産碑》，王孝禹觀察藏本，今歸菉猗室主黔人姚華茫父，姚云：於《爨寶子》見古隸之結局；於《弓産》見今隸之開宗。老朽未見此碑（老友徐積餘觀察有拓本），望爲代購一册寄示。』

《沙孟海全集》（西泠印社出版社，二〇一〇年）第九卷《僧孚日録》辛酉九月廿日：『夙聞百漢碑研齋名，心竊高之，憾無由全睹其拓本。今日乃於蹇丈許見之。』

『百漢碑研齋』，即百漢碑研齋縮本各種漢碑，清嘉道間萬廉山藏並編；王應綬縮摹，清光緒十八年（一八九二）有石印本。

張美翊對碑帖『好漢隸唐碑而不喜齊魏』，對清末民初書家大都學魏碑的時風，有自己獨立的見解，一九二〇年四月二十日庚申三月二日爲朱復戡題：『龍門造像皆方筆，康南海極稱之，余不甚以爲然。學之得其神則可，徒效其貌，祇增俗惡。』

並且，對於清末以來抑唐揚魏，重碑輕帖的時風，也不以爲然，而是主張碑帖相融（均見致朱復戡函）：

一九二〇年七月二十日庚申五月五日：『汝行書頗有進步，日觀《戲鴻堂帖》，玩其用筆，自有悟處。』

一九二〇年七月二十五日庚申六月十日：『書法亦入圓潤一路。』

一九二一年九月一日辛酉七月二十九日：『賢字頗有圓轉飛動之致，能摹過庭《書譜》、平原《坐位帖》，多閱《戲鴻堂》中行草，自有進步。』

（二）尚拙、尚奇崛、尚精細的審美觀

張美翊是寫爨寶子的高手，曾言朱復戡爲其捉刀寫小爨：『百行寫《壽蘇詩序》，倣小爨，絶佳，究不能效老朽之拙也。』（一九二二年六月壬戌五月致沙孟海函。）

張美翊致朱復戡函又云：

一九二〇年八月十二日庚申六月二十八日『得二爨二廟，可以横絶一世。』

一九二〇年八月二十八日庚申七月十五日：『《大代華岳》……《嵩高》亦購得，將來交汝，合裝一册，以配二爨，學之可横絶一世。』

一九二二年七月十四日壬戌閏五月二十日：『近見清道人臨《爨龍顔》《嵩高靈廟》，真入化工，此境誠不易到。』

『二爨二廟』的精神所在是『拙』。此中反映了張美翊書學觀的一個側面。並且，亦喜《石門銘》《瘞鶴銘》『拙』類的楷書（均見致朱復戡函）：

一九二〇年八月十二日庚申六月二十八日：『王遠《石門銘》，康南海所自出，超逸有致。』

一九二二年五月二十三日壬戌四月二十七日：『稍緩當有縮本《鶴銘》奉贈（賢《鶴銘》人謂佳）。』瘞鶴銘傳爲南朝梁時物。亦古拙可喜。後又爲朱復戡作《瘞鶴銘集聯》廿餘耦。

一九二三年四月二十二日癸亥三月七日：『望賢爲我寫《瘞鶴銘》或《大代華岳》體。』

一九二三年五月十七日癸亥四月二日：『童君幃，有人見之，謂寫得奇崛，最合鄙意。』

以『奇崛』爲美，張美翊的書學觀之一。

與尚拙、尚奇崛的同時，張美翊亦尚精細。

作爲科舉出身，自然對清代科舉中的『館閣體』感受良多，並受到相當强的應試書法教育，是根深蒂固的。所以張美翊十分重視、强調寫小楷，不止一次地要求朱復戡（均見致朱復戡函）：

一九二〇年六月二十四日庚申五月九日：『書法宜大不宜小最爲喫虧。汪淵老密行小楷，可愛之至；鄭蘇老能寫廿四方摺扇。』

一九二一年九月二十七日辛酉八月二十六日：『漢唐以來大法家皆工小字：蔡中郎《石經》字僅及寸，魯公《麻姑壇》尤小；山東新出漢《杜臨封冢記》（我有之）隸書僅半寸。王右軍小字極工，無論趙、董諸家矣。蘇堪能寫十六行摺扇，雪堂題跋全倣正三，凡人能小字者，必享高年。』

一九二三年十二月十九日癸亥十一月十二日：『近觀覃溪題跋，小字筆筆從歐、虞出，賢能購翁書看之否？』

張美翊對自己的孫子學書也是重小楷，在致沙孟海的函中多次言及（均見致沙孟海函）：

一九二二年四月十三日壬戌三月十七日：『兩孫擬先習五分小楷，令其心細。』

一九二二年四月二十六日壬戌三月三十日：『老朽見弟與鄭卿細書，主張小楷。』

一九二二年八月三十日壬戌七月八日：『每日責令多臨小楷以收放心。』

（四）雅俗共賞，內容決定形式

工、拙均能得心應手，遂能雅俗共賞。

張美翊的書學觀是尊重客觀現實，重視雅俗共賞，對於書法的要求，是真正鬻藝者的行爲，靠的是藝術品而非靠地位，所以寫作品要看對象受主和內容、用途。有時可怪環，有時則雅俗共賞。作品高古，雖是藝術的追求，却會『難適俗眼』。

一九二一年九月十二日辛酉八月十一日致朱復戡函：『擬在斗中寫「萬世師表」四字，無款，字須端正勿怪。』『萬世師表』是稱頌孔子千秋萬代是人們的表率，最早見於《三國志·魏志·文帝紀》：『昔仲尼大聖之才，……可謂命世之大聖，億載之師表者也。』清康熙皇帝曾親書匾額『萬世師表』，下詔懸於孔廟大成殿梁上，是用楷書。要用楷書書寫世代敬仰的楷模，當然要求『字須端正勿怪』，如此則內容與形式高度吻合。

而給有『金銀氣』的俗人寫作品，一九二一年九月五日辛酉八月四日致朱復戡函：『兩聯不妨稍用野人頭，金銀氣以金石氣壓之。』不必寫得端正，甚至可以如寧波方言『賣野人頭』，故弄玄虛，野一些。

寫賑災聯，一九二二年十二月二十六日壬戌十一月九日致朱復戡函：『黃涵老各件，祇求入時。』因助賑祇爲賣錢，『入時』好賣。

寫自己的詩，一九二三年五月十八日癸亥四月三日致朱復戡函：『望以《李仲璇》參北海書之，不妨怪環，自有人識貨也。』融合魏碑和李邕，可以寫得『自我』一些，更注重藝術性。

寫壽屏，一九二三年五月二十一日癸亥四月六日致朱復戡函：『茲寄上薛君壽詩一首，望加功寫入綾屏中，不可草書。』給張省長的老父寫壽屏，一九二三年十二月一日癸亥十月二十四日致朱復戡函：『約合《猛龍》《寶子》爲之。』『必須雅俗共賞，勿好古，勿作怪。』

書寫的內容也決定書寫的形式。一九二四年一月八日癸亥十二月三日致朱復戡函：『并代書族人「飛雲仙館」四字（牋附上），須寫得飛舞。』

書寫的『正』與『怪』，是看內容、看對象，正所謂內容決定形式。張美翊的書法觀是書法也要多面手，經世致用。

（五）因材施教

張美翊一九二三年九月十日癸亥七月三十日致顧鼎梅函：『書法一門，殆天資勝於學力。』但并非絶對的先驗論，而是同樣重視後天的讀書和社會磨礪。

一九二〇年五月五日庚申三月十七日爲朱復戡題：『吾甬梅墟朱生義方，字百行，號靜堪，侍父母客海上，年尚未冠，於作字若有天授，乃正宜從師讀書。』『朱生靜堪年少能書，好刻印，各體俱工，若有天授。』

在致朱復戡的函中則屢屢教導（均見致朱復戡函）：

一九二二年四月十八日壬戌三月二十二日：『賢性氣高傲，此時務從謙和入手。』

一九二二年二月六日壬戌一月十日：『有少年恂恂態度，萬勿囂且塵上，炫己而薄人。凡人宜雅不宜俗，一染俗氣，無藥可醫。』

一九二二年六月二十一日壬戌五月二十六日：『少年不經社會磨礪，不知多數情狀，特須外圓内方，能自立耳。』

一九二二年七月十四日壬戌閏五月二十日：『望賢虚心抑志，取人爲善。』

一九二三年五月八日癸亥三月廿三日：『露才揚己，古人所戒，賢爲人能如此，進矣。賢譬如藏玉於山，藏珠於淵，寶光奇采，必不可掩。然此時尚須如被褐之懷，不必衒以求售。』

張美翊之所以不厭其詳地屢屢教導朱復戡『忌俗』『戒露』『磨礪』『虚心』云云，均是因爲朱復戡桀驁不馴的性格，所以對其書法要求也是多以『收斂』教導之（均見致朱復戡函）：

一九二一年九月十五日辛酉八月十四日：『八言神似海藏而筆鋒收斂，去其老年獷氣。』

一九二二年七月六日壬戌閏五月十二日：『書法古而不放，可喜之至。』

一九二三年六月癸亥四月間：『行草筆筆收斂，寫得甚好。』

而對葛夷谷，則是相反：

一九二一年十月二十日辛酉九月二十日致沙孟海：『夷伯歸來，囑其放筆作書。』

或求『收』，或求『放』，反映張美翊的因材施教的書學觀。因朱復戡狂放，故要求其『不放』『收斂』。葛夷谷太老實，則要求其『放筆作書』。無獨有偶，張美翊對沙孟海亦是要求『放筆』：

《沙孟海全集》（西泠印社出版社，二〇一〇年）第十卷《僧孚日録》壬戌十二月廿六日：『謁蹇丈，丈於吾輩舉止無不關心，細事小節指導周至。《費冕卿傳》，丈評既畢，以用筆欠放相戒，題記百餘言，當好藏之。』

最令人忍俊不禁的是張美翊對年齡僅比朱復戡大兩歲的沙孟海說：『朱百行違省久，恐其誕傲，遣書問之。近得函，謂用心極細，尚可教。』（一九二二年四月二十六日壬戌三月三十日致沙孟海函。）

一九二三年六月六日癸亥四月廿二日致沙孟海函：『真天真爛漫，幸其有志向上，有師友挾持。』

這是因爲青年時期的沙孟海比較老成持重的緣故，從張美翊致沙孟海的信函中，張對沙是比較客氣的。而對朱，則多有訓導。

（六）融會貫通，有我在

書法能够達到多面手，各體兼擅，并非目的，必要能够融會貫通，形成自我，用寧波土話説是『年糕混炒』（均見致朱復戡函）：

一九二三年五月十七日癸亥四月二日：『略倣《集王聖教》，參以《李仲璇》、北海，寧波土話「年糕混炒」，惟賢能之，惟老朽識之耳。』

一九二一年十月十八日辛酉九月十八日：『定海方藥老自普陀來訪，謂賢臨字皆像，然是人家字，非自己字，書字必須有我在。』

一九二二年四月十八日壬戌三月二十二日：『然仍宜卓然自立。』

青年時期的朱復戡學吴昌碩，張美翊屢屢教導『勿落缶老一派』。

一九二二年九月二十七日壬戌八月七日：『空同來函極稱賢才品出衆，又謂近寫《石鼓》，不落缶老一派。』

一九二二年十月四日壬戌八月十四日：『賢刻印無缶氣，極好。』

一九二三年五月十七日癸亥四月二日：『勿落缶老一派。』

一九二三年五月二十七日癸亥四月十二日：『賢志趣高尚，矯然獨立，雖海上塵俗，毋得而汚之，欣慰無已。』

一九二三年六月十四癸亥五月一日：『印學無窮，尚望師法前人，自闢門户，合浙、皖爲一，極是。』

結語

一八九八年（光緒二十四年）九月，張美翊致汪康年函：『辦事者必才、識、量、品俱優，又加以忍辱負重，委曲求全，方能收效。……處此時勢，惟須儘我可爲之事，如勸學明農，奬掖後進、開通民智，則教一人得一人之益，教一鄉得一鄉之益』，可知張美翊奬掖後進的初衷。

《沙孟海全集》（西泠印社出版社，二〇一〇年）第十卷《僧孚日録》癸亥十二月八日：『張蹇丈每與申友書，必及余與夷父、百行三人。前輩奬借不忘如此。』

朱、沙、葛三人的『潤例』，都是張美翊手定。

《僧孚日録》癸亥九月九日：『與夷父、公阜往東門取前命工排印余與夷父書例（蹇叟先生代定）。』可見張美翊對當時在上海的三個學生的至愛。

尤其是對沙孟海、朱復戡二人，早在一九二二年七月四日壬戌閏五月十日致朱復戡函：『賢字可壓倒清道人、缶老……方駕石如……此後獨季江東，惟賢是賴矣。』一九二三年五月八日癸亥三月二十三日致朱復戡函：『沙孟海，老朽爲評文，年少英器，未可限量。』一九二三年七月五日癸亥五月二十二日爲朱復戡題：『朱君百行……於鄧、吴之外，別開面目。弱冠之年，所詣至此，進境未可量也。』

後來朱復戡、沙孟海二人均享盛名，既可見張美翊慧眼獨具，也可見張美翊對自己的書學充分自信。而張美翊書學思想的核心則是：藝進於道。

張美翊手札考釋注評

蟄公左右：二十抵滬，寓拋球場後馬路實
樂公持棧上。廿四歸，為養目計，早眠晏
起，絕不訪友。昨夕有鄉人約在春申樓
食春餅，道遇孫毅階、馮古琴、馬一浮、
陸章本諸君，知
旌從在此，未及奉晤為歉。今晨山兒寄到
賜函，敬悉種切。省中選舉怪現狀，如田
言之不詳，聞之他人者獨多。然以視江蘇
許九老則又遜。浙為其次，紛紛擾擾，旁觀且
為眼花撩亂，何論當局。張詠霓以授枉
為政策，聲稱煙酒茶糖，當添籌百萬，悍
然不顧。無各派監督，而中央命令乃以高
凌霨為松女司銀行金庫，環觀世界，無
論為新為舊，為官為黨，凡出現者，無非虛
東圖兩粵狼鮑餂，乃以為仇，即以畢士馬克
及克今威風處此，亦無能為役，撼城哉。
寫至此，蟄老適來訪，因示之，不復作矣。

癸亥正月　悔

（一）致湯壽潜①

一九一三年三月七日　癸丑正月三十日　星期五

朱絲欄箋

蟄公②左右：

二十抵滬，寓抛球場③後馬路賓樂公樹④樓上廿四號。爲養目計，早眠晏起，絶不訪友。昨夕有鄉人約在春申樓食春餅，道遇孫馥階⑤、馮古琴⑥、馬一浮暨韋存⑦諸君，知旌從在此，未及奉晤爲歉。今晨小兒⑧寄到賜函，敬悉種切。省中選舉怪現狀，叔田⑨言之不詳，聞之他人者獨多。然以視江蘇許九老⑩，則吾浙爲其次。紛紛擾擾，旁觀且爲眼花撩亂，何論當局。張詠霓⑪以挍括爲政榮，聲稱烟酒茶糖，當添籌百萬。悍然不顧並各派監督，而中央命令乃以高凌蔚⑫、高松如⑬司銀行金庫。環觀世界，無論爲新爲舊、爲官爲黨，凡出現者，無非离末罔兩［魑魅魍魎］，虎狼蛇蝎，與民爲仇，即以畢士馬克⑭及克令威爾⑮處此，亦無能爲，况項城⑯哉？寫至此，蟄老⑰適來訪，因示之，不復作矣。

蹇記，

癸丑正月晦。

（鈐印）美翊小印（白文）。

考釋：

①（一）致湯壽潜。署有明確的日期：癸丑正月晦。

此信書寫時間當爲一九一三年三月七日（癸丑一月三十日）。

②⑰湯壽潜。

③道光三十年（一八五〇），英租界大馬路花園弄（今南京東路）與界路（今河南中路）交界地，稱抛球場。

④賓樂公樹，即賓樂公旅館。在上海河南路。地距寧波旅滬鄉會會所較近，張美翊常旅寓之。

⑤孫馥階，亦作福階。紹興人。在紹興柯橋有『德豐當鋪』。一九〇九年，『浙江鐵路公司』新董事。十二月，『全浙保路會』報告浙路近情。一九一二年，十月，與樓映齋等創建『紹興電話股份有限公司』；十二月二十二日，浙甬鐵路通車，正理事湯蟄仙（壽潜）宣開會詞，孫馥階代表鐵路公司報告甬路進行情况。

⑥馮古琴，紹興斗門鎮馮村人。曾爲斗門鎮『北鄉學校』『辨志學校』事務。一九〇六年，浙江鐵路公司（五十整股）股東；第一次股東會議招待員；『通藝學堂』事務主任。一九〇七年，浙江『國民拒款公會』會計員。一九〇九年，承包滬杭甬鐵路紹興支幹路綫工程。

⑦湯孝德（一八八四—一九四七），字韋存。湯壽潜次子。留學日本東京帝國大學，一九一二年，畢業回國，農學士。在馬來西亞柔佛州創辦『明庶農業公司』。

⑧張謙（一八九〇—？），譜名世紳，字叔馴。號菽晨、粟人。張美翊次子（老幺）。光緒三十四年戊申（一九〇八），『郵傳部上海實業學堂高等預科』畢業。宣統三年辛亥（一九一一），『檢定兩等小學堂』教員；『寧波交涉署』文牘員。曾供職寧波省立四中，一九二一年三月，『四中校長風潮』中辭職。藏有『四明張氏味芹堂鑑賞異書』石印一枚，乃張氏先世之物，太平天國亂時失去，後張溪蘅於老屋土中復得之。

⑨胡翔青（叔田）。

⑩許鼎霖（一八五七—一九一五），字九香，亦作久香。祖籍江蘇海洲，生於贛榆（今江蘇連雲港市贛榆區）城南。光緒八年壬午（一八八二）舉人。一九〇二年，與吕韵生製定『警察章程』試辦警察。一九〇四年，在宿遷與張謇辦『耀徐玻璃公司』，總理。一九〇五年，在海州參與創辦『贛豐機器餅油有限公司』『海豐麵粉公司』，經理。一九〇六年十二月，『預備立憲公會』會董。一九〇九年，『江蘇咨議局』議員。一九一三年初，加入國民黨；二月二十二日，江蘇省議會第一次常委會，選爲議長；四月二十六日，許鼎霖辭議長職，沙元炳爲議長。《許鼎霖墓誌銘》：清故光禄大夫，奉天交涉使，許君墓誌銘。義甯陳三立撰；南通張謇書。

⑪張壽鏞。

⑫高凌霨（一八七〇—一九三九），字澤畬。晚號蒼檜。天津人。光緒二十年甲午（一八九四）舉人。一九〇八年，湖北提學使。一九一〇年，湖北布政使。一九一二年，共和黨幹事；直隸省民政司司長。一九一三年，三月，袁世凱任命負責改組國内各省的銀行；九月，直隸省財政司司長，『直隸省征税調查處』『國税廳總籌備處』處長。

⑬高松如（一八六六—一九一八），字佑諸。直隸清苑（今保定市清苑區）人。監生。一八八二年，湖北勸業道。一九〇一年，主持湖北官錢局。一九〇二年，八月，官錢局候補知府、銅元局提調；九月，承辦『武漢勸業場』。一九〇七年，在武漢白沙洲辦造紙廠。一九〇九年，湖北官錢局總辦；在武昌平湖門外舉辦『武漢勸業獎進會』。一九一一年十一月，『武昌臨時政府民政部』次官。一九一二年，加入進步黨。一九一三年，『國税廳總籌備處』籌議員。袁世凱任命高凌霨督辦改組各省銀行及推行紙幣開辦金庫，任命高松如會辦。

⑭德國首相，音譯：畢士馬克、俾斯麥。

⑮英國首相，音譯：克令威爾、克林威爾。

⑯袁世凱（一八五九—一九一六），字慰庭，亦作慰亭、慰廷。號容庵、洗心亭主人。河南項城袁寨人，人稱『袁項城』。

述評：

①此函未寄出，後爲朱復戡所藏。

②關於張美翊與湯壽潛：

湯壽潛（一八五六—一九一七），原名震，字蟄先，亦作蟄仙。山陰天樂鄉大湯塢村（今杭州市蕭山區臨浦、進化鎮）人。光緒十八年壬辰（一八九二）進士。以文章議論時事、國計、鹽務，名滿天下。

湯壽潛與張美翊交密，清民之際，凡事幾乎有湯則必有張。當年同時被舉經濟特科，湯考中；張則没參加考試。因同舉經濟特科，故稱『同歲』『同年』。

湯、張二人曾同爲盛宣懷、張曾敭幕僚。

光緒二十六年庚子（一九〇〇），張美翊、湯壽潛説服盛宣懷『東南互保』時，盛宣懷舉薦湯壽潛去游説兩江總督劉坤一（峴莊）。

盛宣懷《愚齋存稿》（盛氏思補樓刻本，一九三九年）：

光緒二十六年《寄劉峴帥》五月二十六日：前青陽知縣湯壽潛其人也。此君現在滬，公以爲然，當代敦勸來甯，其人之詳，可問季直殿撰。乞裁示。

光緒二十六年《劉峴帥來電》五月二十七日：湯君著作頗富，久聞其名，祈轉致來甯爲盼。

光緒三十一年乙巳（一九〇五），浙江自辦鐵路。湯壽潛、張美翊自始至終參與路事。

一九〇五年五月二十五日，張美翊等四人致王存善、嚴信厚、沈敦和函提出浙江鐵路集資自辦（《張元濟全集》，商務印書館，二〇〇九年）：

子展、筱舫、仲禮鄉先生大人閣下：

前於二月廿四日，因美人倍次到滬商辦浙贛等處鐵路事，辱承寵招，在一品香集議，……乃近讀三月廿三日《中外日報》所載美領事照會浙江洋務局，謂『在上海集浙紳，僉云建造鐵路於本地大有利益云云』，合之二月廿四日集議實情，大爲參差，外間謠言從之而起，留學生亦紛來電函爭論。弟等深知中外傳訛之處，未必諸公於廿四日集議之後有所更改，故不復以此事瀆請左右。然近日謠言愈大，聞故鄉紳民已遞呈浙撫，明爲拒絶。……所以四川、江西皆民間集資自辦，即是此意。今浙江財力雖甚薄弱，然幸有諸公顧念公益，師表鄉間，久爲朝野所倚重，何不徑援四川、江西成例，集資自辦？……湯壽潛、夏曾佑、張元濟、張美翊。

四月廿二日。

一九〇五年，『上海大達輪步公司』『抵制美約』；一九〇六年十二月，『上海預備立憲公會』；一九〇七年九月，『浙江教育總會』等大事，均有湯必有張。

一九〇九年一月，張美翊撰《書江定甫事》（張壽鏞輯《四明叢書·味吾廬外紀》刻本，第七集，一九四八年）：

往讀武進張皋文編修《茗柯文編·書左仲甫事》，蓋記其治霍邱之政甚平無奇也。顧其文絶可愛，今效爲之書江定甫事。

吾友江定甫，以進士官秋曹逾十載，忽自請改知縣，謁選得江西永新。光緒三十二年十月繳憑到省，明年八月抵任，又明年六月調省［撤任］。及祥符中丞由浙蒞贛，察其枉，命布政司檄令回任，君以病屢辭不赴。惟時余在祥符公幕府，則大怪之。嗣晤永新賀主事贊元，詢以吾友江君作令何如？賀君則曰：『侯誠篤君子人也，在官無異人之政而吾民安之，殆古所謂仁恕吏者。』余曰：『然。』江君之爲政固如此。及閲留東學界《江西》雜誌《永新縣來書》，其言曰：『吾邑自韓公去後無良吏，閻公死後無慈官。十餘年來，如某某之貪庸，某某之殘苛其尤著者。惟某公彼善，於此亦不久於其任。去年今日，忽有温厚循良，清廉公正之江公來，［公］本醇儒爲循吏，敷教化以文章。下車伊始，即訪問疾苦，延聘方正，討論政策，勸學平訟，與民休息。其不待上官督率而無曠厥職者。猶其餘事，狹隘酷烈之餘，以煦嫗噢咻出之，莫不欣欣然有喜色。乃當道不察，竟無故而調省［撤任］。而昏庸貪婪離未罔兩之某令出現，攫人於光天化日之下，至今而尚留。何若是之不與民同好惡也。』凡雜誌所載，於江右官吏多訾嗷，獨於君如此。余則大驚喜，因問君：『非有奇才異能，在官僅十閲月，何以能得士民之心？』君則囁嚅而言曰：『吾有何才能以稱斯官，惟頗記大學所言「心誠求之，不中不遠。」以是出政莅民，無他道也。吾聞永新號稱難治，吾之至，一以誠待吾民。往者某鄉某鄉輸納錢糧，多不如期，官憚之不敢問，吾不催徵而輸納者先時畢集。民聞吾之將去也，益投之恐後，以是之故，吾罪［累］稍輕，吾何德於民，而民之愛之若是？惟吾則既病矣，不敢復往以負吾民而重吾罪［累］。』言之貌感然有憂色，且出其邑紳士公函相示，皆速君回任而還我使君之聲，且［相］環以起也。烏虖，觀於此，誰謂民無直道哉？而今之爲民上者，疾視其民，何也？聞君之去任，爲官銀錢局所中。夫以温厚循良清廉公正，出於民之口者，尚不安於其位，則州縣誠不可爲矣。

蹇叜曰：皋文《書左仲甫事》有云：『今之爲治，輒曰儒者迂闊，患才不任事，以吾觀左君，迂闊人也。』蓋余於江君亦云。抑聞吾友山陰湯壽潜蟄先爲安徽青陽令，三月即告［養］歸。繼其任者，至爲民所逐以去，曰：『求如湯侯者來。』然則，繼君之任，故匪易哉。君名仁徵，定甫其字也，浙江鄞縣人。宣統元年元旦，同邑友弟張美翊撰。

天一閣藏有此文手稿，鈐印：美翊小鉩（白文）。與刻本稍異。

一九〇九年九月（己酉八月），張美翊等致電浙江巡撫增韞『留湯』。

湯壽潜反對盛宣懷把商辦鐵路收歸國有，締約向英借款。宣統二年庚戌七月（一九一〇年八月），清廷革去湯『全浙鐵路公司』總理職。張美翊與張傳保、陳訓正、阮性存、謝元壽等省議員聯名呈請，要求咨議局開臨時會議。

《申報》一九一〇年九月四日《浙咨議局請開臨時會議》有云：

七月十九日總理湯壽潜奉旨革職，不准干預路事，人民聞信，惶然異常。僉以浙路本屬商辦，總理係由民選，湯壽潜以言獲罪，非以路獲罪；朝廷罪湯壽潜，并未罪及於路。總理不准干預路事，則商辦不完全；郵傳部飭令另舉總理，則民選爲無效。

浙江各團體要求朝廷收回成命，寧波『浙路維持會』要求浙撫增韞代奏此要求。此時張美翊在增韞幕中。

《四明日報》一九一〇年九月九日《甯屬浙路維持會催請撫憲電示》：

兹探尋得該會昨接旅杭盛省翁、張讓翁來電，聞該會當發復電致杭。其往來電文如左：

甯波桑道台鑒：轉子潘、仰喬諸君，江電悉，中丞允大會後代奏，請官紳静鎮莫違。

一九一三年，湯壽潜與老友沈曾植、鄭孝胥交惡。一九一七年五月逝世。

③關於馬一浮：

馬一浮（一八八三—一九七六），原名錫銘。學名福田，字耕餘。後更名浮（《莊子》『其生若浮』）。字一佛，改作一浮。號湛翁（《楞嚴經》『如湛巨海，流一浮漚，起滅無從』）。中年後號蠲叜、蠲戲老人（《法華經》『蠲除戲論』）。別署被揭、太淵、宛委山民、聖湖野老、茂林武君、聖湖居士、雲門樵者、濠叜、夕可老人。原籍會稽長塘鄉後莊村（今紹興市上虞市東關街道），客籍四川成都西御河街。仁壽知縣馬廷培子。室名：蠲戲齋、濠上草堂。光緒二十四年戊戌（一八九八）秀才。精詩詞，工書法篆刻。

湯壽潜長女湯義（一八八二—一九〇二）適馬一浮。一九一六年，湯又欲以三女湯琳芝適馬，未嫁先逝。馬是張美翊晚輩。

④關於胡叔田：

胡翔青（一八七五—？），字叔田，亦作叔棣。鄞縣人。一八九三年，寧波府學生。一九〇四年，南洋公學職員。一九〇六年，參與發起『浙江旅滬學會』。一九〇九年，一月，議定甬北火車站寧波代表；七月，在杭州參加浙路股東年會。回甬報告在杭特開大會挽留湯、劉二總理情形；浙路第四次股東大會，認股五千元。一九一一年七月，參與發起『國民尚武會寧波分會』。

《民呼日報》一九〇九年七月十四日《浙路股東年會之哀聲》：

胡叔田君起言：『欲湯不去，須請人幫理，略分仔肩。』

湯壽潛革職後，一九一〇年，九月十日（八月七日）上海成立『上海浙路維持會』，胡叔田報告緣起；十一日，『浙路臨時股東會』整理員。一九一三年，國會衆議員（共和黨）。

湯壽潛有所規劃，必詢胡叔田。

⑤關於張美翊與張壽鏞：

張壽鏞（一八七六—一九四五），字詠霓，亦作泳霓；又字伯頌。號約園。鄞縣人。光緒二十九年癸卯（一九〇三）舉人。藏書處總名：約園。十一個藏書樓：獨步齋、雙修樓、愳進閣、臨流軒、聽雨樓、葆光簃、帶草堂、鶏鳴舘、尚絅室、燕詒榭、三益廬。藏書印有：約園藏書、後世子孫所宜永永寶藏。一九〇九年，接替陳星庚任寧波法政學堂監督。一九一一年七月，參與發起『國民尚武會寧波分會』。一九一二年，同鄉會會董。自一九一二年至一九一五年，浙江省財政司長（後改稱廳長）。

張美翊與張壽鏞同爲『青石橋張』一支。既是張壽鏞的族丈，又是張壽鏞的學友。

胡若谷《先父胡孟嘉先生事略》（浙江省政協文史資料委員會編《浙江文史資料》六四輯，一九九九年）：

曾祖俊卿先生脩儒術，并攻醫。鄉賢張讓三、張咏霓諸先生皆爲曾祖門下士。

胡俊卿，亦作峻卿。張美翊《考本·履歷》中的受業師。

張美翊函中就事論事言及張壽鏞。實則與張壽鏞交往甚密，保護鄉邦文獻有共識。一九一四年五月，張美翊曾贈《張蒼水集》與張壽鏞，建議張壽鏞編刊《四明叢書》。後來張壽鏞編刊《四明叢書》，屢屢提及張美翊，如張美翊校注《張蒼水集·附録三·沈冰壺傳》（張壽鏞輯《四明叢書》刻本，第二集，一九三四年）：

張美翊案曰：冰壺字清玉。號梅史。山陰歲貢生。性孤峭，與時寡合。熟於勝國諸老軼事。曾舉乾隆鴻博，報罷。

壽鏞案：蹇叜校及沈傳，托其友余霖檢查《山陰縣志》。余報書云：沈冰壺，見《縣志》卷十五《鄉賢》傳云：『性孤峭，喜博覽，家貧無書，恒借書披閱。有所著述，遂以一缸貯之，往往爲人取去。最熟勝國諸老軼事。著有《古調自彈集》，今原書尤在。』可想見蹇叜旁搜之勤矣。

一九〇五年，張美翊把既是當年一起出使泰西，又是盛宣懷幕中（辦鐵路煤礦）、浙江巡撫增韞幕中的同僚（交涉使）王豐鎬，介紹與張壽鏞爲友。張壽鏞《王省三先生誄并序》（《約園雜著》，鉛印本，一九三五年）有云：

乙巳春，因吾鄉張蹇叟美翊而始識君，……蹇叟語余曰：省三，外交才也，與吾共事久，性剛直，往往不爲人屈。子可與友。……溯與君之會合兮，始乙巳之暮春。吾宗老有蹇叟兮，謂剛直其可親。

龍門山造象二十種

長樂王邱穆陵亮夫人尉遲

北海王元詳

鄭長猷

廣川王賀蘭汗

廣川王祖母太妃侯

安定王元燮

比邱尼慈香

北海王高太妃

比邱尼道匠

。　。

右上十種

在洛陽

孫秋生

解伯達

一弗

始平公

楊大眼

魏靈藏

比邱惠感

比邱法生

齊郡王

優填王

右下十種

據校碑隨筆編次

丙辰七月廿八夕蹇叟

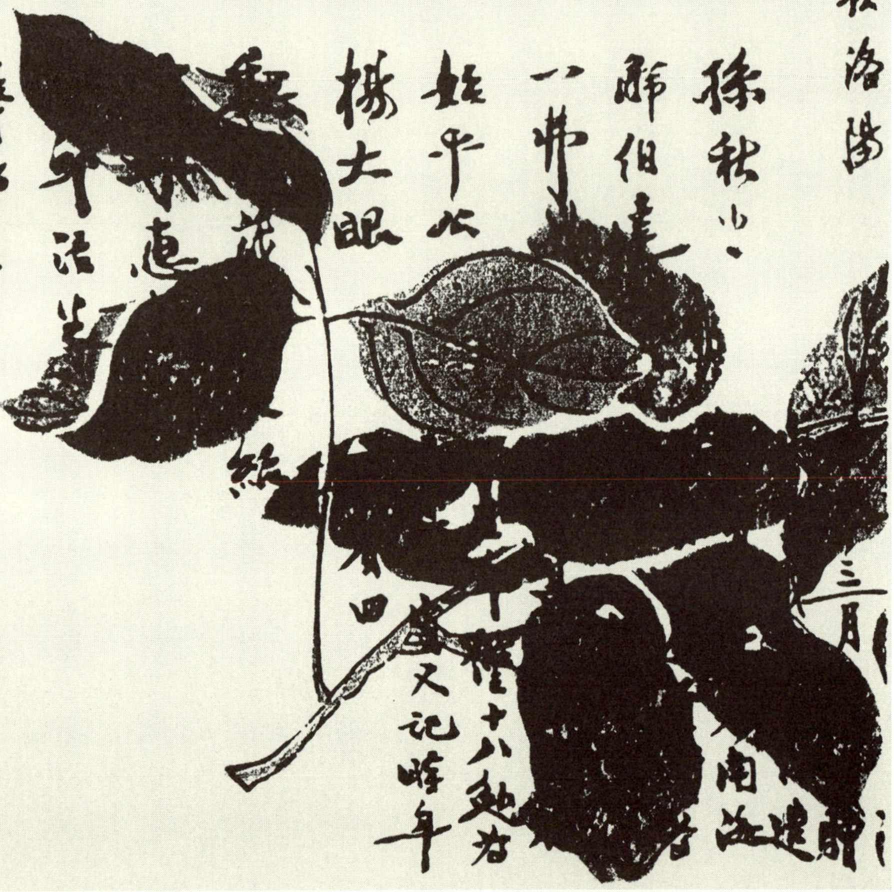

怡春堂製箋

（二）爲朱復戡①

一九二〇年四月二十日　庚申三月二日　星期二

怡春堂箋②

龍門山造象二十種（在洛陽）：
長樂王邱穆陵亮夫人尉遲；
北海王元詳；
鄭長猷；
高樹；
廣川王賀蘭汗；
廣川王祖母太妃侯；
安定王元燮；
比丘尼慈香；
北海王高太妃；
比丘尼道匠。
孫秋生；
解伯達；
一弗；
始平公；
楊大眼；
魏靈藏薛法紹；
比邱惠感；
比邱法生；
齊郡王；
優填王；
右上十種，右下十種，據《校碑隨筆》③編次。丙辰七月廿八夕，蹇叜。

庚申三月二夕，以贈朱生義方。龍門造像皆方筆，康南海極稱之，余不甚以爲然。學之得其神則可，徒效其貌，祇增俗惡。生年僅十八，勉爲之。蹇叜又記，時年六十有四。

考釋：

①（二）署有明確的日期：庚申三月二日。

一九二二年二月六日（壬戌正月初十日）張美翊致朱復戡函云：『猶記前年春間初見』，（二）爲庚申三月二日，一九二〇年春間，相對壬戌正是『前年』。文云『生年僅十八』，一九二〇年（庚申），朱復戡十八歲。

此札書寫時間當爲一九二〇年四月二十日（庚申三月二日）。

一九二〇年春，張美翊與朱復戡初識。張美翊贈龍門造像舊拓於朱復戡。此手稿是目前所見張朱二人之間的最早文字。

②怡春堂花卉箋：『臨解弢舘册本，西泠女史寫爲怡春堂製牋。』（鈐印）程（朱文）。簡稱『怡春堂箋』。該箋首次見用，僅一見。

③《校碑隨筆》，方若（藥雨）編著，著録歷代碑刻。

述評：

①關於張美翊與康有爲：

康有爲（一八五八—一九二七），廣東南海丹竈蘇村人，人稱康南海。

上海圖書舘編《汪康年師友書札》（上海書店出版社，二〇一七年），録有張美翊致汪康年數函，張美翊對康有爲戊戌維新時期（一八九八年六月十一日—九月二十一日）的政治作爲并不看好：

其一、五月初四日（函到汪處），即光緒二十四年戊戌五月四日（一八九八年六月二十二日）：

穰卿先生左右：

兩奉來教敬悉。《俄國新志》於山川、郡國俱未詳悉，他事亦略，此蓋從極簡、極淺之書譯出。《德歲計政要》尚新。總之，此等稿本尚未成片段，刻之新報則可，鐫入叢書則不可，乞酌奪。《施行錢譜》因近月事冗心煩，尚未校完。敝郡聚衆鬨署，數十年而罕見。而請弛米禁，官紳乃托之法教士趙保禄，可爲駭怪！經弟與陳瑶圃太常面商，請中丞電奏或電商南洋，今一律弛禁，吾省不至乏食矣。翁六先生下場如此，殊不可測。康、黄、譚，梁聯翩以上，想有一番振作。然鄙意以爲吾輩處此時勢，當以苦身力行爲先。曾文正一生好取多做實事、少説大話之人，究竟顛撲不破。《日報》極佳，今日所記德國欲踞蘇羅一節，蘇羅即蘇禄，本我入貢九國之一，咸豐間爲日人所奪，見拙著《圖經》，并以奉聞。《莊諧雜録》頗有妙趣，是何人手筆？便乞示知。許稿繳還。敬請

著安。

弟美翊謹狀。

王菀生尚無南來之信，聞其債累甚重。舟山人之窮無聊賴者，皆赴津求王，每日坐食候事者凡數人，良惡不齊，菀生必一律設法，終恐受累不淺也。

函中『翁六先生』乃翁同龢，光緒二十四年戊戌四月（一八九八年三月），翁被慈禧『開缺回籍』。翁曾力薦康有爲於光緒。張美翊認爲康華而不實。還是應『多做實事、少説大話』。

其二、光緒二十四年戊戌七月三日（一八九八年八月十九日）：

穰卿、頌穀先生左右：

廿九晨抵津，海舟平穩，勿以爲念。《國聞報》登黄公度諸君告白，敬以奉覽。粤中諸君似與公意見甚深，日後恐有一番口舌，將何以應之？且應之而互相攻伐，於時局有礙，亦非計也。晤王菀生謂：『此事惟穗卿能通兩家之郵。』晤穗卿謂：『斧鑿已成，恐難補救。』穗卿昨晚與談極暢，今日晉京矣，當爲設法解圍。然其力量尚似不及。康君聞不願出京，謂當遥制各處報事云云，未知確否？此事若興波瀾，似不值得，蔣伯斧亦以爲然，公在局中頗計及之否？舍姪乞格外指教。敬請

台安。

弟美翊頓首。初三日。

京卿今日計路至盧溝，初五日至京，并及。

光緒二十四年戊戌六月七日（一八九八年七月二十五日），孫家鼐上《奏遵議上海〈時務報〉改爲官報摺》，次日，康有爲得『上諭』督辦《時務報》由商辦改爲官報。此事的實質是迫使康有爲離京（張函云『康君聞不願出京』），却也由此激化了康與汪的矛盾。更因移交報館事，引發爭論。函中『頌穀』乃汪康年弟汪詒年；『粤中諸君』乃指康、梁；『黄公度』乃黄遵憲；『穗卿』乃夏曾佑；『王菀生』乃王脩植；『蔣伯斧』乃蔣黼。函中『《國聞報》登黄公度諸君告白』，是戊戌六月二十五日（八月十二日）汪康年在《國聞報》登《上海時務昌言報館告白》，引起黄遵憲、梁啓超的不滿，遂亦在《國聞報》登告白，反對汪康年。此即張函『《國聞報》登黄公度諸君告白』之語由來。

其三、七月十九日（函到汪處），即光緒二十四年戊戌七月四十九日（一八九八年九月四日）：

昨談極暢，望善自保衛，留吾身以有用。吾浙人非盡不可爲也，頗勸蔣、羅二君速譯東文《農工學堂章程》寄致王菀生，晤時乞再三致意。吾輩此時宜後名而先實，一切務從平地築起。徒以空言號召天下，斷無益處，且有流弊。平時立論務平正易行，不必過激。朋友相遇務彼此相勗，互爲規勸，庶不涉南海氏之藩。昨途中見譯書局有欽差字樣，駭人聽聞。近時詔令且有所不行，吾知南海固無大能爲也，公等俟之而已。嚴作書後奉閱。敬請

台安。

伊藤事刻又函告菀生，請其加意聯絡，并勸其勿深拒康氏，以生波折。

張美翊此函，藐視康有爲的態度已很鮮明，但仍勸汪康年、王菀生『勿深拒康氏』，虚與周旋。函中『蔣、羅二君』乃蔣伯斧、羅振玉；『伊藤』乃伊藤博文，此時來中國。

其四、光緒二十四年戊戌九月（一八九八年十月）：

穰卿先生左右：

久不見念甚。復姪來，呈出公所條議稿，已悉。此議似出自瑞記王君。前晤王君於一壺春，亦談及此事，弟嫌其局面闊大，室礙難行。惟設立學塾，施送醫藥，事屬可辦。至停柩、運柩之事，從前辦法甚好，（老公所本不停柩，每年運柩久經三公司允辦。）月捐亦自可辦。然非殷富紳商，如葉、嚴、朱諸君爲首，錢莊大號爲輔，公舉清正可信之人經理，必不能取信於人，恐非王君所能胜任。睹王君面有

浮囂之氣，似非辦事之材。辦事者必才、識、量、品俱優，又加以忍辱負重，委曲求全，方能收效。前弟勸葉君辦工商學堂，葉君謂：『君輩如創議，我願出力相助，若令我爲主，萬不敢任。』因告以俟盛省傳太史到滬再説。倘能即就公所辦工商學堂，誠屬好事。然願辦者無錢，有錢者不辦，天下事每相左，亦無如何也。執事聞之得毋謂我學黄老而近鄉願乎？然凡事不易措手，兄經前此波折，想已審之矣。新政四人，皆伏重刑，爲之一哭。聞楊侍讀品學俱優，亦遭此劫，不知是何因果？吾輩總以慎言慎事爲要，兄不與聞《日報》事，極是。此後尤當以慎交互勗，保吾身以待時。黨錮興而漢綱墮，東林起而明祚絶，甚無謂也。弟前與羅、蔣、李三君言，顔習齋、李剛主苦身力行之際，以爲可救近時空言無用之弊，先生其有意乎？處此時勢，惟須儘我可爲之事，如勸學明農，奬掖後進、開通民智，則教一人得一人之益，教一鄉得一鄉之益。至出位之謀，如變法、保國與守舊不死者爲仇，似不值得。弟七月在京，謂康所爲諸事皆不愜人意，若一蹶不振，反授守舊者以口實，而朝廷亦始知少年新進之不可用，而國勢益不可挽救，同人皆以爲然，今不幸而言中矣！張菊生幸免於難，可爲遥賀。胡文忠謂：『朝廷至多用旗人之時，天下必亂。』今似近之。以粤土匪迭起，而都中又有蕭墻之禍，不知今上何如？迄無確信。北望慨然，憂思無已。張湘帥電屬毗陵，求仁和昭雪楊侍讀，而彼不肯同意，何其葸也！匆匆作書，遂盈數紙，閲後付丙，除頌兄外望勿示人。敬請

台安。

弟美翊頓首。

函中『顔習齋』乃顔元；『李剛主』乃李恕谷；『胡文忠』乃胡林翼；『楊侍讀』乃楊鋭；『張香帥』乃張之洞；『毗陵』乃盛宣懷；『仁和』乃王文韶；『張菊生』乃張元濟，被革職。

其五、光緒二十四年戊戌十一月（一八九九年一月）：

久未晤，悵念之至。聞公不往東瀛，所見極高。康、梁在彼，此行固無謂也。京友來，言上疾極可憂，不任久坐，且自召見侍坐外，非但章奏概不與聞，且有禁錮之意。變政黨之罪，其可恕乎？近閲《改制考》，頗恨其淺陋狂謬，學術不正，爲禍如此。獨怪卓如通才，乃爲所惑，餘子瑣瑣，更何足論。聞《湘報》多載學堂問答，乞一借閲。穗卿來申，務乞示知。聞梁節庵先生來此，頗思一見。然弟傭書毗陵之門，恐其拒而不納，故亦不敢造次也。敬請

侍安。諸維心照不具。

教弟美翊頓首。

再，《蒙古錢譜》核對英文皆係節譯，今擬冗爲補譯圖表，並加考證。適柳堂來信，謂須重訂。一俟各表寫畢，寄甬請其董理，此書若釐訂清楚，實傳作也。先此奉聞。

函云『近閲《改制考》，頗恨其淺陋狂謬，學術不正，爲禍如此』，明言對康有爲政治作爲的不屑。函中『卓如』乃梁啓超；『梁節庵』乃梁鼎芬。梁鼎芬與張之洞支持汪康年，將《時務報》改爲《昌言報》，於光緒二十四年戊戌七月一日（八月十七日）創刊，梁鼎芬爲總董。使『官辦』《時務報》成爲『空名』。

王樹楠撰《南海康君墓表》。

②關於『龍門造像皆方筆，康南海極稱之，余不甚以爲然。學之得其神則可，徒效其貌，祇增俗惡』：

張美翊一九二〇年十月七日（庚申八月二十六日）致劉邦驥函曾言對碑帖『好漢隸唐碑而不喜齊魏』，對清末民初書學魏碑的時風，有自己獨立見解。張好友錢罕亦然。

《沙孟海全集》（西泠印社出版社，二〇一〇年）第九卷《僧孚日録》庚申八月十八日：

錢太希先生（罕）携子水如（平）來，……先生語余：『學龍門造像須注意於其生動處，要知古人之作此書，其筆斷非近時之用羊狼毫，徒求形似，終必失之於板，甚無爲矣。』

張美翊和錢太希對魏碑『得意忘形』的觀點，對沙孟海影響至深。亦啓發沙孟海對碑帖刻手問題的思考和研究。一九八〇年沙孟海在《書譜》雜誌上提出『碑跋的寫手與刻手問題』，引起書學界討論。

復戡師曾語筆者：

關於古代寫與刻的問題，古代碑刻往往工匠爲之，即青銅器亦如此，更勿論漢隸、魏碑。寫時有枯濕、濃淡，刻時則無。所以寫的時候不必寫得鋒鋒棱棱，自然寫去即可。用魏碑刻圖章邊款，因用刀，倒可刻得戈戟森嚴。又魏刻石中別字、缺筆之類，不必效顰，當用正字書之。又出土甲骨有先寫後刻之例，也反映了寫與刻的不同，所以寫甲骨不必寫得太尖如刀刻，用寫玉筯篆之法即可。但刻印，倒可刻出鋒棱如碑刻。所謂刀對刀、筆對筆是也。

張美翊對沙孟海、朱復戡的影響，可見師承至關重要。老師水平高，學生是取法乎上。反之，庸師害人，甚於庸醫。庸醫祇害一個人，庸師害一代人，甚至幾代人。

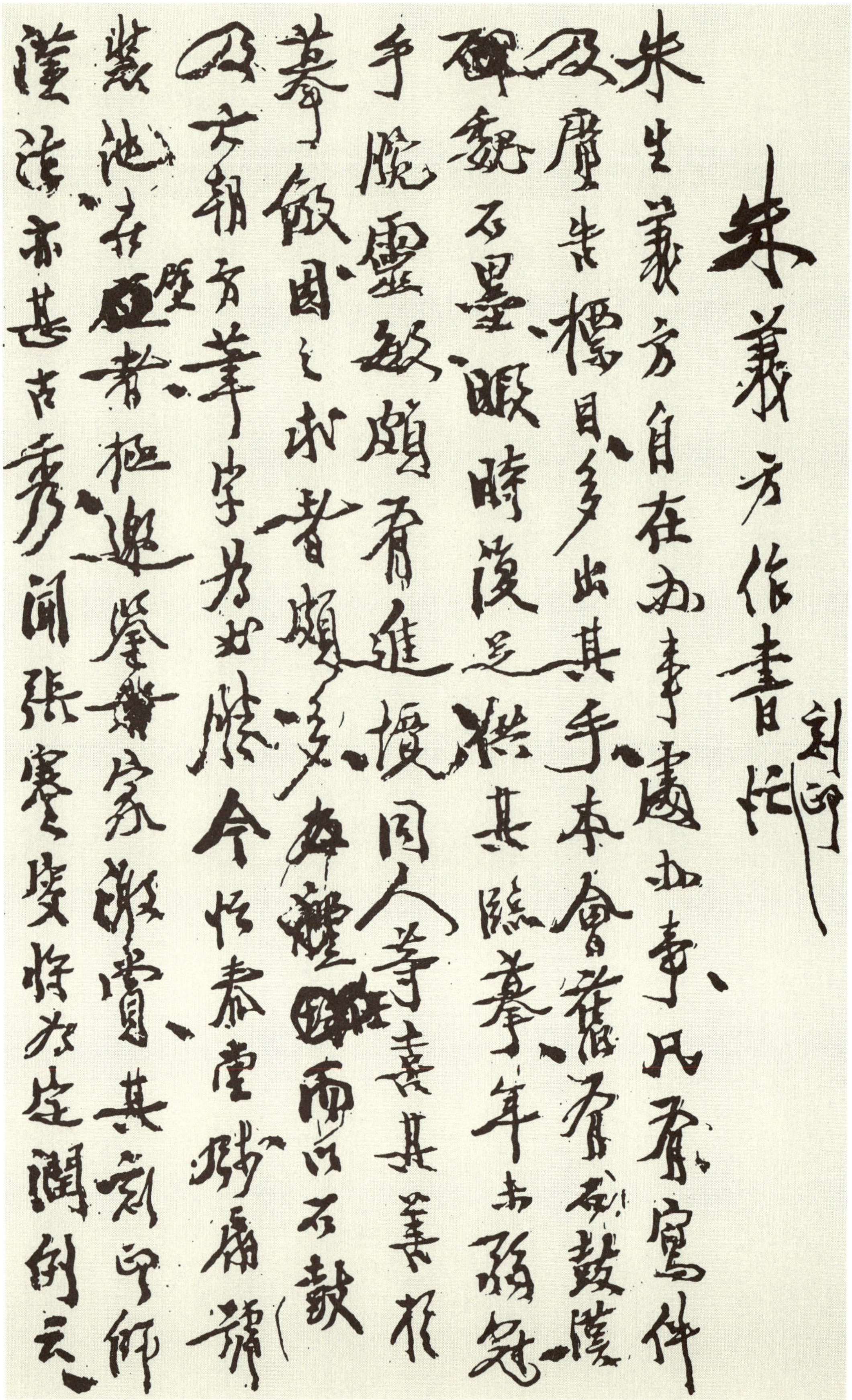
朱彝方作書記　剡印

朱生彝方自在加事畫如事、凡有寫件及履告標目、多出其手、本會舊有[illegible]鼓隧碑錄石墨、暇時復足撰其臨摹、年來頗[illegible]手腕靈敏、頗有進援、同人等喜其善於摹仿、故因之求者頗多、每[illegible]而不款、及天翱方筆字為如勝、今怡泰堂[illegible]裝池、在座者極邀鑒賞家讚賞、其剡印作謹、[illegible]亦甚古秀、聞張[illegible]陵將為定潤例云、

（三）爲朱復戡①

一九二〇年四月中下旬　庚申三月初

白箋

《朱義方作書刻印忙》：

朱生義方自在辦事處辦事，凡有寫件及廣告標目，多出其手。本會②舊有石鼓漢魏石墨，暇時復足供其臨摹。年未弱冠，手腕靈敏，頗有進境。同人等喜其善於摹倣，因之求者頗多。而以石鼓及六朝方筆字爲尤勝。今怡春堂牋扇號裝池在壁者，極邀鑒家激賞。其刻印師漢法，亦甚古秀。聞張蹇安將爲定潤例云。

考釋：

①（三）未署日期。

文云『朱生義方自在辦事處辦事……年未弱冠』，一九二〇年四月，朱復戡在寧波旅滬同鄉會徵求大會辦事處辦事。

《申報》一九二〇年四月十一日《甯波同鄉會徵求大會消息》有云：

徵求大會辦事處……書記王哲生、朱義方。

此札當是朱復戡在同鄉會徵求大會辦事處時，張美翊在上海所書。同鄉會徵求大會，自一九二〇年四月十一日始，五月十八日止。而五月五日張美翊已爲作《朱義方潤例》，故此件在五月五日前。當是四月中下旬。

此札書寫時間當爲一九二〇年四月中下旬（庚申三月初）。

②寧波旅滬同鄉會。

述評：

①關於『今怡春堂牋扇號裝池在壁者，極邀鑒家激賞』：

怡春堂箋扇號，是上海當時著名箋扇莊，亦上海最大一家裱畫店。老闆王恒章，寧波人，與朱復戡父親朱節鏞（景曙）熟稔。朱復戡少時所寫石鼓文聯，均由怡春堂裝裱。此時寧波旅滬同鄉會事務所在河南路抛球場（今南京東路河南路口）三六四號，地近怡春堂，張美翊發現朱復戡，即在怡春堂。吴昌碩發現朱復戡，也是在怡春堂見到朱的石鼓文聯。此即『極邀鑒家激賞』所指。

②關於寧波旅滬同鄉會：

宣統元年（一九〇九），慈谿洪寶齋（善强）等寧波同鄉數十人，創建『四明旅滬同鄉會』於上海漢口路老惠中旅社。次年，施嵋青、錢達三、朱葆三、孫梅堂等再組『寧波同鄉會』，設事務所於福州路二二號。施嵋青爲幹事長。一九一一年三月，同鄉會在四明公所舉行成立大會，選沈仲禮爲會長，虞洽卿、朱葆三等爲副會長。五月，事務所遷至九江路七號。一九一六年九月，樂振葆在西藏路與勞合路購地准備再建會址。一九一八年，張美翊爲會長，錢廷爵、方舜年爲副會長。十一月，遷會址。

《申報》一九一八年十一月十六日《甯波同鄉會之茶話會》：

> 甯波同鄉會事務所遷移至河南路抛球場三百六十四號。

一九二〇年張美翊仍任會長。一九二一年，五月，會址落成新廈於西藏中路原四八〇號；八月一日，同鄉會選舉朱葆三爲會長；張美翊爲同鄉會特別名譽會董。

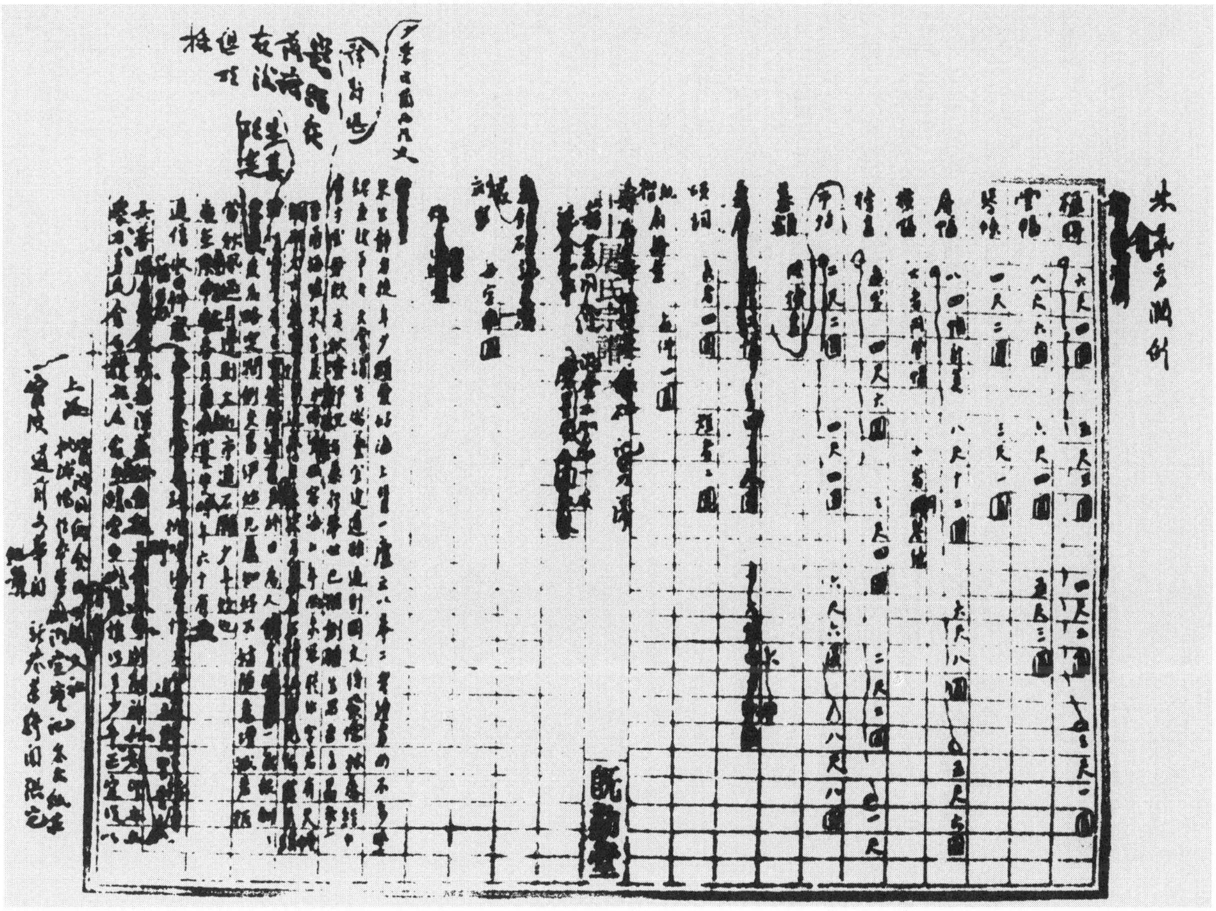

（四）爲朱復戡①

一九二〇年五月五日　庚申三月十七日　星期三

既勤堂甬上屠氏宗譜箋②

朱義方潤例：

楹聯：六尺四圓，五尺三圓，四尺二圓，三尺一圓；

堂幅：八尺六圓，六尺四圓，五尺三圓；

琴條：四尺二圓，三尺一圓；

屏幅：以四幀計算，八尺十二圓，六尺八圓，五尺六圓；

横幅：大者同堂幅，小者同琴條；

榜書：每字四尺六圓，三尺四圓，二尺二圓；

墓額：同榜書；

市招：二尺二圓，四尺四圓，六尺六圓，八尺八圓；

頌詞：長者四圓，短者二圓；

紈、摺扇、册頁：每件一圓；

壽屏、壽幛、墓銘、碑記：另議。

籀篆同價，泥金不加，磨墨費加一成，金石篆刻每字一圓。

朱生靜者徒，年少頗愛好。海上賃一廬，云以奉二老。讀書尚不多，學魏兼隸草。老夫嘗謂生，游藝宜進道。雖通別國文，待發儒林藻。經中膚寸雲，毋效方秋潦［蟟］。邪説與暴行，舉世已瀾倒。願生思吾言，勗哉。

吾甬梅墟朱生義方，字百行。號靜堪。少學法蘭西語文，侍父母客海上。年尚未冠，於作字若有天授。其摹籀篆鐘鼎漢隸魏碑，頗能神似，兼習晉唐。刻印亦爾學，乃多見金石精拓、名家手跡，當可成作手。惟以生少年，乃正宜從師讀書，若終日爲人傭書，一無報酬，生其殆矣。爰爲略定潤例，交易伊始，凡屬知好，不妨隨意增減，若扳③，當秋風過耳邊。則太近市道，不願少年效也。歲在辛酉孟春（按：原爲『庚申季春』後改作『辛酉孟春』）月，甬上蹇叟時年六十有五（按：原爲『四』，後改作『五』）。

通信收件處：

上海：甯波同鄉會；四明文社；上海拋球場怡春堂；戲鴻堂；蹇記各大紙莊。

甯波：道前文華閣紙號；新巷葇猗閣張宅。

題語在前，詩在後，俱頂格。

景曙红光去后两角数点百行书楷老朽
爱之适以害之如吃不佳此后谢绝写
字不刻图章是秋深真说少年正以發
育麗寶愛我要老朽要寫為件正于便
緩並不必發信此后太好名姓勝月來
哭飛来是太驟此后極外收斂寫楹聯
頌詞總計若干名譽自必大起然後其

力謁

韓請老接佛扇譜像圖好而描畫圖章更所未見此皆小聰明祇好瞞子為之又（劉見）將印文交其友篆要品評謂純守大家將來之造詣全各心丁寧溯趙近開諸家一派意以為此亦技而已前擬潤筆寄來餘俟詳復問之安

張美翊謹狀

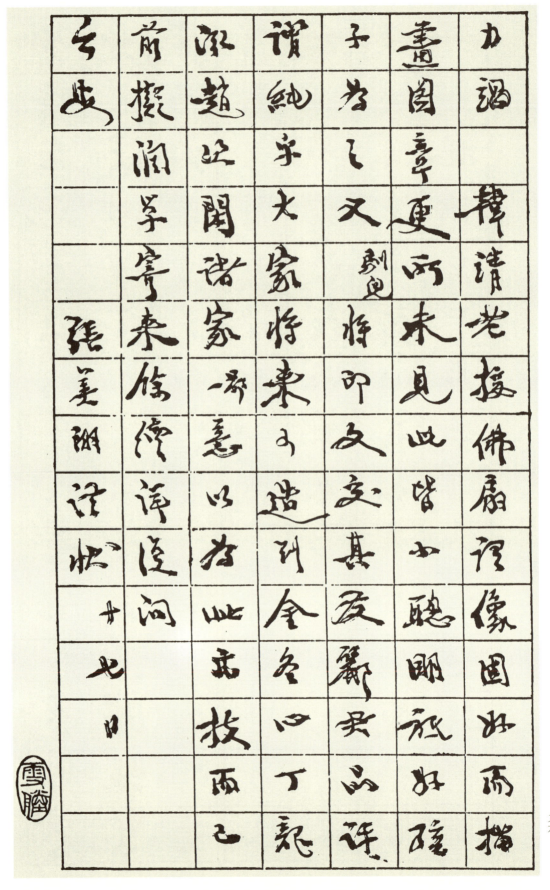

廿七日

（五）致朱節鏞[4]

一九二〇年五月五日　庚申三月十七日　星期三

雪腚箋[5]

景曙仁兄左右：

兩函敬悉。百行苦極，老朽愛之，適以害之。如吃〔喫〕不住，此後謝絶寫字，不刻圖章，至秋凉再説。少年正須發育，願寶愛爲要。老朽要寫各件，正可從緩，並不必復信。此子太好名好勝，月來突飛，未免太驟，此後格外收斂。寫榻、聯、頌詞，揔計若干，名譽自必大起，然恐其力竭。韓清老[6]接佛扇，謂像固好，而描畫圖章，更所未見。此皆小聰明，衹好孩子爲之。又：馴兒[7]將印文交其友酈君品評，謂純乎大家，將來可造到金冬心[8]、丁龍泓[9]、趙次閑[10]諸家。鄙意以爲此亦技而已。前擬潤單寄來，餘續詳。復問

台安。

張美翊謹狀，

十七日。

百行文覽老於煩極淡亦苦極矣
何今有華義頌詞如許今多寫好
明早送去明日開幕儀附上又趙陳之
聯又求加墨一部意不妨十九知卷
量力為之趙聯孫太多寫證孫亦寸數送達聯
親好寄角怪錄太希空矣塞爭是
印

（六）致朱復戡

雪塍箋

一九二〇年五月五日　庚申三月十七日　星期三

百行文覽：

老朽煩極，汝亦苦極，奈何！今有《華義⑪頌詞》，必須今夕寫好，明早送去（明日開幕）。牋附上。又：趙、陳二聯，又求加墨，鄙意不妨十九交卷，量力爲之。（趙聯孫太多，寫『曁孫』亦可。）我送馮聯，衹好寄甬煩錢太希⑫寫矣。

蹇手具，

即夕。

考釋：

①（四）（五）（六）合并考證。（四）原署有『庚申季春』（後改爲辛酉孟春）。（五）致朱節鏞，衹署『十七日』。（六）衹署『即夕』，未署日期。

（四）原署『庚申季春』。辛酉復用此草稿再訂潤例時改爲『辛酉孟春』，此原稿爲庚申季春。（四）與（三）『聞張蹇叟將爲定潤例云』相銜接，（四）即（三）所謂《潤例》的草稿。

（五）函云『百行苦極』，與（六）函云『老朽煩極，汝亦苦極』相銜接。（五）覆朱父；（六）致朱復戡。

（六）函云『今有《華義頌詞》，必須今夕寫好，明早送去（明日開幕）』，『華義銀行』成立於一九二〇年五月六日（庚申三月十八日），此前一日便是一九二〇年五月五日（庚申三月十七日）。

（五）函云『前擬潤單寄來』，即是（四）《潤例》的正稿。

（六）函云『又：趙、陳二聯，又求加墨，鄙意不妨十九交卷』，『十九』在『十七』之後。故（六）所具署的『即夕』，則亦爲十七日。

（六）函云『我送馮聯，衹好寄甬煩錢太希寫矣』，説明此時張美翊在上海。

（五）（六）信箋用『雪塍箋』，與後（七）致李梅庵函同。是（五）（六）兩函同封之佐證。

總之：（五）（六）兩函同封。（四）未寄，後歸朱復戡。（四）（五）（六）書寫時間當爲一九二〇年五月五日（庚申三月十七日）。

②既勤堂甬上屠氏宗譜箋，首次見用，僅一見。既勤堂爲屠氏宗祠正室。

③寧波方言『扳』，意爲不肯減價。

④朱節鏞（景曙）。

⑤雪塍方格箋紙有『雪塍』楕圓印章，當是金雪塍所造箋。簡稱『雪塍箋』。

⑥韓清淨（一八八四—一九四九），亦作清鏡。原名克宗，又名德清。河間（今河北滄州市河間市）人。光緒二十七年辛丑（一九〇一）

舉人。居士。

⑦張謙（叔馴）。

⑧金農。

⑨丁敬。

⑩趙之琛。

⑪華義，即華意，晚清和民國時音譯意大利作義大利。華義銀行是中國、意大利商人合資創辦，成立於一九二〇年五月六日（庚申三月十八日），總行設於天津法租界中街（今解放北路），北京與上海設分行。

⑫錢罕（太希）。

述評：

①關於張美翊信函所用箋紙：

張美翊信函所用箋紙，往往在相近的時期內有同一性，箋紙一致的手稿，往往是同時、或相近的時期所作，此是考證張美翊手稿的佐證因素。但亦不完全如此，有時同封寄出的兩函也會所用箋紙不一致，從張美翊爲朱復戡訂潤草稿『蹇記各大紙莊』可知，張家經營紙號，正因如此，張美翊十分愛惜紙張。張美翊一九二二年六月二十九日（壬戌閏五月五日）致朱復戡函云：『我生平愛惜物力，不肯浪費紙張。』所以，往往內容很少的非正式信函性質的便條、或作補充性質的內容，由於字數比較少，則用小紙。當然還有其他不同的具體情況。所以，信函所用箋紙，僅僅是參考因素，不能絕對化。

②關於朱景曙：

朱節鏞，字景曙。自號君隨，綽號皇帝。浙江鄞縣梅墟鎮徐家窪村人。朱復戡父。上海廣告同業公會會員，上海四馬路（今福州路）東華里『南洋廣告公司』有『朱君記』。一九二〇年四月二十六日，同鄉會徵求會寧旅隊隊員。

③關於《潤例》草稿：

草稿初署：歲在『庚申季春』，後改作『辛酉孟春』；初署：甬上蹇叟時年六十有『四』，後改作『五』。是因辛酉孟春時，在庚申季春稿的基礎上又重作改定的《潤例》，故款改作辛酉孟春。年齡也由『六十有四』，改爲『六十有五』。

再後，壬戌又有蹇叟代定《朱義方書畫篆刻潤例》（侯學書著《鐵筆神童——朱復戡傳》，上海書畫出版社，二〇〇二年）：

楹聯：四尺二圓，餘遞加；

堂幅：四尺四圓，餘遞加；

屏條：每幅照堂幅對折；

市招：每字一尺一圓，餘遞加；

紈、摺扇，冊頁：每件二圓；

名刺：每件一圓；

畫潤：照書例加倍；

篆刻：石章每字一圓，牙章加倍；

壽屏，墓志面議。各體同值，先潤後筆。

收件處：

上海：汕頭路三號海上題襟館；北京路西首瑞康里四弄七六五號；甯波同鄉會内四明文社及各大紙莊。

甯波：道前文華閣紙號；新巷菉猗張宅。

③關於收件處：

其一、汕頭路三號海上題襟館：

汕頭路三號是俞語霜上海的寓所，一九二一年至一九二三年上半年，臨時作爲海上題襟館金石書畫會的會址。此時朱復戡經吴昌碩介紹，爲題襟館的會員。是會員中年齡最小者。

其二、北京路西首瑞康里四弄七六五號：

此是朱復戡父親朱節鏞（景曙）的寓所。

其三、寧波同鄉會内四明文社及『蹇記』各大紙莊：

寧波同鄉會内四明文社是寧波人所辦，社長是張美翊的好友陳蓉舘；『蹇記』各大紙莊，張美翊在上海的產業。

其四、寧波道前文華閣紙號：

張美翊家的產業。

其五、寧波新巷菉猗張宅：

寧波新巷弄張美翊家，『新巷』亦作『深港』。『菉猗閣』是張氏明代二十八世張錫琨（四青）晚年所居室名。位置在張氏祠堂後對過，即『後素樓』。

其六、草稿中有『戲鴻堂』，即上海『戲鴻堂箋扇莊』，一八五〇年開張，經營字畫古董，發展爲前店後廠的印刷所。

④關於『朱生靜者徒』詩：

一九二二年五月二十八日（壬戌五月二日），張美翊將脩改完善的五言詩，寫成條幅贈朱復戡。《贈朱生》：

> 朱生靜者徒，年少頗愛好。海上賃一廬，云以奉二老。讀書尚不多，學字能獨到。周秦溯籀篆，漢魏兼隸草。老夫嘗謂生，游藝宜進道。雖通別國文，待發儒林藻。經史窮朝夕，金石恣搜討。當爲膚寸雲，毋效方秋潦［蟟］。邪説與暴行，舉世已瀾倒。願生思吾言，勗哉庶永保。
>
> 朱生靜堪年少能書，好刻印，各體俱工，若有天授，海上諸老皆矜異之。生年甫冠，前程正遠。從此益晉，豈可限量。賦詩勗能，不僅以金石書畫入《印人傳》中人相期終也。壬戌五月二日，蹇叟時年六十有六。

此詩基本上可謂是張美翊教導朱復戡的總綱。

⑤關於『月來突飛，未免太驟，此後格外收斂。寫楄、聯、頌詞，總計若干，名譽自必大起，然恐其力竭』：

朱復戡與張美翊認識後的一個月間，通過張求朱書者甚多，致使朱父朱節鏞（景曙）擔心朱復戡的身體喫不住，函告張美翊，要求節制。

⑥關於『技』與『道』：

張美翊謂：『謂純乎大家，將來可造到金冬心、丁龍泓、趙次閑諸家。鄙意以爲此亦技而已。』

金農（一六八七—一七六三），字壽門、司農、吉金。號冬心先生、稽留山民、曲江外史、昔耶居士。錢塘人。

丁敬（一六九五—一七六五），字敬身。號鈍丁、硯林、龍泓山人、孤雲、石叟、梅農、清夢生、玩茶翁、玩茶叟、硯林外史、勝怠老人、獨游杖者。錢塘人。

趙之琛（一七八一—一八五二）或（一七八一—一八六〇），或作趙之瑛（見《蝶隱園書畫雜綴》），字次閑。號獻父，亦作獻甫；又號靜觀、穆生、寶月山人。錢塘人。室名：補羅迦室。山水宗元人黄子久、倪雲林；花卉宗明人。工隸，善行楷。曾爲阮元摹刊鐘鼎款識。

金、丁、趙三人皆布衣藝術家。金農、丁敬都曾於乾隆元年（一七三六）受薦舉『博學鴻詞』科，應試而未中。趙之琛亦無功名。張美翊的思想深處，更看重的是如《贈朱生》詩所云：『游藝宜進道。』『不僅以金石書畫人《印人傳》中人相期終也。』所以，對於僅僅是以『技藝』立世的『藝人』并不看好。張美翊一九二三年七月十七日（癸亥六月四日）致朱復戡函：『大而道德，小而文藝，可以名重後世。』技藝是小，道德是大。『技藝』當上昇爲『道』。此可謂張美翊的藝術觀。張美翊自己的一生是追求『學術』『文章』『經濟』（經世濟用），對學生的期望亦是如此。

朱復戡一九四八年刻印章『石緣』邊款中有『以雕蟲爭勝印人爲愧赧耳』之語，令人咀嚼回味。

⑦關於錢太希：

錢罕（一八八二—一九五〇），原名富、保奭。字太希；又字吟棠。號覺于居士。慈谿慈城鎮聰馬橋人。梅調鼎弟子。書法漢魏及二王、諸遂良、李邕、顔真卿。坐舘馮孟顓伏跗室。

張美翊與錢罕二人的合作，有一九二二年《屠蔭椿（執規）府君墓表》。

民國《鄞縣志·文獻志》：

《屠蔭椿（執規）府君墓表》：張美翊撰；錢罕書；項崇聖鎸。碑石存在處：河盡埠頭。

梅菴先生侍史：月前奉見，薇垣枉顧拜問

公補休息，初八日貞元會不及陪坐，爲悵

舊藏文公下碑，自較新拓爲勝，特命鄭

學生朱羲方帶呈，朱生年十八，好

公書特甚，好看臨本流妙，還公賜一

二，俾得學習其傳側，尤感。公作書時能許敎閲

道祺

教弟張謇謹狀 五月初二

朱生函寄
李梅菴先生台啟
謹緘

（七）致李瑞清①

一九二〇年六月十八日　庚申五月三日　星期五

雪塍箋

梅庵先生侍史：

月初事冗疲極，祇好回甬休息。初八日貞元會不及陪坐爲悵。舊藏《文公下碑》，自較新拓爲勝，特命敝學生朱義方帶呈。朱生年十八，好公書特甚，如有臨本《流沙墜簡》②，檢賜一二，俾得學習。（公作書時，能許其侍側尤感。）敬問

道祺。

教弟張美翊謹狀，

五月初三。

（鈐印）美翊小印（白文）。

（信封）朱生面呈李梅庵先生台啓，讓緘。

考釋：

①（七）致李瑞清，祇署『五月初三』，未署年。

張美翊一九二〇年回甬，參加六月二十一日舉行的『蘭雅谷六十壽辰暨來華三十周年紀念會』。此函是張美翊六月十八日自滬返甬行前所寫，留作朱義方持以往訪李梅庵的介紹函。函云『朱生年十八』，朱復戡生於一九〇二年九月三十日（壬寅八月二十九日），則十八歲應爲一九二〇年（農曆庚申）。署『五月初三』，則爲庚申五月初三。

一九二〇年之前，張美翊、朱復戡二人尚未相識。而李梅庵一九二〇年九月十二日（庚申八月初一）因中風卒於上海虹口東西華德路（今長治路）鄧脱路（今丹徒路）謙吉里四八三號。此信既不可能是一九一九年（己未），也不可能是一九二一年（辛酉），農曆五月初三，祇能是庚申五月初三。

此信書寫時間當爲一九二〇年六月十八日（庚申五月三日）。

②羅振玉、王國維編輯西北漢魏簡牘成《流沙墜簡》，一九一四年在日本出版。

述評：

①關於『貞元會』：

貞元會是淞社的集會形式。

周延礽《吳興周夢坡先生年譜》（上海大東書局昌藝社，一九三四年）：

中華民國五年丙辰……約同人爲『貞元會』。一月三集，飲於酒家。每會以一人輪值，周而復始，取貞下起元之意。

可知貞元會始於一九一六年，義取《易經》：

造化起於元，亦止於貞。再肇貞元之會，胚胎嗣續之機。

貞元會飲，張很少到會，尤值注意的是庚申（一九二〇）三月二日，張美翊人在上海，贈朱生義方龍門造像。而次日『上巳禊飲淞濱天韵樓，作淞社四十五集。』據《吴興周夢坡先生年譜》，到會者名單中無張美翊。兩個月後，張美翊離滬返甬，從此更少機緣參加淞社集會。

②關於張美翊與淞社中人：

周延礽《吴興周夢坡先生年譜》（上海大東書局昌藝社，一九三四年）：

中華民國二年癸丑，五十歲，上巳日脩禊徐園，會者二十二人。（先後入社者有：金粟香、許子頌、繆藝風、沈絜齋、錢聽邠、吴倉碩、葉鞠裳、王息存、劉謙甫、楊誠之、王旭莊、褚稚昭、李梅庵、鄭叔問、李審言、劉語石、施琴南、汪淵若、李橘農、戴子開、吴子脩、金甸丞、錢亮臣、潘毅遠、汪符生、朱念陶、惲孟樂、李孟符、曹揆一、唐元素、崔磐石、張讓三、宗子戴、馮孟餘、姚東木、劉葆良、李經畬、程子大、況蕙風、吕幼舲、陸純伯、劉聚卿、張硯孫、胡幼嘉、潘蘭史、孫恂如、徐仲可、錢履樛、張石銘、費景韓、王靜安、王叔用、洪鷺汀、陸冕儕、吴穎函、繆蘅甫、白也詩、長尾雨山、俞長霖、曹恂卿、章一山、惲季申、陶拙存、楊仲莊、胡定丞、徐積餘、楊芷姓、童心安、趙叔孺、惲瑾叔、俞瘦石、諸季遲、姚虞琴、孫益庵、褚禮堂、夏劍丞、趙沅孫、胡樸安、劉翰怡、張孟劬、白石農、沈醉愚、戴嚳皋、許松如、王蓴農、黄公渚諸先生。）府君與劉翰怡京卿主席，是爲淞社第一集。

周慶雲和劉承幹於一九一三年結『淞社』於上海。周慶雲（一八六四—一九三三），字景星、逢吉。號湘舲，又號夢坡。湖州南潯人。藏書處名：晨風廬、夢坡室。

目前掌握的張美翊手札中，言及淞社中人有：吴昌碩（倉碩）、李瑞清（梅庵）、李詳（審言）、汪洵（淵若）、吴慶坻（子脩）、朱錕（念陶）、吕景端（幼舲）、劉世珩（聚卿）、張鈞衡（石銘）、章梫（一山）、陶葆廉（拙存）、徐乃昌（積餘）、趙時棡（叔孺）、金蓉鏡（甸丞）、王國維（靜安）、劉翰怡（承幹）等。

張美翊相關『淞社』活動，略見張廷銀等主編《繆荃孫全集·日記》（鳳凰出版社，二〇一四年）：

一九一四年：

甲寅五月廿九日：

詣張讓三，托定海祠堂事，孫問清在座。

甲寅閏五月二日：

送信稿與讓三并送文集白紙本，帶《藏書記》。

甲寅閏五月六日：

致張讓三信，回函極明白，且候之。

甲寅十月廿七日：

讓三寄繆祠公事來。

甲寅十月卅日：

拜周浩如、李藝淵、李鳴珂、張讓三、劉澄如。送澄如《大叢書》一部。

一九一六年：

丙辰一月廿六日：

交壽詩與張讓三。

丙辰二月二十日：

翰怡招飲，王玫伯、張讓三、楊子晴、宗子岱、陶拙存、沈醉愚同席。

一九一八年：

戊午六月十五日：

接李一山信、張讓山信。……拜張讓山，面交八十元。

戊午六月二十日：

張讓山送《江陰志》來。

戊午十二月二十二日：

赴消寒第五集，請一陸幹城，周湘齡（舲）後至，張讓三、徐積餘、錢履穆、劉翰怡、沈醉愚、潘蘭史同席。

一九一九年：

己未閏七月六日：

致孫莘如、李審言、張讓三各一簡。

己未重陽：

赴湘舲之約，與一山、飛聲、子晴登最高頂。翰怡、念陶、三惲、讓三、也詩、仲可、李翰芬同席。

繆荃孫丙辰一月廿六日交壽詩與張美翊，張美翊主纂《甬上青石張氏家譜・贈言》（味芹堂鉛印本，一九二五年）收有繆荃孫《張讓三先生六十壽詩》：

峨峨四明山，靈氣天所鍾。諸萬及全蔣，史學冠南東。繼起有張君，千莫藏其鋒。治才追管葛，經學希元融。周覽及域外，鑿空原家風。蓮幕荷三聘，籌筆尤閎通。但願事業廣，弗言指示功。轉瞬花甲年，峻望齊恒嵩。劉樊本鄉里，高揖神仙蹤。

③關於張美翊與李梅庵：

李瑞清（一八六七—一九二〇），字仲麟。號梅庵、梅痴、阿梅，玉梅花庵主、梅花庵道人。辛亥後謚『文潔』，自稱清道人。臨川（今江西南昌市進賢縣）温圳鎮楊溪村人。室名：玉梅花盦、黃龍硯齋、師鄭堂。光緒二十一年乙未（一八九五）進士。一九〇五—一九一一年，兩江師範學堂（南京大學前身）監督（校長）。善詩，書法周秦漢魏。畫宗原濟、八大、惲南田。李生日是農曆七月初九日（《李氏族譜》）。《清史稿》有傳。

張、李二人均爲淞社中人。

民國《鄞縣通志・文獻志》：

一九一八年：

《天童寺寄禪禪師敬安冷香塔銘》：蹇道人撰；清道人書；住持敬心立石。碑石存在處：天童寺外塔院。

蹇道人乃張美翊，清道人乃李梅庵。是一九一八年張李二人的合璧之作。張、李合作尚有一九一九年《重修回江橋記》，民國《鄞縣通志・文獻志》：

一九一九年：

張美翊撰；吴昌碩篆額；清道人書。碑石存在處：五鄉碶東街。

《清道人遺集》（黃山書社，二〇一一年）録有張美翊爲李梅庵詩：

斯人不可作，悵望渺音塵。一代詞林殿，千秋翰墨新。高風賀祕監，苦節宋遺民。無限滄桑感，空華夢裏身。

④關於『舊藏《公文下碑》，自較新拓爲勝』：

鄭文公碑，全稱《魏故中書令秘書監使持節督兖州諸軍事安東將軍兖州刺史南陽文公鄭君之碑》，又名《鄭羲碑》。北魏宣武帝永平四年（五一一）建，或認爲鄭道昭書。有内容相同的上、下兩碑。上碑在山東平度縣天柱山，字小且磨滅嚴重；下碑在掖縣雲峰山，比上碑書寫略晚，字較大，剥泐較少。楷書。

康有爲《廣藝舟雙楫·鄭文公下碑》（普益書局，一九二〇年）謂：魏碑圓筆之極軌。

《鄭文公碑》經二千五百餘年風化，筆畫大多模糊不清。刻於摩崖而椎拓難度較大。實地考察可知，《鄭文公碑》有些字猶存方棱筆畫，可見并非『圓筆』，衹是因有些方棱筆畫凹陷於石面，即便是精拓亦不易拓到其鋒芒處，從而形成貌似『圓筆』的字口。易言之，『圓筆』非《鄭文公碑》本來面目，實因拓片誤差所造成。張美翊精於碑版之學，家藏舊拓精品甚多，不知贈李梅庵者爲何時舊拓。然而，無論新拓舊拓，都有不同程度的失真，學者應有所鑒别，去僞存真，擇優學習。但若以拓片論書言事，不可不慎，輕則失之隔靴搔癢，重或失之『白内障』。

百行文覺臨歧握手至今惘然此是平安抵家連日梅雨客來絕少可親書卷藉資休息室中懸三老碑及馮使君神道為蕭聯裝乃与海所寫石鼓楹聯相配老彭念海知海亦念老彭也在家多看朱手小學弟之冊以植做人根基能多讀書文理自然進益從作書畫將為人役殊可

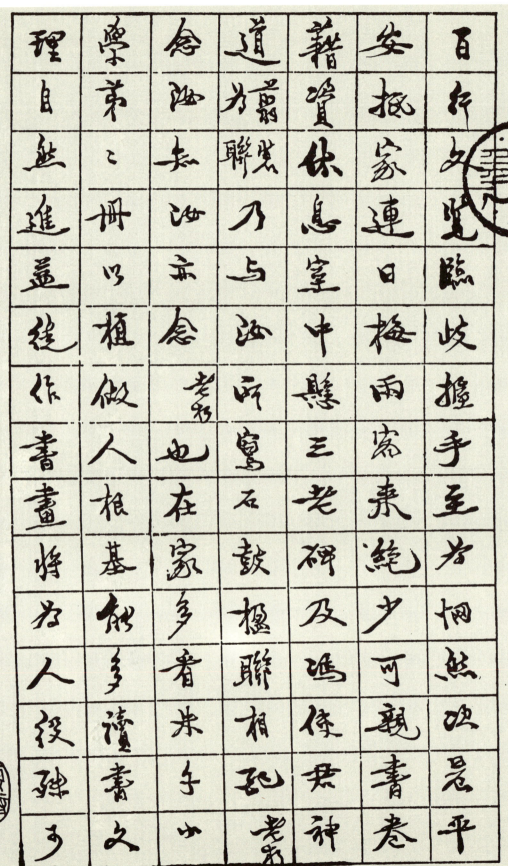

惜矣在家易所了帶古文觀止一冊說
文一冊以時溫習此時祇好且買且讀
事父母宜孝順友愛弟妹至、囑、我室中
有勸戒近錄九止錄共廿冊可取去一部
觀之可見果報且文詞亦明暢易曉也
此問侍祺　寒叟　五月六日
令堂尊附候

雪膽

（八）致朱復戡①

一九二〇年六月二十一日　庚申五月六日　星期一

雪壓箋

百行文覽：

臨歧握手，至爲惘然，次晨平安抵家。連日梅雨，客來絶少，可親書卷，藉資休息。家中懸《三老碑》②及《馮使君神道》③（翦裝爲聯），乃與汝所寫《石鼓》楹聯相配。老朽念汝，知汝亦念老朽也。在家多看朱子《小學》第二冊，以植做人根基。能多讀書，文理自然進益。徒作書畫，將爲人役，殊可惜矣。在交易所可帶《古文觀止》一冊，法文一冊，以時温習。此時祇好且賈且讀，事父母宜孝順，友愛弟妹，至囑至囑！我室中有《勸戒近録》④（九録止），共廿冊，可取去一部，觀之可見果報，且文詞亦明暢易曉也。此問

侍祺。

蹇安，

五月六日。

令尊、堂附候。

（鈐印）美翊小印（白文）。

（起首鈐印）延年（朱文）⑤。

考釋：

①（八）祇署『五月六日』，未署年。

函云『在交易所可帶《古文觀止》一冊』。『交易所』，指『上海證券物品交易所』，於一九二〇年二月一日宣告成立，正式開業是一九二〇年七月一日（庚申五月十六日），在愛多亞路口四川路一號。由於朱復戡與戴季陶的特殊關係，是年六月間，朱復戡已在交易所供職。此信書寫時間當爲一九二〇年六月二十一日（庚申五月六日）。

②《三老碑》，全稱《三老諱字忌日碑》。東漢建武二十八年（五二）五月建。咸豐間浙江餘姚出土，石藏杭州西泠印社。

③《馮使君神道》，又名《馮煥神道闕》，東漢安帝永寧二年（一二一）建，石在四川渠縣北新興鄉趙家坪。分東西兩闕。八分隸書，現存者爲東闕。西闕釋文『故尚書侍即河南京令』；東闕釋文『豫州幽州刺史馮使君神道』。

④《勸戒近録》，清人梁恭辰（一八一四—？）撰。

⑤『延年』朱文印見用。

述評：

①關於張美翊此次回甬：

張美翊此次回甬是爲蘭雅谷六月二十一日生日。張美翊與吴蔭庭爲『蘭雅谷六十壽辰暨來華三十周年紀念會』，籌款二千八百八十四點六六美元。

庚申五月初三至初五之間，張美翊離滬回甬。五月六日信，函末云『令尊、堂附候』，是張美翊回甬後，寫往上海致朱復戡的第一封信，寄由朱景曙轉交朱復戡。

②關於朱子《小學》：

朱熹《小學》，朱與門生劉清之合編。朱發凡起例，劉類次編定。

《小學》第二册，最主要的部分是《明倫》。明倫是明父子之親，君臣之義，夫婦之别，長幼之序，朋友之信。

一九二一年，張美翊《林老表嫂李太宜人七秩壽序》（張美翊主纂《甬上青石張氏家譜》，味芹堂鉛印本，一九二五年）有『少讀朱子《小學》』之語，可見張美翊少時亦讀《小學》。之所以多次要朱復戡讀《小學》，主要目的是培養朱復戡情操高尚，不入俗流。

③關於『將爲人役』：

張美翊『徒作書畫，將爲人役，殊可惜矣。』張美翊一九二〇年七月二十五日（庚申六月十日）致朱復戡函：『人以字匠役汝，則終身没出息矣。且篆隸正草，亦須讀書，多見聞廣，則出筆自然淵雅。』一九二〇年八月十二日（庚申六月二十八日）致朱復戡函：『凡學字先宜多讀書。』均爲强調『讀書』。

當時凡壽序、墓志碑文之類，多喜請前清翰林書，原因即是翰林有學問，筆下有書卷氣。自古以來，書藝往往是文人（古時高官多考有功名，亦文人之屬）做學問的副産品，并非靠鬻書糊口。馮君木曾言當時有『以能至多金自豪』的書家，倒不一定都是没有學養的『江湖派』，張、馮二人尚且抨擊如此。假令張、馮視後來『書畫家』在拍賣會暗中遣人自競自家作品『以能至多金自豪』者，當瞠目結舌。

百行負來見惠月數莖金多矣凡學未成不能識多金
務須擇外用功多讀書自有觸處然貫通之日書作真大之
宜小最爲要義須以老家行小楷書之至鄭蘇老能寫
廿四君楷扇若使作大書則張棣仰墻字矣不可笑煞前定
後肩由會邊詢汝新拙刻否刻拾出大代華嶽廟碑條
並託寫扛仲函扇
劉鐵雲石印孤本書不易得其碑文書法與中岳嵩

文華閣製

高雲庵碑相同惟中間高華詞句稍易而已世中岳大半
湮滅惟華岳太子將華清道人所賞亭碑猶皆存
此出現已升崇將來亭池一閱何如游覽如加免學步之人
老夫為此引證世後前途光明不入黑闇勉之猶憶老夫
廿五六時從薛星使老書院月得青獎八之第一最優老夫多年
一弟歸奉 先太宜人並生識卷圖之家之 老人為之

文華閣製

開新歲由 先太宜人經手先室錢一二元，則歡天喜地矣。

此景此情最不易得。海上過勉之韓請老亭來聰訓齋語。

張文襄張之〔康熙堂柄〕輶軒語一冊，令小學觀之，時時無底，一生受用不盡哉。〔聰訓齋語〕

三房中有鄭成錄廿本，海上取一部，時時閱之（可帶所聯附閱）。

又府有第一架下格有薛星使全集，每部一包，亦可帶海一部。

中閣有古文，有公牘，有書目，極博極精，均閱之。

墨卿手具

邵九申封

文華閣製

（九）致朱復戡①

一九二〇年六月二十四日　庚申五月九日　星期四

文華閣箋②

百行覽：

來函悉。月薪廿七金，多矣。凡學未成，不能得多金，務須格外用功。多讀書，自有豁然貫通之日。書法宜大不宜小最爲喫虧。汪淵老③密行小楷，可愛之至；鄭蘇老④能寫廿四方摺扇。若僅作大書，則張棟卿⑤墻字，豈不可笑？前寄汝函（由會遞，詢汝駐址，並託寫孫仲翁⑥扇）到否？刻檢出《大代華岳庿［廟］碑》⑦，係劉鐵雲⑧石印孤本，甚不易得。其碑文書法與《中岳嵩高靈庿［廟］碑》⑨相同，惟中間《嵩》《華》詞句換易而已。然《中岳》大半漫滅，惟《華岳》大可臨摹。清道人所寫『寄禪塔銘』⑩，皆從此出。現已付裝，將來寄汝一閲何如？汝譬如小兒學步之人，老夫爲汝引路，然後前途光明，不入黑闇，勉之。猶憶老夫廿五、六時，從薛星使考書院，月得膏獎八元（第一最優，老夫多考第一），歸奉先太宜人，並出試卷，圈之密密，老人爲之開顔。或由先太宜人給予先室銀一二元，則歡天喜地矣。此景此情，最不易得，汝益勉之。韓清老⑪寄來《聰訓齋語》（張文端公⑫，康熙賢相），給汝一册，合《小學》觀之，時以告我，一生受用不盡。我房中有《勸戒録》廿本，汝可取一部，時時閲之（《聰訓》尤便，可帶所暇時閲）。又：右首第一架下格，有《薛星使全集》，每部一包，亦贈汝一部，中間有古文，有公牘，有書函，極博極精，汝閲之。

蹇手具，

初九巳刻。

考釋：

①（九）署『初九』，未署年、月。

函云『韓清老寄來《聰訓齋語》……合《小學》觀之』，與（八）函云『在家多看朱子《小學》第二册』相銜接。

函云『我房中有《勸戒録》廿本，汝可取一部』，與（八）函云『我室中有《勸戒近録》』相銜接。

此信書寫時間當爲一九二〇年六月二十四日（庚申五月九日）。

②文華閣製朱絲欄信箋，簡稱『文華閣箋』。『文華閣』紙號，是張美翊在寧波道前街的産業，『文華閣箋』當是張美翊所造。

③汪洵（一八四六—一九一五），初名學瀚，字子淵；又字淵若。陽湖（今江蘇常州市）人。光緒十八年壬辰（一八九二）進士。海上題襟舘金石書畫會第一任會長。淞社中人。一九〇七年十二月，參與發起『書畫集股保路會』（以廣西北路裕德里爲會所）。

④鄭孝胥。

⑤張棟卿，當時寧波書家。書跡留存：寧波市鄞州區道成岙村陳氏祠堂中門『太邱名閣』匾額。杜建海主編《横溪文化大觀・千年横溪》（寧波出版社，二〇〇四年）：陳氏祠堂……中門上有一塊匾，題有『太邱名閣』四個大字，爲張棟卿所題。

⑥孫寶瑄。

⑦《大代華岳廟碑》，北魏始封於代，因稱『大代』。正書。原石久佚。

⑧劉鶚（鐵雲）。

⑨《中岳嵩高靈廟碑》，北魏太安二年（四五六）建，或太延年間（四三五—四四〇）建。石在河南登封縣。正書。傳爲道士寇謙之立，又稱《寇君碑》。

⑩清道人即李瑞清。書跡刻石另有隸書横額『冷香塔院』，在天童寺。

⑪韓清淨。

⑫張英（一六三七—一七〇八），字敦復、夢敦。號樂圃。謚『文端』。桐城（今安徽安慶市桐城市）人。室名：篤素堂、存誠堂、聰訓齋。康熙六年（一六六七）進士。《聰訓齋語》提出立訓四語：讀書者不賤，守田者不飢，積德者不傾，擇交者不敗。

述評：

①關於劉鐵雲石印孤本《大代華岳廟碑》：

大代華岳廟碑：

歐陽棐《集古録目》（道光十五年刻本）：

碑以太延五年五月立。

趙明誠《金石録》（齊魯書社，二〇〇九年）：

後魏華岳碑，興光二年三月。傳爲道士寇謙之立，碑原在陝西華陰縣華岳廟。

劉鶚（一八五七—一九〇九），譜名震遠。原名夢鵬，亦作孟鵬。字雲摶、公約。後更名鶚，字鐵雲，亦作蝶雲。號老殘。別署鴻都百煉生。祖籍江蘇丹徒，客籍山陽（今江蘇淮陰市淮安區）。室名：抱殘守缺齋、芬陀利室。

光緒三十二年丙午（一九〇六），有正書局印海内孤本《大代華岳廟碑》，羅振玉跋：

大代華岳廟碑，《集古録》《金石略》《金石録》《寶刻類編》并著其目，而明以來著録家皆不之及，殆石佚久矣。劉燕庭先生校刻《寶刻類編》，於此碑下注曰：存疑。偶見傳本誤謂原石尚在，不然。何《關中金石記》既未著録，《陝西通志》録華岳古刻至備亦未之及耶？此本舊藏福山王文敏公許，平之不肯示人，故海内人士未得寓目。文敏公殉國，今此本爲濂公所得，將付之影印以廣其傳，可爲此碑度得所矣。丙午秋，上虞羅振玉記。

此碑與中岳靈廟碑文字略同，惟將中間嵩、華詞句换易而已之。《魏書·釋老志》稱：謙之初學道華山，後移隱嵩岳。故即造華岳新廟，又營嵩廟也。丁未三月又記。

羅振玉與劉鶚爲兒女親家；與王孝禹亦親戚。

《關中金石記》乃畢沅著。『王文敏公』乃王懿榮；『濂公』乃劉鶚。

②關於薛福成《薛星使全集》：

薛福成（一八三八—一八九四），字叔耘。號庸庵。江蘇無錫賓雁里人。進士薛湘子。藏書處名：傳經樓（薛福成命長子薛南溟按『天一閣』式樣在無錫營造），自聯『萬卷藏書宜子弟，十年種樹長風烟』。同治四年（一八六五）夏，入兩江總督曾國藩幕，七年間頗受器重，奏保爲候補同知、直隸州知州并賞加知府銜。爲曾門四弟子之一（黎庶昌、張裕釗、吴汝綸、薛福成）。光緒元年乙亥（一八七五）下半年，入李鴻章幕，做文案（秘書）十年。光緒十年甲申（一八八四）初夏，實授浙江寧紹台道。一八八九年五月，賞二品頂戴；以三品京堂候補的身份任出使英、法、義、比四國大臣。

《薛星使全集》當指《庸庵全集》，亦名《庸庵全集十種》，有一九〇二年上海書局印本。薛福成《庸盦文編》編成，交付張美翊、錢恂核校，於光緒十三年丁亥孟春（一八八七年二月）開雕問世。《庸盦文續編》於光緒十五年己丑（一八八九）秋開雕問世。《出使英法義比四國日記》，張美翊、趙元益參校，於光緒十七年辛卯（一八九一）問世。《庸盦文外編》於光緒十九年癸巳（一八九三）春開雕問世。《出使奏疏》，薛福成親定歷年『奏稿』，交張美翊負責刊印，光緒二十年甲午（一八九四）孟冬開雕。《庸盦海外文編》，光緒二十一年乙未（一八九五）十月由薛福成的女婿蕭山陳光淞（根儒）刊印問世。《出使公牘》，光緒二十四年戊戌（一八九八）由張美翊負責刊印問世。

一八九八年，薛福成三子薛慈明將《庸庵文編》《庸庵文續編》《庸庵文外編》《庸庵海外文編》《籌洋芻議》《浙東籌防録》《出使奏疏》《出使公牘》《出使英法義比四國日記》《出使四國日記續刻》，匯刻爲《庸庵全集十種》。

《全集》實際上并未盡收薛福成的文稿，如《庸盦筆記》，光緒二十三年丁酉（一八九七）陳光淞校理，遺經樓刊本；《續瀛環志略初編》，光緒二十八年壬寅（一九〇二）薛氏後人無錫傳經樓刊本；《庸盦文別集》，光緒二十九年癸卯（一九〇三）春薛慈明纂輯刻印出版。未刊的還有《地志譯稿》等。

③關於張美翊的『太宜人』『先室』：

太宜人，清時五品官之母或祖母的封號。張美翊爲正五品，祖母、母親都誥贈宜人。

張美翊《考本・履歷》（顧廷龍主編《清代硃卷集成》，臺北成文出版社，一九九二年）：

祖母，余氏。

國學生，余彰顯女。敕贈孺人；誥贈宜人。

母，劉氏（一八二六—一八八九）。劉裕昆長女。生於道光六年丙戌五月十一日，卒於光緒十五年己丑四月十八日。

國學生；例贈文林郎，劉裕昆女。封孺人；誥贈宜人。

劉裕昆有二子：

劉鳳岡：

議叙九品，諱鳳岡。

劉鳳章，光緒十一年乙酉（一八八五）舉人：

歲貢生；候選訓導；光緒乙酉科舉人；前辦志精舍齋長；崇實書院山長，諱鳳章。

薛福成《張氏母劉孺人家傳》（張美翊主纂《甬上青石張氏家譜・家傳》，味芹堂鉛印本，一九二五年）：

劉孺人，父國學生；贈文林郎，諱裕昆。母徐氏。劉太公有隱君子之行，徐孺人慈仁和厚，尤有禮法。孺人禀承庭訓，能得親心。逮太公卒，家中落，則左右徐孺人支持門户，撫教弟妹，長老稱焉。年十八歸國學生張君諱君陛，善事祖姑吴孺人及姑余孺人。當余孺人疾病，國學君嘗刲臂以進，孺人則斟藥禮醫，番宿遞侍以助理之。國學君之卒也，孺人年三十有三，長子善翊尚幼，少子美翊生甫及期。入則泣血撫孤，出則總理家政。乃益待諸姑以恩，接娣姒以禮。中更喪亂，靡所居止。及事定，家燬於火，孺人拮据從事，罔恤飄摇，夷然處之如故也。其待人以恕而律身彌嚴。未嘗入寺禮佛，而慈悲清淨，頗爲近之。自奉極薄，施與無所不厚。治家極勤，體恤無所不至。先鷄鳴而興，後斗轉而息，雖篤老如少時焉。尤好聞人爲善，及有可喜可樂之事，則欣然聽之，惟恐其盡。其有不善或遭憂苦罹患難，則感然不安，亦若身受之者。嘗謂其子曰：『汝父賦性豪邁，族黨朋友有施而無報。嘗出貫遠方，則囑曰某老而寡，宜月餽以粟；某貧而孤，宜歲與以錢。或多與之，或預給之，毋遲毋吝。吾承汝父之志未之敢忘也。夫情不必徧施，要於達其誠；力不必畢給，要於隨其量。如是焉而已。』蓋其行事與所恒言者如此。及卒之日，宗族親戚以及僕嫗傭賃痤老廢疾之人，無不痛哭者。實光緒十五年夏四月十八日，年六十有四。於是守節教子者三十二年矣。美翊哀母之勞苦，大懼聖善之德不著聞於天下後世，乃遺書具狀，請余爲傳。余夙聞孺人之賢，且知美翊之爲人不至以虚辭以誣其親也，故爲述其略焉。

薛福成曰：余分巡浙東，得張生美翊，蓋好學敦行之士也。每以文來謁，亟稱孺人之教，與其持身之謹，接物之和，必詳述而不厭。言及周晬失怙，賴有母氏撫以成立，必嗚咽而流涕也。余聞美翊之學，蓋受之於其舅氏劉藝蘭孝廉，固孺人之弟也。孝廉以耆儒宿德卒於天津，孺人哭之慟。及劉氏舉喪受弔，又往哭之，哀感傷懷，中夜得疾，越數日竟不起。嗚呼！何其天性之友愛老而彌篤耶，是可以傳矣。

劉鳳章《大姊大人五十壽序》（張美翊主纂《甬上青石張氏家譜・贈言》，味芹堂鉛印本，一九二五年）：

光緒元年五月十一日，爲吾姊五十初度。伯兄謂鳳章：宜有紀年之文。因述姊之行事爲稱觴之戚屬告之。姊天性明慧，少爲先府君所鍾愛。稍長，撫恤弟妹，以分母氏之勞，宗黨以爲賢。年十八，歸於藜庭太學君。維時祖姑吴太安人、姑余太孺人俱在堂，姊奉侍惟謹，能得歡心。後祖姑與姑先後棄養，姊主持内政，井井有緒。兩小姑方待年，相繼出嫁，資送以禮而歲時饋問，歷久如一日焉。太學君篤於内行，嘗刲股以醫母疾，而病卒不起，哀感終其身。與弟溪蘅文學式好無間。姊能體太學君孝友之心，亦與其娣章氏、舒氏和愛如姊妹。太學君性豪邁，喜賓客，交游在座，輒呼酒爲笑樂。姊竭力治具，無有失候。太學君每爲一善，姊從旁相勸和，使之必成。以故，里中既雅稱太學君長者，亦兼稱姊之善相其夫也。及太學君即世，撫視遺孤，以養以教。至於外事，使長子善翊一禀命於文學君，十餘年中，共爨而食，無幾微閒言，既别産籍而通有無，均休感如故也。每訓二子曰：『汝兄弟承襲餘蔭，衣食粗可給，宜以脩身保家爲念，勿蹈谿刻，勿尚浮靡。』故二子敬承慈訓，循循就範，讀書服賈，各安其分，咸以爲善教所致云。自奉清儉，惟延師課子，不吝脩脯。遭遇寇氛，流離遷徙，迄無定所，而姊能於所遇處之怡然。事既定，資力稍減，亦不以先豐後嗇改其常度。律身尤嚴，未嘗入寺觀禮佛，其明大義如此。鳳章十歲而孤，不獲聞先府君之教。姊長我六歲，義方之訓，固習聞之矣。至母氏躬聖善之德，九宗三黨，咸尊其閫教。姊十八而嫁，所以聽受而禀承者亦既有年，故其始爲順婦，繼爲賢母，皆本先人遺法而施之家庭者也。他人之賢者，不過善烹飪，勤浣濯，謹步履而已，何足與姊相提而并論哉？姊婚嫁已畢，未老而傳。次子美翊治舉業有端緒，兩孫亦已挾册就塾。歲時奉觴上壽，内外子姪聯袂接踵，和順之氣，靄如陽春，此戚屬所爲喜也。抑鳳章重有感焉。吾同氣五人，姊爲長，兩妹皆無禄早世，追念手足，固有默默自愴者。然幸吾姊神明穆清，起居如壯年，而鳳章兄弟亦復强健善飯，所願自此已往，相勵以約，相勉以謹，馴至耄耋不衰，足以對先人而啓佑子孫也。若夫積善餘慶，古語有之，其理固不誣而亦不敢以此希冀焉。鳳章所以爲諸戚屬告者，質言之耳，吾姊聞之當喜其無諛辭而爲之進一觴矣。

先室，張美翊妻，鄭氏（一八五七—一九一八），誥封宜人。生於咸豐七年丁巳二月二十七日，卒於民國六年丁巳十一月二十四日。張美翊《考本·履歷》（見顧廷龍主編《清代硃卷集成》，臺北成文出版社，一九九二年）：

妻，鄭氏。

副貢生；中書科中書；例授徵仕郎；例封文林郎；誥封奉政大夫；誥贈朝議大夫；累贈資政大夫；兩淮鹽運使司運判；四品銜加五級，諱宗烺女。

王守恂《三十五世鄭宜人傳》（張美翊主纂《甬上青石張氏家譜·家傳》，味芹堂鉛印本，一九二五年）：

鄭宜人，幼時通《内則》《女誡》諸書，年十八，歸讓三先生。尊姑劉太宜人仁慈節儉，宜人效其所爲，事之至順且謹。讓三先生授館於外，奉親治家一惟孺人是賴。劉太宜人亦非得宜人侍奉不歡。劉太宜人棄世，宜人營治喪葬，哭之絶哀，人不忍聞。嗣讓三先生隨節出洋，復又客授上海，不嘗歸家。宜人念兒輩漸長，爰從之寓滬，命二子肄業南洋公學。以次遣嫁兩女，旋又爲子娶媍，從寓武林。習儉忘勞，率初不變。居家於族黨，恩誼周至，推之於鄉親、於世好、於鄰舍、於嫞媪，無不曲盡情禮，物薄而長，受者之久而不忘。宜人舊有痰疾，今冬加劇。家人求進醫藥，謂家人曰：『病將不起。外間無衣食者可念，何不以醫藥之貲周濟貧苦。』臨殁，神明不衰。時年六十一也。論曰：讓三先生謂人曰：『吾妻生平行事至平常不足道，要其爲婦孝、爲母慈，又能推愛以及人有足多者。』嗚呼！如先生之言，女子之德，更有加於此者耶？所爲謂平常，即中庸鮮能之德也。今又談女學者，吾嘗聞之矣。使皆不出於平常，其流弊所及尚可測耶？余以爲宜人之行，洵可爲女子之師表也。

④關於寫小字：

張美翊不止一次地强調寫小楷：

張美翊爲薛福成入室弟子，在習小楷的問題上却與其師大相徑庭。薛福成不習小楷，有『逆反』旨趣，福成父薛湘，十分擅長八股文，且風格獨特，時稱『薛調』，頗受推重。據傳曾國藩、李鴻章尚且自言頗得益於薛湘文章。薛福成是曾國藩入室弟子，關係頗錯綜。而薛福成致力經世實學，不做詩賦，對八股尤爲輕視。

馬宗霍《書林紀事》（商務印書館，一九三六年）：

> 翁覃溪方綱……每歲元旦，必用西瓜子仁書四楷字。五十後曰『萬壽無疆』，六十後曰『天子萬年』，至七十後尤能寫『天下太平』。英和又謂先生每於一粒胡麻上作『一片冰心在玉壺』七字，可謂異禀。

能在瓜子仁上寫小楷，應非虚語。筆者親見復戡師七十多歲時能在照相底片上寫蠅頭小字，游刃有餘。

⑤關於月薪：

張美翊云『月薪廿七金，多矣。』當時一般商鋪中薪金最高的總賬房月薪十元；掌櫃不過八元；普通的職員不過六元、四元；剛滿師的學徒一元。秀才做塾師，十二元。交易所風潮時，新做醫生，月薪二十四元。衛生局的科長三十元。可作參考。後（一一）有『汝暫勿計較薪資』，交易所的薪資并不低，而朱復戡并不滿意。

此時，朱復戡參與同鄉會活動。

《申報》一九二〇年六月二十三日《四明公所南廠籌備開幕再志》有云：

> 書記朱義方。

⑥關於『曾李』：

曾熙、李梅盦齊名，人稱曾李，稱雄海上。

《沙孟海全集》（西泠印社出版社，二〇一〇年）第九卷《僧孚日録》辛酉十一月十三日：

> 李梅盦書已滿目可惱矣，然亦有根柢。梅盦死後，俗人所崇仰者，有衡陽曾熙，益卑劣，文理未通，動喜題跋，李書冷香塔銘（張謇文撰文）末有曾熙題記，真令人絶倒矣。

可見青年時期的沙孟海并不迷信曾李，頗有微詞。

一九二〇年，曾熙題清道人書《寄禪禪師冷香銘塔》（王中秀《曾熙年譜長編》，上海書畫出版社，二〇一六年）：

> 雖然寄禪可傳，微張子之文，其傳不遠。今阿某又封墓矣，張子其何以慰此縷縷孤忠之痴魂耶？庚申臘八日，阿某墓成，識於江甯天闕山佛窟寺，是日冰雪大解。衡陽曾熙。

曾熙文中『張子』，乃張美翊。『阿某』乃李梅庵。

⑦關於『孫仲翁』：

孫寶瑄（一八七四—一九二四），亦作寶暄、寶煊。原名漸，字仲璵，亦作仲隅、仲愚。自署退山居士。錢塘人。光緒帝師傅孫詒經（子授）子；李翰章婿，孫寶琦（慕韓）弟。
孫寶琦長女孫用慧，適盛宣懷四子盛恩頤；孫寶琦四子孫用岱（蔚青），娶盛宣懷姪女盛範頤。
孫仲璵時爲寧波海關監督兼交涉使。著有《忘山廬詩存》。
孫寶瑄《忘山廬日記》（上海人民出版社，二〇一五年）：
光緒二十七年辛丑（一九〇一）：
辛丑正月二十日（三月十日）：

訪盛京卿，……嚴筱舫攜二客至，余因退出，至張讓三所，坐談良久，聞李伯行來訪盛公密談，不知何事。

辛丑正月二十七日（三月十七日）：

訪張讓三，聞東三省事略有轉機。

辛丑二月四日（三月二十三日）：

詣張讓三不遇。

辛丑二月七日（三月二十六日）：

訪張讓三。

辛丑六月十四日（七月二十九日）：

晨詣張讓三，爲覆大兄電，托其轉呈盛京卿，發一等報。

辛丑八月初六日（九月十八日）：

詣張讓三談。

辛丑九月一日（十月十二日）：

詣張讓三譚。讓三約飲一品香。

辛丑十一月九日（十二月十九日）：

前在張讓三案頭，見李文忠致盛宫保書，蓋録乩壇中語也。

《戊戌變法文獻資料繫日》（上海書店出版社，一九九八年）一八九七年七月五日（光緒二十三年丁酉六月六日）：

鄭孝胥記：汪穰卿、梁卓如約飲鴻運樓，坐間有陳伯年、張讓三、孫仲隅等。

張美翊一九一六年致冒廣生函云『老友孫仲璵君』，故此函云孫仲翁當爲孫仲璵。

一九二一年夏，黄慶瀾《甌海觀政録》，有張美翊序，孫寶瑄題簽。

《甬上青石張氏家譜·贈言》（味芹堂鉛印本，一九二五年）收有孫寶瑄《張讓三先生六十壽詩》。

⑧關於『猶憶老夫廿五、六時，從薛星使考書院，月得膏獎八元（第一最優，老夫多考第一）』：

光緒十一年乙酉（一八八五），寧紹台道薛福成在寧波『後樂園』創辦的崇實書院，月課除制藝外，并以詩賦及經、史、天文、算學、輿地、掌故、時事命題。光緒十二年丙戌（一八八六）印行《浙東課士録》，選録張美翊二十一篇，居首位。其次戴鴻祺十一篇。再次鄒宸笙八篇。

光緒十三年丁亥（一八八七）十一月，薛福成《文學溪蘅張先生六十壽序》（張美翊主纂《甬上青石張氏家譜·贈言》，味芹堂鉛印本，一九二五年）：

光緒甲申五月，余奉簡命，觀察浙東。逮丙戌八月，檄取四明文學之士，會而課之。於是始得鄞縣廩生張生美翊。觀其人與其文，大率能自樹立，不媿作者之選。及問其爲學之方，飭身臨事之要，則皆其叔父溪蘅文學之所教也，余因之知文學君之爲人。自時厥後，生每以課來謁，輒詢君安否及家居勝事以爲常，而生之所以稱君者益詳且備。丁亥十一月八日，君年六十矣。其子國學生鍾翊、縣學生鉅翊，具述事略，屬生請余一文爲壽，其又奚辭。君爲人清峻，崖岸嶄絶，取與不苟，平生無妄言、無違行，勤身而節用，先人而後己。自生六歲而尊公小菴翁即棄養，重以本生祖父母竹菴翁暨王太孺人之喪。奮起孤童，自勉於學。事祖母吴太安人、母余太孺人以孝；事兄藜庭太學君以恭。太學君無禄早逝，君撫視生兄弟，以養以教，俾至於成人，蓋數十年如一日焉。君之少時即從鉅人長德者游，故其學有淵源而文有根據。自以先世文集散佚過半，爲綴拾而抄補之，大略具備。張氏故有家祠，年歲久遠，棟宇頹陊，上雨旁風，既漱且漏。君董而新之，彙題本主，至以千計，所以序昭穆供享祀禮也。修復數代墓道，且營丙舍，不憚登涉，不避寒暑，爲費省而成功速，蓋敬宗收族之法，水源木本之思，於是乎在焉。君豐於才嗇於遇，年逾四十，始以第一人補博士弟子員。承襲先蔭，饒有貲財。粤寇之亂，寖以衰替，然家不中産而上下和睦，年届杖鄉而精力强固。近復爲星命卜筮之學，藉以遣日，泊然怡然，有以自樂，豈所謂居易以俟命者歟？余嘗謂士君子既老不得志，其可以自見者，不必有高世駭俗之事，至其不言而躬行有非人所能及者。今觀君之所爲，念篤於先人而政成於門内，殆有足以淑身而貽後者耶？以諸子之才，承君之教，殆將以有大其門而慰其志者耶？謹以是爲君頌，且以勉其諸子。至於神明之壽，似續之繁言之者多矣，可從略也。

光緒彊圉大淵獻歲律中黄鐘之月上澣穀旦

百行賢來扇二柄已悉扇字作楷體於書青風帖

不妨荷葉字不必注明佛像絮染太紅何不用老黃色

倘嫌已教何樣新光生自在廳生之房以求廳今來

前以可取到也臆訓講話僅有一部此與比都若同也

敘房中北窗已就一邊修在壁上又畫圖釘一匣存安置

邑林文玉鈔寄來我近日看帖已多本今廳送效易

昨好蘇明日寄望寄廳之出如須用之今於春常寄

備先生：將玻匡已拆下之際，時長碌又誤標名所經詞稿兩字

照序先生之意收到蒼海寧所詞幾本分贈下寫以保用主

分對閲年內要改印，急似不好，像屬總今面詳載內

侍祺

寶琛　十六

玉叔送來信收到否

倒印

寧波商校實習店製

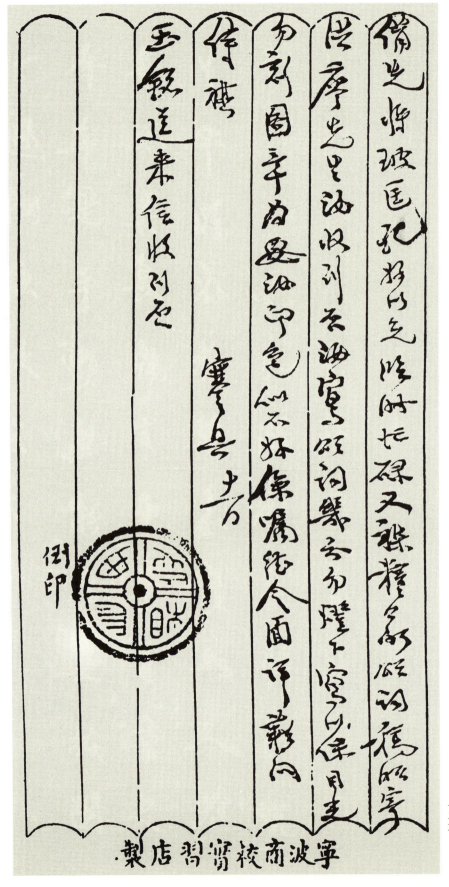

（一〇）致朱復戡①

一九二〇年六月二十六日　庚申五月十一日　星期六

商校箋②

百行覽：

來函、扇二柄已悉。函字行楷勝於正書。凡臨帖，不妨落字，不必注明。佛像袈裟太紅，何不用老黃色？《保證》已求何楳軒③先生，函在應先生④處。汝求應公⑤加函，必可辦到也。《聰訓齋語》僅存一部，汝與德鄰⑥共閱之。我房中『北魏』已裱一包，倚在壁上。又：畫圖釘一匣，在案頭，包好交玉銘⑦寄來。我近日看帖甚多。本會⑧應送《交易所⑨頌辭》，明日寄。望告應先生，如須用，先令怡春堂預備，先將玻匣配好，以免臨時忙碌。又：《雜糧公所⑩頌詞》稿，昨寄洪⑪、廖⑫先生，汝收到否？汝寫《頌詞》幾分，勿燈下寫，以保目光，勿刻圖章爲要。汝印色似不好。餘囑德令⑬面詳。藉問

侍祺。

蹇具，

十一日。

玉銘送來信收到否？

（鈐印）長毋相忘（朱文瓦當）。倒印⑭。

考釋：

①（一〇）署『十一日』，未署年、月。

函云『本會應送交易所頌辭』，應指『上海證券物品交易所』。『交易所』一九二〇年七月一日（庚申五月十六日）正式開業，送『頌辭』當在開業之前，『十一日』，距交易所正式開業前四日，正吻合。當爲五月十一日。

函云『《雜糧公所頌詞》稿』，一九一九年，葉惠鈞組織『上海雜糧公會』，會長。一九二〇年，組織『豆米業公會』，董事長。豆米業即糧食業，張美翊『雜糧公所』乃習慣説法，當是指『豆米業公會』，當爲一九二〇年。

函云『《聰訓齋語》僅存一部，汝與德鄰共閱之』，與（九）函云『韓清老寄來《聰訓齋語》……給汝一册』相銜接。

函云『玉銘送來信收到否？』詢問的應是（九）函云『前寄汝函（由會遞，詢汝駐址，並託寫孫仲翁扇）到否？』那封由『會遞』的信函，是由玉銘遞，而究竟收到否，朱尚未回答。説明（九）（一〇）『九日』距『十一』日相距很近。

此信書寫時間當爲一九二〇年六月二十六日（庚申五月十一日）。

②甯波商校實習店製朱絲欄信箋，簡稱『商校箋』。當時寧波商校校長是周枕琴，當是周枕琴所造。

③何葆春（楳軒）。

④⑤應啓藩（季審）。
⑥⑬張德令（德鄰）。
⑦玉銘，供職上海『四達公司』；寧波旅滬同鄉會。在張美翊尺牘中多次提到，所作的事都是收件送物之事，應是張美翊的子弟。
⑧寧波旅滬同鄉會。
⑨上海證券物品交易所。
⑩葉增銘（惠鈞）。一九二〇年，豆米業公會董事長。
⑪洪曰湄（左湖）。
⑫廖壽慈（淦亭）。
⑭朱文瓦當印『長毋相忘』，庚申仲冬，朱復戡以之印信封。

述評：

①關於朱復戡通訊處：

函云『餘囑德令面詳』，此函應是由張德令轉遞。張美翊的姪孫張德令（一八九五—？），亦作張德鄰，字新甫。張美翊長兄張善翊次子張世綬（仲艾）之子。畢業於浙江省立第四中學。一九〇八年，浙江鐵路認股六股。此時也供職於上海證券物品交易所。

函云『《雜糧公所頌詞》稿，昨寄洪、廖先生，汝收到否』，是張寄《雜糧公所頌詞》給朱，由洪、廖轉遞。

函云『玉銘送來信收到否』，知『前寄汝函（由會遞，詢汝駐址）』『會遞』的信函，是由玉銘遞。

說明此前張美翊致朱復戡函，皆是在不知朱通訊處的情況下轉遞。本可通過朱父轉遞，但有不欲朱父知之事，則由『會遞』，或由朱復戡同事如『德令』代交。尤其由朱復戡同事『洪、廖』轉遞，既知朱在交易所，也不直接寄函交易所朱復戡。似有隱情。未見『由會遞，詢汝駐址，並讬寫孫仲翁扇』此信，說明朱藏張信，有所遺失，并非全豹。

②關於何梅軒：

何葆春（一八六六—？），字梅軒，亦作楳軒、媒軒、梅仙。鄞縣人。在上海英租界泗涇路四九號（河南路即棋盤街口）有『瑞隆源記』顔料號。一九〇七年，浙路集款認二百股。一九二一年五月，參與發電寧波道尹鎮守使等援助寧波因查貨被毆學生。

同鄉會：一九一七年，第六次常年大會爲推舉會長監察員。一九一八年，爲建築新會所募捐。一九二〇年四月，徵求隊寧瑞隊隊長。

四明公所：一九二〇年八月，參與『北廠』募捐，任總辦事處『交際』；玉几山團團長。

③關於應季審：

應啓藩（一八七三前後—？），字季審，亦作季申、季生。慈谿人。寓上海葛蘿路仁安里十號。一九〇七年，『浙江旅滬學會』幹事員。一九一一年，上海光復時爲接濟軍需，參與發起『協濟會』。一九一五年，與俞仲還等人爲維護版權在公共租界望平街發起成立『書業商會』；上海『勸用國貨會』會員。一九二〇年冬，與趙家藝創辦《商報》，後爲商報館營業部主任。次年六月，參與發起『浙江省憲協進會』。

同鄉會：一九一一年，評事員。一九一四年，在審計科。一九一五年，在審查科。

四明公所：一九二〇年六月，參與『北廠』募捐，總辦事處文牘。一九二一年，在理事部。一九二三年，審查委員；教育委員。

④關於洪左湖：

洪曰湄（一八七一—？），幼名鼎和。字左湖。號蜕廬。慈谿洪塘鎮（今寧波市江北區）人。陳天嬰之弟陳行叔岳父。廩貢生，候選訓導。一九一二年，浙江省議會選舉東二區管理員。纂脩《慈東賜郃亭沈氏續脩宗譜》（一本堂木活字本，一九二二年）；纂脩《漢塘洪氏支譜》（立本堂木活字本，一九二三年）。與楊霽園交密。此時供職交易所。

⑤關於『雜糧公所』：

《葉惠鈞先生小傳》（杜元載主編《革命人物誌·第十一集》，一九七三年）有云：

民八組織雜糧公會，即被舉爲會長，民九又被舉爲豆米業公會董事。

葉增銘（一八六二—一九三二），字惠鈞，亦作慧君。別署龍沙懶農。上海縣高行鄉（今上海市浦東新區高行鎮）人。開辦『大隆棧糧號』。一九一一年，上海南市『志成商團』團長，駐穿心街。三月，參與發起成立『全國商團公會』，副會長。六月，『南市商團公會』副會長；『中國國民總會』坐辦；十一月，與沈縵雲、王一亭率商團攻占江南機器製造局；十二月，孫中山抵上海，葉率商團日夜護衛。一九一二年，被任命總統府警察總監；通阜司（鐵道部前身）司長，謝絶任職。一九一三年，上海『江南機器製造局』總稽查兼材料處處長。

百行文覽聲援來函辭膏件均收
患前廖隆亭君來設及汝事謂閒
暮時忙近日甚閒當痛惜多寫小
楷並宜看書勿錯過好光陰其意
甚殷老夫前教汝讀古文觀止今
教汝讀古傳句解閒以冊吾佳戎
千汎堂君壯之

齋書務銘印本每日帶一本題詞石解之
處予問學師老夫十八歲無識至
游粒如師之教鐵然乃漸精進及
汝聰秀過我者爭勉之望之詩作文宜
溫力習叢務仲老康望速寫詩好多知
書術海寫對見其聽懸食老不數

聯絕佳惜不令汝見之清道道尹人所四是
條屏對汝暫許較新皆但注盡心臨
務當力上進少年何必多購錢耶
汝行書頗有進步日觀戲鴻堂帖
玩其用筆自有精處清道人所寫
於香塔銘未完所照不幸陸補足

好，我有處手尚蹟大化碑來裝裱容易寫
戒，箱，錄看過幾本此錯夏於青也
近日。又得嬰識所習卅三要歲寫書序
字數子。造索能刻印老夫欲搞教
了康雖難適惟恐遠再復問
侍史
蹇變手書
六月初之

（一一）致朱復戡①

一九二〇年七月二十日　庚申六月五日　星期二

雪塍箋

百行文覽：

叠接來函，拜寄件均收悉。前廖淦亭君來，談及汝事，謂開幕時忙，近日甚閒，嘗勸汝多寫小楷，並宜看書，勿錯過好光陰，其意甚殷。老夫前教汝讀《古文觀止》，今教汝讀《左傳句解》②（千頃堂③有狀元閣六册，甚佳。或商務印書舘本），每日帶一本默誦，不解之處，可問廖師④。老夫十八歲知識至淺，賴母、師之教，鈍器乃漸精進，况汝聰秀過我者乎？勉之，望之。（法文仍宜温習勿荒。）孫仲老⑤扇望速寫。昨晤姜知事⑥，求汝寫對，見其廳懸倉老⑦石鼓聯絶佳，惜不令汝見之。（道尹⑧所懸清道人四屏尤勝。）汝暫⑨計較薪資，但須盡心職務，奮力上進，少年何必多賺錢耶？汝行書頗有進步，日觀《戲鴻堂帖》，玩其用筆，自有悟處。清道人⑩所寫《冷香塔銘》未完，能照石本臨補甚妙（我處尚有手蹟⑪）。《大代碑》未裝好，容再寄。《勸戒録》看過幾本？此銷夏好書也。近日又得吴誠初⑫（廿三歲，習賈）寫晉唐字，頗可造，亦能刻印，老夫頗指教之。孱軀粗適，惟畏熱耳。復問

侍安。

蹇叟手具，

六月初五。

考釋：

①（一一）祇署『六月初五』，未署年。

函云『談及汝事，謂開幕時忙』，『開幕』，應指『上海證券物品交易所』，一九二〇年七月一日（農曆庚申五月十六日）正式開幕，此時距正式開幕後不久。爲庚申六月初五。

函云『孫仲老扇望速寫』，與（九）函云『並託寫孫仲翁扇』相銜接。

函云『汝暫計較薪資』，與（九）函云『月薪廿七金，多矣』相銜接。

函云『清道人所寫《冷香塔銘》未完，能照石本臨補甚妙（我處尚有手跡）。《大代碑》未裝好，容再寄』，與（九）函云『刻檢出《大代華岳廟碑》，……清道人所寫《寄禪塔銘》皆從此出，現已付裝，將來寄汝一閲』相銜接。

函云『老夫前教汝讀《古文觀止》』，與（八）函云『在交易所可帶《古文觀止》一册』相銜接。

函云『《勸戒録》看過幾本』，與（八）函云『我室中有《勸戒近録》』相銜接。又與（九）函云『我房中有《勸戒録》廿本，汝可取一部，時閲之』相銜接。

函云『近日又得吴誠初（廿三歲，習賈）寫晉唐字』，吴誠初生於一八九八年，一九二〇年二十三歲。是爲庚申佐證。

此信書寫時間當爲一九二〇年七月二十日（庚申六月五日）。

②《春秋左傳句解》，元人朱申撰。

③千頃堂是明末清初藏書家黄虞稷藏書處，故址在南京白下區馬路街。前身係其父南京國子監丞黄居中所建『千頃齋』。珍藏典籍六萬餘卷。編著有《千頃齋藏書目録》《千頃齋集》。黄虞稷承繼，藏書增至八萬多卷，易名『千頃堂』，編有《千頃堂書目》。

④廖洤亭。

⑤孫仲璵。

⑥姜若（一八七九—一九四四），字證禪、參蘭。號貽石、枕仙。丹陽（今鎮江市丹陽市）人。宣統元年己酉拔貢。南社社員。一九二〇年三月二十四日任鄞縣知事。一九二四年五月，調任紹興。

⑦吴昌碩。

⑧一九一四年五月二十三日，浙江省分設錢塘、會稽、金華、甌海四道。寧紹台道改稱會稽道，道署駐寧波，領二十縣。一九二〇年時道尹是黄慶瀾（涵之）。

⑨此處似奪『勿』之類的字。

⑩李瑞清。

⑪指張美翊自己的《寄禪禪師泠香塔銘》文稿。

⑫吴誠初，即吴公阜。

述評：

①關於廖壽慈：

廖壽慈，字洤亭，亦作幹廷。南洋公學文學部肄業，舊居寧波市月湖西面偃月街二五號。一九一一年，七月，參與發起『國民尚武會寧波分會』；十一月，『寧波軍政分府』參議員。譯著有日本山本利喜雄著《露西亞通史》；日本占部百太郎著《近世露西亞》。露西亞即俄羅斯。與馬幼漁、范均之合譯德國布列著《世界通史》。

同鄉會：一九一八年，爲藏書室捐贈古籍多種；特別會員。

此時在交易所會計科，與朱復戡同事。

②關於寄禪《泠香塔銘》：

寄禪曾在天童寺外放生池左側山腰上自築『泠香塔』，并自題詩二首以代《泠香塔銘》。

民國《鄞縣通志·文獻志》：

一九一八年：

《天童寺寄禪禪師敬安泠香塔銘》：蹇道人撰；清道人書。

蹇道人即張美翊。一九一八年九月，李瑞清書《寄禪禪師泠香塔銘》，所書内容非寄禪自銘，而是張美翊一九一二年所撰《八指頭佗泠香塔苑塔銘》（聖輝法師主編《八指頭陀生平年表簡編》，湖南人民出版社，二〇一三年）：

寄禪禪師冷香塔銘。甬上蹇道人撰；　臨川清道人書丹：

師諱敬安，字寄禪。湘潭黄氏子。父宣杏，母胡氏，夢蘭而生。自幼歧嶷，不喜茹葷。甫髫齔，失怙恃。家貧，爲人牧牛。一日，見籬落白桃花，爲風雨所敗，慼然動出世之意，投湘陰法華寺東林和尚出家，從南岳賢楷律師受具，參岐山恒志禪師教外之旨。既而遍游江浙諸刹，駐四明最久。在阿育王寺司灑掃，充知客，就舍利殿禮讖，苦行精脩，然左手兩指，供佛舍利，自號八指頭佗。光緒初，天童叢林，漸以不振。退院廣煜，監院幻人，邀師與議，陳之當道，爲立規勒石，遂充天童副寺。旋謝去，開法於衡州羅漢寺。歷主南岳上封、大善；甯鄉溈山；長沙神鼎；上林諸寺。所至莫不以弘法利生爲主。歲光緒壬寅，天童首座幻人，率衆僧公請，師由上林重蒞兹寺。至則大啓宗風，百廢俱舉，夏講冬禪，靡有虚歲，宗徒翕然來歸者衆。其後，僧教育會，佛教總會之設，皆以師主其事，護法衛道，一身任之。師貌奇偉而口吃，性伉爽無城府，能忍辱負重無少畏。其初，不解世諦文字，作書非篆非隸。後忽有悟，好爲詩，殫精苦思，推敲至廢寢食，久而益進。當代耆宿通人如湘中郭伯琛侍郎，王益吾學士，皆激賞之，爲《叙》刻其詩。而江右陳散原，閩中鄭海藏兩徵君，樂與唱和，爲方外交。至其秉性之摯，遇事之勇，慈悲救世，普度群生，則合於六度萬行利生之旨，誠佛門龍象也。改革而後，東南名山古刹，岌岌不保。師過余，言之出涕，謂將入都請命。既北行，士大夫見者，歡喜贊嘆，傾動遐邇。未及十日，示寂於京師法源寺，寔壬子十月初二日。世壽六十有二，僧臘四十有五。法源寺嗣法弟子道階等，爲治喪事，奉龕南歸。先是，師就天童青龍崗自營塔院，環種梅花，顔曰『冷香』，復自爲銘。嗣席淨心，爰於是年十一月九日，啓塔藏真，永資供養禮也。著有《語録》二卷，《八指頭陀詩集》十卷，《續集》二卷，《白梅華詩》一卷，《文集》二卷。論者謂天童自明季密雲禪師，以臨濟第三十世開法兹山，六坐道場，號稱中興，後二百八十餘年，惟師能繼其盛。嗚呼！如師者，於法宜銘，銘曰：

蔚彼南岳，鍾毓靈秀，振禪宗兮。惟師篤生，能仁所授，稱大雄兮。耿耿太白，卓錫東來，主天童兮。以詩悟禪，妙想天開，極靈通兮。滄海横流，佛門擁護，罔怨恫兮。大慈大悲，捨身救世，以此終兮。冷香如雪，萬樹梅華，塔當中兮。治詞刻石，昭示幽遐，傳無窮兮。

歲在戊午仲秋之月，住持淨心立石。

一九二〇年十一月，張美翊石印清道人書《寄禪禪師冷香塔銘》，題記：

寄禪和尚，佛門龍象。駐天童最久，與余爲文字交。改革而後，入都爲佛寺請命，遽爾圓寂。淨心來請塔銘，清道人爲做大代華岳廟碑書之。今道人又於八月化去，人生真如夢幻。余文不足觀，道人書則絶品也。因將手跡付之石印，使海内外名山大刹，多見道人書即如見和尚云。庚申孟冬月。甬上張美翊記；　朱義方書。

（鈐印）美翊小印（白文）；　朱義方（朱文）。

今天童冷香塔院《寄禪禪師冷香塔銘》，爲一九九一年重刻。

③關於《戲鴻堂帖》：

即《戲鴻堂法書》，匯刻叢帖。董其昌於萬曆三十一年（一六三〇）勒成。初刻木版燬於火，重摹石本。帖尾年月，初爲真書，後易篆書。後石本歸施叔灝（號『用大齋主人』），即『用大齋本』。康熙時，石本歸王鴻緒（號『横雲山人』），即『横雲山莊本』。其時卷一米芾《西園雅集圖記》字有缺損，王倣寫刻入，字體稍大。嘉慶間松江有沈恕（綺雲）『古倪園本』等。刻石現僅存百三十三塊，藏安徽省博物舘。《戲鴻堂法書》摹刻不甚精，可貴處是保留了一些其它刻帖無傳的帖文。張美翊教導朱復戡『日觀《戲鴻堂帖》，玩其用筆。』反映了張美翊重視學碑，同時亦重視學帖的書學觀。

④關於吴公阜：

吴澤（一八九八—一九三五），字公阜。自號吝飛（取《詩經·邶風·柏舟》『不能奮飛』之義）。室名：吝飛舘。鄞縣城中竹林巷人。師從張美翊、馮君木。民國《鄞縣通志》有傳。

董沛、忻江明輯《四明清詩略續稿》（中華書局聚珍版，一九二〇年）載張美翊詩：

公阜出示頗黎版印唐太宗温泉銘，俞仲還孝廉考之詳矣，爲題兩絶：
晉祠碑與温泉刻，貞觀當年兩御書。喜有銘詞留石室，從知絳帖是殘餘。
庚子妖民禍畿輔，同時寶墨發敦煌。米家書法尋來歷，始信淵原合晉唐。

百行文覽來要具志一々文理去
清書記示入園潤一路萬戒錄叙
事明晰可知文註無注讀先傳古
文言成於假注文會話自佳無擇注及
而美文必注意通方為適用望探
詞夜讀美文處
如學青年會竇球生會等

肄習以三年為期謝絕應酬筆墨自有師友此時不努力再過四五年人以字匠役汝則終身沒出息矣且篆隸正草亦注讀書多見聞廣則出筆自然淵雅若上海江湖派不足效也廖君謂汝在所應

人書扇力極大件亦是一藝事

閱批琴之生扇育極長性海棄學說要

我則詩寔士且愛且讀亦無不可

但分小就了無新水不如計較老朽

家居擁適天氣稍涼秋來我處面

藉問

侍祺

壬寅年具

八月十日

（一二）致朱復戡①

一九二〇年七月二十五日　庚申六月十日　星期日

雪塍箋

百行文覽：

來禀具悉一一。文理甚清，書法亦入圓潤一路。《勸戒録》叙事明晰，可知文法，然須讀《左傳》，古文方成片段。法文會話自佳（然須擇友），而英文必須兼通，方爲適用。望探詢夜讀英文處（如青年寰球學生會②等），秋凉肄習。約以三年爲期，謝絶應酬，筆墨自有功夫。此時不努力，再過四五年，人以字匠役汝，則終身没出息矣。且篆隸正草，亦須讀書，多見聞廣，則出筆自然淵雅。若上海江湖派，不足效也。廖君③謂汝在所應人書扇，勿接大件，亦是一策。董事周枕琴④先生（甬商校長）惜汝棄學就賈，我則謂寒士且賈且讀，亦無不可，但勿小就可矣，薪水不必計較。老朽家居觕［粗］適，天氣稍凉，能來我處否？藉問

侍祺。

蹇叟手具，

六月十日。

考釋：

①（一二）祇署『六月十日』，未署年。

函云『然須讀《左傳》，古文方成片段』，與（一一）函云『今教汝讀《左傳句解》』相銜接。

函云『薪水不必計較』，與（九）函云『月薪廿七金，多矣』相銜接。又與（一一）函云『汝暫計較薪資』相銜接。

此信書寫時間當爲一九二〇年七月二十五日（庚申六月十日）。

②亦稱『寰球中國學生會』。光緒三十年甲辰（一九〇四）八月一日成立，會所在静安寺路（今南京西路）五一號。爲全國各地學生活動的會址和聯絡中心。負責介紹歸國留學生應聘以及爲各地經滬出國的學生安排各種事宜。發起人李登輝，總幹事朱少屏。

③廖淦亭。

④周駿彦（一八七〇—一九四〇），譜名正誠。字枕琴。號旌臣，亦作旌遵。祖籍汝南（今駐馬店市汝南縣），客籍奉化城關鎮。邑庠生。一九〇五年就讀日本警監學校，一九〇八年歸國。一九一一年，七月，參與發起『寧波國民尚武分會』，幹事員；十一月，應『寧波軍政分府』命令接管奉化縣。一九一四年，入日本東京政法大學，一九一六年七月，畢業獲得學位歸國，任孫中山『大元帥府國法院』書記官。一九一九年至一九二三年期間，寧波『寧屬縣立甲種商業職業學校』校長。

此時爲上海證券物品交易所董事、監事。

述評：

①關於國學與外語：

『《勸戒録》敘事明晰，可知文法，然須讀《左傳》，古文方成片段。法文會話自佳（然須擇友），而英文必須兼通，方爲適用。』從側面反映了張美翊的教育思想。

張美翊重視國學教育。民初，張美翊與陳屺懷（訓正），馮幵（君木），虞含章（輝祖），馮汲蒙（毓孳）、忻紹如（江明）、高雲麓（振霄）、張于相（原煒）、童藻孫（第德）、錢太希（罕）、朱炎復（威明）、馮孟顓（貞群）等人在『後樂園』創辦國學社，講授經史文學。

張美翊亦重視外語教育。光緒二十三年丁酉（一八九七），張美翊與寧波知府程稻村以及嚴信厚（小舫）、盛省傳（炳瑋）、湯雲崟（仰高）、陳漢章（季臺）等商定設立官辦的中西式『儲才學堂』，設有『譯學』（外語）課程。

張美翊的教育思想是中西合璧。掌握外語工具，可憑藉認識西方文化的先進成分。張美翊曾隨薛福成出使歐洲，外語極好，與其子張晉、張謙，都能用英、俄、法、德、日五種文字閱讀。

百行覽

尊公之肩數恙近日勞甚君念此後謝絕筆墨以息夏為﨟少年不可好勝以致過力慎之勉之老夫近亦忙極且要得佳非如海棠特別也徐方論叢稿佳日佳

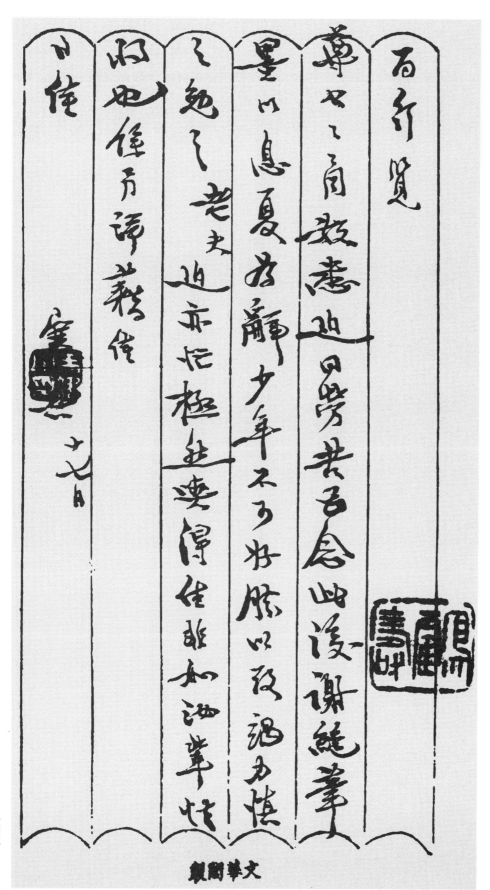

金　十七日

（一三）致朱復戡①

一九二〇年八月一日　庚申六月十七日　星期日

文華閣箋

百行覽：

尊公二函敬悉。近日勞苦，甚念。此後謝絶筆墨，以息夏爲辭。年少不可好勝以致竭力，慎之勉之。老夫近亦忙極，然喫得住，非如汝輩怯弱也。餘另詳。籍謹

日佳。

蹇具。

十七日。

（鈐印）美翊小印（白文）；鶴壽②（朱文）。

再五弟 仰
普益藥房周性關先生世代眼科極
有本能与
尊兄亦相識前者爲喬梁自申來甬老兄告以
海眼疾須醫為覺須周君本係博生舊識丐
门徑也偏甚甚海諄視覺遠錢須知甚低宏詳
該要、此間長官多夫妻海書則差日以為是老來
在此何為天地保業行
尊兄附念 寅 與

（一四）致朱復戡

一九二〇年八月一日　庚申六月十七日　星期日

商校箋

再：

五福街普益藥房周惟明③先生，世代眼科，極有本領，與尊公亦相識。前爲魚蕩案自申來甬，老朽告以汝眼疾，謂願爲醫治。周君本係書生，舊學有門徑也。已囑其告汝診視，望速往訪，求其從容診治，至要至要。此間長官多喜汝書，則養目尤要矣。老朽在此仍爲天下地保④，奈何。

尊公附念。

蹇具。

（鈐印）美翊小印（白文）。

老台
華子衡七月初四生日送金聯一副燈毬寫花瓶二只
煩門館送葉宅的悞何處做壽也問石田舒青令又黄紙寫柬林
菴三字無字裁尺二尺見方於上廣用一乘紙月下里
人張姜湖題匾撥士圖二年半要所中土發達筆墨
令尊人德令緣外上所二令問己刊名態容易復之
德令与學人共事想必相得也 璧 頓首

文華閣製

（一五）致朱復戡

一九二〇年八月一日　庚申六月十七日　星期日

文華閣箋

葉子衡[5]（老四）七月初四生日，送金聯一副，煩速寫，於初二日囑阿浩送葉宅，勿誤。（何處做壽可問萬國體育會[6]。）又：黄紙寫『東林庵』三字，每字裁尺二尺見方，款，上：庚申季秋月；下：里人張美翊題。並描大圖章爲要。所中大發達，望告令芳、德令，格外上進。二令函已到，甚慰，容即復之。德令與粤人共事，想必相得也。

蹇叟啓。

（鈐印）美翊小印（白文）。

再黃涓之道于姜證祥處事，求書各二聯，贊
碑集句共紙外石數一聯，已為工寫，字下今弟德彝
貴觀紙不宜得友，六代碑傳寫，近得雲麾真賞安
生碑志自側筆似不甚好，臨李翁處有郑小印之兩本相皆
此刻一分不字畫評細

（一六）致朱復戡

一九二〇年八月一日　庚申六月十七日　星期日

商校箋

再：

黄涵之⑦道尹、姜證禪知事求書各二聯，《爨碑》⑧集句另紙。外《石鼓》一聯，望爲工寫寄下。令芳、德鄰皆規矩，可與爲友。《大代碑》續寄。近得曾農髯寫《史君生壙志》⑨，用側筆，似不甚好。應季翁⑩處有我小印，久而太粗，能照刻一方否？字畫須細。

考釋：

①（一三）（一四）（一五）（一六）合并考證。（一三）衹署『十七日』，未署年、月。（一四）（一五）（一六）皆未署日期。

（一三）函云『尊公二函敬悉。』與（五）覆朱節鏞函云『兩函敬悉。』當是一回事。朱父給張美翊連寫兩函，擔心朱復戡眼睛『喫不住』。張美翊在答覆朱父兩個月後致函朱復戡，言及此事，并認真對此事進行安排。

一九二〇年，張美翊門人袁履登任『上海寧紹商輪公司』總經理，捎信尤爲便利。寧紹輪碇泊江北岸，每星期二、四、六下午四時開滬，星期一、三、五四時回甬。另有星期一、三、五四時開滬，星期二、四、六下午四時回甬的新江天輪、寧興輪、江亞輪。所以張美翊連續寫的信函，往往衹寫日，而不寫年月。

（一三）函云『此後謝絶筆墨，以息夏爲辭』，在『謝絶筆墨』之際，將手上必須辦理的『筆墨』安排妥當，故函多。

（一四）函云『老朽告以汝眼疾，謂願爲醫治』，與（一〇）函云『汝寫《頌詞》幾分，勿燈下寫，以保目光』相銜接。

（一四）函云『尊公附念』，與（一三）函云『尊公二函敬悉』相銜接。

（一五）函云『葉子衡（老四）七月初四生日，送金聯一幅，煩速寫，於初二日囑阿浩送葉宅』，則本函在七月初二之前。

（一五）函云『所中大發達』，此時交易所剛開始，生意興隆。

（一五）函云『黄紙寫「東林庵」三字』，民國《鄞縣通志・政教志》：

> 東林庵，永豐鎮雙池巷。覺淨，女，臨濟派。……民國九年重建山門。

一九二〇年，『東林庵』是張美翊爲重建山門的東林庵所題。而文字内容中又有『庚申季秋月』語，則確定爲庚申無疑。

（一六）函云『黄涵之道尹、姜證禪知事求書各二聯』，與（一一）函云『昨晤姜知事，求汝寫對』相銜接。

總之：（一三）（一四）（一五）（一六）四函同封。書寫時間當爲一九二〇年八月一日（庚申六月十七日）。

②『鶴壽』朱文印見用，僅此一例。

③周惟明，『中國醫學學會』會員，住英租界三馬路西大牲堂。五福街，在上海天津路。

④地保，清代及民國初年地方上替官府辦差的人。
⑤葉貽銓（子衡），滬上稱『葉老四』。『日商臺灣銀行』買辦。葉宅在南京西路七二二號。
⑥萬國體育會，亦稱：上海運動事業基金董事會、江灣跑馬廳、萬國體育會。位於今上海武川路、武東路。葉貽銓於光緒三十四年戊申（一九〇八）集股創辦，宣統三年辛亥（一九一一）建成。管理事務的是葉子衡的義子；盛宣懷孫女婿；上海『花國大總統富春老六』的前夫周文瑞。
⑦黃慶瀾（涵之）。
⑧《爨寶子碑》。
⑨曾熙（農髯）。
⑩應季審。

述評：

①關於爲人捉刀：

『黄紙寫「東林庵」三字，……款……里人張美翊題。』此爲首見朱復戡爲張美翊捉刀代書。後來尚有一九二二年五、六月（壬戌四月十七日之後、五月間）張美翊致沙孟海函：『百行寫《壽醼詩序》，倣小爨，絶佳，究不能效老朽之拙也。』一九二三年九月七日（癸亥七月二十七日）張美翊致朱復戡函：『老夫爲孤兒院功德碑寫：屺公撰文；老夫書丹。煩冒拙筆。賢篆額。』

爲其他人捉刀：一九二二年七月二日（壬戌閏五月八日）張美翊致朱復戡函：『拙名寫篆，林款寫《鶴銘》。』一九二二年八月二十六日（壬戌七月四日）張美翊致朱復戡函：『茲奉堂幅一紙，煩代筆。又煩，王儒懷君奉上一聯，書儒堂名。』爲張美翊、王正廷捉刀。一九二三年六月三十日（癸亥五月十七日）張美翊致朱復戡函：『其題碑借黄道尹、金廳長、姜知事銜……其墓碑，應三體，並爲摹篆印章：黄字涵之，金筱圃，姜證禪。』爲黄涵之，金筱圃，姜證禪三人捉刀。

朱復戡爲張美翊捉刀多用篆隸、《爨寶子》體，因張美翊擅此體。

②關於天下地保：

自嘲爲天下人辦差。當時浙江、乃至全國，都有名宿有事求張美翊幫助。

一九二〇年底至一九二一年二月間，王國維爲購存毛公鼎以杜流失海外事曾求援張美翊，張覆函（馬奔騰輯注《王國維未刊來往書信集》，清華大學出版社，二〇一〇年）：

静老先生有道：

別來正深馳繫，忽奉手翰，藉諗佳想安善爲頌。毛公鼎第一重器，拓片且索重值。承囑轉問周君，弟明知敝鄉多金者不能爲此豪舉。茲接復函奉覽。雪堂爲京旗賑事，晤談數次，惻然仁者之言，老年進德，洵可佩服，却未暇問及鼎事。鄙意不如雪老設法告徐東海索性用國債證券數十萬購存國子監，與石鼓并存周代古物。民國本來負債億兆，何必惜此區區。幸便中商之雪老，以爲何如？復問道祺。愚弟張美翊頓首，十七夕。

函中『雪老』乃羅振玉；『徐東海』乃徐世昌。羅振玉『京旗賑事』，起於一九二〇年十一月中旬，畢事於一九二一年二月下旬。張美翊致王國維函，亦當在此間。

③關於曾農髯：

曾熙（一八六一—一九三〇），初字嗣元；更字子緝、季子。號俟園；晚號農髯，山海樓主人。湖南衡陽石市鄉石獅村人。光緒二十九年癸卯（一九〇三）進士。辛亥後，應李瑞清邀赴滬鬻書畫，人稱『北李南曾』。

曾熙臨《史君生壙志》，是上海震亞書局影印石印本。

書迹刻石：

一九二〇年，《重修舍利殿記》：餘杭章炳麟撰文；衡陽曾熙書。直碑，立於阿育王寺舍利殿前庭西壁。

一九二一年，《利賓骨塔塔碑》：衡陽曾熙書。横碑，立於烏石岙涌現巖左。

④關於『令芳、德鄰皆規矩』：

張美翊的孫輩爲『令』字輩，應是張令芳。《甬上青石張氏家譜》（味芹堂鉛印本，一九二五年）載有張延匡次子張鉅翊；鉅翊長子世約；世約長子芳令。一九四〇年中央銀行福州分行副理。（一六）函云『令芳、德鄰皆規矩』，德鄰即張德令。（一七一）函云『擬以姪孫德鄰奉薦』。

百行文質前留意黃姜兩聯皆好
嘴若花謝張庭今夜圓諒伯衡二
君皆精於魏碑從汝字由天授再
加人工兄篤諸老之上然不可以
此自足與居化摹漆其工蘭與竹蘅青書板橋詩藪似門顧
汝份故之凡學字先宜多讀書汝試思之

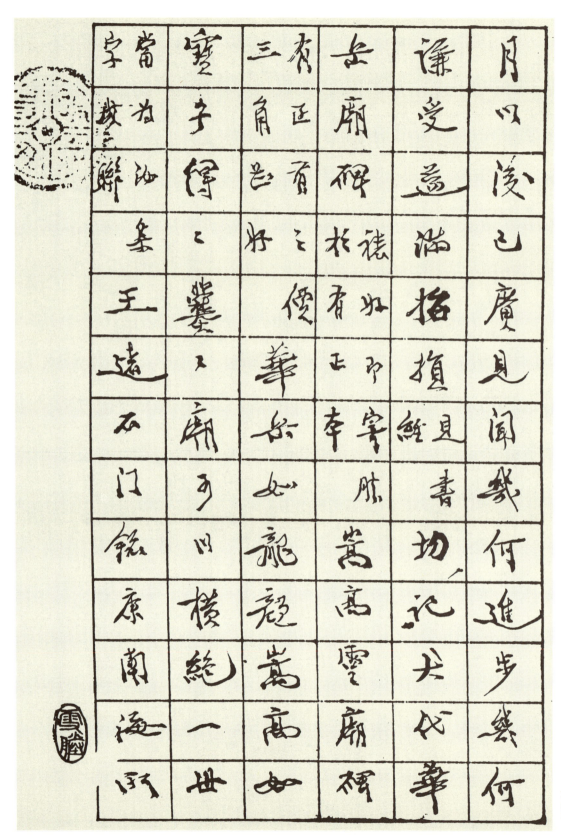

月以後已廣見聞幾何進步幾何
謙受益滿招損見經書切記大代華
嶽廟碑裱於收有印正寶本賸嵩高靈廟碑
存三延角頁色之好優華於如龍超嵩高如
寶子得之爨又廟可以橫絕一世
當字為跋海聯叅王遠石门銘康南海所

自出起遂有致肩肆闹有尺老夫
千億一元
畏熱晨起以書帖消遣日出即惜
雨後最適從秋涼如柚的蛙子家
數日然想求書者多耳頭有石數
釋文及曾農髯壞志等再寄數詞
六月廿八
侍祺 寒叟手具晨起

（一七）致朱復戡①

一九二〇年八月十二日　庚申六月二十八　星期四

雪睦箋

百行文覽：

前函悉。黄、姜兩聯皆好，囑爲代謝。法庭金筱圃②、陳伯衡③二君，皆精於魏碑，謂汝字由天授，再加人工，必駕諸老之上。然不可以此自足。（興化漆工，與鄭板橋對門居，摹其蘭竹、書法神似。願汝勿效之。）凡學字，先宜多讀書。汝試思，三月以後，已廣見聞幾何？進步幾何？『謙受益，滿招損』（見《書經》），切記切記。《大代華岳廟碑》（裱好即寄，勝於有正本），《嵩高靈廟碑》（有正有之，價三角，甚好），《華岳》如《龍顔》，《嵩高》如《寳子》，得二爨二廟，可以横絶一世。（當爲汝集字成聯。）王遠《石門銘》④，康南海⑤所自出，超逸有致。（甬肆聞有片子，價一元。）老夫畏熱，晨起以書帖消遣，日出即惛，雨後最適。俟秋凉，必相約駐吾家數日，然恐求書者多耳。現有《石鼓釋文》⑥及曾農髯《壙志》等，再寄。敬問

侍祺。

蹇叟手具，

六月廿八晨起。

（鈐印）美翊小印（白文）。

（起首鈐印）長毋相忘（朱文瓦當）。

考釋：

①（一七）祇署『六月廿八日』，未署年。

函云『黄、姜兩聯皆好』，與（一四）函云『黄涵之道尹、姜證禪知事求書各二聯』相銜接。

函云『《大代華岳廟碑》（裱好即寄）』，與（一四）函云『《大代碑》續寄』相銜接。

函云『有《石鼓釋文》及曾農髯《壙志》等』，與（一四）函云『近得曾農髯寫《史君生壙志》』相銜接。

函云『汝試思，三月以後，已廣見聞幾何？進步幾何』，張美翊與朱復戡二人初識，以張美翊第一通爲朱復戡的文字，一九二〇年四月二十日（庚申三月二日）爲基準，至此時間，恰約有三月餘。則爲庚申六月二十八日。

此信書寫時間當爲一九二〇年八月十二日（庚申六月二十八日）。

②金兆鑾（一八八二—一九二八），字筱圃。金華人。廩生。一九〇五年，就讀日本早稻田大學，一九〇八年，就讀北京政法學堂。一九一九年，建『浙江省第二監獄』。此時，任寧波地方檢察廳廳長。書法魏碑。

③陳錫鈞（伯衡）。

④王遠《石門銘》，全稱《泰山羊祉開復石門銘》。北魏宣武帝永平二年（五〇九）正月建。在陝西褒城縣東北褒斜谷石門崖壁。

⑤康有爲。

⑥强運開（一八六七—一九三五），字夢漁。江蘇溧陽人。一九一三年，青浦縣知事。一八九五年，依阮元刻本，撰《石鼓釋文》行世。著《重編石鼓文》，一九一六年上海中華書局出版。

述評：

①關於『書帖消遣』：

張美翊『晨起以書帖消遣』，是張美翊晚年養病時習慣，數見於其它函中。

②關於《聰齋訓語》：

張美翊要求朱復戡讀《聰齋訓語》，故亦常引用《聰齋訓語》（《聰訓齋語澄懷園語》，安徽大學出版社，二〇一三年）：

> 《書》曰：『滿招損，謙受益。』古昔賢聖，殆無異詞。堯舜大聖人，而史稱之曰『允恭克讓』；孔子甚聖德，及門稱之曰『恭儉讓』。況乎中人之才，能越斯義？古云：『終身讓路，不失尺寸。』言讓之有益無損也。

③關於『二爨二廟』：

二爨：《爨寶子碑》《爨龍顔碑》。二廟：《大代華岳廟碑》《嵩高靈廟碑》。

張美翊云：『《華岳》如《龍顔》，《嵩高》如《寶子》，得二爨二廟，可以横絶一世。』

一九二〇年八月二十八日（庚申七月十五日）『《大代華岳》……《嵩高》亦購得，將來交汝，合裝一册，以配二爨，學之可横絶一世。』

『二爨二廟』精神是『拙』。反映了張美翊書學觀一個側面——尚拙。

④關於陳伯衡：

陳錫鈞（一八七九—一九六一），字伯衡。號倬雲。原籍江蘇淮陰，客籍浙江錢塘。室名：石墨樓。『兩江法政學堂』畢業。一九一四年，『浙江省通志局』續修《浙江通志》分纂。

精於碑版研究，所藏碑帖數千種，均親自考證或題識。得『黑老虎魁首』『黑漆墻門老虎』别號。

書迹刻石：

一九二一年，建德摩崖石刻『羅浮仙境』：淮陰陳錫鈞題。

此時，任鄞縣審判廳民庭推事（相當於法院院長）。

百行文覽極盼　惠臨西暑氣未
畫且有時疲倦之八月初則秋高
氣爽于同湫京錄湖吳大代華嶽
甚得極壞足見於生金佳有七圖黃高亦購
得將來交流合覽一冊以記之鑒
寧之于橫絕一世豈不快哉老夫詩話

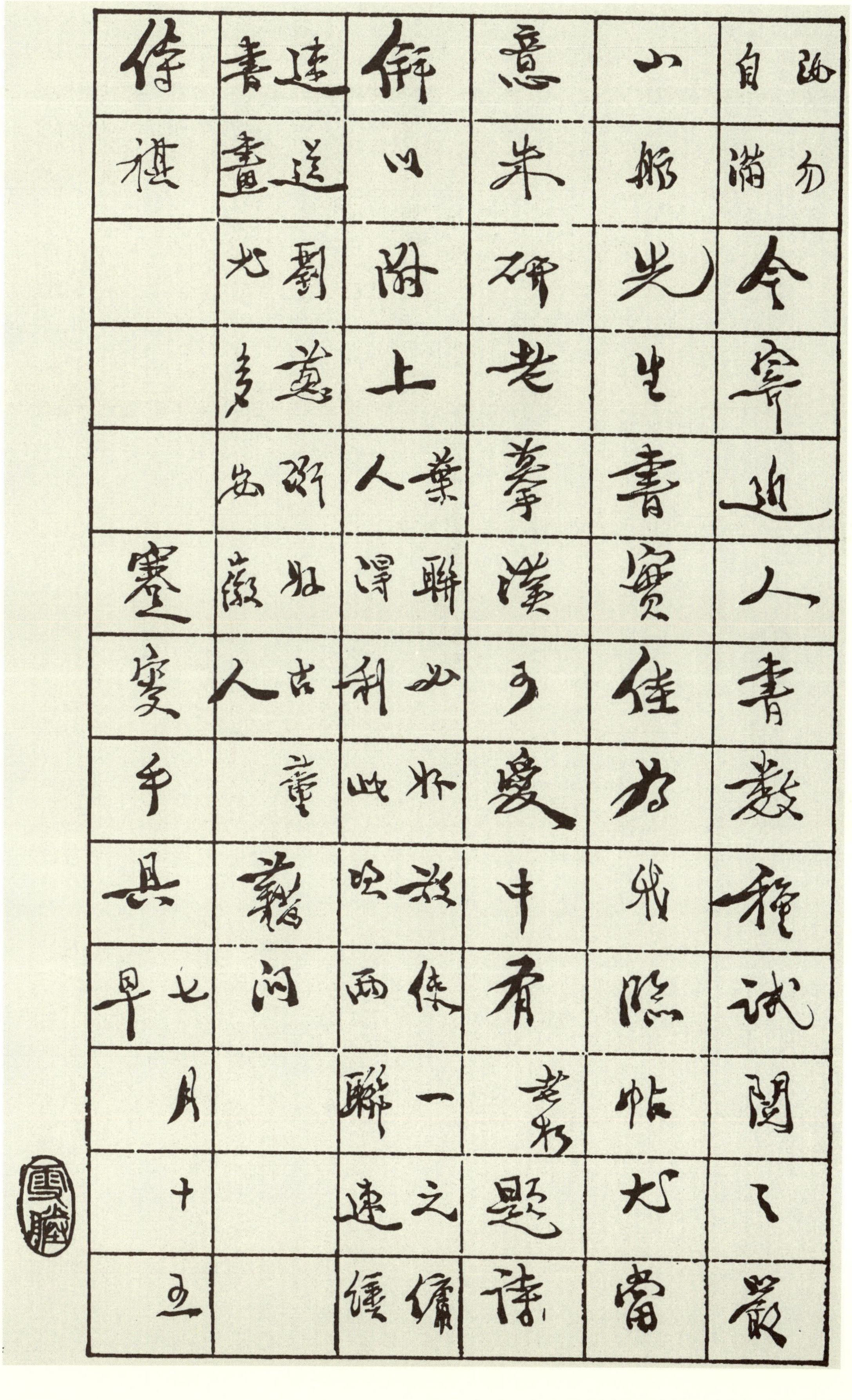
今寄近人書數種試閱之嚴
小船先生書實佳為飛隱帖尤當
意朱碑老摹漢手變中有老杉題詩
餅以附上葉人聯得必利外此故吟使西一聯之速續便
書達畫送劉尤蒞多所安如嚴古人書藏問
侍祺
蹇叟手具 七月十五早

（一八）致朱復戡①

一九二〇年八月二十八日　庚申七月十五日　星期六

雪塍箋

百行文覽：

極盼惠臨，而暑氣未盡，且有時疫，俟之八月初，則秋高氣爽，可同游東錢湖矣。《大代華嶽》，裝得極壞（現爲金筱圃先生借去），《嵩高》亦購得，將來交汝，合裝一册，以配二爨，學之可横絶一世，豈不快哉。（老夫誇語，汝勿自滿。）今寄近人書數種，試閲之。嚴小舫②先生書實佳，爲我臨帖尤當意。朱研老③摹漢可愛。中有老朽題詩，併以附上。（葉聯④必好，敬使一元，傭人得利。此次兩聯，速繕速送。劉葱珩⑤好古董，書畫尤多，安徽人。）藉問

侍祺。

蹇安手具，

七月十五早。

考釋：

①（一八）祇署『七月十五日』，未署年。

函云『《大代華嶽》，裝得極壞（現爲金筱圃先生借去），《嵩高》亦購得，將來交汝，合裝一册，以配二爨，學之可横絶一世』，與（一七）函云『《華岳》如《龍顔》，《嵩高》如《寶子》，得二爨二廟，可以横絶一世』相銜接。

函云『葉聯必好』，與（一五）函云『葉子衡（老四）七月初四生日，送金聯一幅，煩速寫』相銜接。

此信書寫時間當爲一九二〇年八月二十八日（庚申七月十五日）。

②嚴信厚。

③朱錕（一八六八——?），字硯濤，亦作研濤，硯陶、念陶、念濤、彦陶。原籍安徽涇縣，客籍上海。上海道員朱鴻度長子。光緒十四年戊子（一八八八）舉人。室名：亦愛廬。收藏印有：安吴朱硯濤收藏金石書畫章。深度近視，綽號朱瞎子。常與吴昌碩對榻吸鴉片。因馬傷人案充軍新疆，光緒二十年甲午（一八九四）慈禧六十大壽特赦天下回上海。淞社中人。

④葉聯，送葉子衡聯。

⑤劉葱珩當爲劉世珩，張美翊一九二三年一月十二日（壬戌十一月廿六日）致沙孟海、葛夷谷函有云：『今日作劉葱石同年函』可證。

述評：

①關於劉世珩：

劉世珩（一八七五—一九二六），小字奎元。字聚卿，亦作遽卿、聚頎；又字葱石、季芝。號檵庵、劉五；又號楚園、一琴、硯廬、靈田耕者、貴池學人、梅溪釣客。辛亥後居上海，自號枕雷道士。祖籍貴池（今安徽池州市貴池區）開元鄉南山村。劉瑞芬子。客籍江甯（今江蘇南京市江甯區）。室名：五松七竹九蒲之齋、夢鳳樓、一琴一硯廬、十五幢亭、雙忠硯齋、三唐琴榭、雙忽雷閣。藏書處名：賜書臺、宜春堂、聚學軒、暖紅室（藏劇本）、楚園（戈登路，今上海新會路二五號）、玉海堂（得元刊《玉海》兩部）。藏書印有：第五子劉世珩寶守、聚學軒藏。

光緒二十年甲午（一八九四）舉人。與張美翊同年。

張美翊言劉『好古董』，劉葱石收藏的精品有：宋嘉祐本篆正二體的《易》《書》《詩》《禮》《春秋》《論語》《孟子》七經；南唐樂器大小忽雷；漢建昭雁足燈、黄山第四燈、汲紹行燈、大吉鹿盧燈等極其珍貴的文物。

劉藏書甚多且精於校刊，所校刊古籍大都爲罕見的學術名著、稿本，或瀕將絶版的珍本、善本。每書都自撰序跋，勘校精確。

劉世珩大姐劉世珍適徐乃昌。世珩、乃昌皆淞社中人。淞社中人吴昌碩爲劉世珩治印五十方餘，一九一三年刻『雙忽雷閣内史書記童嬛柳燕掌記印信』，邊款（《吴昌碩印譜》，上海書畫出版社，一九八五年）：

> 葱石參議辟世海上，自號枕雷道士。蓋於京師得唐時大小忽雷，名其閣曰雙忽雷。二姬即以大雷、小雷呼之。焚香洗研，檢點經籍，有水繪園雙畫史風。爲作此印，亦玉臺一段墨緣也。癸丑暮春之初，安吉吴昌碩記。

坐舘劉世珩家的淞社中人李詳（審言）曾作《劉葱石參議四十壽序》。《甬上青石張氏家譜·贈言》（味芹堂鉛印本，一九二五年）收有劉世珩《張母戴孺人家傳題辭》。

②關於庚申七月十五日後—庚申臘月廿六日，此間無信：

庚申七月十五函云『極盼惠臨，而暑氣未盡』，有可能後來朱復戡去寧波，故不需寫信。一九二〇年九月，寧紹台水灾，更有可能張美翊到上海同鄉會，亦不需寫信。庚申臘月二十六日函云『廿三抵家，行人無恙』，説明張美翊從上海回寧波。

張美翊十一月（庚申十月仲冬）在上海作《天童寺續志·序》（天童寺志編纂委員會編《新修天童寺志》，宗教文化出版社，一九七九年）：

> 天童山之名，始於晉代。寺之有志，則創於明崇禎壬申。逮辛巳，江陰黄介子毓祺，深於禪學，纂寺志十卷，蓋本壬申志而稍廣之。見於鄞縣志藝文目録。其後介子殉國，書亦失傳。今所傳者，康熙中寺僧德介重脩，而聞惢泉性道，爲之正定者也。迄今甲子將四周矣！四明稱佛地，而天童寺尤名聞海内外，與南海補陀相輝映，代有高僧倡道演法。明季密雲悟禪師，受衣拂，坐道場，臨濟之宗稱中興焉。嗣法弟子十有二人，以山翁忞禪師爲最著。蒙世祖章皇帝敕召入京，膺封號，荷賜賚，天章寶物永鎮名山。後之過者，再拜瞻仰，輒低徊留之不忍去。
>
> 光緒初，寄禪禪師卓錫兹寺，旋爲住持最久，寺以興盛。參禪之暇兼好吟咏。當代名流，幾無不知有『八指頭陀』者，最後，余與之友。時際末劫，苦無好懷。寄老擬續前志，亦未暇爲。改革而後，爲佛教事奔走京師，坐化於法源寺。嗣席淨心和尚，誓完寄老之願。歲在甲寅秋八月，適余入山，以志事相屬。爰爲商榷綱要，而延僧蓮萍爲司編輯。閲時三年，成志兩卷。淨師又鄭重求余訂定。今住持文質

和尚，爲任校刊。體例一仍前志，無所變更，以示衣鉢相承，師法古德，何其慎也。

因慨吾儒家，守先待後，古有名訓。而離經叛道之徒，至不惜肆其邪説暴行，滅倫常，棄禮義，并欲舉文字而廢之。視彼佛門禪子，篤守師法，誠弗如已！而山翁躬際開國之盛，寄老則垂暮而遭喪亂，遽歸淨域。因覽斯志，題語簡端，尤不能無身世之感云。

時在庚申仲冬月，里人張美翊蹇叜撰，時年六十有四。

《鄭孝胥日記》（中華書局，二〇〇六年）一九二〇年十二月十一日（庚申十月二日）：

張讓三攜其學生朱義方同來，朱能篆刻。學梅盦字。

《申報》一九二〇年十一月二十五日《甯波旅滬紳商歡迎甯台新鎮使紀》：

昨日上午十二時，甯波旅滬紳商學各界人士，公宴新任甯台鎮守使王悦山於一品香菜館。……到者朱葆三、謝蘅牕、秦潤卿、張讓三、鄔挺生、勵樹雄等四十餘人。

證明庚申十月至十二月二十二日前期間，張美翊確在上海。

驥遠道兄同歲前接講石老箇知与
世兄同譜並讀想作詩翻甚足當用其世兄伯衡
歸省漢壽寺紙並寄鄉先生照數查源集一部
食物數事前因漢川水災寄漢陽西門內
貴寓一角以板定相勸明春八月廿一日
手數乃知
承寄萬華冊不審前兩訊達到否甚念
世兄敏奇磊落英氣逼人斷非柳湄之流將今非

板橋韵題詩云：賣字聊充買酒錢，不求累万与盈千。右年鶴艸龍，被羊角擬拳來，放一邊。附聞博一笑。

河埔碩身不墨華卅，廣武尚有存焉者乎？有故人乎？

碩彭極部郎苏河朔道一卅花影翁著中所考真

金石寶绘家，弟目得以翔碑版至多，而未及河南

天。弟好漢隸唐碑，而不喜齊魏，能代見一二，公開封

舊書目亦元寫示。百衲蘇門有蔡徵君其人乎？程膷

如常，而見不聽訓，以杜鈔本袁伯夔京乃勿以為念。尊謗耳，施翻後不

敢通信，我深於此。索衛年遇來[illegible]翊狀　八月廿六夜半

浙江省立貧民習藝工場造紙……製

（一九）致劉邦驥①

一九二〇年十月七日　庚申八月二十六日　星期四

工場箋②

驥逵③道兄同歲：

前接謝石老④函，知與公同譜，並讀拙作，誇翊甚至當。因其世兄伯衡⑤歸省，肅奉寸緘，並寄鄒先生《戴剡源集》⑥一部、食物數事。嗣因漢川水灾，寄漢陽西門内貴寓一函以振灾相勸。昨奉八月廿一日手教，乃知移寓鄭州，不審前兩訊達到否？甚念甚念。公巍奇磊落，英氣逼人，斷非栖隱之流，特今非……⑦（板橋韵題詩云：賣字聊充買酒錢，不求累萬與盈千。右軍鵝籠坡羊肉，祇好拏來放一邊。附聞以博一笑。）河南頗多石墨，鄭州廣武⑧尚有存焉者乎？有故人子顧鼎梅部郎⑨，在河朔道尹⑩范鼎翁⑪署中。顧君真金石實驗家，弟因得河朔碑版甚多而未及河南。又：弟好漢隸唐碑而不喜齊魏，能代覓一二否？開封舊書目亦乞寄示。百泉蘇門⑫有孫徵君⑬其人乎？頑軀如常，兩兒聽訓（裴伯在京乃以古錢名），勿以爲念。尊謙再施，嗣後不敢通信。秋深伏惟

崇衛。

年愚弟張美翊狀，

八月廿六夜半。

（鈐印）美翊小印（白文）。

考釋：

①（一九）致劉邦驥，祇署『八月廿六日』，未署年。後（二〇）致劉邦驥函，書寫時間爲一九二〇年十月九日（庚申年八月二十八日）。從文意來看，（一九）亦爲一九二〇年，所署八月廿六夜半，在庚申八月二十八日之前兩日。

此信書寫時間當爲一九二〇年十月七日（庚申八月二十六日）。

②信箋用『浙江省立改良手工造紙傳習工場製箋』朱絲欄信箋，簡稱『工場箋』。

③劉邦驥（驥逵）。

④謝鳳孫（石欽）。

⑤謝學承（一九三〇—？），字伯衡。謝石欽長子。供職浙江興業銀行。

⑥元人戴表元著《剡源集》。

⑦此處闕文。

⑧鄭州西北三十公里處有廣武山、廣武城。爲楚漢相爭時古戰場。

⑨光緒三十二年丙午（一九〇六），户部改設度支部，置尚書，左、右侍郎。顧鼎梅曾官度支部主事。部郎，度支部侍郎的簡稱。
⑩即河北道尹。
⑪范壽銘（鼎卿）。
⑫蘇門山，屬於太行山支脉，山南側有『百泉』，在今河南省新鄉市輝縣市百泉鎮。
⑬孫奇逢（一五八四—一六七五），字啓泰。號鍾元。學者稱夏峰先生。容城（今保定市容城縣）人。萬曆二十八年（一六〇〇）舉人。明亡，清廷召十一次，不仕，人稱孫徵君。全祖望稱孫奇逢、李顒、黄宗羲并稱『清初三大儒』。

述評：

①關於《戴剡源集》：

戴表元（一二四四—一三一〇），字帥初、曾伯。號剡源先生。元奉化剡源榆林（今奉化班溪鎮榆林村）人。著有《剡源集》《剡源逸稿》。論詩主張宗唐得古。

一九一六年，張美翊作《艮園詩集序》（《甬上青石張氏家譜·家集》，味芹堂鉛印本，一九二五年）：

往讀剡源之叙弁陽詩矣，謂詩惟宜老與窮，而弁陽晚年之詩與少年異，頽顔皤鬢，離鄉索立而歌唏噓者，人方羡其詩之工。讀松鄉之爲皋羽傳矣，謂皋羽所爲歌詩，其稱小，其志大；其辭隱，其義顯，有風人之餘，類唐人之卓卓者。烏虖！吾友奉化江君後村，殆近之矣。余與君交，始自甯波試院。維時，君以經學，余以詞賦，同見賞於督學使者善化相國。一見如平生歡，相勵以學，相敦以行，意氣之盛，可謂壯哉。其後，余奔走海内外，君或爲院長，或爲校長。兩人者不常相見，亦未嘗以詩相唱和也。歲在甲寅夏秋之間，余寓柏墅方氏爲脩家譜，君適主其學校，於是朝夕過從，感慨身世，蹙然於時局之奇變，而吾年之已老，相與爲詩，以寄其意。君出示所爲《艮園集》八卷，囑爲點定。君之爲詩，清微淡遠，如其爲人。而述鄉邑孝友節義之行，則悱惻纏綿，反覆咏嘆，詞壯而氣沉，節哀而韻悽，大率性情之所流露於詩教，温柔敦厚，爲近剡源、松鄉去人固未遠耶？君之生，與余同物，今年皆六十，其老而窮亦同，將爲弁陽乎？抑爲皋羽乎？陵遷谷變，安適歸乎？讀君之詩，竊不禁俯仰欲絶，因黯然流涕而書之。

開首即言剡源，且通篇貫之。

張美翊致孫鏘函（《剡源集》卷首，孫鏘校刻本，一九一八年）：

玉仙先生左右：

近晤沈乙老曾植，談及《剡源集》，謂藏有抄本，與郁本似微異。盛稱剡源之文爲南宋第一，兼有朱子、水心之長，於八家外别一面目，惟震川得并之，宋景濂弗如也。其詩亦在《江湖小集》之上。弟謂浙東文派，多自剡源出。黎洲實能知其深處，嘗以『剡源色澤』與『震川古淡』并稱。即如杲堂之文，亦淵源於此。特謝山而後，流風歇絶耳。因告以年來頗私淑剡源，而自傷時過後學。乙老謂心折其文五十年，知公重刻此書，謂最好参以義門校語，同坐者亟欲讀之云云。

《沙孟海全集》（西泠印社出版社，二〇一〇年）第九卷《僧孚日録》辛酉九月三十日：

張蹇文極尊崇戴氏書，行坐必與俱。

②關於劉驤逵：

劉邦驥（一八六八—一九三〇），字驤逵，亦作襄奎、香騤、香逵。號彦稱。湖北漢川麻河鎮人。一八九五年，入兩湖書院第一期。一八九八年十一月，湖廣總督張之洞選派留學日本，入『陸軍成城學校』。一八九九年，『日本陸軍士官學校』中華隊第一期炮兵科。一九〇〇年十一月，畢業回國。一九〇一年，恩科舉人，旋入張之洞幕任文牘，助張製定『癸卯學制』。曾任兩湖高等學堂教習。一九〇五年，分省試用知縣；『湖北督練公所兵備處』幫辦；『湖北武師範學堂』堂長。一九〇六年十月，『新軍彰德大會操』南軍總參謀官。一九〇七年，『軍諮處』諮議員；分省試用道；『武昌陸軍小學堂』監督。一九〇九年，『湖北陸軍測繪學堂』督辦。一九一二年，陸軍少將。一九一三年十二月，袁世凱設『政治會議』，議員。一九一四年，『陸海軍統率辦事處』，行走（候補參議）。

張美翊稱之爲『同歲』，是同舉經濟特科，湖廣總督張之洞、湖北巡撫端方保舉十六人中有：湖北舉人劉邦驥。

經亨頤著《經亨頤集》（浙江大學出版社，二〇一一年）日記：

一九一八年三月十三日：又至二馬路，訪張讓老，適會稽道劉驤逵在。

實際上，劉邦驥一九一七年一月二十二日爲錢塘道。同日，王守恂爲會稽道。一九一七年十一月二十一日，王守恂辭會稽道，劉邦驥繼任。同年年底卸任。晚年定居鄭州漢川街劉宅。

③關於謝石欽：

謝鳳孫（一八八〇—一九五六），亦作鳳蓀。譜名弘常，學名哲源。字石欽，亦作石卿。號樗公、復園。湖北隨縣萬家店人。秀才。一九〇三年，考入『武昌文普通學堂』，同學有董必武。『湖北法官養成所』『兩湖理化學堂』畢業。一九〇七年，『共進會』文書，後任秘書長。一九一〇年秋，參與發起成立『德育會』。辛亥革命時任軍政府秘書，製作十八星旗，起義後任『鄂軍都督府』顧問；『湖北軍政府謀略處』謀略、『招納處』（集賢館）考核科長；『軍務部稽查處』總稽查。一九一二年，六月，在漢口英租界『普海春』番菜館發起成立『開國實録館』；十月，『湖北革命實録館』舘長。一九一三年，五月，『湖北科學研究會』會長；七月，創設《討報》反袁。一九一五年，『湖北省教育會』會長；『籌安會武漢分會』副會長，擁袁。

一九二〇年五月，謝鳳蓀在滬。

謝爲沈曾植門人，一九〇九年，沈派謝赴日本考察税務制度。沈有《與謝復園書》《和謝石卿紅葉詩》。謝撰有《學部尚書沈公墓志銘》。

謝鳳蓀十五歲從師漢陽關棠（？—一八九六），書迹刻石：

一九一六年，《關棠墓志》：清故羅田縣教諭；昇荆州府學教授；浙江試用知縣，關先生墓志銘。分發貴州補用知縣；受業謝鳳孫謹撰并書丹篆蓋。

一九二二年，《修復王家營大堤記》：湖北工程督辦李開侁撰；漢川謝復園書丹。

謝鳳孫與劉邦驥交密，劉任會稽道時，謝亦在旁。一九一七年，陳三立與俞明震、陳曾壽、陳曾矩、謝鳳孫等人一起游覽富春江之釣臺、西臺。

《甬上青石張氏家譜·贈言》（味芹堂鉛印本，一九二五年）收有謝鳳孫《讀張節母家傳》《張母戴孺人吾鄞之節婦也勤苦撫孤後嗣賴以昌大兹擬請旌詩以誌仰》。

驤達老兄同歲啟者趙年家子靜精

賢沈文路工測繪之學奉派來華

謂公趙生為甲午同年趙誦清塵

文從事漢學詩固亮無習氣安詳

謙謹不媿世家子弟知

公愛才特為介紹上謁希推

推愛指教同深感荷弟年来所得

石墨甚多足能觀摩尋人獲生第

義方年故清道人是老之集

教川二

七以答延石故問

台安

平愚弟張　　湘詩狀

八月廿八日

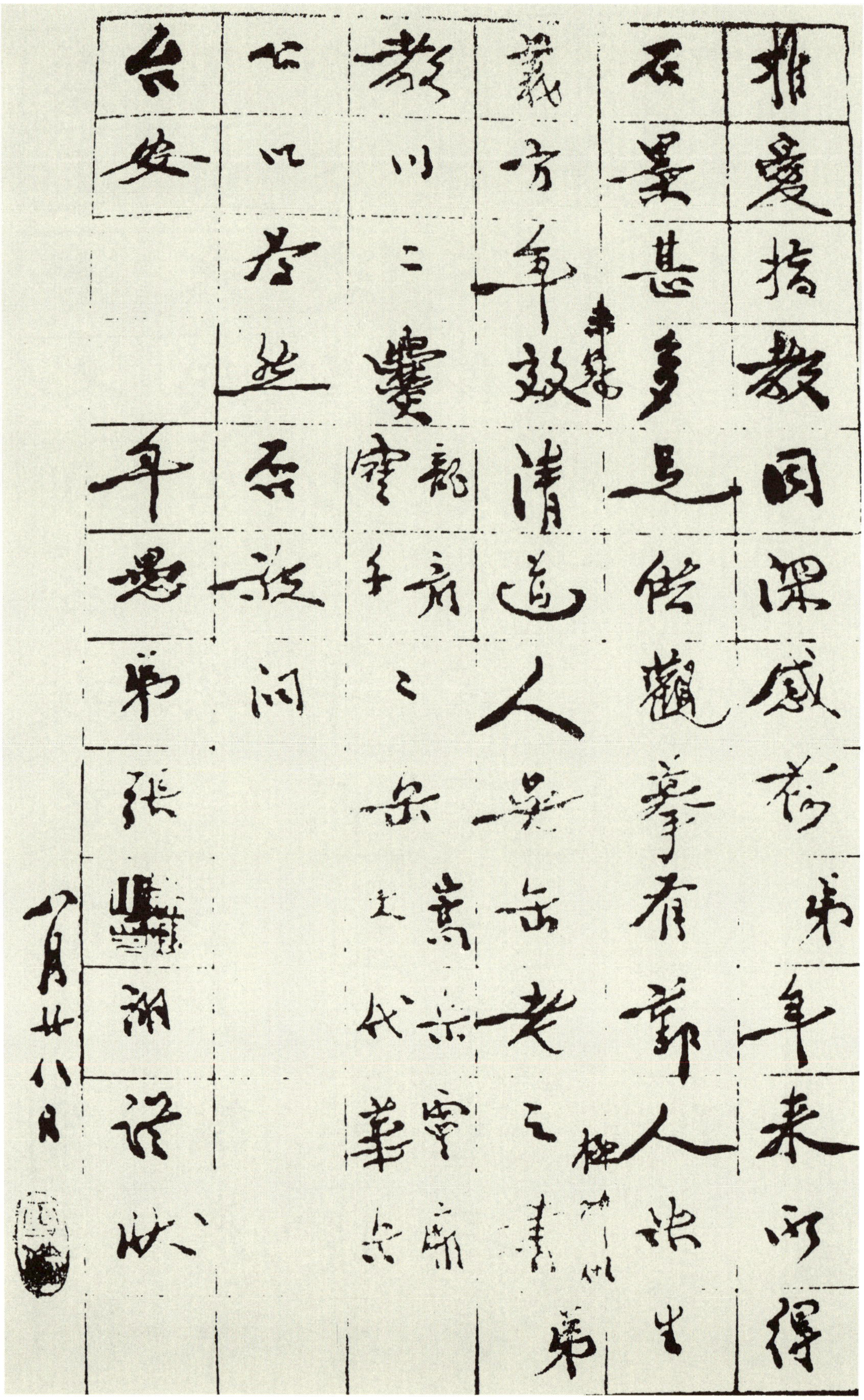

（二一〇）致劉邦驥①

一九二〇年十月九日　庚申八月二十八日　星期六

雪塍箋

驥逵老兄同歲：

敬啓者，年家子趙子静②，精習法文、路工測繪之學，奉派來鄭辦公。趙生爲甲午同年趙誦清廣文從子，游學法國，毫無習氣，安詳謙謹，不愧世家子弟。知公愛才，特爲介紹上謁，希爲推愛指教，同深感荷。弟年來所得石墨甚多，足供觀摹。有鄭人朱生義方，年未冠，效清道人、吴缶老之書極神似。弟教以二爨（龍顔、寶子）二岳（嵩岳靈廟、大代華岳），公以爲然否？敬問

台安。

年愚弟張美翊謹狀，

八月廿八日。

（鈐印）美翊小印（白文）。

考釋：

①（二一〇）致劉邦驥，衹署『八月廿八日』，未署年。

函云『有鄭人朱生義方，年未冠，……弟教以二爨（龍顔、寶子）二岳（嵩岳靈廟、大代華岳）』，與（九）函云『刻檢出《大代華岳廟碑》，……其碑文書法與《中岳嵩高靈廟碑》相同，惟中間《嵩》《華》詞句换易而已。然《中岳》大半漫滅，惟《華岳》大可臨摹』相銜接；又與（一一）『《大代碑》未裝好，容再寄』相銜接。又與（十六）『《爨碑》集句另紙……《大代碑》續寄』相銜接。又與（十七）『《華岳》如《龍顔》，《嵩高》如《寶子》，得二爨二廟，可以横絶一世』相銜接。又與（一八）『《大代華岳》……《嵩高》亦購得，將來交汝，合裝一册，以配二爨，學之可横絶一世』相銜接。張美翊以二爨二岳（廟）教朱復戡書，是一九二〇年。

此信書寫時間當爲一九二〇年十月九日（庚申八月二十八日）。

②趙子静，湖州南潯鎮人。一九〇六年留學法國。光緒甲午科舉人趙誦清姪。

題詞

吾鄉陳海瓢，早歲頗自好。書畫見性情，詞賦摛文藻。
餘事師印人，得者以為寶。胡為士不遇，忽忽窮到老。
祿秩苦卑微，出處憂潦倒。垂暮逢國變，瓶罍方在抱。
寒夜讀遺詩，故人悲宿草。想見冰雪姿，寒瘦似賈郊島。

庚申十一月廿四夕，大雪，點定卧鹿山房詩稿畢，題此。蹇叟張美翊

（二一）爲陳壽鼎①

一九二一年一月二日　庚申十一月二十四日　星期日

鴻遠書屋箋②

題詞：

吾鄉陳海瓢②，早歲頗自好。書畫見性情，詞賦摛文藻。餘事師印人，得者以爲寶。胡爲士不遇，忽忽窮到老。禄秩苦卑微，出處憂潦倒。垂暮逢國變，孤雛方在抱。寒夜讀遺詩，故人悲宿草。想見冰雪姿，寒瘦似郊島。庚申十一月廿四夕，大雪點定卧鹿山房詩稿畢，題此。蹇安張美翊。

考釋：

①爲陳壽鼎。署有明確日期：庚申十一月廿四夕。

書寫時間當爲一九二一年一月二日（庚申十一月二十四日）。

②紅方格箋，老鼎生號製。首次見用，僅一見。

述評：

①此題陳壽鼎《卧鹿山房詩集》稿本。

陳壽鼎，字英亭。號海瓢。鄞縣人。室名：卧鹿山房。監生。工詩，精篆刻，能畫山水。

寄禪有《酬陳海瓢》。

《戴登雲墓志銘》：宣統三年。金士衍撰文；陳壽鼎書丹。楷書。

張題此時，陳海瓢已不在世。

百行文覽廿三抵家行人無恙大小平
安力念廿四夜大雲侵晨未止昨夜生
又雪刻已交午猶紛紛而下且極寒老杉
今日不能行矣李
賢來來宋儒孫弟子後生日賢吾別一枝坐圍爐孫
將問死呵凍作字後將僵死則老杉叟
賢至矣今頌檢書帖碑版將帶滬供隱

閱三老碑懸壁開忽無從下手能
賢亦當却步則祇好學曲園耳季陶雅
才可教愛日來吟吾齋其文字易信甚
高論可矣沈鄭書三公處囑好春主人
往催為要
尊公目疾痊否極念敬問
侍安
曼叟謹具
廿只日

（二二二）致朱復戡①

一九二一年二月三日　庚申十二月二十六日　星期四

雪塍箋

百行文覽：

廿三抵家，行人無恙，大小平安，勿念。廿四夜大雪，侵晨未止。昨夜半又雪，刻已交午，猶紛紛而下，且極寒，老朽今日不能行矣。幸賢未來（宋儒稱弟子後生曰賢），否則枯坐圍爐，殆將悶死；呵凍作字，復將僵死，則老朽愛賢至矣。今頗檢書帖碑版，將帶滬供臨閲。《三老碑》懸壁間，恐無從下手，雖賢亦當却步，則祇好學曲園②耳。季陶雅才可敬愛，日來晤否？學其文字，勿信其高論可矣。沈、鄭、曾三公③處，囑怡春主人往催爲要。尊公目疾痊否，極念。敬問

侍安。

蹇叟謹具，

廿六日。

考釋：

①（二二二）祇署『廿六日』，未署年、月。

函云：『廿三抵家……廿四夜大雪』，當是張美翊在春節前回甯波過年，廿六日，當是庚申臘月廿六日。庚申十月至十二月二十二日前期間，張美翊在上海，此是庚申末回甬後致朱復戡的第一封信。

函云『季陶雅才可敬愛，日來晤否』，與後（六六）函云『賢試訪戴季陶，將來從之』有聯係，此爲前引。當是庚申，公曆一九二一年一月。

函云『幸賢未來（宋儒稱弟子後生曰賢）』，此前張美翊對朱復戡均稱『百行覽』或『百行文覽』，未有稱『賢』者，自此後則稱百行賢友，最早改變稱謂。當爲庚申臘月。

此信書寫時間當爲一九二一年二月三日（庚申十二月二十六日）。

②俞樾。

③沈曾植、鄭孝胥、曾熙。

述評：

①關於戴季陶：

戴季陶（一八九一—一九四九），原名良弼，字選堂。後名傳賢，字季陶。筆名天仇。原籍湖州（今湖州市吴興區）烏程戴山（今八里店

鎮），客籍廣漢（今四川德陽市廣漢市）。一九一七年，『護法軍政府法制委員會』委員長兼『大元帥府』秘書長。一九一八年四月，代理外交次長。

此時，與沈玄廬在上海主編《星期評論》，又爲上海證券物品交易所經紀人。

戴季陶文筆犀利，文名頗高。是政治家風範，所以張美翊一分爲二評價戴季陶，并要朱復戡『學其文字，勿信其高論』。

朱復戡曾刻印章：戴傳賢、季陶、季陶長壽、戴季陶。

②關於俞樾書法：

俞樾（一八二一—一九〇七），字蔭甫。自號曲園居士（《老子》『曲則全』）。德清（今湖州市德清縣）城關鄉南埭村（乾元鎮金火村）人。室名：春在堂（進士覆試時應試詩首句『花落春猶在』得閱卷官曾國藩激賞）、茶香室（妻姚文玉所居）、右台仙館（妻姚文玉葬於錢塘右台山，俞樾生壙亦在此）、小浮梅檻（明人黄汝亨《浮梅檻記》）。道光三十年（一八五〇）進士。《清史稿》有傳。一九〇七年二月五日，爲寫字賑灾過度疲勞，中風不起。

擅以隸筆作正書大字。擅寫《三老碑》，故而學俞曲園書，是間接學《三老碑》。張美翊亦喜此碑之古拙。

同治間，俞樾與張美翊舅父劉鳳章等編纂《鎮海縣志》，有光緒五年己卯（一八七九）鯤池書院刻本。

③關於《三老碑》書體：

《三老碑》，漢光武帝建武年間（二五—五六）建。咸豐二年夏五月（一八五二年六月）浙江餘姚客星山下嚴陵塢村出土。

《三老碑》字體爲古隸，與東漢八分漢隸不同。古隸與八分隸的外表特徵是：筆畫：古隸無波磔；八分漢隸波磔優美。結體：古隸方正、長、扁不一；八分漢隸以寬扁居多。古隸與八分漢隸的內涵特徵是：古隸篆字成分及構成較多；八分漢隸篆字成分及構成較少或無。

曲園老人倣著額楹聯牋

百衍文賢齋以輓聯八言用此
名七言用我名寫作集佳句為考
第一郎選氏新不必由我轉
雲堂老釋石鼓文空前絕後清
品以下皆彝如矣非多核鼓此

甬上黃過草堂摹印

蒙以猺過之此牛之佳弟余紙

繪惟照格一冊又形研本一冊

此如格大小少料石尛必置倒

老筆老尔撼帰四遠夜十一後

廿快此闷曰佳塞吳

甬上黃道荸□茈拳印

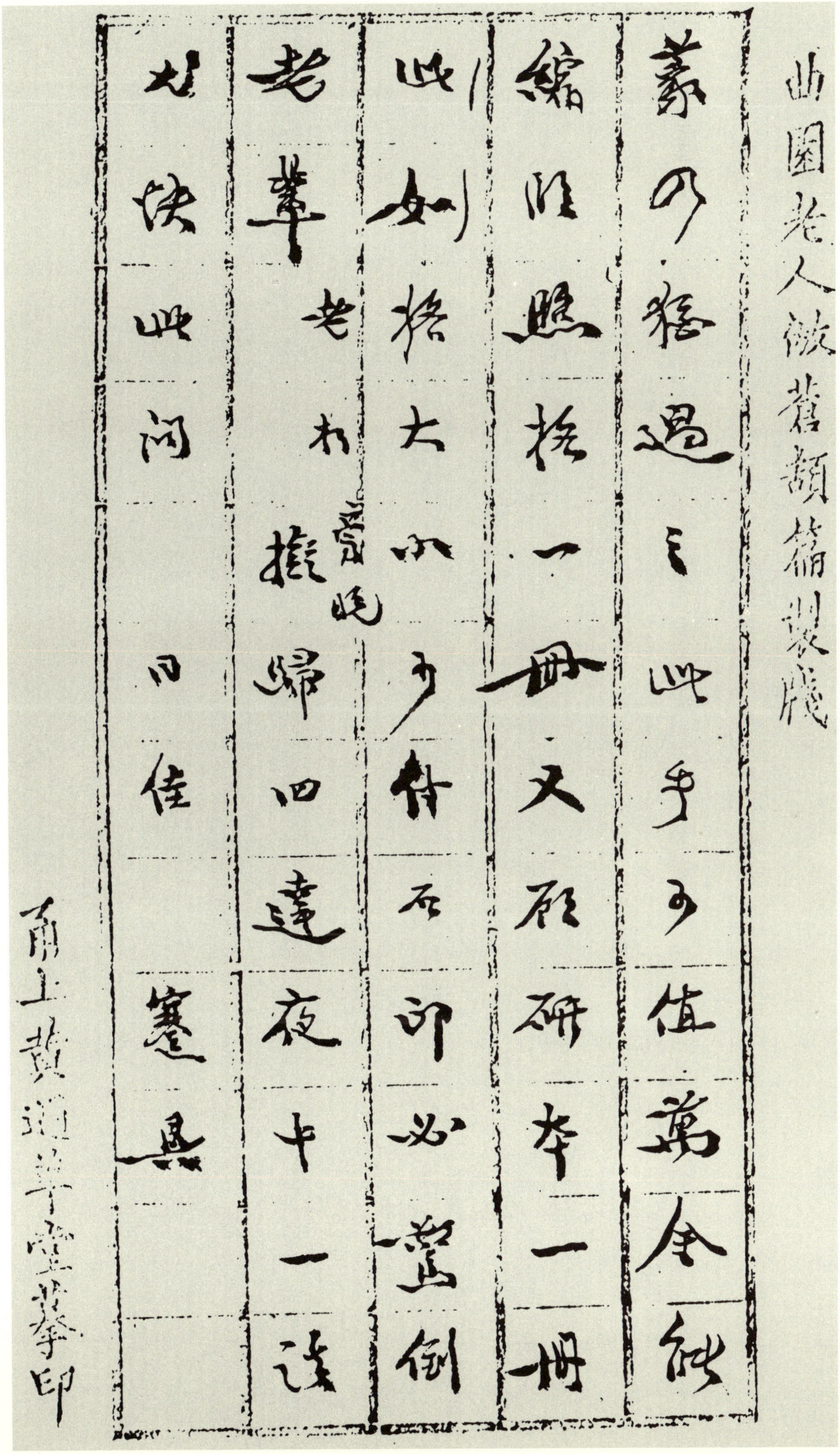

（二二三）致朱復戡①

一九二一年四月二十日　辛酉三月十三日前後

黄過草堂箋

百行文覽：

聾公輓聯，八言用汝名，七言用我名，寫作俱佳，必考第一。即送民新②，不必由我轉。雪堂《考釋石鼓文》，空前絶後，潘勗③以下，皆弗如矣。昨夕校對汝篆，乃猶過之，此手可值萬金。能縮臨照格一册，又顧研本一册，如此格大小，可付石印，必驚倒老輩。老朽旁晚擬歸四達④，夜中一談尤快。此問

日佳。

蹇具。

考釋：

①（二二三）未署日期。

凡不署時間的函件，如『即』『具』之類多屬便條，非兩地間正式的通信，説明發函者和受函者身在同地。函云『老朽傍晚擬歸四達，夜中一談尤快』，説明張美翊此時人在上海。

函云『聾公輓聯』，《時報》一九二一年四月二十日《高邕之逸事名書家千古矣》有云：

> 高邕之之書法爲海上名家，蜚聲社會久矣。自兩年失聰之後，杜門謝客，不問世事，蒔花種菊，以自遣歲月。客歲忽感寒邪，兩腿無力，遂卧牀不能轉側，延至前日（十七號），遽然長逝，海上書家，從此又弱一個。

是高邕之卒於一九二一年四月十七日。

此信書寫時間當爲一九二一年四月二十日（辛酉三月十三日）前後。

②上海民新銀行。

③潘勗（？—二一五），初名芝，字元茂。中牟（今河南鄭州市中牟縣）人。撰《荀彧碑》。漢獻帝建安中（二一三）撰《册魏公九錫文》。南朝梁人劉勰《文心雕龍》評云：

> 昔潘勗《錫魏》，思摹經典，群才韜筆，乃其骨髓畯也。

漢獻帝加曹操九錫的殊禮，由潘勗撰文，文辭經典，他人爲之擱筆。此喻羅振玉《石鼓文考釋》的學術價值最高，無人超越。

④四達利公司。

述評：

①此爲張美翊同鄉會新會所開幕期間，在滬首致朱復戡函。此間，時寓四達利公司。由此可知，張美翊自四月（辛酉三月）至八月四日（辛酉七月一日）在滬。後（二四）（二五）（二六）（二七）（二八）（二九）（三〇）（三一）（三二）（三三），皆爲張美翊在滬致朱復戡函。

②關於雪堂《考釋石鼓文》：

應是羅振玉《石鼓文考釋》，書成於一九一六年。

羅振玉（一八六六—一九四〇），初名寶鈺，後名振玉。字式如、叔蘊、叔言。號雪堂。

祖籍浙江上虞永豐鄉，客籍江蘇淮安。

淮安室名：面城楮舍、陸庵。（三十歲以前居淮安）。號堅白。

上海室名：學稼樓、懷新小築、唐風樓、玉簡齋。（三十一歲至四十歲居上海）。號江東稽夫、叔耘、稼民。

北京室名：俑廬、磬室、赫連泉館、帖祖齋。（四十一歲至四十六歲居北京）。號刖存、舌存、僧潛。

京都室名：雪堂、永慕園、麥秀園、宸翰樓、楚雨樓、吉石庵、殷禮在斯堂、夢郼草堂、大雪書庫、後四源堂、建安雙鏡齋（四十七歲至五十四歲居日本京都）。號雪翁、商遺、東海愚公、永豐鄉人。

天津室名：貞松堂、四時嘉至軒、庫書樓、二萬石齋、凝清堂、聱硯齋（五十五歲至六十三歲居天津）。號貞松、抱殘老人、松心老人、貞松老人、松翁、含章。

旅順室名：魯詩堂、六經堪、嘉草軒、雙觽館、靈襄館、百爵齋（六十四歲至七十五歲居旅順）。號歲寒退叟、俟河老人。

謚『恭敏』。精金石學，甲骨文字學、敦煌學、校勘學、目録學、姓氏學、宗教學。

一八九六年，在上海創辦『農學社』，次年，參與創辦《農學報》，再次年創辦『東文學社』，一九〇一年，在上海創辦《教育世界》雜誌，一九〇四年，創辦『江蘇師範學堂』。

羅張至交。一九一五年，羅振玉《五十日夢痕録》（羅振玉著《雪堂自述》，江蘇人民出版社，一九九九年）四月十三日（五月二十六日）：

十三日，……午後拜張讓三觀察（美翊），亦十餘年不見，鬚髮皤然。觀察爲人慈祥愷悌，肫然如佛。劫後從事慈善事業，并留心鄉里掌故。出《續甬上耆舊詩》及《李杲堂先生遺集》寫本，云將醵資付梓，予亟慫恿之。予請代購求全謝山先生《句餘土音》，乃慨然出藏本以贈。此書予求之十餘年矣，一旦得之，歡喜無量。讓老并以《之江濤聲》一册見贈，云是周君夢坡所撰，載辛亥吾鄉事，多爲予所未知，亦今之有心人也。

③關於『聾公』：

高邕（一八五〇—一九二一），字邕之。號李盦、聾公；辛亥後號赤岸山民。別署清人高子、中原書丐、西泠字丐、孟悔、李盦和尚、苦李、悔盦。仁和（今杭州市）人。室名：泰山殘石樓（得秦泰山刻石拓本）、絶景窮居。書法李邕，畫宗八大、石濤。善篆刻。一九〇九年，創立『上海豫園書畫善會』，會長。曾書哈同『愛儷園』門額三字。

④關於『能縮臨照格一册，又顧研本一册，如此格大小，可付石印，必驚倒老輩』：是張美翊首次提出要朱復戡縮臨石鼓文。

百行文覽悉舜自津來盤桓數日為之大快神氣積极現尚半日出坐日坐以惟習細漸睡夜眠無多急念少年人得暇多從從事文學使其志趣高尚道德進步庶免墮落海宜格外小心凡事韜晦勿視人較我好隨處效法青盡其一也同鄉會須自往幫忙此如出身之地不可忘郤我擬為趙母壽幛文繼須賓

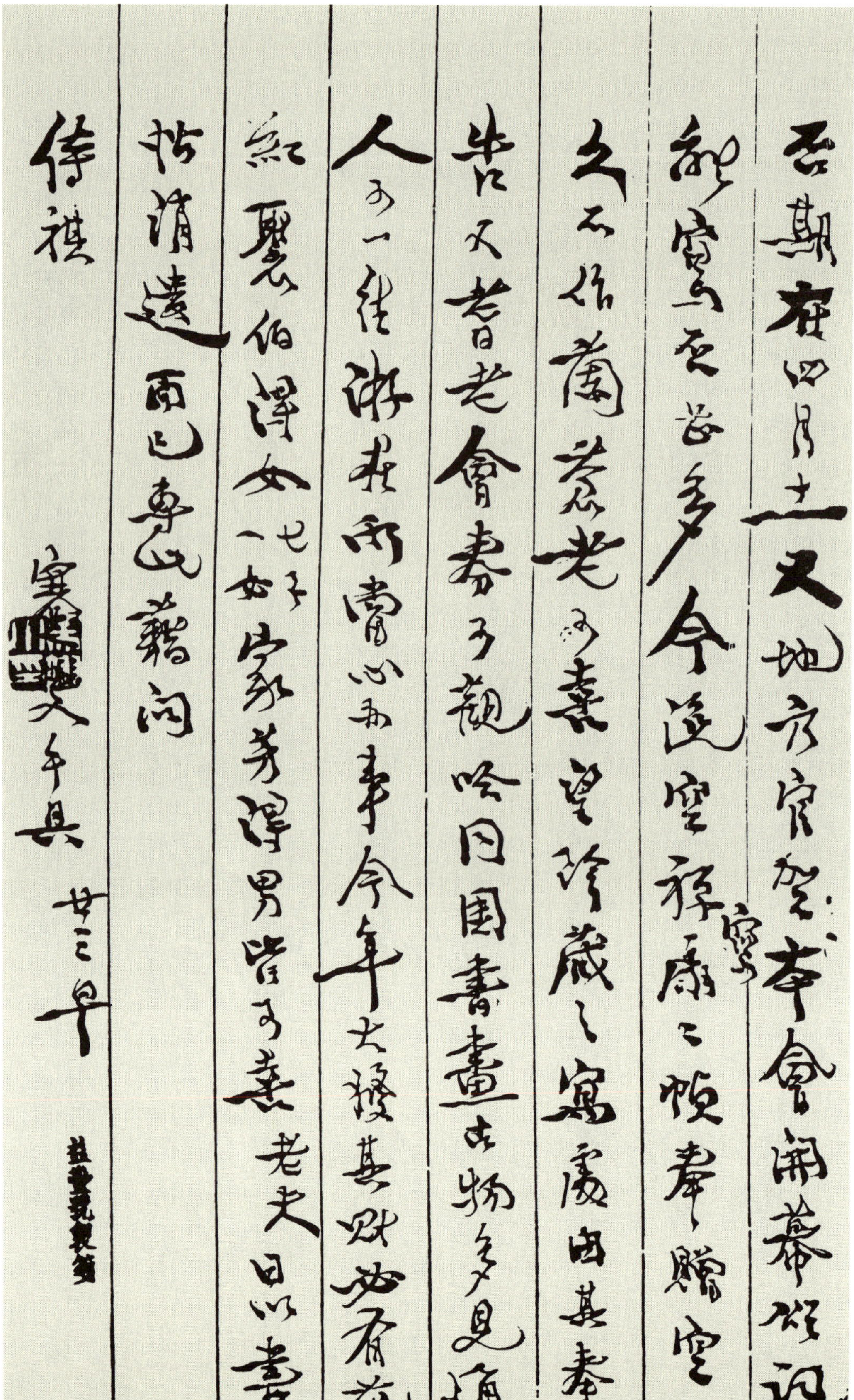

（二四）致朱復戡①

一九二一年四月三十日　辛酉三月二十三日　星期六

益豐號箋②

百行文覽：

空禪自津來，盤桓數日，爲之大快，神氣稍振，現尚半日坐半日卧，惟胃納漸旺，夜眠亦安，忽［勿］念。少年人得暇必須從事文學，使其志趣高尚，道德進步，庶免墜［墮］落。汝宜格外小心，凡事韜晦，必視人較我，好隨處效法，書畫其一也。同鄉會③須自往幫忙，此汝出身之地，不可忘却。我擬爲趙母壽幛文，汝肯寫否？期在四月十一。又：地方官賀本會開幕頌詞，能寫否，甚多。今浼空禪寫扇一幀奉贈。空久不作蘭，蒼老可喜，望珍藏之。寓處由其奉告。又：耆老會④券，可觀哈同園⑤書畫古物，多見通人，可一往游。在所當心辦事，今年大發其財，必有花紅。褧伯⑥得女（七子一女），家芳⑦得男，皆可喜。老夫日以書帖消遣而已。專此藉問

侍祺。

蹇叜手具。

廿三早。

（鈐印）美翊小印（白文）。

考釋：

①（二四）祇署『廿三日』，未署年、月。函云『我擬爲趙毋壽幛文，汝肯寫否？期在四月十一』，則當是三月廿三日。函云『地方官賀本會開幕頌詞，能寫否』『同鄉會須自往幫忙』。一九二一年五月十五日，同鄉會舉行新會館開幕典禮，『本會開幕』，即是同鄉會新會館開幕，『幫忙』寫『頌詞』，都是開幕前的准備工作，可知當是一九二一年。

函云『在所當心辦事，今年大發其財』，『所』是交易所，當時朱在交易所供職，爲一九二一年佐證。

函云『耆老會券，可觀哈同園書畫古物，多見通人，可一往游』，據李恩績《愛儷園夢影録》（三聯書店，一九八四年）：『倉聖萬年耆老會，……每年春秋兩季，與古物陳列會同時舉行，開大會二次，日期是三月二十五至二十八；九月十五至十八』。亦證當是農曆三月廿三，爲耆老會開會前三日，張美翊無意參加，故讓朱復戡去參觀。

此信書寫時間當爲一九二一年四月三十日（辛酉三月二十三日）。

②信箋用『益豐號製箋』竪行朱絲欄信箋，簡稱『益豐號箋』，首次見用，僅一見。

③寧波旅滬同鄉會。

④耆老會，即『倉聖萬年耆老會』。一九一七年丁巳三月成立。

⑤哈同花園，又稱愛儷園。爲猶太人哈同與其妻羅伽陵住宅。『烏月山僧』黄宗仰設計。一九〇二年到一九一〇年，歷時八年完工。原址位於原靜安寺路（今南京西路）。

⑥張晉。

⑦陳家芳。張美翊的長女（老大）張世芳，適范斐卿。二人的女兒范汶（純英），適陳廉鍔。陳廉鍔弟名陳家祥。陳家芳應是此輩中人。（一一四）函云『陳家芳、繆赤峰、鶴光等在青島團體甚固，銀行已開幕』，當時陳廉鍔、陳家祥、范鶴言都在張褧伯的明華銀行青島分行任職，可證陳家芳、范鶴光都是家族内部子弟。

述評：

①本函云『今浼空禪寫扇二幀奉贈，……寓處由其奉告。又：耆老會券，可觀哈同園書畫古物』，可知張美翊此時在滬，聯係朱復戡，由送函人告知張美翊的『寓處』，同時代交『耆老會券』。

《申報》一九二一年四月二十八日《甯波同鄉會新會所開幕之籌備》：

甯波旅滬同鄉會新會所開幕事宜現在正籌備，昨晚（二十六日）該會又爲此事在議事廳開職董贊助員籌備委員及分股委員聯合會。

《申報》一九二一年六月一日《甯波旅滬同鄉會宴請報界紀》：

昨晚六時，甯波旅滬同鄉會因新會所近甫落成，……由該會會長張讓三君主席與副會長陳良玉君相繼致詞。

開幕前籌備，開幕後宴請報界，張美翊都在滬。

②關於張晉：

張晉（一八八五—一九六九），譜名世絳。字褧伯，亦作絅伯、炯伯、綗伯、迥伯，以字行。鄞縣人。張美翊長子。室名：後素樓、千笏居（藏古墨千餘枚）。鑒賞印有：絅伯藏墨、絅伯審定、絅伯鑑定、絅伯曾觀、四明後素樓張氏收藏古墨印、後素樓張氏鑒藏宣爐清錢印、張晉舊藏、絅伯七十後所得、張絅伯鑒賞章、絅伯八十後所得。一九〇五年，『商部高等實業學堂』高等預科畢業。一九〇七年，商務專科畢業。一九〇八年，上海南洋公學畢業。同年，赴日本讀商科一年。回國後曾任『浙江高等學堂』德文教員。一九二一年，供職哈爾濱鹽務稽核所。次年，經張美翊門生李思浩（北洋政府財政總長）推薦，在青島籌設明華商業儲蓄銀行分行，十月開設，經理。

藏古錢幣、古徽墨、宣德爐頗富。曾參加『上海西人泉幣會』『中國古泉學會』『中國泉幣學社』，參與創辦《泉幣》，撰寫發刊辭。著有《四家藏墨圖録》《何謂泉貨學》《貨幣釋名》《泉錢辨名》《新莽貨幣志》《後素樓清錢談》《兩銖泉考》《小五銖錢考》《咸豐大錢考》等。

張晉是朱復戡髮妻陳紉梅的舅父，對朱復戡很看重，曾與朱復戡合編《宣德爐圖譜》，未刊。張晉的印章，大多出於朱復戡之手。

③關於空禪：

與空同是同輩兄弟關係。張美翊一九二一年八月十日（辛酉七月七日）致朱復戡函云『今晨復空同兄弟函』，可參考。張善翊有五子：世統、世綬，出正室劉氏；世紱、世緄，世鈗，出繼配戴氏。此時世綬已亡故。空禪似非張善翊子。待考。

④關於『褧伯得女（七子一女）』兼及張美翊的後人：

張美翊有兩女兩男，其後代簡譜：

（一）張美翊長女（老大），張世芳，適天一閣後人范斐卿（鍾壽）。

范斐卿、張世芳二人的後代：

女兒范汶（老大，字純英），適陳廉鍔。

兒子范鶴言（鶴年，陳昌壽張世芬子，過繼與范斐卿）。

（二）張美翊次女張世芬（老二），適迎風橋陳昌壽（祖畬、紹舜）。陳紹舜，日本警監學校畢業，一九一〇年時爲寧波艮山區副巡官。

陳昌壽與張世芬二人的後代：

兒子陳宗光、陳宗熲。

女兒陳紉梅、陳元梅。

（三）張美翊長子（老三）張晉（褧伯、絅伯），譜名世絳。妻韓平卿（昌權）。

張褧伯與韓平卿的後代：

兒子：張孟令（一九〇八—？）、張安令（一九〇九—？）、張慧令（一九一一—？）、張岳令（一九一三—？）、張定令（一九一五—？）、張新令（一九一七—？）、張慶令（一九一九—？）。

女兒：張金子（一九二一—？）。

（四）張美翊次子（老幺）張謙（叔馴），譜名世紳。

張謙的後代：

兒子：張貽令、張卓令；

女兒：張愛妹、張金妹、張卓妹。

海藏先生左右：前晤敬悉。愛翁金雲臞明經集
其所下士
畫圖，雲陳合寫冊，有新城王晉老為書言，今冊雲
臞明經尚見之，不淺之趣，有餘自保老手。弟謹跋
公謂青石相稱，雲弟持與
公有一日之雅，擬奉百金求先生容許將原文呈
覽，如典冢
俯允，雲摩再函自來，明求函至，即顯再龍王季求書塔院
四字，金題王君求書，墓誌，山陰徐來，俯賜巻尾，此希達
一復請
台安
再，前呈性香塔墓誌求為題數語，如允，此題並呈
順達，不盡。

（二五）致鄭孝胥①

一九二一年五月　辛酉四月

朱絲欄箋

海藏②先生左右：

前晤教，甚慰。老友金磷安③廣文④七十生日，其門下士虞含章君代求新城王晉老⑤爲壽言，令子雪塍⑥明經⑦出以見示，讀之充然有餘，自係老手。弟謂非公法書不能相稱。雪弟⑧侍與公有一日之雅，擬奉百金，求爲先容。茲將原文呈覽，如蒙俯允，雪弟再來求，面呈牋紙。先此布達。敬請

台安。

再：阿育王寺求書塔院四字；舍親王君求書墓額六字，將來一併續奉。前呈冷香塔墨蹟，求題數語，如已加墨，並乞賜還尤感。

考釋：

①（二五）致鄭孝胥，未署日期。

函云『茲老友金磷安廣文七十生日』，金磷安生於一八五一年，七十生日，當爲一九二一年。

函云『其門下士虞含章君代求新城王晉老爲壽言，令子雪塍明經出以見示』，與後（二七）函云『金雪塍送來壽言』有聯係，此爲前引。

辛酉五月，鄭孝胥書就《壽言》，時虞含章已去世。

《沙孟海全集》（西泠印社出版社，二〇一〇年）第九卷《僧孚日録》辛酉四月初三日：

> 含章先生近日因脩縣志事回鄉。三十之夕，遽以肺炎告終。

馮君木《回風堂詩文集》（中華書局倣宋字鉛印本，一九四一年）作：

> 民國十年辛酉四月一日。

與沙孟海所記相差一日。

是虞含章（寒莊）卒於辛酉三月三十日，即一九二一年五月七日。然則，（二五）當在辛酉三月下旬。

此信書寫時間當爲一九二一年五月上旬（辛酉三月下旬）。

②鄭孝胥。

③金允升（磷安）。

④清時尊稱教官爲『廣文』，金磷安曾爲景寧（今麗水市景寧畲族自治縣）縣學訓導。

⑤王樹枏（晉卿）。

⑥⑧金賢寀（雪塍）。

⑦清時尊稱貢生爲『明經』。貢生是考選府、州、縣生員（秀才）送到國子監（太學）肄業的人。

述評：

①此爲草稿。後爲朱復戡所藏。

②關於《金磷安先生七十壽序》：

有正書局出版《金磷安先生七十壽序》共三篇，以墨迹印爲《澹静廬壽言》一册。

《沙孟海全集》（西泠印社出版社，二〇一〇年）第十卷《僧孚日録》壬戌十二月三日：

> 金雪塍來（年三十九），此君談吐儒雅，亦吾黨中人，以其父《澹静廬壽言》册子分贈吾師及余。（序凡三篇，一、王晉卿撰，鄭太夷書；一、馬通伯撰，趙聲伯書；一、沈乙盦撰，曾子緝書。雪塍今來求師作壽詩。）

③關於金磷安：

金士衍（一八五二—一九三二），字允升。鎮海人。辛亥後號磷安。室名：澹静廬。光緒五年己卯（一八七九）舉人，著有《澹静廬詩集》。

沈其光《瓶粟齋詩話》（雲間印刷所鉛印，一九四八年）：

> 近數十年，江浙間負師儒之望者，……金先生以己卯舉人官景寧訓導，……爲學不立漢宋門户，來學者各因其才智意志施之，一時無與抗行。國變事起，鎮海人以縣事推先生，先生匿走夫子廟庭，封識其祭器、樂器而歸。乃改號磷安，自爲生壙，義甯陳三立爲之志銘。辛未，年八十卒。

④關於金雪塍：

金磷安亦淡泊名利的名士。

金賢寀（一八八三—一九六二後），字雪塍。一署倣髡。晚號雪安。鎮海人。金允升子（原配王氏出）；李雲書親戚。一九〇九年，三月，李雲書在上海創辦《華商聯合報》，爲編撰部主任；參與浙江鐵路股東。一九一〇年九月，『赴撫署參觀摺稿』代表之一。辛亥，上海光復時爲接濟軍需，參與發起『協濟會』。

《民立報》一九一二年一月二十二日《永錫堂追悼大會》：

> 次由金雪塍……演説。

工書，詩學東坡。亦愛作打油詩。謂評詩殊難允當，譬之於色，燕瘦環肥，不無偏愛；譬之於味，南清北膩，未易盡諧。與張宗祥交密，頗有唱和。

⑤關於虞輝祖：

虞輝祖（一八六四—一九二一），字含章，亦作寒莊。號桐峰。鎮海人。諸生。一九〇一年，參與創辦『上海科學儀器館』；編輯出版《科學世界》雜誌。一九〇四年，創辦『上海理科傳習所』。次年，獲賞國子監學正銜。一九〇九年，參與發起『浙江旅滬學會』，常務員；七月，『浙路四届大會』認招股五千元。晚年爲山東省長署秘書；總統府咨議官。應邀纂修《鎮海縣志》辭歸。

同鄉會：發起人之一。一九一八年，圖書館主任。

著有《寒莊文編》《寒莊文外編》。民國《鄞縣通志·文獻志》有傳。《甬上青石張氏家譜·贈言》（味芹堂鉛印本，一九二五年）收有虞輝祖《張讓三先生六十壽詩》。

張謇《柳西草堂日記》（臺北文海出版社，一九六七年影印本）：

光緒三十一年（一九〇五）：

乙巳二月八日：

張伯巖（之銘）是夕東行，因約虞含章（輝祖）之一品香，大餐餞之。

乙巳二月十四日：

虞含章薦東醫中野文次郎來診。

乙巳二月二十二日：

自寫貝子賀訊，蔚之、磐碩訊，托虞含章携之北上。

《沙孟海全集》（西泠印社出版社，二〇一〇年）第九卷《僧孚日録》：

庚申九月廿一日：

含章先生寄到近作《新疆山脉圖志序》一首。

辛酉五月八日：

夫子撰《含章先生行述》脱稿。

辛酉十月廿三日：

《寒莊文編》，今茲刊印告竣。

馮君木作《含章先生行述》；馮都良作《鎮海虞先生傳》。

⑥關於王晉卿：

王樹枏（一八五二—一九三六），亦作樹枬、樹楠。字晉卿。號陶廬、陶廬主人、陶廬老人、綿山老牧。別署野史氏。室名：三食神仙字齋、節愛堂、淑芳書屋、文莫室。新城（今河北高碑店市新城鎮）鄧莊（今泗莊鄉鄧莊村）人。光緒十二年丙戌（一八八六）進士。一八九五年，張之洞幕賓，主辦洋務、防務兼辦奏摺等事務。一八九六年，由張之洞推薦入陝甘總督陶模幕，與陶模之子陶葆廉爲知己。一九〇七年，新疆布政使，創辦『新疆通志館』，延謫戍新疆的宋之洞、裴景福編纂《新疆圖志》。有《陶廬老人自訂年譜》。一九一四年，清史館總纂之一。

王晉卿學貫中西，與陳三立并稱『南陳北王』。

《沙孟海全集》（西泠印社出版社，二〇一〇年）第十卷《僧孚日録》壬戌九月十八日：

王晉卿《歐洲列國戰事本末》，光緒季年印行，流傳不多，非可易得，假自王君仲邕，歸而閱之，以左、馬文筆叙西國史事，真天下之奇觀也。陶秀水稱爲歐陽五代史而後，久不見此等文字。良非妄言。

《寒莊文編》，王晉卿序。

⑦關於『雪弟再來求，面呈牋紙』：

張美翊請鄭孝胥寫字，無需潤資，而爲別人代求墨寶，則有潤資。有情有份，當時規矩如此。復戡師對學生、朋友，或會贈一幅字，而對學生、朋友的朋友，除無特殊原因者，則一律收潤資，當是張蹇老遺風。

百行文覽沚蘋先生松鹿飛先生寫銅牌十二
字乃十日取件急需不及煩為速寫貴紙上用清道
人體另白紙用方字午飯後來會帶交緩
生李梓請假赴四明公所可與此間同行也順問
日祉 謇 寅年具
右湖先生附念
静廷

（二六）致朱復戡①

一九二一年五月十五日之前幾日　辛酉四月八日之前幾日

白片

百行文覽：

沈觀舜②先生求唐駝③先生寫銅牌十二字，乃十日取件，急需不及。煩爲速寫黄紙上，用清道人④體。另白紙用方字。午飯後來會帶交，緣生本將請假赴四明公所，可與此間同行也。順問

日祉。

蹇安手具，

即。

左湖⑤、幹廷⑥先生附念。

考釋：

①（二六）未署日期。

函云『午飯後來會帶交……左湖、幹廷先生附念』，『會』即同鄉會。洪左湖、廖淦亭皆在上海證券物品交易所。證明此時張美翊在上海。

《申報》一九二一年五月十三日《甯波同鄉會新會所開幕預志（二）》：

甯波旅滬同鄉會新會所定舊曆本月初八、初九、初十（即十五、十六、十七）三天行開幕式。

一九二一年五月十五日，爲同鄉會新會舘舉行開幕典禮第一天。張美翊四月即來滬操持此事。函末衹署『即』，應是隨手寫的便條，派人捎帶與朱。

函云『乃十日取件』。當是指辛酉四月十日，即公曆五月十七日，是開幕式最後一天。很有可能是同鄉會沈觀舜『求唐駝先生寫銅牌十二字』，與同鄉會新會舘開幕典禮有關，故而『急需不及，煩爲速寫黄紙上』。所以，（二六）當是在一九二一年五月十五日（辛酉四月八日）之前幾日。甚至有公曆五月十七日（辛酉四月十日）之前一日的可能。

此信書寫時間似爲一九二一年五月十五日（辛酉四月八日）之前幾日。

②沈觀舜，鎮海人。在上海法租界吉祥街德銘里三街一號有『公和來』顏料號。一九一七年，捐銀一千四百元在鎮海崇丘建『繼勤亭』。一九一八年，寧波『江北岸永義會』會董。一九一九年，創辦『私立蒙泉國民學校』。一九二〇年，四月十三日，同鄉會徵求隊寧成隊隊長；八月，爲四明公所北廠募捐。有『振新工廠』，生産注册商標『三媛』牌帽子。

③唐駝（一八七一—一九三八），譜名成烈，原名守衡。字孜權。號曲人。武進（今江蘇常州市）人。

④李梅庵。
⑤洪曰湄（左湖）。
⑥廖壽慈（淦亭）。

述評：

①關於四明公所：

嘉慶二年（一七九七），甬籍旅滬商人錢隨、費元圭等發起籌建『四明公所』。道光十一年（一八三一），鎮海方亨寧等發起重修。咸豐三年（一八五三），方仁照兄弟重建。四明公所爲旅滬甬人亡後謀安葬之地，後又增加停棺、施棺、開闢義冢等項。公所内建有關帝殿、土地祠。四明公所占地相當於寧波路（今淮海東路）以北、敏體尼蔭路（今西藏南路）以東、民國路（今人民路）以西的範圍。一九〇三年，四明公所購日暉港地三十餘畝，建土地祠、墳地，稱南廠；又購寶山縣地（今同心路柳營路附近）建北廠。

一九一二年，公所經理沈洪賚發起成立『四明公所公義聯合會』。一九一五年成立公所董事會。

一九二〇年，張美翊撰《上海四明公所大事記·序》；一九二三年，撰《上海四明公所緣起》。

一九二四年十一月，朱復戡用魏碑字體書慈谿葛恩元撰《上海四明公所南廠建置碑》《上海四明公所北廠建置碑》。

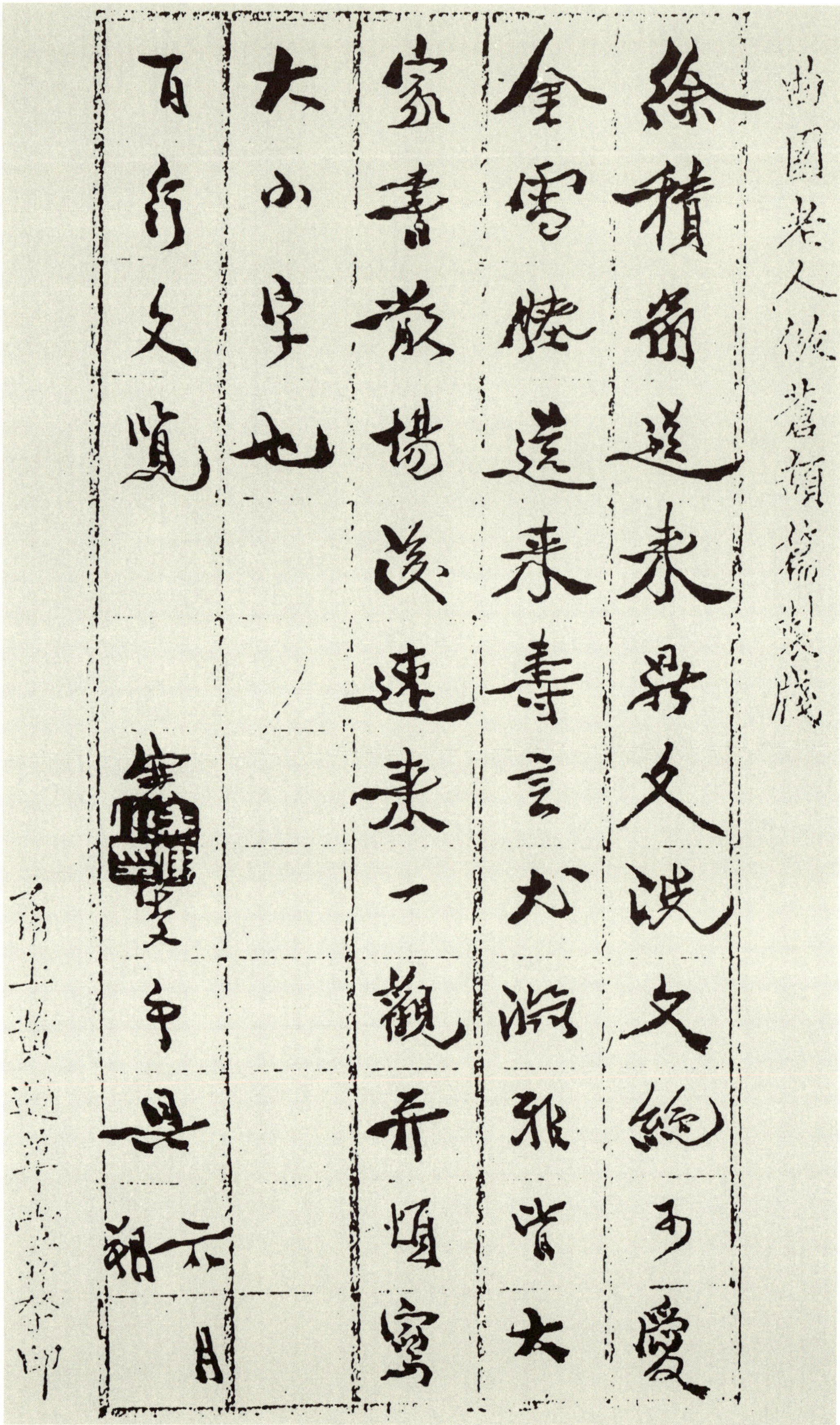
曲園老人倣蒼頡篇製箋
絲積留遠來暑文洪文總予愛
金雪樓遠來壽言尤游雅背大
家書散場後速來一觀并頌寧
大小字也
百行文覽
寅受年具
六月朝
甬上黄道華萃齋印

（二七）致朱復戡①

一九二一年七月五日　辛酉六月一日　星期二

黃過草堂箋②

徐積翁③送來鼎文、洗文，絕可愛；金雪塍送來《壽言》，尤淵雅；皆大家書，散場後速來一觀，并煩寫大小字也。

百行文覽。

蹇妄手具，

六月朔。

（鈐印）美翊小印（白文）。

考釋：

①（二七）衹署『六月朔』，未署年。六月朔，即六月一日。

函云『散場後速來一觀』，當是交易所『散場』，朱在交易所供職，當是一九二一年。而此時張美翊也在上海。

此信書寫時間當爲一九二一年七月五日（辛酉六月一日）。

②信箋用『曲園老人倣倉頡篇製牋，甬上黃過草堂摹印。』簡稱『黃過草堂箋』。當是張氏製牋。黃過草堂箋，此爲首次見用。

③徐乃昌。

述評：

①關於徐乃昌：

徐乃昌（一八六九—一九四三），字積餘。號仌絲；晚號隨庵老人。安徽南陵縣上北鄉十都一圖湯村徐（今工山鎮山峰村）人，居上海虹口圖南里。劉瑞芬長婿；劉世珩姐夫；翁同龢門生。室名：隨庵、鄦齋、積餘齋。藏書處名：積學齋、鏡影樓、小檀欒室。藏書印有：積學齋、南陵徐氏、徐乃昌讀、乃昌校讀、積學齋鎮庫、徐乃昌曝書記、積學齋徐乃昌藏書、南陵徐乃昌審定善本、積餘秘笈識者寶之、徐乃昌馬韵芬夫婦印、南陵徐乃昌校勘經籍記、十萬琳琅閣珍藏、南陵徐乃昌刊誤鑒真記。光緒十九年癸巳（一八九三）恩科舉人。

張美翊與徐乃昌同爲淞社中人，交密。

②關於『金雪塍送來《壽言》』：

即一九二一年五月上旬（辛酉三月下旬）致鄭孝胥函，爲金磷安求書《壽言》。六月一日送來，當是五月底鄭孝胥書就。

曲園老人倣黃涪翁製箋

昨夜豎兒來帶到髯公字一幅

小秦印兩方 即何南多 池多索觀 請午後

來取並為我寫糧棧圖章並下

程〻[illegible]少年精嘗無害也

百[illegible]學友 [illegible]文手狀 一 弟名〻

甬上黃[illegible]華[illegible]印

（二八）致朱復戡①

一九二一年七月六日　辛酉六月二日　星期三

黄過草堂箋

昨夜裴兒來，帶到匏公字一牋，小秦印兩方（印似尚多，汝可索觀），請午後來取，並爲我寫糧棧圖章，並丁、程二扇。少年稍勞無害也。

百行學友。

蹇安手狀，

初二。

（鈐印）美翊小印（白文）。

考釋：

①（二八）祇署『初二』，未署年、月。

函云『請午後來取』，證明張美翊此時人在上海。

信箋用『黄過草堂箋』。與（二七）『六月朔』函用箋紙、款式、鈐印、書法等都一致，當是辛酉六月二日。

此信書寫時間當爲一九二一年七月六日（辛酉六月二日）。

述評：

①關於匏公：

魏戫（一八六〇—一九三八）或（一八六〇—一九二七），初名龍常，字紉芝；又字鐵珊，亦作鐵三、鐵衫。號龍常、龍藏居士；晚號匏公。原籍山陰（今紹興市），客籍廣西桂林，學者魏潤亭子。光緒十一年乙酉（一八八五）舉人。書法《張猛龍碑》《瘞鶴銘》。

書迹刻石：

一九一六年，《清誥授光禄大夫；頭品頂戴；經筵講官；弼德院顧問大臣；予謚文直，閩縣林公神道碑》：義甯陳三立撰文；山陰魏戫書丹；合肥李經畬篆額。

魏戫精武術。妻陳肖蘭擅翰墨。一九一七年，魏自寫墓志銘云：其國無清，其人無名。其生庚申，其死丙丁。其籍山陰，其葬天津。後世子孫，曷視此塋。

《甬上青石張氏家譜》（味芹堂鉛印本，一九二五年），魏戫題扉頁，款署：乙丑正月，山陰魏戫題耑。

寧波旅滬同鄉會事務所用箋

第　頁

百行小友王彥太長
賢甚善來來嬉到多
附去作信券一
覽將來看覺一件為何字
數洞斤之較量矣老丈
送王聯廿字引只多再
寫何如寒道具

中華民國　年六月廿六日

勞工神聖社製

（二九）致朱復戡①

一九二一年七月十七日　辛酉六月十三日　星期日

寧波旅滬同鄉會事務所用箋

百行小友：

王序太長，賢甚苦矣，末二幅列名附去。程信奉覽。將來有寫件，必問字數、潤，斤斤較量矣。老夫送王聯廿字，列賢名再寫何如？

蹇具，

六月十三日。

曲園老人倣蒼頡篇製箋

耳經慶濤君帶寫屏一幅又聯
又遠，遠來備取望
速。藻翁華少年風華總泛通融
勿稍大意為問
侍祺
謇具

甬上黃遐草堂藏印

（三〇）致朱復戡

一九二一年七月十七日　辛酉六月十三日　星期日

黃過草堂箋

再：

程慶濤②君煩寫屏一幅又聯，又遠來催取，望速藻爲幸，少年凡事揔須通融，勿稍大意。即問

侍祺。

蹇具。

考釋：

①（二九）（三〇）合并考證。（二九）衹署『六月十三日』，未署年。（三〇）未署日期。

（二九）函云『王序太長，賢甚苦矣』『老夫送王聯廿字，列賢名再寫何如』，與（二七）函云『并煩寫大小字也』相銜接。又與一九二一年五月上旬（辛酉三月下旬）致鄭海藏函云『舍親王君求書墓額六字』相銜接。『王』姓者人，很可能即是張美翊的所説的『舍親王君』，此人既向鄭海藏『求書墓額六字』，亦向朱復戡求『序』（壽序）。當爲辛酉。

（二九）用『寧波旅滬同鄉會事務所用箋』，可佐證張美翊在上海。首次見用，僅一見。

（三〇）函云『程慶濤君煩寫屏一幅又聯』，與（二八）函云『並爲我寫糧棧圖章，並丁、程二扇』相銜接。又與（二九）函云『程信奉覽』相銜接。

（二九）（三〇）字迹書法相近，衹是所用箋紙不同。有可能是同一天用不同的箋紙所書寫，也有可能是當日和次日分別書寫，然後一并或分別發出（此時便片，大多是派人遞送）。（二九）或爲辛酉六月十四日。

總之：（二九）（三〇）兩函同日。書寫時間當爲一九二一年七月十七日（辛酉六月十三日）。

②程慶濤，定海人。舉人。一九一八年十月、十一月爲寧波旅滬同鄉會捐款。一九二三年，參與發起續脩《定海縣志》。曾爲丁欽齋秘書，後任丁氏『錦章號』副經理。

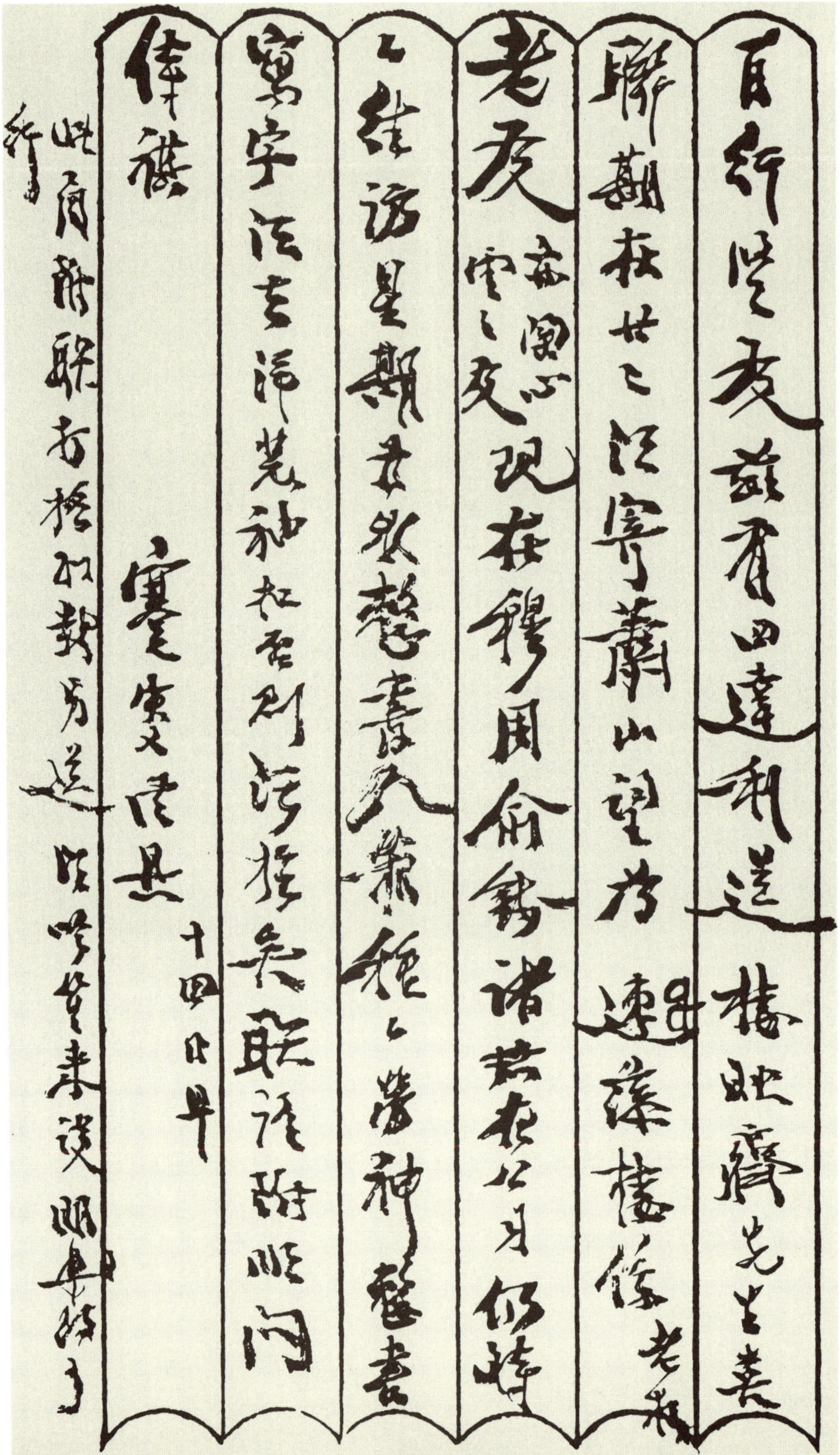
百行賢友：頃奉四達兩送，楊址(?)齋先生表
聯額在廿二日託寄蕭山，望為速遞，據(?)條老
老友交(?)雲之交，現在穆周俞錫諸君於八月份時
之緒，誘星期去後，繁書入京，總之勞神，費書
寫字作書，並煩紅印，請拔冗賜覆，附此問
侍祺
寶熙(?)謹具 十四日午
此函所託之件(?)，數另送，昨晚宋(?)來談，明早請子(?)行

九皋唱於喬鶴東帛
集於閣庭抽簪俊駕
朝野詠歌

仁泉先生雅正

朱義方

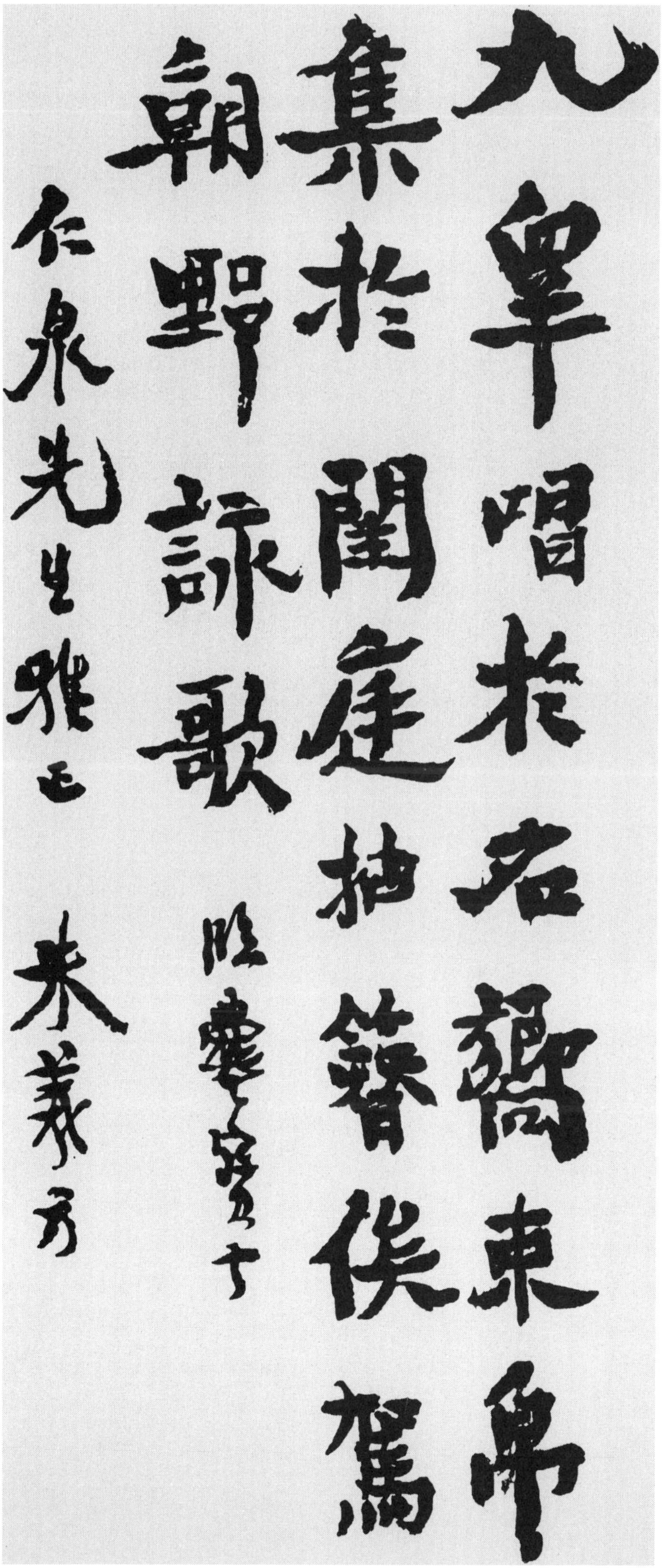

（三一）致朱復戡①

一九二一年七月十八日　辛酉六月十四日　星期一

文華閣箋

百行賢友：

茲有四達利送樓映齋②先生喜聯，期在廿二，須寄蕭山，望爲速藻。樓係老朽老友（亦陶心雲之友），現在穆③、周④、俞⑤、錢⑥諸君，在公司仍時時往訪。星期爲我整書入箱，種種勞神。整書寫字，須去洋裝袖扣，否則污損矣。聯語附。順問

侍祺。

蹇叟謹具，

十四日早。

此函附聯打格。改款另送，頃吟笙⑦來談，明日改可行。

九皋唱於名嚮，東帛集於閨庭。抽簪俟駕，朝野咏歌。臨爨賓子。仁泉先生雅正，朱義方。

百齡壽聯煩托胡君代繕，予湘之明日回南帶去。書畫今收，條附上。藉問

侍祺

謇 庚戌年冬十四夕

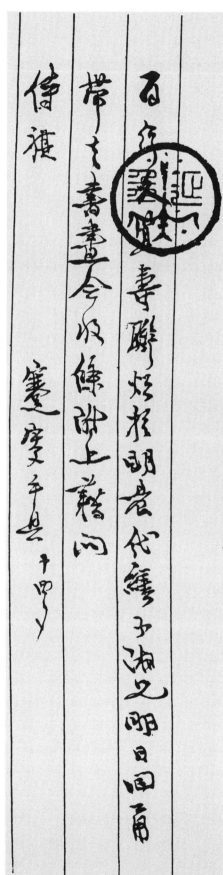

（三二）致朱復戡

一九二一年七月十八日　辛酉六月十四日　星期一

文華閣箋

百行文覽：

壽聯煩於明晨代繕，子湘⑧兄明日回甬帶去。書畫會收條附上。藉問

侍祺。

蹇安手具，

十四夕。

（起首鈐印）延年（朱文）。

考釋：

①（三一）（三二）合并考證。（三一）祇署『十四日早』；（三二）祇署『十四夕』，皆未署年、月。

（三一）函云『星期爲我整書入箱』，六月十三日是星期日。

（三二）函云『壽聯煩於明晨代繕，子湘兄明日回甬帶去』，説明張美翊在上海。

（三一）函云『兹有四達利送樓映齋先生喜聯』，張美翊此次來滬，寓四達利公司。

（三一）（三二）信箋皆用『文華閣箋』。六月十三早；十四夕，乃一日間早晚兩次寫信。

總之：（三一）（三二）兩函同日，一早一夕。書寫時間當爲一九二一年七月十八日（辛酉六月十四日）。

②樓景輝（映齋）。

③⑧當爲穆子湘。

④當爲周金箴（筲鑣）。

⑤當爲俞服楚，上海有四達利公司。

⑥當爲錢廷爵。

⑦金宏燦，字吟笙。鄞州韓嶺村人。曾在上海『南洋烟草公司』學徒，後昇爲買辦。一九二一年，回鄉創辦『韓嶺烟廠』。

述評：

①『九皋唱於名嚮，束帛集於閨庭。抽簪俟駕，朝野咏歌。』是《爨寶子碑》原文。原本上款『仁泉』，旋又改上款。改後的上款，張美翊會明日再派人送來。

②關於陶心雲：

陶浚宣（一八四六—一九一二），原名祖望，字文沖、文仲。號心雲，亦作心耘；又號稷山、稷山居士、東湖居士。紹興陶堰人。室名：稷山館、通藝堂。藏書樓名：稷廬藏書樓。光緒二年丙子（一八七六）舉人。曾開辦『通藝學堂』『東湖政法學堂』。書法魏、六朝，能真草隸篆。光緒間購採石場自建『東湖』。

書迹刻石：

一八九三年，杭州鳳凰山東麓《清兵部尚書，勤果公，張曜墓志神道碑》。

清『光緒通寶』銀元、角子、銅元的模字。沈陽故宮内所懸字畫，用印『淵明四十五代孫』。

陶浚宣的族人陶方琦（子縝）爲張美翊就讀辨志精舍時的肄業師。

③關於錢廷爵：

錢廷爵（一八七二—一九二二），亦作庭爵。字達三。定海人。一九一一年，上海都督府參議。次年，『中華商業儲蓄銀行』監察。一九一五年四月，參與創立『中華救國儲金團總事務所』，臨時辦事員。一九一七年二月，發起組織『華法振業銀行』（後改稱『中法振業銀行』）。一九一八年，五月，參與發起『美國紅十字會徵求贊成員』活動；『震昌輪船公司』經理。

上海總商會：一九一二年至一九一九年，議董。

同鄉會：發起人之一。一九一一年，常務審查員。一九一四年，在評事科。一九一七年，第六次常年大會監察員。次年九月。爲建築新會所募捐多起，曾募陳箴堂五百元。一九一八至一九二一年，副會長。一九二一年十一月逝世。陸澍咸作《錢達三先生誄詞》。

張美翊曾爲錢廷爵亡父作《通議大夫定海錢府君家傳》（《甬上青石張氏家譜》，味芹堂鉛印本，一九二五年）：

府君諱履亨，字乃安。錢氏故武肅王後，由鄞遷定，遂爲定海人。祖諱式穀，詹事府主簿。妣陳氏。考諱嵩恩，廳學增貢生。妣陳氏、劉氏，厚德懿行，潛而弗耀。府君幼失怙，事劉太君以孝聞，能先意承志。長隱於市，有所得必以奉親，便身適口之物，無不畢給。舟山孤懸海外，未嘗一日遠游。於兄弟尤友愛，宗族鄉黨無閒言焉。生平重然諾，嚴取與。行必踐其言，食必稱其事。爲人排難解紛，不激不阿。凡府君所至，弭爭息訟，有管幼安、邴根矩之風。鄉里善舉，如卹嫠育嬰，施給棺斂，身任之無少懈。嘗爲漁業公所董事，熟知海島形勢。採捕時節，爲立規則、定税法。漁民多蠻横好鬥爭，往往得府君一言而定，至今鄉人猶稱道之。光緒二十六年庚子二月二十七日卒，距生於道光二十九年己酉九月初九日，年五十有二。誥授奉政大夫；贈通議大夫；同知銜候選知縣。配武氏，同邑廩貢生晝堂翁女，淑慎慈惠，出於天性。既歸府君，滫瀡之奉，歲時之祭，必誠必敬，門庭之内，秩秩如也。光緒元年乙亥三月二十七日卒，距生於咸豐元年辛亥七月十六日，年二十有五。誥封宜人，贈淑人。子廷爵，伉直有識量，久客上海，嘗得官矣。國變後營商業。女二，皆適士族，續配章淑人出。

論曰：昔歐陽公稱連處士以一布衣終於家，而應山之人至今思之，其長老教子弟孝友恭謹，必以處士爲法，謂其行之以躬，不言而信，稱之者至矣。觀於府君，何其似連公也。錢氏將脩宗譜，廷爵與余友善，持狀求爲家傳，不虛美，不繁稱，蓋能信其親於人者。且言自幼失恃，及壯而府君棄養。今幸繼母健存而鮮民之痛稍解，烏虖！世變風移，人倫道薄，有子不忘其親，府君爲善之報，益可信已。

④關於穆子湘：

穆子湘（一八七九—？），鄞縣鄭隘人。在上海美租界源昌路源昌里一街一二號有『鴻順號』五金。一九二一年九月，與祝蘭舫等發起成立

『上海五金交易所』。一九二二年九月，『寧波急賑大會』報告災情，捐款二百元。纂有《鄭隘穆氏後穆宗譜》（敦睦堂鉛印本，一九四七年）。

同鄉會：一九一四年，在調查科，一九一九年三月，受張美翊委派，營救林陳二同鄉，成功。一九二三年，理事、調查委員。

⑤關於周金箴：

周金箴（一八四七——一九二三），號晉鑣。慈城人。一八九一年，參與創辦『上海華新紡織新局』，協理兼董事會負責人。一八九四年，『通久源軋花廠』，股東；與嚴信厚創辦『寧波通久源紗廠有限公司』。一八九五年，投資『上海中法藥房』。一八九六年，江西清江縣知縣。一九〇四年，在上海英租界六馬路仁濟善堂參與發起成立『東三省紅十字普濟善會』。一九〇五年，參與發起組建『華興保險股份有限公司』『上海華洋人壽保險公司』，總董；『海州贛豐機器餅油有限公司』股東；參與抵制續訂《排華法案》抵制美貨。一九〇七年，『浙江旅滬學會』董事；『上海名妓演出助賑淮徐』接待；『華洋義賑會』舉辦『張園萬國賽珍會中國珍品陳列所』男賓招待員。一九〇八年，『立憲公會』董事；八月，參與創辦『四明商業銀行』，總董；『上海浙路公司』坐辦（曾認浙路股七百萬元）。一九〇九年，『漢冶萍公司』股東（五百股以上）。一九一〇年，參與創辦在南京舉辦的『南洋勸業會』；『寶山中國公立醫院』董事、文牘；五月，參與創辦『華綸機織綢緞公司』。一九一一年，參與發起『中美輪船股份有限公司』。一九一二年，一月，『同盟女子經武練習隊』特別參贊員；參與組織『散亂陸海軍人大會』；五月，參與籌辦『中美輪船公司』；『中華銀行』董事。一九一三年，『輪船招商局』董事。一九一四年四月，出席『東京中日實業公司』（改組中國興業公司）大會，董事。一九一五年，八月，致電北京以私人身份支持袁世凱帝制；九月，袁任命『滬海道尹』兼『外交部特派江蘇交涉員』；參與創辦『上海元豐麵粉廠』。一九一九年，參與發起『中華慈善團全國聯合會』。一九二二年，參與發起『上海夜市物券交易所』，監察。一九二三年，七月，『中國紅十字會會員大會第一次常議會』議員；供職『阜豐植棉公司』；輪船招商局，董事。

上海總商會（上海商業會議公所、上海商務總會）：

一九〇一年，盛宣懷奏准設立『上海商業會議公所』，提調（坐辦）。

一九〇四年，更名『上海商務總會』，副總理。一九〇六年，議董。一九〇七年，總理。一九〇九年，一九一〇年，總理。

一九一二年二月，更名『上海總商會』。一九一二年、一九一四年，總理。

同鄉會：一九〇八年，幹事。一九一一年，會董。一九一四年，總務科長。此時爲同鄉會名譽會董。

四明公所：一九一五年，董事。

⑥關於樓映齋：

樓景輝（一八四六—一九二三），字映齋。譜名後先，人稱阿先老大。嵊縣（今紹興市嵊州市）石璜鎮樓家村人。清時曾任農工商部顧問；四品銜候補同知。一八九四年，在蕭山姑娘橋創建『惠通公紡織廠』。一八九五年，在蕭山新壩頭創建『合義和絲廠』（一九一一年改稱慶雲絲廠），生產『和合牌』絲織品。一九〇六年，在乍浦創辦『裕順航業公司』；十一月，浙路一百整股以上股東。一九〇八年，在杭州合資創設『惠通錢江商輪公司』。一九一一年，與孫馥階等集資籌建『紹興電話股份有限公司』；參股『胡慶餘堂』。一九一五年，一月，『中華民國浙江銀行』籌備改組爲『浙江地方實業銀行』，臨時辦事董事（即常務董事）；四月，在上海寧波路八號參與創立『上海商業儲蓄銀行』，董事。一九二三年，『浙江地方實業銀行』駐會董事。

寧波有紙行、茶行。曾在上海成都路創辦『錦華絲廠』；『上海華豐銀行』董事長。爲清末民初嵊縣首富。獨女樓寶月適同縣王曉籟（曉賁）。

百衍由友文覽老夫竟年憚暑誠恐悤合
化士以是皮囊累及旅寓日夜思歸故貴
滄海風浪遙延未決適有天幸頻頻南風
來行甚穩竹日抵家已覺涼飆送燕兩四
十後移寓如門外大衢四也方澤房西隱
高樹東枕大江臨看涼風隨潮雨來空氣
澄鮮放懷綠蹟昇夜多錦羣形形覊在滄
連日大汗夜之已極至此精氣頓遠遠循

作書令是陵雲閣之弟蘭賢視此書竟
之在德手顫不敢下筆何如若得寫此一
之月再入山禮佛當了積逆光命束蘭
也遠陛之實庠蒙璧如秀才著籃訴雨時
拜之侄兮叫花少時攀學老年雷予休息
此間亦大風無雨遠氣未退惟我寫別如
仙山樓閣 陛叢我不顧行匆匆之及見
黃寶綠老夫愛 陛太遇不顧觸遠近

浙江省……藏

窗中諸物未檢黎洲像即取去煩李君帶
景濂印匣行紙筆亦取去先將此函和呈
治堂爺服完諸君久沒全擁取件此亦手
續女說經過歸農如象懃頗見了陳宣之
華每日呼買進賣如發風鉦才是種麼
濤諸伴遠望送此間張千里書未進手與
賢並覽用印才勸肯聽我言乎甚也讀問
侍一種
寅之手具七月七日三刻

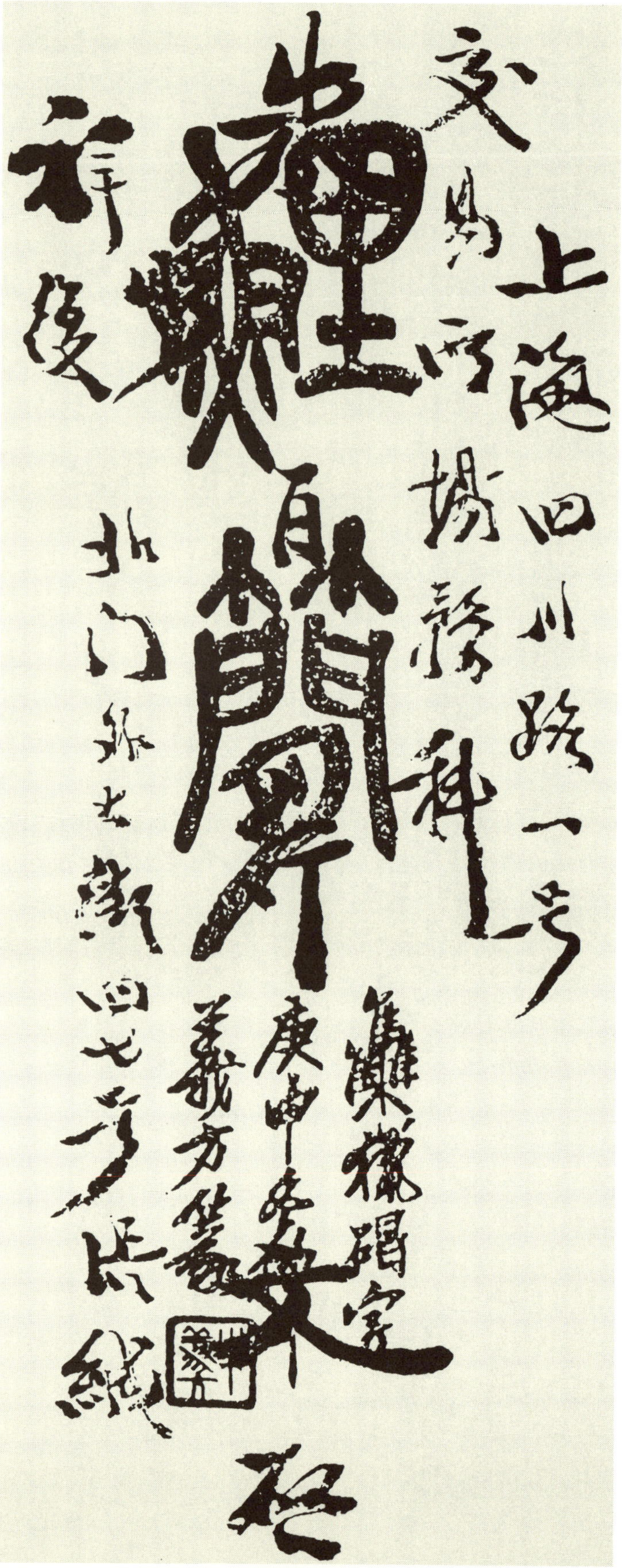

（三二）致朱復戡①

工場箋

一九二一年八月十日　辛酉七月七日　星期三

百行小友：

老夫衰年憚暑，誠恐忽爾化去，以臭皮囊累及旅寓，日夜思歸，尤畏渡海暈浪，遲延未决。適有天幸，初二南風，舟行甚穩，次日抵家，已覺凉颸送爽。初四午後移寓北門外大街四七號洋房，西障高樹，東枕大江，時有凉風隨潮而來，空氣澄鮮，蚊蠅絶跡，早夜可御布衫二襲。在滬連日大汗，疲乏已極，至此精氣稍還，遂能作書，今晨復空同②兄弟函。賢視此書，較之在滬手顫不能下筆何如？若得寓此一二月，再入山禮佛，當可稍延老命。來函已悉。賢之穿洋裝，譬如秀才著藍衫，亦時爲之，何必叫苦，少時操勞，老年方可休息。此間亦大風無雨，熱氣未退，惟我寓則如仙山樓閣，賢羡我否？瀕行匆匆，不及見告，實緣老夫愛賢太過，不願觸熱遠送。寓中諸物未檢，梨洲③像即取去，煩李君布景。汝印匣、牋紙等亦取去。先將此函示吕治堂、俞服楚諸君，允汝全權取件，此亦手續，必須經過。洋裝小象，頗願見之。陳宗光④輩每日呼買進賣出，如風狂，可笑。程慶濤諸件速寫送。此間張千里⑤書大進，可與賢並駕，用功尤勤，肯聽我言，可喜也。復問

侍祺。

蹇叟手具，

七月七日巳刻。

（鈐印）美翊小印（白文）。

（信封）上海四川路一號交易所場務科，朱百行文啓。盼詳復。北門外大街四七號張緘。

（信封底紋）『鯉簡』。集獵碣，庚申冬仲，義方篆。（鈐印）朱義方（朱文）。

考釋：

①（三二）祇署『七月七日』，未署年。

函云『程慶濤諸件速寫送』，與（二八）函云『並爲我寫糧棧圖章，並丁、程二扇』相銜接。又與（三〇）函云『程慶濤君煩寫屏一幅又聯，又遠來催取』相銜接。又與（二九）函云『程信奉覽』相銜接。所謂『諸件』，當是『扇』『屏一幅又聯』的總和。

函云『賢視此書較之在滬手顫不能下筆何如』，一九二一年張美翊跋盧址編《四明文獻集目》（手鈔本）：

歲在辛酉三月，頭暈稍愈，手顫幾不成字。蹇叟記，時年六十有五。

（鈐印）美翊小印（白文）。

爲此函是辛酉佐證。

函云『初四午後移寓北門外大街四七號洋房』，與信封『北門外大街四七號張緘』相符。

此信書寫時間當爲一九二一年八月十日（辛酉七月七日）

②張頤，號空同。

③黃宗羲。

④陳宗光（？—一九四一），張美翊次女張世芬子；張美翊外孫；朱復戡内兄。朱復戡曾刻印章：陳宗光印。陳宗光曾隨張絅伯去明華銀行青島分行供職。

⑤張辟方（千里）。

述評：

①此爲張美翊操持同鄉會新會所開幕事畢，七月初二日由滬返甬後得朱復戡函覆朱第一函。

②關於『在滬手顫不能下筆』：

張美翊此次回甬，主要是爲養病。

一九二一年八月一日，張美翊卸任同鄉會會長。

《申報》一九二一年八月一日《甯波旅滬同鄉會復選揭曉》：

正會長朱葆三，副會長虞洽卿、王儒堂。

《申報》一九二一年八月六日《甯波旅滬同鄉會職員成立會》：

根據會章公推……張讓三……爲特别名譽會董。

③關於黃宗羲：

明末清初黃宗羲（一六一〇—一六九五），小字麟兒。字太冲、德冰。號南雷；又號梨洲老人、梨洲山人、藍水漁人、魚澄洞主、雙瀑院長、古藏室史臣。學者稱梨洲先生、南雷先生。浙江餘姚明偉鄉黃竹浦（今黃埠鎮）人。東林七君子黃尊素長子。藏書處名：續鈔堂。藏書印有： 餘姚黃氏書庫藏書印。

黃宗羲開創中國史學新體裁『學案體』，以學派分類的方式介紹一定時代的學術史，被清代學者取用，成爲編寫中國古代學術史的主要方式。黃宗羲創儒家浙東學派，與顧炎武、王夫之并稱明末清初三大思想家；與弟黃宗炎、黃宗會號稱浙東三黃；與顧炎武、方以智、王夫之、朱舜水并稱爲『明末清初五大家』，亦有『中國思想啓蒙之父』之譽。

④關於『黃過堂』：

『青石張』八世祖張士培、張士埙有『墨莊别墅』，在寧波西郊『鄮山書院』橋西，又名『西郊别業』。兄弟二人皆執贄黃宗羲。

康熙七年（一六六八）黃宗羲在寧波組織『證人講會』。張氏墨莊别墅是黃宗羲甬上講學之一址。

全祖望《續甬上耆舊詩·張士培傳》（四明文獻社鉛印本，一九一八年）：

有別業在西郊，曰墨莊，即梨洲講學之所。

《甬上青石張氏家譜·家集》（味芹堂鉛印本，一九二五年）載張士塤長子張錫璜《望南雷山吊黃梨洲先生》詩，中有『顔室志過從』句，自注：

余家西郊別業，以先生來講學，擬名黃過。

《望南雷山吊黃梨洲先生用東坡屈原塔韻》詩，中有『草堂猶號過』句，自注：

余家黃過草堂以先生得名。

《甬上青石張氏家譜·贈言》（味芹堂鉛印本，一九二五年）載全祖望《記證人講社諸弟子》，張案：

謹案《黃梨洲先生年譜》：康熙四年乙巳，先生五十六歲。甬上諸子始執贄先生之門。七年戊申，先生五十九歲，始來甬講學。三月，大會於廣濟橋，又會於延慶寺，仍稱證人講社，並有講經會。

當時吾八世祖天因、雪汀兩府君、九世祖有斯府君，實預斯會。其後雪汀府君二子漁谿、韞山兩府君，亦稱再傳弟子。

慈谿鄭寒村先生《五丁詩稿·同王近思先生過張有斯黃過草堂》詩注云：乙巳、丙午之間，范筆山讀書於此，余時過之，必飲酒賦詩。戊申，余館草堂，近思同來讀書。己酉歲，萬管村館此，偶商堂名。管村曰：『此黃先生所過，可名黃過。』

案黃過草堂在西郊，原名西郊草堂，黃先生來甬，嘗講學於此。

又案《續甬上耆舊詩》卷九十七，録天因府君詩十首；雪汀府君詩五十九首，稱爲證人講社弟子。又卷百十二，録有斯府君詩一首；漁谿府君詩百十二首；韞山府君詩三十六首，稱爲證人講社門生三張詩。而漁谿府君二子烟嶼諱清永；靚淵諱甯永兩府君，復佐謝山先生採詩；韞山府君孫望槎府君諱炳，又爲全氏高弟子。

二十八世（青石九世）張錫琨（有斯）時，將『西郊草堂』改名『黃過草堂』。當年范光陽、董復齋、鄭梁等人皆曾在『黃過草堂』讀書，鄭梁有詩『黃過堂名駭一時』，可見其盛況一斑。

嘉慶十七年壬申（一八一二），『黃過堂』改爲『張氏宗祠』。

《甬上青石張氏家譜》（味芹堂鉛印本，一九二五年）收有黃宗羲《二十六世振寰府君墓志銘》《張心友墓志銘》《張雪汀詩鈔序》。

⑤關於『梨洲像』：

吳慶坻《蕉廊脞録·黃宗羲小像》（中華書局，一九九〇年）：

黃梨洲先生小像，古裝，風帽束帶，貌奇古。畫像者，新安吳旭；補松者，宋暐，字逸子；補石者，猶子深也。先生自題曰：『初錮之爲黨人，繼指之爲游俠，終厠之於儒林。其爲人也，蓋三變而至今，豈其時爲之耶？抑夫人之有遐心？』題贊者，朱嘉徵止谿、陸嘉淑冰脩、陳令昇之問、陳奕培子厚、陳奕昌子枽、陳謙廷益、楊中訥言揚、楊中垣季直、陳奕禧子文、楊冲默陸駒、朱爾邁人遠、陳燾允大、陳燾允文。自陳奕培以下，皆稱門人，且多海昌人，疑是像乃先生講學海昌時所繪也。余避地滬上，從張讓山美翊得見此像。謹記之。

吴慶坻在張讓山美翊處所見梨洲像，今藏上海博物館。此函云『梨洲像』，未知是否吴慶坻所見之本。

⑥關於『洋裝』：

朱復戡供職交易所，應穿西裝。當時上海穿西裝者百不挑一，穿西裝者被認爲是喫洋行飯的，會被譏爲『假洋鬼子』『洋行小鬼』。被人嘲笑看不起，故朱復戡『叫苦』。其實，張美翊和朱復戡『説洋話』『喝洋酒』『交西友』『喫西餐』（張美翊嘗言：胃口不好喫西餐）的做派，在當時都是屬於『洋派』，是中上階層講排場的一種方式，亦是很時髦的人群。惟所研究的學問，大多還是中國傳統文化。對中華文化在世界文化之林中的先進性，相當自信。

⑦關於張亦湘：

張頤（一八六七—一九五〇後），譜名世統，字亦湘，亦作一香。號養農，攷儂；又號空同；晚號石隱生、鄮山舊民、苦存、苦巢頭陀。張美翊胞兄張善翊（字湘三，號意園。）長子。光緒十二年丙戌（一八八六），浙江學政瞿鴻禨歲試補縣學生；光緒十三年丁亥（一八八七），縣學優行廩膳生；廩貢生，援例報捐試用縣丞。就讀崇實書院，《崇實書院課藝》選《四明懷古》詩，有張世統十首。一九〇二年，《天津日日新聞報》編輯。一九〇七年，參與發起『廣益善會演戲助賑』。曾爲『清國留學生會館』（一九〇二年建）天津幹事。

善金石書畫。喜藏古墨，著有《意園墨録》。能畫，書法文徵明。善隸書、墨蘭。與方若、王一亭交密。

鄭逸梅《藝林散葉》（中華書局，一九八二年）：

一香貌如老衲，張大千一見奇其相，曰此畫中人也，爲寫一像。

夏曾佑有《戊戌中秋與西村白水陳錦濤、洪復齋、蔣信齋、張養農、方楚青、蔣澍堂、常伯旂同飲天津酒樓，時余將南歸率呈一律》。

張一香藏二十八世張韞山書《鄭寒村先生壽序》一軸。

⑧關於張千里：

張辟方，字千里。鄞縣古林鎮葑里村人。張原煒子。張美翊弟子。一九二三年，上海商科大學畢業。

張千里爲傅硯耘孫女婿。

《沙孟海全集》（西泠印社出版社，二〇一〇年）第十卷《僧孚日録》壬戌十月十九日：

傅研翁晚又來，招余至張千里（辟方）寓齋，去余館惟數十步。千里，翁之女孫之婿也。

朱復戡曾刻印章：張辟方、張辟方印。

百行君友文質兩兩具悉甚慰梨洲儀鑒
倚几政於養和珍巖雲琅瓏之樹根望古
峯翁費神注意 繡佛像題乾詩亡情好
逢送文道師跋長春里陶梅存先生處讀
其記板高船寄津 曲園夜正讀詩史小
說月穀歷本在辛一老處曲園叢殘檔金
是書卷氣如君所言者筆一概推翻望諒
書此奉覆說現帶安後樓此處不日發此間張午

黑写黑女遍海宇黄石斋极似神萧要甫
段疑碑之与黑颜顿中黑好老史写陆通
师豫楚大尉乾嵩长联以黑女参龙颜继
佳乃人论黑写不出数月张沙旧出老无
黑谿与鬓年万白山中无乌麻雀封王老夫
一生受汉之益断黑敲我多读书好要婷
旋推乎能异未发手豊女故各领内史人
心自之碁何敢问待叟 寐叟 廿七

（三四）致朱復戡①

一九二一年八月二十五日　辛酉七月二十二日　星期四

工場箋

百行賢友文覽：

兩函具悉，甚慰。梨洲像務倚几。『致［製］爲養和』，即嵌空玲瓏之樹根。望告李翁費神注意。筱師②像贊、輓詩二幅，煩速送文監師路長春里陶拙存③先生處，請其託於商船寄津。曲園反正體詩，見《小説月報》，原本在章一老處。曲園篆隸楷，全是書卷氣。如賢所言，老輩一概推翻，望讀書卅年再説，現弗妄談。（不日我擬此體。）此間張千里寫《黑女》④，沙孟海寫黄石齋⑤（極神似），葛夷甫致魏碑，足與賢頡頏。千里爲老夫寫陸漁師⑥像贊、大副輓對長聯，以《黑女》參《龍顔》⑦，絶佳，乃人謂賢寫。不出數月，張、沙、葛出名矣。賢務與競爭，萬勿山中無鳥麻雀封王。老夫一生受謙之益，願賢效我，多讀書爲要。賤體稍平，頭暈未發，手顫如故。各鄉水灾，人心召之，奈何。敬問

侍祺。

蹇具，

廿二。

（鈐印）美翊小印（白文）。

考釋：

①（三四）衹署『廿二日』，未署年、月。

函云『各鄉水灾』，一九二一年八月十一日夜，鄞、奉、鎮三縣山洪暴發。二十三日，由同鄉會發起設立『寧波水灾急賑會』賑灾。此函應爲一九二一年八月間，即辛酉七月間。

函云『梨洲像務倚几……望告李翁費神注意』，與（三三）函云『梨洲像即取去，煩李君布景』相銜接。此函當是七月廿二日。

函云『千里爲老夫寫陸漁師像贊、大副輓對長聯』，陸漁笙卒於一九二一年。當爲辛酉。

此信書寫時間當爲一九二一年八月二十五日（辛酉七月二十二日）。

②嚴信厚，字筱舫。

③陶葆廉（一八六二—一九三八），字拙存，亦作菊存。別署淡庵居士、蘆涇遁士。秀水（今嘉興市）王江涇鎮人。陝甘總督陶模子；勞乃宣婿。優貢生。一九〇三年，『浙江高等學堂』監督。一九〇八年，『陸軍部軍機司』郎中。一九一〇年，『資政院』議員。一九一四年，浙江通志局《浙江通志》分纂；《清史稿》纂脩兼總纂之一。與陳三立、譚嗣同、徐仁鑄合稱『晚清維新四公子』。

④《張黑女墓誌》，即《南陽太守張玄墓誌》。北魏普泰元年（五三一）建。原石久佚，上海博物院藏有宋拓。

⑤黄道周。

⑥陸廷黻。

⑦《爨龍顔碑》，南朝劉宋孝武帝大明二年（四五八）建。

述評：

①關於『致爲養和』：

『致』當爲『製』字之誤筆。

養和，靠背椅，亦稱懶架。

《新唐書·李泌傳》（中華書局，一九七五年）：

> 泌嘗取松樛枝以隱背，名曰養和。

張美翊『致爲養和』，乃引黄宗羲《余若水周唯一兩先生墓誌銘》（吴光編《黄宗羲全集》，浙江古籍出版社，二〇一二年）：

> 又得懸崖奇木，製爲養和，坐卧其間。

②關於『筱師像贊、輓詩二幅』：

嚴信厚（一八三八—一九〇六），原名經邦，字小舫，亦作筱舫。號石泉居士、小長蘆舘主人。慈谿外灘莊橋費市村人。嚴修族叔。貢生。室名：小長蘆舘、小書畫舫。鑒藏印有：小書畫舫秘玩、小書畫舫審定、嚴小舫珍藏金石書畫印、嚴小舫審定書畫真迹、小長蘆舘主人、嚴氏審定、小舫審定、慈谿嚴氏小長蘆舘鑒賞、慈谿嚴氏小長蘆舘審定印。書法趙孟頫，畫宗邊壽民，以畫蘆雁著名。

書迹刻石：

一八八八年，《甯波府城隍廟重建大殿碑記》（郡廟）：張岳年撰；童遜祖書；嚴信厚篆額。

嚴筱舫於光緒三十二年丙午五月初九（一九〇六年六月三十日）卒於天津（一説一九〇七年卒於上海），後歸葬於寧波鎮海九龍湖。墓碑爲汪洵正書：『嚴小舫先生壽域，光緒乙巳八月朔日』（陰刻）。光緒乙巳爲一九〇五年，當是生壙。墓葬石構件中有一對翼子，上刻『北闕恩光遥接，西山奕氣相迎。』

此『筱師像贊、輓詩二幅』是『讬於商船寄津』，『筱師』當是嚴筱舫師。

③關於『曲園反正體詩，見《小説月報》，原本在章一老處』：

《小説月報》，一九一〇年七月創刊於上海，商務印書舘主辦印行。一九二一年，該刊第十二卷第一號起由沈雁冰主編，成爲文學研究會代用機關刊物。

反正體詩中所有字形，以篆作書，都呈左右對稱結構。

袁嘉穀著《袁嘉穀文集》（袁丕厚編，雲南人民出版社，二〇〇一年）：

> 俞曲園《和章一山反正體詩》二首，有句云：『森開營壘黄山谷；曲合宫商白樂天。』

趙元禮撰《藏齋詩話》（張寅彭主編《民國詩話叢編》，上海書店出版社，二〇〇二年）：

俞曲園八十四歲，……作反正體詩，以小篆寫之，反正面皆成字也。詩曰：

密室工夫善自閑，丹青圖畫尚斑斑。美才一半東南竹，同輩無非大小山。甘苦文章終莫賞，崇高富貴不容攀。時而杲杲時而雨，爲告吾曹早閉關。

常因合坐共商量，黨異宗同兩不當。小品尚容登米芾，大才未必困王章。山中幽草生空谷，天上高文貢玉堂。莫向並時問行輩，本來非宋亦非唐。

『終』『爲』字，寫大篆反正皆成字。

章梫（一八六一—一九四九），名正耀，字立光、桂馨。號一山，亦作乙山。浙江三門海游鎮人。俞樾弟子。就讀詁經精舍。光緒三十年甲辰（一九〇四）進士。擅草書。

俞、章師徒二人常以反正體詩唱和。文人文字游戲，書法詩詞功底甚强者方可爲之。張美翊亦曾作反正體詩。

《甬上青石張氏家譜·贈言》（味芹堂鉛印本，一九二五年）收有章梫《題張母戴太孺人旌節録》《張讓三同年遺像贊》。

章梫《張讓三同年遺像贊》：

諤諤張君，起於孤寒。英敏博習，文史翻瀾。鄉舉副車，主試之失。參乘星軺，海西籌筆。歸上仕途，不喜爲官。老於幕府，俠骨忠肝。遭世大變，鼠狐晝見。君抱赤忱，故國是戀。我與論交，垂四十年。意氣如昨，忽判人天。中原陸沉，老成凋謝。君已神仙，孰談王霸。

④關於『如賢所言，老輩一概推翻，望讀書卅年再説，現弗妄談』：

當是朱復戡在致張美翊某函中曾言及『老輩一概推翻』，所以張美翊覆函時予以嚴厲訓斥。并在一九二一年九月一日（辛酉七月二十九日）函中又提到『老輩自有獨到之處，虛心體會，萬勿菲薄，則尤在多讀書矣。』

『老輩一概推翻』，朱復戡當時的心高氣傲可見一斑。之所以如此，是由於戴季陶的關係，孫中山的一班國民黨元老都寵朱復戡。

例如此時曾任孫中山大總統秘書長的楊庶堪爲書紈扇，褒揚朱篆刻。（侯學書著《鐵筆神童——朱復戡傳》上海書畫出版社，二〇〇二年）：

金石書畫臣能爲。

靜龕以弱齡刻印，直登作者之堂，上海言刻印者，交推吴氏昌碩，其人年已八十，靜龕適年十八耳，造詣已浸逼昌碩，時有突過之者。頃日爲余刻印數方，客有持示昌碩，佯贊其能，思以紿之者。昌碩遽不能别，遂致遜詞，客相引爲笑。靜龕天才蓋絶倫，異時成就，殊未有崖涘。刻印亦我國美術之一，靜龕始學便已及此，余故樂爲表暴，突唐贅語以張之。辛酉五月，山父。

此扇背面是張靜江繪米家山水，上款『靜厂兄』；署款『傑』；（鈐印）靜江。

楊庶堪、戴季陶、田桓、田桐等人經常在張靜江大慶里（今上海南京路第一百貨公司對過一弄堂）寓所宴飲，常有朱復戡。當時蔣介石名蔣志清，是孫中山副官（張靜江是蔣介石一九一四年參加中華革命黨的監督人），尚無資格參加宴飲。

對於『年少氣盛』的才俊，之前張美翊對梁啓超有遺憾。當年梁啓超與汪康年反目，光緒二十四年戊戌（一八九八）六月張美翊致汪康年函（上海圖書館編《汪康年師友書札》，上海書店出版社，二〇一七年）有云：

> 卓如良金美玉，前勸公曲加保護。蓋慮其年少氣盛，享名太驟太早，必致橫決，乃竟不幸而言中。

所以對同爲『享名太驟太早』的朱復戡時時嚴加訓導，免蹈覆轍。

⑤關於沙孟海書學黄石齋：

黄道周（一五八五—一六四六），字幼玄，亦作幼元；又作幼平、螭若、螭平。號石齋。世稱黄聖人、石齋先生。謚『忠烈』。改謚『忠端』。漳浦（今福建漳州市東山縣）銅山所（銅陵鎮）深井村人。天啓二年（一六二二）進士。書法魏晉。

沙孟海書學黄道周。

《沙孟海全集》（西泠印社出版社，二〇一〇年）第九卷《僧孚日録》：

辛酉六月廿一日：

> 作黄石齋書，究竟是救急之方，非持久之道。比來稍厭棄之矣，然終不能自定一種碑帖臨摹之。

辛酉七月廿九日：

> 偶效東坡書爲駱生永之寫箑，師見之以爲變得佳好，夷父亦以爲不料孟澥［海］學黄章浦幾一載，已成枯朽。能一旦盡脱其舊，且作蘇書，亦筆筆著紙，不猶乎常人也。余於是自信書學尚有後望，便欲從東坡上溯唐晉，盡帖學之源委。

辛酉九月廿二日：

> 去歲此時方力學黄漳浦書，至於臘盡已神似。今年冗瑣殊甚，未嘗臨池。由己意作楷，漳浦筆意，久漸失去。今日復取臨之，恍然始覺昨者之非也。

但後來（七一）張美翊致朱復戡函中還是説『沙孟海寫石齋』，説明一九二一年至一九二三年，沙孟海仍然學黄道周。

其時，朱復戡亦喜黄道周，當時刻『黄門走狗』印多方。一九二三年六月二日（癸亥四月二十日），朱復戡自跋壬戌（一九二二）仲夏所縮摹《石鼓文》，即鈐白文『黄門走狗』印。一九二三年十二月十九日（癸亥十一月十二日）張美翊致朱復戡函中亦有『缶老自石齋出，今寄手寫詩卷一册，索性寫石齋，何如』之語。

據復戡師言，至一九二六年朱復戡受劉海粟聘爲美術專科學校教授時，仍寫倪元璐、黄道周，并影響了來楚生等學生亦學倪黄。不久，認爲王鐸筆畫最好，轉學王覺斯。再後來學二王。

復戡師曾語筆者：

明末三家，王鐸筆劃最爲講究，倪元璐次之，黄道周再次之。王、倪以草勝，黄以行勝。

⑥關於『葛夷甫致魏碑』：

葛暘（一八六二—一九四九後），小字髦。原名文壽，字去疾；又字夷谷，亦作夷甫、夷伯、夷父、亦歌。號夷之。慈谿人，居鄞縣縣城寶興當巷十號，壬戌九月遷至青石橋（今寧波海曙區）。張美翊弟子。室名：吁雷室、蕙纕閣、雙韭草堂。

《沙孟海全集》（西泠印社出版社，二〇一〇年）第十卷《僧孚日録》壬戌十一月廿五日：

> 雙韭草堂，爲夷父刻，夷父新居當謝山雙韭草堂舊址。

當時寧波書法名家，書法六朝兩晉。書迹刻石：

一九二〇年，《屠用錫母功德碑》（民國《鄞縣通志·文獻志》）：額題：南無阿彌陀佛。陳訓正撰；葛暘書。地址：佛教孤兒院。

⑦關於『陸漁師』：

陸廷黻（一八三五—一九二一），原名霞。譜名陸家銘，字己雲。號興孫、漁笙。自號鎮亭（即鲒崎亭，隱以謝山自期）山人。鄞縣西門外（寧波市海曙區西門街道）人，陸增祥子。藏書處名：鎮亭山房。同治十年（一八七一）進士。著有《鎮亭山房詩集》《鎮亭山房文集》《史府君家傳》等。光緒八年壬午（一八八二）甘肅學政，建蘭州『求古書院』『河西講舍』。後任『崇實書院』『月湖書院』山長。是張美翊的肄業師，故稱『陸漁師』。

陸廷黻宣統元年己酉閏二月二日（一九〇九年三月二十三日）有關寧波火車建站的批文提及張美翊（寧波市政協文史資料委員會編《寧波文史資料》第十五輯，一九九四年）：

> 聞讓三大令將可旋里，爲我致意，與足下共事何如？鎮亭山人書。閏二月二日。

文中稱張美翊大令，是因張曾爲候補知縣，大令是知縣的敬稱。

一九〇九年初，周晉鑣、嚴義彬、朱佩珍等滬方代表，主張將火車站設在江北；陸廷黻、陳星庚、張美翊等甬方代表，主張將火車站設在江南。後經湯壽潛、劉錦藻協調，滬甬意見始歸一致，火車站最終建在江北岸傳家道頭。

曲園老人倣蒼頡書之

百行必反求會悉賢學頗有圖

轉移動之致能舉過庭書講平

居坐位帖多閲識鴻堂中行草

自有進步書中自有黄金屋一

味金銀氣俗不可耐似亦非是

曲園老人倣蒼頡篇製箋

老笨自有獨到之處虛心體會萬分菲薄別尤在多讀書卷即以書體言亦須多看名人尺牘老夫倦痾積年擬學大字以消遣餘暇以為何如篯叟具

七月晦晚

（三五）致朱復戡①

一九二一年九月一日　辛酉七月二十九日　星期四

黃過草堂箋

百行小友：

來函悉。賢字頗有圓轉飛動之致，能摹過庭②《書譜》、平原③《坐位帖》，多閲《戲鴻堂》④中行草，自有進步。書中自有黄金屋，一味金銀氣，俗不可耐，似亦非是。老輩自有獨到之處，虚心體會，萬勿菲薄，則尤在多讀書矣。即以書牘言，亦須多看《名人尺牘》⑤。老夫俟病稍平，擬學大字以消遣餘年，賢以爲何如？

蹇安具，

七月晦晚。

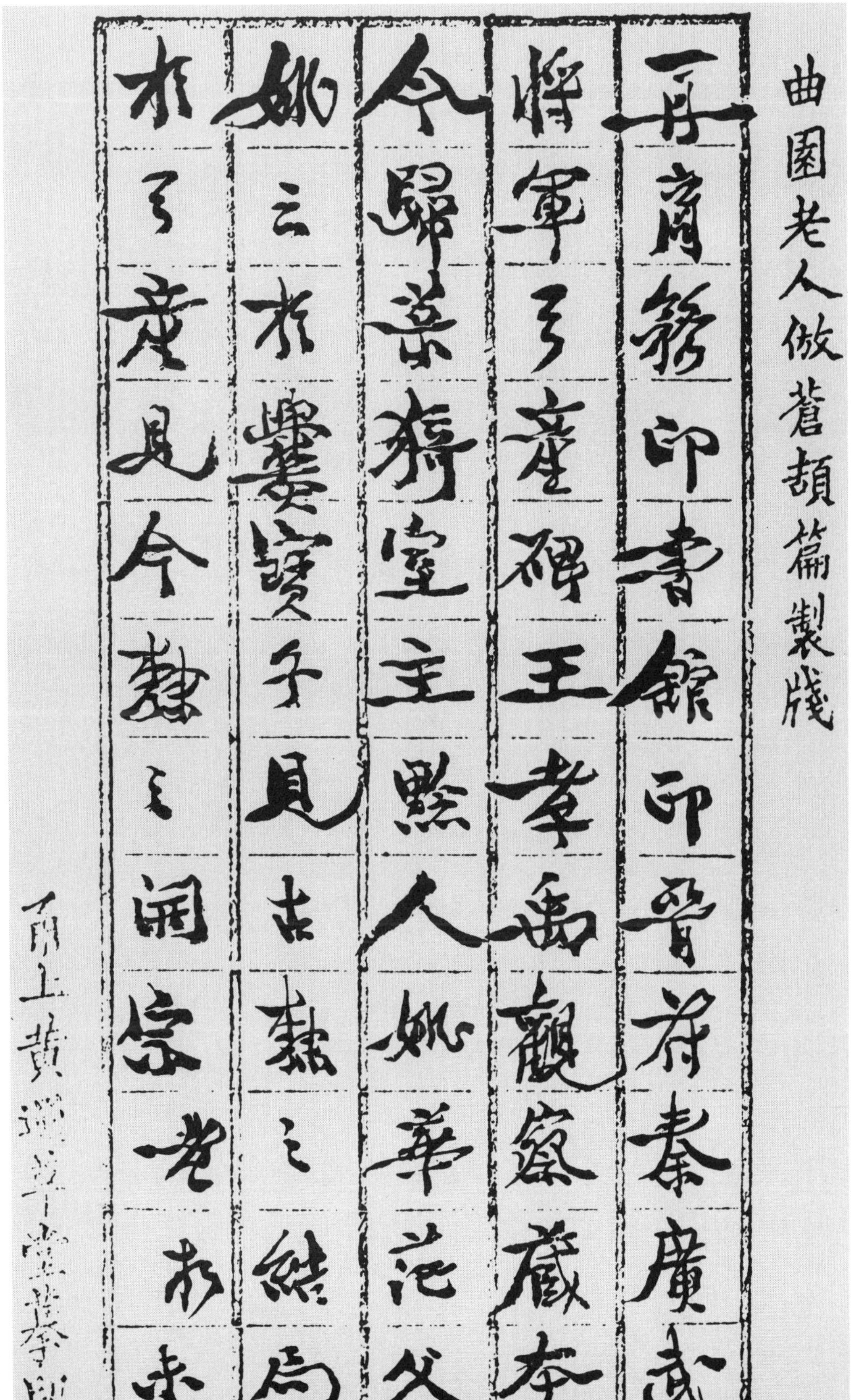

曲園老人倣蒼頡篇製牋

再齋錢印書館印晉存秦廣武將軍弓產碑王孝禹觀察藏本今歸菉猗室主黟人姚華茫父姚云於爨寶子見去魏之結局於弓產見今隸之開宗老亦未

甬上黃□□□□堂□□

曲園老人倣蒼頡篇製牋

見此碑亦交徐積餘望為代購

藏舊有拓本

一冊寄示嵩嶽碑想收到速合

華嶽碑一冊即餘改跋於後近

順思見貺擬借道因福不漢隸

參碑一并寄下以裕病廢塞具

甬上黃過草堂摹印

（三六）致朱復戡

一九二一年九月一日　辛酉七月二十九日　星期四

黄過草堂箋

再：

商務印書舘印晉苻秦《廣武將軍弓産碑》，王孝禹觀察藏本，今歸菉猗室主黔人姚華茫父。姚云：於《爨寶子》見古隸之結局，於《弓産》見今隸之開宗。老朽未見此碑（吾友徐積餘⑥觀察有拓本），望爲代購一册寄示。《嵩嶽》碑想收到，速合《華嶽》裝一册，即録致跋於後。近頗思見賢携借《道因》⑦《碣石》⑧，漢隸各碑，一并寄下，以袪病魔。

蹇具。

考釋：

①（三五）（三六）合并考證。（三五）祇署『七月晦（七月二十九日）』，未署年。（三六）未署日期。

（三五）函云『老輩自有獨到之處，虚心體會，萬勿菲薄』，與（三四）函云『曲園篆隸楷，全是書卷氣，如賢所言，老輩一概推翻，望讀書卅年再説』相銜接。

（三六）函云『近頗思見賢携借《道因》《碣石》，漢隸各碑，一并寄下』，與後（四五）函云『《道因碑》殊可學，將來必寄汝』有聯係，此爲前引。後有數函催要《道因碑》。

總之：（三五）（三六）信箋用『黄過草堂箋』，字迹書法一致。兩函同封。書寫時間當爲一九二一年九月一日（辛酉七月二十九日）。

②孫虔禮（六四六—六九一），字過庭。著有《書譜》，已佚。今存墨迹《書譜序》。書法二王。

③顔真卿。

④《戲鴻堂法書》。

⑤清道光間，海鹽吴修輯《昭代名人尺牘》，刻石拓印。清末陶湘輯《昭代名人尺牘續集》，上海天寶書局石印。

⑥徐乃昌（積餘）。

⑦歐陽通書《道因法師碑》，唐高宗龍朔三年（六六三）建。正書。石在西安碑林。

⑧秦始皇三十二年（前二一五）第四次出巡到碣石（今河北昌黎縣西北），刻碣石門，是爲《碣石刻石》，亦稱《碣石頌》《碣石門刻石》。原石傳毀於三國時，五代南唐徐鉉有臨本，宋代有摹刻。

述評：

①關於『菉猗室主黔人姚華茫父』：

姚華（一八七六—一九三〇），字一鄂、重光。號茫父、蓮花庵主。貴筑（今貴州貴陽市）人。室名：弗堂、小玄海、蓮花庵（居北京蓮花寺）。藏書處名：甑墨舘（得唐畫甑）。藏書印有：姚茫殘臂、老茫父長生安樂、老茫。光緒三十年甲辰（一九〇四）進士。九月，被保送就讀日本法政大學速成科。一九〇七年十月底回國。一九一九年，執教『北平美術專門學校』（中央美院前身）。

精通詩文詞曲，碑版古器及考據音韻。善書畫。

姚華齋號『菉猗室』，著有《菉猗室曲話》。青石橋張有『菉猗閣』。菉猗，典出《詩經・衛風・淇奥》：『瞻彼淇奥，菉竹猗猗。』

關於菉猗閣，張美翊曾有造箋紙題記（見箋紙）：

吾家菉猗閣舊署，明陳眉公書額。康熙間刻梨洲先生《明文授讀》，庋版其中。丁巳夏，改建新居，易以清道人所書小區。別製牋紙，以誌不忘。壬戌端午。蹇叟記；靜龕造。

可知張氏『菉猗閣』爲明嘉靖、萬曆年間建築。『青石橋張』九世祖張錫琨（有斯）著有《菉猗閣詩集》（全祖望選入《續甬上耆舊詩》）。

張錫琨所刻《明文授讀》，篇末有記語，張延匡移録爲《明文授讀記語》。

陳繼儒（一五五八—一六三九），字仲醇。號眉公、麋公、眉道人。明代華亭（今上海松江）人。諸生。工詩文，書法蘇軾、米芾。擅墨梅、山水。論畫倡導文人畫，重視畫家的脩養。與董其昌齊名。

②關於王孝禹：

王瓘（一八四九—一九一四）或（一八四七—一九一四），字孝玉，亦作孝禹，辛亥後以字行。銅梁（今四川重慶市銅梁區）人。居天津。舉人。能詩，工篆刻，善隸篆。山水宗婁東二王。富收藏，收藏印有：銅梁王孝玉家藏古刻、銅梁王孝玉藏金石書畫印、王孝禹考藏記、小與所藏、王氏金石、小宇審定金石、孝玉心賞、孝玉永保。宣統元年己酉（一九〇九）作《白門送別圖》，鈐印：臣瓘。

曾入端方幕，助端方整理金石。

碑帖鑒賞，從翁方綱一派，重文字多少，筆畫有無。劉鶚、方若皆此派。

王瓘的卒年，據一九一五年羅振玉《五十日夢痕録》（羅振玉著《雪堂自述》，江蘇人民出版社，一九九九年）：

二十八日，藥雨來，約午餐。聞王孝禹觀察瓘以去年卒。往日談金石學舊交也。

一九一五年之『去歲』當爲一九一四年。故考定王瓘的卒年爲一九一四年。

《甬上青石張氏家譜・贈言》（味芹堂鉛印本，一九二五年）收有王孝禹《題張湘三先生水竹圖小影》。

③關於『於《爨寶子》見古隸之結局，於《弓産》見今隸之開宗』：

《爨寶子碑》，全稱爲《晉故振威將軍建寧太守爨府君墓碑》。乾隆四十三年（一七七八）出土於曲靖縣城南七十里的楊旗田（今麒麟區越州鎮）。咸豐二年（一八五二）移置曲靖城內。石碑較小，故稱『小爨』。大亨是晉安帝壬寅年（四〇二）改的年號，次年又改稱元興，至乙巳（四〇五）又改號義熙。雲南邊陲，不知年號更迭，故仍沿用。字多別體，書體帶有明顯隸意。

《廣武將軍弓産碑》，又名《廣武將軍碑》《産碑》，前秦建元四年（三六八）建。八分隸書。明末發現後復失，一九二〇年，重發現於白水縣南彭衙村『寒崇寺』。石原在陝西宜君縣，現在西安碑林。

張美翊所言古隸，是指八分；今隸，是指楷書。與今所言古隸、今隸的概念不同。

今言古隸以秦隸爲最早，秦隸出土於二十世紀八十年代，張美翊未見到。古隸至漢初爲實用書體。古隸中分衍出八分漢隸，八分在西漢宣帝時的墨迹中已見成熟（見河北定縣八角廊出土竹簡），在東漢桓靈之際的碑刻中大量使用。但古隸并未因有新的書體被取代而消失，而是一直與八分漢隸同爲漢代以至兩晉的實用書體之一。《爨寶子》《弓産》都稍有八分的波磔，近乎是八分的結局。

山虛水深萬籟
蕭〻古無人蹤
惟石嶕嶢

石古琴銘攬象幽寂頗得琴
趣擬請老畫師寫古松流水
圖我兩人小像橫琴其閒
百年堅友

六十五老人塞翁
時辛酉八月二日蕭山郭晨起

（三七）致朱復戡①

一九二一年九月三日　辛酉八月二日　星期六

工場箋

山虚水深，萬籟蕭蕭，古無人蹤，惟石嶕嶢。

右古琴銘，境象幽寂，頗得琴趣，擬請老畫師寫《古松流水圖》，我兩人小像，横琴其間。

百行賢友。

六十五老人蹇安，時辛酉八月二日，甬北郭晨起。

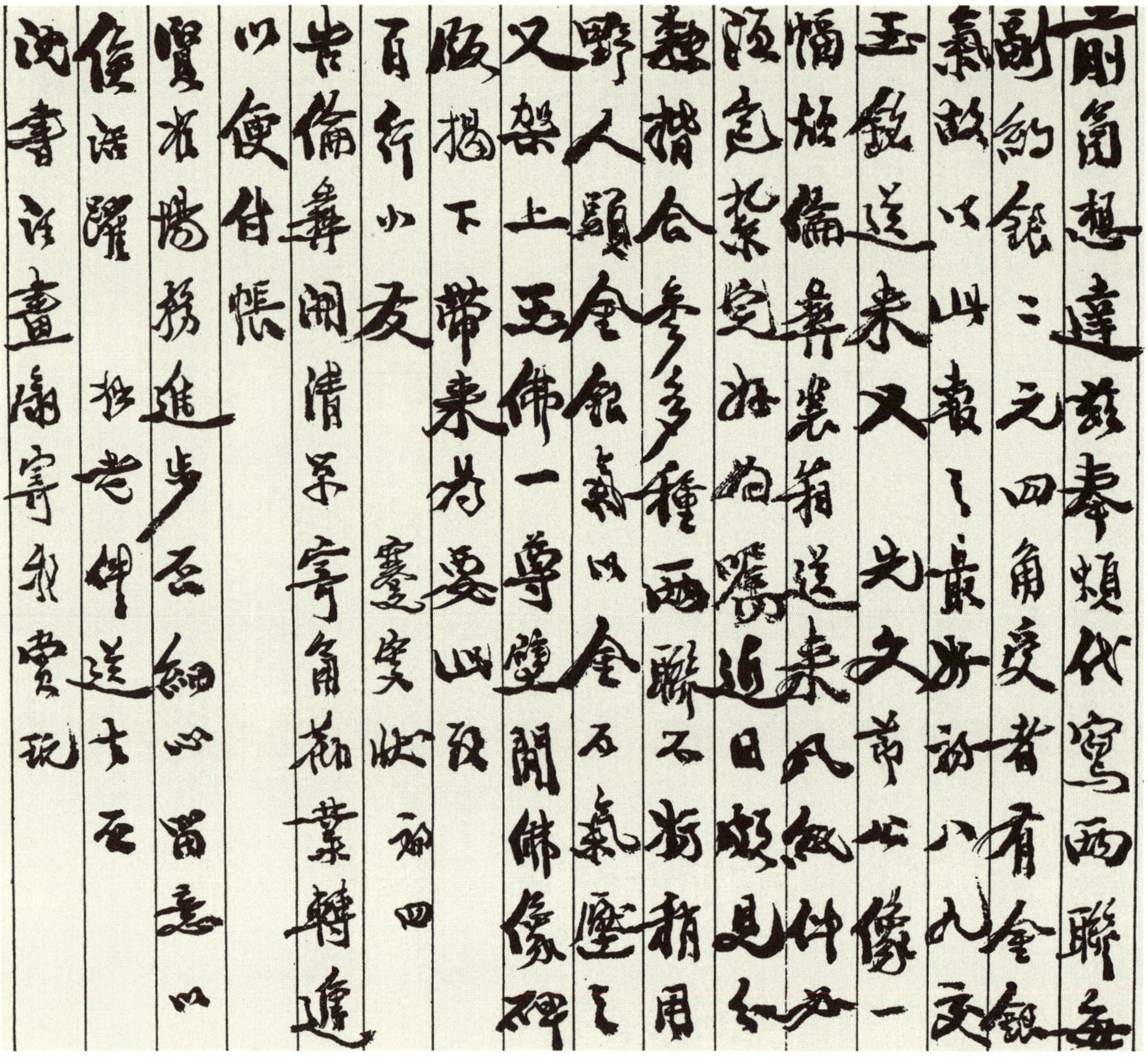
前函想達茲奉頌代寫西聯每
副約銀二元四角更有金銀
氣故以此袁〻最好於八九文
玉錢送來又先文節公像一
幅拓倫彝箱送來風紙件五
須定花紫定好為饗近日始見紅
難措合參多種西聯不甚精用
野人題金銀氣以金否氣壓之
又架上玉佛一尊壁間佛像碑
版搨下帶來為要此段
百行小友 寶叟啟 諭四
告倫彝潤清另寄角茹葉轉進
以便付帳
寶揚務進步否細心留意以
後諸躍 拓老件送十石
沈書注畫像寄我賞玩

（三八）致朱復戡

一九二一年九月五日　辛酉八月四日　星期一

工場箋

前函想達，兹奉煩代寫兩聯，每副約銀二元四角，受者有金銀氣，故以此報之。最好初八、九交玉銘送來。又：先文節公[2]像一幅，煩倫彝[3]裝箱送來，凡紙件必須包紮完好爲囑。近日頗見分隸楷合參多種，兩聯不妨稍用野人頭[4]，金銀氣以金石氣壓之。又：架上玉佛一尊、壁間佛像碑版，揭下帶來爲要。此致

百行小友。

蹇叟狀，

初四。

告倫彝開清單，寄甬勸業[5]轉遞，以便付帳。

賢於場務進步否，細心留意，以俟活躍。拙老[6]件送去否？沈書、汪畫扇寄我賞玩。

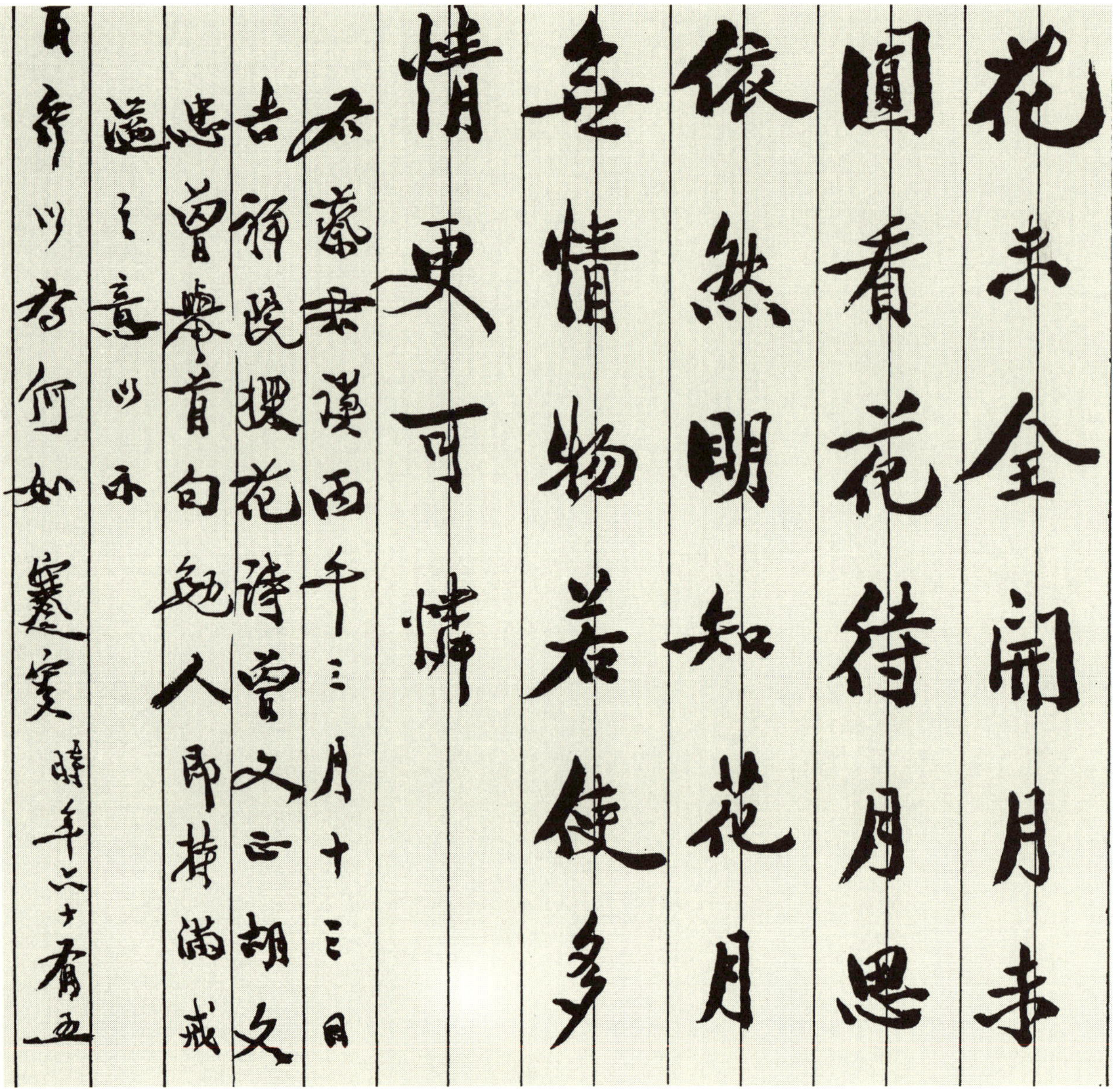
花未全開月未
圓看花待月思
依然明知花月
無情物若使多
情更可憐
右蔡君謨丙午三月十三日
吉祥既擇花詩曾文正胡文
忠曾舉首句勉人即持滿戒
盈之意以示
百齡以爲何如寒寔
時年六十有五

（三九）致朱復戡

一九二一年九月五日　辛酉八月四日　星期一

工場箋

花未全開月未圓，看花待月思依然。明知花月無情物，若使多情更可憐。

右蔡君謨⑦《丙午三月十三日吉祥院探花》詩，曾文正⑧、胡文忠⑨曾舉首句勉人，即持滿戒溢之意。以示百行，以爲何如？

蹇安，

時年六十有五。

考釋：

①（三七）（三八）（三九）書寫於一紙，一并考證。（三七）署有明確日期：辛酉八月二日。（三八）祇署『初四日』，未署年、月。（三九）雖未署年、月，但函云『時年六十有五』，可知爲辛酉。

當爲辛酉八月二日、八月四日陸續書寫。

（三八）函云『拙老件送去否』，與（三四）函云『筱師像贊、輓詩二幅，煩速送文監師路長泰里陶拙存先生處』相銜接。『拙老』乃『陶拙存』。

總之：（三七）書寫時間當爲一九二一年九月三日（辛酉八月二日）。（三八）（三九）書寫時間當爲一九二一年九月五日（辛酉八月四日）。

②張知白，謚『文節』。

③周倫彝，寧波人。上海怡春堂箋扇莊夥計。一九一八年九月，爲寧波同鄉會興建新會所募捐。

④寧波方言『賣野人頭』，意爲故弄玄虛、虛張聲勢之意。

⑤寧波勸業銀行，一九二一年成立。

⑥陶拙存。

⑦蔡襄（字君謨）。

⑧曾國藩。

⑨胡林翼（一八一二—一八六一），字貺生。號潤芝。謚『文忠』。湖南益陽泉交河鎮人。道光十六年（一八三六）進士。

述評：

①關於『花未全開』：

早起寫古琴銘，此『書帖消遣』事，未發出。有事要寫信，遂在尚未發出的古琴銘後接着寫信，安排事情。寫完未盡興，又寫蔡襄《丙午三月十三日吉祥院探花》詩，藉以勉勵弟子要持滿戒溢。

曾國藩《致沅弟》《致鮑超》，均引『花未全開』句，以爲惜福之道、保泰之法，莫精於此。

曲園老人倣蒼頡篇製箋

孟遊賢友左右太嵩天啟使叟

念無已老矣病乏無能相助幸

看遂上同鄉代呼將作賢長官

饑溺由己尤多款也藻弟已來

得暇就枉臨一談否道遠宜乎

甬上黃過草堂摹印

曲園老人倣蒼頡篇製箋

輿中千便飯不拘日期老朽精
氣涸竭靜養一月漸能談話作
字喜
賢邁心學不慕榮利此真吾輩
星鳳見千里蓬頭摹不齊極神

曲園老人仿蒼頡篇製牋

似謝山所謂不鈎之鋼者也所

敘說者正多祇好面罄奉上壽

聯拜煩大筆三日內送領謝

生予教進先宜學字數洞

道祺

張[印]翊謹狀 廿早

八月 祝

甬上黃過草堂摹印

（四〇）致沙孟海①

一九二一年九月六日　辛酉八月五日　星期二

黃過草堂箋

孟海賢友左右：

大嵩又被災，憂念無已。老朽病矣，無能相助，幸有滬上同鄉代呼將［蔣］伯②賢長官，饑溺由己，尤可敬也。藻弟③已來，得遐能枉臨一談否？道遠宜呼輿，中午便飯，不拘日期。老朽精氣涸竭，靜養一月，漸能談話作字。喜賢通小學，不慕榮利，此真吾黨星鳳。見千里箑頭摹石齋極神似，謝山所謂『不鉤之鋼』者也。所欲談者正多，衹好面罄。奉上喜聯拜煩大筆，三日内走領。陸生可教，然先宜學字。敬問

道祺。

張美翊謹狀，

八月初五早。

（鈐印）美翊小印（白文）。

考釋：

①（四〇）致沙孟海。衹署『八月初五日』，未署年。

函云『奉上喜聯拜煩大筆，三日内走領。陸生可教』，《沙孟海全集》（西泠印社出版社，二〇一〇年）第九卷《僧孚日録》辛酉八月五日：

陸生彦伯來，持張蹇叟先生（美翊）書，屬代寫柱銘。

（四〇）即『陸生彦伯』所『持張蹇叟先生（美翊）書』。《僧孚日録》辛酉八月五日，與（四〇）正吻合。『陸生』，即陸彦伯。此信書寫時間當爲一九二一年九月六日（辛酉八月五日）。

②蔣尊簋（一八八二—一九三一），字百器，亦作伯器。浙江諸暨紫東鄉滸山村人。詩人蔣智由子。一九一二年一月，浙江都督。一九一七年，『孫中山大本營』參謀次長、浙江宣慰使、軍需總監。一九二一年五月，『廣州護法軍政府』參謀次長。『蔣伯賢長官』，省『器』字，用法類同吴昌碩稱吴昌老，省『碩』字。

③童第德（一八九三—一九六八），字藻孫、次布。號惜道。鄞縣東鄉鄒溪童家岙人。室名：寶姜堂。張原煒、馮君木弟子。一九一七年，北京大學中國文學門畢業。師從章太炎、黄侃、馬一浮等，專攻訓詁學。

述評：

①此是目前所見張美翊致沙孟海的第一封信函。函云『老朽精氣涸竭，靜養一月，漸能談話作字』，距辛酉七月二日張美翊再次離上海後

回寧波恰好一個月。

②關於『喜賢通小學，不慕榮利，此真吾黨星鳳』：

一九二〇年沙孟海由馮君木介紹識張美翊。沙孟海此時在馮君木門下，而張美翊聞沙孟海賢名，屢招之。

《沙孟海全集》（西泠印社出版社，二〇一〇年）第九卷《僧孚日録》辛酉八月廿二日（一九二一年九月二十三日）：

> 與夷父謁張蹇叟先生於薛樓中。……張蹇叟先生年六十餘，向在滬上，近謝事回鄉。獎寵後進，惟恐不至。去年夏秋間歸，屢因人寄言招余，欲一見余。曾從夫子一往謁之。此次歸來又有書來招余，故又往謁。吾邑耆舊凋謝略盡，獨此一老存耳。先生見余二人，便謂『不有居者，誰守社稷。老弟能是，亦吾所深願也。』先生日前寓北郭，今日適移居薛樓，方掃室布席，匆匆未及多語而出。

張美翊自滬回甬，與沙孟海見面。之前有信函往來，之後交往益多。張美翊所謂『吾黨星鳳』，一是同鄉，二是在講究中國傳統學問的一派中人如馮君木等，沙孟海是更年輕一輩中的佼佼者。所以也贏得張美翊看重。

小學這一研究文字、訓詁、音韵的學問，往往藉助於碑、帖、金石拓本。尤其是乾嘉學派之後，收藏、品鑒金石碑帖是文人雅士的通好，也是必不可少的學養之一。張美翊當然也不例外，好友中羅振玉、丁輔之、方藥雨、顧鼎梅、徐積餘、王孝禹等人，皆當時金石學大家，彼此之間多有交流、饋贈。

張美翊好與晚輩交往，獎掖後進。張美翊曾贈《世説新語》（一九一七年泗州楊士琦鉛印本）與馬衡（曾就讀南洋公學）。馬衡於書耑跋（孟建耀主編《浙東文化集刊二〇〇六年卷第二輯》）：

> 此本爲張讓三丈所贈，附記於此，以誌不忘。馬衡。

③關於『謝山所謂不鉤之鋼者也』：

全祖望（一七〇五—一七五五），字紹衣。號謝山。學者稱謝山先生。鄞縣洞橋鎮沙港村人。私淑黄宗羲。藏書處名：叢書樓、雙韭山房（鄞縣大雷山溪多産野韭菜）。乾隆元年（一七三六）進士。康乾時浙東學派代表人物。

全祖望《鮚埼亭集·漳浦黄忠烈公夫人蔡氏寫生畫卷詩（有序）》（四部叢刊本，上海商務印書館，一九一九年）：

> 石齋之書，幾於不鉤之鋼，大類其人，不料夫人以閨閣似之。及觀石齋乙酉蒙難，夫人勵以致命遂志之節，則夫人不鉤之鋼，居然石齋，宜其書之相肖也。

張美翊褒揚書法常以『不鉤之鋼』，反映了張美翊喜陽剛之氣的書法觀。

《甬上青石張氏家譜》（味芹堂鉛印本，一九二五年）收有全祖望《二十八世韞山府君墓表》《記證人講社諸弟子》《寄張靚淵於京師》。二十九世（遷青石十世）張清永（烟嶼）、張甯永（靚淵），佐全祖望採詩。三十世（遷青石十一世）張炳（望槎），爲全祖望弟子。

曲園老人仿蒼頡篇製箋

宜和書譜李陽冰字少温趙郡人負識學工小篆變化開闔如虎如龍國史補陽冰自言斯翁而後直至小生曹喜蔡邕不足言也

辛酉八月以日早起書示

百行賢友鑒愛

甬上黃過草堂摹印

（四一）致朱復戡①

一九二一年九月七日　辛酉八月六日　星期三

黃過草堂箋

《宣和書譜》②：李陽冰，字少温。趙郡人。負詞學，工小篆，變化開闔，如虎如龍。《國史補》③：陽冰自言，斯翁④而後，直至小生，曹喜⑤、蔡邕不足言也。

辛酉八月六日早起書示

百行賢友。

蹇安。

（鈐印）美翊小印（白文）。

考釋：

①（四一）署有明確日期：辛酉八月六日。

此信書寫時間當爲一九二一年九月七日（辛酉八月六日）。

②《宣和書譜》，北宋徽宗宣和二年（一一二〇）由官方主持編撰，著録宣和時御府所藏歷代一百九十七人的一千三百四十四件法書墨迹，按帝王及書體分類設卷。每種書體前有叙論，論述各種書體的淵源和發展，依次爲書家小傳、評論，最後列御府所藏作品目録。

③唐代李肇撰《唐國史補》。記唐開元至長慶年間事。

④李斯。秦《鄒嶧山刻石》《泰山刻石》《碣邪臺刻石》《之罘刻石》《東觀刻石》《碣石刻石》《會稽刻石》，傳李斯書。

⑤東漢人曹喜，字仲則。擅篆，創『懸針』『垂露』法。

述評：

①此『書帖消遣』事。一來自我消遣，二來增長朱復戡的學識。

曲園老人倣蒼頡篇數殘

百什文覽海中兩不相值為恨
交易所處來向望是期四揆實
緜行千萬幼延老夫好寬者甚
多家中括得來周為歡嬉向
日佳　八月十一

甬上黃道草堂摹印

（四二）致朱復戡①

一九二一年九月十二日　辛酉八月十一日　星期一

黄過草堂箋

百行文覽：

海中兩不相值爲悵。交易所屢來問，望星期四搭『甯紹』行，千萬勿延。老夫煩寫者甚多。家中招待未周爲歉。藉問日佳。

蹇具，

八月十一。

（鈐印）美翊小印（白文）。

正齡報貢秦而敕志限赤貞祿

壽聯得意才知老夫法眼石羌

部宏傳延鍾製十善開發別青

石士坪西宮擬客送頤詞妍呈

寶子孫俞知夫樓滋堂録秋苗

甬上黃潤華堂芳琛印

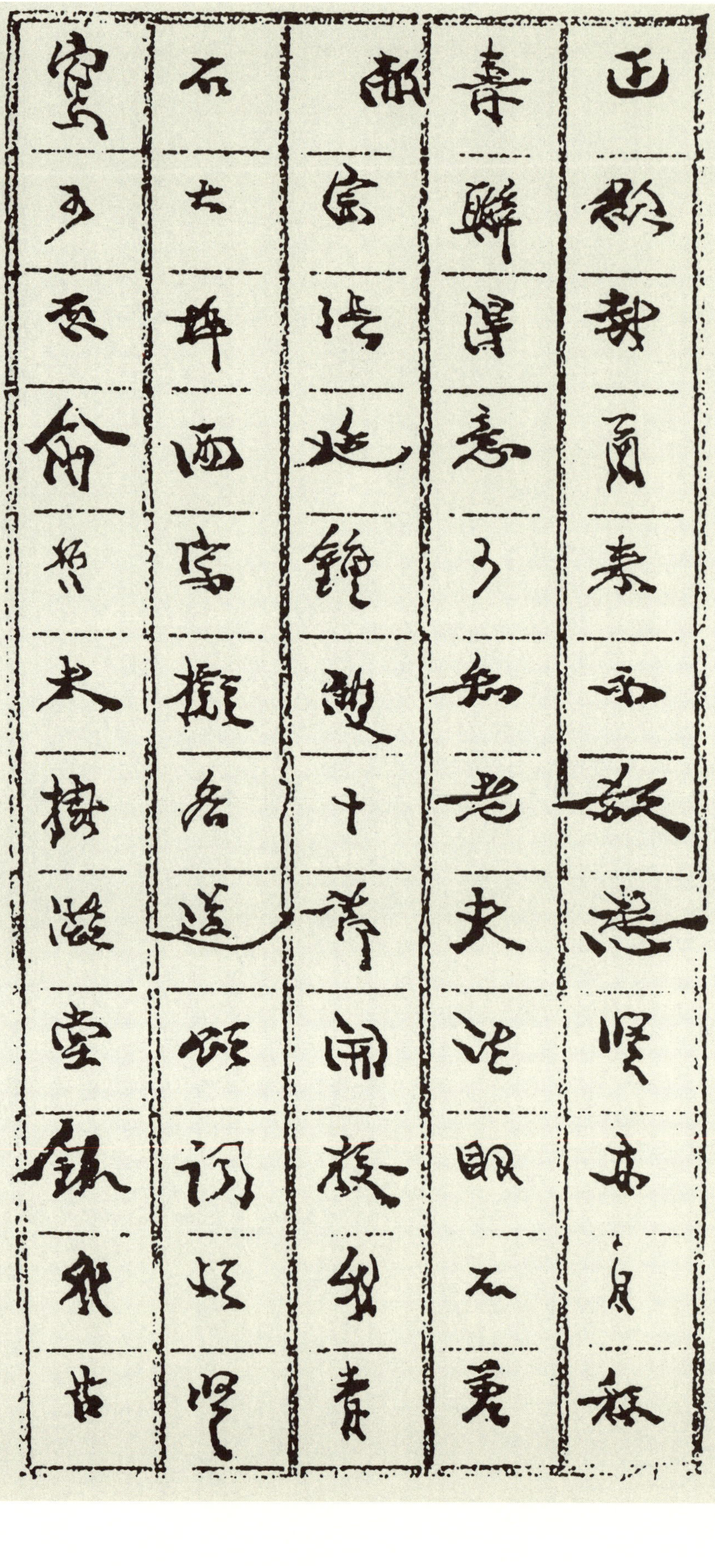

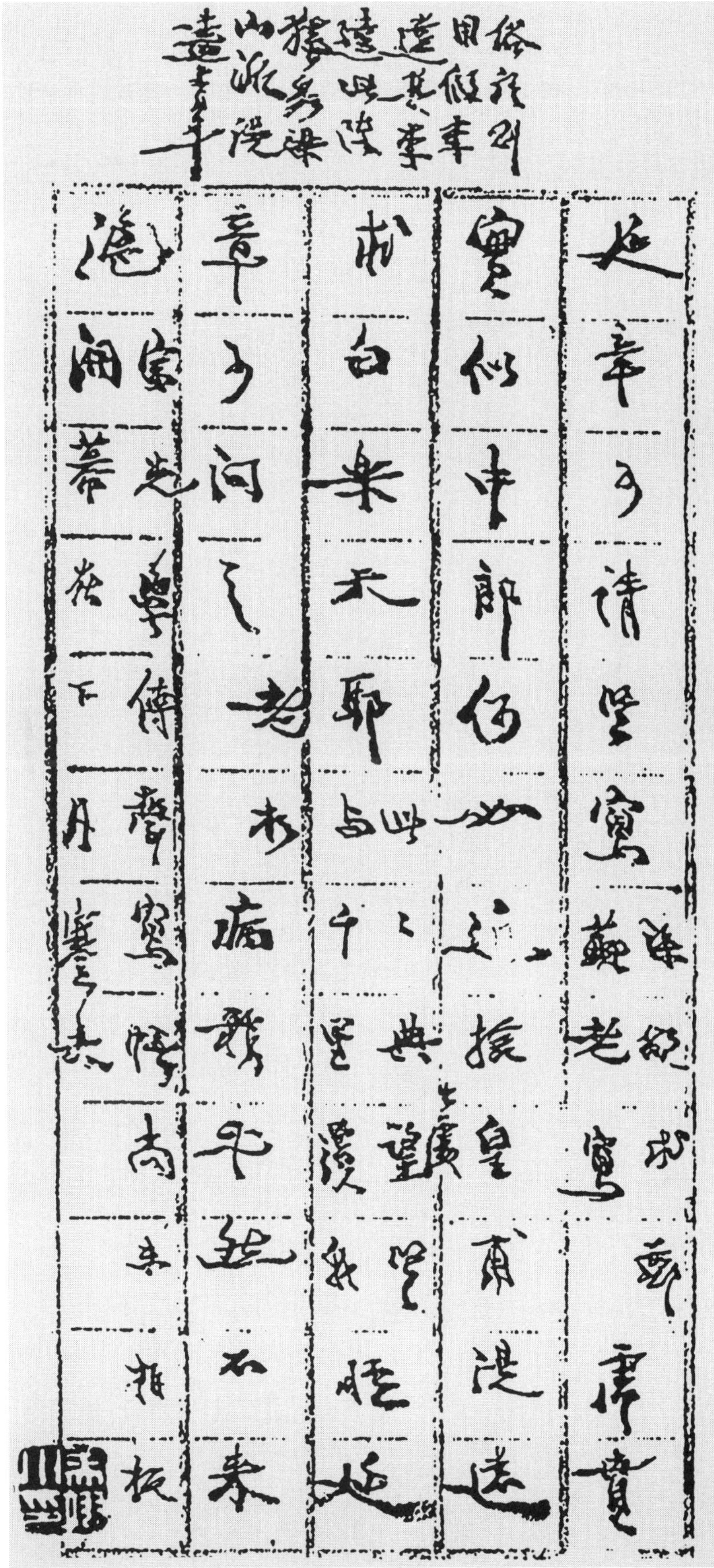

曲園老人倣蒼頡篇製箋

（四三）致朱復戡

一九二一年九月十二日　辛酉八月十一日　星期一

黃過草堂箋

正欲封函，來示敬悉。賢亦自稱壽聯得意，可知老夫法眼不差。敝宗張延鍾雙十節開校，我青石[2]、大埠[3]兩宗擬各送頌詞，煩賢寫可否？俞哲夫[4]《樹滋堂銘》，我告延章[5]可請賢寫（渠欲求鄭蘇老[6]寫），『虎賁實似中郎』（俗語則用『假李逵真李逵』，此陳獨秀梁山派，誤盡青年），何必近捨皇甫湜，遠求白樂天耶？（此二典出處，望賢與千里覆我。）晤延章可問之。老朽病稍平，然不來滬。（宗光學傳聲寫帳，尚未拍板。開幕在下月。）

蹇具。

（鈐印）美翊小印（白文）。

近臨延鐘井學孜　呈像石一拓

一幅精蕊己佳擬在井丰寫藻

世師志四字無起正句臣巳世

鐘井又十湘像緣楚松寶辰帆

睡肉之此本會讀屬连宦光生為虹遐臣话

角小箕滔弟墨松奉呈

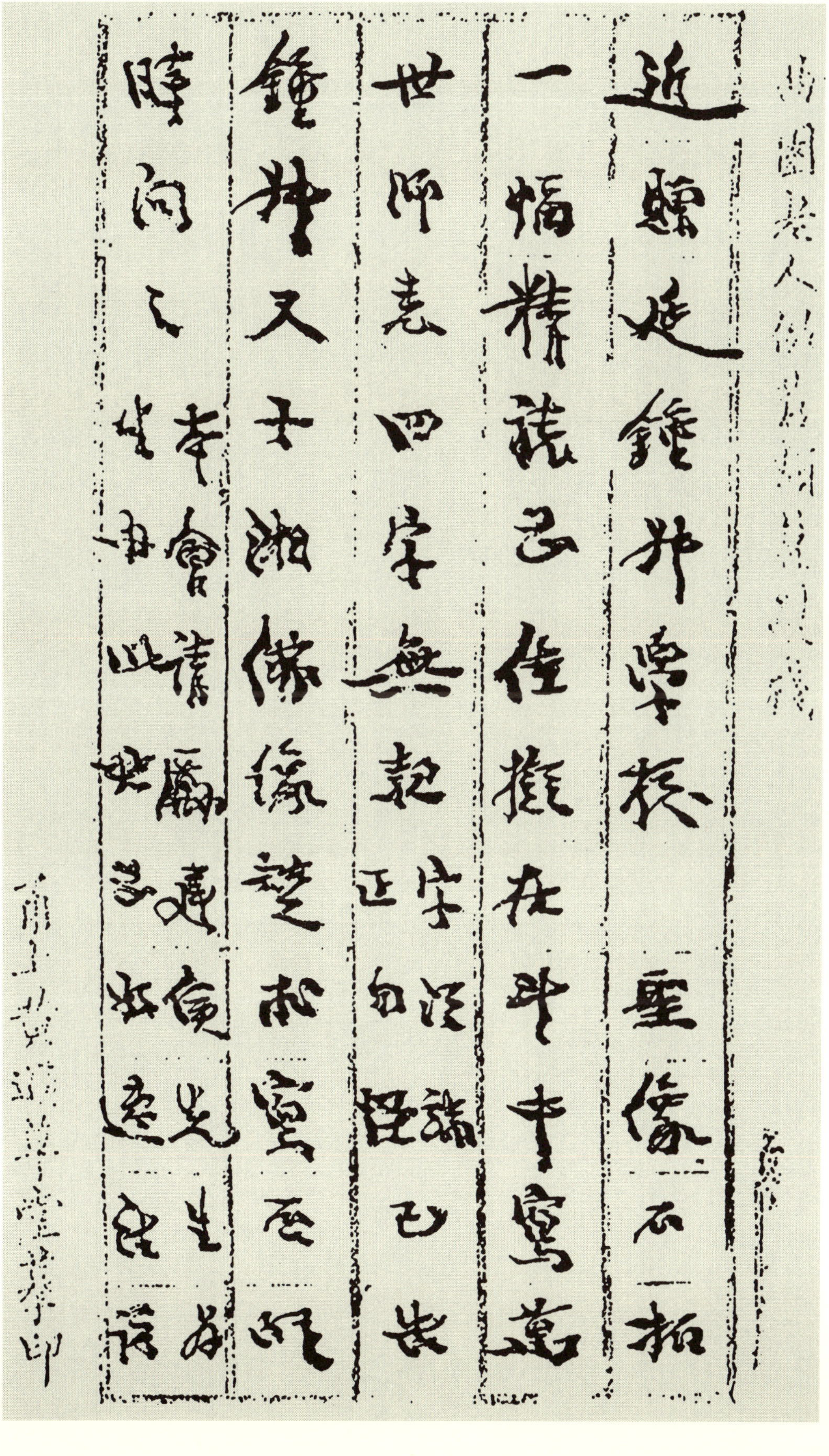

（四四）致朱復戡

一九二一年九月十二日　辛酉八月十一日　星期一

黃過草堂箋

近贈延鍾叔學校聖像石拓一幅，精裱甚佳，擬在斗中寫『萬世師表』四字，無款（字須端正勿怪），已告鍾叔。又：子湘⑦佛像贊求寫否？晤時問之。（本會⑧請勵建侯⑨先生爲坐辦⑩，此君甚好，速往訪。）

考釋：

①（四二）（四三）（四四）合并考證。（四二）祇署八月十一日，未署年。（四三）（四四）皆未署日期。

（四二）函云『海中兩不相值爲悵』『家中招待未周爲歉』，説明張美翊突然到上海，而朱復戡則到寧波，兩人相對而馳。待張美翊回寧波後，便寫此信。

（四二）函云『交易所屢來問』，説明朱仍在交易所供職。因此時是星期一，朱在寧波張家，没回交易所上班。而當時張美翊却在上海，所以交易所屢向張問詢朱何時能回交易所上班。朱辭去交易所工作的下限是一九二二年初。（四二）當爲一九二一年。

（四三）函云『正欲封函，來示敬悉』，當是與某函同封。

（四三）函云『俞哲夫《樹滋堂銘》，我告延章，可請賢寫』，與後（四九）函云『俞哲夫有求書《樹滋堂記》否』有聯係，此爲前引。

（四四）函云『敝宗張延鍾雙十節開校，我青石、大埠兩宗擬各送頌詞』，故本函應在年十月十日之前一段時間，一九二一年九月十二日（辛酉八月十一日），距雙十節前將近一個月，時間較吻合。

（四二）函云『近贈延鍾叔學校聖像石拓一幅』，與（四三）函云『敝宗張延鍾雙十節開校，我青石、大埠兩宗擬各送頌詞』相銜接。張延鍾於一九二一年創建『雲龍鄉校』，應是本函所云『雙十節開校』之學校。爲一九二一年佐證。

總之：（四二）（四三）（四四）信箋皆用『黃過草堂箋』，書法亦同。三函同封。書寫時間當爲一九二一年九月十二日（辛酉八月十一日）。

②張美翊青石橋張氏，出自鄞縣雲龍碶。明永樂間，二十世張尹肅，由雲龍碶遷青石橋。

③鄞縣江東大步頭（大埠頭）張氏，亦出自鄞縣雲龍碶。明代，二十一世張善儒由雲龍碶遷甬城東大步頭。張善儒，贈文林郎；四川開縣知縣。

④俞顯祺（一八八五—？），字哲夫。鄞縣人。上海裕昌煤號經理。樹滋堂爲俞氏堂號之一。

⑤張延章。

⑥鄭孝胥。

⑦穆子湘。

⑧寧波旅滬同鄉會。

⑨勵延豫（建侯）。

⑩在非常設機構中負責處理日常事務，稱爲坐辦，略次於總辦和會辦。

述評：

①關於張美翊《樹滋堂銘》：

《樹滋堂銘》《甬上青石張氏家譜・家集》（味芹堂鉛印本，一九二五年）：

> 語云樹木十年，樹人百年。而《周書・泰誓》有云『樹德務滋』，則收效當更遠矣。餘姚俞氏，望族也。今遷甬六世矣。大率潛德弗耀，利其嗣人。俞君哲夫，以商起家，在上海有聲。其尊人雲蓀翁、母毛太君，潔身脩行，偕老相莊，有古隱君子風。今有子有孫，繼繩弗替。哲夫禀承義方，能自樹立。其執事敬，與人忠，爲當世所稱道。如是有年，業以大興，家用不匱。念父母漸老，宜有起居奉養之所，爰卜宅於城西南廂之桂芳橋側。樸斲丹雘，焕然增新矣。俞氏居姚，舊稱樹滋堂，仍因其名而求吾友閩縣鄭蘇戡先生題額。吾宗延章，與哲夫同業至好，來浼余爲之記。夫孝爲德之本，君子務本，莫先於孝。方今邪説暴行，充塞天下，倫紀道喪，人知有其親者寡矣。哲夫以貿遷化居所，得作堂以奉父母而仍不忘樹滋之名，可謂知本，由是培其本根以庇其枝葉。吾知其父母之壽引而彌長，即『穀詒孫子』，亦在乎此。昔歐陽公《晝錦堂記》謂韓魏公『世有令德，爲時名卿』；蘇公《三槐堂銘》謂王晉公『脩德於身，責報於天。如持左契，交手相付』。若是，手德之可貴而哲夫所當益務發榮滋長者也。僅推闡經旨，爲文記之，並係以銘曰：
>
> 植木有根，爲人有本。非德是務，嘉貽載遠。於赫俞氏，來自餘姚。爰宅甬上，南湖之交。藹藹祥雲，融融愛日。瞻仰斯堂，勿忘作室。天之生物，栽者培之。克昌厥後，念兹在兹。太歲辛酉季秋之月。

②關於『虎賁實似中郎』『近捨皇甫湜，遠求白樂天』：

虎賁實似中郎，典出《後漢書・孔融傳》：

> （融）與蔡邕素善。邕卒後，有虎賁士貌類於邕，融每酒酣，引與同坐，曰：雖無老成人，尚有典刑。

俞哲夫《樹滋堂銘》，欲求鄭孝胥寫，因朱復戡此時模倣鄭孝胥酷似，故用有虎賁士貌似蔡中郎（邕）譬喻朱書似鄭孝胥。

近捨皇甫湜，遠求白樂天，典出《新唐書・皇甫湜傳》：

> 皇甫湜字持正。分司東都。留守裴度辟爲判官。度修福先寺，將立碑，求文於白居易。湜怒曰：『近捨湜而遠求白居易，請從此辭。』度謝之。湜即請斗酒酣飲，援筆立成，度酬以車馬繒綵甚厚，湜大怒曰：『碑三千字，每字三縑，何遇我薄耶！』

張美翊又用裴度修福先寺，欲求白居易寫碑文，其實可以請身邊的皇甫湜寫之的典故譬喻不必捨近求遠。由此亦可知朱復戡此時寫鄭海藏字可亂真。

③關於『俗語則用「假李逵真李逵」，此陳獨秀梁山派，誤盡青年』：

『虎賁實似中郎』與『假李逵真李逵』近義。而後者典出《水滸》而俗白。一九一五年陳獨秀辦《新青年》攻擊守舊派，抵制國粹派。一九二〇年八月（庚申七月）上海亞東圖書館出版《水滸》，用新式標點，陳獨秀作《水滸新叙》。故張美翊説此派爲『陳獨秀梁山派』。

④關於張延章：

張延章（一八八七—一九六二），字子采。號卿牧、涵莊、拳石山人、三代齊眉閣主。鄞縣人，寓青石街。張美翊族叔。從張美翊學。能古文詩詞，工書法。著有《鄞城十二個月竹枝詞》《三代齊眉閣詩草》《三代齊眉閣初稿》《三代齊眉閣續稿》《甯波俗話分韵》等。一九一九年纂脩《四明青石張氏芹餘堂支譜》（增補至一九四三年）。一九二三年，寧波同鄉會書報委員。在謝蘅牕煤號司賬二十餘年。《甬上青石張氏家譜·家集》（味芹堂鉛印本，一九二五年）收有張延章《寄懷家蹇師家居三十韻》。張美翊有《吾宗次杜工部韻贈涵莊族叔》：

叔少我四十餘年，喜其經商好學，英年有才，望之頗殷云：

吾宗鬱靈秀，雅有味芹風。廛市名聲起，詩書嗜好同。鶺鴒情更急，烏烏養常豐。相勉師勤儉，閒吟樂在中。

張延章藏有『文節流風味芹遺澤』（白）『家在月湖之陽』（朱）兩端刻石印一枚，乃張氏老物。

⑤關於張延鍾：

張延鍾（一八六六—一九二七），字涵衷。鄞縣東鄉前塘河人。張美翊族叔。一八九九年，創建『虹口恒昌機器造船廠』。一九〇七年十二月，『浙路』認六百股。五四運動時，『銅鐵及企業公所』罷工主席。一九二〇年，『三友實業社』董事；九月，捐助三名留英學生。一九二二年九月，『寧波急賑大會』庶務幹事。

同鄉會：一九二〇年，會董。『寧波同鄉會徵求大會』甯機隊隊長，爲此次徵集各隊第一名。

四明公所：一九二〇年六月，『北廠募捐敦勸團福泉山團』團長並兼『擂鼓山團』副團長；八月，爲『北廠』募捐。一九二一年六月，董事。曾任『公義聯合會』會長。

⑥關於勵延豫：

勵延豫（一八七二—？），字建侯。鄞縣人。一八九三年，鄞縣學生。光緒二十八年壬寅（一九〇二）補科舉人。一九〇三年，南洋公學教師。一九〇六年，『杭州育英書院』中文教師。一九〇八年，『寧波府教育會』評議員；十一月，『浙江省籌辦咨議局』鄞屬調查幹事長。一九〇九年一月，『寧波府中學堂』會考理化、博物等科員。一九一〇年，『鄞縣高等小學』校長。一九一一年，七月，參與發起『國民尚武會寧波分會』，幹事；十一月，『寧波保安會』幹事、自治會長，『寧波軍政分府參謀部』參議員。一九一三年，第一届『浙江省衆議院』議員。一九一六年八月，任寧波第四中學校長時，曾邀孫中山到校訪問。一九二二年，參與發起『爲鄞縣監獄囚徒施齋、講佛經』募捐。著有《四明談屑》。編撰有《四明人書目》。民國《鄞縣通志》有傳。《甬上青石張氏家譜·贈言》（味芹堂鉛印本，一九二五年）收有勵延豫《張節母戴孺人旌表題辭》。

同鄉會：一九二二年，坐辦、第一科科長。

⑦關於寫『萬世師表』：

寫萬世師表，要求『字須端正勿怪』，而（三五）有給有『金銀氣』的俗人寫字，則『兩聯不妨稍用野人頭，金銀氣以金石氣壓之。』則不必寫得端正，甚至可以故弄玄虛。後（一二二）寫賑聯『黄涵老各件，衹求入時，款字稍整』，因助賑衹爲賣錢，『入時』好賣。後（一三九）寫自己的詩『以《李仲璇》參北海書之，不妨怪環，自有人識貨也。』融合魏碑和李邕，可以寫得怪環一些。後（一七九）寫張省長封翁壽屏，則『約合《猛龍》《寶子》爲之』『必須雅俗共賞，勿好古，勿作怪。』書寫的『正』與『怪』，是看内容、看對象，正所謂内容决定形式。書法也要多面手，經世致用。此亦張美翊的書法觀。

百行文覽：前意諸蓋光世送書聯刻印擬定

明日寄出。姪向懷春贈上好洋紬幾以布只尺尺

為張精寫丈尺華條致送

老九已思念各種碑帖

不知為我整入之木箱大衣如舊大衣今玉飭

寄歸望賜覆，即遣字為要冊如河送年

因風鄉令微亦

交老爺

洲畫儀放在何處，我收房中諸物如何收拾，望復

說過情形恐甚㷌，相聯來去寄我之紙，最好以一紙寄

濟卿，又問羊毫筆，逕取寄了數鋒，係分送各處，許

屏芳于兆芳浼其手也，此係人寄學多入收逢

道，蜀碑種了學，姪來者寄了此承辦送，表說知一柔

佳，我處一冬亦好，老夫現服補藥加人參易健也，一日

春一下月方秋後來秋，便中寄我伯寅[illegible]前書今在

齋其勿悼聽聞引之近況，若唯唐[illegible]是

（四五）致朱復戡①

一九二一年九月十四日　辛酉八月十三日　星期三

文華閣箋

百行文覽：

函悉。洪益老②必送對聯，刻即擬定，明日寄出。煩向怡春③購上好洋紬或絲布六尺，另爲我精寫《大代華岳》致送。老朽甚思念各種碑帖，不知爲我整入之木箱大否？如不甚大，可否令玉銘寄歸？望函四達公司爲要（内《同鄉會徵求册》必須送出）。又：黄梨洲畫像放在何處？我卧房中諸物如何收拾？望將經過情形見告。照相取來否？寄我二紙，最好以一紙寄浪花街。又：潤筆單速取寄數帋，餘分送各處，計洋若干，我爲汝出可也。汝做人寫字，勿入歧途。《道因碑》殊可學，將來必寄汝。承祁④送喪，汝能一來住我處一夕亦好。老夫現服補藥加人參再造丸一丹，養一二月，方秋後，原［願］能便中爲我約家芳⑤同看孟令⑥否，勸其勿恃聰明，引之正路爲囑。

蹇具，

十三。

考釋：

①（四五）衹署『十三』，未署年、月。

函云『洪益老必送對聯』，洪益老即洪益三。又云『承祁送喪』，洪益三乃洪承祁父，『送對聯』當是送輓聯。

馮君木撰《洪君墓表》（馮君木《回風堂詩文集》，中華書局倣宋字鉛印本，一九四一年）有云：

君諱德生，字益三。……以民國十年辛酉二月八日卒。

洪益三於辛酉二月八日，即一九二一年三月十七日去世。

《許寶蘅日記》第二册（中華書局，二〇一〇年）：辛酉四月二十日（一九二一年五月二十八日）有云：

葛鴻蓀來，爲甯波洪益三求輓額。

辛酉二月八日，本函署十三，上限爲辛酉三月十三日。

辛酉四月二十日，尚在求輓額。本函署十三，或爲辛酉五月十三日，在徵集輓聯時間範圍内。

函云『内《同鄉會徵求册》必須送出』，一九二〇年四月十九日，同鄉會舉行首次徵求會員大會。一九二一年八月一日，同鄉會選舉朱葆三爲會長，張美翊爲同鄉會特別名譽會董。

《申報》一九二一年十月十七日《甯波同鄉會徵求會開幕》有云：

甯波旅滬同鄉會新會所第一次徵求大會，於十五日午後六時開幕。

故在新會所第一次徵求大會之前，張美翊必須將原先保管的《同鄉會徵求册》交出。一九二一年十月十五日爲辛酉九月十五日，本函下限在辛酉九月十三日。

函云『照相取來否，寄我二紙』，與（三三）函云『洋裝小象，頗願見之』相銜接。與後（四九）函云『來函、照相已悉』有聯係，此爲前引。（四九）日期爲辛酉九月九日，故本函當書於辛酉八月十三日。

函云『黄梨洲畫像放在何處』，與（三三）函云『梨洲像即取去，煩李君布景』相銜接。又與（三四）函云『梨洲像務倚几……望告李翁費神注意』相銜接。

函云『《道因碑》殊可學，將來必寄汝』，與（三六）函云『近頗思見賢携借《道因》《碣石》，漢隸各碑，一并寄下』相銜接。此信書寫時間當爲一九二一年九月十四日（辛酉八月十三日）。

②洪益三。

③怡春堂。

④洪承祁（一八八九—一九三二），字盛倉。一九一二年，『中華民國工黨』調查長。一九一五年，參與『勸用國貨會』活動。一九一六年，參與『中國烟酒聯合會』活動。一九二一年，五月，參與發起『浙江省憲協進會』；『中易信托公司』經理；『上海證券物品交易所』最早的發起人之一，理事；總務科長。

⑤陳家芳。

⑥張孟令，張褧伯長子；張美翊長孫。一九一七年，『蔡氏星蔭兩等小學校國民部』畢業。

述評：

①關於洪益三：

洪德生（一八六〇—一九二一），字益三。慈谿洪塘（今寧波市江北區洪塘街道）人。原配葛氏，生長子承祥、次子承祁。續弦梅調鼎女梅綠仙（一名宛玉）。光緒三十二年丙午（一九〇六）生洪潔求（承祓）。

一八八八年，在上海百老匯路合股開設『慎記五金洋雜號』，一九〇四年五月，參與『上海萬國紅十字會』助賑東三省難民，捐銀二百六十三兩。一九〇七年，參與浙路集資三百股。一九〇八年，合股開設『祥森火柴廠』；創辦『洪塘學校』。一九二一年，參與創建『民新銀行』。

晚年在上海和洪塘鎮兩邊居住。

陳栩園（蝶仙）作《輓慈谿洪益三先生享年六十有二》四首。洪益三《墓表》，馮幵（君木）撰；《墓志銘》，章太炎撰。均錢罕書。《銘贊》陳邦瑞撰；高雲麓書。張美翊送輓聯，由朱復戡捉刀。

百行以友兩聯及拓片數紙收悉八言詩似
海藏而筆錄收斂去其老年獷氣匡此進
步而取而代之不但如清道人也五六尺
聯寫之言奇不易望以後勿偷懶亦
所以藏拙千里之路子好從此切磋勿怠
氣國粹凋喪而世能淨暇看書日積日富
參以西文必成通材幸勿自餒摩武釋容
寄還王廷在詩稿培速寫寄　寄
十一　十九

（四六）致朱復戡①

一九二一年九月十六日　辛酉八月十五日　星期五

甯波華美醫院箋②

百行小友：

兩聯及拓片數收悉。八言神似海藏而筆鋒收斂，去其老年獷氣。從此進步，可取而代之，不但如清道人③也。五、六尺聯寫五言本不易，望賢以後勿偷嬾，亦所以藏拙。千里④已晤甚好，彼此切磋勿客氣。國粹凋喪，兩生能得暇看書，日積日富，參以西文，必成通材，幸勿自餒。《廣武碑》客［刻］寄還。王廷直詩稿，煩速寫寄。

蹇具，

中秋。

（鈐印）美翊小印（白文）。

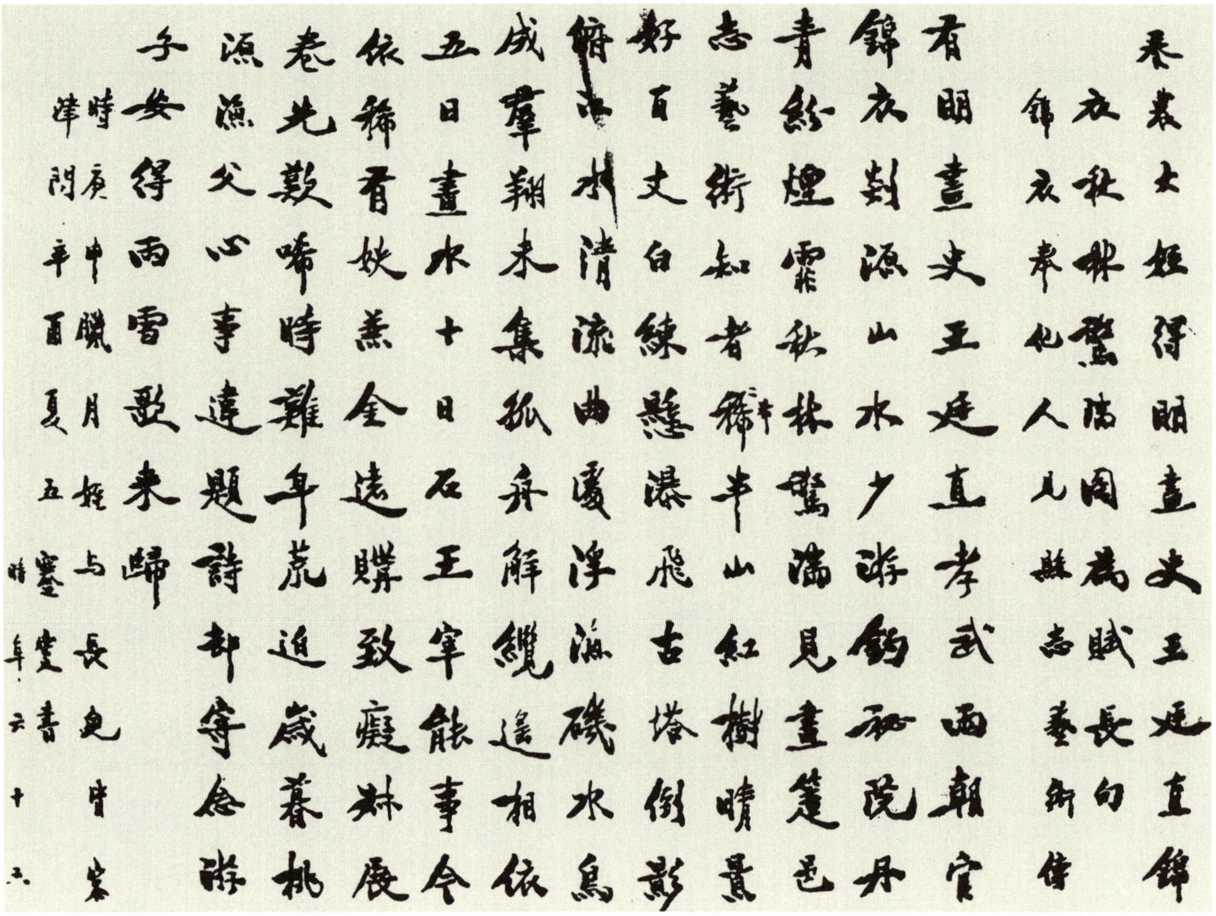
恭裝大姪得明畫史王廷直錦
衣秋林鷺浴圖為賦長句
錦衣奉化人見縣志藝術傳
有明畫史王廷直孝武西朝賓
錦衣對源山水少游鈎研院丹
青絲煙霏秋林鷺浴見畫箋邑
志藝術知者稀半山紅樹晴景
好百丈白練懸瀑飛古塔倒影
俯水清流曲處淨瀰磯水鳥
成羣翔來集孤舟解纜邊相依
五日畫水十日石王宰能事今
依稀看妙兼全遠購致癡林展
卷先歎嗟時難年荒追歲暮桃
源漁父心事違題詩却寄念游
子安得兩雪歌來歸
時庚申臘月姪與長兒中棨
津門辛酉夏五鑒賞　青　時年六十二

（四七）爲張亦湘

豹皮宣

一九二一年六月　辛酉五月

養農大姪得明畫史王廷直錦衣《秋林鶩湍圖》，爲賦長句。（錦衣，奉化人，見縣志藝術傳。）

有明畫史王廷直，孝武兩朝官錦衣。剡源山水少游釣，秘院丹青紛烟霏。秋林鶩湍見畫筆，邑志藝術知者希。半山紅樹晴景好，百丈白練懸瀑飛。古塔倒影俯江水，清流曲處浮漁磯。水鳥成群翔未集，孤舟解纜遥相依。五日畫水十日石，王宰能事今依稀。有姝兼金遠購致，癡叔展卷先嘆唏。時難年荒迫歲暮，桃源漁父心事違。題詩却寄念游子，安得雨雪歌來歸！

時庚申臘月，姪與長兒皆客津門，辛酉夏五，蹇叟書，時年六十六。

考釋：

①（四六）（四七）合并考證。（四六）祇署『中秋』，即八月十五日，未署年。（四七）署辛酉夏五月。

（四六）函云『廣武碑客［刻］寄還』，與（三六）函云『《廣武將軍弓産碑》……望爲代購一本寄示』相銜接。

（四六）函云『千里已晤甚好』，與（四三）函云『此二典出處，望賢與千里覆我』相銜接。

（四六）函云『八言神似海藏而筆鋒收斂，去其老年獷氣』，與後（五五）致沙孟海函云『百行今早寄喜聯，學蘇堪，頗雄傑，無獷氣』有聯係，此爲前引。

（四六）函云『王廷直詩稿，煩速寫寄』，（四七）爲（四六）附件，署辛酉夏五月，是詩爲辛酉五月作。此爲張美翊書小稿，命朱復戡書大幅。

總之：（四六）（四七）兩函同封。（四六）書寫時間似爲一九二一年九月十六日（辛酉八月十五日）。（四七）書寫時間當爲一九二一年六月（辛酉五月）。

②信箋用『甯波華美醫院』箋。首次見用，僅一見。

③李瑞清。

④張千里。

述評：

①關於王廷直：

王諤（一四六二—一五四四），有關文獻皆稱其『年逾八十而卒』。字廷直。號東原子。奉化城内西錦里（今大橋鎮西錦村）人。洪武五年（一三七二）舉人。畫家蕭風弟子。後宗唐宋，山水尤着意南宋院體畫家馬遠、夏圭，且能自創新意。明孝宗朱祐樘贊：『諤，今之馬遠也』。

明孝宗弘治（一四八八—一五〇五）初，以例貢善畫被舉薦入朝，以繪事供事仁智殿。明武宗正德元年（一五〇六），官錦衣千户，是切『孝武兩朝官錦衣』。奉化剡源村，因地處『九曲剡溪』發源地而得名。元人戴表元，奉化剡源榆林（今班溪鎮榆林村）人，因號剡源。宋人陸少游，山陰（今紹興市）人。戴、陸皆浙人，是切『剡源山水少游釣』。杜甫《戲題王宰畫山水圖歌》：『十日畫一水，五日畫一石，能事不受相促迫，王宰始肯留真迹。』是切『五日畫水十日石，王宰能事今依稀。』王宰、王鄂均姓王。明人何大復《雨雪歌》『千巖雲電烈，萬室風霆翻。中宵雨撼壁，平明雪滿山。』是切『安得雨雪歌來歸！』可見張美翊詩用典甚具巧思，無愧爲浙江三傑之首。

百所以友柔青尋悲年少予弟宜有謙抑

韜斂德度一種才氣便無長進古人惟陸務

觀多稱敦篤貴在真予稱一種莊嚴堅毅敏敓之

柔青放二二字不相連屬一二而無不可自速

漢唐以柔大泥家皆工四學蒙中郎石經字

僅及寸魯公麻姑壇大小山柔多波漢批隱評

塚記靈飛書僅寸王右軍山字極工無二論題

董諸家夜觀悟執筆十四行摺扇雲堂題跋

全微正二民人雒小字書高年

堅前方寫十鼓搨扇任等精妙乃急以搨扏

需此列此如張榱梧窗牆字不坐人耶

雲龍經詞草鄉便藏窗林色如加延章丹亥

玉鹼曹柔前即要道月答件并碥松約石聯

同窗及再奉一讚現窗道倒沒帶圍藏書樓

窗氣平極限容寮盧乞永順四侍禧盧

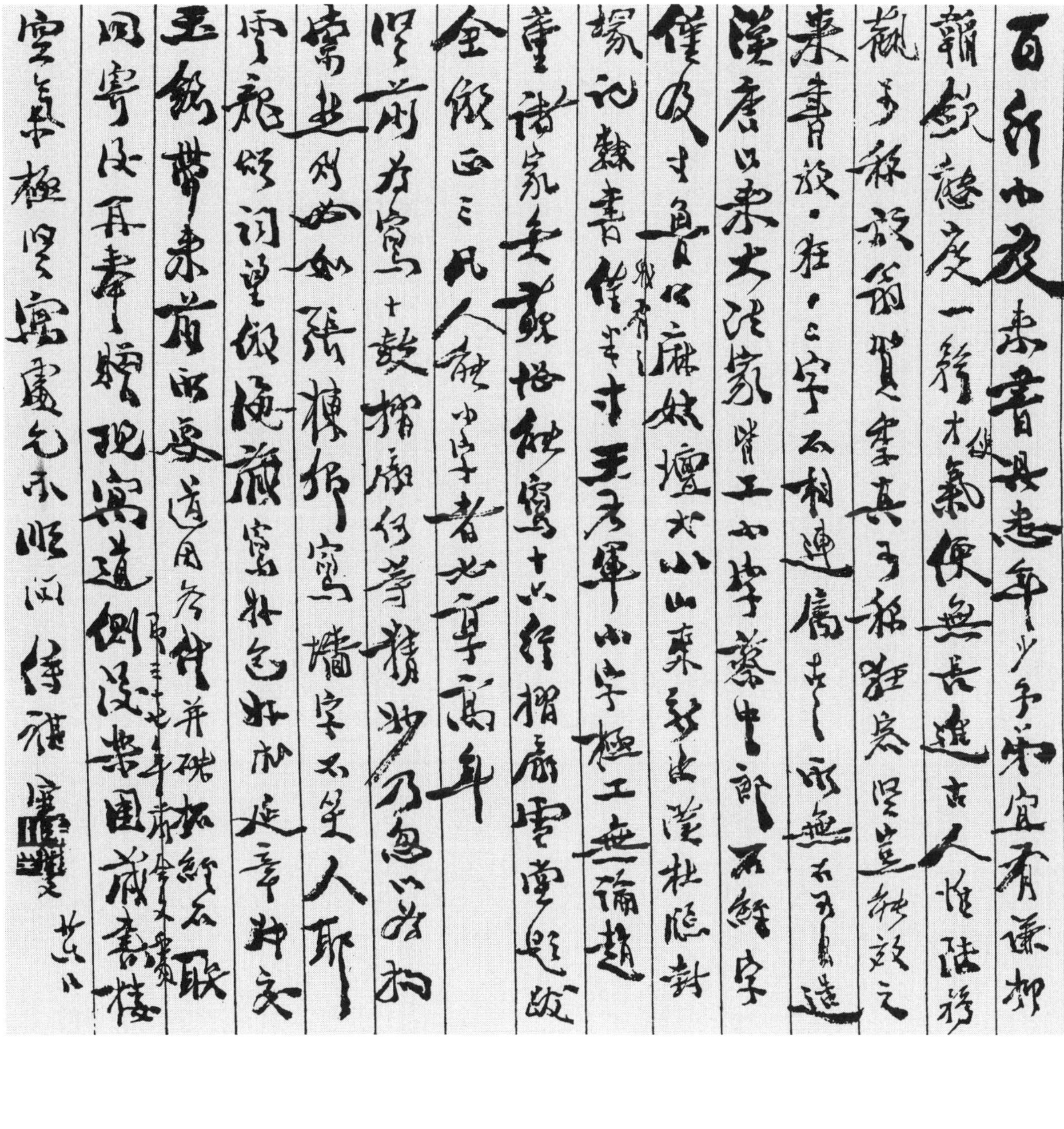

（四八）致朱復戡①

一九二一年九月二十七日　辛酉八月二十六日　星期二

朱絲欄箋

百行小友：

來書具悉。年少子弟宜有謙抑韜斂態度。一矜才使氣，便無長進。古人惟陸務觀②可稱放翁，賀季真③可稱狂客，賢豈能效之！來書『放』『狂』二字不相連屬，古之所無，不可自造。漢唐以來大法家皆工小字：蔡中郎④《石經》字僅及寸；魯公⑤《麻姑壇》尤小；山東新出漢《杜臨封冢記》隸書（我有之）僅半寸。王右軍⑥小字極工，無論趙⑦、董⑧諸家矣。蘇堪⑨能寫十六行摺扇，雪堂⑩題跋全倣正三⑪。凡人能小字者，必享高年。賢前爲寫十鼓⑫摺扇何等精妙？乃忽以爲拘索，然則必如張棟卿寫墻字，不笑人耶？《雲龍頌詞⑬》望倣海藏⑭，寫好包好，求延章⑮叔交玉銘帶來。前所要《道因》各件并硃拓《經石》⑯聯同寄，後再奉贈。現寓道側⑰後樂園藏書樓（即三十七年前會文處），空氣極⑱。賢寓處乞示。順問

侍祺。

蹇叟，

廿六日。

（鈐印）美翊小印（白文）。

考釋：

①（四八）祇署『廿六日』，未署年、月。

函云『《雲龍頌詞》望倣海藏』，與（四三）函云『敝宗張延鍾雙十節開校，我青石、大埠兩宗擬各送頌詞，煩賢寫可否』相銜接。『雲龍頌詞』，即張延鍾一九二一年所建雲龍鄉校，青石、大埠兩宗所送頌詞。

函云『現寓道側後樂園藏書樓（即三十七年前會文處）』，《沙孟海全集》（西泠印社出版社，二〇一〇年）第九卷《僧孚日録》辛酉八月廿二日：

> 與夷父謁張蹇叟先生於薛樓中。……先生日前寓北郭，今日適移居薛樓。

又，一九二〇年六月二十四日（庚申五月九日）致朱復戡函云『猶憶老夫廿五、六時，從薛星使考書院』，張美翊二十五、六歲時，即是一八八二—一八八三年，一八八三年加上三十七年，正是一九二〇年或一九二一年。爲佐證。

函云『前所要《道因》各件并朱拓《經石》聯同寄，後再奉贈』，與（三六）函云『近頗思見賢携借《道因》《碣石》，漢隸各碑，一并寄下』相銜接。又與（四五）函云『《道因碑》殊可學，將來必寄汝』相銜接。

此信書寫時間當爲一九二一年九月二十七日（辛酉八月二十六日）。

②陸游，號放翁。

③賀知章，晚號四明狂客。

④蔡邕。官左中郎將，人稱蔡中郎。

⑤顔真卿。封魯郡開國公，世稱顔魯公。

⑥王羲之，官右將軍，人稱王右軍。

⑦趙孟頫。

⑧董其昌。

⑨⑭鄭孝胥。

⑩羅振玉。

⑪翁方綱。

⑫石鼓。

⑬『雲龍頌詞』即『雲龍鄉校頌詞』之簡稱。

⑮張延章。

⑯泰山經石峪《金剛經刻石》。

⑰原寧紹台道署西側。

⑱此處脱字，所脱字當爲『佳』之類的字。

述評：

①關於『薛樓』：

光緒十年（一八八四）初夏，薛福成爲寧紹台道。次年，在道署西側獨秀山（今寧波原中山公園西首）『雲石山房』（李可瓊倡修『以課文士』）遺址重修『後樂園』（據范仲淹『先憂後樂』），設立崇實書院。以『復就此課士，將賡李公遺韵』。設藏書樓兩間，庋藏書籍一萬二千册，爲鄞縣首個公共藏書樓。

光緒十五年己丑（一八八九），吴引蓀接任寧紹台道。光緒二十九年癸卯（一九〇三），喻兆蕃任寧波知府。光緒三十四年戊申（一九〇八年）八月任寧紹台道。皆購置書籍充實『藏書樓』。

後藏書樓坍毁。一九一三年，寧波舊屬六邑人士組成六邑公會，在後樂園原址重建西式樓房三楹，將薛福成、吴引蓀、喻庶三、以及教育會購贈圖書收入其中，名『薛樓』『喻齋』以紀念薛福成、喻兆蕃。『薛樓』『喻齋』二額，皆鄭孝胥書。

張美翊自一九二一年九月（辛酉八月）起，至一九二二年十一月（壬戌十月），經常住後樂園薛樓。

②關於《麻姑仙壇記》：

《麻姑仙壇記》全稱《有唐撫州南城縣麻姑山仙壇記》，唐大曆六年（七七一）建，碑在臨川（今江西撫州市），明代毁於雷火。顔真卿正書。

《麻姑仙壇記》刻帖本有大、中、小三種。小字本字徑一釐米左右，多爲明代翻刻。張彥生《善本碑帖録》云宋刻帖未見小字麻姑壇而明《停雲舘帖》始收入可證。張美翊勸朱復戡寫小字麻姑壇，不知是何拓本。

復戡師曾語筆者：

顏魯公楷書，不必學。而其《爭坐位帖》《祭姪稿》《送劉太冲序》藝術性很高。

可見朱復戡不喜顏楷，當時未必能身體力行。

③關於《杜臨封冢記》：

《杜臨封冢記》，亦名《子臨爲父通作封記》，東漢延熹六年（一六三）二月三十日建。光緒二十四年戊戌（一八九八）山東省鄒縣馬槽村出土，現藏山東省博物舘。

馬子雲《碑帖鑒定淺説》（紫禁城出版社，一九八六年）：

> 新舊僞造各代石刻……口臨爲父通作封記刻石。

惜未具體説明僞造之根據。

顧燮光《夢碧簃石言・漢杜臨封冢記》（遼寧教育出版社，二〇〇一年）：

> 陳進宜《貞珉跋尾》：……又碑文云『秀苗不實』，秀爲世祖之諱，爲東漢所忌避，故秀才皆改作茂材，蔡邕作《袁滿來碑》亦改作『苗而不穗』。
>
> 以是金石家頗疑此碑之僞，不知順帝時童謡曰：見（五行志）。『舉秀才，不知書，舉孝廉，父别居』，足證當時亦有直用秀字者，蓋鮮見耳。」

顧燮光不取陳直（進宜）説，不以不避『秀』諱否定《漢杜臨封冢記》。實則漢碑不避諱『秀』字例數見。

陳垣《史諱舉例》（上海書店出版社，一九七九年）：

> 建寧四年《孔碑》曰『睿其玄秀』，光和四年《逢盛碑》曰『苗而不秀』，中平五年《張納功德叙》曰『旌甄秀異』，是不避秀。

《孔碑》即《孔彪碑》，東漢靈帝劉宏建寧四年（一七一）七月。

《逢盛碑》即《童子逢盛碑》，東漢靈帝劉宏光和四年（一八一）。

《張納功德叙》，東漢靈帝劉宏中平五年（一八八）。

可補充顧燮光《夢碧簃石言》。

究其不避諱的原因，《史諱舉例》：

《隸釋》引漢石經《尚書》殘碑，保字志字仍不避，其他東漢碑中之邦、盈、恒、啓等字尤數見，猶可謂建武以前，親盡不諱也。……則漢時避諱之法亦疏，六朝而後，始漸趨嚴密耳。

建武，乃東晉元帝司馬睿建武（三一七—三一八）。

《史諱舉例》又舉漢碑中不避諱字多例：

和平元年《嚴欣碑》曰「兆自楚莊」，延熹三年《孫叔敖碑》曰「莊王置酒以爲樂」，中平元年《郭究碑》曰「嚴莊可畏」，是不避莊。

延熹六年《平輿令薛君碑》曰「我君肇祖」，建安十年《樊敏碑》曰「肇祖宓戲」，是不避肇。

元嘉元年《丁魴碑》曰「隆平」，永壽二年《韓敕碑》陰曰「袁隆」，光和二年《華山亭碑》曰「大華優隆」，是不避隆。

建寧二年《史晨奏銘》曰「玄德煥炳」，是不避炳。

熹平四年《帝堯碑》曰「纘堯之緒」，熹平六年《尹宙碑》曰「克纘祖業」，中平三年《張遷碑》曰「纘戎鴻緒」，是不避纘。

建寧四年《劉修碑》曰「志曒拔葵」，熹平三年《婁壽碑》曰「岐嶷有志」，中平二年《曹全碑》曰「先意承志」，是不避志。

建寧元年《衡方碑》曰「攬英接秀」，曰「肇先蓋堯之苗」，曰「□隆寬慓」，曰「保障二城」，於秀、肇、隆、保四字皆不避。

《嚴欣碑》，西漢平帝劉莊和平元年（前二八）。

《孫叔敖碑》，東漢桓帝劉志延熹三年（一六〇）。

《郭究碑》，東漢獻帝劉協永漢元年（一八九）。

《平輿令薛君碑》，東桓帝劉協延熹六年（一六三）。

《樊敏碑》，東漢獻帝劉協建安十年（二〇五）。

《丁魴碑》，南朝宋文帝劉義隆元嘉元年（四二四）。

《韓敕碑》，東漢桓帝劉志永壽二年（一五六）。

《華山亭碑》，東漢靈帝劉宏光和二年（一七九）。

《史晨奏銘》，東漢靈帝劉宏建寧二年（一六九）。

《帝堯碑》，東漢靈帝劉宏熹平四年（一七五）。

《尹宙碑》，東漢靈帝劉宏熹平六年（一七七）。

《張遷碑》，東漢獻帝劉協中平三年（一八六）。

《婁壽碑》，東漢靈帝劉宏熹平三年（一七四）。

《曹全碑》，東漢獻帝劉協中平二年（一八五）。

《衡方碑》，東漢靈帝劉宏建寧元年（一六八）。

利用古人避諱，是鑒定碑帖的方法之一，但此法不可絶對化。

《沙孟海全集》（西泠印社出版社，二〇一〇年）第十卷《僧孚日録》甲子五月十八日：

張蹇丈云：著書必避諱者，始於許氏《說文解字》所稱『上諱』是也。

《說文解字》中言『上諱』者，五見：

卷一示部：祜，上諱。臣鉉等曰：此漢安帝名也。

卷一艸部：莊，上諱。臣鉉等曰：此漢明帝名也。

卷七禾部：秀，上諱。漢光武帝名也。

卷十火部：炟，上諱。臣鉉等曰：漢章帝名也。

卷十二戈部：肈，上諱。臣鉉等曰：後漢和帝名也。

張美翊對《說文》以及史諱的研究甚深，所以對《杜臨封冢記》持真而非僞的肯定。

曲園老人倣蒼頡篇製箋

未負匪相已甚帶星鏡不宜攝
影大青尚好新篇經已行秋包
星期一體本与接洽我意將青
有回聞後函金石例寫村
帶同年譜張卷六集李尤要
費義
拆頃寫件星期一必需寄来十

甬上黄溯華堂摹印

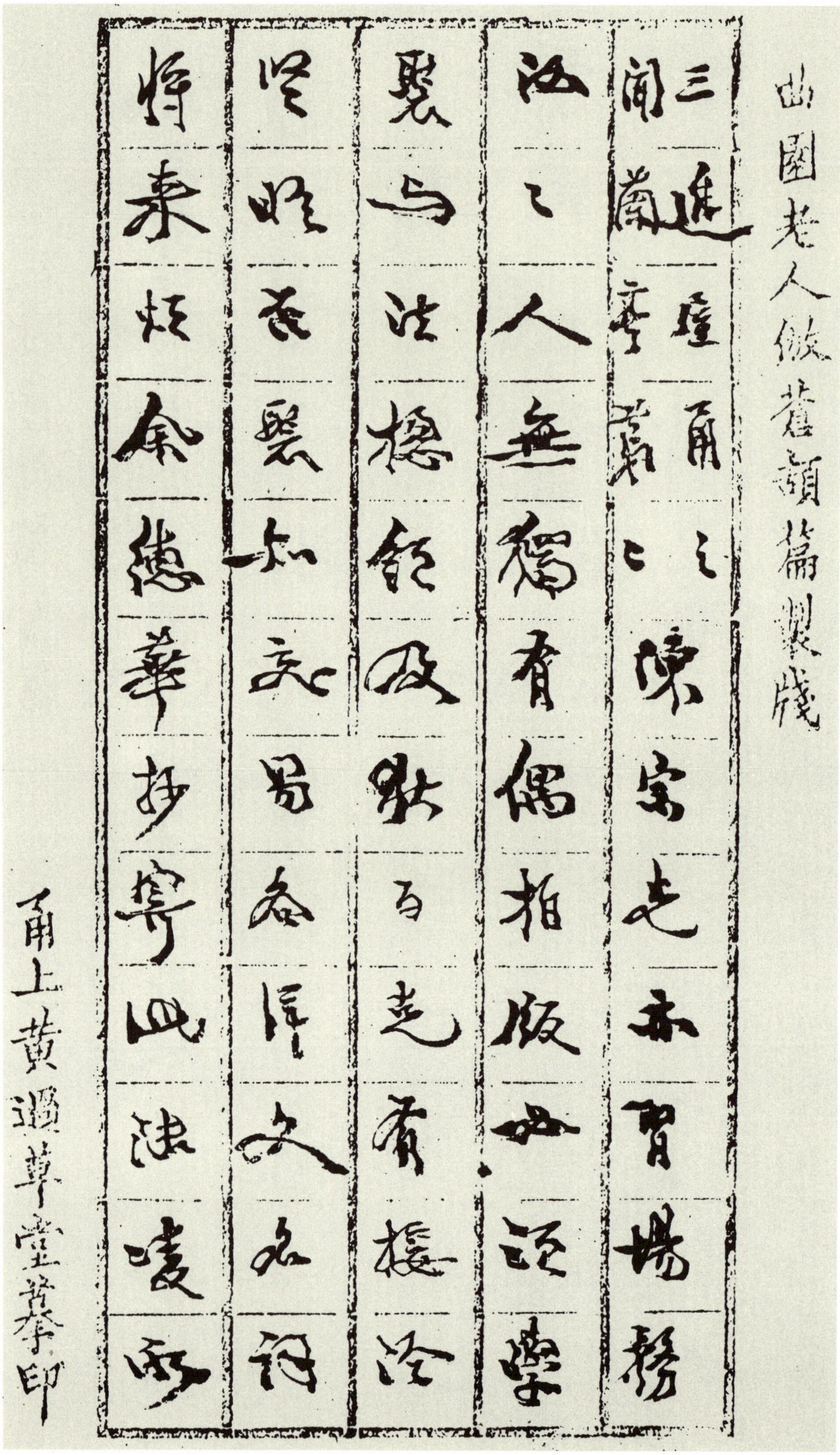

曲園老人傚蒼頡篇製箋

三進甓甬之陳宋之東胃揚豬

閒蘭臺藉之

江之人無獨有偶相假如詞學

覽与法總能及然后走看捷徑

賢明者髮知己易各得文名詩

將來好余德華抄寫此諸書雲

甬上黃澂草堂篆印

曲園老人倣舊顕籍意哉

來書如聽書人才與
望者意曾說及云卻意幣饞再
說將來使人無之多賣語人題
多榮高價權兩堂記之故同
石作偉福　　新九月

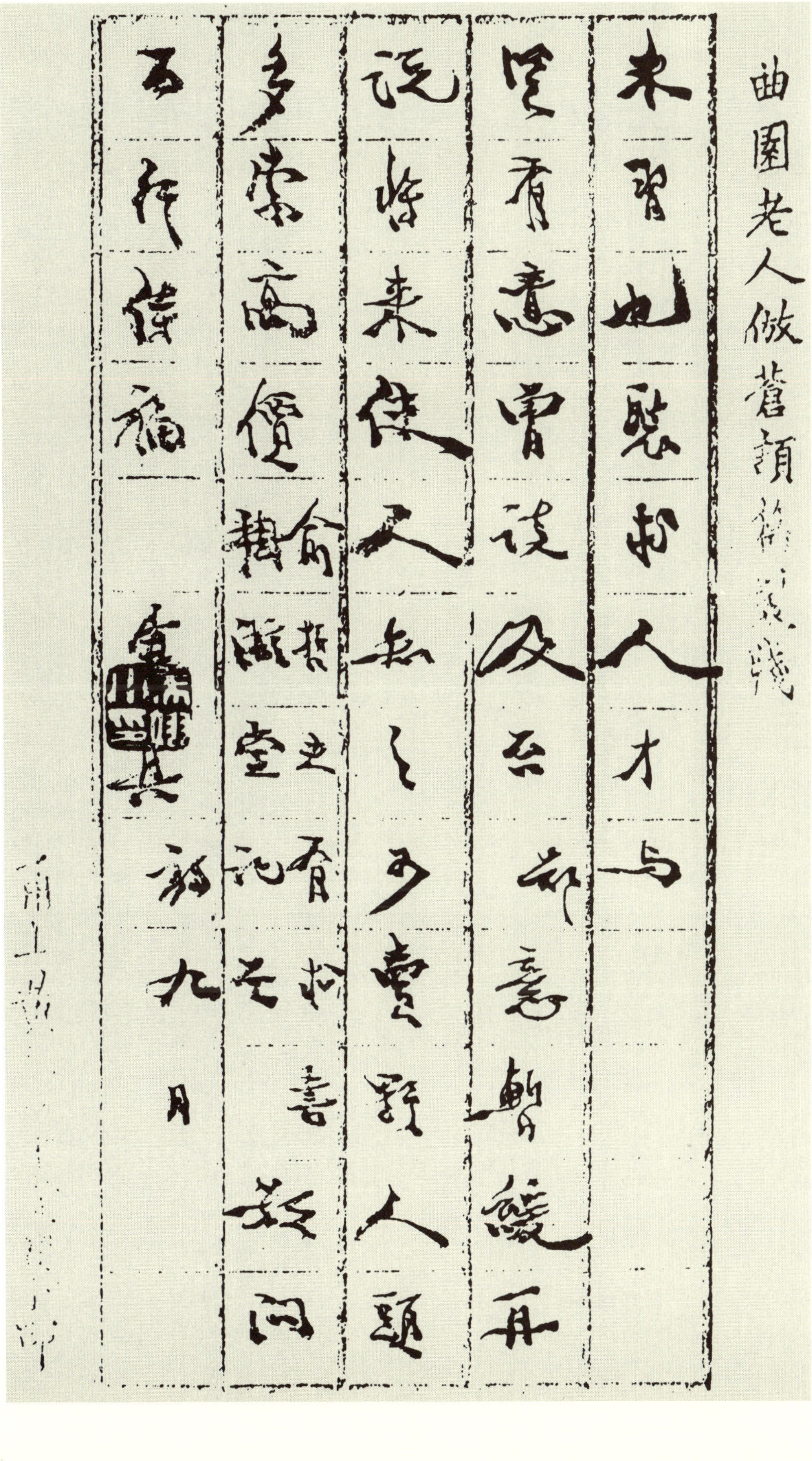

（四九）致朱復戡①

一九二一年十月九日　辛酉九月九日　星期日

黃過草堂箋

來函、照相已悉。帶墨鏡不宜攝影，大者尚好。『新甯紹』已行，馴兒②星期一歸，希與接洽。我意將書帶回（有《四明談助》③《金石例》④《寒村年譜》《張蒼水集》等尤要）。所煩寫件，星期一必需寄（費善本⑤，十三進屋，甬之聞蘭亭⑥第二）。陳宗光亦習場務，汝二人無獨有偶，拍版必須學。裴⑦與法總領及狄百克⑧有接洽，賢晤否？裴知交易各洋文名詞，將來煩余德華抄寄，此陸、凌所未習也。裴求人才，與［於］賢有意，曾談及否？鄙意暫緩再説，將來使人知之，可賣野人頭，多索高價。（俞哲夫有求書《樹滋堂記》否？）敬問

百行

侍福。

蹇具，

初九日。

（鈐印）美翊小印（白文）。

考釋：

①（四九）衹署『初九日』，未署年、月。

函云『來函、照相已悉』，與（三三）函云『洋裝小象，頗願見之』相銜接。又與（四五）函云『照相取來否，寄我二紙』相銜接。

函云『陳宗光亦習場務』『裴知交易各洋文名詞，將來煩余德華抄寄』，與（三二）函云『陳宗光輩每日呼買進賣出』相銜接。一九二一年，朱復戡在交易所場務科供職。則本函爲一九二一年，即辛酉九月初九。

函云『俞哲夫有求書《樹滋堂記》否』，與（四三）函云『俞哲夫《樹滋堂銘》，我告延章，可請賢寫』相銜接。

此信書寫時間當爲一九二一年十月九日（辛酉九月九日）。

②張謙（叔馴）。

③徐兆昺編纂《四明談助》。徐兆昺（一七四七—一八二四後），字綺城。號淡園。鄞縣咸塘滙人。室名：咸塘滙齋。嘉慶三年（一七九八）貢生。

④潘昂霄撰《金石例》，元至正五年初刻（一三四五）。潘昂霄（一二五〇—一三二〇），字景梁。號蒼崖。歷城（今山東濟南市歷城區）人。

⑤費善本，慈谿人。寓寧波湖西虹橋下一五號。一九〇五年，在今寧波市江東區江東北路三一七號與勵樹雄等組成『寧波和豐紡織股份有限公司』。一九二〇年，慈谿『雲華堂』（養老院和育嬰堂）名譽董事。一九二三年，張謇『大生第三紗廠』經理；『永聚錢莊』大股東。

⑥聞漢章（一八七〇—一九四八），字蘭亭。號庸庵；自號白蓮居士。原籍武進，生於泰興靖江。上海寧波路永清里有『協泰昇』紗布號。一九一二年，在南京路集益里創辦『紗業競智團』。一九一四年，『上海紗業公所』會董；上海總商會徵集『巴拿馬賽會』賽品文學類勸導員。一九二〇年，參與創辦『上海證券物品交易所』，常務理事。孫中山辦黄浦軍校，聞撥巨款接濟。

⑦張絅伯。

⑧狄百克（？—一九三四），法國人。法律學、經濟學雙學士。十九世紀末來上海，在上海法租界朱葆三路（今溪口路一一號）、法租界大馬路（今金陵東路）八一號，開『狄百克法律事務所』。華人中有好口碑。或稱『强盗律師』。『法公部局』董事。一九二八年，倣法國路易十四皇宫建築設計建造私人别墅，名『狄百克花園』（狄百克洋行）或『太原别墅』，即今太原路一六〇號太原賓館。

述評：

①關於《張蒼水集》：

張煌言（一六二〇—一六六四），字玄著。號蒼水。謚『忠烈』。鄞縣人。崇禎舉人。南明兵部尚書。抗清近二十年。康熙三年（一六六四）被俘死。《清史稿》有傳。

《張蒼水集》，後人輯有手鈔稿本十餘種。因張蒼水亦『青石張』，張氏二十六世『青石張』張遐勛（一六〇六—一六六九）爲張蒼水幕賓。張美翊十分敬重張蒼水，一直搜集、校勘不同版本的《張蒼水集》稿本。

民國時《張蒼水集》有三次正式印行，均與張美翊有關。

第一次，章炳麟（太炎）借得張美翊校勘的《張蒼水集》，於一九〇一年鉛印《張蒼水集》，是首次正式面世。章炳麟《張蒼水集·後序》（《章太炎全集》，上海人民出版社，一九八六年）：

> 《張蒼水集》得之鄞張美翌，舊題《奇零艸》，上卷雜文，下卷古今體詩。案：公《奇零艸》自序惟及吟咏篇什，筆札則勿與，不得以爲大名，因改題《張蒼水集》。……美翌寫本故有校語，余復有所審訂，箋識其下。

第二次，一九〇九年，國學保存會鉛印《張蒼水先生集》（十二卷，補遺一卷，附録八卷）出版。一九一二年，張美翊《張蒼水集·跋》（張壽鏞輯《四明叢書》刻本，第二集，一九三四年）：

> 《張蒼水先生集》，余嘗得永曆辛丑鈔本於郡城黄東井先生後人，凡二鉅册，徐闇公序後名印爛然。嗣展轉爲餘杭章太炎借去，因於光緒辛丑鉛印，後序稱爲得之鄮人。當時嘗購數十部，分貽知好。迄今原本尚未見還，不知流落何處。此本則順德鄧秋枚鈔自錢塘丁氏，而其友黄晦聞所編校，增入《附録》，自較完備。然失之冗蔓，而校字尤草率。海上遇鄧君，勸余重行編輯校印，誠鄉後學之責也。壬子仲秋月蹇叟記。

跋中『永曆辛丑』，乃南明皇帝朱由榔的年號永曆（一六四六—一六八三），其間辛丑則是一六六一年。光緒辛丑，是一九〇一年。

徐孚遠（一五九九—一六六五），字闇公。晚號復齋。華亭（今上海松江區）人。明亡後追隨鄭成功到臺灣。

鄧秋枚、黄晦聞二人，一九〇五年與章太炎等人在上海創辦『國學保存會藏書樓』，次年十月正式開放。『國學保存會』鉛印《張蒼水先生集》，即此次函中要求帶甬的《張蒼水集》。

張美翊言及《蒼水集》，又見於一九一三年，張美翊《重編錢忠介公遺集題詞》（張壽鏞輯《四明叢書》刻本，第二集，一九三四年）：

清乾隆初，全謝山先生編次錢忠介公詩文爲《正氣堂集》八卷、《越中集》二卷、《南征集》十卷，附以《碑記》《傳記》及《葬録》四卷，通爲二十四卷，集首弁以年譜。謝山嘗謂吾鄉節義可指數者四十餘人，而惟忠介與蒼水二家之集得傳。顧蒼水《冰槎》《奇零》諸集雖非全編《張尚書集》原本，而傳鈔幾徧郡邑。獨忠介集藏於錢氏者久失，此外孤本流傳，見者蓋罕。清同治間，徐柳泉先生嘗得《正氣堂集》節本，已燬於火，其跋《南征集》殘本，亦謂交游中俱云未見，今亦失去。蓋自乾隆禁書之後，明季文字，銷燬殆盡，其僅有存者，則庋藏山崖屋壁。後人畏禍，靳不敢出。中更兵燹，盪然無遺。後生小子欲爲之捜輯殘賸，不其難矣。

余弱冠後即喜訪求桑海遺文，枌榆掌故，嘗得傳鈔蒼水集，徐闇公序後，硃印爛然。三十年來，奔走海内外，迄未得見忠介遺集，用爲嘆憾。壬子春，倦游歸里，養疾杜門。慈谿馮子孟顓僑居縣城，距余寓半里而近，時與過從，見其伏趺室藏書多蓄善本，而於鄉先生零縑片楮收拾尤勤，因以重編錢集相屬。未及數月，即以手輯寫本見示。中間商定體例，補眘遺亡，旁徵博採，余亦稍爲之助。凡得文二十五篇，詩四百首，詞十九闋。分爲九卷，附以《葬録》，弁以遺像墨蹟，末則附録《騎箕集》《崇祀録》殿焉。乃謀集貲付印，傳餉人間。俾知吾鄉先輩不獨節義過人，即文章亦無愧作者，以之弁首四明先哲遺書，邦人士庶有起而邪許者。

嗟乎！蒼水之集，餘杭章氏得余傳鈔本刻之，順德鄧氏又據錢塘丁氏彙鈔本刻之，已幾復謝山編本之舊。今忠介集之告成，獨賴馮子一人綴輯於蟫蠹炱燼之餘，遂亦釐然纚備，雖較之全編不免缺略，則時代久遠爲之，無可如何也。嗣是以後，吾浙東故家老輩有以先哲舊集出而相示者乎？余雖老病，願與馮子禱祀求之。

中華民國二年夏曆癸丑三月。鄞縣張美翊讓三。

張美翊在一九一五年，致冒廣生函（上海博物館圖書館編《冒廣生友朋書札》，上海書畫出版社，二〇〇九年）：

鶴汀道兄先生同歲：

旦極寒，奉手書展讀，乃作苦語對人。晨門抱關擊柝，孔孟未嘗非之，但求我公體恤商艱，爲民請命。部章煩酷，在行政官施以活潑手段，得其意焉可也。高武部《雪交亭集》，弟亦鈔得，似非完書。傅太守於《張忠烈集》亦有功。今國學保存會所印《蒼水集》即傅所編，惜印校太草率訛誤。公所刻高集，自與敝鄉傳鈔本不同，乞惠寄一部。尊刻多種，早有所聞，但求照印刷紙價見售，不必客氣。海上吴興張石銘同年、劉翰怡世兄皆喜刻書，與劉葱石同年競爭。公奮起海國，文獻之繫，重於九鼎，所憾敝鄉風雅凋喪，而有力者意又不好，無可如何。承示『徵求志事，逾近逾難』，極是。甌關範圍以内，有可考否？前蒙寄《林霽山集》，曾賦四絶，忽忽未寄，今呈清覽，乞教政。歲事已闌，行將回里，如賜書件，希寄甯波鼎新街。敝鄉安穩，梁式老、黄老之效。敬請

台安。

年愚弟張美翊謹狀，

臘月二十午刻。

冒鶴汀同歲自永嘉寄贈新校《林霽山集》，適聞番禺梁節菴在崇陵種樹，章一山次霽山《夢中》詩韵誌感，因與同作，并以答謝，即請教正。

守陵置户新朝事，望帝招魂故國情。會有白衣人下拜，靈禽栖隱未相驚。

唐林自古稱雙義，今日重編種樹經。願祝九泉護龍髓，陵前松柏自青青。

冬青有引感無涯，肅肅寒枝陣陣鴉。此樹開花空入夢，惟留片土屬天家。

水繪高風淨絶埃，當年韵事倍遲回。滄桑掌故勤蒐輯，爲念遺民寄訊來。

乙卯孟冬甬上蹇叟呈稿。

（鈐印）美翊小印（白文）。

有云『傅太守於《張忠烈集》亦有功。今國學保存會所印《蒼水集》即傅所編』。『傅太守』乃傅以禮（一八二六—一八九八），一八七四年，臺灣府海防兼南路理番同知（相當於副知府）。

第三次，張咏霓刻《四明叢書·張蒼水集·跋》（張壽鏞輯《四明叢書》刻本，第二集，一九三四年）：

壽鏞搜羅公集廿餘年，……而致力搜校專且久者，厥惟張丈讓三。當甲寅五月張丈寓上海賓樂公旅館，與壽鏞縱談刊行鄉獻遺書，因出示所校鄧《蒼水集》。且曰：『昔周布衣琢隱嘗鬻田以刻公集（《續甬上耆舊詩》：「周布衣章泰字憲臣，一字琢隱，諸生昌時子也。布衣生於丙戌以後，而時以其父志節未伸，終身不求進取。張尚書《冰槎集》，布衣賣田刻之。每歲九月，必至杭之南屏展尚書墓。家居喜深衣幅巾，可謂畸士」），君既有志於斯，盍速圖之』！遂以校稿相付。今距甲寅夏，忽忽廿載，此集始刊成，而丈之墓有宿草者久矣。故凡丈所勘校之語，今并注見集中，不敢没先輩搜校之勤，即亦所以不負曩日付囑之意也。

……讓丈與壽鏞，則皆蒼水先生之族裔也……甲戌七月，張壽鏞跋。

②關於鄭寒村：

鄭梁（一六三七—一七一三），字禹梅。初號香眉；後號因亭、踽庵、寒村。慈谿鸛浦（今寧波江北區半浦鄉）人。進士。寒村與張士培、張士塤同爲黄宗羲弟子。

張振寰長孫二十八世張錫琨（四青）從鄭寒村遊。

《甬上青石張氏家譜》（味芹堂鉛印本，一九二五年）收有鄭寒村《二十六世振寰府君行狀》《二十七世天因府君墓志銘》《濟寰翁六旬壽序》《天因翁五旬壽序》《張母包孺人五十壽序》《祭張雪汀先生文》《張佐之字説》《祭張振寰先生文》（此文列名者：范光陽、陳赤衷、董允瑫、萬斯大、陳紫芝、陳錫嘏、鄭梁、萬斯同、董允璘、萬言、楊履祥、王之琰、王之坪、黄百學、范溥、陳屨昇、趙祖瑞、馬存瑋、厲其嘉）。

《寒村年譜》，即鄭寒村孫鄭勛編《誥授中憲大夫先寒村公年譜》（嘉慶十三年鄭氏刻本）。

鄭勛（一七六三—一八二六），字書常。號簡香、烟霞杖者。慈谿鸛浦（今半浦鄉）人。鄞縣蔣學鏞弟子。嘉慶元年（一七九六）舉孝廉方正。曾主持鎮海蛟川書院。

③關於余德華：

余德華。張褧伯親戚。一九一七年，與陳謙夫、張絅伯等發起『寧波中華基督教青年會』籌備會文書。曾供職省立四中，一九二一年，三月九日，四中校長風潮中辭職；五月三十一日，與張褧伯組建『明華商業儲蓄銀行』，後隨張去明華銀行青島分行。

孟海仁弟左右昨談甚慰老夫

衰病無以補益高明有歉奉

上楹聯祈為

費神加墨字用工楷或篆隸

大才句之數同

道祺 張美翊謹狀 十六日

芝華閣製

（五〇）致沙孟海①

一九二一年十月十六日　辛酉九月十六日　星期日

文華閣箋

孟海仁弟左右：

昨談甚愜，老朽衰病，無以補益高明爲歉。奉上楹聯，祈爲費神加墨。字用工楷或篆隸，大才酌之。敬問

道祺。

張美翊謹狀，

十六日。

考釋：

①（五〇）致沙孟海。祇署『十六日』，未署年、月。

函云『昨談甚愜』，是沙孟海尚在寧波，未到上海。當在辛酉。沙孟海日記多處記謁見張美翊。惟《沙孟海全集》（西泠印社出版社，二〇一〇年）第九卷《僧孚日録》：

辛酉九月十三日：

公阜來，夷父亦來，俱往訪張蹇丈。

辛酉九月十七日：

代蹇叟先生寫贈人聯語。

前『十三日』，近『十五日』。後『十七日』『代蹇叟先生寫贈人聯語。』此信書寫時間似爲一九二一年十月十六日（辛酉九月十六日）。

百行中庆文贤来书患道中脱益自顾尚未
到想文至钦以后有件请作寿表康登发
文到钦多便所说渊资即指命钦徒表而主怀
蔡先生老印联都上知也多忘都小變兹矣不易以纸如宽
蔡老定海郎華老自普后来谈后里后字学价锐
是人家字班自已字书字如府我在葉写孟渊秋
然语於便通海青扎大徒今折贤书前自语前计屁
有如为要教问待祺时候元孫字張十八日

（五一）致朱復戡①

一九二一年十月十八日　辛酉九月十八日　星期二

文華閣箋

百行小友文覽：

來書悉。道尹②聯、《道因碑》尚未到，想交玉銘。以後有件，請公司袁履登先生交玉銘甚便。所謂潤資，即指《俞銘》③《徐表》而言。惟蔡芝老④印、聯（語已抄上）勿忘却。小爨放大不易，以後不如寫蘇老⑤。定海方藥老⑥自普陀來訪，謂賢臨字皆像，然是人家字，非自己字，書字必須有我在。藥⑦寓孟淵⑧（問玉銘），往訪尤便。孟海書札大佳，今附覽。書函白話最討厭，勿效爲要。敬問侍祺。（晤倫彝乞致意。）

蹇手具，

十八日。

（鈐印）美翊小印（白文）。

考釋：

①（五一）祇署『十八日』，未署年、月。

函云『孟海書札大佳，今附覽』，與後（五四）致沙孟海函云『前奉書聯並札，大佳，已寄朱百行，令其倣之』有聯係，此爲前引。（五一）早於九月二十日兩日。

函云『定海方藥老自普陀來訪，謂賢臨字皆像，然是人家字，非自己字，書字必須有我在』，與後（五五）致沙孟海函云『方藥雨來談，謂作字須認定一家』有聯係，此爲前引。

函云『《道因碑》尚未到』，與（三六）函云『近頗思見賢携借《道因》《碣石》漢隸各碑，一并寄下』相銜接。又與（四五）函云『《道因碑》殊可學，將來必寄汝』相銜接。又與（四八）函云『前所要《道因》各件并朱拓《經石》聯同寄』相銜接。

函云『所謂潤資，即指《俞銘》《徐表》而言』，與（四三）函云『俞哲夫《樹滋堂銘》，我告延章，可請賢寫』相銜接。又與（四九）函云『俞哲夫有求書《樹滋堂記》否』相銜接。

此信書寫時間當爲一九二一年十月十八日（辛酉九月十八日）。

②黄涵之。

③俞哲夫《樹滋堂記》。

④蔡和鏗（一八七三—一九四三），字芝卿。鄞縣人。蔡琴孫族叔。秀才。一九〇四年，『慈谿縣中學堂』國文主講。一九一二年，『鄞縣蔡氏私立兩等小學』（今寧波市海曙中心小學）校長。一九一八年，候補省議員。一九二一年三月九日，省立四中校長風潮中辭職。

⑤鄭孝胥。

⑥⑦方若，字藥雨。

⑧孟淵旅社。一九一一年，無錫人徐孟園合股在英租界湖北路二二七號創辦，次年落成，以其『孟園（淵）』命名。當時上海著名的中西融合式豪華旅館。

述評：

①關於『小夔放大不易，以後不如寫蘇老』：

《夔寶子》俗稱『小夔』，當是張美翊原本要朱寫『小夔』，後來認爲寫『小夔』不如寫鄭孝胥體效果更好。張美翊、朱復戡皆擅『小夔』。

②關於『孟海書札大佳』：

《沙孟海全集》（西泠印社出版社，二〇一〇年）第九卷《僧孚日録》辛酉五月十日：

> 古人書札提行，蓋非有定例。坡公『企望之懷』提行於『望』字。又『别來思企不可言』提行於『思』字。又一札中『累捧來誨伏承尊履』『來誨』『尊履』均提行。其後『累蒙令問』『問』字乃不提行。此類甚多。

可見此時沙孟海已對古人書札相當有研究。

③關於『定海方藥老……謂賢臨字皆像，然是人家字，非自己字，書字必須有我在』：

方若（一八六九—一九五四），小字偈寶。原名城，或作成。字楚卿。後改名若（『苦』出頭），字藥雨（多病喫藥），亦作若雨、葉雨。號劬園、古貨富翁。祖籍鎮海，客籍定海城關鎮，一八九三年居天津。室名：舊雨樓。光緒十四年戊子（一八八八）秀才。一九〇〇年，《國聞報》編輯。一九〇二年，天津日本領事館創辦《天津日日新聞》社長兼編輯，延請張頤爲編輯。一九〇四年，參與創辦『天津公立女學堂』。一九〇七年三月，參與發起『廣益善會演戲助賑』。一九一四年，在天津日租界開設『同文俱樂部』。一九二〇年，『天津浙江會館』董事。

畫宗髡殘。徐悲鴻《中國今日之名畫家》（徐建融等主編《海派書畫文獻匯編》，上海辭書出版社，二〇一三年）：

> 方藥雨畫格最蒼古，所寫不落古人一筆恒蹊，外間罕見其畫，故人多不知。

與張乃驥、羅伯昭并稱三大近代古錢收藏家，稱『南張北方西蜀羅』。

《甬上青石張氏家譜·贈言》（味芹堂鉛印本，一九二五年）收有方若《題張湘三先生水竹圖小影》《讀張節母戴孺人家傳》。

『有我在』，也是張美翊的書學觀。朱復戡此時雖各體皆能，摹時流名家可亂真，但尚未形成自我風格。直至晚年，終成自我，結體以二王爲本，糅雜黄庭堅、明末三家等。筆畫以秦泰山刻石篆法，加入金文的捺刀。形成十分厚重渾樸，古厚秀挺的面貌。但這種面貌爲很多人不能接受，認爲朱字、印還是中年時期的好看。

對此，復戡師曾語筆者：

今人多喜我早年書刻，而以爲我現在書刻太高古，不好接受。當不受這些輿論影響，走自己的路，不能迎合時人。毛澤東講普及與提高的關係，確有道理。

④關於袁履登：

袁禮敦（一八七九—一九五四），小字大寶。祖籍諸暨。生於鄞縣城中竹林巷（今解放北路中段）。一八九二年，入『華英斐迪蒙學堂』（斐迪小學），更名賢安。一八九四年，入『斐迪中學』。一八九八年，就讀上海『聖約翰大學』，更名禮敦，亦作履登。復提拔入工舘繼續攻讀，兼理化試驗室助教。一九〇四畢業，回甬任『斐迪學校』副校長；甬區牧師。一九〇九年，『漢冶萍公司』股東（一百股以上）。一九一一年十一月，『寧波軍政分府』外交兼交通副長。一九一二年，供職『川粤漢鐵路公司』。一九一三年，江北岸中馬路《方聞報》經理。一九一四年，『上海商務印書舘』英文編輯、襄理。一九一五年，參與『勸用國貨會』活動。次年，參與『中國烟酒聯合會』活動。一九一八年，供職『裕昌煤號』，任謝蘅牕的英文秘書；五月，『美國紅十字會』贊成員第八隊隊長。一九二〇年，『上海寧紹商輪公司』總經理；夏，『鄞奉公益醫院』董事。一九二一年，參與發起『上海夜市物劵交易所』，常務理事。一九二二年，『寧波公立崇敬學校』董事。一九二三年，『上海公共租界工部局』華顧問。

同鄉會：一九一四年，總務科。一九二一年二月，新會所籌備委員。

日昨從文覺道兄手轉來送到惠來書玉銘兄

印章寄去（張白公）期廿二日急也茲已告老僕弟凡

第壹件請於上午交常侍石同科至玉銘兄便

順商想由玉銘送達方爲老是否寫道湖務記

桂府此云極高雅也順問

侍祺

寒之資手上 十九日

大羅道送 樣本蜂好好加墨看件況命同之無[illegible]

（五二）致朱復戡[1]

一九二一年十月十九日　辛酉九月十九日　星期三

文華閣箋

百行賢友文覽：

道尹聯未送到，想未交玉銘，望即查寄，吉期廿二，甚急也。茲已告袁履弟[2]，凡弟寄件，請於上午交甯紹公司，轉交玉銘甚便。昨函想由玉銘送達。方藥老是否寓孟淵？務須往訪，此君極高雅也。順問

侍祺。

蹇安手具，

十九日。

又：四達送樓君聯煩加墨，有件讬俞、周[3]二君亦可。

考釋：

①（五二）祇署『十九日』，未署年、月。

函云『昨函想由玉銘送達。方藥老是否寓孟淵』，與（五〇）函云『藥寓孟淵社（問玉銘），往訪尤便』相銜接。

函云『道尹聯未送到，想未交玉銘』，與（五〇）函云『道尹聯、《道因碑》尚未到，想交玉銘』相銜接。

此信書寫時間當爲一九二一年十月十九日（辛酉九月十九日）。

②袁履登。

③俞服楚、周金箴。

百行兄友

示悉。達尹聘禮並收到，勿念。老弟漸

愈。惟此近日送聯挨南太多耳。敬問

侍祺

寒具 二十日

（五三）致朱復戡①

一九二一年十月二十日　辛酉九月二十日　星期四

文華閣箋

百行賢友：

示悉。道尹聯、碑並收到，勿念。老朽漸愈，惟近日送聯撰句太多耳。敬問

侍祺。

蹇具，

二十日。

考釋：

①（五三）衹署『二十日』，未署年、月。

函云『道尹聯、碑並收到』，『碑』，當指《道因碑》。與（三六）函云『近頗思見賢携借《道因》《碣石》、漢隸各碑，一并寄下』相銜接。又與（四五）函云『《道因碑》殊可學，將來必寄汝』相銜接。又與（四八）函云『前所要《道因》各件并朱拓《經石》聯同寄』相銜接。又與（五一）函云『道尹聯、《道因碑》尚未到』相銜接。又與（五二）函云『道尹聯未送到，想未交玉銘』相銜接。

此信書寫時間當爲一九二一年十月二十日（辛酉九月二十日）。

述評：

①關於《道因碑》：

朱復戡遲遲未寄還所借《道因碑》，當是《道因碑》在張絅伯處。

一九二一年十月二十日（辛酉九月二十日）張美翊致沙孟海函：

> 前由長兒寄來王孝禹所藏《道因碑》絶精，希便中來看，可以借觀（百行曾借）。

可知《道因碑》辛酉九月二十日稍前，由張絅伯寄還張美翊。不知爲何，《道因碑》屢屢催要甚急，朱復戡却不函告張此碑帖在張絅伯處。由此可見朱復戡此時的處事態度，自己應擔當責任的事，不願涉及他人。

孟海仁弟左右：前奉書聯並札，大佳。已寄朱百行，令其攷之。茲送上袁韓兩聯，仍希速落（袁窗晚 韓明日）來領。書樓松江無（藏稽）。鑄萍師已得，繼由揚州吴福孫方伯續（知引緣）儲，皆當時觀察使（世本及宋元學案補 解移藏 蕙花最好）。放問道祺。

世 二十日

（五四）致沙孟海①

一九二一年十月二十日　辛酉九月二十日　星期四

文華閣箋

孟海老弟左右：

前奉書聯並札，大佳，已寄朱百行，令其倣之。兹送上喜、輓兩聯，仍希速藻，（『喜』傍晚，『輓』明日）來領。書樓藏籍始從無錫薛師②乞得，繼由揚州吴福茨（名引蓀③）方伯④續儲，皆當時觀察使⑤。（《世本》及《宋元學案補》，能移藏義莊最好。）敬問道祺。

美翊謹狀，

二十早。

（鈐印）美翊小印（白文）。

逸海賢弟書吾聯字頗有蘭臺
道因筆意君木之晉謂隨唐字
究係正統蝯叟曾臨道因放大
便遜寧獲老也書謝由長兒寄來
王孝禹所藏道因碑絶精弟便
中來者多以借觀曾有借行過人無
以還因作大字者
弟叔隱一一月多以獨步古兼

雨來談詩作字須認定一家百
行好處手
弟健專華道因而一意出乾隆
也文下南伯歸來寫其敘華作
書法間
道也
美明認此　二十五
日行今早寄喜齋與子蘇我雖雄
傑無據養情已迷人

（五五）致沙孟海

一九二一年十月二十日　辛酉九月二十日　星期四

文華閣箋

孟海賢弟左右：

聯字頗有蘭臺⑥《道因》筆意。君木兄嘗謂：隨唐字究係正統，蝯叜⑦曾臨《道因》，放大便近蠻獷。老朽前由長兒寄來王孝禹所藏《道因碑》，絶精，希便中來看，可以借觀（百行曾借）。近人無以《道因》作大字者，弟能臨一二月，可以獨步。方藥雨來談，謂作字須認定一家。百行好《寶子》，弟能專摹《道因》，亦一奇也。輓聯乞交下。夷伯⑧歸來，囑其放筆作書。敬問

道安。

美翊謹狀，

二十夕。

百行今早寄喜聯，學蘇堪，頗雄傑，無獷氣，惜已送人。

考釋：

①（五四）（五五）致沙孟海。合并考證。（五四）祇署『二十日早』，未署年、月。（五五）祇署『二十日夕』，未署年、月。

（五四）函云『書樓藏籍始從無錫薛師乞得，繼揚州吴福茨（名引孫）方伯續儲』，《沙孟海全集》（西泠印社出版社，二〇一〇年）第九卷《僧孚日録》辛酉九月十九日（按：當爲二十日）：

薛樓藏書，多有真州吴氏『有福讀書堂』印記。詢之蹇丈，丈來書云此樓藏籍始從無錫薛師乞得，繼由揚州吴福茨方伯續儲。『有福讀書堂』即吴福茨物也。

（五四）函云『前奉書聯並札』，《沙孟海全集》（西泠印社出版社，二〇一〇年）第九卷。《僧孚日録》辛酉九月十七日：

午後代蹇叜先生寫贈人聯語。

（五四）函云『前奉書聯並札，大佳，已寄朱百行』，與（五一）函雲『孟海書札大佳，今附覽』相銜接。

（五五）函云『聯字頗有蘭臺《道因》筆意。君木兄嘗謂：隋唐字究係正統，蝯叜曾臨《道因》』，《沙孟海全集》（西泠印社出版社，二〇一〇年）第九卷《僧孚日録》辛酉九月二十日：

蹇丈又有王孝禹舊藏《道因碑》，絶精。丈來書云：『弟大字頗有《道因》筆意。君木曾謂：「隋唐字究係正統，何蝯叜曾臨《道

因》，放大便近蠻獷。」』『近人無以《道因》作大字者，弟能臨一、二月，可以獨步。方藥雨來譚，謂：「作字須認定一家。」』『弟能專摹《道因》，亦一奇也。」此碑余嘗臨摹之，苦於拘攣，棄去。今有此佳本，匪可易得，將復學之。

（五五）函云『輓聯乞交下』，與（五四）函云『茲送上喜、輓兩聯，仍希速藻』相銜接。《沙孟海全集》（西泠印社出版社，二〇一〇年）第九卷《僧孚日録》辛酉九月二十一日：

張蹇丈有輓忻君祖年（江明）母夫人聯，屬余書之。

總之：（五四）（五五）兩函同封，一早一夕。書寫時間當爲一九二一年十月二十日（辛酉九月二十日）。

②薛福成。

③吴引蓀（一八四八—一九一七）或（一八五一——一九二〇），字福茨。祖籍安徽歙縣，客籍江蘇儀徵。同治十二年（一八七三）進士。

④泛稱地方長官。明、清時布政使均稱『方伯』。

⑤明、清稱道員爲觀察使。

⑥歐陽通，官蘭臺郎，故稱『蘭臺』。

⑦何紹基（一七九九—一八七三），字子貞。號東洲、東洲居士；晚號蝯叟，亦作猿叟。道州（今湖南永州市道縣）人。户部尚書何凌漢子。藏書處名：雲龍萬寳書樓、惜道味齋、東洲草堂。藏書印有：東洲草堂藏書畫記、何紹基鑒藏、眠琴閣珍藏。道光十六年（一八九〇）進士。歷主山東『濼源書院』、長沙『城南書院』。精小學、金石碑版。書法顔真卿，融漢魏，尤長草書。

⑧葛夷谷。

述評：

①關於『前奉書聯並札，大佳，已寄朱百行，令其倣之』：

張美翊一九二一年九月一日（辛酉七月二十九日）致朱復戡函有『即以書牘言，亦須多看《名人尺牘》』；一九二二年二月六日（壬戌一月十日）致朱復戡函有『望賢留意尺牘，萬勿亂説亂寫，爲人笑話。賢試觀前賢手牘，何等矜慎，可妄爲耶』；一九二二年五月七日（壬戌四月十一日）致朱復戡有『來牋寫作俱佳，就此研究古人書牘，可以獨步江東』；直到一九二二年五月十六日（壬戌四月二十日）張美翊纔認爲『賢尺牘大進，可以應世』。朱復戡從張美翊游爲時兩年，始可對外寫信。張美翊一九二二年七月十四日（壬戌閏五月二十日）致朱復戡函有『沙、葛諸生謂賢書函好，老朽則謂尚不免火氣』，提出更高的要求。一九二三年十月六日（癸亥八月二十六日）致朱復戡函有『來函具悉，今爲改定奉還，以後常常如此，可作教課何如？』竟把作爲通訊工具的信函作爲教課。

書牘是最常用的應用文之一，在文人交往中亦最容易展現或暴露作者的文字功底和文學水平。所以張美翊極重學生的書牘。然則沙孟海書牘好在何處？張美翊一九二一年十月十八日（辛酉九月十八日）致朱復戡函有『孟海書札大佳，今附覽，書函白話最討厭，勿效爲要。』一語道出天機——反對白話文。白話文，雖然通俗易懂，但實際上也抹殺了古代漢語言簡意賅的長處，甚至丢掉了一些古代文化信息。

②關於『作字須認定一家』：

張美翊似乎同意方藥雨此觀點。初學書法，認定一家做突破口，正確無疑。然而，一旦有所突破，應在此基礎之上迅速旁及各家，轉益多師，最後達到融會貫通，方爲書家本色。

復戡師曾語筆者：

各體書內在規律是一致的，大同小異。初學者以一體打入，要專心刻意爲之，一經入手，便要能够融會貫通。衹能寫一體，不能各體皆工，不足爲書法家。顔魯公楷書，與其他楷書相較，主要不同處在於捺和鈎。顔鈎多呈『倒鵝頭』，捺多出脚，是其特點。歐捺如修脚刀。其他點畫，各家大致差不多。可見唐楷規律大致相同，而以鈎捺各領風騷。

③關於『雄傑，無獷氣』：

無論學顔學歐，還是唐楷各家，掌握整體規律，强調個性特點，游刃有餘之後，形成書家自我風格，即『我字』非『人家字』。

此是張美翊的書學審美觀。其思想根源源於儒家思想的中庸之道。《論語·雍也》：

質勝文則野，文勝質則史，文質彬彬，然後君子。

『獷氣』之義，近似『野』。書法雄傑，具有陽剛之氣，大氣磅礴。然而，『剛』太過或收放不當，則容易失之於『野』。必須扣其兩端執其中，使書法的擒縱得以平衡。

復戡師曾語筆者：

草書應大氣磅礴，勿使雕琢、拘謹。但馳騁宜合度，恣縱則輕佻。氣勢不可鬆懈，下筆要斬釘截鐵，不可游移呆滯。飛舞而且沉着，收時斂險絶，放處始縱横。筆情墨韵，大小濃枯，順勢貫氣，滿紙烟雲。

④關於『《世本》及《宋元學案補》，能移藏義莊最好』：

《世本》十五篇久軼。清代輯本甚多，屠用錫的外曾祖鄞人王梓材有《世本集覽》。

王梓材與慈谿馮雲濠，受督學何凌漢（何紹基父）委托，校刊《宋元學案補遺》爲一百卷。道光十八年（一八三八）由馮出資刻成，二十二年馮宅遇火，書版被燬。同年秋，由何紹基襄贊，王梓材以馮刻本爲底本重刻，道光二十六年刻成，不久亦燬於火災。

屠用錫所得《宋元學案補遺》手稿本。即一九三七年張壽鏞《四明叢書》第五集《宋元學案補遺》。爲叢書中學術價值最高者。

屠氏義莊，民國《鄞縣通志·政教志》：

屠氏喬陰堂義莊，在城東北區竹林巷，同治中里人屠繼烈建屋四十四間，顔其堂曰喬陰。……後樓建有飛仙閣。（屠家莊在鑑橋畔。）

《世本集覽》《宋元學案補遺》皆屠用錫外曾祖王梓材編撰，原藏屠家，故張美翊建議歸藏屠氏喬蔭堂義莊。

王梓材（一七九一—一八五一），原名梓，字楚材。號樸齋、臒軒。道光十四年（一八三四）優貢。鄞縣柳莊坊人。室名：樸實學齋。

王梓材門人陳咏橋（勛），是張美翊的問業師。張稱陳爲太夫子。

百年坐友姊妹同想達兹煩

空向山世界尋處繼心牙章乙　陳宗光印

匝而煩羞卑戚勢均子文一　光印

一張士　　由刻店代鶴戶寧後敎承

林宗　縱堂記寧老窩故居塞县　廿八

南上　法人妻□□摹印

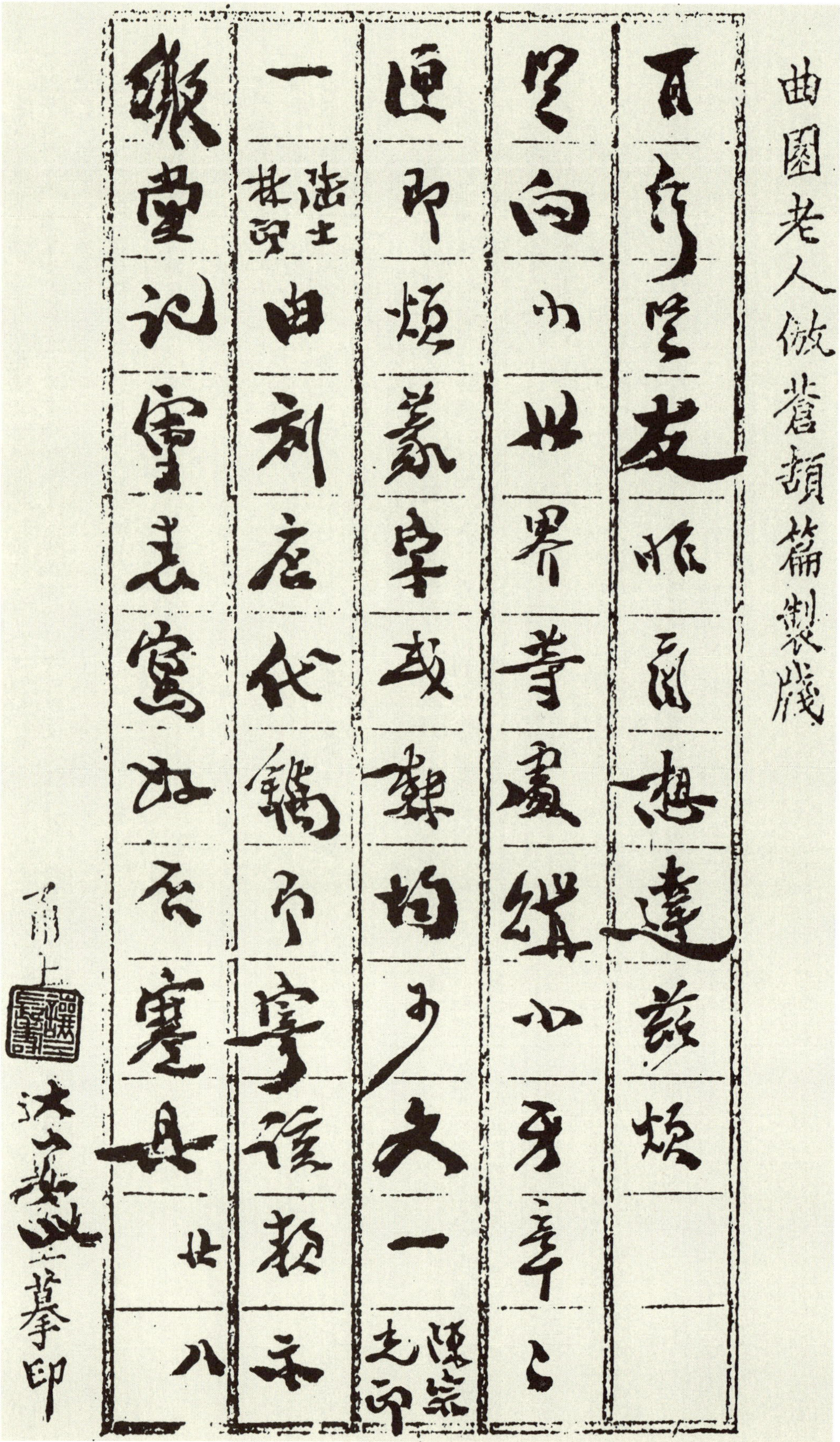

（五六）致朱復戡①

一九二一年十月二十八日　辛酉九月廿八日　星期五

黄過草堂箋

百行賢友：

昨函想達。兹煩賢向小世界②等處購小牙章二匣，即煩篆字或隸均可，文：一（陳宗光印）；一（陸士林③印）。由刻店代鐫，即寄該款示繳。《堂記》《盧表》寫好否？

蹇具，

廿八。

（鈐印）讓三長壽（朱文）④。

大小如此。

百行思友文覽貞患戰國策士
朝秦暮楚望華涯嬋赤復如此
能於有恆之字未免欠缺令心
識而恆心失非所望於少年今
芳的清本領於太刻前人芳躅
其慎密謙抑而知納聽我丞科
長責任重大萬勿輕易視之耶
謂隱名究係何所謂人究係何

人今趣易新事業風起雲湧不
言分爭都甚中少年易為金
錢所動皆亦知金錢萬惡之家
旁行此風波甚大皆紛於明日
星期六來寫字寫樓餘暇快
來星期一行此閒情逸世界紛
塵中人求安寧亦好也此詞
侍樓　蹇叟手書　廿八正記

（五七）致朱復戡

一九二一年十月二十八日　辛酉九月二十八日　星期五

文華閣箋

百行賢友文覽：

函悉。戰國策士朝秦暮楚，賢輩活躍亦復如此。然於『有恒』二字，未免欠缺。貪心熾而恒心失，非所望於少年。令芳、何清本領尤大。刻函令芳，勸其慎密謙抑，不知能聽我否。科長責任重大，萬勿輕易視之。所謂隱名，究係何所？闊人，究係何人？今交易新事業，風起雲湧，不良分子都在其中。少年易爲金錢所動，賢亦知金錢萬惡否？家芳⑤行止取決老夫。賢能於明日星期六來甬，可宿薛樓，頗爲快樂，星期一行。此間清凉世界，紅塵中人來受空氣亦好也。順問

侍祺。

蹇叟手具，

廿八巳刻。

考釋：

①（五六）（五七）合并考證。（五六）（五七）皆衹署『廿八日』，未署年、月。

（五六）函云『《堂記》《盧表》寫好否』，堂記，即《樹滋堂記》之簡稱，與（四三）函云『俞哲夫《樹滋堂銘》，我告延章，可請賢寫』相銜接。又與（四九）函云『俞哲夫有求書《樹滋堂記》否』相銜接。又與（五一）函云『所謂潤資，即指俞銘、徐表而言』相銜接。應是農曆九月廿八日。

（五七）函云『科長責任重大，萬勿輕易視之。……今交易新事業，風起雲湧』，是指上海證券交易所等。此函云『科長責任重大』，是朱復戡此時在交易所任場務科長，當是一九二一年。

（五七）函署『廿八巳刻』，函云『明日星期六』，可知廿八日爲星期五。檢《萬年曆》，辛酉九月二十八，星期五。

（五七）函云『賢能於明日星期六來甬，可宿薛樓』，與（四八）函云『現寓道側後樂園藏書樓』相銜接。

總之：（五六）（五七）兩函同封。書寫時間當爲一九二一年十月二十八日（辛酉九月二十八日）。

②小世界游樂場。一九一八年，鄞縣人范回春（一八七八—一九七二）在上海城隍廟後門白衣庵後街（今上海市南市區福佑路）開設。

③陸士林，字彦伯。鄞縣人。沙孟海供職梅墟『求精學校』時學生。《沙孟海全集》（西泠印社出版社，二〇一〇年）第九卷《僧孚日録》庚申九月十三日：『梅墟諸生陸士林（彦伯）。』

④『讓三長壽』朱文印見用，僅此一例。

⑤陳家芳。

述評：

①關於沙孟海初見朱復戡：

一九二一年十月二十九日（辛酉九月二十九日）星期六，朱復戡如約至寧波。

《沙孟海全集》（西泠印社出版社，二〇一〇年）第九卷《僧孚日録》辛酉十月九日（一九二一年十一月八日）：

> 朱百行（義方），年十九。天資迥絶，於書有不摹，摹則立能神似，若有天授者。亦能篆刻。向從蹇丈在滬鬻字，有聲一時。惜其未學耳。余嘗見其題簽、楹帖。於今人尤善效海藏、寐叟，作吴缶庵《石鼓》尤酷肖。今日與夷父謁蹇丈，適百行亦在，因與相識。

據此，可知朱復戡、沙孟海、葛夷谷三人初次相見，是在張美翊家中。沙云『朱百行（義方）年十九』，辛酉（一九二一），朱復戡十九歲，甚確。

②關於朱復戡離開上海證券物品交易所的時間：

據（五五），知朱復戡辛酉九月二十九（一九二一年十月二十九日）星期六到寧波。（五五）函云『戰國策士朝秦暮楚，賢輩活躍亦復如此』，已看出朱復戡不安心在交易所。當時，做證券交易者在上海的社會地位不高，同事中又與洪承祁、廖幹庭不睦。亦是朱復戡離開交易所的潛在原因之一。

（五五）函云『賢能於明日星期六來甬，……星期一行』，然而朱復戡星期一并未回滬，而是在寧波逗留半個月時間。

辛酉十月九日（一九二一年十一月八日），在張美翊處沙孟海、朱復戡初見之後，沙孟海與朱復戡在寧波又見兩次。

《沙孟海全集》（西泠印社出版社，二〇一〇年）第九卷《僧孚日録》辛酉十月十二日（一九二一年十一月十一日）：

> 玄嬰先生今年政五十，工業學校爲張壽筵，余與次曳、夷父皆有聯語壽之。又有代他人書者，午後招夷父來館共書之，適朱百行來，亦爲書一耦。

《僧孚日録》辛酉十月十四日（一九二一年十一月十三日）：

> 朱百行、王冰生、徐和闇來看余。

是至此朱復戡尚未返回上海。

自辛酉九月二十九日（一九二一年十月二十九日），至辛酉十月十四日（一九二一年十一月十三日），逗留時間達半月之久，朱復戡在寧波而未去交易所上班，似已辭去交易所職務。

③關於『有恒』：

朱復戡應是在此一段時間内，即至遲一九二一年年底，或一九二二年年初離開上海證券交易所。

《論語・述而》：

善人，吾不得而見之矣；得見有恒者，斯可矣。

《孟子·滕文公上》：

民之爲道也，有恒産者有恒心，無恒産者無恒心。苟無恒心，放辟邪侈，無不爲已。

都是儒家經典，説明張美翊對朱復戡的教導基於儒家思想。

④關於『所謂隱名，究係何所』：

應是朱復戡致張美翊函言及有關交易所黑幕之事，張美翊不知就裏，故有疑問。當時有些銀行經理與經紀人『隱名』合夥作股票投機交易。而按規定銀行行員一律不能從事股票交易。一九二一年九月五日《申報》十四版：上海《銀行公會勸阻行員營投機業》；十月一日《申報》十四版：錢業公會《錢業取締夥友入交易所營業》。都通告各銀行嚴禁行員作股票投機生意。

孟海仁弟左右　近将得蒼崖硯銘奉

覽（考跋）　又棄老父稿純乎桐城老术弗

及遠甚　送清　先睹有逃割初聯百

新寫聯　諸恐其畝表章奉术

加墨讓分什较　送領救问（逑日）

笔祺

沱侠　廿七日

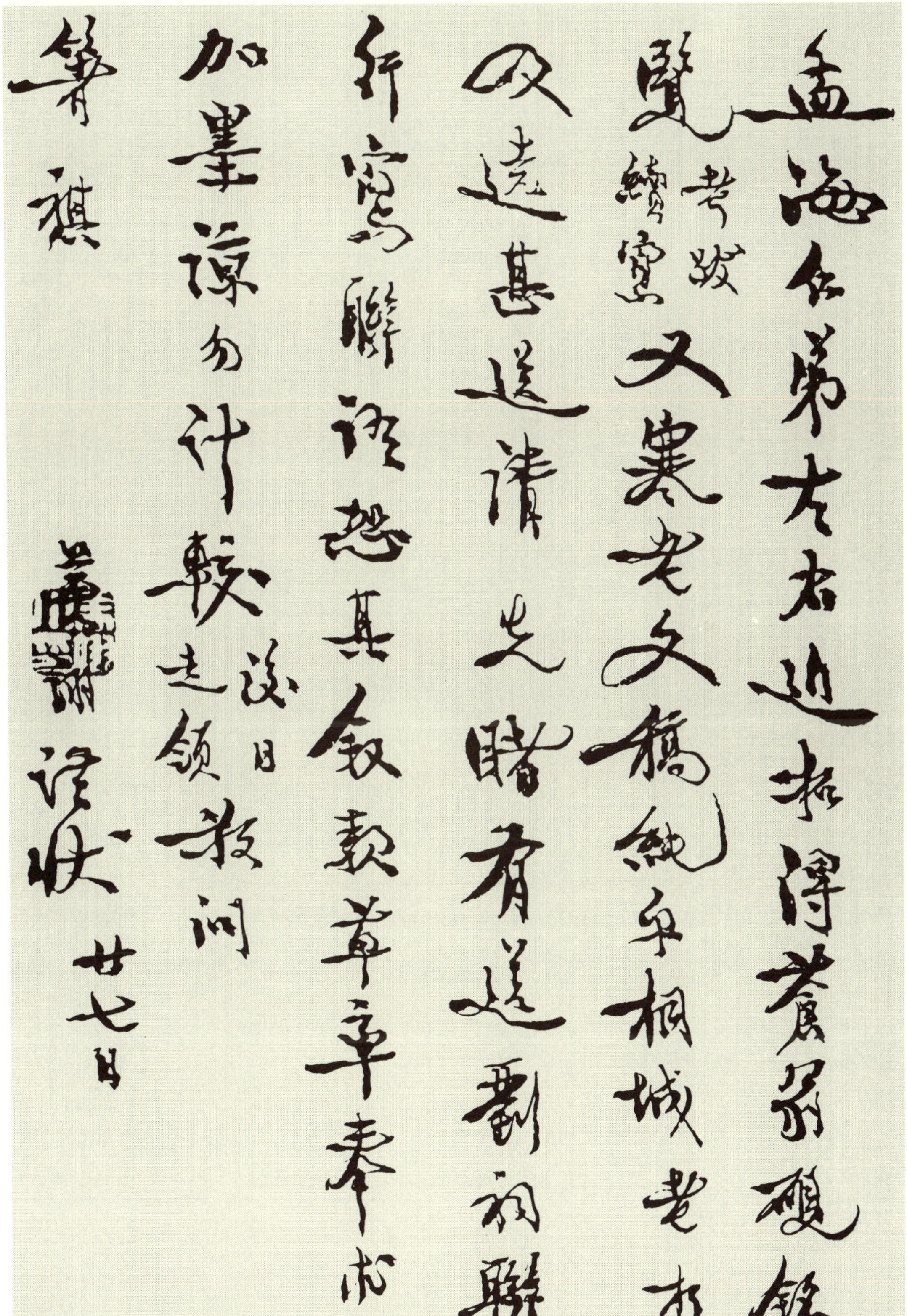

（五八）致沙孟海①

一九二一年十一月二十六日　辛酉十月二十七日　星期六

黄過草堂箋

孟海仁弟左右：

近拓得蒼翁②硯銘奉覽（考跋續寫）。又：寒老③文稿純乎桐城，老朽弗及遠甚，送請先睹。有送劉祠聯，百行寫聯語，恐其叙款草率，奉求加墨，諒勿計較（後日走領）。敬問

箸祺。

美翊謹狀

廿七日。

（鈐印）美翊小印（白文）。

考釋：

①（五八）致沙孟海。衹署『廿七日』，未署年、月。

函云『近拓得蒼翁硯銘奉覽』，《沙孟海全集》（西泠印社出版社，二〇一〇年）第九卷《僧孚日録》辛酉十月廿六日（按：當是廿七）：

張蹇丈寄貽蒼水翁遺研拓本，有萬九沙題字。

此信書寫時間當爲一九二一年十一月二十六日（辛酉十月二十七日）。

②張蒼水。

③虞輝祖（寒莊）。

述評：

①關於『寒老文稿純乎桐城』：

桐城文派，亦稱桐城古文派、桐城散文派。因代表人物方苞、劉大櫆、姚鼐均係桐城（今安慶市桐城市）人而稱名。

《沙孟海全集》（西泠印社出版社，二〇一〇年）第九卷《僧孚日録》庚申八月廿五日：

郡中諸公，虞含章先生（輝祖）專主桐城；洪佛矢先生（允祥）痛詆桐城；張于相先生爲桐城而兼好桐城以外文史；陳天嬰先生（訓正）文亦與桐城殊；吾師爲漢魏文而并不輕眡方、姚；楊遜齋先生（敏曾）於諸公爲前輩，其爲文不喜桐城并不喜漢魏，文字乃服

膺於侯、魏、湛園諸人。師語余，以爲可異也。（楊先生好《二十四家文鈔》歸安徐斐然敬齋所輯。）

含章先生半月前曾來爲翁須與余言甬上文人詩：『自推天嬰、回風二公足傳無疑。二公之文，天嬰尚欠聲調一番功夫；回風爲漢魏文，余所不講者，要皆能附於其詩以傳。至言文，則吾自居矣。』含章先生論文，非桐城則不爲家數，故所言如是。師謂含章、于相二人：『若言古文，則于相自不及含章功力之深；若論文章，則含章不及于相之範圍寬大而中正也。』

劉聲木《桐城文學淵源》（黄山書社，一九八九年）：

虞輝祖，……師事張美翊及族兄景璜，授以方、姚相傳古文義法；又與姚永樸、永概、馬其昶、王樹枏、吴闓生等以文學相切磋。……其文好深湛之思，專尚簡淡，曲盡言外微致，不爲豐縟繁殺之詞，深情遠思，冥搜孤造，每一文成，鈎稽往復，率首尾六七易稿，其不苟如此。

虞輝祖《張讓三先生六十壽詩》（《甬上青石張氏家譜·贈言》，味芹堂鉛印本，一九二五年）：

曾經手拓方姚派，親炙庸庵尚典型。一綫桐城今末法，百年桑海剩先生。清流經濟終韜伏，叔世文章屬老成。紆體衡門道所寄，勉裁長句頌幽貞。

姚鼐《古文辭類纂·序》（上海廣益書局，一九二三年）：

凡文之體類十三，而所以爲文者八，曰神、理、氣、味、格、律、聲、色。神理氣味者，文之精也；格律聲色者，文之粗也……學者之於古人，必始而遇其粗，中而遇其精，終而御其精者而遺其粗者。

曾國藩認爲作文以『行氣』爲第一條件，其次爲『造句』，再次爲『選字』，標準是要『雄奇』『古雅』。張美翊自謂『寒老文稿純乎桐城，老朽弗及遠甚』，雖是自謙，却亦客觀。《孟子·離婁下》：『聲聞過情，君子耻之。』是孟子發揮孔子遺義，闡發一個人的名聲超過客觀實際，道德品質高尚者自以爲耻。强調務本求實，此古風與時風迥異之處。張美翊古風尚存，不愧爲劉聲木所謂『我朝末造，其爲第一流人物乎？』

曲園老人倣蒼頡篇製賤

百行文覽雲淡回禾无御作字

篆中圓鑑諸係傳神氣頹振

兩南兵憲華商子訊我事禾衰

孤帆今吉引港譽業蕭朱人力

松膝天耶堅陰華美韻蕯堅月

俞上敬遂草堂藏本印

一

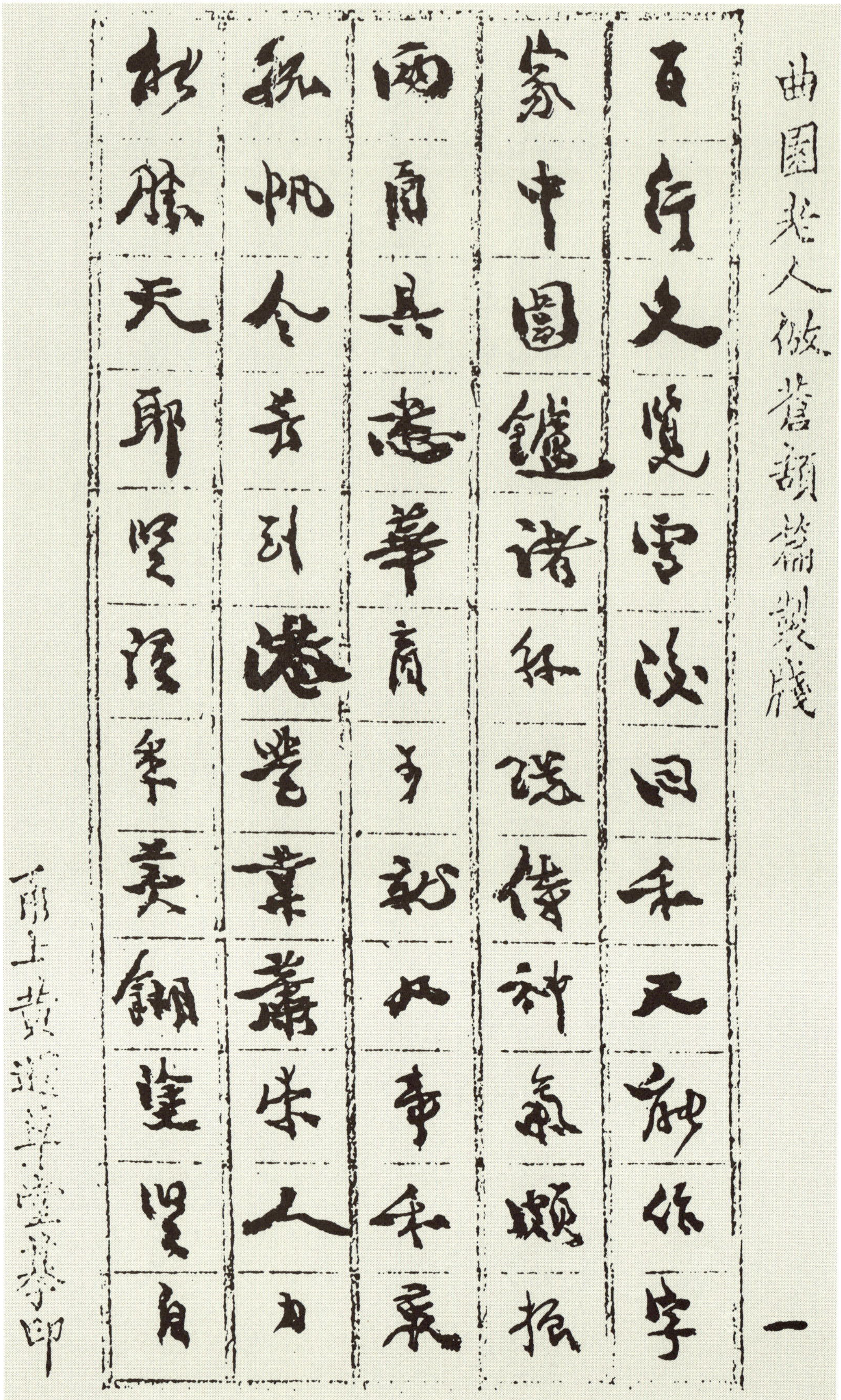

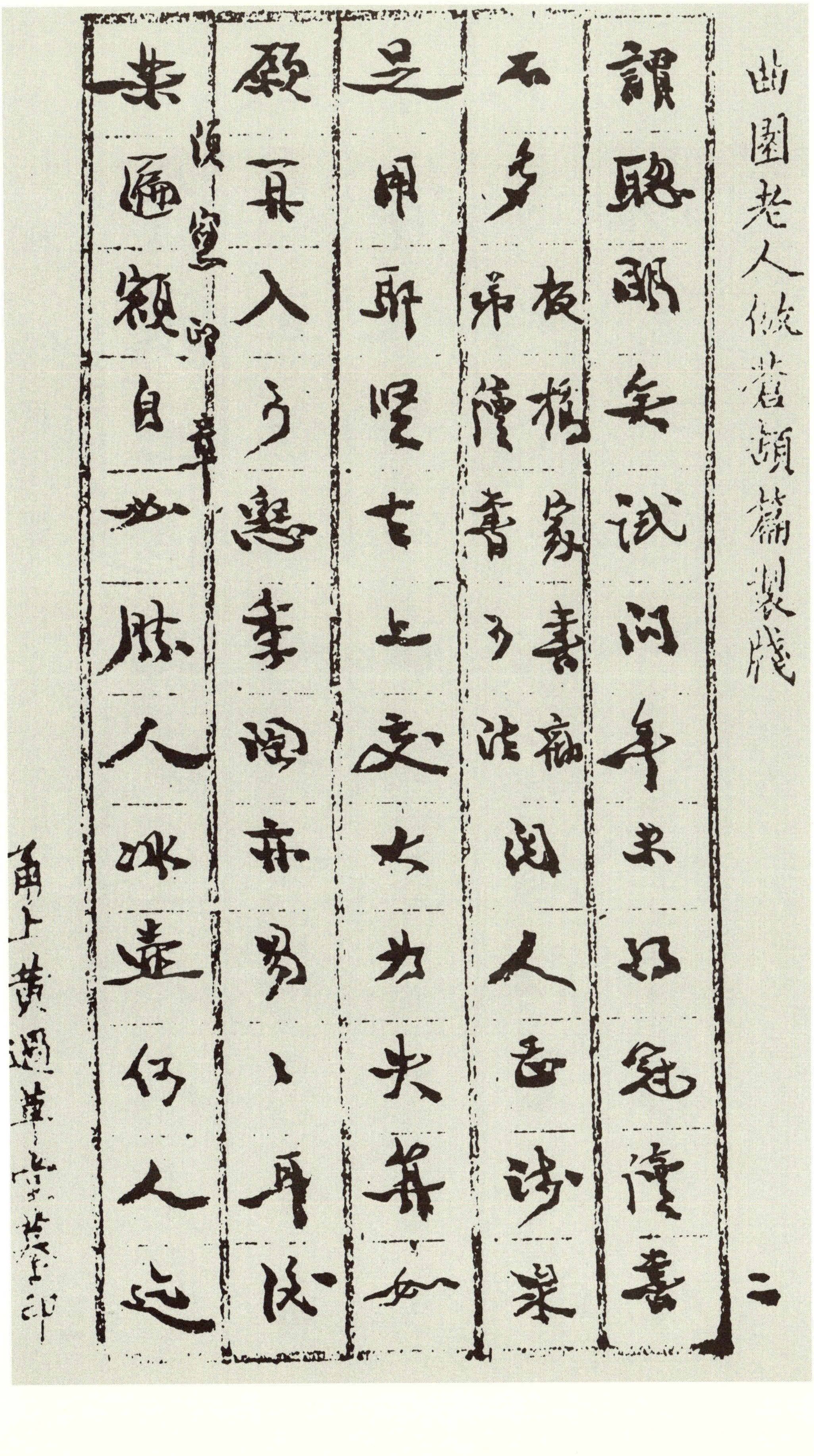
曲園老人倣蒼頡篇製箋
二

幽闇老人倣蒼頡篇製戲

二

未寄來望遠見陵室少夌多喽

歲縷宜徐父母不如筋豹令壺

弓情人與洛弟榮事之坏日

杭來安令十二紗窩龍行慧令歲十

半紗窩王遠石行極神似若令

扇上黄道草堂葊印

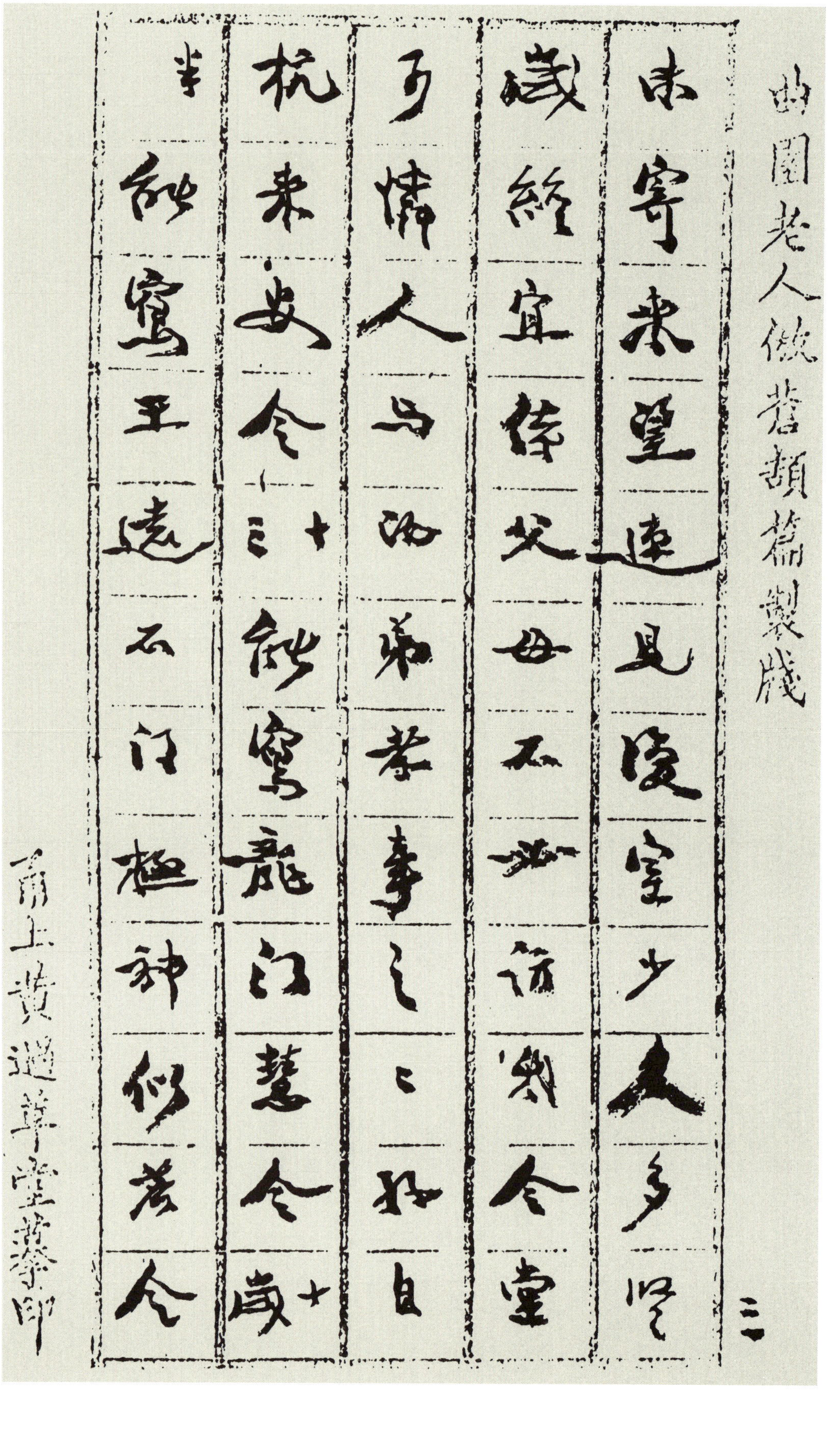

曲園老人倣蒼頡篇製牋 四

其專心學字思而畏之紗代寫

各種佇修蓼衣請老修石門杷好望賢將明年

多種借觀印遠野合要慕祿日來老大蝦羹

款但不獲顯筆紺生而觀書帖

之矣順問侍祺篁叟手具 廿六

甬上黃過草堂摹印

（五九）致朱復戡①

一九二二年一月二十三日　辛酉十二月二十六日　星期一

黃過草堂箋

百行文覽：

雪後回和，又能作字。家中圍鑪，諸孫環侍，神氣頗振。兩函具悉。華商②可就，凡事和衷③。孤帆④、令芳到港，營業蕭索，人力能勝天耶？賢謂季美⑤劖塗，賢自謂聰明矣。試問年未弱冠，讀書不多（《板橋家書・勸弟讀書》可法）。閱人甚淺，果足用耶？賢去『上交』⑥，大爲失算，如願再入，可懇季陶⑦，亦易易耳。『後樂』匾額，須寫印章，白必勝人。冰壺⑧何人，迄未寄來，望速見復。室少人多，賢歲終宜侍父母，不必訪我。令堂可憐人，與汝弟孝事之。二孫自杭來，安令⑨（十三）能寫《龍門》⑩，慧令⑪（十歲半）能寫王遠《石門》，極神似，若令其專心學字，賢亦畏之。能代寫各種，俾臨摹否？（靖老臨《石門》極好，望賢將臨本多種借觀，即還。貽令⑫要篆隸。）日來老夫頗喜歡，但不發頭暈，能坐而觀書帖足矣。順問

侍祺。

塞安手具，

廿六。

考釋：

① （五九）祇署『廿六日』，未署年、月。
函云『試問年未弱冠』，是朱復戡此年十九歲，當爲辛酉。
函云『雪後回和』『賢歲終宜侍父母』，且署廿六日，當是辛酉歲終臘月廿六日。
函云『賢謂季美劖塗』，一九二一年冬季，范季美引咎辭去上海華商證券交易所理事長職務。爲佐證。
此信書寫時間當爲一九二二年一月二十三日（辛酉十二月二十六日）。

② 上海華商證券交易所。

③ 《書・皋陶謨》：『同寅協恭和衷哉。』孔傳：『衷，善也。以五禮正諸侯，使同敬合恭而和善。』

④ 李孤帆，世居寧波江北岸楊善弄，鎮海李家祖字輩。寓上海膠州路三〇一號。一九一八年前後，在北京大學讀商科，名李平。一九二一年五月，參與發電寧波道尹鎮守使等援助寧波因查貨被毆學生。一九二二年八月二十二日，『寧波水灾急賑會』庶務幹事。一九二三年，同鄉會考察委員。

⑤ 范季美。

⑥ 上海證券物品交易所。

⑦戴季陶。

⑧王冰生。

⑨張安（一九〇九—？），安令。張晉次子；張美翊孫。

⑩龍門造像。

⑪張宜（一九一一—？），慧令。張晉三子；張美翊孫。

⑫張貽令（一九一〇—？），張謙（叔馴）長子；張美翊孫。

述評：

①關於『賢謂季美餬塗，賢自謂聰明矣』：

范季美。留學日本回國後，宣統二年庚戌（一九一〇）賞商科舉人。後上海『聖約翰大學』畢業。曾任『中國銀行北京總行』總司務（管理各分行鈔票的發行，因出紕漏棄職到滬躲避）。上海股票交易業的先驅。虞洽卿爲首創辦『上海證券物品交易所』與范季美爲首創辦『上海華商證券交易所』競爭激烈。『上海證券物品交易所』一九二〇年七月一日開業。『上海華商證券交易所』成立於一九二〇年五月二十日，一九二一年一月正式開業（三月獲得農商部批准發給的證字第二號營業執照），地址在漢口路四二二號。范季美爲首届理事長。

朱復戡所謂『季美糊涂』，是指范季美中圈套事。一九二二年二月，在寧波同鄉會召開臨時股東大會，范季美引咎辭職。張美翊不一定知道個中原因，却把朱教訓了一通。亦令人忍俊不禁。

從本函『華商可就』『賢去上交』看，此時朱復戡已脱離上海證券物品交易所，而欲就范季美的上海華商證券交易所。這是因爲『信交風潮』後，證券物品交易所一蹶不振。而華商證券交易所經短暫整頓後，業務迅速恢復。一九二二年八、九月間，華商交易所在漢口路口九江路口建三層樓房，命名『證券里』，爲上海證券業主體。

②關於《板橋家書・勸弟讀書》：

《鄭板橋家書・濰縣寄舍弟第四書》（上海群衆圖書公司，一九二四年）有云：

凡人讀書，原拿不定發達。然即不發達，要不可以不讀書，主意便拿定也。科名不來，學問在我，原不是折本的買賣。愚兄而今已發達矣，人亦共稱愚兄爲善讀書矣，究竟自問胸中擔得出幾卷書來？不過挪移借貸，改竄添補，便爾釣名欺世。人有負於書耳，書亦何負於人哉！昔有人問沈近思侍郎，如何是救貧的良法？沈曰：『讀書』。其人以爲迂闊。其實不迂闊也。東投西竄，費時失業，徒喪其品，而卒歸於無濟，何如優游書史中，不求獲而得力在眉睫間乎！信此言，則富貴，不信，則貧賤，亦在人之有識與有决并有忍耳。

《鄭板橋家書・濰縣署中與舍弟第五書》有云：

寫字作畫是雅事，亦是俗事。大丈夫不能立功天地，字養生民，而以區區筆墨供人玩好，非俗事而何？東坡居士刻刻以天地萬物爲心，以其餘閑作爲枯木竹石，不害也。若王摩詰、趙子昂輩，不過唐、宋間兩畫師耳！試看其平生詩文，可曾一句道着民間痛癢？設以房、杜、姚、宋在前，韓、范、富、歐陽在後，而以二子厠乎其間，吾不知其居何等而立何地矣！門館才情，游客伎倆，祇合剪樹枝、造亭榭、辨古玩、鬥茗茶，爲掃除小吏作頭目而已，何足數哉！何足數哉！愚兄少而無業，長而無成，老而窮窘，不得已亦藉此筆墨爲糊口覓食之資，其實可羞可賤。願吾弟發憤自雄，勿蹈乃兄故轍也。古人云：『諸葛君真名士。』名士二字，是諸葛纔當受得起。近日寫字作畫，滿街都是名士，豈不令諸葛懷羞，高人齒冷？

板橋以書畫名於世，却鄙視畫師。畫師本無錯，要在讀不讀書，關不關心民間痛癢。板橋且云『近日寫字作畫，滿街都是名士』，不想三百年前已然有此等現象，并非今日專利。

復戡師曾語筆者：

古以畫士爲最高。

士則讀書人。其實，即便畫士，衹要以畫謀生，爲錢財，也不免仰人鼻息，曲己逢迎，則辱在其中矣。早於板橋千年的閻立本，滿腹經綸，衹因善畫，亦難避辱。

《舊唐書·閻立本傳》：

> 太宗嘗與侍臣學士泛舟於春苑，池中有異鳥，隨波容與。太宗擊賞，數詔座者爲咏，召立本令寫焉。時閣外傳呼云：『畫師閻立本。』時已爲主爵郎中，奔走流汗，俯伏池側，手揮丹粉，瞻望座賓，不勝愧赧。退誡其子曰：『吾少好讀書，幸免面墻，緣情染翰，頗及儕流。唯以丹青見知，躬厮役之務，辱莫大焉！汝宜深誡，勿習此末伎。』立本爲性所好，欲罷不能也。及爲右相，與左相姜恪對掌樞密。恪既歷任將軍，立功塞外；立本唯善於圖畫，非宰輔之器。故時人以《千字文》爲語曰：『左相宣威沙漠，右相馳譽丹青。』

閻立本當然是讀書士人，自謂才情學問，不輸他人。衹因畫好，便要受人驅使，辱莫大焉！其實閻立本官主爵郎中，并不一定要喫繪畫這碗飯，若無『丹青見知』見累，豈不是能與其他官員一樣能過正常人生活？

《沙孟海全集》（西泠印社出版社，二〇一〇年）第十卷《僧孚日録》壬戌十月廿七日：

> 蹇丈……并爲余取號曰郁齋，余所不喜也，……賣藝爲生，古人不免酸鹹異者趨俏由人，若削趾顰眉，以徇世好，效賤丈夫，則吾豈敢。

陳從周有『耻向人前稱畫師』句，高明。

③關於王冰生：

王冰生。慈谿人。有寧波『江北新生號廣貨店』，寧波廣貨業領袖。一九一一年，七月，『國民尚武會寧波分會』幹事；『寧波商團第一團』副團長；十二月，浙路甬段通車時爲各商團代表作演說。一九一九年，三月，參加『上海商業公團聯合會』；六月『寧波救國十人團』團員，截獲奸商偷運糧食出口，開設『瑞成陽傘廠』抵制日貨；九月，『寧波請願會』赴京請願代表；十一月，『寧波各界聯合會』主席。十二月一日，『寧波各界對付閩事會議』臨時主席。一九二〇年十一月，出席『慈谿保黎醫院』十周年紀念會。一九二三年，寧波同鄉會鄉産陳列委員。

《沙孟海全集》（西泠印社出版社，二〇一〇年）第九卷《僧孚日録》辛酉九月九日：

午後有王冰生、徐杏圃者來，二人雖習於賈，而頗講碑帖之學，亦殊難得。

《僧孚日録》辛酉十月一日：

午後有王冰生、徐和父見過。二君皆服賈，而頗講書畫金石之學。

《沙孟海全集》（西泠印社出版社，二〇一〇年）第十卷《僧孚日録》甲子三月廿二日：

爲冰生刻冰壺二字，草草成之，似尚古樸（冰壺二字殊不雅）。

④關於『「後樂」匾額，須寫印章，自必勝人』：是朱復戡爲『後樂園』寫匾。

百行賢契歲發春祝惟
侍奉起居曼福承 賀敬悉正月
初九日萬國禮賓會邀請觀禮煩
賢代表前往致意葉子衡張晉峰譚
飛聲諸君能以留滬同會尤妙去臘
冬間溥儀請東徽章附上敬問
侍祺並頌
春釐百益
寒老人手啟 正月初二日

文華閣製

（六〇）致朱復戡①

一九二二年一月三十日　壬戌一月三日　星期一

文華閣箋

百行賢契：

獻歲發春，祇惟侍奉起居曼福。承片賀，敬悉。正月初九日，萬國體育會邀請觀禮，煩賢代表前往致意。葉子衡、張晉峰、譚雅聲②諸君，能以西語問畣［答］尤妙。去臘各函望詳復。請柬、徽章附上。敬問

侍祺並頌，

春釐百益。

蹇老人手啓，

正月初三日。

考釋：

①（六〇）衹署『正月初三日』，未署年。

函云『去臘各函望詳復』，與（五九）函云『冰壺何人，迄未寄來，望速見復』『能代寫各種，俾臨摹否』相銜接。

此信書寫時間當爲一九二二年一月三十日（壬戌一月三日）。

②譚雅聲，亦作亞聲。一九〇三年，『上海聖約翰書院學生足球隊』隊員（中國最早的足球隊）。一九〇九年，文學士畢業。一九一〇年，『中國第一屆全運會華東足球隊』隊員。一九一一年，『上海江灣跑馬廳』第一任書記。一九一五年，『上海雲飛汽車公司』買辦。一九一六年起，上海『美國聖公會聖彼得堂基督教堂』堂董。妻甘金榮，上海名媛之一。

述評：

①關於葉子衡：

葉貽銓（一八六九—一九三二），字子衡（日本籍）。鎮海莊市人。上海『五金大王』葉澄衷四子。少年讀於上海『聖約翰大學』，其父爲聘請英國教師，深受西方文化影響。一九〇六年五月，『華商體操會社』監督員。一九〇八年，九月，參與發起『中國物品陳列所』；合股創建『衍慶錢莊』。一九一一年，建成『江灣跑馬廳』；『臺灣銀行』買辦。一九一七年，參與創建『鎮海莊市同義醫院』。

一九〇八年—一九二〇年，按照英美樣式建造落成葉氏西洋花園，上演西洋音樂、舞蹈，紅極一時，稱『上海夜花園』。故而張美翊有『能以西語問答尤妙』的要求。

曲園老人倣蒼頡廟裴岑

百行賢要存左入春秋惟一

上使起居要循聽如命順

未示賀東具恙一一賢今年弱

冠矣當看成人氣象前人謂本

今小學是做人模樣賢望徵國

甬上黄過草堂摹印

曲園老人仿蒼頡篇製箋　二

尤宜服膺弗失以後來者務須

到小學教諸看少年恂恂總度

萬勿驕且塵上炫己而薄人凡

人宜雅不宜俗一染俗氣無藥

可醫張丹爺滿身俗骨可如賴

甬上黃遇草堂摹印

曲園老人倣蒼頡篇製牋

界亦無位置之地君未見雅篆
之已甚惟素文與伍耳其字
於土俗不值遇人一笑來自己
付字儀斷不示人印次又亦未見望覽
洗筆滌硯勿染丹脂絲毫氣味

三

甬上黃瓚草堂摹印

專心師古勿逐時流務記前年
春間初見知覺不為天台山叢
所羅致許看志數月不見皇
下舊入幽耶戒之趣之過日循
健捻毀故人大膽黏裝成冊大

甬上黄遵草堂摹印

曲園老人倣昔頡篇製牋

卒雅人深致其中嫁變長商及
漢晝仙張當卷皆佳望也當意
大賸萬分亂說亂寫者人笑謳
覽試觀前賢手賸何等舒慎方
安於那親在之易潮流之過而

五

甬上黃遐草堂摹印

幽圖老人倣舊類篇製箋

貧淡無厚薪賢不肯再回老所

本有志氣上海紅塵十丈最易

陷溺立志向上修學敦行自是

根起君子之道闇然日章一般

大投機冒險家多蹶浪用譬之

六

前日黃道尊堂學印

曲園老人倣舊頡篇製箋 七

春花難連秋實其志大才疏者

無論矣因德齋來為痛言之所

要書尚様本書目望為代覓是

幸手乞款支備紙請走復第刻文玉飲復問

傳襟寶夔予具正月初十

甬上黃澹華堂摹印

（六一）致朱復戡①

一九二二年二月六日　壬戌一月十日　星期一

黄過草堂箋

百行賢契左右：

入春祇惟上侍起居曼福，慰如所頌。

來示、賀柬具悉一一。賢今年弱冠矣，當有成人氣象。前人謂朱子《小學》是做人榜様，賢望徽國②，尤宜服膺弗失。以後來函，務須引《小學》數語，有少年恂恂態度，萬勿囂且塵上，炫己而薄人。凡人宜雅不宜俗，一染俗氣，無藥可醫。張丹斧滿身俗骨，即小報界亦無位置之地，君木③、無邪④，薄之已甚，惟袁克文與伍耳。其字尤土俗，不值通人一笑。來函已付字簏，斷不示人。（即次兒⑤亦未見。）望賢洗筆滌硯，勿染丹斧絲豪氣味，專心師古，勿逐時流。猶記前年春間初見，知賢不爲天台山農⑥所羅致，許爲有志，數月不見，豈下喬入幽⑦耶？戒之！勉之！近日稍健，檢點故人尺牘，黏裝成册，大率雅人深致。其中寐叟⑧長函及湯蟄仙⑨、張嗇菴⑩皆佳。望賢留意尺牘，萬勿亂説亂寫，爲人笑話。賢試觀前賢手牘，何等矜慎，可妄爲耶？現在交易潮流已過，所員決無厚薪，賢不肯再回老所⑪，亦有志氣。上海紅塵十丈，最易陷溺。立志向上，脩學敦行，自足振起。君子之道，闇然日章。一般大投機冒險家，多賺浪用，譬之春花難望秋實，其志大才疏者無論矣。因德鄰來，爲痛言之。所要書局様本書目，望爲代覓是幸（可包封交『甯紹』，請袁履弟轉交玉銘）。復問

侍祺。

蹇安手具，

正月初十。

（鈐印）美翊小印（白文）。

考釋：

①（六一）祇署『正月初十』，未署年。函云『賢今年弱冠矣』，歲壬戌，朱復戡二十歲，知爲壬戌正月初十。函云『猶記前年春間初見』，一九二二年的前年是一九二〇年，張美翊與朱初見，可爲佐證。此信書寫時間當爲一九二二年二月六日（壬戌一月十日）。

②朱熹逝後，宋理宗紹定三年（一二三〇）九月，改封爲徽國公。

③馮幵（君木）。

④陳訓正（無邪）。

⑤張謙（叔馴）。

⑥劉文玠（天台山農）。

⑦《孟子·滕文公上》：

吾聞出於幽谷，遷於喬木者，未聞下喬木而入於幽谷者。

比喻人從良好的處境進入惡劣的處境。亦作『下喬遷谷』。

⑧沈曾植（寐叟）。

⑨湯壽潛（蟄仙）。

⑩張謇（嗇庵）。

⑪上海證券物品交易所。

述評：

①關於『現在交易潮流已過』：

一九二一年的上海『信交風潮』，也稱『民十風潮』。是指信托公司和交易所在短時間内發生了大變動。是年冬，原一百四十餘家交易所祇賸下了上海證券物品交易所、上海華商紗布交易所、上海金業交易所、上海物品交易所。另外還有兩家信托公司。其間，上海物品交易所經紀人公會會長洪善强（亦作洪善長）陷入絶境自殺。物品交易所監察人周駿彦也兩次欲跳黄浦江被救。

②關於朱復戡的生年：

朱復戡的生年，上個世紀有代表性的大抵有三種説法。一、一八九九年生。見西泠印社一九八六年出版的《西泠印社社員印集》；二、一九〇〇年生。見中國攝影出版社一九八七年出版的《朱復戡金石書畫選》、上海遠東出版社一九九五年出版的《朱復戡篆印墨迹》和北京出版社一九九五年出版的《朱復戡補秦刻石》；三、一九〇二年生。見上海書畫出版社《書與畫》雜誌一九九六年第五期載侯學書撰《朱復戡的篆刻》、河北美術出版社一九九八年出版的《中國現代美術全集·書法卷》。

上述《朱復戡金石書畫選》《朱復戡篆印墨迹》《朱復戡補秦刻石》三書的作者簡介皆云：

二十三歲時商務印書館出版了他的《靜龕印集》。

商務印書館出版《靜龕印集》，吴昌碩題扉頁，署款『乙丑』，乙丑是一九二五年。而且《靜龕印集》中有印章邊款爲『甲子凉秋』，甲子爲一九二四年。如果按一九〇〇年生，則二十三歲出的書應在一九二三年，而一九二三年出的書不會收入一九二四年的作品。如果説一九二五年朱確是二十三周歲，那麽其生年當爲一九〇二年。

朱復戡生日爲農曆丙寅八月二十九日。

一九二一年楊庶堪褒揚朱篆刻書紈扇，（侯學書著《鐵筆神童——朱復戡傳》上海書畫出版社，二〇〇二年）：

靜龕適年十八耳，……辛酉五月，山父。

辛酉五月，朱復戡尚未過生日，故謂：『適年十八』。

《沙孟海全集》（西泠印社出版社，二〇一〇年）第九卷《僧孚日録》辛酉十月九日（一九二一年十一月八日）：

朱百行（義方），年十九。

辛酉十月，朱復戡已過生日，故謂：『年十九』。

馮君木壬戌七月題朱復戡爲張美翊造《太康甎研銘》云：

朱生義方……年未二十，馳譽海上……壬戌七月，馮幵。

一九二二年歲壬戌，倘朱生於一九〇〇年，當爲二十二周歲，馮君木不會説『年未二十』。壬戌七月，朱復戡尚未過生日，故謂：『年未二十』。

或以爲馮説非確指。那麽，再看張美翊言及朱年齡的三通信，此三信均致朱復戡本人，帶有訓導的口吻。

第一通爲一九二二年一月二十三日（辛酉十二月二十六日）：

試問年未弱冠。

第二通即本函——一九二二年二月六日（壬戌一月十日）：

賢今年弱冠矣，當有成人氣象。

兩函公曆都是一九二二年，相隔十四天，衹是農曆一爲辛酉末，一爲壬戌初，未過春節爲『年未弱冠』，過了春節即長一歲爲『今年弱冠矣』。

第三通爲一九二二年五月七日（壬戌四月十一日）：

賢年甫冠，乃謂學篆十年。

朱復戡一九二二年二十歲。弱冠、甫冠均爲二十歲，完全證實朱復戡一九二二年爲二十周歲，即生於一九〇二年。

其次，張美翊一九二〇年六月十八日（庚申五月初三）致李梅庵函云：

特命敝學生朱義方帶呈。朱生年十八。

張美翊一九二〇年十月九日（庚申八月二十八日）致劉邦驥函云：

朱生義方，年未冠。

朱復戡一九二〇年十八歲，即生於一九〇二年。

再次，張美翊一九二三年九月十日（癸亥七月三十日）致顧鼎梅函：

敝門下朱生百行……今年二十一。

可見朱復戡一九二三年是二十一周歲。都可證朱復戡生於一九〇二年。

更有力的證據是張美翊還有如下四通文字：

甲、張美翊一九二〇年四月二十日（庚申三月二日）贈朱復戡《龍門造像》記：

庚申三月二夕，以贈朱生義方。……生年僅十八，勉爲之。蹇叟又記，時年六十有四。

一九二〇年歲庚申，張美翊六十四歲，朱復戡十八歲。

乙、張美翊一九二二年五月二十八日（壬戌五月二日）『朱生靜者徒』詩款署：

朱生靜堪……生年甫冠……壬戌五月二日，蹇叟時年六十有六。

丙、張美翊一九二二年八月十九日（壬戌六月二十七日）題朱復戡縮摹石鼓文：

今朱生百行……弱冠得此……壬戌六月廿七日清晨，蹇叟。

壬戌，一九二二年，朱復戡年在甫冠、弱冠，即二十歲。

丁、張美翊一九二三年七月五日（癸亥五月二十二日）題朱復戡壬戌（一九二二）所寫石鼓云：

朱君百行……弱冠之年……癸亥五月廿二日黎明，蹇叟時年六十有七。

一九二三年歲癸亥，而所題石鼓文是朱復戡一九二二年所書，弱冠當指一九二二年。

這四通文字，均署有明確的年月日時，殊爲朱復戡生於一九〇二年不爭之鐵證。

此處不妨説一小故事，復戡師七十多歲時客居山東泰安政協大院，屋中無抽水馬桶，如厠必須上院内公共厠所，因不能蹲坑，遂專備一條凳，便時大腿坐於凳上。某日侍復戡師入厠（爲防腿麻摔倒），師便後，回身注視自己大便有時，繼而用手紙將大便掩蓋。見筆者詫異，解釋道：觀大便可知有無腸道及肛門疾病。我屬虎，虎有猫性，猫便後必掩其糞。

『屬虎』，一九〇二年壬寅屬虎，師有名虎闓、伯寅、八寅，『復戡』亦即吴語『虎闓』諧音，均可證朱復戡生年爲一九〇二年。

③關於馮幵：

馮幵（一八七三—一九三二），掌紋似『幵』，故名。有朱文印『有文在手曰幵』。又名鴻墀，字階青、君木。號木公、木居士（取韓愈詩『偶然題作木居士』）、回風。學者稱回風先生。慈谿慈城鎮人。梅調鼎弟子。室名：回風堂。光緒二十三年丁酉（一八九七）拔貢。一九〇〇年，『麗水縣學』訓導。一九〇四年，『慈谿縣中學』國文教師（陳布雷從學）。一九一二年四月，陳布雷的四姐適馮君木爲繼室（見王泰棟《陳布雷外史》，中國文史出版社，一九八七年），所以馮即是陳的老師，又是陳的姐夫。與況周頤爲兒女親家。《甬上青石張氏家譜・贈言》（味芹堂鉛印本，一九二五年）收有馮幵《奉題張母戴孺人旌節録》。

馮君木《張美翊行述》（馮君木《回風堂詩文集》，中華書局倣宋字鉛印本，一九四一年）：

《張君行述》：

君諱美翊，字讓三；一字簡碩。晚自號蹇叟。鄞張氏其先，當宋時始自滄州遷鄞。明永樂間，有尹肅者贅於本城青石橋余氏，遂家焉，世稱青石張氏。尹肅生誠。誠生泮，官汀洲教授，生國化。國化生一相。一相生遐勛，貨殖起家，以孝友著聞鄉里。生士培，游姚江黄梨洲先生之門。是爲君之幾世祖。曾祖宗城，祖宇廣，父延青。君生周歲而孤，母劉宜人躬撫育之。自幼即耽學，書卷而外，無他嗜好。舅劉君鳳章，爲縣大師，賞其開敏，悉舉所學以授。君潛心證鄉，積久勿倦。弱歲成諸生，與同縣洪君家汭、包君履吉、袁君堯年輩，因文學相切劘，稱徵社十二子，聲聞日起。督學善化瞿公鴻禨、兵備無錫薛公福成，尤嗟異君，目爲瑋器。光緒十六年，薛公奉使英法義比四國，君隨使西征。所至，必推究其政法，考核其風土，審查其形勢。隨征五年，鋭意撰述，成《東南海島圖經》《土耳其志》等書都十餘種。夙昔有志經世，洞明時變，不爲朝夕風尚所囿。自西游歸，即一意倡率名器象數之學，啓發後進，强聒不捨，鄉老咨議者颰起，君夷然勿恤也。新政既行，君益負先時物望。武進盛侍郎宣懷聞君名，厚幣聘君，署之賓職。會庚子變作，海内震盪。君與山陰湯君壽潛，秘贊侍郎，力陳東南保守和約之策，江皖楚粵，衆議僉同，東南晏然賴以安堵，君蓋與有力焉。尋爲南洋公學總理，學堂號稱難治，公學又爲東南大學，著學生籍者，類多閎俊踸踔之士。君開膺布肺，一以真忱相感。孚不三年，學子大和。無何，公學改隸郵傳部，君不樂，引去。學生留之勿能得，臨行爲範金作佩章以贈，藉誌勿諼云。光緒三十三年，南皮張公曾敭、祥符馮公汝騤，更迭撫浙，皆聘君主幕府事。君以部民佐治，瞭燭地方利弊，凡可以爲父老請命者，靡不殫心力赴之。匡救贊劃，被利甚溥。繼而馮公調任江西，又邀君與偕。江西民風樸僿，不與外人相習，主客齟齬，民教重案纍纍。君壹主持平，而以誠信棣通彼我情義，内悦外服，禍以寖弭。數年之間，百廢畢舉，馮公倚之如左右手焉。君澹恝榮利，不巧爲趣捨。名公大人，傾心推轂，君先後謝之。政變后，回翔滬甬間，被推爲旅滬寧波同鄉會長，專以紾變經俗、懷保氣類爲己任，遇人温温泛愛，絶去枅鄂，不爲峭厲矯激之行。然涉公私義利所在，則深閉固距，懔乎不得相犯干。以是物論多歸之。揆事敏絶，衇摘精微，貫徹首尾。每有商咨，立口立斷。群衆會議，每折中君以準向背。性尤愛才，樂道人善。單慧片智，動爲延譽。窮閻寒畯，就學無方，或遣歷瀛海，或送入校序。顓顓題拂，如恐不逮。後生小子，得所依歸，往往奮起末流，成學而去。生平爲學，不主故常，少年治詞章，中年主經世，五十以後恫於士大夫夸狃域外，國學散無友紀，益反本推究故籍，冀以先民雅言扶植風氣。一切遺文墜獻，殘簡孤本，不憚輾轉採獲，次第校録。嘗謀刻《四明先哲遺書》，普餉承學。目録寫定，後以絀於貲力，未克措手，時時引爲憾嘆。平日最服膺曾文正，自以出無錫薛公門下，於文正爲再傳弟子，故爲文篤守曾氏家法。嘉興沈君曾植嘗與君指數當世文流，目君爲寄湘鄉籬下用相嘲噱，君彌自喜也。君處世坦夷而自治絶嚴，内行豤豤，老而彌劭。本於愛親推之戚族故舊，有以空乏告者，無不稱其望以賙。或坐貧失其産，則爲贖而復之，更失更贖，至於再三。時亦以是自累，然從不少襮於人。家故清素，藉筆札自贍給。數十年來，所入不訾日用，而外耗之任恤者，殆十四三。奔走畢世，至老而貧如故。晚歲居家養疴，造謁者猶不絕，嫗孀孤稚，鄉甿苦力，坐左右常滿。君解紛排難，籌劃萬端，口疲於言，手疲於書，恒窮日不得休止。兒輩請少閒，則曰：苦人可念，一援手之勞而忍靳耶？其仁心好濟物如此。君以光緒二十年副貢生兩舉經濟特科；由江蘇候補縣丞累保直隸候補直隸州知州；歷充南洋大臣顧問官；憲政編查館咨議官；度支部咨議官；浙江咨議局議員。春秋六十有八，以民國十三年夏正七月十日卒。佩鄭宜人，前君七年卒。子二，晉、謙；女二，適范鍾壽、陳紹舜。孫八，孟令、安令、貽令、慧令、鶴令、定令、新令、慶令。

④關於陳訓正：

陳訓正（一八七二—一九四三），字無邪、屺懷，晚年以字行。號玄嬰、天嬰。慈谿（今寧波市餘姚市三七市鎮）官橋村人。室名：天嬰室。一八九七年，參與組織石關算社、剡社、迨群學會。一九〇二年，參與創建『通社』。一九〇三年，中舉。一九〇八年，『寧波府教育會』評議員；『浙江高等學堂』國文教習。一九一〇年，『浙江省咨議局』議員；加入『同盟會』；上海《天鐸報》社長。一九一一年，同鄉會會董；十一月一日，『寧波保安會』副會長。一九一二年，參與創立『寧波效實中學』『平民共濟會』；『同盟會寧波支部』副會長。一九一七年，參與創立『寧波佛教孤兒院』，次年成立，爲居士院長。一九二〇年冬，與趙家藝在上海創辦《商報》，次年，總稽核；參與發起『爲鄞縣監獄囚徒施齋、講佛經』募捐。

張于相作《陳無邪墓志銘》；楊省齋作《官橋陳氏義田會記》；馮君木作《陳府君墓表》；黃季剛作《陳玄嬰先生六十壽序》；趙志勤作《陳屺懷先生生平事略》。

《甬上青石張氏家譜·贈言》（味芹堂鉛印本，一九二五年）收有陳訓正《湖上得蹇安訃賦此述哀》《書張氏旌節録》。

陳訓正《張讓三先生六十壽序》（《甬上青石張氏家譜·贈言》，味芹堂鉛印本，一九二五年）：

吾郡自有宋以來，士皆淑於深甯之教，相尚於樸學，不較較於文辭之工拙。衍至清世，大儒先後輩出，所務益精，若鄞萬氏充宗、季野，全氏謝山，若吾邑姜氏西溟，類能博洽弘通，自奮於絶學爲式，後士彬彬焉有文之實矣。然其於辭，蓋無所稱也。洎乎無錫薛公以兵備甯紹台三府駐節吾郡，於其署之傍構精舍，徵三府士之秀者日出其所，受於湘鄉曾氏所謂古文義法者，禮而教之，士之祈嚮既正，始稍稍辨其涂徑。於是，吾郡乃有高世文字之學，而鄞張先生讓三者其著也。先生自幼好學，通國故，事無錫最久，嘗隨之使西國，居五年，益知其國之政教風俗情僞，慨然有經世之志。使歸，歷聘爲大府上賓，主軍國要計，勝繁劇久，亦厭而去之。今老矣，然其爲文章，雖倉卒，猶能伸紙疾書，千萬言振筆立就，讀之規規然不移於法，蓋無錫之教然也。共和建國之四年，余在鄞主六邑藏書處曰薛樓，薛樓者，以無錫而名也。樓之建，在今二年前，而無錫之去吾郡，蓋至是二十年矣。而一樓之覆，猶以薛名，甚矣，文化之漸，雖久而勿忘也。然使無錫開建於前，而不得高第弟子如先生者掞張於後，則其爲澤亦僅矣。明年先生年六十，郡人士習於先生、與先生弟子之著録者，咸思有所稱述，而屬辭於余。余不文，然嘗辱先生之知而不以其陋棄也，義無避焉。時先生元妃滎陽君亦年六十，閫内之德，麗夫而昭。故惟述先生之有繫於吾郡文化者爲先生祝，願先生之壽與吾郡文化相引而俱長也。若夫獻媚逞諛之辭，爲湘鄉義法所勿許，則不敢以入，亦先生志也。

⑤關於『浙江三傑』：

指張美翊與陳訓正、馮君木三人。實際上張美翊比陳、馮二人年長十五歲。

《沙孟海全集》（西泠印社出版社，二〇一〇年）第九卷《僧孚日録》辛酉八月廿二日：

> 與夷父謁張蹇叜先生於薛樓中。……吾邑耆舊凋謝略盡，獨此一老存耳。

可知鄞縣『耆舊』，衹有張美翊一人，陳、馮二人尚不屬於老一輩的『耆舊』。

一九〇八年，張美翊作《谿上詩人三病夫一狂夫歌》（寧波詩社編《寧波詩詞》，團結出版社，一九八九年）：

> 戊申十月，由贛回甬，谿上陳子天嬰示余以馮君木《應悔復詩序》，文甚奇。三君皆善病，故號病夫。讀其詩尤奇，余謂谿上尚有一狂夫。則洪子佛矢是。其文奇、詩奇、人奇，與三病夫同也。久不見四君，歌以訊之。
>
> 江關獨客無於喁，跫然足音三病夫。病夫善病詩不病，況有狂夫狂與競。一燈如螢閃簾角，玦月幽幽鷄喔喔。山中困卧馮君木，樓上苦吟應悔復。九死一生陳天嬰，聞鬼夜哭啾啾聲。三人戰詩與病鏖，詩伯啖暘鬼伯逃。斯時佛矢忽大笑，謂汝病呻我狂叫。何當斗酒詩百篇，三病一狂其可療。儻許中間著蹇翁，將來猶入圖畫中。迷陽却曲傷吾行，老夫躃躠走且僵。

這首文學界傳爲佳話作品中的三病夫，即馮幵（一八七三年生）；陳訓正（一八七二年生）；應啓墀（一八七二年生）；一狂夫乃洪允祥（一八七四年生）。此四人年齡相倣，應是同一輩行。馮君木的祖父馮一梅是張美翊就讀辨志精舍時的肄業師。

洪允祥有詩贈張美翊長子張絅伯（洪允祥著《悲華經舍詩存》，鉛印本，一九三三年）：

> 吾師蹇叜老維摩，丈室香雲法眷多。有子才爲天下士，賞音能別郢中歌。騷人晚圃饒蘭蕙，故國名山冷薜蘿。六月鯤鵬遲變化，莊休南望欲如何。

洪允祥曾是寧波儲才學堂、南洋公學特班的學生，故稱『吾師蹇叜』。《甬上青石張氏家譜·贈言》（味芹堂鉛印本，一九二五年）收有洪允祥《張讓三先生六十徵詩文啓》。

一九一四年，馮君木、洪允祥論詩不合發生論戰。經張美翊自滬函甬勸解始罷。馮君木《回風堂詩文集·與佛矢論詩不合致相齟齬張蹇叜美翊貽書解紛賦詩報之》附張詩（中華書局倣宋字鉛印本，一九四一年）：

> 今古才人總不夭，每傷氣類一潸然。蹶邛同命應相惜，蠻觸紛爭亦可憐。且復薑芽斂余手，不容鷄肋當尊拳。一言願奉王生教，努力靈均惜誦篇。

葛夷谷、沙孟海、朱復戡、張千里是同輩。沙孟海稱馮君木爲『師』，而稱張美翊爲『丈』。是因張美翊的輩份比馮君木高。

葛夷谷是馮幵的外甥、學生。生於一八六二年，比其舅馮君木長十一歲。按年齡與能力，與陳訓正相倣。

馮幵在爲葛暘所描的《慈勞室圖序》（馮君木《回風堂詩文集》中華書局倣宋字鉛印本，一九四一年）中有云：

> 慈勞室圖者葛甥暘爲其母馮孺人作也……余與孺人爲從父兄，母俞恭人又先孺人姐也……孺人則命暘從余游。

⑥關於袁克文：

袁克文（一八九〇—一九三一），字豹岑（出生時其父袁世凱夢見高麗王送來花斑豹），亦作抱存；又字抱公。號寒雲（愛李玉所做昆曲傳奇《千忠戮》『但見那寒雲慘霧和愁織』句）。河南項城袁寨人。袁世凱次子。嚴修弟子。藏書處名：後百宋一廛，後改爲：皕宋書藏。藏書印有：人間孤本、虎豹窟、雲合樓、孤本書室、皕宋書藏主人廿九歲小景、八經閣、侍兒文雲掌記、寒雲鑒賞之記、克文與梅真夫人同賞、惟庚寅吾以降、三琴趣齋、後百宋一廛、壁珋主人、與身俱存亡。精金石學、古錢學、版本學，工詩詞楹聯，擅書畫。書初法顏真卿，篆隸真草諸體兼擅。

張美翊之所以反對袁克文，主要是因袁世凱稱帝，而袁克文有『上第二子』印。一九二三年十月一日（癸亥八月二十一日）致朱復戡函：『賢習英文兼法文，與西文友相交，勝於（上第二子）多矣。（寒雲有此印，無耻已極。）』可證。

另外，袁世凱是盛宣懷的政敵，當年盛宣懷失去南洋公學，即是因袁世凱打壓搶奪經辦權。

⑦關於張丹斧：

張丹斧（一八六八—一九三七），原名扆，後名延禮。字丹斧，以字行。筆名丹翁。別署後樂笑翁、無厄道人、張無爲、丹叜、老丹等。室名：伏虎閣、環極館、瞻麓齋。江蘇儀徵人。南社社員。

張丹斧是文學流派『鴛鴦蝴蝶派』人物，《小日報》主編，也不能説是『小報界亦無位置』。問題在於張丹斧與袁克文爲友，袁克文有《篆聖丹翁》：

> 今之書家學篆籀者多矣，而能真得古人之旨趣者蓋寡。或描頭畫脚，或妞妮作態，則去古益遠。在老輩中惟昌碩丈以獵碣爲本，而縱横之，而變化之，能深得古人之真髓者，一人而已。昨丹斧兄見過，出視所臨毛鼎，予悚然而驚，悠然而喜。展讀逾時許而不忍釋。蓋丹翁初得漢簡復印件而深味之，繼參殷墟遺契之文，合兩者之神，而出以周金文之體，縱横恣放，超然大化，取古人之精，而不爲古人所囿，今之書家，誰能解此耶。

從袁克文對張丹斧篆書的評價看，張丹斧亦非等閑之輩。袁克文爲張美翊所惡，張丹斧爲袁所累亦有可能。

再者，張丹斧稱『文壇怪物』，性格不羈，與青年時期的朱復戡又有相似之處。朱復戡此時與袁克文交往，受張丹斧影響亦無足怪。

⑧關於天台山農：

天台山農劉文玠（一八七八—一九三二），本名青；又名禾生。字照藜、介玉。號天台山農。黃巖（台州市黃巖區）人，生於嘉興。室名：橘頌宧（鄭蘇戡書）。一九一六年，與程瞻廬爲《新聞報》附刊『快活林』撰寫游戲文章。次年，黄楚九創辦『大世界』，劉寫門匾及各樓之名。又與孫玉聲共輯《大世界報》。『海上題襟館金石書畫會』中人，與李瑞清、曾熙齊名。是紅極一時的書家，所寫招牌隨處可見，而劉每日衹寫招牌三塊，每塊一百二十元。劉面有痘斑，因刻一印『劉大麻子』，常鈐於書作。

復戡師曾語筆者：

平生有三種人不交，一是心懷叵測者，二是身無絶技者，三是面目可憎者。

天台山農與袁克文、步林屋義結金蘭。曾意欲朱復戡就職『大世界』，朱因不喜其長相而避之。

曲園老人傚耆頡篇製箋

孟涂老弟大人連月陰寒衰軀

未健久闕

文從來城講學讀書修德物外

雖頌無頌前為委益題豫齋額

史詩兩乃界格强我寫手顫耳

曲園老人倣蒼頡篇製牋

鳴龍以下華

弟工力楷書為代勞偽春和體

強再為諸君寫字奉報何如耶

看惡者無令慧令自杭來本機

起津命意嫩令當此術

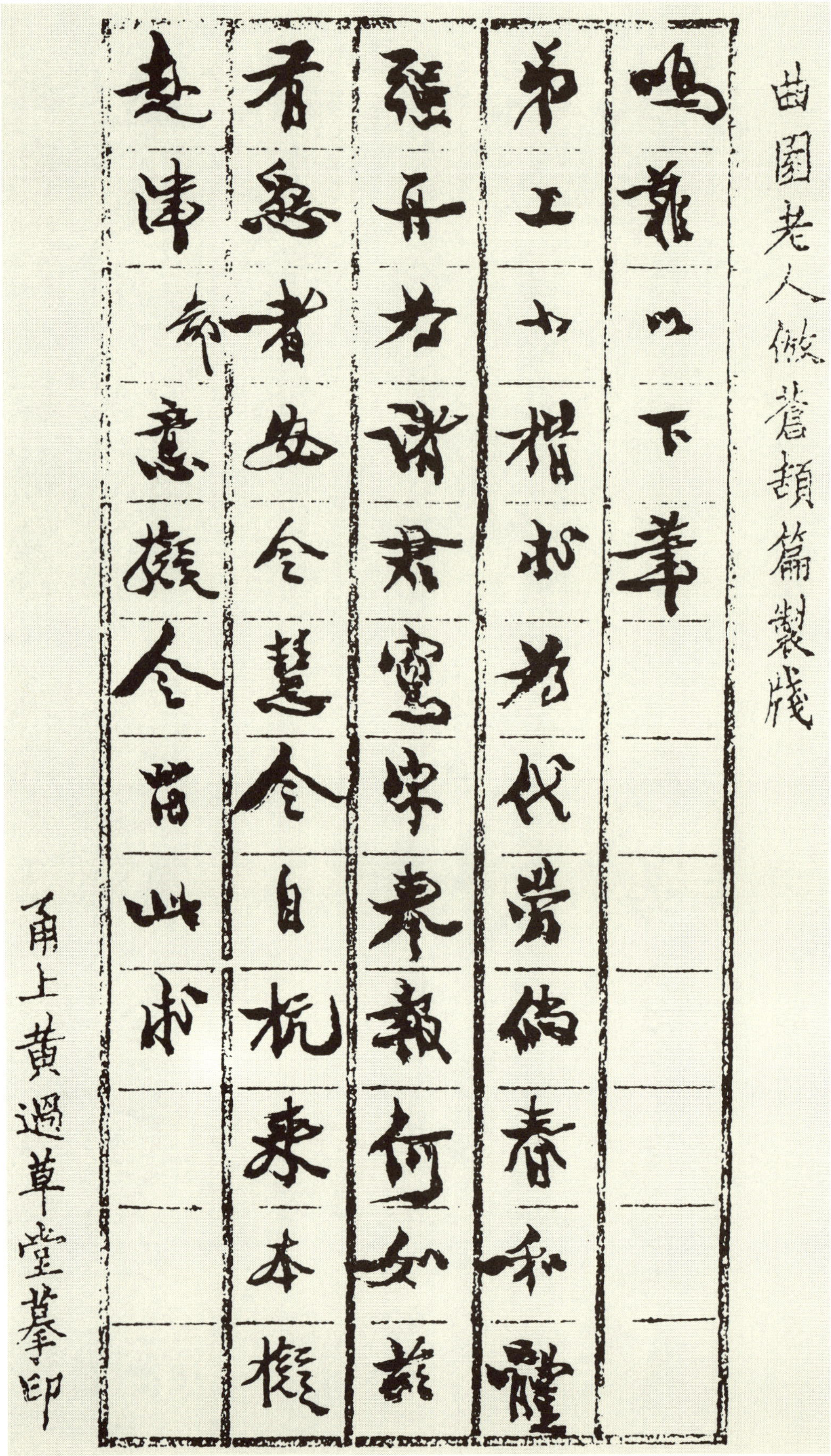

甬上黃過草堂摹印

曲園老人倣蒼頡篇製箋

弟教授經書兼習華算寄食十
臘夜隨老七宿薛桂先命叩謁
請示帝面諭程度
推愛收錄進而教之感同
造禮張美謹狀十一

甬上黄[illegible]

（六二）致沙孟海①

一九二二年四月七日　壬戌三月十一日　星期五

黄過草堂箋

孟海老弟左右：

連月陰寒，衰軀未健。欣聞文從來城，講學讀書，翛然物外，慰頌無頌。前爲夷谷題豫齋②刺史詩扇，乃界格强我寫，手顫耳鳴，難以下筆。弟工小楷，求爲代勞。倘春和體强，再爲諸君寫字奉報何如？兹有懇者：安令、慧令自杭來，本擬赴津，鄙意擬令留此，求弟教授經書，兼習英、算，寄食午膳，夜隨老朽宿薛樓。先命叩謁請示，希面試程度，推愛收録，進而教之。敬問

道祺。

張美翊謹狀，

十一。

（鈐印）美翊小印（白文）。

考釋：

①（六二）致沙孟海。祇署『十一日』，未署年、月。

函云『安令、慧令自杭來，本擬赴津』，與（五六）函云『二孫自杭來，安令（十三）能寫《龍門》，慧令（十歲半）能寫王遠《石門》』相銜接。

函云『連月陰寒，……倘春和體强，再爲諸君寫字奉報何如』，知時令春寒而未暖。又與後（六三）函云『兩孫擬令明晨來學，……三月初宿薛樓』有聯係，此爲前引。當在三月間。

《僧孚日録》記沙孟海自辛酉十二月廿二日歸里，至壬戌二月四日返甬城。張美翊的兩個孫子安令、慧令從沙孟海學習之事，當在壬戌二月四日沙孟海返甬城後。即本函稱『欣聞文從來城』。而《僧孚日録》自壬戌二月五日至六月廿日，日記缺，未得反映此事。故不會是辛酉，而應是壬戌。

《沙孟海全集》（西泠印社出版社，二〇一〇年）第十卷《僧孚日録》壬戌十月八日：

> 暮春時，張安、張宜兄弟初從余讀書……忽忽七八月，二張北上。

暮春，爲三月之佐證。

此信書寫時間當爲一九二二年四月七日（壬戌三月十一日）。

②葛祥熊（豫齋）。

述評：

①關於『前爲夷谷題豫齋刺史詩扇』：

《沙孟海全集》（西泠印社出版社，二〇一〇年）第十卷《僧孚日録》壬戌九月二十一日：

葛豫齋詩扇，夷父寶藏之，首録一絶云：『重重疊疊是姑嫜，提挈還須娣姒行。四十七年嬌女子，今朝初學做新娘。』蓋光緒十六年成進士後需次蘇垣時作也。蹇丈題語又云：『可見官場階級之重，雖以老年名士，到官猶不能不仰賴首縣之指導，至督撫、潘皋，則如在天上矣。』

在『官本位』社會中，學問再好，也不如官大好。於戲！

葛祥熊（一八五六—一八九五後），字惕孫。號豫齋；又號小崧。慈谿莊橋葛家村人。徐時棟外甥。室名：松竹居。光緒八年壬午（一八八二）舉人。光緒十六年庚寅（一八九〇）恩科進士。與江仁徵（定甫）同年。此葛豫齋詩扇，即光緒二十年甲午（一八九四）葛補宿遷縣知縣時所作。書法晉唐。

張美翊纂《鎮海柏墅方氏重脩宗譜》（六桂堂木活字本，一九一五年），收有葛祥熊撰《仰喬方先生七十壽序》《仰喬方先生七十徵詩文啓》。

董沛撰《葛豫齋五十壽序》；包履吉撰《宿遷縣知縣葛君豫齋墓表》。

通海老弟先生閣下　兩蒙擬令
明晨來與先讀論語至午每日
各讀數章互解背誦務解說外
古文范止小學龍文鞭影之屬
先生所之大小楷日記如何手
定制　高明指示英算具說書
桌椅等屋宜煩收拾每日午膳
早晚何時歸就餐三月初錦蘭樓

惟西林太保勳無暇心求

師臣嚴教費人今甚看我件等決

靜如樣清扇題語敬

太半代寫數問

道祺

張美翊謹啟

十五八

事弟皆令

（六三）致沙孟海①

一九二二年四月十一日　壬戌三月十五日　星期二

烏絲欄箋

孟海老弟先生閣下：

兩孫擬令明晨來學，先讀《論語》《孟子》，每日各讀數章，可解者略爲解說。外《古文觀止》《小學》《龍文鞭影》②之屬，先生酌之。大小楷、日記，如何分配？求高明指示。英、算再説。書桌椅等有否？（有抽屜尤好。）每日午膳，早晚仍歸新巷，三月初宿薛樓。惟兩孫太活動，無恒心，求師從嚴教督，令其看武仲③等沈靜好樣。詩扇題語，求大筆代寫。敬問道祺。

張美翊謹狀，

十五日。

夷弟附念。

考釋：

①（六三）致沙孟海。衹署『十五日』，未署年、月。

函云『兩孫擬令明晨來學』，與（六一）函云『茲有懇者：安令、慧令自杭來，本擬赴津，鄙意擬令留此，求弟教授經書』相銜接。

函云『兩孫太活動，無恒心，求師從嚴教督，令其看武仲等沈靜好樣』，《沙孟海全集》（西泠印社出版社，二〇一〇年）第九卷《僧孚日録》辛酉十一月廿八日：

> 與武仲過謁張蹇丈，夷父亦在。

武仲見張美翊時在辛酉十一月，此後，張美翊方能有言及『武仲』之語，是當爲壬戌。

函云『三月初宿薛樓』，是爲壬戌三月之佐證。

函云『詩扇題語，求大筆代寫』，與（六二）函云『前爲夷谷題豫齋刺史詩扇，……弟工小楷，求爲代勞』相銜接。

此信書寫時間當爲一九二二年四月十一日（壬戌三月十五日）。

②《龍文鞭影》，明人蕭良有編撰，楊臣諍增補脩訂。四字一句，兩句押韻，述中國歷史人物典故和逸事傳説，是當時最受歡迎的童蒙讀物之一。

③屠洵規，即屠果，字武仲。

函海老弟左晨起书拟

重堂寿藏诗序遍改遍拨无力

再缮原稿奉

览乞为批勘的定如多用以小

楷写之而楷令其必细公敢问

张羡渔洄峡

道进

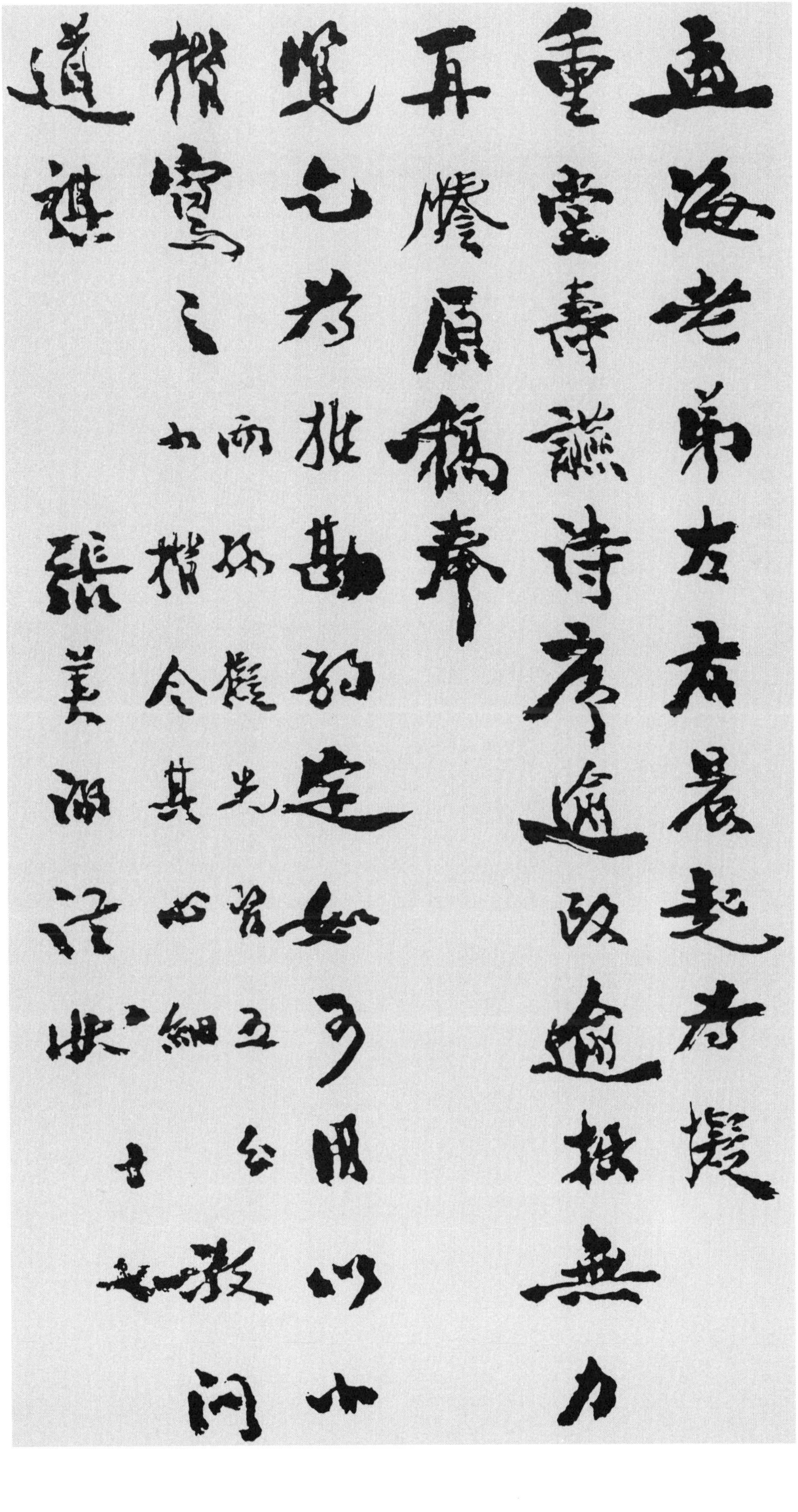

（六四）致沙孟海①

一九二二年四月十三日　壬戌三月十七日　星期四

黃過草堂箋

孟海老弟左右：

晨起爲擬《重堂壽醼詩序》，逾改逾拙，無力再謄，原稿奉覽，乞爲推勘酌定。如可用，以小楷寫之。（兩孫擬先習五分小楷，令其心細。）敬問

道祺。

張美翊謹狀，

十七。

考釋：

①（六四）致沙孟海。祇署「十七日」，未署年、月。

函云「兩孫擬先習五分小楷」，與（六三）函云「大小楷、日記，如何分配」相銜接。

函云「晨起爲擬《重堂壽醼詩序》」，與後（七九）函云「百行寫《壽醼詩序》」有聯係，此爲前引。本函云「擬《重堂壽醼詩序》」，當在「百行寫《壽醼詩序》」之前，故當是壬戌三月十七日。

此信書寫時間當爲一九二二年四月十三日（壬戌三月十七日）。

述評：

①關於《壽醼詩序》：

《壽醼詩序》是張美翊爲沙孟海的祖母八秩壽醼賀詩集所作的序。

《沙孟海全集》（西泠印社出版社，二〇一〇年）第十卷載張美翊《沙母周太孺人八秩壽醼詩序》：

沙生文若孟海，居邑東南大咸鄉沙村，距城八十里，濱海斥鹵地也。生獨以孤童奮起，脩學敦行，講求經史小學，於舉世不爲之時，財及弱歲，結交老蒼，聲譽翔起。事祖母與母，能盡色養。去歲仲冬中旬，爲其祖母周太孺人八十生日。吾友馮君木、陳無邪諸君，多爲詩文張之，非凡爲諛頌之詞者比也。沙氏世力農，太孺人歸規墨翁，逮事重闈，必敬必戒。翁往於田，太孺人未明而起，爲饁食佃者，晝治酒漿，夜織麻枲。復於其間督子可莊君讀，終日操勞，歲以爲常。無何，翁卒，可莊君以羸疾困郡縣試，鬱鬱不得志，未四十又告逝。太孺人則率婦陳氏撫育諸孫。沙氏兩世單傳，至是始有孫五人，並見曾孫。而孟海尤以賢著聞州閭，論者謂太孺人端嚴勤苦，婦姑相繼，

有以致之云。太孺人習農事，知穜植，審於水土氣候，凡稻穀果蔬之所宜，松杉材木之取用，言之瞭然，雖老於農圃者無以過。綢繆拮据，老而不倦。其教諸孫，常述先訓聖善之德、義方之教，歷久而彌虔，再世而獲報，君子稱焉。往讀張皋聞祖妣母事略及曾文正歐陽氏姑婦家傳，嘆其所遭至苦，其行至庸，而終以昌其後。孟海重慈在堂，兄弟無故，歲時上壽，獨能以名流頌德之辭，施榮其親，令名所貽，國人稱願，則所以報答慈恩者，其在斯乎？其在斯乎？

文云『孟海尤以賢著聞州閭』，可知青年時期的沙孟海已馳名鄉里。

景曙仁兄大人閣下：敬復者，前奉
惠函敬悉。
台候起居勇猛，慰如所頌。外國實業廣告編
帝國內外無帖印花者，緣其輸納國家者即
包括在營業商標等稅之內。今爲政府悉稅病
商，而並未得有絲毫保護，何必再另設法，且商
界亦必不願從。請候他日何如。敬問
台安。
張美翊謹啟　三月廿二日

（六五）致朱節鏞①

一九二一年四月十八日　壬戌三月二十二日　星期二

朱絲欄箋

景曙仁兄大人閣下：

敬復者，前奉惠示，敬諗台候起居曼福，慰如所頌。外國營業廣告，徧布國内外，無帖［貼］印花者，緣其輸納國家者，即包括在營業商標等税之内。今惡政府惡税病商，而並未得有絲毫保護，何必再爲設法！且商界亦必不服從。請俟他日何如？敬問

台安。

張美翊謹啓，

三月廿二日。

百行賢友來簡具悉，能於擇友留意甚慰。海上空
氣太惡，少年非其身才，行孤雜自逆。賢說與致不佳，固
無賢。試取下孟故天將降大任一章讀之，自能精神振作。
賢然遂洪水猛之聲，取說一死一生乃見交情，何其厚
也。回憶洪生在校務斜目無餘子，廖君文恃才狂
倨，無所之。我甚怪之。一味驕奢淫佚，結果如此，可歎。
賢性氣高傲，此時務從謙和入手，切勿多入此戲之
場，偶交無益之友，寫字無人過問，大是奇事。如同鄉
會館建德李康出珠浦優貢之先生，和平博雅，藝精

雲洪大湖之交，生計多仰友處，延章又時時念及
盡往訪，近時諸大家，聞彼大增貲，係新能但須
支之自然。近世集時向大慶，此後府非藩南政府必定
經試前數季陶將來從之以往，非年星子燈并在仍
寵專此自立，勿入奢途，淡泊寧靜，諸當不可多及。此東風
董政華章。近見心亂如麻，此少年伍太忘，星速息心靜氣
日讀書卷，以並交自必顧交。老朽於德已詳之言之。此月來
作何事能詳我不能全時，不數漢魏數種，由老朽暮歲
付之不印，大多深名也。然問
傳禮
塞望矣
廿二
孫韶精於兩手，暇日盡，近日必瞻，擬還薛樓，我作我將努力手
盼復

（六六）致朱復戡

一九二二年四月十八日　壬戌三月二十二日　星期二

朱絲欄箋

百行賢友：

來函具悉。能於擇友②留意，甚慰。海上空氣太惡，少年非苦身力行，殆難自立。賢謂興致不佳，固然。賢試取《下孟》『故天將降大任』③一章讀之，自然精神振作。賢能送洪承祁之喪，所謂『一死一生，乃見交情』④，何其厚也。回憶洪生在揔務科⑤，目無餘子。廖君又忌才，致賢悵無所之，我甚怪之。一味驕奢淫佚，結果如此，可嘆。賢性氣高傲，此時務從謙和入手，切勿多入游戲之場，偶交無益之友。寫字無人過問，大是奇事，如同鄉會勵建侯⑥（孝廉）、陸珠浦⑦（優貢）二先生，和平博雅；魏拜雲⑧，洪左湖⑨二先生皆可師友。吾宗延章⑩，又時時念及，盍往訪？近時諸名家潤格大增，賢係新張，但須克己，自然雲集。時局大變，北政府推翻，南政府必起。賢試訪戴季陶⑪，將來從之以往，於筆墨可發異。然仍宜卓然自立，勿入奢淫，淡泊寧靜，諸葛公⑫不可及也。來函塗改草率，足見心亂如麻，此少年所大忌，望速息心靜氣，日親書卷，則益友自必願交，老朽在滬已津津言之。近月來作何事，能詳告否？能全臨《石鼓》、漢魏數種，由老朽著跋，付之石印，大可得名也。敬問

侍祺。

蹇叟具，

廿二。

賤體稍好，而手顫耳鳴日益，近日已暖，擬遷薛樓，能從我游乎？盼復。

考釋：

①（六五）（六六）原本書於一紙，合并考證。（六五）致朱景曙；（六六）致朱復戡。（六五）衹署『三月廿二日』，未署年。（六六）衹署『廿二日』，未署年、月。兩函皆爲三月廿二日。

（六六）函云『賢能送洪承祁之喪』，《沙孟海全集》（西泠印社出版社，二〇一〇年）第十卷《僧孚日録》癸亥七月廿一日：

得于師寫示《洪承祁傳》。

張原煒（于相）《洪承祁傳》（《葑里賸稿》鉛印本，一九四五年）：

承祁以民國十一年二月二十八日卒，年三十又三。初益三府君之歿，先承祁一年。

民國十一年二月二十八日，爲一九二二年三月二十六日。二月二十八日距三月廿二日近。

總之：（六五）（六六）兩函書寫時間當爲一九二二年四月十八日（壬戌三月二十二日）。

②《聰訓齋語・交友篇・慎擇友》：

故余家訓有云：『保家莫如擇友』。

余鎸一圖章，以示子弟，曰：『保家莫如擇友』。蓋有所嘆息、痛恨、懲艾於其間也。

③《孟子・告子下》：

故天將降大任於斯人也，必先苦其心志，勞其筋骨，餓其體膚，空乏其身，行拂亂其所爲也，所以動心忍性，增益其所不能。

④《漢書・卷五十・張馮汲鄭傳》：

先是下邽翟公爲廷尉，賓客亦填門，及廢，門外可設爵羅。後復爲廷尉，客欲往，翟公大署其門曰『一死一生，乃知交情；一貧一富，乃知交態；一貴一賤，交態乃見。』

⑤洪承祁曾任證券物品交易所總務科長。

⑥勵建侯時任同鄉會坐辦。

⑦陸珠浦（澍咸）。

⑧魏友模（拜雲）。

⑨洪曰湄。

⑩張延章。

⑪戴季陶。

⑫諸葛亮《誡子書》有『非澹泊無以明志，非寧靜無以致遠』語。

述評：

①關於朱復戡縮臨石鼓文：

張美翊於此最早提出『能全臨《石鼓》、漢魏數種』是因看到朱復戡『興致不佳』『心亂如麻』。并以《孟子》故天將降大任，苦其心志之類話語進行勉勵，振作精神。

②關於『能於擇友留意、甚慰』：

此時朱復戡交友袁克文，是張美翊最反對、亦最擔心的事。而作爲朱復戡方面，袁克文與朱復戡的關係是『義結金蘭』：老大步彰武（號林屋山人，袁世凱秘書），老二袁克文，老三朱復戡。是否聽老師的，牽扯到是否與袁繼續交往，兩難。此亦『心亂如麻』的原因之一。

張美翊一九二三年五月二十一日（癸亥四月六日）致朱復戡函又諄諄告誡：『爲賢終身大計，擇友爲上，切囑。』

③關於陸珠浦：

陸珠浦，字澍咸，亦作澍賢。鄞縣西郊柯家巷人。陸廷黻（鎮亭）子。一九〇二年優貢。一九一三年主編《方聞報》。參纂《東錢湖志》（一九一六年初刊）。

《甬上青石張氏家譜·贈言》（味芹堂鉛印本，一九二五年）收有陸澍咸《題張母戴孺人旌節録》。

一九二二年，張美翊有《奉和海上四明文社銷寒小集詩韻》：

陸珠浦明經，博雅工詩文，客游滬瀆，大梅山人後一派人也。陳蓉舘文學歸，出示次韻東坡書北堂壁詩，蓋和明經之作。久病勉賦兩律，兼示同社諸君，時正月晦，雨雪嚴寒如殘冬，閲月稍暖，寫寄請教：

初春雨雪尚廉纖，海國烽烟未解嚴。蠲振書聞移有粟（去秋甬屬水災，賴旅滬同人振濟），苛征久苦食無鹽（浙東榷鹽，變本加厲，奉定沿海，屢次滋事）。已看沸水魚游釜，忍聽空倉雀噪檐。老病侵尋感身世，孤吟無力鬬新尖。

風寒陣陣亂飛鴉，月黑聲聲叫鬼車。老去生機留病樹，從前幻境等空花。乘槎壯歲曾浮海，誓墓衰年已到家。海上詩人未寥落，料知呵凍手頻叉。

陸與勵建侯交契。

④關於魏拜雲：

魏友模（？—一九四九），字拜雲。慈谿（今寧波餘姚市）明德鄉魏家橋村人。供職上海北京路四明銀行。一九二〇年，書屏參加『海上題襟舘書畫會』賑灾。

同鄉會：一九二〇年，公學學務董事；徵求大會寧裕隊隊員。一九二三年，教育委員。

書法顔真卿、歐陽詢。書迹刻石：

一九二二年，鄞縣同道區北渡村（今寧波市鄞州區石碶街道）『還金橋』額；《四明浦東分所落成碑》。

受張延章延請，校理《甬上青石張氏家譜》。《甬上青石張氏家譜·贈言》（味芹堂鉛印本，一九二五年）收有魏友模《張母戴太孺人誄詞》。

西漚老弟先生侍史：辰正前命小孫奉呈反正體詩，亮達

清覽。茲復得二律，紙幅加多，敬擬另改款式，各錄附上，詩有感慨

而自然，擬寄沈濮堂矣。循卷及海上題襟社諸君，以表默忍。老朽見

弟與韻仰紙書主張小楷并兩行，違者之認其誤，微遺書問之，迺得周

詳，用心極細，兩手散許意命孫輩專學細楷，以收斂心肴氣也。敬候

起居，惠印式件同鑒。張　謹狀　三月廿

（六七）致沙孟海①

一九二二年四月二十六日　壬戌三月三十日　星期三

文華閣箋

孟海老弟先生侍史：

辰巳間命小孫奉呈反正體詩亮［量］達清覽。玆復得二律，紙幅加多，故擬另改款式，各件附上。詩有感慨，尚自然。擬寄沈寐叟、吴俢老②及海上題襟社③諸君，以爲然否？老朽見弟與鄭卿④細書，主張小楷。朱百行違省久，恐其誕傲，遺［遣］書問之。近得函，謂用心極細，尚可教。鄙意命孫輩專學細楷，以收放心，省紙也。敬候

起居，

夷弟、武仲同鑒。

張美翊謹狀，

三月晦。

（鈐印）美翊小印（白文）。

考釋：

①（六七）致沙孟海。衹署『三月晦』，未署年。

函云『辰巳間命小孫奉呈反正體詩量達清覽』，與（三三）函云『曲園反正體詩……不日我擬此體』相銜接。

函云『朱百行違省久，恐其誕傲，遺書問之。近得函』，自一九二二年二月六日（壬戌一月十日）至一九二二年四月十八日（壬戌三月二十二日）前，此期間未見張美翊與朱復戡之間的信函往來，（六六）函云『兩函具悉……近月來作何事，能詳告否』，當是（六七）函云『近得函』。三月晦當是壬戌三月三十日。

此信書寫時間當爲一九二二年四月二十六日（壬戌三月三十日）。

②吴慶坻。

③海上題襟館金石書畫會。

④朱鼎煦（鄭卿）

述評：

①關於『朱百行違省久』：

張美翊與朱復戡之間信函往來間斷的原因，或是因朱復戡在交友問題上猶豫徘徊未定。

②關於吳慶坻、吳士鑒父子：

吳慶坻（一八四八—一九二四），字子脩、稼如；又字敬疆，亦作敬彊。號悔餘生（未能殉清而悔餘生）、補松老人、蕉廊。錢塘人。王先謙弟子。室名：補松廬。光緒十二年丙戌（一八八六）進士。歷任會典館總纂，四川、湖南學政。辛亥後居上海，與瞿鴻禨、樊增祥、陳三立、梁鼎芬、周樹模、繆荃孫、沈寐叟、沈瑜慶、左紹佐、王仁東、林開謩、吳士鑒、張彬、楊鍾羲等組織文學團體超社。吳慶坻爲『葵園學派』的代表人物之一。曾贈張美翊壽聯云：

讀百國寶書，異域見聞，軼段酉陽雜俎而上；集四明文獻，端居著述，正王深甯杜門之年。

慶坻子吳士鑒，尊瞿鴻禨爲師。

吳士鑒（一八六八—一九三四）或（一八六八—一九三三），字絅齋，亦作炯齋。號公詧、含嘉。別署式溪居士。吳振棫曾孫；吳慶坻子。藏書處名：含嘉室、九鐘精舍（得商鐘九件）。藏書印有：絅齋長物、錢塘九鐘主人、九鐺精舍、士鑒秘籍。光緒十八年壬辰（一八九二）進士（榜眼）。

張美翊當年被奏保經濟特科，有二人奏保，其中一人便是吳士鑒。

《甬上青石張氏家譜·贈言》（味芹堂鉛印本，一九二五年）收有吳士鑒《讓三張先生六十壽詩》：

陶輪激世變，獰飆揚橫流。達人燭先識，智士深綢繆。甬東張夫子，魁傑無偶逑。肇佩綜儒墨，波瀾凌韓歐。往者同光際，朝野習溝瞀。庸庵獨奮起，芻議先紓籌。彊本在政學，瘏口何歐嘔。君實引其緒，陸沈憂神州。西征越紅海，東歸經亶州。撣擇異表餌，道術探遐幽。圖經手鉤斠，目窮東南陬。一見勝百聞，直軼徐魏儔。歸來憤國恥，上下猶苟媮。赤嵌既淪棄，敦槃無遠猶。與君始相見，聲氣感鼓桴。君顧自韜匿，漆室湛深憂。黄巾俄煽亂，廟堂如贅旒。約劑定南服，偉哉張與劉。倡議自君始，媾和成良謀。悔禍乃變法，大科思巖搜。走也首舉君，此心誠慺慺。君時領横舍，屏跡耽林邱。再見各驚喜，酣飲傾新篘。南北□異轍，天末懷悠悠。聞君佐軍諮，鄉國恣淹留。旋躡廬早勝，一作章門游。語危聽匪聳，慮遠心且怞。倏焉天柱折，遂見觸不周。海堧復握手，高睨知無訧。抗懷在文獻，闡微成陽秋。仰瞻結埼亭，平揖烟嶼樓。上溯甬學始，南雷導前騶。墜緒未云泯，來軫今方遒。有子各好學，雙舉甯能侔。仲春式嘉序，賓筵歌獻酬。角里睠高躅，周黨欽前脩。摛辭述穆行，敢以儷希鞲。

③關於張美翊與海上題襟館金石書畫會：

一九一〇年二月二十一日（宣統二年正月十二日）張美翊致盛宣懷函（《盛宣懷實業朋僚函稿》，中研院出版社，一九八三年）：

愚齋先生鈞右：

去臘侍談，卷聆教益，眷言身世，恍若隔生。獻歲發春，伏惟台從起居萬福，慰如所頌。舊屬前客海上，隨侍止帥，頗有倡和之作，今另録呈覽，并希送淵丈、幼翁閱之，勿示外人，致起訾議。船礦兩事，群起相牙，赤手空拳，爭此大利，人謂其狡，我笑其愚，中有主者，余特傀儡。人心如此，必亂且亡，無所逃也。舊屬將於中旬來滬，容再趨謁。讀畫尋詩，願預勝會，相見在近，故不益言。春寒尚勁，惟希崇衛。舊屬張美翊謹狀。正月十二。

『止帥』乃盛宣懷晚號止叟；『淵丈』乃汪洵（淵若）；『幼翁』乃呂幼舲（景端）。一九〇九年六月，盛宣懷在鄭觀應協助下，奪回輪船招商局權力，爲董事會會長。此年秋至一九一〇二月，擬成立書畫會。張美翊所言『讀畫尋詩，願預勝會』即書畫會。

一九一〇年三月六日（宣統二年二月），『小花園書畫研究會』（小花園書畫會）成立，汪淵若爲總董；呂幼舲爲會董。不知何故，名單中没有張美翊。

盛宣懷與汪淵若同鄉，交密。光緒二十二年（一八九六），盛宣懷刻《常州先哲遺書》（光緒年間武進盛氏刊本），卷首《序》云：

> 與繆筱珊、汪淵若兩編修，商榷考訂，援實齋章氏文徵之例，匯刻成書，捜集往代遺編數十種，別爲四類，先成初集。

早在光緒十六年（一八九〇），盛宣懷出資創立『海上題襟館』，汪淵若爲代會長。小花園書畫會不久更名中國書畫研究會（中國書畫會），旋於一九一一年八月更名『海上題襟館金石書畫會』，可能與之前的題襟館有關。一九一五年五月（乙卯四月）汪淵若卒後，吳昌碩繼任會長。

故而張美翊與書畫會一直有着密切的關係。

④關於朱鼎煦：

朱鼎煦（一八八五—一九六八），字贊卿，亦作酇卿、者卿、宰卿。號別宥（《莊子》『接萬物以別宥爲始』）、贊父、香句。蕭山（今杭州市蕭山區）朱家壇人。一九一三年遷居北城金家橋。藏書處名：別宥齋、熙脩閣、治書軒、樂壽堂、香句室、萬黄齋。藏書印有：蕭山朱家壇太平橋人、朱千萬、朱十七、朱別宥校、酇卿心賞、蕭山朱氏、蕭山朱鼎煦收藏書籍、蕭山朱鼎煦珍藏書籍、五十以後藏、蕭山朱鼎煦收藏書籍、蕭山朱氏別宥齋藏書印、朱別宥考藏記。撰有《朱鼎煦藏書目録》。著有《坐春風廬詩稿》。藏書一在鄞縣，一在蕭山。一九一一年，『浙江公立法政專門學校』畢業，奬授副貢。一九一二年，鄞縣法院推事，八月辭；任龍山法政教員暨辯護士。一九一四年，律師。

《沙孟海全集》（西泠印社出版社，二〇一〇年）第十卷《僧孚日録》癸亥十二月廿七日：

> 張謇文贈贊卿聯云：詞學博通毛徵士；法家仁厚汪令君。自記云：以鄉先哲期之也。

書史會要王壽卿字魯翁陳留人祖擇之外甥
官至京師撰篆字說辭以與王氏之學異後以
命手孝揚而壽卿終身布衣
山谷集館魯翁得陽冰筆意非章友直陳暘
畢仲詢文勛所能管攝書史會要陳暘畢仲詢李孝揚俱工篆與王壽卿同時
穆氏先塋石表金石萃編續編未著錄魯翁
篆書石刻此其墨跡真是李監上一
石表爲河南穆庭秀伯祁父子而作文亦
出魯翁手稱述穆氏父子孝友隱約如東
漢人頌類古可誦工但篆書勝也

穆寧唐河内人仕肅代二朝官終秘書監長子四人贊御史中丞質右補闕員侍御史賞監察御史昆弟皆和粹世以滋味目之謂贊為酪質為酥員為醍醐賞為乳腐後人入宋占籍章上淵源有自矣吾邑魯氏自明以來稱望族少時及見叔貴廉訪工書漢隸所藏金石多舊拓本今其曾孫武仲志學之年能收斯逸書出示此冊為題副葉圖書碑版保守已至四世殊為難得武仲勉之 壬戌四月五夕寒雲識於蘋樓時年十有六

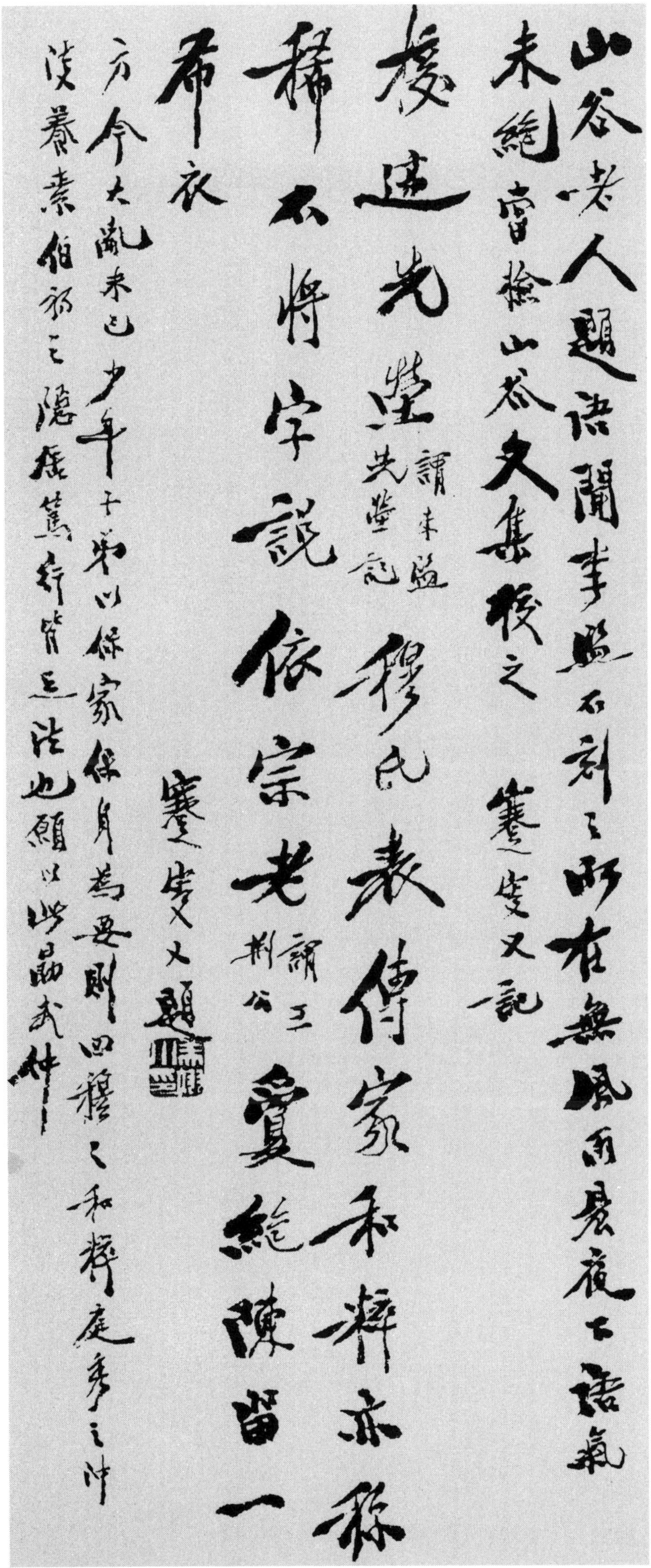
山谷老人題語閒李照石刻之所在無風雨晨夜下語氣
未絕嘗檢山谷文集校之 寐叟又記
慶遠先塋 謂宋瑩先塋記 穆氏表傳家和靜亦稱
稀不得字說依宗老 謂王荊公 覆絕陳留一
布衣 寐叟又題
方今大亂未已少年子弟以保家保身為要則四穆之和靜庭秀之什
淡養素伯初之隱德篤行皆正法也願以此勗武仲

（六八）爲屠武仲[1]

一九二二年五月一日　壬戌四月五日　星期一

白箋

《書史會要》[2]：王壽卿，字魯翁。陳留人。祖擇之之外甥。召至京師，撰篆《字説》[3]，辭以與王氏之學異。後以命李孝揚[4]，而壽卿終身布衣。

《山谷集》謂魯翁：得陽冰筆意，非章友直[5]、陳晞[6]、畢仲荀[7]、文勛[8]所能管攝[9]。（《書史會要》陳晞、畢詢、李孝揚俱工篆，與王壽卿同時。）

穆氏先塋石表，《金石萃編》《續編》未著録。魯翁篆書石刻，此其星鳳，真是『李監上嗣』[10]。

《石表》爲河南穆庭秀、伯初[11]父子而作，文亦出魯翁手，稱述穆氏父子孝友隱約如東漢人。頗簡古可誦，不但篆書勝也。

穆寍[12]，唐河内人，仕肅、代二朝，官終秘書監長。子四人：贊，御史中丞；質，右補闕；員，侍御史；賞，監察御史。昆弟皆和粹，世以珍味目之，謂：贊爲酪；質爲酥；員爲醍醐；賞爲乳饗。後人入宋，占籍章丘，淵源有自矣。

吾邑屠氏，自明以來稱望族。少時及見嘯篔[13]廉訪[14]。工爲漢隸，所藏金石多舊拓本。今其曾孫武仲，志學之年，能效斯、邈書。出示此册，爲題副葉。圖書碑版，保守已至四世，殊爲難得，武仲勉之。壬戌四月五夕，蹇安識於薛樓，時年六十有六。

（鈐印）蹇翁六十五歲以後作（白文）[15]。

山谷老人題語『聞李監石刻之所在，無風雨晨夜』下語氣未絶，當檢山谷文集校之。蹇安又記。

接迹先塋（謂李監《先塋記》）穆氏表[16]，傳家和粹亦稱稀。不將《字説》依宗老（謂王荆公），夐絶陳留一布衣。蹇安又題。

方今大亂未已，少年子弟以保家保身爲要，則四穆之和粹，庭秀之冲淡養素，伯初之隱御篤行，皆足法也。願以此勗武仲。

（鈐印）美翊小印（白文）。

考釋：

①（六八）爲屠武仲。署有明確日期：壬戌四月五夕。

書寫時間當爲一九二二年五月一日（壬戌四月五日）。

②陶宗儀編著《書史會要》，書成於明洪武九年（一三七六）。

③王安石撰《字説》二十卷，頒行天下學生傳習。《宋史·王安石傳》：

王安石……作《字説》，多穿鑿附會，其流入於佛、老。一時學者無敢不傳習，主司純用以取士，士莫得自名一説，先儒傳注一切廢而不用。

④《宋史·列傳第二百三十四》叛臣上：

建炎四年九月戊申，豫即僞位……李孝揚爲左丞。

南宋徐夢莘撰《三朝北盟會編》八（上海古籍出版社，二〇〇八年）：

宗政寺丞李孝揚權左丞。

⑤章友直（一〇〇六—一〇六二），字伯益。北宋福建浦城人。徐鉉門人。書學博士。皇佑（一〇五一）中召試，與楊南仲篆石經於國子監。工玉筯篆，善以篆筆畫龜蛇。

⑥陳晞，字規聖。北宋鄱陽（今江西鄱陽縣）人。

北宋楊傑《無爲集·昭德觀記》（曹小雲《無爲集校箋》，黄山出版社，二〇一四年）：

熙寧二年，以文見記，又求篆於鄱陽陳晞。

熙寧二年爲一〇六九年。

江西南豐源頭村崇覺寺出土《曾鞏墓志》（《文物》，一九七三年第三期）：

林希撰；沈遼書；陳晞篆蓋。

曾鞏於北宋元豐六年（一〇八三）卒、七年（一〇八四）葬。

陳晞，一〇六九—一〇八四年前後在世。

⑦畢仲荀，亦作仲詢。字景儒。北宋鄭州人。約宋神宗元豐（一〇八二）前後在世。元豐（一〇七八—一〇八五）初，爲蘭州判官。著有《幕府燕閑録》《續紀年通譜》。

《宋元四明六志》第二十八《慈谿縣志》卷第一（咸豐徐時棟校刻本）：

堂尉畢仲荀記，園有三友亭。

大寶泉，縣西二里永明寺西山下，……代郡畢仲荀篆書，字畫奇古爲時所重。

⑧文勛（？—一一〇一），字安國。北宋廬江（今合肥市廬江縣）人。善山水，工篆書。

書迹刻石：

杭州《惠因院賢首教藏記碑》。馬子雲等《碑帖鑒定》（廣西師範大學出版社，一九九三年）：

元佑元年（一〇八六）立。章衡記；唐問之書；文勛篆額；蒲宗孟立石。碑額損，祇存『因賢教記』四字，文勛篆書僅見於此碑，書法頗似徐鉉之嶧山碑字。

又張倖舊藏《澄清堂帖》卷十一琅邪臺刻石後，蘇軾跋云，以舊本由文勛模刻。又云，世人篆字，隸體不除，如浙人語，終老帶吴，安國（文勛字安國）用筆，意在隸前，得汲冢、魯壁、周鼓、泰山之妙。

首陽山《夷齊廟墓碑》。姚元之《竹葉亭雜記》（《清代史料筆記》，中華書局，一九八二年）：

夷齊廟在首陽山，……墓之對面有一碑，黄庭堅書；文勛篆額。

山西永濟《伯夷叔齊廟記》碑。鄭永曉整理《黄庭堅全集輯校編年》（江西人民出版社，二〇一一年）：

元祐六年……六月丙申。豫章黄庭堅記；盧江文勛篆額；洛陽李宏立石。

衡山南岳鎮南門字。宋人丁謂《玉册文》（《中國名人志》，中國檔案出版社，二〇〇一年）：

鎮南門五間，有篆書『南岳』二字。轉運判官文勛篆。

合肥包氏墓群出土墓志蓋篆。

包拯墓志蓋篆。完顏海瑞主編《合肥包公》（安徽文藝出版社，二〇一一年）：

『宋樞密副使贈禮部尚書孝肅包公墓銘』，墓志蓋上的這十六個篆字出自瑞安（今浙江省温州市）縣令文勛之手。

包拯妻董氏墓志銘蓋篆。

『宋故永康郡夫人董氏墓志銘』……外甥：將仕郎；守海州懷仁縣令，文勛篆蓋。

⑨黄庭堅《跋翟公巽所藏石刻》（《豫章黄先生文集》，商務印書館，一九三六年）：

陳留有王壽卿，得陽冰筆意，非章友直、陳晞、畢仲荀、文勛所能管攝也。

⑩李陽冰，篆書稱『鐵綫描』。曾官『將作少監』『秘書少監』，世稱『李監』。韓愈《科斗書後記》（董誥等編《全唐文》，嘉慶二十三年揚州詩局刻本）：

於時李監陽冰，獨能篆書。

⑪穆賓（九八五—一〇六八），字庭秀。穆端（？—一〇七六），字伯初。

⑫穆寔（七一六—七九四），河内（今河南焦作市沁陽市）人。《舊唐書》有傳。

⑬屠繼烈（嘯篔）。

⑭廉訪，清代對按察使的尊稱。

⑮『蹇翁六十五歲以後作』白文印，首次見用，僅一見。

⑯《穆氏先塋石表》。

述評：

①關於鄞縣屠氏家藏《穆氏先塋石表》舊拓本：

《穆氏先塋石表》，北宋政和三年（一一一三）建，王壽卿撰并篆書；任升刻。表額陽文篆書題：『穆氏先塋石表』，表面爲陰文篆書，方柱形，山東章邱出土。

王士禛《池北偶談》（齊魯書社，二〇〇七年）：

宋穆賓廷秀墓，在女郎山之陽。有石表一，王壽卿魯翁撰文并篆書。……今移置文昌祠中。

《沙孟海全集》（西泠印社出版社，二〇一〇年）第九卷《僧孚日録》辛酉五月廿六日：

屠氏家藏《穆氏先塋石表》，宋政和年間王壽卿篆書，百六十又三字，并額六字。又一首字稍小，想係碑陰，不著書人姓氏，篆法與陽冰蓋同一人書。王壽卿篆書學李少温絶似，山谷有題字。

《穆氏先塋石表》爲兩表，一、二面刻《穆賓墓表》，字徑二寸五分；三、四面刻《穆端墓表》，字徑二寸（見《池北偶談》）。

所謂『山谷有題字』，係《石表》上截二至四面刻有黄庭堅《跋王魯翁篆書》（《北京圖書館藏中國歷代石刻拓本匯編》，中州古籍出版社，一九八九年）：

王魯翁嗜篆，一以李監爲師。行於四方，聞李監石刻之所在，無風雨晨夜。余未識魯翁，見壁題，曰：『是必陽冰之苗裔也。』已而果然。其論陽冰筆意，從老至少，肥瘦剛柔，巧拙妍丑，皆可師承。有味其言之也。余嘗戲魯翁：『杜元凱左氏之忠臣，王魯翁李監之上駟也』。今世作小篆者凡數家，大率以間架爲主，李氏筆法幾絶。見魯翁用筆，可以酒酹陽冰之冢耳。山谷道人黄庭堅。

《石表》刻成於政和三年（一一一三），其時黄山谷已於崇寧四年（一一〇五）去世。『山谷題字』當是由別處黄題王篆的遺存移來刻入。故而張美翊認爲『山谷老人題語「聞李監石刻之所在，無風雨晨夜」下語氣未絶，當檢山谷文集校之。』已經覺察到山谷題跋有所不妥。

畢沅《山左金石志》（上海古籍出版社，二〇〇二年）：

黄庭堅卒於徽宗即位之三年，此碑立於政和三年，距山谷之卒，已及十年，是山谷未見書此碑也。當由穆氏曾孫慕山谷之譽，因附刻於石表之後，以增重耳。

顧炎武《金石文字記》（光緒十四年掃葉山房《亭林先生遺書》本）：

有山谷跋三段，……是山谷見魯翁題壁之篆，愛而爲此辭，……後人因摹刻於穆氏墓表之旁，固非此表之跋語也。

此時屠武仲從沙孟海學，持此請張美翊作跋。沙孟海與武仲同時學此碑。

《沙孟海全集》（西泠印社出版社，二〇一〇年）第九卷《僧孚日録》辛酉六月十七日：

今日臨《嶧山石刻》及《穆氏塋表》，都五六頁。

《僧孚日録》辛酉六月十九日：

臨《穆氏塋表》四五頁。

②關於『王壽卿，字魯翁。陳留人。祖擇之之外甥』：

王壽卿（一〇六〇—一一二二），字魯翁。北宋陳留（今河南開封市）人。工篆書。曾爲金石家趙明誠篆《古器物銘碑》。

河南洛陽所出李佖撰《宋故王魯翁先生墓志銘》（《洛陽出土歷代墓志輯繩》，中國社會科學出版社，一九九一年）：

紹聖間，詔國子監鏤《字説》頒學者，敕敦遣先生篆其文，力辭而歸。因病近世篆法不傳，作者無天成之妙。杜門刻意絶人事學之，一以李監爲師，沉研鑽極，遂名其家。太史公黄公庭堅稱其篆法俊偉，甚逼陽冰，於今爲天下第一。如章伯益、陳規聖，皆出其下風。

陸友《研北雜志》（上海古籍出版社影印文淵閣《四庫全書》本，一九八七年）：

王魯翁壽卿，……嘗召至京師，使篆《字説》，辭以與王氏之學異。後以命李孝揚，而魯翁終身布衣。黄魯直亟稱其書法。余家有魯翁篆《閑居賦》，筆力遒勁，如紐金屈鐵。

王魯翁壽卿，洛陽人。祖擇之外孫。

祖無擇（一〇〇六—一〇八四），初名焕斗。字擇之。北宋上蔡（今河南駐馬店市上蔡縣）人。《宋史》有傳。

連雲港花果山獅子巖下的飛泉鬱林觀摩崖有《祖無擇三言詩勒》：

宋慶曆甲申四年七月刻。祖無擇文；蘇唐卿篆書；王公衮鐫刻。

博羅縣羅浮山摩崖石『長壽澗』三篆字，署款：

聖宋皇祐二年閏十月二十七日，提點諸州刑獄；太常博士；范陽祖無擇題。

杭州的雲泉山崖壁『雲泉靈洞』篆書題刻，署款：

宋熙寧二年杭州太守祖無擇。

李侁《宋故王魯翁先生墓志銘》：

父師元，職方員外郎。妣崇德縣君祖氏。龍圖學士無擇之女。

記載王壽卿母是『無擇之女』。張美翊筆下『外甥』當是『外孫』。張美翊一九二三年十月八日（癸亥八月二十八日）致朱復戡函有稱『百行外甥壻賢契』可證。

③關於『《石表》爲河南穆庭秀、伯初父子而作，文亦出魯翁手，……頗簡古可誦，不但篆書勝也』：

王壽卿撰《石表》，連作帶寫，文書并茂，此是張美翊心目中真正的書家。民國時之所以流行請晚清翰林寫壽序、碑誌，原因即此。當時如高雲麓、章一山、陳夔龍等人都是翰林出身連作帶寫的名家。此或是張美翊反反復復教導學生要多讀書，勿當字匠的苦心所在。

④關於鄞縣屠氏：

張美翊纂《甬上屠氏宗譜·家集·序》（既勤堂木活字本，一九一九年）：

吾鄉屠氏，世稱望族，代有作者，自明迄今，見於志乘藝文著録者至多。年運而往，洊經喪亂，亦稍稍散佚矣。嘉慶年間，㲋園先生以老師祭酒矜式邦族，著書之暇，採集先世遺詩，彙爲一編而文未備也。歲在戊午，屠氏重脩宗譜，復事搜訪，於是芝泉、倬雲叔姪兩君網羅放失，冀補㲋園所未及。久之，得文四卷、詩八卷，名曰家集，且人爲小傳，付之排印，以存屠氏一家著作。授余讀之而屬爲之序。蓋班馬爲史，皆自序其家世舊文。而文中子稱其先人銅川府君以上，人人有述。仁人孝子，揚世德，頌清芬，固宜爾也。昔戴剡源爲《臧氏家集序》，謂臧氏自鄱陽東遷，十數公皆鏘鏘然，能用其文辭氣誼，行名儒林間。其後人廷瑞，當學衰族散之久，而竭力從事於此，其志尤爲可尚。固深許之矣。然余嘗慨於世澤之難延而遺書之不易守，往往而是。即以吾鄉言之，如王厚齋尚書集百卷，迄元季後裔析産割裂分藏，遂以散亡。而萬氏一門悔菴父子，各有著述。今欲求充宗、季野之集而不得。《續騷堂集》亦非完帙。文獻彫落，鄉邦之耻。抑亦子孫不振致之也。獨屠氏後人鄭重先世遺文，守而弗失。㲋園輯之於前，芝泉師弟補之於後，裒然成此鉅觀。詩曰『自古在昔，先民有作。』又曰『雖無老成人，尚有典型。』屠氏有焉。

⑤關於屠繼烈：

屠繼烈（一八一七—一八七四），原名繼燕，字逸仲。號嘯篔。鄞縣人。藏書樓名：蟲過廬。王梓材次女適屠繼烈。爲屠武仲曾祖。輯屠隆撰《鴻苞節録》（咸豐七年保硯齋刻本）。同治五年，創辦喬蔭堂義莊；城區竹林巷義塾。

擅隸書，桐城姚伯昂撰書天一閣聯『人間庋閣足千古；天下藏書此一家』，後毀。同治九年庚午（一八七〇）復由屠繼烈書題，跋云：

閣中舊有此聯，桐城姚伯昂閣學按試吾郡時所撰，書以東京八分，古雅出塵，廿年前憶曾一見，兵燹後并屬雲烟。歲庚午，主人重葺，欲復舊觀，屬爲補書，勉作以應，殊慚顰效耳。屠繼烈。

曲園老人仿若黃荷葉牋

楝亭極悅黃紙適有頒借今以
附上希似右齋不鉤之鋼為之
玉珠隸太進也好題簽書牘
假希登入此請
遠策道安　美詡啟

甬上黃過草堂摹印

（六九）致沙孟海①

一九二二年五月　壬戌四月間

黄過草堂箋

櫟亭楹帖黄紙適有預備，今以附上，希倣石齋不鉤之鋼爲之。玉殊②隸大進，已爲題語並書牘，繳希詧入。此請

孟弟道安。

美翊狀。

（鈐印）美翊小印（白文）。

考釋：

①（六九）未署日期。

函云『櫟亭楹帖，……希倣石齋不鉤之鋼爲之』，與後（七一）致朱復戡函云『亭、塔聯必好無疑。……沙孟海寫石齋』有聯係。又與後（八一）致沙孟海函云『《櫟亭記》大佳』有聯係。此爲前引。

壬戌四月間，張美翊分别囑朱復戡、沙孟海等人書寫『櫟亭』楹聯。閏五月七日前，沙孟海《櫟亭記》碑已書寫完成，而寫櫟亭楹聯事在寫《櫟亭記》碑之前，故不可能是閏五月。當在壬戌四月間。

此信書寫時間當爲一九二二年五月（壬戌四月）間。

②竺理（？—一九八一），字玉殊。原名安汾，字美度。晚號糞翁。奉化人。馮君木弟子。

《沙孟海全集》（西泠印社出版社，二〇一〇年）第十卷《僧孚日録》壬戌十一月十九日：

玉殊比來於學問頗灰心。

函閣徵唐人行卷式

百行賢楚來殿寫作係佳就
此研究古人書體多以獨步
江東臨池刻石鼓較雪堂有
生趣望再臨摹顏氏研鼓小
字一通用白紙書之紙積與
唐行卷一式定出四匡末書
歲月其臨將合裝橫幅以供
欣賞操亭丙聯使交冰生帶
同賢書亭額黃道尹已蓋章
餘弃公逆源龍水書刹寶塔
瑤光文丹齋書
院聯先貢高太史書章太炎
文淮賢与杭衡耳包慎伯十
五學書二十未成迟年甫冠
乃謂學篆十年張效豐南昌
説議謙耶不禁一笑祁暑揖
侍孝玲旋　蹇室狀十一

唐氏鴻仙倒裝

（七〇）致朱復戡①

一九二二年五月七日　壬戌四月十一日　星期日

飛仙閣箋②

百行賢契：

來牋寫作俱佳，就此研究古人書牘，可以獨步江東。臨阮刻《石鼓》，較雪堂有生趣。望再照摹顧氏研鼓小字一通，用白牋書之，紙樣與唐行卷一式，空出四匡，末書歲月、某臨，將合裝横幅以供欣賞。『櫟亭』兩聯，便交冰生③帶回。賢書亭額，黄道尹已蓋章。餘亦分送。源巃④求書『利賓塔院』⑤聯，先有高太史⑥書瑶老⑦文，林寔書章太炎⑧文，惟賢與抗衡耳。包慎伯⑨十五學書，二十未成。賢年甫冠，乃謂學篆十年，殆效豐南禺⑩説謊話耶，不禁一笑。初暑惟

侍奉珍護。

蹇叟狀，

十一。

考釋：

①（七〇）祇署『十一日』，未署年、月。

函云『賢年甫冠』，一九二二年二月六日（壬戌正月初十）張致朱函云『賢今年弱冠矣』，朱剛二十歲，是本函爲一九二二年（壬戌）。

函云『櫟亭兩聯，便交冰生帶回。賢書亭額，黄道尹已蓋章。餘亦分送。源巃求書利賓塔院聯』，與後（七一）函云『亭、塔聯必好無疑。黄道尹櫟亭匾額已蓋印』有聯係，此爲前引。

函云『臨阮刻《石鼓》，較雪堂有生趣』，與（六六）函云『能全臨《石鼓》、漢魏數種，由老朽著跋』相銜接。

此信書寫時間當爲一九二二年五月七日（壬戌四月十一日）。

②信箋用『曲園倣唐人行卷式』『屠氏飛仙閣製』箋紙，簡稱『飛仙閣箋』，首次見用。

③王冰生。

④源巃，寧波阿育王寺監院。

⑤位於寧波市北侖區大碶街道嘉溪村烏石岙。利賓菩薩即阿育王寺開山之祖慧達。利賓塔亭，一九二一年由住持宗亮、監院源巃重建。塔碑有曾熙題：西晉開山祖師利賓菩薩之塔。塔後石亭柱聯，閑雲書：千山霜葉瘦；萬壑雨花肥。

⑥高振霄。

⑦陳邦瑞（瑶甫）。

⑧章炳麟（太炎）。

⑨包世臣（慎伯）。
⑩豐坊。

述評：

①關於『臨阮刻《石鼓》，較雪堂有生趣』：

此是朱復戡遵張美翊囑全臨石鼓文第一本。阮元於乾隆六十年（一七九五）八月任浙江學政。嘉慶二年（一七九七）摹刻范氏天一閣北宋拓本《石鼓文》，嵌於杭州府學明倫堂壁間。當時流行阮刻本石鼓，并非善本。吴昌碩所學石鼓即此。

②關於『豐南禺説謊話耶』：

豐坊（一四九四—一五六九後）或（一四九二—一五六三），字存禮；又字存叔、人叔。號南禺、南禺外史、南禺病史。人稱『書淫』『墨癖』。鄞縣人。藏書處名：萬卷樓。藏書印有：天官考功大夫印、碧玉堂下吏、豐氏人季、豐氏人叔、文王孫子、豐氏存叔、南禺外史、土木形骸仙風道骨、發解出身、筆研精良人生一樂、清敏公家。嘉靖二年（一五二三）進士。擅草書，能篆刻。《明史》有傳。

張錫琨《明文授讀記語》（張美翊主纂《甬上青石張氏家譜·家集》，味芹堂鉛印本，一九二五年）有記：

因坐法竄吴中，改名道生，字人翁。

豐南禺説謊話，是指人説豐坊『僞造經書』事。

王世貞《藝苑卮言》（浙江教育出版社，二〇〇八年）：

其於《十三經》，自爲訓詁，多所發現，稍誕而僻者，則托名古注疏，或創外國本。

黄宗羲《天一閣藏書記》（李希泌等編《中國古代藏書與近代圖書館史料》，中華書局，一九九六年）：

僞造六經。

錢謙益《賴古堂文選·序》（康熙六年周亮工刻本）：

蓋經學之謬三。一曰解經之謬，以臆見考詩書，以杜撰竄三傳，鑿空瞽説，則會稽季氏本爲之魁；二曰亂經之謬，石經托之賈逵，詩傳假諸子貢，矯誣亂真則四明豐氏坊爲之魁；三曰侮經之謬，訶虞書爲排偶，摘雅頌爲重複。非聖無法，則餘姚孫氏鑛爲之魁。

全祖望《天一閣藏書記》（駱兆平編纂《天一閣藏書史志》，上海古籍出版社，二〇〇五年）：

道生自以家有儲書，故謬作《河圖》石本、《魯詩》石本、《大學》石本，則以清敏公得之秘府；謬作朝鮮《尚書》、日本《尚書》，則以爲慶得之驛館。貽笑儒林，欺罔後學。

對豐坊作僞書之事，也有不同的看法，徐兆昺《四明談助・序》（江蘇廣陵古籍刻印社，一九八九年）説王、黄、錢、全等人説豐坊僞造『經書』事，是：

特出於臆度耳！

此段公案，有待古文獻研究學者考辨。

豐坊書《妙法蓮華經普門品》，文徵明書《薛文時墓志銘》合裝精拓經摺裝剪裱本。張美翊一九一七年朱筆題裱本扉頁：

豐考功書《妙法蓮華經普門品》，文待詔書《薛文時墓志銘》，皆范氏天一閣舊拓精本。惜《普門品》前佛像失去。丁巳穀日蹇叟記。

③關於『學篆十年』：

張認爲朱纔二十歲，不可能學篆十年，其實朱七八歲時，就從王秉蘭（翰林）學《説文解字》小篆，寫石鼓文。張美翊按常情推之十歲的孩子不會學篆，老師亦會武斷矣。

④關於『顧氏研鼓』：

即明代顧汝和硯鼓。今藏於天津市藝術博物館。

顧從義（一五二三—一五八八），字汝和。號研山（因得米元章硯）、研山山人。上海人。因得賜宮中石鼓硯石，即在硯上摹刻石鼓文作硯銘。工書善畫。摹古帖《柳誠懸蘭亭》《玉泓舘蘭亭》《十七帖》《右軍蘭馨帖》刻之於石。曾向潘允亮借南宋賈似道藏本《淳化閣帖》，摹刻《上海本淳化閣帖》。

顧汝和硯鼓，道光二十一年辛丑（一八四一），由朱善旂從歙縣曹紹檽處購得。

朱善旂（一八〇〇—一八五五），字大章。號建卿。浙江平湖人，收藏家朱爲弼子。室名：敬吾心室。道光十一年辛卯（一八三一）舉人。精金石學。

朱善旂也摹刻有長方石鼓文石硯，硯面刻『而師』『馬薦』兩石；底刻『吾水』『吳人』兩石；其餘列刻四周。硯底題記：

石鼓文最善本，較顧刻本甲鼓增二字，乙鼓增一字……共得字四百六十有奇，此與梅宛陵詩句正相合也，咸豐癸丑二月朔當湖朱善旂識。

下刻白文『朱善旂印』，朱文『建卿』二印。自言比顧汝和硯鼓字尚多，不知所據何本。張美翊一直未提到過此硯鼓，不知詳情如何。

一九三六年，顧硯鼓歸徐世章，加櫝，刻徐世襄撰銘文（董一晶撰《淺談天津博物館藏顧從義摹刻石鼓文硯》，《收藏家》二〇一五年〇七期）：

明顧汝和（從義）所刻石鼓硯，所據係宋拓精本，考證精確，與阮氏所摹天一閣本相頡頏。辛鼓之『工』字，翁覃溪謂爲從來著録家所未見。石鼓拓本，以范氏天一閣爲最，舊言石鼓者，皆以此本爲依據。近年錫山秦氏景安國十鼓所藏石鼓甲本，較天一閣本多廿九字，與歐陽修、梅堯臣所本略同，殆墨本之最善者，而辛鼓『工』字又與石鼓硯相合。顧氏所據本，較天一閣又精矣。……丙子端午後二日雨霽試宋澄泥硯。世襄於南華館。

按徐世襄的説辭，顧汝和刻石鼓硯所據拓本，是勝於天一閣本的最佳善本。

⑤關於『高太史書瑶老文』：

高振霄（一八七六—一九五六），字雲麓。號閑雲，又號頑頭陀、洞天真逸。别署閑雪，七十歲後署學者、學庵、四明一個古稀翁、耄年勵學。鄞縣人，原居咸塘街釘打橋，後遷尚書街方家橋。上海居室在福熙路九二三弄（今延安中路九一三弄）哈同路（今銅仁路）口。室名：雲在堂、靜遠齋、洗心室。光緒三十年甲辰（一九〇四）恩科進士。與章一山、忻江明同年。當時批閲高振霄試卷的房師是陳夔龍。翰林院編修，人稱『高太史』。曾任光緒帝侍從。擅詩。書法二王，間畫墨梅。子高式熊。

書迹刻石：

一九二二年，鄞州東吴鎮小白嶺五佛鎮蟒塔門額（隸書）：高振霄書。

《甬上青石張氏家譜·贈言》（味芹堂鉛印本，一九二五年）收有高振霄《張笙和先生六十壽序》《題張母戴孺人旌節録》。

陳邦瑞（一八五五—一九二七），譜名作邦，字輯侯。號瑶圃，亦作瑶甫。慈谿掌起橋陳家村人。藏書處名：瑶圃書齋。光緒元年乙亥（一八七五）舉人，光緒二年丙子（一八七六）進士。宣統三年辛亥（一九一一年），袁世凱内閣弼德院顧問大臣。善書，楷法閣體。一九〇八年，參與拒英修建滬杭甬鐵路。一九一一年，回上海。組織『三北賑災會』。一九二一年，發起『寧波三北旅滬同鄉會』；四月十日（三月三日），曾參加『逸社』脩禊社集，在花近樓，陳夔龍主持，沈曾植、章一山等在座；八月一日，寧波旅滬同鄉會特别名譽會董。後居寧波孝聞街伏跗室北首。

《甬上青石張氏家譜·墓志》（味芹堂鉛印本，一九二五年）收有陳邦瑞《張君淮卿生壙志》。

一九一九年，《阿育王寺重修舍利殿碑》：

陳邦瑞撰；高振霄書；左孝同篆額。

陳邦瑞所撰刻石類文章，多爲高振霄書丹。如洪益三《銘贊》：陳邦瑞撰；高雲麓振霄書。是因二人皆進士，身份相同。民國時尚『翰林文翰林書』。後來衍化出『叛徒扇』，摺扇一面『文學叛徒』胡適書；一面『藝術叛徒』劉海粟畫。

高振霄早年就學於距鄞縣縣治很近的寧波府治（今寧波海曙區）月湖畔馬衙街馬家私塾，業師是陳邦瑞。《申報》一九二〇年九月三十日《高雲麓太史書例》，乃陳瑶圃、章一山等代定。高振霄撰有《慈湖陳瑶圃侍郎行狀》。

光緒二十九年癸卯閏五月十六日（一九〇三年七月十日），第二次經濟特科考試在保和殿進行。復試閲卷人：榮慶、張之洞、葛寶華、張英麟、陳邦瑞、戴鴻慈、李昭煒、郭曾炘。

此時，張美翊在南洋公學任總辦，無意參加。友人冒廣生赴試，文章多次論及盧梭學説。陳邦瑞推薦之，而張之洞怒斥之。

一九一五年，張美翊致冒廣生函言及之（上海博物館圖書館編《冒廣生友朋書札》，上海書畫出版社，二〇〇九年）。

鶴汀先生同歲：别來不記歲月，前曾相見數次，未及深談，猶憶友人述公特科下第詩，每爲失笑，高情逸韵，近世有斯人哉。今年夏五月，鄉人張申之奉寄惠贈《林霽山集》，讀竟感謝。伏念侍奉起居，政躬曼福，慰如所頌。弟比歲無事，往來甬滬，時有友朋詩酒之樂，亦頗留意相邦掌故。嘗編校錢希聲、張蒼水、李杲堂未刻詩文，粗有端緒。而全謝山《續甬上耆舊詩》，爲陸鎮亭師所薈萃者，尤爲大觀，擬定預約券集資付刊。聞公所刻精本至多，能示其目否？甌中刻書，價廉工精，如《齊山集》殊好，不知刻資若干，紙價若干？并希見告。近承沈一老約脩省志，以海防、關稅、海島、水產見囑，凡隸貴署常關、海關及海通以來檔案擇要抄示。溫屬海島海防，有無新圖？玉環有志否？海產情形，乞代詢漁團局長。諸凡瑣瀆，無任企禱。前於滬志局事務所余君許見嘉興金甸丞先生函，謂杭城古董鋪有先德影梅庵小宛夫人硯，當煩其轉詢。覆函附覽。如欲購歸，請徑托杭志局金甸老，當有以報命。董鄂讕言，久已辨明，若得遺硯，亦佳話也。君家故物，因以奉告。弟今年五十有九，百無一成。生平偏好文字，而依人橐筆，奪我日力，牽率酬應，都非本懷。改革而後，家徒壁立，惟山妻無恙，二子六孫自安庸福。兩小兒皆習西文西語，教授爲生。嘗屬長子晉於老友孫仲璵君，引梨洲致徐原一書『首陽二老托孤於尚父』語，孫君笑而受之，殊可感矣。率臆布達，不覺屢幅。專泐鳴謝，恕其懶散。臨穎依馳，初寒惟宣衛。敬頌

侍福

年愚弟張美翊謹狀，

十月廿八夜半。

（鈐印）美翊小印（白文）。

⑥關於『林安書章太炎文』：

章炳麟（一八六九—一九三六），原名學乘，字枚叔（因慕漢人枚乘），亦作梅叔。又名絳（慕清人顧絳炎武），號太炎；又號膏蘭室主人、民國遺民。別署絳叔、西狩、陸沉居士、末底、戴角、獨角、臺灣旅客、支獵胡、支那夫、葑漢閣主、劉子駿之紹述者、劉子駿私淑弟子。學者稱太炎先生、餘杭先生、葑漢大師。餘杭（今杭州市餘杭區）人。俞樾弟子。就讀詁經精舍。

光緒二十三年丁酉（一八九七），在《時務報》館，章炳麟任撰述；張美翊任外文校對。二人同事。

一九〇二年，蔡元培與南洋公學學潮中退學學生，在泥城橋創辦愛國學社，不久，章太炎爲教員之一；張美翊主政南洋公學。二人是對立面。

一九二〇年，《阿育王寺重修舍利殿記》：

章炳麟撰；曾熙書；李瑞清篆額。

李瑞清，字仲麟。『林安』，應是『麟安』篆額。

⑦關於包慎伯：

包世臣（一七七五—一八五五），字慎伯。號誠伯、慎齋；晚號倦翁。別署白門倦游閣外史、小倦游閣外史。學者稱安吳先生（涇縣於東漢時曾分置安吳）。安徽涇縣人。藏書處名：小倦游閣。嘉慶十三年戊辰（一八〇八）恩科舉人。《清史稿》有傳。書法唐宋、魏碑、二王。能篆刻、繪畫。鄧石如弟子。

張美翊言『十五學書二十未成』，典出《藝舟雙楫·論書·述書上》：

余年已十五，家無藏帖，習時俗應試書十年，下筆尚不能平直，以書拙聞於鄉里。

西園叙康人作卷弍

百行賢孝傳史昭奉示徵悉
洵是沈康合為一手人之賢
臨下有兔我之筆底有仙姝
懸無已全君圖章〻方山道
朱文璽硬遒神韻心動而製
佛像新繪乞寄亭塔聯必好
無疑黃道尹集亭橅額也蓋
所全依圖寫雅龍姜澄神寫
姬夫人所畫海寫石齋背佳
茲敬祠額四字又電龍脊旋
久節名宗聯門聯係同時移旋
老弼書刻手極擬電參神重
寫大小同式其聯字似夏承
或句或寫駒之書至此校首
彝德老將人於寫近存殘羽暑惜
信肅崇衡　篆箋　十八

蕭氏森仙閣製

（七一）致朱復戡①

一九二二年五月十四日　壬戌四月十八日　星期日

飛仙閣箋

百行賢契侍史：

頃奉示敬悉。洵是沈、康②合爲一手，人言賢腕下有鬼，我謂筆底有仙，快慰無已。金君圖章二方已送，朱文瘦硬通神，銘心玅品。製佛像郵筒乞寄。亭、塔聯必好無疑。黄道尹櫟亭楄額已蓋印。金筱圃寫《猛龍》③，姜證神［禪］寫《姬夫人》④，沙孟海寫石齋，皆佳。兹敝祠額四字、又『雲龍舊族；文節名宗』聯（頭門），係同治初族老所書，刻手極壞，望分神重寫，大小同式。其聯字似《夏承》⑤，或勾或寫，酌之。書至此，頓首拜懇。（老朽近頗爲人寫字。）初暑惟

侍奉崇衛。

蹇叟，

十八。

考釋：

①（七一）紙署『十八日』，未署年、月。

函云『製佛像郵筒乞寄』，與後（七二）函云『佛像甚好……「阿彌陀佛」擬白文，製郵筒何如』有聯係，此爲前引。

函云『兹敝祠額四字、又「雲龍舊族；文節名宗」聯（頭門），……望分神重寫』，與後（八〇）函云『玉銘來，奉到敝祠聯、額，一經勾改，古勁有神』有聯係，此爲前引。（八〇）署有明確日期：閏端陽，是（七一）在『閏端陽』前。

此信書寫時間當爲一九二二年五月十四日（壬戌四月十八日）。

②沈曾植，康有爲。

③《張猛龍碑》，北魏正光三年（五二二）建，石藏曲阜。

④《姬夫人墓志》，亦稱《元公夫人姬氏墓志》。隋大業十一年（六一五）建，正書。清嘉慶二十年（一八一五）出土於陝西西安。武進陸氏，大興惲氏、南皮張氏遞藏。殘石已斷裂殘缺，藏故宮。

⑤《夏承碑》，全稱《漢北海淳于長夏承碑》，又名《夏仲兖碑》。東漢建寧三年（一七〇）建，八分隸書。碑毁於明嘉靖二十二年（一五四三）。上海博物院藏有宋拓本。

述評：

①關於『人言賢腕下有鬼』：

朱復戡曾書一段文字曰（手稿）：

季陶嘗背人語蒼白，謂『朱某三代鬼也』。吾聞而惡之。一日晤布雷，告曰：『渠見君刻印作篆，常亂周秦，蓋以鬼斧神工相欽譽也。』吾意始釋。

此函所謂『人言』，當是指戴季陶。

②關於『製佛像郵筒乞寄』：

此是催要前所命朱復戡畫佛像，以製信箋、信封。當時，自製箋紙、信封甚爲流行。其中保存了大量的文化信息，可作爲專題進行研究。

③關於張氏宗祠『味芹堂』：

張氏祠堂號『味芹堂』。

『味芹堂』，二十二世；遷青石三世張泮（一四七一—一五二六）建『味芹堂』，用於講學。本是小屋。

《甬上青石張氏家譜・系録》（味芹堂鉛印本，一九二五年）：

二十二世，泮。誠次子。字賢萃。號味芹。五經生。年三十一以易經登明弘治十四年辛酉本省鄉試第六十六名舉人，授徐州豐縣知縣，改授福建汀州府學教授。

二十六世；遷青石七世張遐勛（振寰）復興『味芹堂』，稱『復芹堂』，後仍改回稱『味芹堂』。

張遐勛子張士培、士塤昆仲請黃宗羲作《復芹堂記》（《甬上青石張氏家譜・墓志》，味芹堂鉛印本，一九二五年）有云：

味芹先生講學於汀州，歸而築室，名堂『味芹』，再傳而落於他氏者近百年。先生之元孫振寰翁數遷而後復之，遂名之曰復芹堂（此句一作『康熙壬子秋，味芹堂額成』）。翁之子天因、心友，余友也，囑爲之記。……此味芹堂也，芹者，溪澗之微物也。……先生豈不知膏粱膾炙之美，乃取此一芹者而味之，有不笑其寒陋耶？蓋無味之味，天下之正味也。先生橫經講道，其視膏粱膾炙如嚼臘，如啖土炭，而寓其無味之味於芹，天下之味，莫之能奪焉。

張美翊《青石張氏宗祠記》（《甬上青石張氏家譜・墓志》，味芹堂鉛印本，一九二五年）：

吾宗張氏，自明永樂間雝庵府君，始由雲龍碶遷居郡城青石橋，再傳而味芹府君，自汀州府學教授歸，築室橋之畔，名堂曰味芹，後歸他氏。我七世祖振寰府君積貲起家，數遷而後復之。康熙壬子，餘姚黃梨洲先生嘗爲之記，其後嘗講學於斯堂。八世祖天因府君，叔祖雪汀府君，皆從之游。而九世祖四青府君、九世叔祖漁谿府君、韞山府君實爲再傳弟子。當時證人社講經會諸公，都會於此。逮乾隆二十九年甲申六月十四日遭火，惟堂獨存。嘉慶壬戌，遂該爲祠，奉宋太子太傅集賢殿大學士文節公爲始祖，以雝菴府君爲始遷祖，並設歷代祖考神主，左昭右穆，秩然有序，歲時祭祀，子孫參拜，迄今弗替。蓋我七世祖振寰府君與叔祖濟寰府君至友愛，故斯堂爲青石宗公有之。年運而往，重以匪亂，祠宇頹隳，族人公議重修，同治十一年壬申，叔考溪蘅府君，實董工程。族叔祖琴齋府君，恭寫歷代神位。光緒中，先兄湘三府君，復任修理之役。惟自明以來幾三百年，梁柱朽折，已不可支，宗老集議易新材而仍舊制。爰於宣統二年庚戌二月開工，四月落成。凡梁之壞者、柱之蠹者，皆一新之。神龕享堂，髹治完整。四月二十七日，恭奉神版陞座，既固既安。董其事者，族弟位靖，而房長栽庭、醇笙兩叔祖、祥生族叔助之。歷次修祠之費，以振寰府君祀産所出爲多，先叔考監工，支款各有簿册，年久失去。詢之故老，計用銀一千圓有奇。宣統間大修，計用銀三千圓有奇。此吾宗祠創建及歷届重修之大略也。溯吾張氏，自文節公五世孫由仁公以富籍自蘇遷鄞之十七甲；又徙鄮谷；至七世誠甫公遷雲龍碶；二十世雖菴府君贅於郡城青石橋，遂以定居。蓋雲龍宗而下分爲兩支：一居城東，爲大步宗；一即吾青石宗。而吾宗講學，自味芹府君始；經商起家，自振寰府君始。康熙而後，多好文學，敦尚友睦，漸以不振。道光間，吾曾祖竹菴府君積貲致富，先贈公繼起，以義俠稱，不幸早逝。中更喪亂，而吾叔姪兄弟又從事科第多爲秀才，家以中落。余奔走海内外，雖薄有時譽而垂老無成。今因脩譜將成，宗老命余重爲祠堂記。以余謭劣，豈敢希梨洲萬一。然述吾宗之所自來與祠之所由成，及其屢修之績，故老凋謝，非余其誰任之，因具書如右，使後之子孫有考焉。

張美翊以副貢功名得立宗祠：

頭品頂戴；兵部右侍郎；兼右副都御使；巡撫浙江等處；兼管兩浙鹽政廖壽豐，爲光緒二十年甲午科副貢張美翊立。

一九一〇年重修祠堂竣工，張美翊有二聯：

自鄮溪轉徙，派系殷繁，溯祖宗清節垂型，遠追宋代名臣，藉固本支緜百世；當瀛海交通，競争劇烈，願嗣裔治生努力，上法國初遺老，先謀貨殖致千金。

宣統二年庚戌四月，三十五世孫美翊謹撰并書。

荻埭分流，長承世澤；芹堂建復，克紹宗風。

宣統二年庚戌四月，三十五世孫美翊敬獻。

張氏祠堂『味芹堂』，在今浙江寧波市海曙區青石街七〇號，山墻爲觀音兜式，門廳三柱五檩五開間，中間明間是大門。頭道門楹聯：『雲龍舊族；文節名宗』。

④關於『雲龍舊族；文節名宗』：

北宋張知白（九五六—一〇二八年），字用晦、端甫。號清安。謚『文節』。滄州清池人。宋真宗景德（一〇〇四—一〇〇七）初，任江南地區安撫使。『雲龍』指鄞縣雲龍碶。

鄞縣雲龍張氏奉張知白爲遠祖，一世。

張知白繼子張子思，二世。宋真宗景德元年進士。尚書工部侍郎。

張子思次子張範，三世。宋真宗祥符六年進士。贈朝散大夫。

張範子張襲，四世。一名世勛，字輔國。宋仁宗天聖二年進士。集賢殿修撰；授朝散大夫；謫判兩浙路平江府。自滄州徙居平江府（蘇州）。

張襲次子張籲，五世。字由仁。贈議郎。自平江遷籍慶元，卜居鄞縣十七甲。

張籲次子張承貴（一〇六一—一一四〇），六世。字天寵。宋真宗祥符元年遷鄞谷（鄞溪武臺山）。贈金紫光祿大夫。

張承貴長子張用明（一〇八二—一一六三），七世。字晦之。號誠甫。徙居鄞縣雲龍碶。贈金紫光祿大夫。

張用明長子張允泗（一一〇四—一一八六），八世。字象賢。贈金紫光祿大夫。

張允泗長子張珩（一一四三—一二二五），九世。字時節。宋寧宗慶元二年進士。置制副史；陞廣南節度使。

張珩子張憲祖（一一六三—一二三四），十世。字文宗。

張憲祖子張圭（一一八六—一二二四），十一世。字惟信。

張圭長子張雲衢（一二一六—一二八二），十二世。字叔亨。

張雲衢長子張宣儀（一二三四—一三二五），十三世。字仲禮。

張宣儀長子張綱（一二五三—一三〇九），十四世。字端振。

張綱次子張情（一二七二—一三三二），十五世。字自實。

張情三子張問之，十六世。字好夫。元贈徵仕郎。

張問之三子張原楷（一三〇四—一三六三），十七世。字公異。號方谿。元至正十一年象山教諭。

張原楷四子張仲通，十八世。字世達。

張仲通長子張伯南（一三六六—一四一八），十九世。字汝才。

張伯南次子張尹肅（一三九八—一四四三），二十世；遷青石始遷一世祖。字雝庵。明永樂年間，張尹肅入贅於郡城青石橋巷余氏，由雲龍碶遷至青石橋，居醋務橋下西北首，稱『青石張』。

張尹肅三子張誠（一四三六—一五〇三），二十一世；遷青石二世。字文孚。號質菴。贈文林郎；豐縣知縣。

張誠次子張泮（一四七一—一五二六），二十二世；遷青石三世。字賢萃。號味芹。弘治辛酉鄉舉人；授徐州豐縣知縣；改授汀州學府教授。學者稱味芹先生。

張泮三子張仕，二十三世；遷青石四世。字思信。號少芹。縣學生。

張仕三子張國紀（一五三七—？），二十四世；遷青石五世。字元肅；又字用益。號見川。府學生。

張國紀次子張一相（一五八〇—一六五二），二十五世；遷青石六世。字鄮川。

張一相長子張遐勛（一六〇六—一六六九），二十六世；遷青石七世。字振寰。贈文林郎；行人司大行人。

張遐勛長子張士培（一六三二—一六八八），二十七世；遷青石八世。字天因。著有《黃過草堂集》。

張士培子張錫琨（一六五四—一七一九），二十八世；遷青石九世。字有斯。號過雲；晚號四青山人。府學生。居月湖芙蓉洲的青石街（今浙江寧波市海曙區）。著有《菉猗閣集》。

張錫琨次子張曙（一六八二—一七三七），二十九世；遷青石第十世。譜名成永，字覲陽。號堇山；晚號溪心。國學生；州吏目例授登仕郎。

張成永長子張承歡（一七〇三—一七三七），三十世；遷青石第十一世。字庭參。敕贈武略佐騎尉。

張承歡次子張知本（一七三七—一七七〇），三十一世；遷青石第十二世。字畏志。敕贈武信佐騎尉。

張知本長子張宗渭（一七七〇—一八三七），三十二世；遷青石第十三世。字淇右。號竹菴。國學生。

張宗渭長子張宇廣（一八〇〇—一八三三），三十三世；遷青石第十四世。出繼張宗城。字乙照。號小菴。國學生；誥贈奉政大夫

張宇廣長子張延青（一八二六—一八五八），三十四世；遷青石第十五世，恒房。官名張均陞，譜名延青，字藜庭。號竹孫，石橋。國學生；敕贈徵仕郎；中書科中書；誥贈奉政大夫；欽加同知銜江蘇補用知縣。

張延青次子美翊。張美翊一周歲時，張延青去世。

無量壽佛無上妙法

不生不滅　百千萬劫

讚莫能窮　如來降生日佛弟子為

一諸山長老製像　鑿道人詭偈靜龕敬造

佛像慈祥肚此窟入四壁剞劂

槌自矢製舞筒何如

來拯長悲前前想達　飲行肩事極懸隨凡陰大進于以應他

實供越七亦人之世　詫奉乾聯望向忙春窒取續歉加工代鄉

不棵卿張石銘及鄉剞窟霤電話奉協詫多畫極連卅四代送為華

沈寂建之兄弟拯龕送龕耳填代筆影相絕住題祈奉寧

百所悍寬　窶窶隆仗平

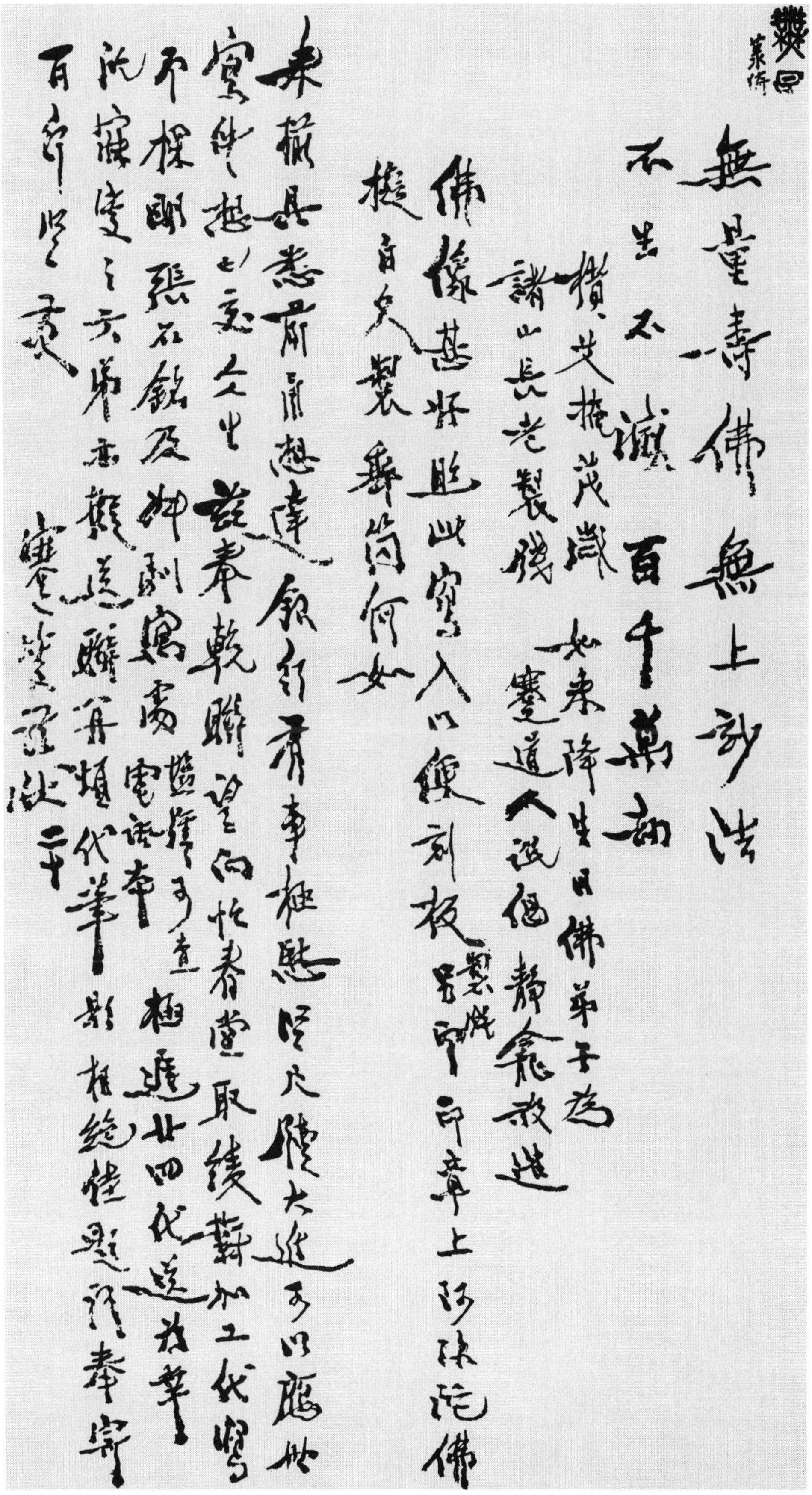

（七二）致朱復戡①

一九二二年五月十六日　壬戌四月二十日　星期二

白箋②

無量壽佛，無上玅法；不生不滅，百千萬劫。

横艾掩茂歲，如來降生日，佛弟子爲諸山長老製牋。蹇道人説偈；靜龕敬造。

佛像甚好，照此寫入，以便刻板製牋。另印印章。上『阿彌陀佛』擬白文製郵筒何如？

來椾具悉，前函想達。銀行有事，極慰。賢尺牘大進，可以應世。寫件想已交夂生③。兹奉輓聯，望向怡春堂取綾對加工代寫。即探明張石銘及叔馴④寓處（鹽號可查電話本），極遲廿四代送爲幸。沈寐叟之六弟⑤亦擬送聯，再煩代筆。影相絶佳，題語奉寄。

百行賢友。

蹇叜謹狀，

二十。

曲園老人倣蒼頡篇製牋

甬上黃過草堂摹印

（七三）致朱復戡

一九二二年五月十六日　壬戌四月二十日　星期二

黄過草堂箋

覆讀分黏尺牘，老朽乃多格言。孫輩幾欲竄取，必爲題語寄還，請放心。張石銘之太夫人赴狀，有海上諸老題字殆徧，刻擬煩賢寫聯，即索一册何如？

蹇安具。

考釋：

①（七二）（七三）合并考證。（七二）祇署『二十日』，未署年、月。而函云『横艾掩茂歲，如來降生日，佛弟子爲諸山長老製牋』。《史記・曆書》：

『横艾淹茂，太始元年。』司馬貞索隱：『横艾，壬也。《爾雅》作「玄黓」。淹茂，戌也。』張守節正義：『太始元年，壬戌歲也。』

横艾掩茂歲，干支紀年歲在壬戌，公元一九二二年。釋迦牟尼佛降生日是農曆四月初八。二十，當爲四月二十日。（七二）未署日期。（七二）函云『佛像甚好，照此寫入，以便刻板製牋。另印印章。上「阿彌陀佛」擬白文，製郵筒何如』，與（七一）函云『製佛像郵筒乞寄』相銜接。『製佛像郵筒乞寄』是繪佛像設計稿，稿已到，故言『佛像甚好』。又與後（八〇）函云『佛像牋即付刻』有聯係，此爲前引。（八〇）署有明確日期：閏端陽。（七二）當爲『閏端陽』之前。

（七三）函云『張石銘之太夫人赴狀，有海上諸老題字殆徧，刻擬煩賢寫聯』，與（七二）函云『玆奉輓聯，望向怡春堂取綾對加工代寫，即探明張石銘及叔馴寓處（鹽號可查電話本），極遲廿四代送爲幸』相銜接。

總之：（七二）（七三）兩函同封。書寫時間當爲一九二二年五月十六日（壬戌四月二十日）。

②（七二）信箋用白箋，爲擬印箋紙之設計稿。箋紙右上角有篆書『無』一字、『量』半字，行書『菉猗』二字。當是原准備寫篆，繼而作罷。此設計稿是待朱復戡繪佛像設計稿定後，再照此『無量壽佛，無上妙法，不生不滅，百千萬劫。横艾掩茂歲如來降生日，佛弟子爲諸山長老製牋。蹇道人説偈；静龕敬造』寫入佛像稿，由此製成『長老箋』。

③王冰生。

④張乃驥（叔馴）

⑤沈曾樾（一八五五—一九二二），字子林。一九二二年五月十八日（壬戌四月二十二日），沈曾樾卒於上海。四月二十日，張美翊已知沈曾樾病危，准備擬輓聯。

述評：

①關於『張石銘及叔馴』：

張鈞衡（一八七一—一九二七），字石銘（因好金石、奇石），亦作石民。號適園主人。南潯（今湖州市南潯區南潯鎮）人。『南潯四象』之一張頌賢長孫。室名：懿德堂。園名：適園。藏書處名：六宜閣、擇是居、九松精舍、嘉蔭草堂、燕喜庵。藏書印有：適園珍藏永寶、南潯適園主人、希古右文、不薄今人愛古人。延請繆荃孫編《適園善本藏書志》。光緒二十年甲午（一八九四）舉人。淞社中人。西泠印社發起人和贊助人、早期社員。

書迹刻石：

一八九五年，栖霞嶺葛嶺（隸書）：乙未仲春，吴興張鈞衡來游。

一九二一年，杭州西泠《閑泉記》：歲次重光作噩，吴興適園張鈞衡識。

一九二四年，杭州西泠印社《漢三老諱字忌日碑》石室楹聯：我思古人有扁斯石；其究安宅莫高匪山。

張乃驥（一八九九—一九四八），字叔馴。號齊齋（藏『大齊通寶』錢，存世僅兩枚）。人稱『古錢大王』。張石銘第七子。

張石銘、張叔馴父子與張美翊、張絅伯張謙父子關係有趣。

張美翊與張石銘同爲『淞社』中人。

張美翊一九一五年，致冒廣生函云『鶴汀道兄先生同歲：……海上吴興張石銘同年、劉翰怡世兄皆喜刻書，與劉葱石同年競爭』，張美翊爲光緒甲午科（一八九四）副貢（舉人），張鈞衡、劉葱石、冒廣生，都是光緒二十年（一八九四）舉人。同年中舉，稱同年或同歲。

張美翊與冒廣生同爲江西學政吴士鑒保舉經濟特科。

張美翊次子張謙，字叔馴。張石銘子張乃驥，字叔馴。同字。

張美翊長子張晉與張乃驥都愛好玩古錢，以古錢名。

朱復戡曾刻印章：懿德堂珍藏書畫印記。

百行覽契示改悲此此別善
懸前寧縉印敗火佳刻亡
向青田郊石擬修硯記刻二
應川与雲室多鴬非食老翁
得擬也堂同神孺皆川岳南
刻印青江湖氣不如做浙源
賢意式謂此張毋聯室得
好故俊如壹不惠及勞工
予喜鶯育諸聯記任人
寧近未收别設以改送
礦望公寧梔便尺續為末
題續敗鼓寿株亭記寧三字
幸蓁書杭州徹文煩沙民書
凡嵗赤引名書扣獦積後
甯青路寺鵑敘寿題人賢猶餘飲
永事橛街坊宜室宴县世七

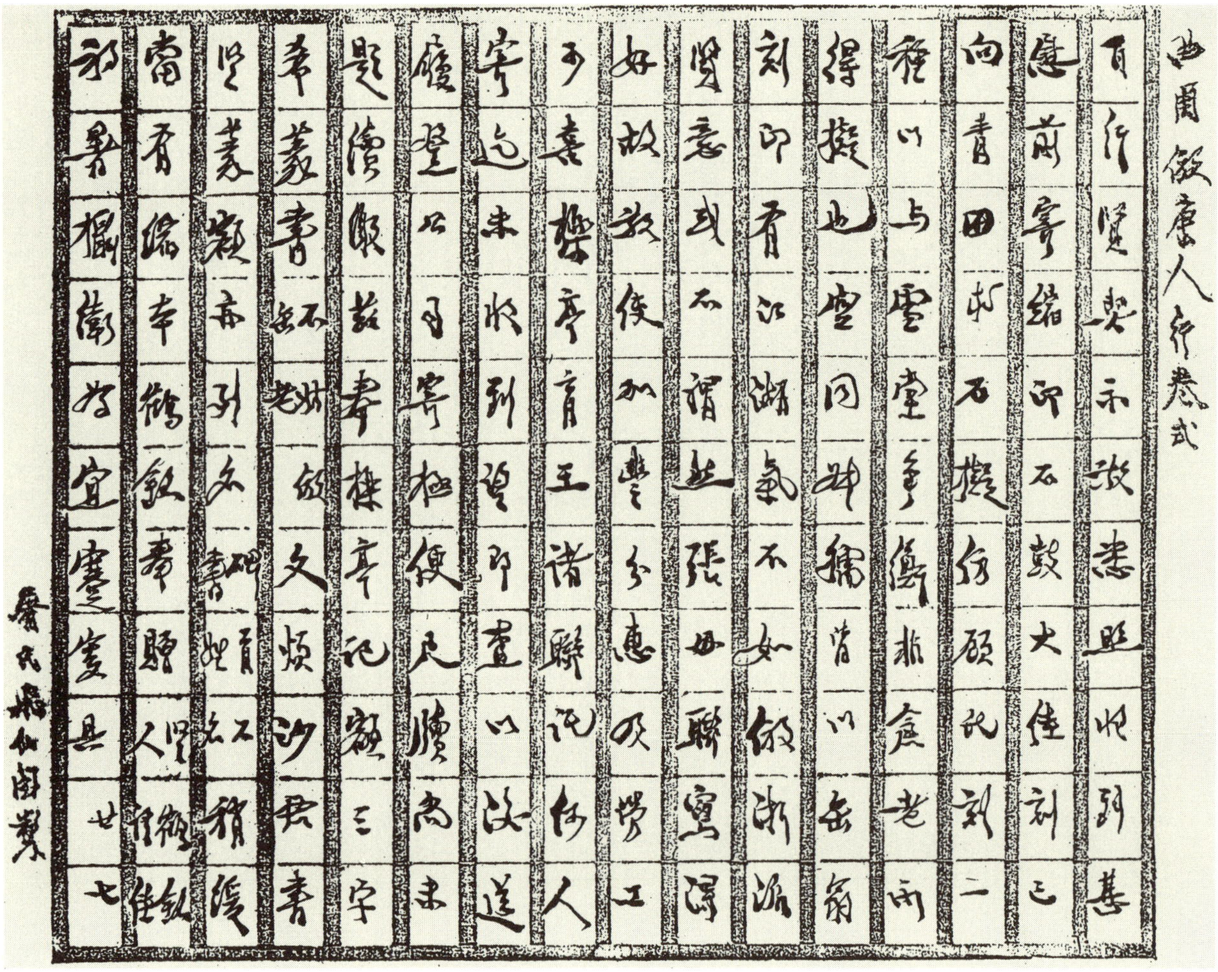

（七四）致朱復戡①

一九二二年五月二十三日　壬戌四月二十七日　星期二

飛仙閣箋

百行賢契：

示敬悉，照收到，甚慰。前寄縮印石鼓大佳，刻已向青田②求石，擬倣顧氏刻一種，以與雪堂③爭衡，非倉老④所得擬也。空同⑤、叔孺⑥皆以缶翁⑦刻印有江湖氣，不如倣浙派，賢意或不謂然。張母聯寫得好，故敬使加豐，分惠及勞工，可喜。櫟亭、育王諸聯，託何人寄，迄未收到，望即查。以後送履登公司寄極便。尺牘尚未題，續繳。茲奉『櫟亭記』額三字，希篆書（不妨倣缶老）。文煩沙君⑧書，賢篆額，亦列名（碑首不書姓名）。稍緩當有縮本《鶴銘》⑨奉贈（賢《鶴銘》人謂佳）。初暑攝衛爲宜。

蹇叟具，

廿七。

考釋：

①（七四）祇署『廿七日』，未署年、月。文字内容有『初暑』，當是農曆四月。

函云『茲奉「櫟亭記」額三字，希篆書（不妨倣缶老）。文煩沙君書，賢篆額』，民國《鄞縣通志・文獻志》：

民國十一年：

《櫟亭記》：王斌孫撰；沙文若書；朱義方篆額。碑石存在處：櫟社。

民國十一年，爲一九二二年。

與後（八一）張美翊致沙孟海函云『《櫟亭記》大佳』有聯係，此爲前引。（八一）張致沙函有明確日期：壬戌閏五月七日。是此『廿七』，當爲壬戌四月或五月廿七日。文有『初暑』之語，當是農曆四月廿七日。

函云『前寄縮印石鼓大佳，刻已向青田求石，擬倣顧氏刻一種』與（七〇）函云『臨阮刻《石鼓》，較雪堂有生趣，望再照摹顧氏研鼓小字一通』相銜接。

函云『櫟亭、育王諸聯，託何人寄，迄未收到』，與（七〇）函云『「櫟亭」兩聯，便叫冰生帶回。賢書亭額，黃道尹已蓋章。餘亦分送。源寵求書「利賓塔院」聯』相銜接。

函云『張母聯寫得好』，與（七二）函云『茲奉輓聯，望向怡春堂取綾對加工代寫，即探明張石銘及叔馴寓處』相銜接。

函云『尺牘尚未題，續繳』，與（七三）函云『覆讀分粘尺牘，老朽乃多格言，孫輩幾欲竄取，必爲題語寄還』相銜接。

此信書寫時間當爲一九二二年五月二十三日（壬戌四月二十七日）。

②浙江省青田縣。

③羅振玉。

④吴昌碩。吴昌碩得友人金俯將贈一古缶，遂以『缶廬』名其居，并詩記之：『以缶爲廬廬即缶，廬中歲月缶爲壽。俯將相贈情獨繫，時維壬午四月九。』

⑤張亦湘。

⑥趙叔孺。

⑦吴昌碩。

⑧沙孟海。

⑨《瘞鶴銘》。

述評：

①關於『空同，叔孺皆以缶翁刻印有江湖氣』：

張美翊轉達張亦湘、趙叔孺對吴昌碩篆刻的看法。朱復戡此時正在學吴派篆刻，對『江湖氣』的説法或不以爲然。張美翊與吴昌碩同爲淞社中人，感情友善，言辭之間較爲隨便，并無惡意。一九〇四年吴昌碩有詩贈張美翊。張美翊一九二二年九月二十七日（壬戌八月七日）致朱復戡函：『寐叟、缶老另闢境界，正其獨立處。』一九二二年十二月二十六日（壬戌十一月九日）張美翊致沙孟海函：『倉老此翁粹然藹然，一團和氣，必須一見。……老一生有功夫，能開此境界，豈皮相者所及。』一九二三年六月六日（癸亥四月二十二日）張美翊致沙孟海函：『缶老志行高淡，作篆自横絶一世。』皆對吴昌碩作高度肯定。

②關於瘞鶴銘：

《瘞鶴銘》，傳爲南朝梁天監十三年（五一四）建，陶弘景（四五六—五三六）書。正書。原刻在鎮江焦山西麓石壁上，後遭雷擊崩落長江中。南宋淳熙間挽出一石二十餘字，康熙五十二年又挽出五石七十餘字。乾隆二十二年嵌於焦山定慧寺壁間，共九十餘字。中唐以後始有著録。

百斤堅及來並縮臨石鼓

兩道具恙報前更進致語也

何處瀕久圖惹把把看此

前人所來看木板亦難剝也

青田石曰記林澄亦之代贈

奇送來即章曰以方奉贈

倒五万煩剝山為砖華揭明

樺亭言王聯的引家芳之友

必端勿怪此以蒹葭尤佳食

派本殊多愛據載鄧徐為久

看樹嶺派流傳視藝徐為久

空同豐之太遇些豐起共並

過文人相斯老夕最不謂也

我生平交友榮拜多两豐議

少賢所知也壽萬年費戲報

恐百風吞此段一變定初之

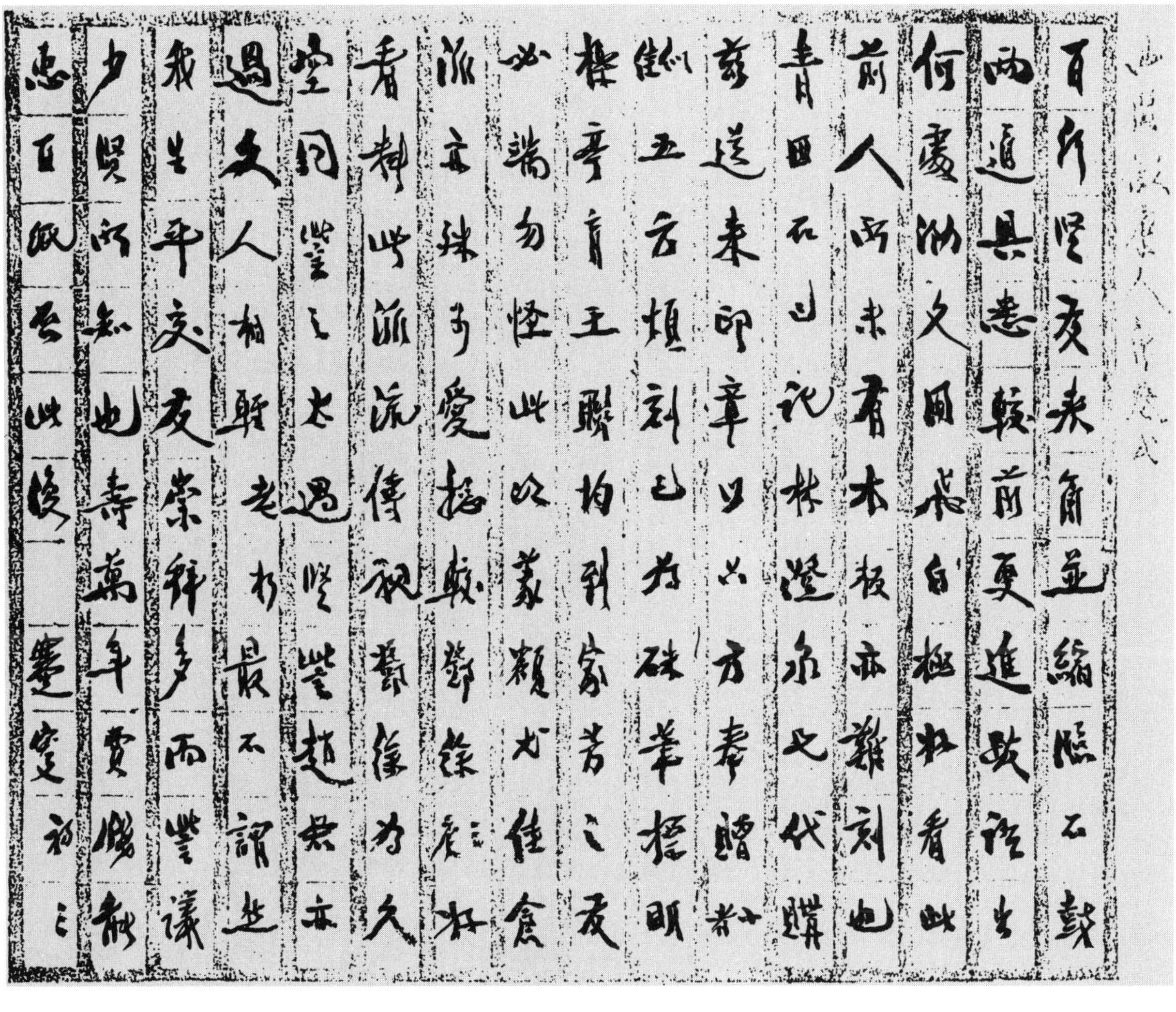

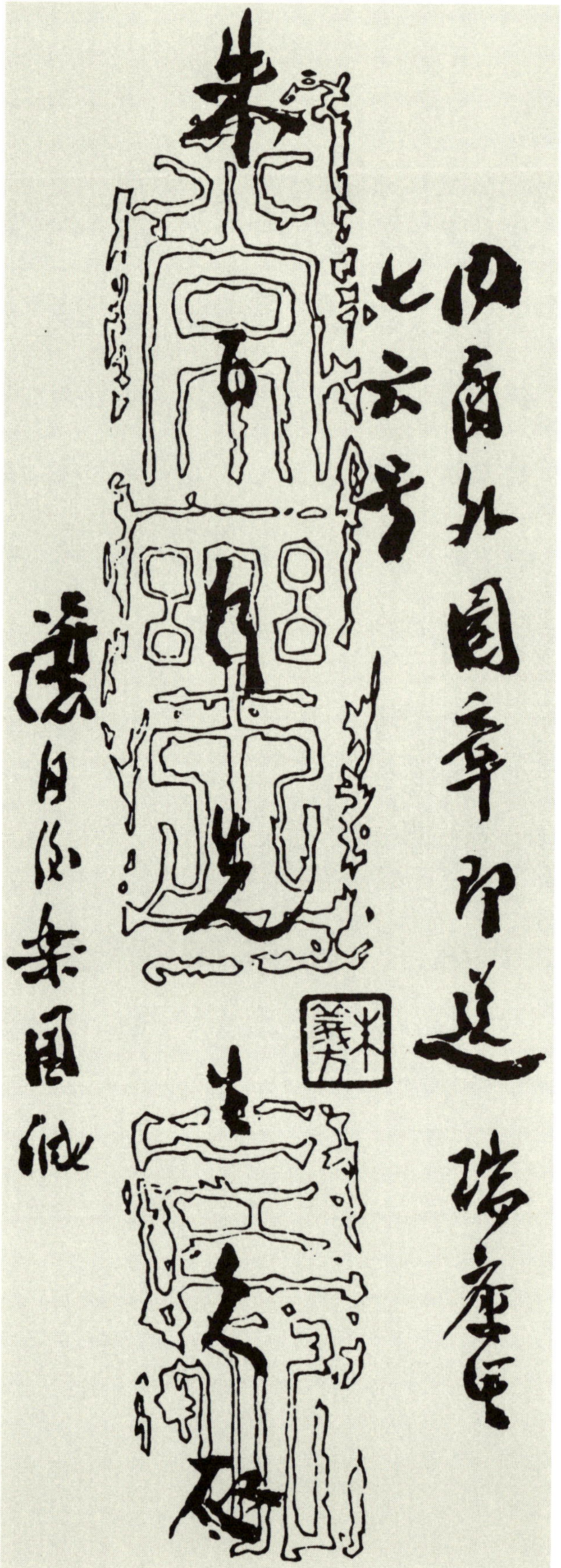

（七五）致朱復戡①

一九二二年五月二十九日　壬戌五月三日　星期一

飛仙閣箋

百行賢友：

來函並縮臨石鼓兩通具悉，較前更進。跋語出何處？渤文用飛白極好看，此前人所未有，木板亦難刻也。青田石已託林澄泉②兄代購，茲送來印章，以六方奉贈（小者似佳），五方煩刻，已爲硃筆標明。櫟亭、育王聯均到。家芳③之友必端，勿怪。此次篆額尤佳，倉派亦殊可愛，總較鄧④、徐（三庚）好看，料此派流傳，視鄧、徐爲久。空同訾之太過，賢訾趙君亦過。文人相輕，老朽最不謂然。我生平交友，崇拜多而訾議少，賢所知也。『壽萬年』費牋，能惠百紙否？此復。

蹇安，

初三。

（信封）内函、外圖章即送瑞康里七六號，朱百行先生文啓，讓自後樂園緘。

（信封底紋）擬漢甎銘雙鈎『常樂長』。（鈐印）朱義方（朱文）。

考釋：

①（七五）紙署『初三日』，未署年、月。

函云『跋語出何處』，朱復戡縮摹《石鼓文》自跋款署：橫艾掩茂歲夏仲，百行朱義方縮摹。鈐印：義方私印（白）；靜堪（白）。橫艾掩茂，即玄黓閹茂，爲一九二二年；夏仲，爲農曆五月。

函云『櫟亭、育王聯均到』，與（七四）函云『櫟亭、育王諸聯，託何人寄，迄未收到』相銜接。

函云『此次篆額尤佳，倉派亦殊可愛』，與（七四）函云『茲奉「櫟亭記」額三字，希篆書（不妨倣缶老）』相銜接。

函云『青田石已託林澄泉兄代購』，與（七四）函云『刻已向青田求石』相銜接。

函云『茲送來印章，以六方奉贈（小者似佳），五方煩刻』，信封有『外圖章』即『茲送來印章』，是（七五）所用信封。

函云『「壽萬年」費牋，能惠百紙否』，與後（八〇）函云『「積福氣、壽萬年、宜子孫」費函筩並牋百張分贈』有聯係，此爲前引。（八〇）有明確日期：閏端陽，壬戌閏五月五日。

此信書寫時間當爲一九二二年五月二十九日（壬戌五月三日）。

②林映清，字澄泉。青田（今麗水市青田縣）人。北京高等警校畢業。一九一三年三月，爲寧波警察所長。一九一六年，捐款給省立第九中學、西山小學、養英小學增添設備。一九一八年，杭州警察廳警務督察長。此時任寧波警察廳長。後被寧台鎮守使王桂林、鎮海船貨局長王仁普以販賣鴉片聚賭抽頭電省查辦，一九二四年五月，調任蕭山統捐局長。一九二五年五月復任寧波警察廳長。

③陳家芳。
④鄧石如。

述評：

①此是朱復戡第二次縮臨石鼓，兩通。

關於『跋語出何處』：

一九二二年仲夏（五月），朱復戡縮摹《石鼓文》，每鼓皆有釋文、跋語（手稿圖版見馮廣鑑主編《朱復戡墨迹遺存》，人民美術出版社，二〇〇五年）。

甲、逌車。跋：

右一，言佃獵之事。凡言君子，皆謂其從獵諸臣也。褚千峰云：『石高一尺七寸，圍六尺四寸，字徑一寸。』按石本，文十一行，行六字。韋蘇州歌曰：『周宣王大獵兮岐之陽，刻石表功兮煒煌煌。』蓋已傳信云。

乙、汧殹。跋：

右二，言佃漁事。因亂於汧，遂觀魚於汧也。石高二尺一寸，圍六尺三寸。文九行，行七字。施武子曰：『十鼓中惟此完好無一字磨滅，成文可讀。然字多假借，世既逾遠，不能盡知故義，亦有難解處，更俟博雅君子辯而釋之，庶可補雅頌之亡逸。』

丙、田車。跋：

右三，亦狩之事。言田獵於東都而樂其得白澤之獸也。石高一尺八寸，圍六尺四寸。文十行，行七字。潘慎山曰：『可讀者十有五句，餘不成文，凡六十三字。』此條在《周秦石刻釋音》下。

丁、鑾車。跋：

右四，亦言田獵於東都而怡恍多賢以允異之獸也。石高二尺，圍七尺。文十行，行七字。除重文，仿佛存者五十一字。劉同人云四十七字。韓昌黎所云『掎摭星宿遺羲娥』者，亦解惑而補闕焉。

戊、霝雨。跋：

右五，獵畢將歸，因雨水漲，有乘馬涉水之勞。爰亂於汧，紆道而行也。石高二尺一寸，圍六尺八寸。文十一行，行六字。李嗣真云：『此鼓亦甚磨滅，諸家傳本互易前半章，韵亦不叶。』

己、乍原。跋：

右六，蓋言田疇與樹植之事。或曰：天子出，先命有司平治道途之義。石高一尺五寸，圍六尺八寸。文十一行，行五字。此鼓即陳倉野人取以爲臼，截去上一字而刳其中也。梅聖俞《石鼓歌》曰：『傳至我朝一鼓亡，九鼓缺剥文失行。近人偶見施碓牀，云鼓作臼刳中央。心喜遺象猶在傍，以臼易臼庸何傷。以石補空恐舂梁，神物會合居一方』云云。

庚、而師。跋：

右七，言宣王會諸侯於東都同獵復周之舊地也。石高二尺二寸，圍六尺七寸。文十行，行六字。并第六鼓釋文皆從劉二至《石鼓文定本》補之。

辛、馬薦。跋：

右八，此鼓最磨滅，施、薛所録舊本，存十三字，今亦無之。所傳楊用脩添字成文，然纔得他鼓四分之一者，不可考矣。惟見顧氏本角上仿佛有『帀』，首行有『工』字，其字與『之』字又隔二行。石高一尺六寸，圍六尺八寸。文八行，行五字。

壬、逌水。跋：

右九，言道途既治，爰方戲行。古者田獵，以寓軍法，因紀其會朝清明，馬部整肅也。石高二尺九寸，圍七尺八寸。文十五行，行五字。

癸、虞人。跋：

右十，首言恤下之意，繼言歸而告廟之事，所生獲者，蓄之於囿，以備享祀也。末言無荒於田，爲後嗣法。石高二尺一寸，圍六尺三寸。文凡九行，行八字。張懷瓘贊曰：『體象卓然，殊今異古。落落珠玉，飄飄纓組。蒼頡之嗣，小篆之祖，以名稱書，遺跡石鼓。』

橫艾掩茂歲夏仲，百行朱義方縮摹。

鈐印：義方私印（白）；靜堪（朱）。

其後，又有長篇跋語：

後魏江式《論書表》曰：『伏羲氏作而八卦形其畫。軒轅氏興而靈龜彰其彩。古史倉頡覽二象之文，觀鳥獸之跡，別創文字，以代結繩，用書契以紀事。宣之王庭，則百工以叙；載之方册，則萬品以明。』至三代，則文德書於彝鼎，武事刻於鉦鼓。征伐之勳，表於兵鉞，班班可考。若古文之存於今者，惟神禹治水文、比干盤銘、商周鼎彝、吉日癸巳、石鼓而已。岐陽十鼓，爲周宣王獵碣，史籀作篆，字畫奇古，此大篆之始也。後漢橋太尉廟有石鉦、石鉞、石鼓。蔡中郎爲銘辭。漢距三代未遠，古制猶有存者。梁劉昭注《後漢郡國志》

云：『陳倉有石鼓山』，蓋此鼓載於傳記久矣。歷經亂離，散落草莽。唐初好事者始加採録。貞觀間，吏部侍郎蘇勗叙記其事，虞、褚、歐陽共稱古妙。李嗣真、徐季海、竇臮、竇蒙，咸以爲史籀筆跡。鄭餘慶爲鳳翔節度使，始遷孔廟，經五代之亂，又復散失。至宋司馬池知鳳翔，復輂置府學而亡其一。皇佑四年，向傳師捜訪而足之。大觀二年，徙開封府，初置辟雍，後入保和殿，以金填其文以示貴重，且絶模搨之患。而薛用敏、鄭漁仲各列甲乙之序，爲音釋。王順伯考正而集録之，施武子又參諸家之本訂以石刻，梓於淮東倉司，其辨證訓釋，亦詳備矣。靖康之難，此鼓移於燕京。元大德十一年，虞伯生爲大都教授，得之泥土草叢中。皇慶癸丑，伯生助教成均言於時宰，遷置聖廟大成門兩廡。潘恆山考訂音訓，鐫於其旁。吾子行藏甲秀堂譜，明楊升庵、湛甘泉刻木以傳。今石鼓在京師國子監，即元之舊地。獨甲乙之次，諸家不同，各以意爲後先。而今石鼓，除重文僅存二百十六字，又半泐七十四，細翫潘氏《音訓》，互證剥落中尚可辨識者三十。余家藏北宋拓本，得原文四百九十有四，惜文多割裂參差。近有劉恒卿所貽兩摹本，分章次序井然。遂校之釋音諸本，剥蝕處從鼓中字，缺者以小篆補之陽文，縮爲小册，列之卷首，以備三代篆書云爾。

（鈐印）梅墟靜堪朱義方字百行弱冠後所作金石書畫印（朱文）。

張美翊亦不知此跋出處，當是朱復戡自撰跋文。

一九二三年六月二日（癸亥四月二十日），朱復戡自跋壬戌仲夏所縮摹《石鼓文》：

右石鼓文，據明旌德姚氏《因宜堂法帖》縮本橅寫，作飛白者，帖作白地黑文，皆阮刻、天一閣宋本所無。第五鼓首『逜來自東』四字，則楊升庵自稱得東坡本，不足信也。阮刻無『逜來自』三字，姚本此三字作白文，『東』字作黑文。阮本『霝』字上一字泐損，不似『東』字，其他互異者不一。姚本篆刻甚劣。此橅本略參秦詔版意，自謂有昌黎所謂鸞翔鳳翥，珊瑚碧樹奇麗之狀。質之蹇公，以爲何如？

壬戌凉秋（按：原件款爲仲夏）寫此第一本，越歲癸亥四月廿二日，靜堪又記。

釋文亦録姚本，『逜』，『我』字，釋『吾』非。

（鈐印）黄門走狗（白文）。

後來張美翊一九二三年五月十八日（癸亥四月三日）致朱復戡函又云『石鼓……《因宜堂》本蓋參楊慎説也。』而楊慎《石鼓文音釋》有僞托之嫌。所以，朱復戡此時所據石鼓文的本子，并非最佳。張美翊與朱復戡均對此有所考辨。

『旌德姚氏』，乃明清之際的姚學經。

自跋透露的信息：

第一、朱復戡一九二二年的縮摹《石鼓文》『摹本略參秦詔版意』，是此時朱復戡對權量秦詔已有較深的研究。

第二、一九二三年鈐白文『黄門走狗』印，是此時朱復戡書亦學黄道周。

第三、『自謂有昌黎所謂鸞翔鳳翥，珊瑚碧樹奇麗之狀。』是此時朱復戡對自己一九二二年縮摹的《石鼓文》，亦相當自負。

③關於『倉派亦殊可愛，……空同訾之太過，賢訾趙君亦過』：

一九二二年五月二十三日（壬戌四月二十七日）張美翊致朱復戡函云『空同、叔孺皆以缶翁刻印有江湖氣』，可知朱復戡在回信中不以爲然，並有訾趙叔孺語。張美翊認爲張一香對吴昌碩訾之太過，朱復戡對訾趙叔孺亦過。

④關於『文人相輕，老朽最不謂然，我生平交友，崇拜多而訾議少』：

張美翊交友乃至待人接物，確是絶少訾議。有些原是朋友而後來反目，關鍵是以政治觀點劃綫。最明顯的例子是對經亨頤、蔡元培。一九二三年，曾因『一師風潮』被撤『浙江第一師範』校長（一九二〇年二月九日）的經亨頤，被任命爲『浙江省立第四中學』（原寧波儲才學堂）校長，張美翊上條陳反對（北京魯迅博物館魯迅研究室《魯迅研究資料十五》，天津人民出版社，一九八六年）有云：

> 自新文化運動潮流輸入，邪説横行，無可遏止，遂至有非孔非孝之説，……陳胡之徒貽害青年，罪均不容誅也。今聞改行新學制，以上虞經某來兼長府中，學界大起恐慌，如洪水猛獸之將至。

張美翊反對經亨頤任校長，是由於張美翊對『新文化』的看法不同，關鍵在於政治見解、教育主張不同。并非私人恩怨。證之於前，一九一八年，經亨頤爲『浙江省教育會』建築事，欲求助於劉澄如，請張美翊爲從中介紹，經亨頤多次訪張美翊不遇，及一見，蒙張美翊一口贊成。見《經亨頤日記》（浙江古籍出版社，一九八四年）：

一九一七年一月：

四日：

> 訪田澍霖。……旋以省教育［會］事相托，蒙贊允，并謂吴錦堂現在日本，未易接洽，不如向劉澄如設法。此公之引綫張讓三，其［友］人也，合方相勸，或有希望。……訪張讓三，不晤。

五日：

> 至二馬路甯波同鄉會，訪張讓三，又不在。

六日：

> 九時，訪張讓三，晤談許久。教育會建築事，蒙一口贊成。

三月十日：

> 訪張讓三，得晤湯蟄仙、濮卓雲、李琯卿。

三月十一日：

> 昨伯滌提及放生院地基捐與旅滬公學……姑與田澍霖、張讓三在席間談及，均願協助。

三月十二日：

又至甯波同鄉會，查趙林士住址，承張讓老電詢，在通記園，即來。

三月十二日

又至二馬路，訪張讓老，……五時，往一枝香候客，……讓老相繼至。

一九一八年六月：

一日：

歷訪周湘舲、張讓三、王弁英、范壽康。

二日：

至甯波同鄉會訪張讓三，開具節略，請其代撰省教育會建築碑文。

一九一九年二月：

十一日：

訪張讓老。

與蔡元培的關係，亦是如此。

證之於前，一九〇一年一月至七月間，蔡元培擬辦師範學堂，致函曾與張美翊一同隨薛福成出使泰西的陳星庚，求陳轉托張美翊設法從中斡旋（陳善頤《蔡元培早年辦學史料二則》，載浙江省政協文史資料委員會編《浙江文史資料》七〇輯，浙江人民出版社，二〇〇二年）：

鈞侯仁兄同年大人足下：

……弟與童亦韓同年（學琦）在省城時議創一師範學堂，呈請撫藩批准撥款。……當轉請張讓翁（張美翊，讓三）設法，騎虎之勢，期以必成。讓翁頃在盛京卿幕府，聞前日曾與足下同爲海外之游，敢乞致函諄托。……年小弟元培頓首二十九日。

一九一九年『新文化』興起，張與經、蔡分道揚鑣，道不同不相謀。

漢晉人崇尚隸奏久遠所餘
手考也曾見正經史百家謀
鍾張索太軍書吉逵叢帖章
以書蘭為多以筆札遺情懷
致是尚矣吾鄉范義亭先生
好收名人尺牘今歸慈谿藏
氏小長蘆館集帖青李野謝
山諸先生賤字不一書名而

字獨古雅讀書多故耳
沙君盡海粟師處爲翁成冊乃
有老朽惡札濫廁其間甚愧
生平頗好推獎氣類與人爲
善尤喜長髯言李手自書之
今年老手顫無能爲矣披閱
一過惘然久之
壬戌五月望寔叟題 時年六十[illegible]又

（七六）爲沙孟海①

一九二二年六月十日　壬戌五月十五日　星期六

漢晉人崇尚牋奏，《文選》②所録可考也。曾文正《經史百家襍鈔》③乃采右軍書。古近叢帖，率以書簡爲多。以筆札通情愫，致足尚矣。吾鄉范莪亭④先生好收名人尺牘，今歸慈谿嚴氏。《小長蘆舘集帖》⑤有季野⑥、謝山⑦諸先生牋，字不以書名，而字獨古雅，讀書多故耳。沙君孟海聚師友函成册，乃有老朽惡札濫厠其間，甚媿甚媿。生平頗好推獎氣類，與人爲善，尤喜長牋言事，手自書之。今年老手顫，無能爲矣。披閱一過，惘然久之。

壬戌五月望，蹇叜題，時年六十有六。

（鈐印）美翊小印（白文）。

考釋：

①（七六）爲沙孟海。署有明確日期：壬戌五月望。

此札書寫時間當爲一九二二年六月十日（壬戌五月十五日）。

②又稱《昭明文選》，中國現存最早古詩文總集。南朝梁蕭統（謚『昭明』）等編選。

③曾國藩編纂。

④范永祺（莪亭）。

⑤嚴信厚輯刻，叢帖。嚴上海寓所『小長蘆舘』。帖末署：光緒二十六年庚子秋日，慈谿嚴氏小長廬舘上石。

⑥萬斯同（一六三八—一七〇二），字季野。號石園。門生私謚『貞文先生』。鄞縣人。師事黄宗羲。

⑦全祖望（謝山）。

述評：

①此爲張美翊題沙孟海輯《僧孚裒集師友尺牘》。

壬戌五月，馮君木題《僧孚裒集師友尺牘》：

僧孚裒集師友尺牘爲一册，頃以見示。册中人大都吾所熟稔者，蹇老之疏宕灑落無論已。如童次布，如楊菊庭，平日皆不以書名。楊則渾樸如魯公；童則淡宕如倪迂。書藝雖微，要關懷抱。彼愫神囫而雕黑女者，但堪罔市利耳。不藉書卷爲灌溉而惟以能至多金自豪，其書品蓋可想見。吾願僧孚、夷父自澤於古，勿與海上鬻書時流競一日之短長也。翻閱是册，意有所感，遂書之，以爲僧孚勗，兼勗夷父。壬戌五月木居士題。僧孚方與夷父同處，故并及之。

（鈐印）有文在手曰幵（朱文）；回風堂（朱文）。
張、馮二人觀點基本一致，均爲教導沙孟海、葛夷谷多讀書，否則如上海江湖派字匠。
張美翊教導朱復戡亦然。
②關於范莪亭：
范永祺（一七二七—一七九五），鄞縣天一閣後人。乾隆五十一年（一七八六）舉人。工篆隸、刻印。富藏明人尺牘。
民國《鄞縣通志·文獻志》：

范永祺，字鳳頡。號莪亭。弱冠補諸生……年六十始中鄉試……永祺引疾不赴計偕，遂以孝廉終。

曾題陳栻繪《西江吟月圖》引首有云：

西江吟月圖。莪亭范永祺拜題。

（鈐印）范永祺印；又字莪亭。

益海老弟先生古右張母像贊
尊論以更生藥禪爲勝極是
依安三字短句亦古特禪語
太多絅齋識工雖餘風不遇
分々從一山學命識其太遇房老於與出
君本天嬰海上名人何梁不
若陸特爲畢當讀書交友勿
一得自封耳 步畢以爲何

如連日哭老友鄧廉實洪沒
齋曾卌六年同入學者計惟
源元升與老於存耳此易黎
為馬少遐銘歐公為張司録
録所以悲也看乾詩能為代
寫否日来足體之風大行此
亦莪亭以後勝事初暑秋懷
宗攝　張謇謹狀　二五　十月

（七七）致沙孟海[1]

一九二二年六月十五日　壬戌五月二十日　星期四

飛仙閣箋

孟海老弟先生左右：

張母像贊，尊論以更生[2]、藥禪[3]爲勝，極是。寐叜[4]三字短句亦古，特禪語太多。絅齋[5]誠工雅。餘則不過爾爾。（一山[6]譏其房從[7]草命太過。）老朽嘗告君木、天嬰：海上名人何渠不若僕[8]，特吾輩當讀書交友，勿一得自封耳。夷弟以爲何如？連日哭老友鄒鹿賓、洪復齋，皆卌六年同入學者，計惟陳元升與老朽存耳。此昌黎爲《馬少監銘》；歐公爲《張司録銘》所以悲也。有輓詩能爲代寫否？日來尺牘之風大行，此亦莪亭[9]以後盛事。初暑伏惟

崇攝。

張美翊狀，

五月二十。

（鈐印）美翊小印（白文）。

考釋：

①（七七）致沙孟海。祇署『五月二十日』，未署年。函云『連日哭老友鄒鹿賓、洪復齋，皆卌六年同入學者』，光緒三年（一八七七），浙江學政黄倬歲試，張美翊補爲鄞縣學生。四十六年後，是一九二二年。鄒鹿賓逝於壬戌三月，爲佐證。與後（一〇五）致沙孟海函云『月來老友作古者四人』有聯係，此爲前引。（七七）當爲壬戌。

此信書寫時間當爲一九二二年六月十五日（壬戌五月二十日）。

②康有爲。

③吕景端（幼舲）。

④沈增植。

⑤吴士鑒。

⑥章一山。

⑦即房族，近支宗親。

⑧舊時男子謙稱自己的代詞。

⑨范永祺（莪亭）。

述評：

①關於『昌黎爲《馬少監銘》；歐公爲《張司録銘》』：

韓愈《殿中少監馬君墓志銘》，述其與北平莊武王馬燧，少府監贈太子少傅馬暢，殿中少監馬繼祖三代人的交往。馬氏祖孫三代均先韓愈而卒。《馬少監銘》（姚鼐編《古文辭類纂》，上海古籍出版社，一九九八年）有云：

> 吾成進士，去而東游，哭北平王於客舍。後十五六年，吾爲尚書都官郎，分司東都，而分府少傅卒，哭之。又十餘年至今，哭少監焉。嗚呼！吾未耄老，自始至今，未四十年，而哭其祖、子、孫三世，於人世何也！人欲久不死，而歡居此世者，何也？

歐公爲《張司録銘》，『司録』當爲『司隸』，或『司録』當爲『安陸』。張先，字子野。曾任安陸縣知縣，人稱張安陸。張子野官都官郎中，稱『都官郎中』爲『司隸』亦尊稱。

歐陽修《張子野墓志銘》（姚鼐編《古文辭類纂》，上海古籍出版社，一九九八年）：

> 吾友張子野既亡之二年，……初在洛時，已哭堯夫而銘之；其後六年，又哭希深而銘之；今又哭吾子野而銘。於是又知非徒相得之難，而善人君子欲使幸而久在於世，亦不可得，嗚呼，可哀也已！

韓愈、歐陽修所作銘，均言及『連哭』，所以，張美翊引用之。一九二二年九月二十四日（壬戌八月四日）張美翊致沙孟海函云『月來老友作古者四人，傷逝亦自念也，老態日增，一日又不肯遐逸，藥力豈能挽救，多活亦少意味，聽之而已。』與《馬少監銘》中所言『人欲久不死，而歡居此世者，何也？』《張子野墓志銘》『於是又知非徒相得之難，而善人君子欲使幸而久在於世，亦不可得』均表現了因友人先逝而悲觀厭世的情態。

檢歐陽修所作墓志銘，得六十九篇，張美翊隨手拈來其中與韓愈所作墓志銘相類者一篇，可見張美翊對古書研究甚熟。無怪乎張美翊總訓導朱復戡『多讀書』。

②關於『老友鄒鹿賓、洪復齋，皆卅六年同入學者』：

光緒三年（一八七七），張美翊補爲鄞縣學生。同入學者：鄒鹿賓、洪復齋，陳元升等人。當時與洪家汭（復齋）、袁堯年（曜臣）、范鑄（率夫）、包履吉（蕉舫）、戴鴻祺（季石）等鄞人結『徵社』，研討切磋詩章之學。袁堯年主盟。

鄒宸笙（？—一九二二），字鹿賓，亦作鹿蘋。鄞縣人。就讀辨志文會，自一八八一至一八八九年，史學、詞章多爲超等。就讀崇實書院。光緒十一年丙戌（一八八六）《浙東課士録》中録有鄒宸笙《錢法議》等八篇。光緒二十一年乙未（一八九五）吴引蓀編、陸鎮亭選《崇實書院課藝》（即《浙東課士録》續集）收鄒宸笙五十八篇，居首位。袁堯年五篇。

光緒十五年己丑（一八八九）恩科舉人。與戴鴻祺，汪康年、張元濟、蔡元培、陳星庚、吴士鑑同年。

蔡少卿整理《薛福成日記》（吉林文史出版社，二〇〇四年）：

光緒十五年（一八八九年）九月十八日（公曆十月十二日）記甯波來電云：

> 浙榜已發，崇實書院課生陳星庚、應朝光、戴鴻祺、陸仰賢、夏啓瑜、鄒宸笙、葉意深，皆中式。

洪家汭（？—一九二二），亦作家芮。字復齋，亦作佛齋；又字鞠蒙。慈谿人。室名：過雲樓。貢生。久居天津。有印：洪復齋三十以後所讀書。撰有《武榮翁山洪氏族譜》。

一九一一年七月，參與發起『國民尚武會寧波分會』，名譽董事。一九一五年，參與『勸用國貨會』活動。一九一七年十二月，寧波軍界獨立風潮，爲甬軍劉邦驥道尹參議。一九一八年，率『洋貨公所』爲同鄉會建立新會所募捐。一九一九年，『寧波總商會』會董。一九二〇年夏，『鄞奉公益醫院』董事。

寄禪《重贈洪復齋居士》詩有云：

復齋居士人中龍……老友惟存張蹇翁。

洪家汭從張美翊舅父劉藝蘭學駢儷文，一八七七年，與張美翊同入縣學，一八八〇年前後，洪家芮、鄒宸笙與張美翊同讀於辨志文會。一八八六年至一八八八年，鄒宸笙、戴鴻祺與張美翊同讀於崇實書院。

《甬上青石張氏家譜·贈言》（味芹堂鉛印本，一九二五年）收有洪家汭《張母劉太夫人六十壽序》：

同治初，從兄海宗先生館深港張氏，歸謁先大夫，盛稱劉太夫人賢。時家汭方幼侍側，心竊識之。稍長，以駢儷文就正藝蘭先生，先生太夫人弟也。因獲交次君簡碩。歲在光緒丁丑，同簡碩補博士弟子員。交益密，過從益數，始拜太夫人於堂，而知其德行亦日益詳。今年太夫人年六十矣，五月十一日設悦之辰，媦若友奉觴稱慶。先期家汭客杭州，簡碩條具事實來徵文飾屏帳以爲親娛。竊惟太夫人徽音令範，動合典訓，未嘗有所飾行，其不欲表暴可知，矧家汭方讀禮誼不預賀召，乃簡碩篤念母氏，惴惴焉懼母德之弗揚，且謂『子知吾母深矣』。因辭不獲命，是用揚榷懿孅，以副其孝思。太夫人父庭湖先生有隱君子之行，嚴禮法。母徐孺人閫教爲宗黨矜式。太夫人稟承家範，舉止端慎，能得親心。庭湖先生卒，劉氏中落。梓鄉、藝蘭兩先生幼，太夫人左右徐孺人，必勤必約，撫弱弟尤肫摯。藝蘭先生嘗謂子穀、簡碩昆季曰：『汝外王母德容粹然，吾兄弟時時效之，不得一二。惟汝母能肖耳。』逮歸世丈藜庭先生，事王姑吴安人、姑余孺人，能進色養。余孺人疾革，藜庭先生刲股以進。既卒，女妹兩人方待年，太夫人視之加厚。比嫁，箴綫衣履，傾篋持贈，人稱其嫻睦。先生性好客，太夫人供饌必絜，偶絀於力，必多方飲助。先生或服賈於外，戚黨有乞假，未及告，立應之。逮先生卒，太夫人董家政，無改鉅細，白夫弟谿衡先生而行，蓋體夫子之友愛也。性恭儉，平生無疾言遽色，自奉清約，起居不需人。門庭化之，長君子穀，習計然術，工繪事，恂恂儒雅。次君簡碩，能文章，以學行率後進。文孫亦湘輩，並好學知禮，皆太夫人教也。家汭得於太夫人者如此。視簡碩所述，無以異也。以證向者從兄之言，亦無以異也。此於古烈女何如邪？抑聞之，人秉五常之性，苟無情僞之攻取，利欲之營擾，血氣之奔潰，則神明湛然而沴厲疾疫之氣無所入，故古之引年介福者，必本之於道，而於養生之説、報施之理無與也。今太夫人年周甲，精神强固，髮黝而容腴，目力不衰，先人而興，後人而寢，雖嚴寒不重裘，蓋有以致之矣。其在詩曰：『釐而女士，從以孫子。』女有士行，福乃備矣。太夫人之謂與？家汭才學質陋，無能導揚盛德，謹述所知，推本蕃祉之自以貽子穀、簡碩持示都人士之歌頌太夫人者，庶無溢詞焉，文云乎哉。

《甬上青石張氏家譜·贈言》（味芹堂鉛印本，一九二五年）收有包履吉《題張溪蘅先生水石圖小影》《題張湘三先生水竹圖小影詩》。

曲園老人倣蒼頡篇製箋

百行賢要去去來而能聽教言
慰志商會向少就少年不經社
會應碼不無多數情狀將汩外
圓內方能自立再若有卅歲後
奉遣海日外在毘陵處多年餘

曲園老人倣蒼頡篇殘

清白者稱儉寶海藏集祿老打

數華而已惜貸於公商大字尚

不能應對辭之亦好老者怜久

辛大两持亦及奉使印等語不是得

取七不之示及羅雪老不散釋

曲園老人致程頌萬手牋

久別卯年秋涼常寄閣前數日

而丈熱章樓居尚與快勿念返

上有時疫蘇外小心涉暮而已

轉文美賞是老杭寫大篇稿難

呈出名特義務耳書例刻例速

甫上

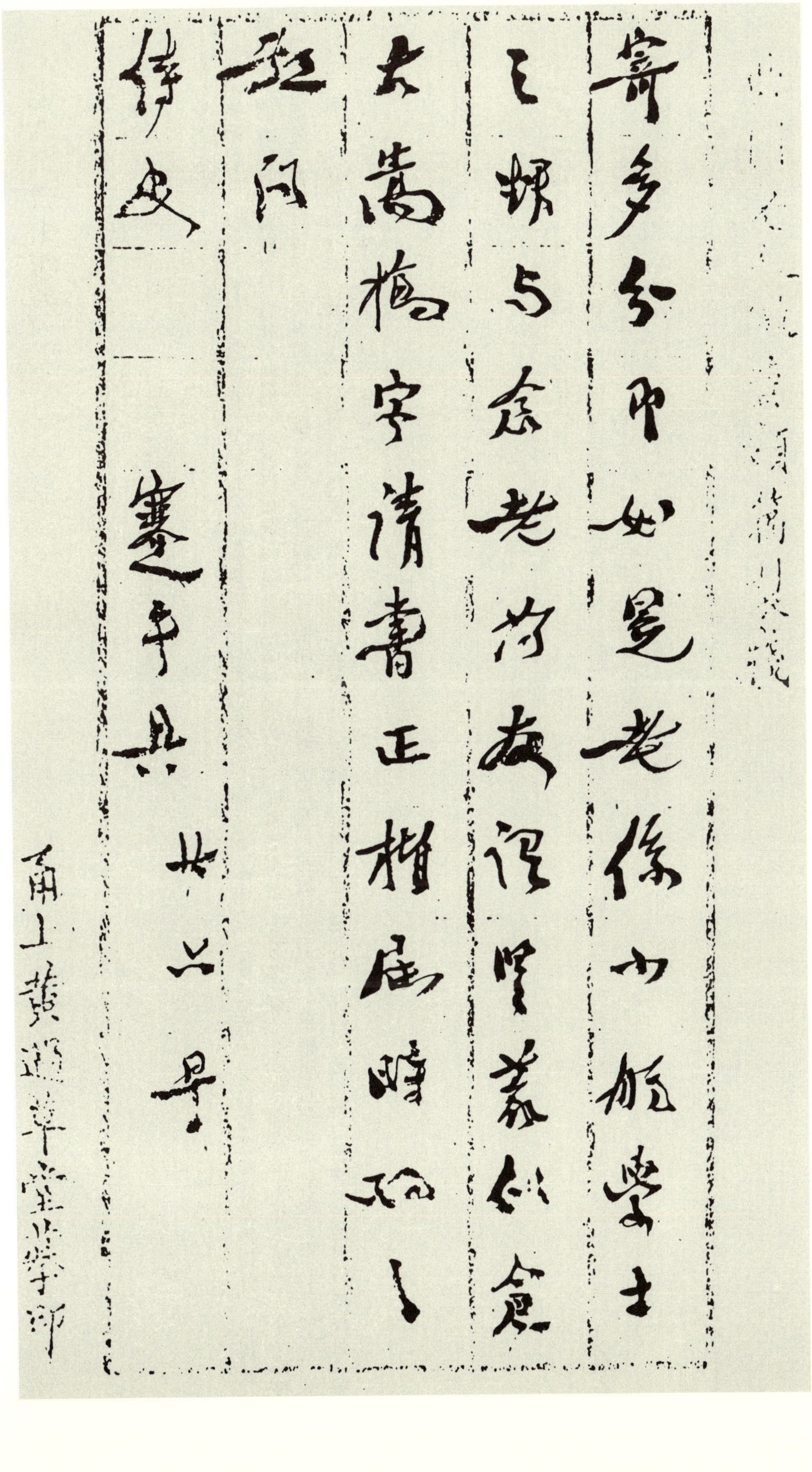
寄多分即如是老係小航學士
之螺与念老荷夜復蒙代愈
大高橋字請書正楷屆時偏之
雅閣
侍史
塞手具 廿二日

甬上黃遵草堂小學部

（七八）致朱復戡①

一九二二年六月二十一日　壬戌五月二十六日　星期三

黃過草堂箋

百行賢契左右：

來函能聽我言，慰悉。商會②似可就。少年不經社會磨礪，不知多數情狀，特須外圓内方，能自立耳。老朽卅歲後奔走海内外，在毘陵③處多年，能清白者，獨寐宩、海藏、藥禪④、老朽數輩而已。惜賢於公函文字，尚不能應付，辭之亦好。老朽檢名章（大號兩方），及『奉使印』等均不見，賢取去否？乞示。又：羅雪老《石鼓釋》⑤及明印本，秋涼希寄閱。前數日亦大熱，幸樓居尚爽快，勿念。海上有時疫，格外小心。沙、葛函已轉交矣。費冕老⑥求寫大嵩橋額，賢出名，特義務耳。書例、刻例，速寄多分。即如冕老，係小舫學士之甥⑦，與倉老⑧爲友，謂賢篆似倉。大嵩橋字請書正楷，届時酌之。敬問

侍安。

蹇手具，

廿六早。

考釋：

①（七八）衹署『廿六早』，未署年、月。

函云『老朽檢名章（大號兩方），及「奉使印」等均不見，賢取去否』，與後（九三）函云『老夫名章等，速寄還勿延』有聯係，又與後（九六）函云『老朽名章及各石章需用，望速還爲要』有聯係，此爲前引。

函云『海上有時疫，格外小心』。《申報》一九二二年七月五日《紅會時疫醫院定期開幕》有云：

天津路紅十字會時疫醫院，於九號正式開幕，由院長楊小川、王一亭、莊得之先期發柬，邀請各界前往參觀。近日寒暖不常，患時症者甚衆，染患霍亂者日有數起，勢頗危險云。

此爲佐證。

此信書寫時間當爲一九二二年六月二十一日（壬戌五月二十六日）。

②上海總商會。

③亦作『毗陵』。三國吴時，爲毗陵典農校尉治所。後世多稱今江蘇常州一帶爲毗陵。盛宣懷生於常州，尊稱『毘陵』。

④吕景端（幼舲）。

⑤羅振玉《石鼓文考釋》。

⑥費紹冠（冕卿）。
⑦嚴信厚（筱舫）。費紹冠是嚴信厚的外甥。
⑧吴昌碩。

述評：

①『商會似可就』，朱復戡此時擬入上海總商會供職。
②關於張美翊與沈曾植：
沈曾植（一八五〇—一九二二），亦作增植。嘉興人。光緒六年庚辰（一八八〇）進士。書法黃道周，擅章草。
字子培，亦作子裴、子佩。
號乙盦，亦作檍盦、薏庵、憶庵、壹庵、乙龕、乙莽、鼿廠、惹庵。乙僧、乙宴、乙公；又號巽齋，亦作遜齋。巽齋老人；晚號寐叟、寐翁、寐道人。

別署惹翁、遜翁、遜公、遜安、遜齋、老遜、耄遜、灊庸、灊皤、睡翁、離安、餘翁、如薏、南于、由拳、抱遺、裦遺、恒服、病僧、儒卿、孺卿、孺庵、浮軒、釋持、梵持、建持、持卿、皖伯、其翼、楚翹、癯禪、蘧傳、癯翁、蘧翁、智積、佀常、遽思、綦隱、潛音、眉君、五石瓠、希君、官□、智曠、由拳子培父、二嶽祠官、浮游翁、釋蘧傳、踵息子、薊鄉民、月足□、李鄉農、李鄉農父、睡庵、東湖盦主、東湖病叟、茗鄉病叟、青要山農、姚埭老民、姚埭癯禪、宛委使者、馬鳴侍者、東疇小隱、幽谷朽生、踵息軒主、嫛耆藪長、梵持居士、谷隱居士、守平居士、東軒居士、遜齋居士、遜齋學人、東軒離安、睡庵老人、南于老人、餘齋老人、月愛老人、遜齋老人、南于耕夫、上霄長使、稷白山人、亶爰山人、曼陀羅寐、大鑫室主、散芝宓主、執鄙斉者、密嚴散侍、石户之農、東軒支離安、小長蘆社人、城西睡庵老人、五伽耶老人、鞞瑟胝羅居士、菩提坊裏病維摩。

室名：餘齋、睡庵、隨庵、兑廬、克廬、菡軒、癸庭、揚庭、株園、華亭、東軒、檶窗、菌閣、需安、梧榭、般室、蟠室、持明安、紫菡軒、瘓木軒、東湖庵、三攝庵、踵息盦、駕浮閣、天柱閣、虹景閣、鼍采閣、雙梧閣、靈詹閣、鸞真閣、嬰甯簃、谷隱樓、禮岳樓、感音樓、潛究室、大鑫室、摩那室、窔明室、夕攬室、越闲室、秋塵室、四鏡齋、敦習齋、踵息軒、坦照齋、延恩堂、午影堂、寂照堂、秀暎堂、目妙廎、苻婁庭、櫻春榭、散那榭、右神舘、竇唐□、育月□、潭月山房、月午山房、井谷山房、蕉雨山房、蘇曼那舘、雙木蓮舘、曜貞珉舘、語溪北舘、雙木蘭舘、育翩翾舘、廣道意齋、娱園北齋、城南舫齋、雙現前齋、可長法齋、雙花王閣、海影東樓、紫菡書屋、紫槼書屋、窔嚴書屋、洪州東軒、豫章東軒、曼陀羅室、妙衣雲室、王邪精舍、香上禪居、功德華精廬、曼陀羅華閣、曼陀羅華舘、集方贊貝之廬、秋竹疏花閣、研圖注篆之廬、校圖注篆之廬、霞秀景飛之室、平等光明月室、室利摩奴理迦住處。

藏書處名：海日樓、全拙庵、護德瓶齋。

藏書印有：姚棣沈氏珍藏、踵息軒印、海日樓、曼陀羅花舘、知一念即無量劫、象蓮花未開型、延恩堂三世藏書印記、春波沈氏珍藏圖籍書畫之印、學無學、月午山房藏弆、寐叟圖書記、足我所好玩而老焉乙盦印章。

光緒二十七年辛丑七月（一九〇一），任南洋公學總理。此時與張美翊訂交。

中國蔡元培研究會編《蔡元培全集·日記》（浙江教育出版社，一九九八年）：

光緒二十七年辛丑（一九〇一）：

八月四日（九月十六日）：

沈子培、張美翊邀飲一品香。

繆荃孫《藝風老人日記》（北京大學出版社，一九八六年）：

光緒二十七年辛丑（一九〇一）：

八月十二日（九月二十四日）：

張菊生招飲萬年春，張讓三、沈子培、子封、費屺懷同席。

許全勝編《沈曾植年譜長編》（中華書局，二〇〇七年）：

光緒二十七年辛丑（一九〇一）：

十月八日（十一月十八日）《沈曾植與丁立鈞書》有云：

凡謗語頗盡聞之，直相告，無隱也。頑固之目，自信益篤，且與叔藴、讓三爲頑固黨，波及菊生，行將與公把臂矣。

十一月二十五日（一九〇二年一月四日）《沈曾植與盛宣懷書》有云：

聞招商局有吴漢濤一席，乾脩五十金。若以此處之，令張、吕共司書記，陳、阮聯翩，亦佳話也。

十二月三日（一九〇二年一月十二日）《沈曾植與盛宣懷書》有云：

大考題擬呈，請閲定發下。考期擬初五、六、七三日，請子淵、讓三來會考，以重其事。

光緒二十八年壬寅正月十五日（一九〇二年二月二十二日）沈曾植離滬赴京。四月二日（五月九日）致夫人李逸靜函有云：

逸靜軒覽：……張讓山處，亦可令貫升往問有信否。

是委托張美翊臨時代收信件。

楊萌芽著《清末民初宋詩派文人群體活動年表》（河南大學出版社，二〇〇八年）：

民國六年（一九一七）：

九月二十六日（十一月十日）：

沈曾植宴請内藤湖南，章梫、陶葆廉、張美翊、王國維、葉昌熾在座。

沈有詩贈張美翊，均見錢仲聯撰《沈曾植集校注》（中華書局，二〇〇一年）。

一九一六年（丙辰）歲末，《和張讓三》：

　　窮變由來得會通，歲將更始海雲紅。周依晉鄭存侯命，夏諜過戈矢靡忠。含氣共張貍首射，回天終見魯陽弓。漢家十世非無厄，會有中興放羽崇。

一九二〇年（庚申）《贈張讓三》：

　　指動居然異味滋，松膏筍脯未須奇。配鹽幽菽成清供，華實深山憶故時。晚食甚甘顔膕肉，留皮爲薦禹王祠。歲寒心事今焉向？金鑒終憑子壽持。

沈曾植撰《徵士張蹇叟六十壽序》（《甬上青石張氏家譜·贈言》，味芹堂鉛印本，一九二五年）：

　　蹇道人，資兼儒俠，履信而尚賢。生世差晚，起於諸老先生之後。而其研究與所蘊藉，完然具國家全體相，莊莊乎平世士君子靖居恭學、脩身致志之風。砥廉隅，崇節義，其素志也。及其發乎文章，則又通欲類情，稠適上遂，周於世故，輯洽乎國聞。其施於時會，尤能曲折中荼本隱之顯，通睽孤蒙，雜之乖殊而揉諸輻轂。其詩歌，高朗閎達，才鋒雋出。有元和、元祐、淳熙、嘉靖諸家旨格。非若衰季才調，江湖唇吻悲鳴，追逐句字，僅僅玩光景、鳴不平而已。自其壯歲，上節西游，爲書以補邵陽光澤闕遺，注意東南海島，已足開國人視聽。既而，總船司大臣箋奏，則益習於中外之故，商行譯述，縱楚橫秦，羊亡牢補，蠡謀鈃計，既已心識分銖，削牘之言往往啓發國家大計濟屯傾否。常慨然論益陽、湘陰諸公故事，高談大睨，賦詩出奇語。余時羈旅，識道人，聞其言，用自壯也。別去數年，道人名聞益高，疆臣大吏多卑禮請與從事。朝廷亦知其才，寖寖行可。道人雅，不欲智效一官，而出所學以應時需。佐大府指揮群才，措注方略，應變息爭，時著殊效，意氣亦稍稍發舒焉。方余在龍舒，得道人所寄詩，讀之抗然，攀黄躋韓，劉柳以下不屑也。又數年復相見武林湖上，見余梵筴堆案，棄捐世事，則逌然笑之。已，復語余：『我不讀釋書而聞鐘心動，夙世因耶？』余謂：『君自菩薩種姓者，特未知衆生緣福如何耳。』道人愀然罷去。桑海變遷，重相聚於海上，則其詩蕭瑟嵯峨，如謝皋羽、林霽山，非復當時豪氣。隱身塵世之中，幾所謂墻東避世者，握手慰恤，誦泉明『種桑長江邊』之章，天壤寥廓，悲思斷絶。於是，道人年六十矣，令子裴伯、叔馴持慈谿洪君佛矢所爲文，乞言哀朽。洪君以儷辭紀事實，言覈且詳，一一如余意所欲言。顧安有他樂以娱道人乎？獨念自昔詩人頌祝之詞，至於萬有千歲，眉壽無有害言之，量於此極矣。而梵筴中言劫言壽，增引之乃至百億、千億、百千億，荒忽悠遠，令人不可思議。自余與道人遊，前後未及二十年，世變相催，成壞相續，幾且促三世於一昔，相顧嘆息，回溯昔年，心行言説，渺然若千載上人。夫壞者成之，終謂平不可陂者，愚也。成者壞之，反謂往不可復者，忍也。理之所遣無不空，願之所持無不有。道人虚心實腹，食舊而思新，敬老懷少，處晦菩而光明，不忒昔之論文者曰：『日月常見，光景常新』。詩人之言曰：『但應此心無所住，造物雖駛若我何』？天假道人壽其文，壽其詩，或且壽其身。爲范長生、陳希夷，情之所有，安知事之必無？其且爲蔡子禮、宣巨公，起鄉里而復立於本朝乎？其且如逢子慶、周伯況，長爲逸民以終於清世乎？余固學於詩而逃禪，所謂無衆生壽者相者，而今且以壽者相祝道人，道人坐四明山色中，與夫人滎陽君酌松醪而飲之，賓友子弟歌聲出金石，此老友喻嚶之言，亦足以佑一卮也乎？

二人亦有合作，一九二二年八月十七日（壬戌六月二十五日）張美翊致朱復戡函云：

寐叟……五言聯我撰彼書，亦奇絶也。

《沙孟海全集》（西泠印社出版社，二〇一〇年）第十卷《僧孚日録》癸亥十二月六日：

張蹇文言：求沈乙庵書者，交識不取潤資，以黄白糖相餉則喜。

③關於張美翊與鄭孝胥：

鄭孝胥（一八六〇—一九三八），字蘇龕，亦作蘇堪；又字太夷。號海藏。福州（今福建福州市）人。室名：海藏樓（蘇軾『萬人如海一身藏』）。光緒八年壬午（一八八二）舉人（解元）。書法歐陽詢、蘇軾，亦學魏碑。閩派詩首領之一，詩壇『同光體』倡導者之一。

張美翊與鄭孝胥同爲當時被經濟特科保薦之人，名氣相當。

清華大學歷史系編《戊戌變法文獻資料繫日》（上海書店出版社，一九九八年）光緒二十三年丁酉六月六日（一八九七年七月五日）：

鄭孝胥記：汪穰卿、梁卓如約飲鴻運樓，坐間有陳伯年、張讓三、孫仲隅等。

張美翊光緒二十四年戊戌六月十八日（函到汪處，即一八九八年八月五日）致汪康年函云『蘇翁亦不涉康氏之藩者，且其人極可敬』，信函全文見上海圖書館編《汪康年師友書札》（上海書店出版社，二〇一七年）：

穰卿、頌穀先生左右：

朝事大變，報館乃派督辦，豈非駭人聽聞，且五洲未有之事也。惟南海之氛甚惡，吾祇可示以讓，不可與之爭。聞有易名之説，最爲穩着。四明公所之事，略聞法已簽字，準照成案，未知確否？頃嚴筱翁送到石印前法領事議單告示之屬，讬於抵京後分貽同人。弟擬增入《日報》。所登如擔文書函，傷斃人數各節，分黏成册，徧示浙中同鄉，并告陳瑶圃太常，請其加函，未審閣下有致京友信否？弟從盛京卿北上，現改廿一日坐新豐，倘有函件，盡可代爲帶去。鄭蘇龕有旨催令進京，想亦同往。蘇翁亦不涉康氏之藩者，且其人極可敬，盍與商之？卓如良金美玉，前勸公曲加保護，蓋慮其年少氣盛，享名太驟太早，必致橫決，乃竟不幸而言中。昔魯通有嘗言，世風日下，人才最難，何苦自相攻伐如此！讀之每爲浩嘆。公雖不與較，竊爲卓如深惜之。今湘中復有書院互訐之案，蓋亦主張太過意氣用事之故，可勝慨然。《合璧表》極佳，惟重複處似宜分注華名於後，而洋文不必重見，惜事冗不及細校。《明鑒舉要》盛星旋竟無回音，想因米事中擱，容於明、後日統行繳還，舍姪極承指教，感甚。敬請

著安

教弟張美翊頓首

楊萌芽著《清末民初宋詩派文人群體活動年表》（河南大學出版社，二〇〇八年）：

光緒二十四年戊戌（一八九八）：

三月初七日（三月二十八日）：

王仁東、張美翊過鄭孝胥。

七月十一日（八月二十七日）：

鄭孝胥晤張美翊、柯鴻年等。

十月十一日（十一月二十四日）：

張美翊過鄭孝胥。

十月十五日（十一月二十八日）：

楊綬卿、張美翊過鄭孝胥。

光緒二十八年壬寅（一九〇二）：

四月初一日（五月八日）：

鄭孝胥赴袁樹勛洋務局約，湯壽潛、趙鳳昌、張美翊等在座。

四月初二日（五月九日）：

鄭孝胥過張美翊。

四月初六日（五月十三日）：

張美翊過鄭孝胥。

四月十一日（五月十八日）：

鄭孝胥與張美翊、沈兆祉、趙鳳昌、喬茂軒宴集。

四月十三日（五月二十日）：

鄭孝胥與趙鳳昌、張美翊、金月梅久談。

四月二十日（五月二十七日）：

鄭孝胥赴王仁東、張美翊約。

光緒二十九年癸卯（一九〇三）：

正月初二日（一月三十日）：

鄭孝胥過張美翊小坐。

正月初五日（二月二日）：

羅運崍，張美翊過鄭孝胥。

二月十四日（三月十二日）：

鄭孝胥赴張元濟、湯壽潛約於一家春，高夢旦、趙鳳昌、汪康年、張美翊在座。

三月初十日（四月七日）：

鄭孝胥赴周金箴約，張美翊、沈兆祉在座。

三月十一日（四月八日）：

鄭孝胥赴張美翊招於一品香。

四月二十四日（五月二十日）：

張美翊、湯壽潛宴沈曾植、鄭孝胥、張謇等。

光緒三十二年丙午（一九〇六）：

二月初九日（三月三日）：

鄭孝胥至浙江鐵路公司，晤湯壽潛、張美翊、張謇、趙鳳昌、金城等。

三月初二日（三月二十六日）：

鄭孝胥赴張美翊約。

三月初十日（四月三日）：

鄭孝胥赴劉錦藻、張美翊約。

閏四月初一日（五月二十三日）：

鄭孝胥赴袁樹勛約，熊希齡、胡元倓、張美翊在座。

閏四月二十五日（六月十六日）：

鄭孝胥至大生賬房，晤張美翊、廉泉。

光緒三十三年丁未（一九〇七年）：

十一月十八日（十二月二十二日）：

鄭孝胥赴湯壽潛約，張美翊、蒯光典等在座。

宣統元年己酉（一九〇九）：

八月初七日（九月二十日）：

鄭孝胥赴湯壽潛、張美翊約於一枝香，張謇在座。

民國元年壬子（一九一二年）：

三月十一日（四月二十七日）：

張美翊過鄭孝胥。

三月十三日（四月二十九日）：

鄭孝胥作詩一首與張美翊。

民國二年癸丑（一九一三）：

二月初三日（三月十日）：

張美翊訪鄭孝胥。

此外，《鄭孝胥日記》（中華書局，一九九三年）可補充：

一九〇二年：

四月初四日（五月十一日）：

晚至九華樓飯店，……座中爲葆良、竹君、張讓三及小元、稚辛。

四月初七日（五月十四日）：

張讓三來東云：金月梅聞余將遺以扇件，求書款曰雙清館主人。

四月十六日（五月二十三日）：

晚，赴嚴小舫之約，座間有文小坡者、黄小農者及我彭、讓三等。

孫寶瑄《忘山廬日記》（上海人民出版社，二〇一五年）：

一九〇三年：

二月十四日（三月十二日）：

湯壽潛、張元濟邀趙竹君、汪康年、鄭孝胥、張讓三同至一家春。

張謇《嗇翁自定年譜》（《張謇全集》，上海辭書出版社，二〇一二年）一九〇三年：

四月二十四日（五月二十日）：

湯壽潛與張謇在九華樓同人招飲，鄭孝胥、張謇、張美翊等人在座。

一九〇六年（光緒三十二年）十二月十六日，預備立憲公會，鄭孝胥爲會長，張美翊爲會員。

一九二三年八月，張美翊等二十人聯名發起成立東方學會，其中有鄭孝胥。

辛亥後，張美翊與鄭孝胥仍一直關係友好，皆以遺老自居。傳民初時，鄭孝胥與故人相見，先看對方有無髮辮，以此判定對方政治立場。民國元年壬子（一九一二）三月十三日（四月二十九日），鄭孝胥作詩一首與張美翊。即《張讓三聞余不出枉視相唁且求作詩》（黄珅等校點鄭孝胥《海藏樓詩集》，上海古籍出版社，二〇〇三年）：

宴居何所念，一坐歷千劫。半年不出户，世變方岌岌。初不知有漢，魏晉亡愈急。小園花事過，迸筍又戢戢。緑深春已晚，惆悵風雨集。客來或見唁，不語久於邑。張君素相重，文字積慧業。染鬚事後生，愠色在眉睫。彦回故名士，垂老乃被脅。我曹宜深戒，晚節且孤立。

④關於張美翊與吕景端：

吕景端（一八五九—一九三〇），字幼舲。號蟄庵、藥禪居士。室名：藥禪室。江蘇陽湖（今常州武進城區）人。鑒藏印有：私淑潛研、幼舲欣賞、臣景端。光緒八年壬午（一八八二）舉人。盛宣懷親戚，中年後入盛宣懷幕主筆政。主編盛宣懷《愚齋存稿》。一九〇九年二月，在上海參與發起中國金石書畫賽會第一次展覽。一九一七年，參與盛家産「盛氏公訂」。淞社中人。海上題襟館金石書畫會中人。書館閣體。

張美翊與吕景端原先均爲盛宣懷文案，盛文件多出二人手。

⑤關於費紹冠：

費紹冠（一八六五—一九二二），字冕卿。慈谿費市（今寧波市江北區莊橋街道費市村）人。嚴筱舫外甥。諸生。著有《蒔餘草堂雜録》《蒔餘樓雜詩二集》（手抄本）。書法魏碑。

一九一一年前，曾任「源豐順銀號」經理；「四明銀行寧波分行」經理；「寧波商務總會」總辦。一九一一年七月，參與發起「國民尚武會寧波分會」，名譽董事；「寧波商團第一團」總辦；十一月，「寧波軍政分府財政部」副部長。一九一二年，「慈谿保黎醫院」會員。一九一五年，「社會教育團」團長；「寧波公立甲種商業學校」校長（至一九一七年）。一九一六年，「寧波總商會」會長。一九一九年，「寧波江北幼稚教育會」會長；開辦「崇德蒙養園」。一九二〇年，四月，「寧波中華基督教青年會」二次徵求會分隊長；十一月，「慈谿保黎醫院」十周紀念會并行第二次畢業式，代表黄道尹致頌詞；參與發起組織「證券花紗交易所」。一九二一年，「華洋義賑會」董事。一九二二年，參與發起「爲鄞縣監獄囚徒施齋、講佛經」募捐；四月，參與創設慈城鎮南門外「雲華堂」孤兒院。曾任上海「四明公所」董事；「四明公所甬北支所」董事。

費紹冠亦民國《鄞縣通志》中「方聞」人物，附於張美翊條下，有云：

紹冠維持地方之功，民國以來，一人而已。

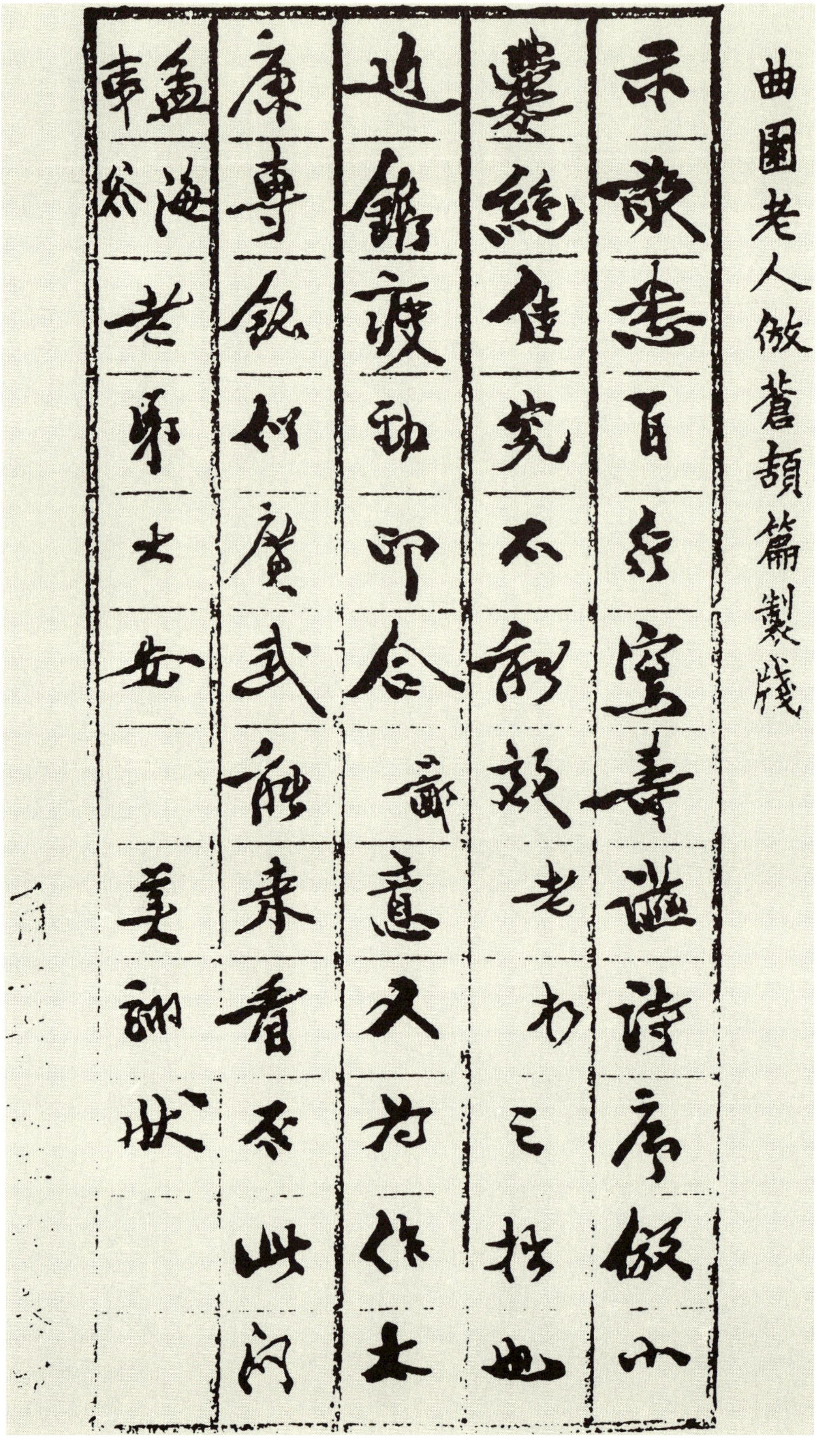

曲園老人倣蒼頡篇製牋

示悉。百歲寧壽謐詩序倣小
篆綫佳，究不能敵老弟，老弟之拙也。
近錄疲動，即合鄙意，又為作太
康尊欽好廣武，能來看否？此問
孟海老弟大安
姜謝拱
東谿

（七九）致沙孟海、葛夷谷①

一九二二年六月　壬戌五月

黃過草堂箋

示敬悉。百行寫《壽讌詩序》倣小爨絕佳，究不能效老朽之拙也。近鐫瘦勁印，合鄙意。又爲作太康專［甎］銘，似《廣武》②，能來看否？此問

孟海、夷谷老弟大安。

美翊狀。

考釋：

①（七九）致沙孟海、葛夷谷，未署日期。

函云『百行寫《壽醼詩》序，……近鐫瘦勁印，合鄙意』，與（七一）函云『金君圖章二方已送，朱文瘦硬通神，銘心妙品』相銜接。

函云『又爲作太康甎銘，似廣武』，一九二二年五月（壬戌四月）間，朱復戡在寧波後樂園薛樓，用苻秦《廣武將軍碑》字體，爲張一香寄張美翊西晉太康十年九月九日甎硯刻硯銘。

此信書寫時間似爲一九二二年六月（壬戌五月）。

②《廣武將軍碑》。

述評：

①關於朱復戡作《太康十年九月九日甎硯銘》：

太康甎，晉初肇。中研材，發筆藻。子子孫孫其永寶。百行造。

張美翊後爲題《太康九月九日甎硯銘拓本》：

太康甎尚多，九月九日造則希見也，空同姪自津見寄。適來朱生百行過訪後樂園薛樓，爲我琢研，倣苻秦廣武將軍碑，製銘刻字，使冬心、叔未諸老見之，當畏此後生。壬戌四月杪，蹇叟。

張美翊素喜收藏硯銘。

《沙孟海全集》（西泠印社出版社，二〇一〇年）第九卷《僧孚日録》辛酉十月廿六日（按：當是廿七）：

張蹇丈寄貽蒼水翁遺研拓本，有萬九沙題字。

夙聞百漢碑研齋名，心竊高之，憾無由全睹其拓本。今日乃於蹇丈許見之，細覽一過。摹刻之工，幾與原拓無異，剥瘢蝕痕，渾然盎然，但縮小耳，此尤可欽珍也。百漢碑研齋主人曰萬廉山，摹刻者曰王子若。其旁款隸、篆，亦復精好可喜。王子若者亦非尋常人也。

《沙孟海全集》（西泠印社出版社，二〇一〇年）第九卷《僧孚日録》辛酉九月廿日：

『百漢碑研齋』，即百漢碑研齋縮本秦漢魏刻石，嘉道之際，萬承紀（一七六六—一八二六）主持將秦漢魏碑拓縮摹，請王應綬（一七七八—一八四一）縮刻於端硯之背。事未竟萬承紀逝世，張芥航（一七七六—一八三五）繼續主持。先後歷時六載完成，共一百零二石。萬承紀之子萬啓封（午庵），任浙江縉雲知縣期間，將百漢碑研齋原石携往浙江。萬啓封移寓浙杭時已失二石，由杭到淮安又失四石，共少六石。後又將刻石『質千金以濟家資』。再後潘芸閣以二千金贖歸蕪湖時存九十四石。遭太平天國兵燹後，僅存五十餘石。百漢碑研齋拓本，最早由萬承紀胞弟萬承紫（一七七五—一八三七後）主持捶拓，全本一百零二幅，成書一百部。初拓本最精。裝裱分贈親友。家藏十部，咸豐十年庚申（一八六〇）十二月五日，捻軍李大喜部攻陷淮安清江浦時散失。之後，萬承紫（荔雲）之子萬青選（一八一八—一八九八）將劫後之餘整理裝裱成《百漢碑研拓本》，僅存拓片十五幅，似係初次拓本所殘留者。爲：縮摹秦刻石一幅（即秦繹山刻石）。縮摹漢碑十一幅：即西狹頌一幅；漢故小黄門譙君之碑一幅，曹全碑碑文和碑陰各一幅；宋拓樊敏碑一幅；校官之碑一幅；東海廟碑二幅；婁壽碑一幅，白石神廟碑一幅；孔文禮碑一幅。縮摹曹魏碑三幅：即魏受禪碑一幅；范式碑碑文和碑陰各一幅。

萬啓封第二次在蘇拓者已少二石。再拓者又少四石，潘錫恩（芸閣）捶拓時九十四石。張美翊所藏爲何本，從沙孟海所記來看，似是善本。

②關於廣武將軍碑：

《沙孟海全集》（西泠印社出版社，二〇一〇年）第五卷《廣武將軍碑陰跋》有云：

此是苻秦《廣武將軍碑》之碑陰。舊傳碑在陝西宜君縣，畢秋帆《關中金石記》始著録。原石久亡，吴清卿親至宜君訪求，未獲。聞拓墨流傳僅三四本，鑒藏家視同拱璧。不意一九二〇年有人於白水縣史官村訪得，始知舊記地名不確。

百行賢及玉銀束脩引而初
關穎一經鈞政古勅肴神詩
代宗人捶首揮謝佛像隃所
見印承惠賤封似太珍賣遣
付刻以低諸山之用盖由私
前糜錢贈人寫河鴻殘亦書佳事
乾文佳我生平愛惜物力不肯
洮費紙張望賢效之積稿走賤
壽萬年宜子孫費盾管多歲戲
百張不贈筆鄉先生懸勢多人
也石鼓文考摭咸鳳懸勢多人
各一設電老市自乾確將來
刻不必沿謔定擇文不使稚
肴鐘媚路笑通人訓山茲總幸
四深擇盥參玩山本極雨連宵幸
橫忠尚石若此塞變其瑞間語

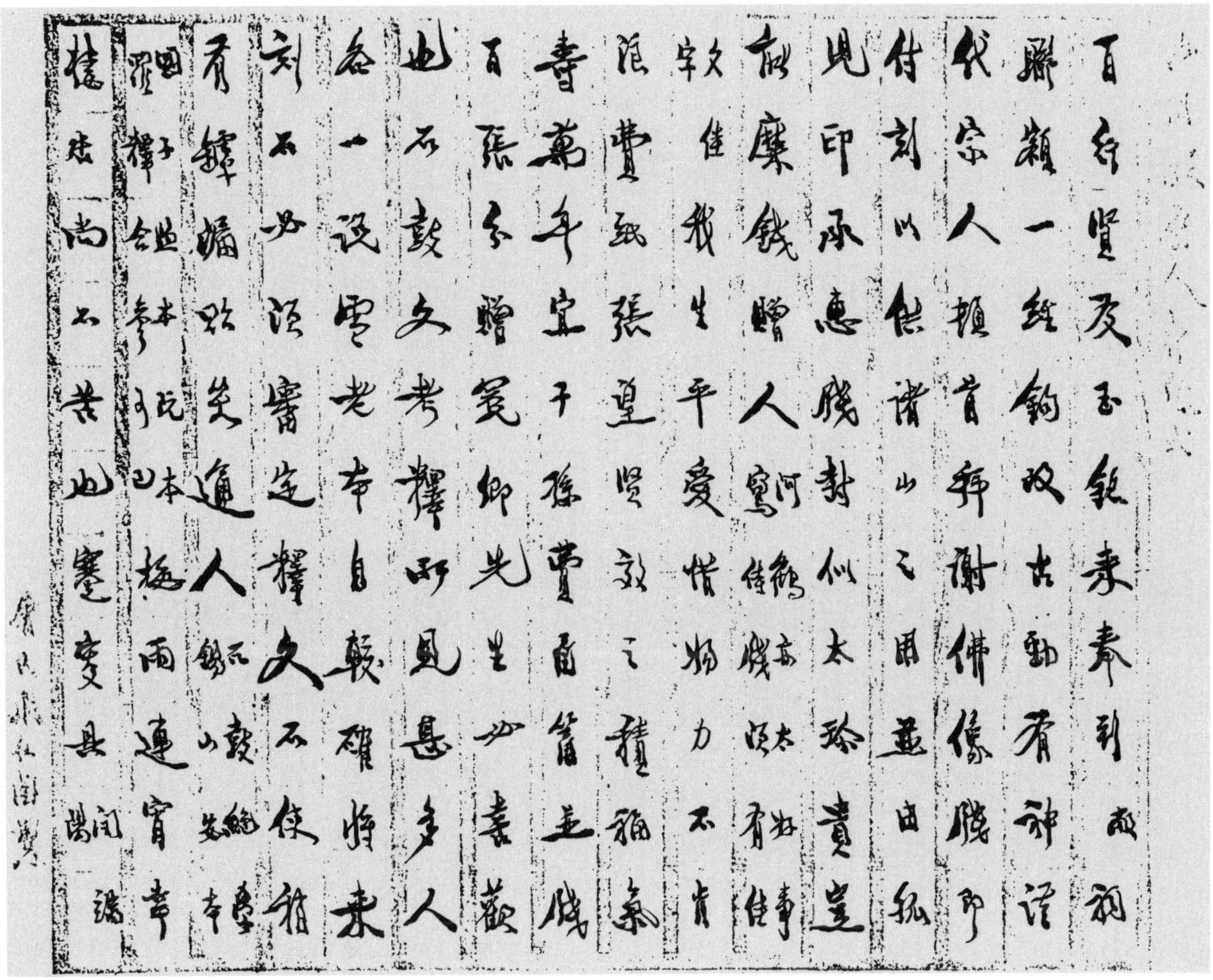

（八〇）致朱復戡①

一九二二年六月二十九日　壬戌閏五月五日　星期四

飛仙閣箋

百行賢友：

玉銘來，奉到敝祠聯、額，一經鉤改，古勁有神，謹代宗人頓首拜謝。佛像牋即付刻，以供諸山之用，並由孤兒②印。承惠牋、封，似太珍貴，豈能糜錢贈人。（阿鶴③亦太好事，寫佳牋須有佳文佳字。）我生平愛惜物力，不肯浪費紙張，望賢效之。『積福氣、壽萬年、宜子孫』費④函筩並牋百張分贈，冕卿先生必喜歡也。石鼓文考釋，所見甚多，人各一說，雪老⑤本自較確。將來刻石，必須審定釋文，不使稍有罅漏，貽笑通人。（石鼓絶學，錫山安本、國子監本、阮本、羅釋，合參可已。）梅雨連宵，幸樓居尚不苦也。

蹇安具，

閏端陽。

考釋：

①（八〇）衹署『閏端陽』，未署年。檢《萬年曆》，壬戌有閏五月，即有明確日期：壬戌閏五月五日。函云『「積福氣、壽萬年、宜子孫」費函筩並牋百張分贈』與（七五）『「壽萬年」費牋能惠百紙否』相銜接。此信書寫時間當爲一九二二年六月二十九日（壬戌閏五月五日）。

②寧波佛教孤兒院，前身爲一九一二年創辦於白衣寺的『佛教普益學校』。一九一七年，陳訓正提議以校舍爲院址，建立佛教孤兒院，次年五月十二日正式成立。永豐寺住持岐昌爲沙門院長，陳訓正爲居士院長，施祥寺住持智圓爲總務主任，王吟雪爲教務主任。一九二〇年，寧波佛教孤兒院改設董事會，張美翊爲董事長，王雪吟任主事。所收孤兒學文化和竹木手工藝。

③張美翊的外孫范鶴年（一九〇二—一九七九）。張美翊次女張世芬嫁與陳昌壽，其子過繼給范斐卿和張世芳，成爲范斐卿的兒子，名范鶴年，後朱復戡建議改爲范鶴言。『寧波甲種商業學校』畢業。一九二一年，『寧波勸業銀行』文書。次年十月，『明華銀行青島分行』文書主任。

④費紹冠（冕卿）。

⑤羅振玉。

述評：

①關於『我生平愛惜物力，不肯浪費紙張，望賢效之』：

張美翊家有紙莊，多次教導朱復戡愛惜紙張。一九二二年七月十四日（壬戌閏五月二十日）致朱復戡函：『「儉」字自愛惜牋紙始。』筆者曾見復戡師家中有故宮中流出的各種名貴紙張，有以銀繪水、以金繪山的箋紙；有真金的金紙；還有明清時期的外國貢紙。

復戡師在一般的宣紙上寫字，毀去不滿意者之前，要把四周無墨的紙邊裁下，説留作題簽可用。可見張美翊教導朱復戡愛惜紙張的影響至深。

②關於『石鼓絶學，錫山安本、國子監本、阮本、羅釋，合參可已』：

錫山安本：爲傳世最好的石鼓文拓本。安國（一四八一—一五三四），本姓黄。洪武初，改姓安，字民泰。自號桂坡。舊藏北宋拓本，稱作十鼓齋『先鋒本』（舊時稱『前茅本』）『中權本』『後勁本』，現藏日本三井文庫。安國藏本，重文不計，合殘字及僅存一二筆數之，分别爲四百八十字、四百九十五字、四百九十一字。三種參合，可得五百零一字。

《沙孟海全集》（西泠印社出版社，二〇一〇年）第九卷《僧孚日録》辛酉九月廿日：

安氏《石鼓文》，今爲秦絅孫藏，字存者較多。安氏名國，字民泰。無錫人。居膠山，因山治圃，植叢桂焉，自號桂坡。明有兩安國，其一字良臣，綏德衛人，官右副總兵，進都督同知，謚武敏。

安國藏本，或以爲是明拓。

國子監本：清倣鼓在北京國子監。老國子監本，是石鼓元代拓本；新國子監本，是清倣鼓拓本。

阮本：嘉慶二年（一七九七），阮元摹刻天一閣北宋拓本《石鼓文》。

羅釋：羅振玉《石鼓文考釋》。

張美翊謂石鼓各種本子可以互參，實際上，羅振玉《石鼓文考釋》本身即是合國子監新舊拓本、阮刻天一閣本、宋廬山陳氏甲秀堂本、明上海顧氏研石本爲之考釋。所以張美翊許羅振玉《石鼓文考釋》爲最佳。

一九三三年，朱復戡爲田桓（寄葦）書石鼓文扇（墨迹），款署：

獵碣文第八，存字僅一二可辨，即阮氏本亦僅十二字，乃今有明錫山安氏十鼓齋藏本出，見其字，知其文竟多至一十有七。洵稀世奇寶，吴老缶竟不及一見，至可惜也。廿二年春，寄葦老哥方家屬正。伯行。

朱復戡一九六二年（壬寅）自跋所書《石鼓文》（手稿圖版見馮廣鑑主編《朱復戡墨迹遺存·篆書卷》，人民美術出版社，二〇〇五年）：

甯波范氏天一閣藏北宋拓石鼓文，著名環宇，稱海内第一孤本。儀徵阮芸臺視學浙東，登天一閣借閲此拓，久久始歸，嗣後此本竟成複刻。明安國氏藏本，除重文外，共四百九十六字，較複刻本多三十七字，殆最早拓本矣。一代大師吴缶廬書學石鼓，數十年來，别開宗派。逝後翌年，此拓始出，缶老未及一見，孜孜一生，所橅寫者，乃阮氏複刻本也。頃加校對，乖誤孔多，深資遺憾。其門徒輩依樣葫蘆，未能有所糾正，以悮傳悮，貽害後人，豈淺鮮哉。壬寅凉秋，朱復戡書於岱麓。

鈐印：靜龕（朱文）；朱復戡（白文）；起首鈐印：虎闓（白文）。

吴昌碩逝於一九二七年底，逝後第二年，爲一九二八年。一九二二年張美翊、沙孟海都知安國本石鼓文，在秦絅孫處，不知爲何當時吴昌碩未能見到安國本石鼓文？

張美翊手札考釋注評（下册）

侯學書　編著

文物出版社

目録

下册

張美翊手札考釋注評

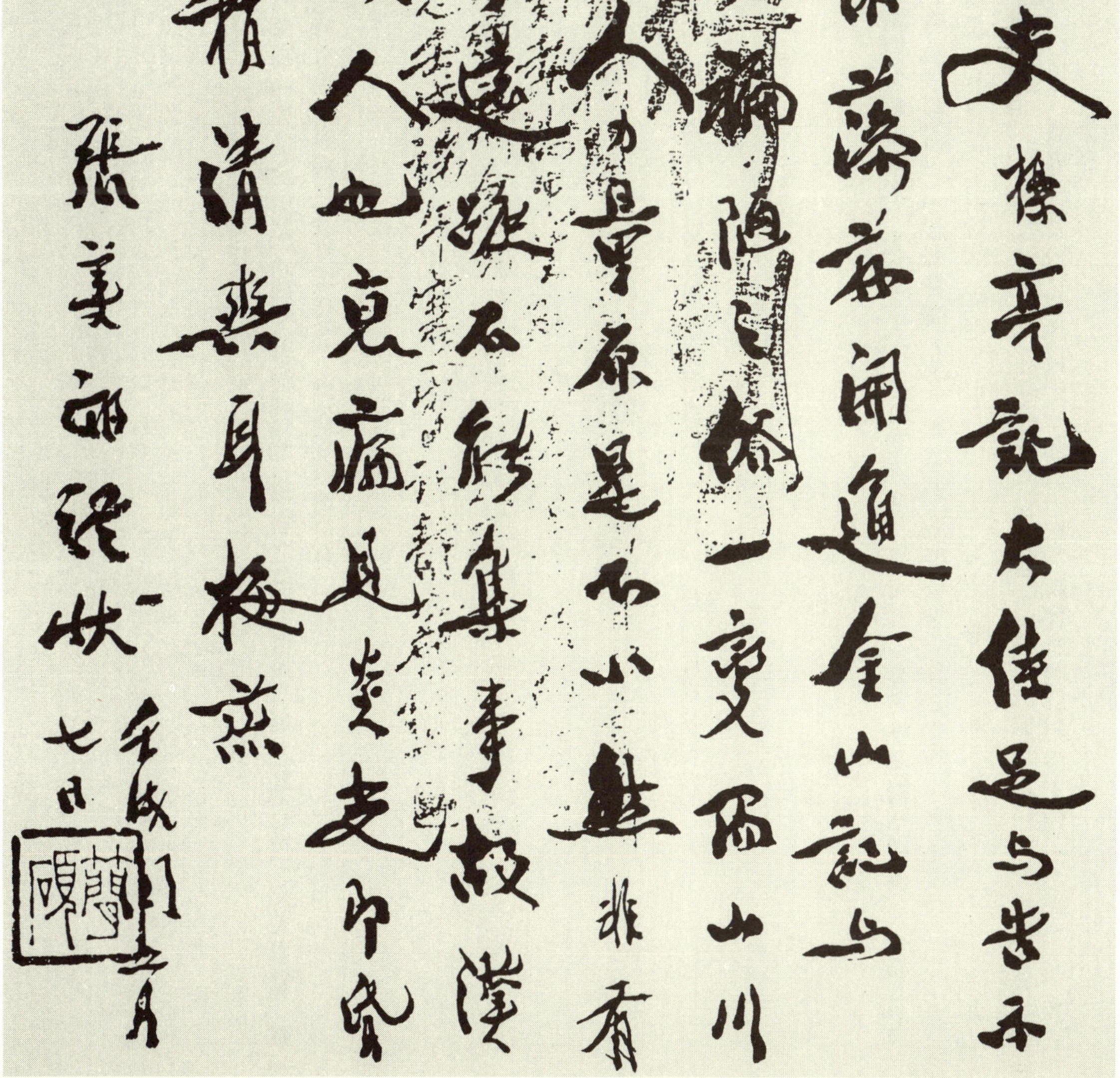

（八一）致沙孟海①

一九二二年七月一日　壬戌閏五月七日　星期六

菉猗閣箋

孟海仁弟侍史：

《櫟亭記》大佳，足與《告示》相配。代爲致謝。藻蓀《開通金山記》②與大著均拜讀。褊陋之俗一變而山川之氣大昌，文人力量，原是不小。然非有錢雨嵐高掌遠跖不能集事，故漢碑必署出錢人也。衰病見炎光即昏瞀，惟侵晨稍清爽耳。梅蒸攝慎爲宜。

張美翊謹狀，

壬戌閏五月七日。

（鈐印）簡碩③（朱文）。

考釋：

①（八一）致沙孟海。署有明確日期：壬戌閏五月七日。

此信書寫時間當爲一九二二年七月一日（壬戌閏五月七日）。

②全稱《開通鄞大咸鄉金山山道記》：童第德撰文；錢罕書丹。捐款碑由沙孟海書丹。一九二二年二月建。

③『簡碩』朱文印見用，僅此一例。

述評：

①關於錢雨嵐：

錢汝雯（一八六六—？），譜名俊全。字雨嵐。鄞縣梅嶺金山村人。光緒舉人。一九〇四年，清廷授『國學士藍翎五品銜；候選同知』。民國時，獲大總統頒發『四等嘉禾章』。全國『紙烟捐務局』顧問；『膠澳督辦公署』咨議；鄞縣公署委任爲本鄉『自治委員』。一九二〇年，『鄞奉公益醫院』董事。一九二一年五月，參與創建『上寶農工銀行』，經理。一九二二年九月，『寧波急賑大會』調查主任。一九二三年，籌建老江橋籌備員。曾在錢家山錢家祠堂辦金山初級小學堂。

同鄉會：一九一八年，爲建築新會所募捐。一九二〇年，徵求隊寧兆隊副隊長。一九二一年，新會所開幕招待主任（二樓）。一九二三年，評事委員。

錢家山村山路崎嶇險峻，錢雨嵐邀集錢仕蘭等鄉紳出資修路，一九〇六年動工，一九一七年告竣。

編有《宋岳鄂王文集》《宋岳鄂王年譜》。

錢汝雯書錢王祠聯（裴國昌主編《中國名勝楹聯大辭典》，中國旅游出版社，一九九三年）：

潮用鐵弩射，功用鐵券銘，念先人鐵石心腸，百世勳名高鐵柱；族以錢山稱，縣以錢塘著，願我輩錢家子孫，千年祠墓守錢王。

漢代張衡《西京賦》（《昭明文選》，華夏出版社，二〇〇〇年）：

綴以二華，巨靈贔屓，高掌遠蹠，以流河曲。

比喻規模巨大、氣魄雄偉。張美翊用此典。

《沙孟海全集》（西泠印社出版社，二〇一〇年）第九卷《僧孚日録》辛酉九月三十日：

（童次布）言吾鄉錢君雨嵐願出巨資造《大咸鄉志》，已再三爲次布言之。

《沙孟海全集》（西泠印社出版社，二〇一〇年）第十卷《僧孚日録》壬戌十二月廿六日：

昨錢雨嵐亦贈余《開通金山山道記》拓本兩通（次布撰，錢希公書并篆額），即以一通轉贈叓父。

當時寧波鄉紳不僅修橋鋪路，尤熱心文化事業，眼光獨具。

②關於童第德：

童第德（一八九三—一九六八），字藻孫、次布。號惜道。鄞縣大咸鄉塘溪童家岙（今塘溪鎮童村）人。室名：寶姜堂。其父童樹庠（士奇），諸生。馮君木爲撰《墓志銘》；張美翊爲撰《家傳》。

百行以度文覽是君文董敘之

聯啟寄聯語於名寶叢林執寫

龜飲此善舉也

聯上寶主成閣

五月下於照寫

均内在救閒

傳禮

寧之年六月初八

古社所稱櫟

長壟塘此藕亭

寧之

角上黃過草堂摹印

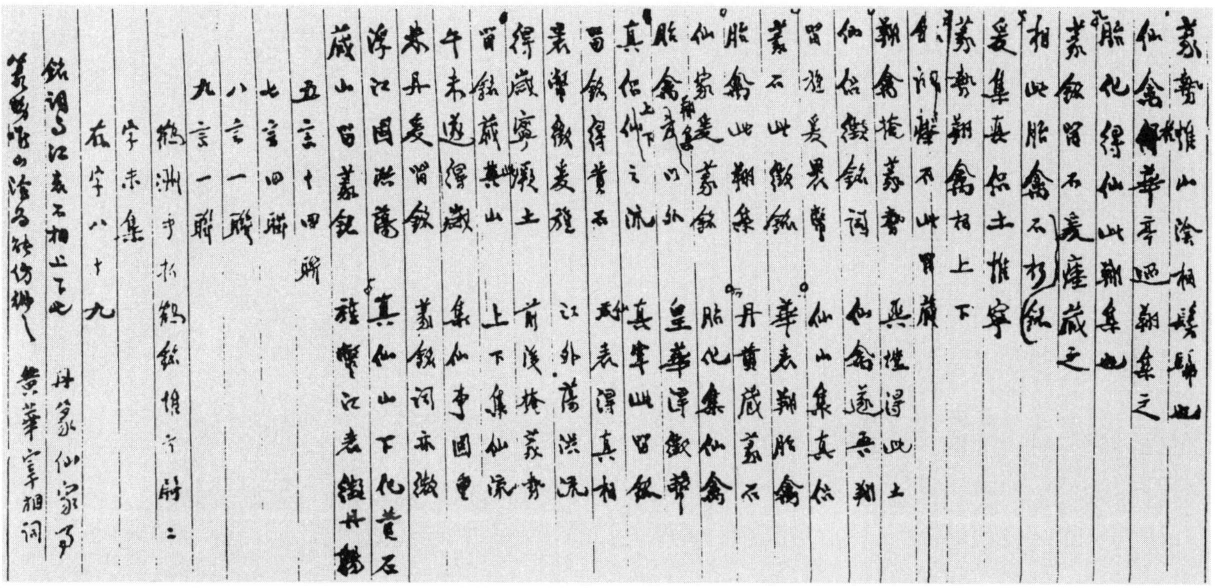

（八二） 致朱復戡①

一九二二年七月二日　壬戌閏五月八日　星期日

黄過草堂箋

朱絲欄箋

百行小友文覽：

吳君交黄紙二聯，茲寄聯語。拙名寫篆；林款寫《鶴銘》。此善舉也。（聯上寫壬戌閏五月，下款照寫，均在内。）敬問

侍祺。

蹇安手具，

初八。

古社仍稱櫟；長塘此築亭。

蹇。

篆勢惟山陰相髣髴也；仙禽於華亭廼翔集之。

胎化得仙此翔集也；篆銘留石爰瘞藏之。

相此胎禽銘不朽；爰集真侶土惟寧。

篆勢仙禽相上下；銘詞瘞石此留藏。

翔禽掩篆勢；仙侶徵銘詞。

爽塏得此土；仙禽遂吾翔。

留旌爰裹幣；篆石此徵銘。

仙山集真侶；華表翔胎禽。

胎禽此翔集；仙家爰篆銘。

丹黄藏篆石；胎化集仙禽。

胎禽翔集以外；真侶上下之流。

皇華得徵幣；真宰此留銘。

留銘得黄石；裹幣徵爰旌。

仙表得真相；江外蕩洪流。

得藏寧厥土；留銘藏此山。

前後掩篆勢；上下集仙流。

午未遂得歲；朱丹爰留銘。
集仙事固重；篆銘詞亦微。
浮江故洪蕩；藏山留篆銘。
真仙山下化黄石；旌幣江表徵丹楊。
五言十四聯，七言四聯，八言一聯，九言一聯。鶴州手拓鶴銘，惟方尉二字未集，存字八十九。
銘詞與江表不相上下也；篆勢惟山陰惟能彷彿之。
丹篆仙家事；黄華宰相詞。

再黄道尹張夫人六月廿六日
五十生辰，擬煩賢者想一送
礼，最好不費多錢。能趁丁福往
所印（每張五分）四寫一着色過海觀
音像，圍鏡裝置，何如？擬煩向丁

處送蹟佛像數種，內計銀四五
角。文玉銀寄為感。佛像既已刻
甚好，交孤兒代印，務當奉醻大
益。以素食為宜，勿令水果雜間
日佳。蹇安手啟 初九号

（八三）致朱復戡

一九二二年七月三日　壬戌閏五月九日　星期一

黄過草堂箋

再：

黄道尹[2]張夫人，六月廿六日五十生辰，擬煩賢爲我想一送禮，最好不費多錢，能照丁福保所印（每張四五分），寫一著色過海觀音像，用鏡裝置何如？擬煩向丁處選購佛像數種，約計銀四五角，交玉銘寄爲感。佛像牋已刻，甚好，交孤兒代印，必當奉贈。大熱以素食爲宜，勿食水果。藉問

日佳。

蹇叟手啓，

初九早。

再承寄荀母哀思録及五月九書皆收到嘉惠銘
昔印老友學李子以歷仲清道人年老從問尚
有岳麓長聯贈之一卷此老發定自事知鄭少南
不甚佳蕭書特好隸篆而有筆能張廣文編
價一見賞其文其書博覽碑版遂以成
名章文才不如蒙勢[illegible]老[illegible]石[illegible]叉[illegible]刻可方
著承詢幸勉[illegible]青田文[illegible]聞驛[illegible]會長圖章
謂者素刀陸[illegible]珠[illegible]庵逢僅[illegible]集[illegible]會月刊
遠傳陸君將他適陸君於文各體皆工惜海上知之者
寡聞高卫君筆墨亦清淡此後獨季江東惟
此是賴矣兹感曾見其學者文其有作彼數集名稱
與其尊人十五年前來大像裝一厚冊中皆在肩上又奉事
附聞尊問 侍祺 寒之宗頓首 初十日

（八四）致朱復戡

一九二二年七月四日　壬戌閏五月十日　星期二

菉猗閣箋

再：

承寄《簡母哀思録》及名片、丸藥，皆收到。《哀思録》首即老朽文，賢字可以壓倒清道人、缶老，况賢尚有長篇長聯，爲之一喜。近考鄧完白事，知鄧少亦不甚讀書，特好隸篆而有誤筆，惟張皋文編脩一見賞之，勸其習《説文》，小學書，博觀碑版，遂以成名。皋文有《石如篆勢賦》。老朽不及皋文，賢則可方駕石如，幸勉爲之。青田石已函購。金、林③二廳長圖章望爲奏刀。陸珠浦，勵建侯先生來訪，謂本會月刊已停，陸君將他適。陸君於文，各體皆工，惜海上知之者寡。聞高、王二君筆墨亦清淡，此後獨季江東，惟賢是賴矣。馮慰曾，年十九，學爲古文，具有片段。黏集老朽與其尊人十五年來尺牘，裝一厚册，中皆言甬上文獻事。附聞。再問

侍祺。

蹇叟謹狀，

初十日。

考釋：

①（八二）（八三）（八四）合并考證。（八二）祇署『初八』，未署年、月。而函云『聯上寫壬戌閏五月』，相對有明確日期，當爲壬戌閏五月初八。（八三）祇署初九早，未署年、月。（八四）祇署初十日，未署年、月。

（八二）函云『拙名寫篆；林款寫《鶴銘》』，與（七三）函云『稍緩當有縮本《鶴銘》奉贈』相銜接。

（八三）函云『黄道尹張夫人，六月廿六日五十生辰』，具署『初九早』，當是閏五月初九。與後（八五）函云『涵之先生，張嫂夫人五秩雙壽。張美翊撰偈；朱義方恭摹并書』有聯係，此爲前引。

（八三）函云『佛像箋已刻，甚好，交孤兒代印』，與（七一）函云『佛像甚好，照此寫入，以便刻板製箋』相銜接。又與（七八）函云『佛像箋即付刻，以供諸山之用，并由孤兒印』相銜接。

（八四）函云『青田石已函購』，與（七四）函云『刻已向青田求石』相銜接。又與（七五）函云『青田石已託林澄泉兄代購。兹送來印章』相銜接。

總之：（八二）（八三）（八四）三函同封。

（八二）書寫時間當爲一九二二年七月二日（壬戌閏五月八日）。

（八三）書寫時間當爲一九二二年七月三日（壬戌閏五月九日）。

（八四）書寫時間當爲一九二二年七月四日（壬戌閏五月十日）。

②黄涵之。

③金筱圃時任寧波地方檢查廳長。林澄泉時任寧波警察廳長。

述評：

①關於丁福保：

丁福保（一八七四—一九五二），字仲祜。號疇隱居士、濟陽破衲。祖籍江蘇常州，客籍無錫。藏書處名：詁林精舍。光緒二十二年丙申（一八九六）秀才。

丁福保《辛丑日記》（邢建榕主編《上海檔案史料研究》第十三輯，上海三聯書店出版社，二〇一二年）：

農曆九月六日：

見張讓三與惠卿信，論費太史買手卷事。

『惠卿』乃廉泉（一八六八—一九三二），字惠卿。號南湖居士。

『費太史』乃費念慈（一八五五—一九〇五），字屺懷。號西蠡。南洋公學譯書院總校。長期爲盛宣懷幕僚。

丁福保次子丁惠康（一九〇四—一九七九），爲朱復戡莫逆之交。黄涵之女，適丁惠康。

②關於《簡母哀思録》：

當爲簡照南輯《簡母潘太夫人哀思録》（上海聚珍倣宋印書局，一九二〇年）。吴昌碩題簽《簡太夫人哀思録》，款署：『庚申春仲，安吉吴昌碩篆檢，時年七十又七』。黎元洪題扉頁。

照南之母簡潘杏農（一八四八—一九二〇）。

簡耀東（一八七〇—一九二三），字肇章。號照南。佛山（今廣東佛山市禪城區）瀾石鎮黎涌鄉人。一九〇五年創辦南洋兄弟烟草公司。

是知一九二〇年春，紀念簡母潘太夫人，張美翊有文章，朱復戡有書長聯。

③關於『馮慰曾，……黏集老朽與其尊人十五年來尺牘，裝一厚册，中皆言甬上文獻事』：

馮慰曾尊人馮孟顓。小張美翊二十餘歲。現藏天一閣的《張蹇叟先生文稿》，即爲伏跗室所原存。

馮孟顓《重編錢忠介公遺集後序》（張壽鏞輯《四明叢書》刻本，第二集，一九三四年）：

鄞張蹇叟丈美翊倦客歸來，時過余寓，忘年下交。每以所得書籍互相考證。張丈嘗……勸余重編錢集，以爲嚆矢。……書以麤成……而以遺像、墨迹、本傳、碑銘、世系及余所編年譜弁之卷首以質張丈，請是正而校刊之。

張美翊題馮孟顓所藏《鮚埼亭集》（朱鑄禹《全祖望集彙校集注》，上海古籍出版社，二〇〇〇年）：

蕭山王小穀太史端履《重論文齋筆録·題毛西河遺像詩》，注云『全謝山庶常作先生别傳，頗有微詞。汪蘇潭吏部校勘《鮚埼亭外集》時，擬芟去不録，後不果』云云。《筆録》刻《紹興先正遺書》中。繆藝風太史謂《外編》汪氏所刻，蓋本於此。謝山遺書：《經史問答》，萬氏所刻；《漢書地理志稽疑》，朱氏所刻；《詩集》，鄭氏所刻；獨內、外《文編》，爲餘姚史氏、蕭山汪氏所刻；《宋元學案補》，馮氏刻之；《七校水經注》，無錫薛公刻之。最後，梁廉甫法部鉛印《續甬上耆舊詩》。張蹇叟記。

有關『繆藝風太史謂《外編》』，張廷銀等主編《繆荃孫全集・日記》（鳳凰出版社，二〇一四年）一九一九年：

己未四月廿六日丁丑（一九一九年五月二十五日）：

張讓山來，長談，借《鮚埼亭外集》去。

己未閏七月八日乙巳（一九一九年八月三日）：

張讓三來一柬，還《鮚埼亭外集》，又送《剡源集》新刻本。復張讓山，送《鮚埼亭集》兩函去。

己未閏七月十六日甲子（一九一九年九月九日）：

張讓山還《鮚埼亭文集》。

一九二四年，馮貞群《與陳叔諒書》（虞浩旭等主編《萬斯同與〈明史〉》，寧波出版社，二〇〇八年）：

及嘉慶中，蕭山汪氏繼培刻《鮚埼亭集外編》成，序末不敢署名。吾鄉野史多滅於此時（梨州《明文授讀》爲鄞味芹堂張氏所刻，聞史案發，於夜中付之一炬，此張讓老告我者）。

一九二一年張美翊跋盧址編《四明文獻集目》（鈔本）：

盧青厓先生《四明文獻集目》一百四十卷，稿本舊藏抱經樓。曰盧氏後裔集與上海古書流通處，并此稿捆載以走，今爲吴興嘉業堂劉氏所得。爰屬主人翰怡京卿傳鈔目録，昨始寄到。因慈上馮君孟顓伏跗室别有鈔本，不知與此目有異同否。馮君少余廿餘歲，篤嗜鄉邦掌故，遂以轉贈，俾資校勘。馮君與劉君相習，盡可通函補鈔也。歲在辛酉三月，頭暈稍愈，手顫幾不成字。蹇叟記，時年六十有五。

（鈐印）美翊小印（白文）。

復戡師集張美翊信函，亦一大厚册，不知馮慰曾所集張美翊與馮孟顓信函一厚册，尚存世間否？企盼有朝一日能有發現。

④關於朱復戡書《哀思録》，張美翊云：

《哀思録》首即老朽文，賢字可以壓倒清道人、缶老。

賢所書《簡母》各字皆佳絶，可以壓倒全册。

前《簡母哀册》五本，惟賢書三種，與吴、李相抗也。

張美翊再三對朱復戡作最高評價。當時朱復戡究竟寫了何等樣作品，希望以後能够發現實物資料。

另，一九二一年九月十五日（辛酉八月十四日）函云『八言神似海藏，而筆鋒收斂，去其老年獷氣。從此進步，可取而代之，不但如清道人也』，也是張美翊對朱復戡超越鄭孝胥、李瑞清的肯定與鼓勵。

⑤關於張皋文：

張惠言（一七六一—一八〇二），原名一鳴，字皋文，亦作皋聞。號茗柯。武進（今江蘇常州市）人。嘉慶四年（一七九九）進士。常州詞派之開山。與惠棟、焦循被後世稱爲『乾嘉易學三大家』。

⑥關於清人篆書：

清人篆書，分兩大派：

一、傳統的玉筯篆派：王澍、洪亮吉、錢坫、孫星衍等。

玉筯篆派之所以僵化，是因取法格調不高。雖標榜取法秦篆《泰山刻石》《嶧山碑》，實際上并無善本。

《嶧山碑》，杜甫《李潮八分小篆歌》（曾國藩纂《十八家詩鈔》，岳麓書社，二〇一六年）有云：

> 嶧山之碑野火焚，棗木傳刻肥失真。

是唐有摹刻本，但無存。西安碑林《嶧山刻石》，是南唐、宋初的徐鉉臨寫，徐門人鄭文寶重刻，爲現存最早摹刻本。

趙之謙臨《嶧山碑》（陽世晟等編《江蘇書畫藝術家檔案》南京大學出版社，二〇一二年）款署：

> 嶧山刻石北魏時已佚，今所傳鄭文寶刻本，拙惡甚。

《沙孟海全集》（西泠印社出版社，二〇一〇年）第九卷《僧孚日録》辛酉五月十六日：

> 趙撝叔篆刻曠絶一代。其篆書遠擬天發，近師完白。然而未善，祇見其滿面媚冶耳。今日見其手書《郊祀歌》數首，較他作稍凝練。其自記云『篆書非以是爲正宗，然此可悟四體書之合處。』

趙之謙初學鄧石如，後學《嶧山碑》《天發神讖碑》《城隍廟碑》。篆書亦不高明，却能認識到『篆書非以是爲正宗』，難能可貴。

《泰山刻石》，比較可信的拓本是明嘉靖年間無錫安國藏本。安藏泰山刻石有兩個本子，爲北宋拓本，現均在日本，一爲一百六十五字本，另一爲五十三字本（上海藝苑真賞社及日本均有印本）。其它翻刻本無足觀。

至於李陽冰《城隍廟碑》，融入漢篆。漢篆已是小篆的强弩之末，是僵化小篆的始祖。

二、新派：新派首推鄧石如。此派有胡澍、張惠言、吴讓之、閻研香等人。

鄧石如篆書初學《石鼓文》《泰山刻石》《嶧山碑》《開母石闕》，後學《禪國山碑》《三公山碑》《天發神讖碑》以及彝器款識等。此點與傳統的玉筯篆派基本無二。後來以分隸筆法作篆，接近秦漢瓦當和漢碑額，也就是『繆篆』體系。雖然另闢蹊徑，却仍舊没能脱離漢篆體系，格調還是不高。鄧石如自負云：『何處讓冰斯』，實際上鄧石如小篆本《説文》，即李陽冰一路，徐三庚寫《康熙字典》小篆，依然是本《説文》。

然則小篆正宗爲何？復戡師曾語筆者：

小篆當學秦代，此謂取法乎上，因爲秦通行字體是小篆，是最高水平。後人不能學得百分之百，近人如趙之謙、吴大澂篆書不足法。隸書當學漢隸，不學唐隸，同樣道理。

唐代李陽冰小篆，雖無秦味，但也開了一派，此後小篆歷代無人。清代楊沂孫小篆較高，其他則每況愈下，鄧石如、趙撝叔、吴大澂都没寫好。徐三庚篆書造作，俗。

李斯小篆像人立正，兩臂自然下垂，規規矩矩，鄧石如把篆書寫得兩臂外翹，不美。

關於鄧石如篆書，《沙孟海全集》（西泠印社出版社，二〇一〇年）第十卷《僧孚日録》壬戌九月廿五日：

> 往昔所謂山人篆書媚冶没骨，且不合六書，不如十蘭端嚴。蓋是時所見山人書多贋品，或摹刻未若者，故云爾。至不合六書，蓋有時本之漢人碑額，未必全屬臆造，此特其小疵耳。

目前所能看到最正宗的秦代篆書是《始皇詔》《二世詔》。是以，民國期間的朱復戡、馬公愚、王獅子等人小篆均取法『秦兩詔』。復戡師曾語筆者：

《始皇詔》《二世詔》是上對下喻，故寫得較隨便，大小不一，類於篆的行書。

用秦篆、秦隸筆法寫小篆，則高於以漢八分隸筆法作篆的鄧石如以及有清一代書家的小篆取法。因此民國時期寫小篆高於清代。謂朱復戡可『方駕石如』，即便當時或是溢美之詞，而今則非虚語。

百行隆奏来有敬患書記古而

不敢多喜之至橋影尋聯又煩

大羊久生想必帶來下補保嬰

寫赤況城橋下和其□先有佛像

甚多鏡框的丈長二尺考□横

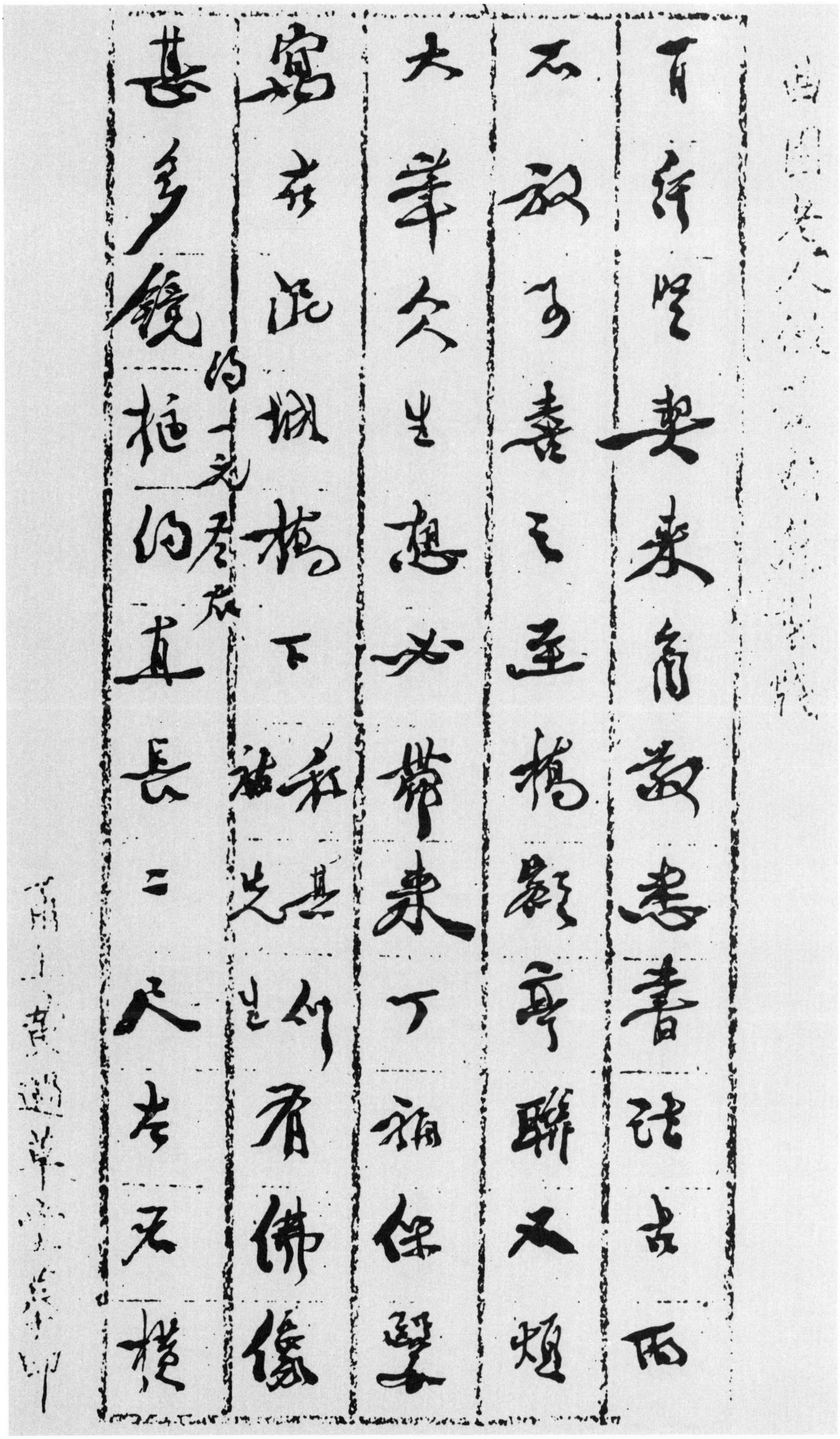

城少半巧之畫紙宜用絹觀音宜工筆

菁色上方倡龍宜界珠楷令彩

堅絹心為之我佛必福如令史

被圍言如石紉戒不如令用

萬勿令蝦蛤致傷多命堅心力

頌上華邃草堂蔡軍印

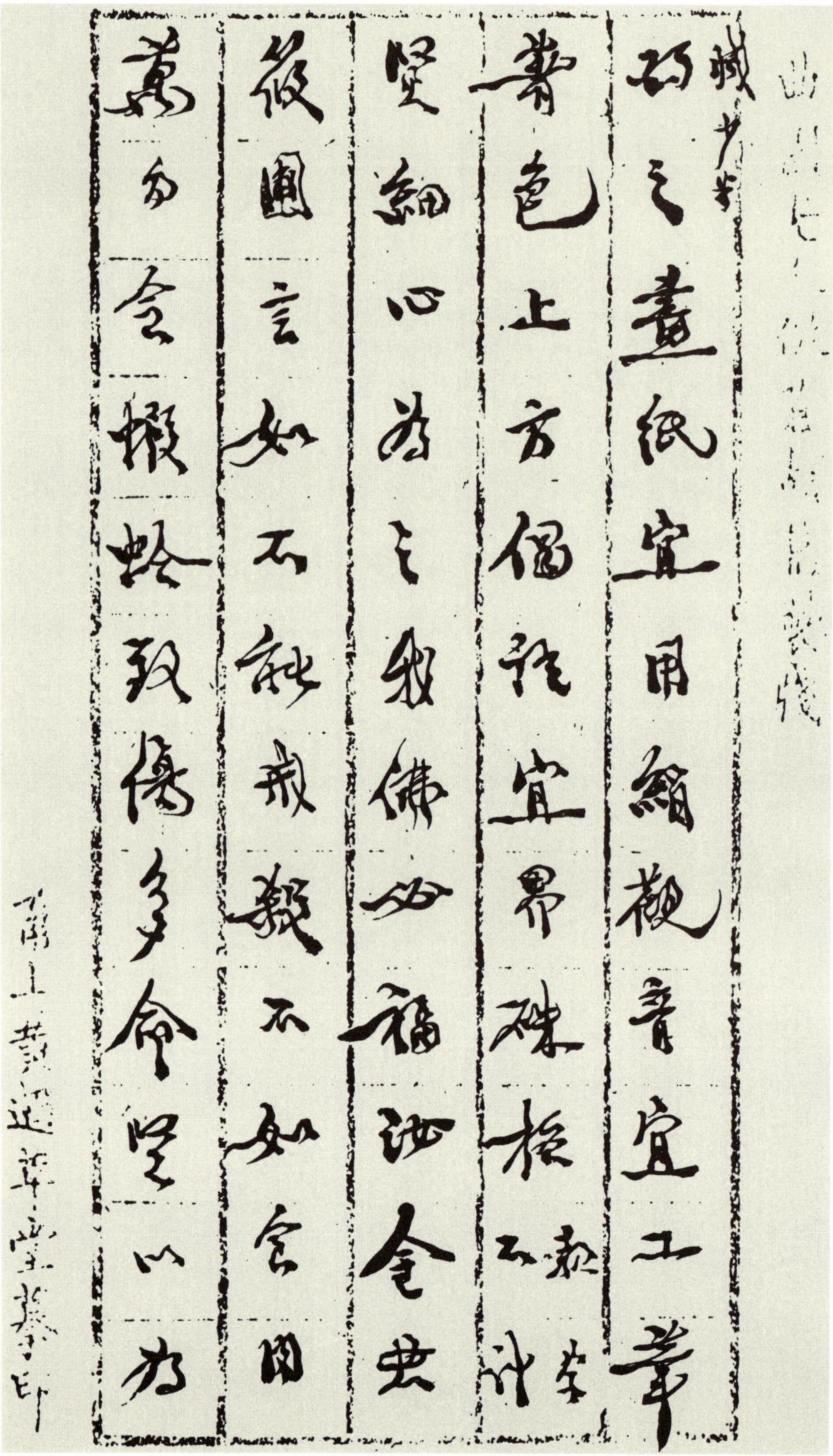

並至教初受天下之輩悌慈恕

殷若為要前段树弟而謂堅守書

沈可模絶一世見之至有如鵞

刻業記梭物之媿書至文来勤

敬问 佳祺

塞千松干刻 十二日

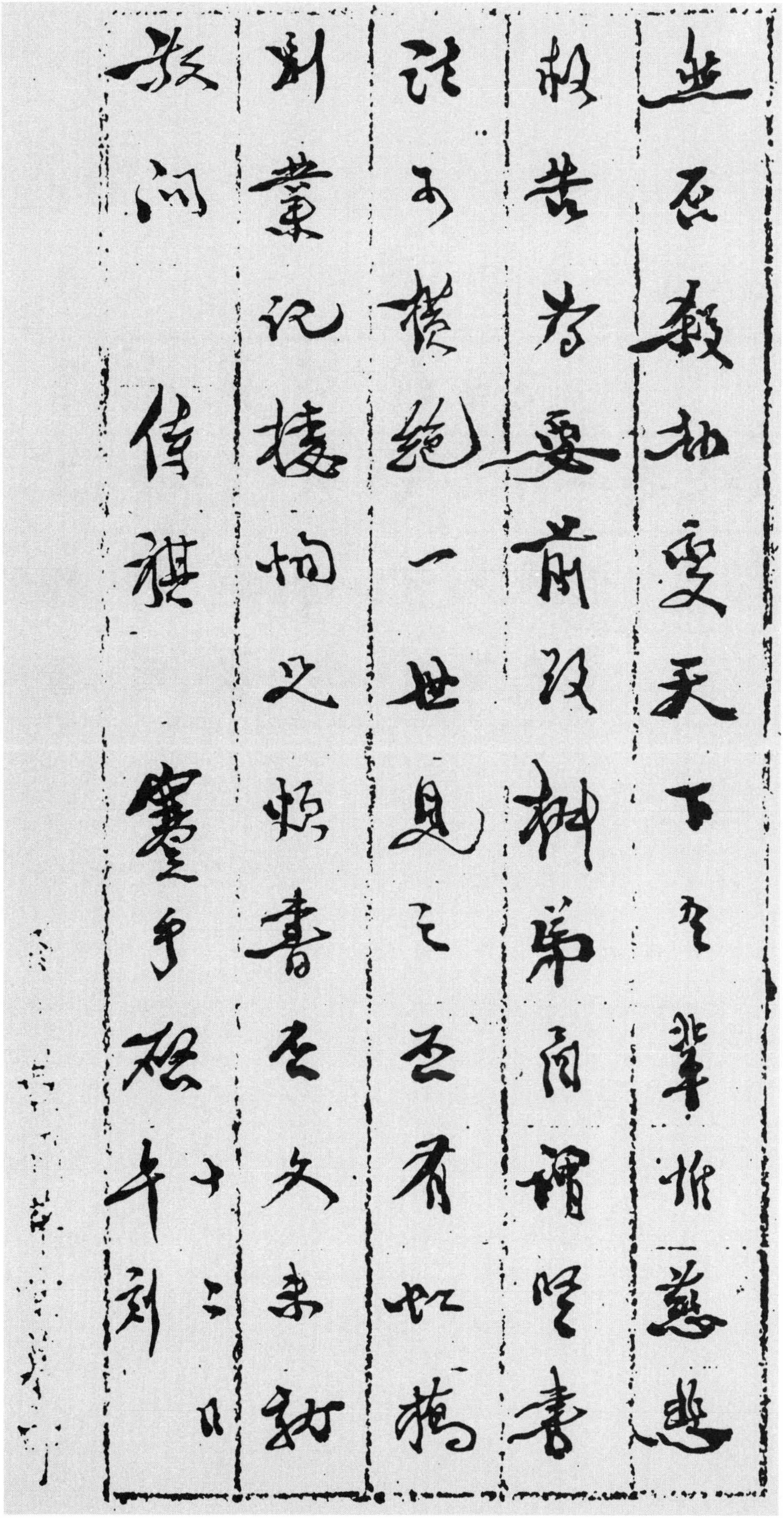

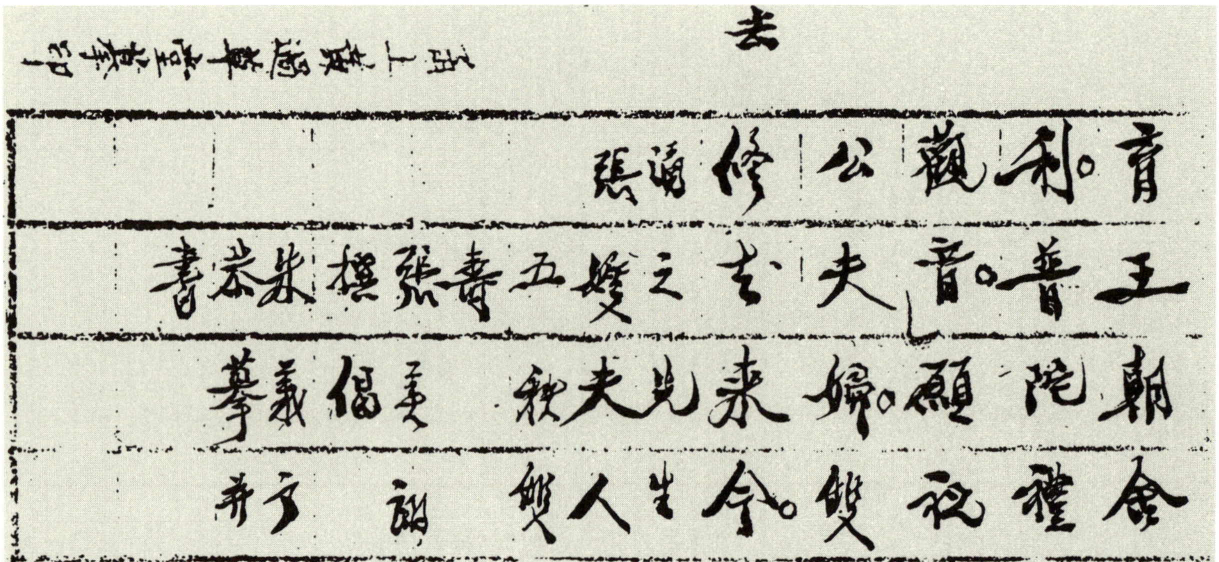

去
育王朝舍利。普陀禮觀音。願祝公夫婦雙修去來全。通之先生張嫂夫人五秩雙壽

（八五）致朱復戡①

一九二二年七月六日　壬戌閏五月十二日　星期四

黄過草堂箋

百行賢契：

來函敬悉。書法古而不放，可喜之至。橋額、亭聯又煩大筆，夊生想必帶來。丁福保醫寓在泥城橋②下（稱其仲祜先生），有佛像甚多，鏡框約一元左右，約直長二尺左右，横減少半，酌之。畫紙宜用絹，觀音宜工筆著色，上方偈語宜界硃格（款字不計），賢細心爲之，我佛必福汝。金君筱圃言：如不能戒殺，不如食肉，萬勿食蝦蛤，致傷多命。賢以爲然否？殺劫變［遍］天下，吾輩惟慈悲救苦爲要。前致椒弟③函，謂賢書法可横絶一世，見之否？有《虹橋别業記》，樓恂④兄煩書否？文未就。敬問

侍祺。

塞手啓，

十二日午刻。

育王朝舍利，普陀禮觀音。願祝公夫婦，雙修去來今。涵之⑤先生，張姟夫人五秩雙壽。張美翊撰偈，朱義方恭摹并書。

考釋：

①（八五）衹署『十二日』，未署年、月。

函云『橋額、亭聯又煩大筆』，與（七八）函云『費冕老求寫大嵩橋額』相銜接。又與（八二）函云『玆寄聯語，……聯上寫壬戌閏五月，……古社仍稱櫟，長塘此築亭』相銜接。

函云『丁福保醫寓在泥城橋下……有佛像甚多』，與（八三）函云『擬煩向丁處選購佛像數種』相銜接。

函云『有《虹橋别業記》，樓恂兄煩書否』，與後（八八）函云『允撰《虹橋别業記》，恐又倩僞索靖、假猛龍書。鄙意擬煩賢書』有聯係，此爲前引。

此信書寫時間當爲一九二二年七月六日（壬戌閏五月十二日）。

②泥城橋在今第一百貨，新世界、大光明影院一帶。朱復戡家住北泥城橋北京路瑞康里六五號。

③方椒伯。

④樓舜儒（恂如）。

⑤黄慶瀾（涵之）。

述評：

①『前致椒弟函，謂賢書法可横絶一世』，是爲朱復戡入上海總商會做准備。

②關於方椒伯：

方積蕃（一八八五—一九六八），字椒伯。鎮海（今寧波市鎮海區）駱駝鎮柏墅方村人。方性齋長孫；方崇年子。寓上海白克路大通里五九七號半。一九〇五年，在家鄉創辦『培玉兩等小學』，校長。一九一一年十二月，『上海軍事募捐團』團員。一九一五年，參與『勸用國貨會』活動。一九一七年，『上海神州法政專門學校』畢業。一九一八年，北京『東陸銀行上海分行』經理。一九二〇年，參與籌組『上海華商證券交易所』，董事；『銀行公會』會董；八月，爲『四明公所北廠』募捐。一九二一年，與秦潤卿、薛文泰等將『大有餘榨油廠』改爲『大有餘機器榨油股份有限公司』，董事長；五月，參與發電寧波道尹鎮守使等援助寧波因查貨被毆學生。一九二二年，『上海通商銀行十六鋪（南市）分行』經理。一九二三年，『寧紹商輪公司』董事長。

上海總商會：一九一八年，會董兼商事公斷處處長。一九二二年起連任六、七兩届副會長。

同鄉會：一九一八年，總務董事、常務理事兼會務主任；募捐團坐辦。一九二一年二月，新會所籌備委員。

四明公所：一九一九年，『公義聯合會九人董事會』董事。一九二〇年，爲『北廠』募捐。

張美翊與柏墅方氏交密，《鎮海柏墅方氏重脩宗譜》爲張美翊纂脩。

一九一四年，張美翊撰《重修柏墅方氏六桂堂宗祠記》（《鎮海柏墅方氏族譜·碑記》，六桂堂木活字本，一九一五年）：

方氏世稱六桂堂。舊譜相傳，唐昭宗朝有諱廷範者，歷宰閩三邑，有惠政，卜居莆田刺桐巷，子六人并登進士第，時以六桂稱之。其後七傳而至宋太廟齋郎；右正言諱軫，以鄞令家於慈谿鳴鶴山，復由鳳浦岙遷柏墅村。源遠流長，世系可考，因仍以六桂名其堂，所以述祖德、示後人也。當同治初年，大難既平，人民安樂，柏墅嗣裔，起家商業，以貲雄於海上。於是性齋翁諱基，與其從兄仰喬翁諱喬，率其房從，議建宗祠。立集鉅貲，尅期竣事。昭穆有序，祭拜有時，美哉輪奐，嘉貽載遠。事具吾甬張子騰少宰家驤《碑記》。迄今幾五十年，風雨所侵，金碧漸奪。癸丑至日，宗房長與柱首等會祭於祠堂，建議重修。於是十三世孫積鈺，陳述本生庶祖母朱太夫人遺命，出其儲貲，獨任其事，鳩工庀材，始於今年春二月，竣於秋八月，凡用銀一千百圓有奇。黝堊髹漆，焕然一新，榱桷几筵，井然粲列，將卜日致祭於堂以落成之，而囑余爲重修之記。按《曲禮》：『君子將營宫室，宗廟爲先。』《中庸》：『春秋修其祖廟。』蓋營之固不容後，而修之亦必以時，皆所謂禮也。抑嘗考之《春秋》書夫人風氏，傳者以爲僖公之母，莊公之妾，而《魯頌·閟宫》之詩，美僖公能復周公之宇而作，乃推本於魯侯燕喜，令妻壽母於詩，又有徵矣。朱太夫人爲潤齋翁諱仁照之側室，黼臣翁義章之庶母。青年守志，白首撫孫，而積鈺感念恩勤，承命勿忘，卒以蓄積之遺，爲修除祠堂之用，則斯舉也，合乎詩禮之所云，不可以無記也。爰述始末而證之於經，著爲斯文，俾刻石焉。世有考古之君子，庶幾韙吾言乎。歲在甲寅季秋月。

③關於『書法古而不放，可喜之至』：

一九二三年六月（癸亥四月中旬）張美翊致朱復戡有『行草筆筆收斂，寫得甚好。』而一九二一年十月二十日（辛酉九月二十日夕）張美翊致沙孟海：『夷伯歸來，囑其放筆作書。』或求『收』，或求『放』，反映張美翊的因材施教的書學思想。因朱復戡狂放，故要求『古而不放』『筆筆收斂』。葛夷谷老實，則要求『放筆作書』。

④關於樓恂如：

樓舜儒（一八六四—一九三二），字恂如。鄞縣人。上海河南路吉祥里有『敦餘莊』錢莊。一九〇六年五月，『華商體操會社』會計員。一九〇七年，參加浙路集股。一九二〇年，六月，『四明公所北廠募捐總辦事處』會計；出席『豫豐紗廠開幕式上海商界代表團』團員。一九二一年，五月，參與發電寧波道尹鎮守使等援助寧波因查貨被毆學生；與王正廷等發起創建『江蘇銀行』『中華勸業銀行』，總理。黃炎培撰《樓恂如傳》。

上海總商會：一九二〇年九月，會董。一九二一年，一月，財政委員會委員、調查委員會委員；七月，公證委員會委員。一九二〇年九月起，第五、六任會董，第八任臨時委員。

同鄉會：一九二〇年四月，徵求隊寧興隊隊長。一九二一年，新會所籌備委員。一九二三年七月，基金監。

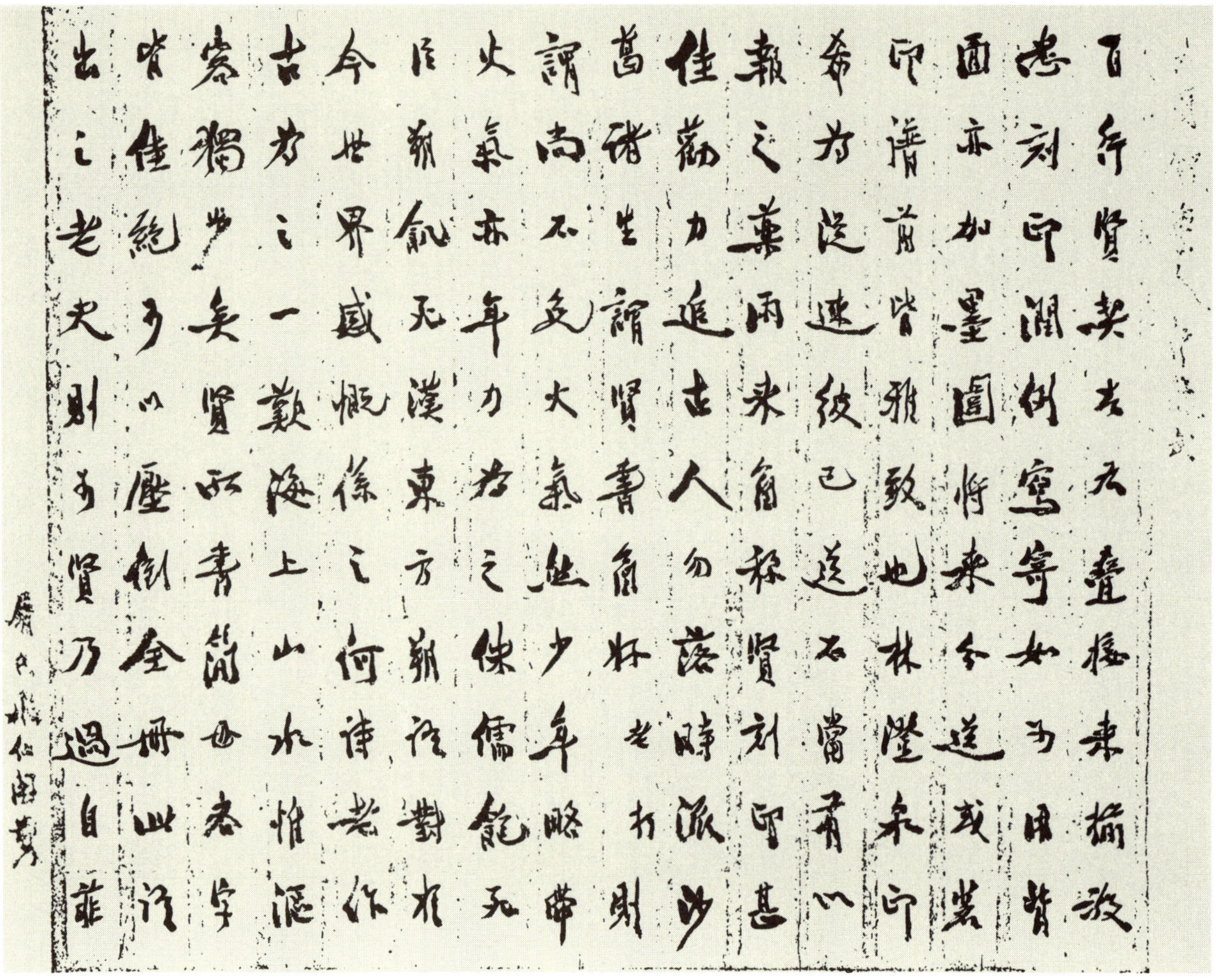

百行賢契左右疊接來諭敬
悉刻印潤例寫寄如下日背
面亦加墨圖將來令送或裝
印譜前皆雅致也林隆來印
希為從速繳已送石當有以
報之藥雨來函稱賢刻印甚
佳勸力進古人勿落時派少
蕩諸生請賢書屏老朽則
謂尚不免火氣然少年略帶
火氣亦年力為之徐儒能無
臣朔飢死漢東方朔從對於
今世界感慨係之何詩老作
古者之一歎海上山水惟泥
寡獨步矣賢所書簡毋忝字
皆佳絕多以壓倒全冊此語
出之老夫則于賢乃過自菲
璜白[illegible]

薄何耶久生以經商而好風
龍珠石子又羔將交肩人一
羊枯然都見主不以為然望
賢虛心布志取為善近見
清道人照饗寵顏萬高雲廟
真見入此化工此境誠石易引藥
鼓亦大概許惜賢未見雲堂
兩見賢摯廣武瓢文縮本石
憑然道氣乃師談論貪老誠
看糊引震此時談石鼓惟賢
其接手身價藥無寧立行無
寮謀業是一事惟勤恰如
平則積福養之基勤字自
早起炳偷字自愛騰紙好
賢勉之走者卡起後骨惟

待奉葆愛塞千興

癸酉閏五月二十候長

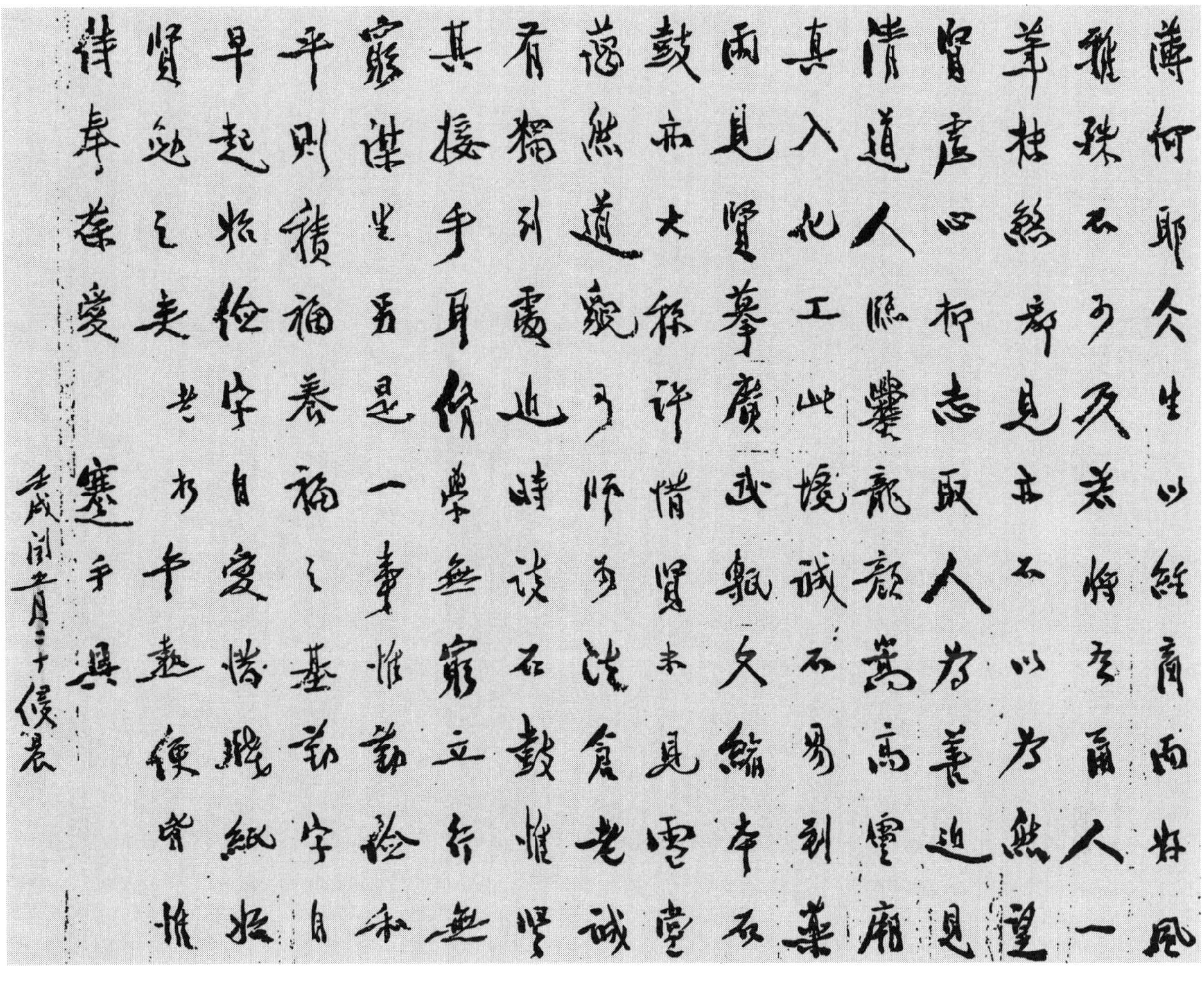

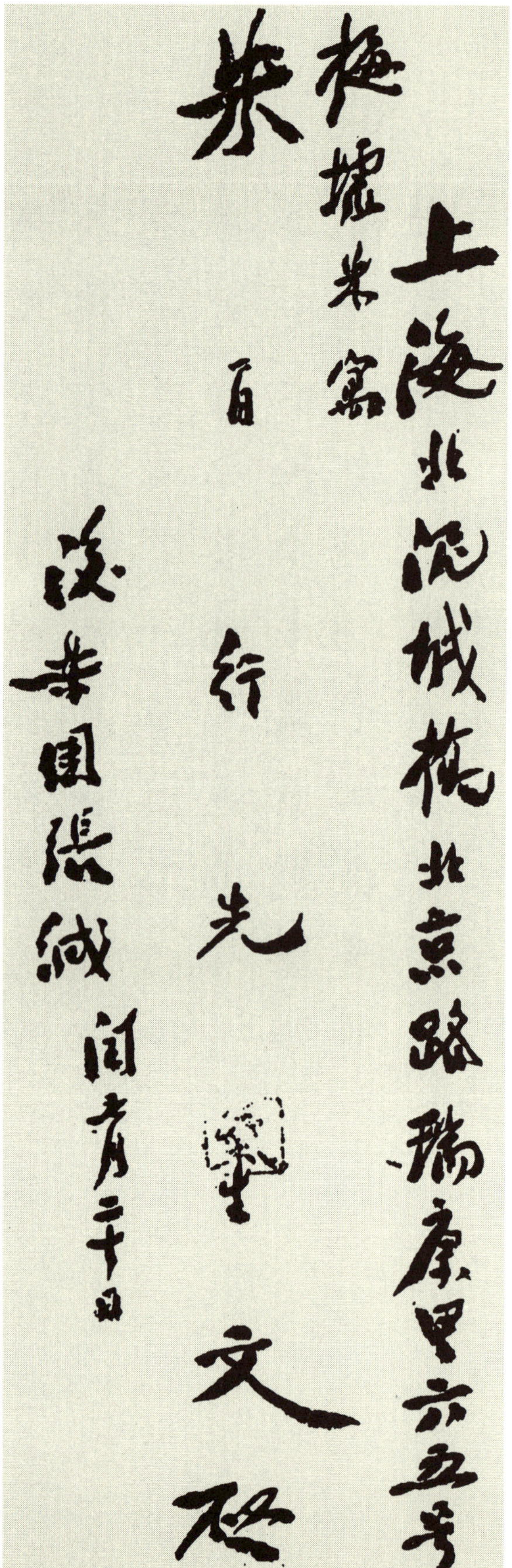
上海北泥城橋北北京路瑞康里六五號
梅墟朱寓
朱百行先生文啓
後樂園張緘　閏月二十日

（八六）致朱復戡①

一九二二年七月十四日　壬戌閏五月二十日　星期五

飛仙閣箋

百行賢契左右：

叠接來椷，敬悉。刻印潤例寫寄，如可用，背面亦加墨圍，將來分送，或裝印譜前，皆雅致也。林澄泉印希爲從速，彼已送石，當有以報之。藥雨來函，稱賢刻印甚佳，勸力追古人，勿落時派。沙、葛諸生謂賢書函好，老朽則謂尚不免火氣。然少年略帶火氣，亦年力爲之。『侏儒飽死，臣朔飢死』，漢東方朔語，對於今世界，感慨係之。何詩老②作古，爲之一嘆。海上山水，唯漚［鷗］客③獨步矣。賢所書《簡毋》各字皆佳絶，可以壓倒全册。此語出之老夫則可，賢乃過自菲薄，何耶？仌生以經商而好風雅，殊不可及，若將吾甬人一筆抹煞，鄙見亦不以爲然。望賢虚心抑志，取人爲善。近見清道人臨《爨龍顔》《嵩高靈廟》，真入化工，此境誠不易到。藥雨見賢摹廣武甎文④、縮本《石鼓》，亦大稱許。惜賢未見雪堂，藹然道貌，可師可法。倉老⑤誠有獨到處，近時談《石鼓》，惟賢其接手耳。脩學無窮，立行無窮，謀生另是一事。惟勤儉和平，則積福養福之基。『勤』字自早起始；『儉』字自愛惜牋紙始。賢勉之矣。老朽午熱便昏。惟

侍奉葆愛。

蹇手具，

壬戌閏五月二十侵晨。

（信封）上海北泥城橋北京路瑞康里六五號梅墟朱寓，朱百行先生文啓。後樂園張絾，閏五月二十日。

考釋：

①（八六）署有明確日期：壬戌閏五月二十日。信封有『閏五月二十日』，亦本函信封。此信書寫時間當爲一九二二年七月十四日（壬戌閏五月二十日）。

②何維樸。

③汪洛年（一八七〇—一九二五），字社耆。號鷗客。錢塘（今杭州市）人。舉人。戴用柏弟子。山水畫宗四王。清鄂督張之洞聘任兩湖師範等校圖畫教員。

④廣武甎文：即朱復戡倣《廣武將軍碑》刻太康甎硯銘文。

⑤吴昌碩。

述評：

①關於何維樸：

何維樸（一八四一—一九二二），字詩孫。晚號盤止、盤叟；又號秋華居士、晚遂老人。室名：頤素齋、盤梓山房。道縣（今永州市道縣）人。何紹基最小之孫。同治六年（一八六七）副貢。山水畫宗婁東派，書法其祖何紹基，能篆刻。精鑒別，收藏古印甚多，編有《頤素齋印存》。一九〇六年到滬，重訂潤例，由吉羊樓箋扇莊收件。一九〇九年二月，在上海參與發起中國金石書畫賽會第一次展覽。

《時報》一九二二年六月二十四日《書畫大家何詩孫逝世》：

道州何詩孫先生名維樸，何子貞先生之孫也，畫法深得山樵骨髓，爲近今巨擘，書亦深得家法。六月二十三日即五月二十六日，在上海白克路倓在里逝世，享年八十二歲。

張、何二人合作：一九一四年張美翊撰《重修柏墅方氏宗祠記》，何維樸書。

②關於『勸力追古人，勿落時派』：

此語雖出方若之口，實際上也反映了張美翊的書學思想。同時，似意有所指。朱復戡此時學海上諸家如李梅庵、康有爲、沈增植、鄭孝胥，尤其是吴昌碩。於書有所不摹，一摹即似。是『時派』，所以也走紅。但『時派』終非長策，還是要『力追古人』。

③關於『侏儒飽死，臣朔飢死』：

《漢書·卷六十五·東方朔列傳》：

朱儒長三尺餘，奉一囊粟，錢二百四十。臣朔長九尺餘，亦奉一囊粟，錢二百四十。朱儒飽欲死，臣朔飢欲死。

張美翊用漢代典故譬喻當時世道，小人得志而賢才受屈。則大清能量才用人乎？張美翊師祖曾國藩《憇紅詩課戲題一詩於後》（温林編《曾國藩全集》，京華出版社，二〇〇一年）有云：

臣朔飢死侏儒飽，古來顛倒何足哀。

古來顛倒，自古如此，何嗟今日！

④關於『惟勤儉和平，則積福養福之基。「勤」字自早起始；「儉」字自愛惜箋紙始。賢勉之矣』：

一八九五年，張美翊記《甬上青石張氏家譜·遺訓》（味芹堂鉛印本，一九二五年）：

一世文節公家訓：

勤儉爲起家之本，自壯至老，當一遵之百凡。凡動用，悉宜省費。居常不敢遊逸并妄費一錢，豈惟起居，雖守家亦不可不知。士農工賈，勤則有功，儉乃可久。勿以富足自恃，好閒競奢，以乖訓制。庶身安而家可保也。

男子生而能言，便須以禮教誨，稍長，首務讀書以繼書香，次則令其務農，或商賈生業。毋得游手好閒，學習歌唱博弈之事。

男女婚嫁，須門地相當及輪序不紊，不許苟合如論財斯虜也已。但嫁婚之禮，不忍從薄，然亦視家之貧富而行，娶婦嫁女，俱不得過百金，是雖不能甚飾腆儀，然亦足以成禮矣。子孫其毋越此戒，以爲可繼之圖。

張文節公爲相，自奉如河陽掌書記時。所親或規之曰：今公受俸不少而自奉若此，雖自信清約，外人頗有公孫布被之譏，公宜少從衆。公嘆曰：吾今日之俸，雖舉家錦衣玉食，何患不能。顧人之常情，由儉入奢易，由奢入儉難。吾今日之俸豈能常有，身豈能長存。一旦異於今日，家人習奢已久，不能頓儉，必至失所，豈若吾居位去位，身存身亡如一日乎？

歷代遺訓：

一、立志。春圃府君曰：人有血氣非禽獸比，無志是無血氣也。奮發志立事，幹濟志用世，學問志聖賢，功業志豪傑。嘗誦前人堂對一聯曰：登第尚矣，須忠孝節廉克定數端，方可無忝宗祖；讀書貴哉，然農工商賈各成一業，便非不肖子孫。

一、存心。春圃府君立志自高而存心忠厚，寢疾時每自述生平言語不肖輩，適因飯太息曰：刻薄成家，理無久享，吾一飲一食，無不爲子孫地，生平所可自信者，庶幾在此。

一、敬祖祀。思修府君曰：祭祀以誠敬爲主。世間設酒宴客，必極豐盛，而於祖宗祭祀，反草率慢易，或至薄惡不堪，敬心何在？

一、體親心。振寰府君遺命曰：生死大事，吾不介意。汝輩但能厚於祖宗，和於兄弟，勤儉以治家，清慎以報國，吾念畢矣。

謹案：祖宗不厚則根本忘，兄弟不和則外侮生。曾子曰：慎終追遠。子曰：父母其順矣乎。公言可思矣。

一、策勵以光前。振寰府君誡子語曰：吾以不得讀書成名光大前人。然每不忘吾祖固吾志也。汝等今無所慮於飲食而不努力，真不肖也。

一、清白以裕後。振寰府君臨終語雪汀公曰：汝異日居官，萬勿爲貪墨之行以玷先人清白。曾否見縉紳家赫奕富厚，今其子孫不肖，敗厥家聲者乎？惟居官廉正者，雖子孫困餒，人皆念之，可不畏哉？

一、勗力學之勤。雪汀府君作糜課讀詩曰：良木斲成器，種苗去藜蕿。養雛苟及時，翩翩厲羽翼。以玆悟物情，課兒因屏跡。問兒年如何？已及九與七。問兒名如何？呼爲鏡與鉽。懸鑑別妍媸，稽古得楷式。命名豈偶然，玆理非漫設。惟時當孟夏，日氣暄兒席。念此弱少姿，何以佐飢渴。作粥斷黃虀，儉嗇無餘適。既不苦太飢，亦得免飽逸。即事念農功，辛苦難備述。弗嫌此味平，粒粟成膏血。轉思古賢達，三旬共九食。而汝竟安然，飽此豐暇日。殷勤學少議，灑掃事一室。侍祖頻起居，步趨敦禮節。背誦孔孟篇，字字須明析。非爲青紫謀，庶免鄉里惜。勗哉毋怠荒，所願自此畢。

一、戒施教之怠。雲崖府君曰：爲師長者，當盡我精力因學者之才質以訓導之，不然誤人子弟，於心何安？

一、禁逸遊。振寰府君有勸之遊者曰：吾以暇時讀書看史，豈不增益聞見也，奈何徒虛時日。

一、懲耽飲。振寰府君見人酒後駡坐，輒誦晉人語曰：名教中自有樂地，何爲如此？

謹案：歷代遺訓十則，係曾祖敏齋府君所輯録。光緒乙未十月美翊記。

『勤儉』是張氏家訓，張美翊經常用來訓導朱復戡。

先師無錫薛公庸菴全集十種最先刻者籌洋芻議最後則刻出使日記中閒出使奏疏則余為校刊公牘然於 師薨後補輯

師親炙曾文正之學故經濟文章無不效法文正此集流傳甚廣必有私淑之者今夏從薛慈明世弟乞此集因以分貽

孟海仁弟幸細閱之　張美翊謹記

壬戌閏五月廿五日　時年六十有六

（八七）致沙孟海①

一九二二年七月十九日　壬戌閏五月二十五日　星期三

白箋

先師無錫薛公《庸庵全集》十種，最先刻者《籌洋芻議》，最後則刻《出使續日記》，中間《出使奏疏》，則余爲校刊。《公牘》亦於師薨後補輯。師親炙曾文正之學，故經濟文章無不效法文正。此集流傳甚廣，必有私淑之者。今夏從薛慈明世弟乞此集，因以分貽孟海仁弟。幸細閱之。

張美翊謹記，

壬戌閏五月廿五日，

時年六十有六。

（鈐印）美翊小印（白文）。

考釋：

①（八七）致沙孟海。署有明確日期：壬戌閏五月廿五日。

此信書寫時間當爲一九二二年七月十九日（壬戌閏五月二十五日）。

述評：

①關於張美翊校刊薛福成《出使奏疏》《出使公牘》：

光緒十六年庚寅正月十一日（一八九〇年一月三十一日）晚，張美翊隨薛福成在上海黃浦江利源碼頭登乘法國『伊拉瓦第』號（中譯『大金沙江』號）郵輪，次日起航出吴淞口。二月三日到香港，二月十八日（三月八日）抵達法國馬賽港，乘火車經里昂到巴黎。

光緒二十年甲午四月二十三日（一八九四年五月二十七日）薛福成登『堪爾圖寧』號郵船回國。甲午五月二十八日（七月一日）抵吴淞口。

張美翊隨薛福成出使、返國，歷時五個年頭。

薛福成《庸庵全集》中，《出使奏疏》，一八九三年張美翊校理、一八九四年張美翊重校；《出使公牘》，一八九八年張美翊校理。

張美翊《出使奏疏·跋》（沈雲龍主編《近代中國史料叢刊》，臺北文海出版社，一九六六年）：

右《出使奏疏》二卷，吾師無錫薛公奉使泰西時手定稿也。嘗用餹印二十五部，分遺知好。美翊忝預參校，亦得一部。今年夏五月，從公東渡，舟過印度海，論及公所爲奏議，謂宜校刊以餉當世君子。公言疏稿無自刻者，他日俟君輩爲之而已。不意至滬不及兩旬，即以積勞致疾，薨於行臺。既爲料理身後諸事，奉喪而歸，乃取繕印原本，重校發刻。閲兩月工竣，因記公語於後，痛知己之長逝，傷時局之逾變，覆觀是編，蓋不止哭其私，且爲天下慟云。光緒二十年冬十月，門下士鄞縣張美翊謹誌。

張美翊《出使公牘・跋》（無錫薛氏傳經樓校本，光緒二十四年）：

往者無錫薛公奉使歐洲，嘗手裒公牘文字，命美翊爲之編校，總凡十卷。甲午之夏，使旋東渡，舟中無事，乃爲寫定篇目。當時惟書牘電報兩門，因風浪大作，未及選録。逮抵上海，公積勞得疾，薨於行臺，事遂中輟。越三年丁酉三月，爲公六十生日，重至無錫，拜公遺像於堂。公子慈明以公牘原稿見矚，爲留數日，別録書牘電報，俾竟其事，付諸手民。又明年七月工竣，乃僭書其後曰：昔孔子稱使於四方，不辱君命，而推本於行己有耻。春秋戰國之際，群雄競霸，聘問往來，尤尚爲命，蓋結好弭釁，端賴使者之一言，苟處事一不當，則辱亦隨之，若是乎專對之重且要也。方今中外互市，時事日亟，奉使絶國，與古大異。自光緒初元以來，使者首稱湘鄉曾惠敏公，而公實繼之。公威重宏毅，學問識量，異於人人。至其憂國如家，深謀遠慮，凡關繫交涉之事，與彼國長官相見，或應機立斷，意在必行；或往復辨難，務衷至當。退則考覽圖籍，稽核舊約成案。每論一事，申之以公牘，加之以書函，載以忠誠，而達以文辭。故當軸諸公，輒從其請，即外人亦敬而服之。是編所載，如滇緬交界南洋領事諸案，其所籌議，皆有俾大局，觀其辭命問答，委折美備，殆子産、叔向之亞。若蘇、張之流，何足以云也。美翊從公者久，知之頗深，追論遺事，未敢多讓。自公薨後，東事益棘。朝廷咨嗟太息，深惜中道告逝，未盡其用。而憂時念亂之君子，群居私論且謂使公而在，當不至此。蓋其勳業聲名，既殁而益彰。獨美翊志衰氣盡，學不加進，媿負知己，時用内疚。秋風海上，極目無際，回憶當日印度舟中，侍公左右，上下議論，猶忽忽如前日事，因黯然流涕而書之。光緒戊戌秋七月，門下士鄞縣張美翊謹跋於天津舟次。

②關於『師親炙曾文正之學，故經濟文章無不效法文正』：

曾國藩（一八一一—一八七二），初名子城，字伯函。號滌生。謚『文正』。湘鄉（今湖南婁底市雙峰縣）荷葉鎮楊樹坪人。藏書處名：求缺齋、富厚堂。道光十八年（一八三八）進士。《清史稿》有傳。

曾國藩弟子薛福成，薛福成弟子張美翊，張美翊弟子朱復戡、沙孟海。傳承有序。

《沙孟海全集》（西泠印社出版社，二〇一〇年）第九卷《僧孚日録》辛酉十月廿八日：

張蹇丈嘗見薛庸盦文章稿草，每於未下筆之先寫集《史》《漢》而下諸家名句佳字，備作時之用，若甚淺陋者所爲。蓋古作者固有如是，特皆自隱不肯告人耳。

由薛福成『若甚淺陋者』之舉，并不避隱張美翊，可見薛張師徒二人的關係親密非同一般，此方可謂『親炙』『入室弟子』。至於『無不效法』，則是學到老師的真髓。

百行恩真有放走想恨

商會得倍方枋弟辦事

甚懣老方為賫使靈池八

月槐一不須取去忘之宇懸記靜龕鎖

剡仲擢擢及又懣游所館

茲窮大蕭樹額六字又樓

亭之聯王儒弟嶽塸吟代

書張申之水上正如已行

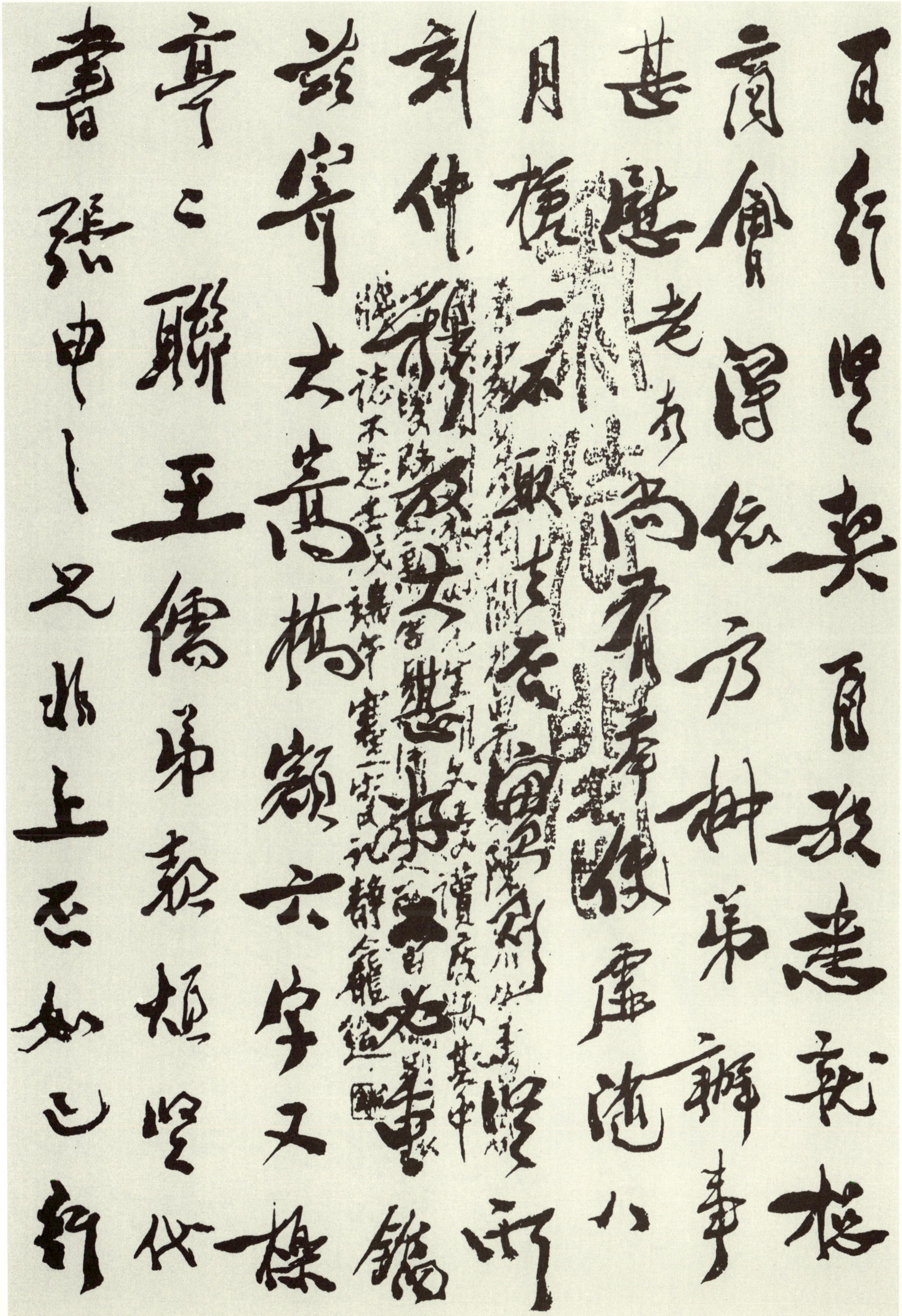

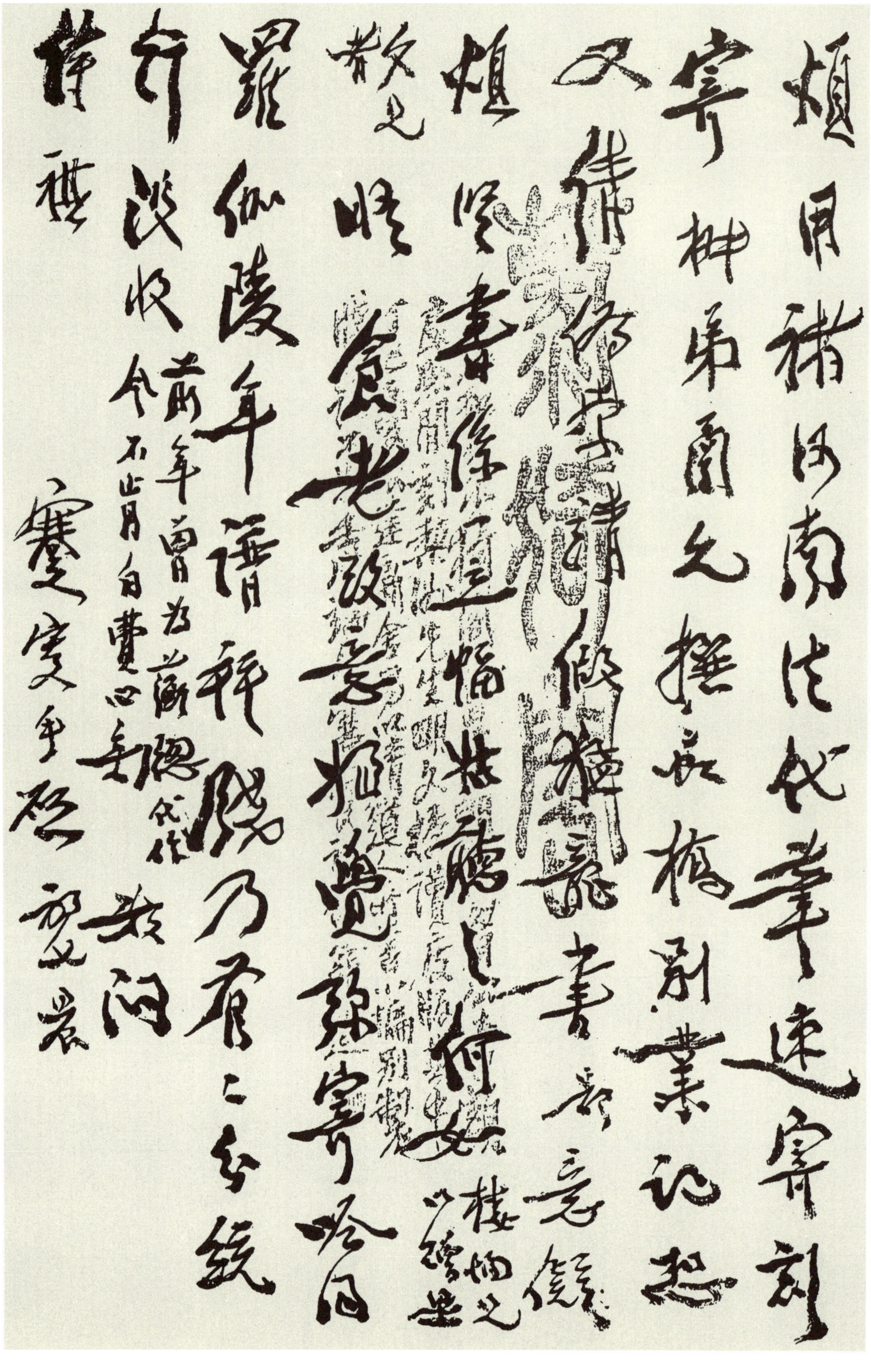

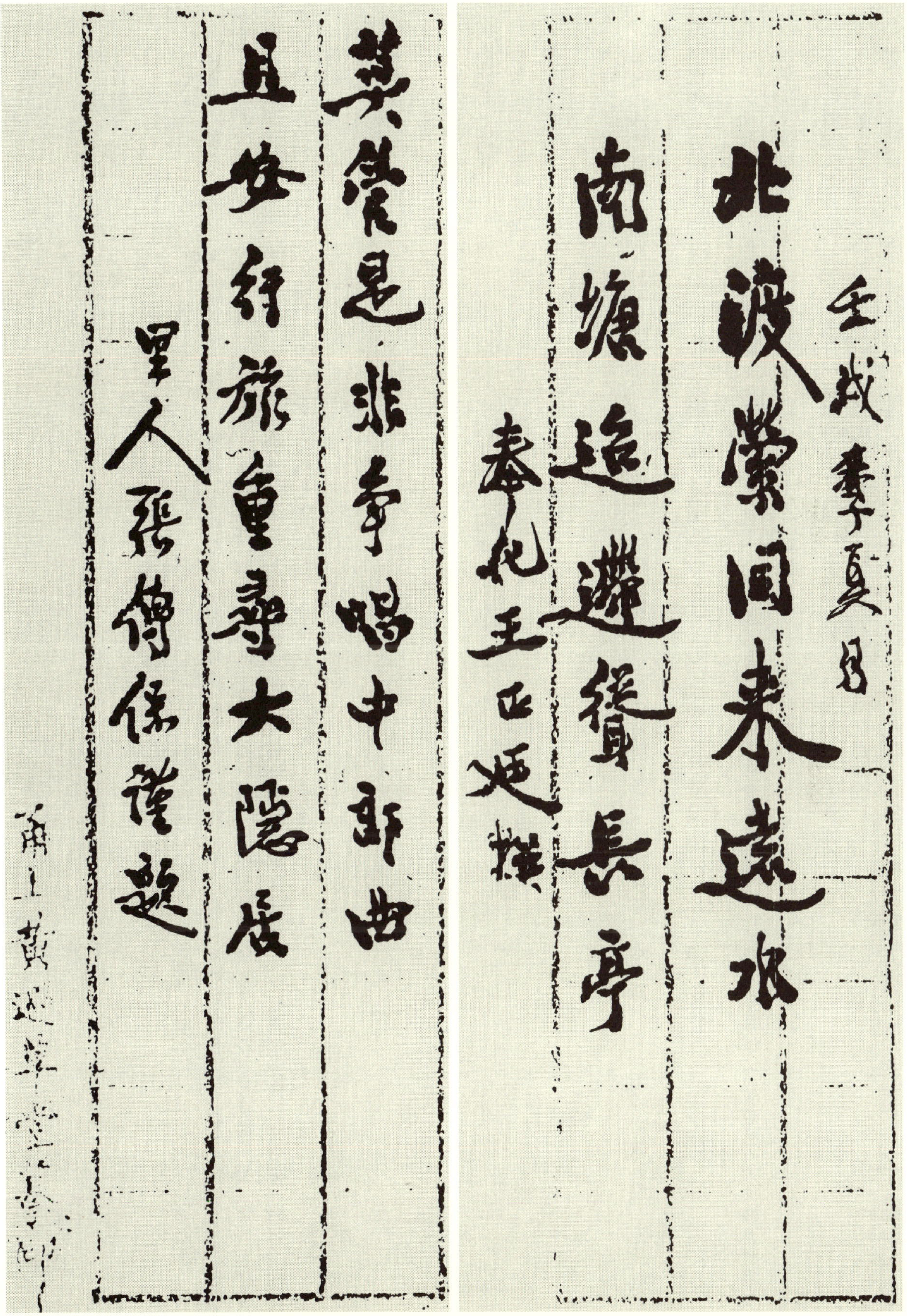
壬戌季夏月
北渡縈回來遠水
南塘追遡續長亭
奉化王正廷撰
莫管是非爭唱中郎曲
且安行旅重尋太隱居
單人張傳保謹題

（八八）致朱復戡①

一九二二年七月三十日　壬戌六月七日　星期日

菉猗閣箋

百行賢契：

函敬悉。就捴商會②，得依方椒弟③辦事，甚慰。老朽尚有『奉使虚隨八月槎』④一石，取去否？實則賢所刻仲穆⑤放大甚好，不必重鎸。茲寄大嵩橋額六字。又：櫟亭二聯，王儒弟款，煩賢代書。張申之兄北上否？如已行，煩用褚河南⑥法代筆速寄。刻寄椒弟函，允撰《虹橋別業記》，恐又倩僞索靖、假猛龍書。鄙意擬煩賢書，係一立幅，姑聽之何如（樓恂兄以贈梁文⑦兄者）？晤倉老致意。姬覺彌⑧寄《哈同羅迦陵年譜》并箋，乃有二分，統行没收。（前年曾爲蘅聰⑨代作，今不肯白費心矣。）敬問

侍祺。

蹇叟手啓，

初七晨。

壬戌季夏月，

北渡縈回來遠水；　南塘迢遰聳長亭。

奉化王正廷撰。

莫管是非爭唱中郎曲；　且安行旅重尋大隱居。

里人張傳保謹題。

考釋：

①（八八）衹署『初七日』，未署年、月。而函云『壬戌季夏月』，壬戌有閏五月，而季夏月當是六月。是有相對明確日期。壬戌六月七日。

姬覺彌《哈同羅迦陵年譜》（張愛芳選編《歷代婦女名人年譜》，北京圖書館出版社，二〇〇五年）序有云：

壬戌七月七日，爲歐斯愛哈同先生及德配慈惠羅夫人百卅齡合壽，廣倉學會會長馮蒿庵中丞共諸耆碩議徵文以爲壽。屬覺彌先輯事實編年譜以貽撰文者。

當是姬覺彌在七月七日之前一個月，寄年譜於張美翊，擬請張爲壽文。此爲六月七日佐證。

函云『張申之兄北上否』，與後（八九）函云『張申之已入京』有聯係，此爲前引。

此信書寫時間當爲一九二二年七月三十日（壬戌六月七日）。

②上海總商會。

③方椒伯。

④『奉使虛隨八月槎』爲杜甫《秋興》詩中句。

⑤趙穆（一八四五—一八九四），字穆父。原名垣，字仲穆；又字穆菴。號牧園、琴鶴生、守辱道人、印侯、龍池山人、蘭陵居士、白雲溪漁人。晚號老鐵。武進（今江蘇常州市）人。印師吴熙載，後追秦漢，融皖浙。趙穆曾爲張美翊刻名印。

⑥褚遂良（五九六—六五九），字登善。陽翟（今河南禹州市）人，人稱褚河南。

⑦陳訓正《天嬰室叢稿・庸海集》（一九二五年鉛印本）有《寄題梁氏虹橋別業》。

⑧姬覺彌（一八八七—一九六四）或（一八八五—一九六四），原名潘林。字佛陀。睢甯（今江蘇徐州市睢甯縣）高作鎮潘家莊人。主持翻譯第一部《古蘭經》。在愛儷園内創辦『倉聖明智大學』，校長。課程注重《説文解字》和佛經，曾聘請章太炎、王國維等任教。王國維在此完成《戩壽堂殷墟書契考釋》。徐悲鴻年輕時曾得姬覺彌收留、資助。

⑨謝天錫（一八七五—一九六〇），又名德豐，字蘅牕。鎮海小港（今寧波市北侖區）江南鄉人。上海北蘇州路有『裕昌』煤號。另有『老永昌』煤號。『上海煤業公會』會長。法商『立興洋行』買辦。一九〇九年，『漢冶萍公司』股東（一百股以上）。一九一五年，參與『勸用國貨會』活動。與朱葆三、盛省傳、傅筱庵等合創順昌（一九一六年）、鎮昌（一九一七年）、同益（一九一八年）輪船公司。一九一九年，『和豐紗廠』股東、監察人。一九一五年至一九一八年，創建第二、第四、第五、第七『求精學校』。一九二〇年八月，爲四明公所北廠募捐。一九二一年，四月，『上海華商紗布交易所』理事；十月，『中法合辦萬國物劵金幣交易所』發起人之一，副理事長。

同鄉會：發起人之一，一九一一年，經濟員。一九一八年七月，捐款五千元，永遠會董。

述評：

①一九二二年七月，朱復戡供職上海總商會，爲方椒伯秘書。朱復戡曾刻印章：椒伯翰墨。

②關於『奉使虛隨八月槎』：

杜甫《秋興》詩中句，張美翊曾隨薛福成出使泰西，故以此句入印。

《甬上青石張氏家譜・贈言》（味芹堂鉛印本，一九二五年）收有張世訓《送家文學讓三西行序》：

歲己丑，二品頂戴；陞任湖南按察；甯紹台備兵使者，無錫薛公，膺簡命以候補三品京堂，出使英法義比等國，遴宇内英俊佐幕府，治文書，合參贊、翻譯諸官吏不下二十人。而吾文學讓三君，辱公崇實書院拔取高等士於在列，同事中尤爲選首。明年庚寅春，航西海三萬里之遥，以行前一月，過余大河橋趙氏書塾，告分手遠别，慨然壯之，爲作文以贈。亘古不通還往之處，皆有我中國大臣持節其地，英吉利、法蘭西，並泰西大國義大利、比利時。其次使臣，歲以六月前駐英，六月後駐法。其義、比西國，往來不駐。從行諸君，出入英、法二國者皆參半，國較大，交涉之事亦較多，勢使然也。終三年期滿，得代者告返。其返也，率不次超擢，於仕路亦爲捷徑。爲非具有出人才幹，雖至戚，不得與俱。蓋玉帛兵戈，惟使者之賢否是繫，國家既慎重其事，斯賓佐之簡，不得不從而加嚴。湘鄉曾襲侯侍郎之充是使也，其妹夫某請行，卻不允矣。夫兵勝算，無過一言，曰知彼知己。更重洋，絶大海，去中國數萬里，日出入差恒三四時，其土異宜，其俗異尚，其人異情性。嗜好通儒手一編垂意經世事，日取《瀛寰瑣記》《海國見聞録》諸書，殫極鉤稽視得之，目驗究有虛實詳略之别。雖今天子一視同仁，意在通信使，聯邦交，使彼此，民庶咸遂其生而已。而夜郎自大，易啓戎心，年運而往，難保無梗盟尋釁之虞，文鄙、陸而武衛、霍，胥於是乎在。故隨從人員，不得以非才厠。吾讓三其知之否？名流盛士，登一山，筆之；涉一水，筆之。所歷愈遠，所作愈富。一旦走異域殊土，海爲黑爲紅，爲地中地十年無雨，或三四年一雨。人深目曲髮，紅白黑不一其貌。禮不别婦女，愈暱近愈重露背袒胸，携手接口示尊敬。一切可驚愕，可駭怪，諸史傳古書，未有登焉者，而靡不寓之目，其充吟筒，入行篋，不尤浩博無涯涘哉。君君子，務知大者遠者，知吾讓三之不瑣瑣於是也。昔家雪君觀察，道光中嘗從長白王文恭公使伊犁，出嘉峪關以外萬餘里，時未設行省，視同絶域，人多偉其行。越數十載至今，而君復有海外二萬餘里之役，視天山戈壁，又何如也。雪君先生，吾大步族。君係出青石橋，而雲龍碶亦其初祖。論行輩，視余差長，則異派而同宗者，博望乘槎，故吾家舊事，而迄吾世，會有兩人。此亦可爲吾張氏大生其色行矣。嗣吾子文氏而起，錫爵封侯，勛炳史策，吾將於吾讓三乎？是卜之。

薛福成《出使英法義比四國日記》（岳麓書社，一九八五年）光緒十六年庚寅正月十一日記：

眷屬同行者，内子與第二女也。參贊則候選知縣許珏静山。隨員則廪貢生顧錫爵延卿、舉人趙元益静涵、直隸候補縣丞錢恂念劬、優廪生張美翊讓三、浙江候補鹽大使楊振鑣叔平、江蘇候補縣丞沈翊清逋梅、候選通判左運璣子衡、候選府經歷潘承烈景周。翻譯學生則舉人胡惟德馨吾、候補千總王鳳喈儀亭、附生王豐鎬省山、同文館學生世增益三、監生郭家驥秋坪。供事則候選直隸州王錫庚鵬九。武弁則趙占魁、王鐸也。

其餘尚有家人二名、庖丁二名、成衣一名、整容一名、女僕二名、婢一名。復有參贊、二品頂戴、分省補用道黄遵憲公度；翻譯、候選直隸州知州那三華祝，籍隸廣東；隨員、内務府員外郎聯豫建侯，赴粤省親：皆訂明在香港守候。隨員、補用直隸州知州王咏霓子裳，在丁憂期内，訂明俟明年服滿出洋；學生、舉人陳星庚鈞侯，俟會試後出洋。

③關於『僞索靖，假猛龍』：

索靖（二三九—三〇三），字幼安。西晉敦煌龍勒（今甘肅敦煌市陽關鎮）人。善章草，自稱『銀鈎蠆尾』。

索靖《出師頌》，有隋摹本；《月儀帖》，有齊、梁、唐摹本，皆下真迹一等。《淳化閣帖》中《載妖帖》爲僞書。

《張猛龍碑》，有翻刻本，甚拙劣。

不懂碑帖學者，不會選擇碑帖，往往學習較差的摹本或翻刻本，取法不高。不知當時張美翊具體指何人何事。

④關於大嵩橋額：

民國大嵩橋位於鄞縣古城大嵩西門外，一九二〇年動工，一九二三年冬竣工。（七六）函云『費冕老求寫大嵩橋額』，本函又言『兹寄大嵩橋額六字』，爲將竣工前先寫橋額。

橋額大多直接刻於橋欄外側或内側，或刻於石拱橋橋面石上、石梁橋的梁石外側。一般橋額兩塊分置於橋兩側。内容相同，爲一橋一額；兩塊文字内容不一樣，爲一橋二額。

民國大嵩橋爲五孔六墩臺階式石拱橋，一橋二額。南塊『大嵩橋』三字由錢罕題寫，是橋名。北塊『橋額六字』由朱復戡題寫，詞句應是與對橋的贊美有關，民國大嵩橋號稱『寧波石梁第一』。

朱浩《海抱樓文集》（一九三六年鉛印本）：

> 光緒季年，橋閱三百數十載，……鄉人士群議修葺，頻歲捐募，卒推慈谿費君冕卿爲首，……庚申三月，以二萬八千金興土，……迨癸亥竣事，總糜五萬金云。舟以帆過，人堪醉奔，爲寧波石梁第一。

橋洞拱圈兩邊還鐫刻幾耦對聯，鄞縣楊翰芳（霽園）撰寫。

一座橋，竟如此講究，可見當時寧波人對傳統文化的重視。

⑤關於王正廷：

王正廷（一八八二—一九六一），譜名正庭，字儒堂。號子白。奉化金溪鄉稅務場村（今白杜鄉）人。寓上海古拔路九〇號。早年就讀寧波白衣寺旁『三一書院』，一八九六年，入『天津北洋西學堂』。一九〇一年，供職海關，一九〇五年，赴日本籌設『中華基督教青年協會』分會。一九一〇年，耶魯大學法學院畢業。入民國，任黎元洪『都督府外交司』司長。一九一二年，任唐紹儀內閣『工商部』次長兼總長。一九一三年，浙江省參議員；『遠東國際扶輪社社長』；『中華基督教青年會』全國協會總幹事。一九一五年，參與上海『勸用國貨會』活動。一九一六年，參議院副議長。一九一七年，參加『護法運動』。一九一九年，在巴黎和會拒簽和約。一九二〇年八月，爲四明公所北廠募捐。一九二一年，六月，參與發起『浙江省憲協進會』；『中國大學』校長。一九二二年三月，『魯案善後』督辦；『國際奧委會』終身委員，爲中國第一位和遠東第二位國際奧委會委員。

此時朱復戡爲王正廷代筆。

⑥關於張申之：

張傳保（一八七七—一九五二），字申之。號繼望。鄞縣櫟社西楊里仁堂村（今寧波市鄞州區石碶街道西楊村里仁堂）人。張其昀（曉峰）族叔。一九一〇年遷居下王村。學於戴西槎私塾，同門有高振霄。光緒二十八年壬寅（一九〇二）舉人。一九〇七年，『鄞縣勸學所』總董（一九〇九年辭）。一九〇八年，『寧波府教育會』評議員；『鄞縣統計處』編輯員；建『顯成初級小學堂』（徐李鎮徐東埭）。一九〇九年，九月，『浙江省咨議局』議員、『預選審查委員會』委員長；『寧波府中學』會考國文、經學、脩身等科員；創辦《四明日報》，經理；參與發起『浙路維持會』。一九一一年，七月，參與發起『國民尚武會寧波分會』；十一月『寧波軍政分府』財政部長；『廣東政府國會』議員；『鄞縣教育會』會長。一九一三年，國會議員。一九一四年，組織修治它山堰；『寧波拆城築路』籌備員。一九一五年，『寧波公立甲種商業學校』董事。一九一六年，參與『中國烟酒聯合會』活動。一九一七年，參與發起創辦『寧波佛教孤兒院』。一九一八年三月，『鄞縣勸學所』所長。一九二〇年，『上海民新銀行』董事；夏，『鄞奉公益醫院』董事。一九二一年，二月，同鄉會新會所籌備委員；五月，參與發電寧波道尹鎮守使等援助寧波因查貨被毆學生；六月，參與發起『浙江省憲協進會』；參與發起『上海日夜證券柴炭聯合交易所』，監察。一九二二年，參與發起『爲鄞縣監獄囚徒施齋、講佛經』募捐；十一月，『鄞縣水利局』局長兼『疏浚城河事務所』所長，主持鄞西七鄉浚河。

百餘里來此附柳弟後函並黃
絨想收悉張中丞已入京前寄
聯語紙務煩賢代筆聯因與芋香殺字
誤改改天呈下筆不審大暑得
侍奉珍攝　寒叟頓　初八晚

（八九）致朱復戡①

一九二二年七月三十一日　壬戌六月八日　星期一

黄過草堂箋

百行賢契：

昨附椒弟復函並黄紙想收悉。張申之已入京，前寄聯語，祇好煩賢代筆（因與芋香聯有複字，故改正）。天黑下筆不審。大暑望

侍奉珍攝。

蹇安具，

初八晚。

考釋：

①（八九）祇署『初八晚』，函云『大暑』，當爲農曆六月。

函云『張申之已入京，前寄聯語，祇好煩賢代筆』，與（八八）函云『張申之兄北上否』相銜接。

此信書寫時間當爲一九二二年七月三十一日（壬戌六月八日）。

述評：

①關於『芋香』：

張原煒（一八八〇—一九五〇），字芋香，亦作漁湘、于相、雨湘。號悦庭、無相居士、葑里老人。鄞縣古林鎮張家葑（葑里村）人。張楨泰長子。光緒二十八年壬寅（一九〇二）舉人。一九〇七年，寧波府教育會幹事。一九〇八年七月，書記員。一九〇九年，副會長。一九一二年，『浙江省議會』議員。書法歐陽詢、虞世南。

張原煒著有《葑里賸稿》。評點《史記》《五代史》。時與章炳麟、馮君木齊名。甬屬名人的壽幛、墓誌、碑碣、地方建築等文字多出其手。

子張千里（辟方），張美翊弟子。

鄞縣通志舘成立時，任文獻志主任。

②此時朱復戡用褚遂良書體爲張傳保代筆。

梅生老弟 慶濤仁兄大人閣下敬啓者寓滬佛教孤
兒院現頃董事傅硯雲君前赴南洋諸島
為孤兒院謀生活習業之所由廈門經新嘉
坡檳榔嶼等處大叢林見其方丈諸處闍
黎僧人為多茲求
執事爲致廈門 貴會諸或相知介紹一
函先訪廈地善堂請其給函俾到彼得有
寺院棲止檳埠極樂寺僧本忠法師尤有

浙江省立改良手工造紙傳習工場製品

道力也傳君年踰五十尚有質本專心善
事一切由老於接絲自備資斧無鉛錢請
求如在夏淨者 貴分辯條脈絡指引
大所心感激請之
台安 愚弟張謇狀 六月十四日
再者於拯家半月連日處雨甚人足不出
門稍有合作之樂會事有櫳為言翁樹弟
辨理亦為放心也

浙江省立改良手工造紙傳習工場製品

（九〇）致丁梅生、程慶濤①

一九二二年八月六日　壬戌六月十四日　星期日

工場箋

梅生②老弟、慶濤③仁兄大人閣下：

敬啓者：甯波佛教孤兒院現煩董事傅硯雲君前赴南洋諸島，爲孤兒謀出洋習業之所，由厦門往新嘉坡檳榔嶼等處大叢林見其方丈。該處閩籍僧人爲多，兹求執事函致厦門貴分號或相知，介紹一函，先訪厦地善堂，請其給函，俾到彼得有寺院棲止。檳埠極樂寺④僧本忠法師，尤有道力也。傅君年踰五十，薄有資本，專心善事，一切由老朽擔保，自備資斧，無銀錢請求。如在厦得在貴分號候船，代爲指引，尤所心感。敬請

台安。

愚兄、弟張美翊謹狀，

六月十四日。

（鈐印）美翊小印（白文）。

再：

老朽抵家半月，連日霉雨苦人，足不出門，稍有含飴之樂。會事有樵翁、良翁、椒弟⑤辦理，甚爲放心也。

考釋：

①（九〇）致丁梅生、程慶濤。衹署『六月十四日』，未署年。

函云『傅硯雲君前赴南洋諸島』，《沙孟海全集》（西泠印社出版社，二〇一〇年）第十卷《僧孚日録》壬戌十月廿八日：

傅硯翁來，持示貝葉十數片，云自南洋携來。

當是傅硯雲壬戌十月廿八日之前去了南洋，並已返回。據時間先後看，此函是壬戌。

此信書寫時間似爲一九二二年八月十五日（壬戌六月十四日）。存疑待考。

②丁義芬（梅生）。

③程慶濤。

④馬來西亞檳城極樂寺，光緒十五年（一八八九）春開始，由福州鼓山寺妙蓮法師與德如、本忠和尚，陸續修建，到一九二〇年全部落成。

⑤方樵舲、陳良玉、方椒伯。

述評：

①此函未發出，後爲朱復戡收藏。

②關於傅硯雲：

傅宜耘（一八六三—一九三八），亦作穀雲。字硯雲，亦作硯芸。鄞縣人，營米業。一九〇五年，參加抵制美約。一九一八年，佛教孤兒院董事。五渡南洋爲孤兒募捐。一九二三年，決意出家，初隨新加坡閩籍高僧轉道上人爲師。一九二四年，寧波白衣寺住持。一九二五年入京皈依法源寺通階法師出家，法名寂定。後至湖南寶慶點石庵受具足戒。晚號安心頭陀、安心上人。

③關於陳良玉：

陳仁琅（一八六六—？），字良玉。鎮海人。律師。住上海南市姚家弄。早年在上海開設『萬昌祥烟號』，總經理。一九〇五年八月，『上海城厢内外總工程局裁判所』裁判官，江蘇候補府照磨、十六鋪保甲局委員。一九一五年，上海『勸用國貨會』駐會辦事員。一九一六年，發起『中國烟酒聯合會』，總幹事。一九一八年十二月，在上海參與創辦『中國興業烟草公司』。一九二一年五月，參與發電寧波道尹鎮守使等援助寧波因查貨被毆學生；與虞洽卿等在上海創辦『中國商業信托公司』。

同鄉會：一九一二年，評事員。一九一四年，總務科。一九一九年，副會長。一九二一年，特別名譽會董。

四明公所：一九一五年，『公義聯合會』分管銀錢産業。一九一六年，『公義聯合會六人董事會』董事。一九二〇年八月，爲『北廠』募捐。

④關於丁梅生：

丁義芬（一八九三—一九二五），字梅生。留美幼童丁崇吉次子。出生數月即過繼給四伯父丁駿照（欽齋）。定海（今舟山市定海區）人。一九〇七年，參加上海重修軒轅殿助捐。曾在日本學農業一年，回國在甬東開辦農場、養鷄場。一九一八年，創辦『定海甬東大橋岙山逸農場』；五月，『定海農會』會長。一九一九年，『錦章洋雜貨號』經理，把德國禮和洋行『老牌』縫衣針市場拓展到南方各省。一九二〇年，開發房地産。後因酒精中毒早逝。此時是『舟山輪船公司』占百分之四十八股權的股東。

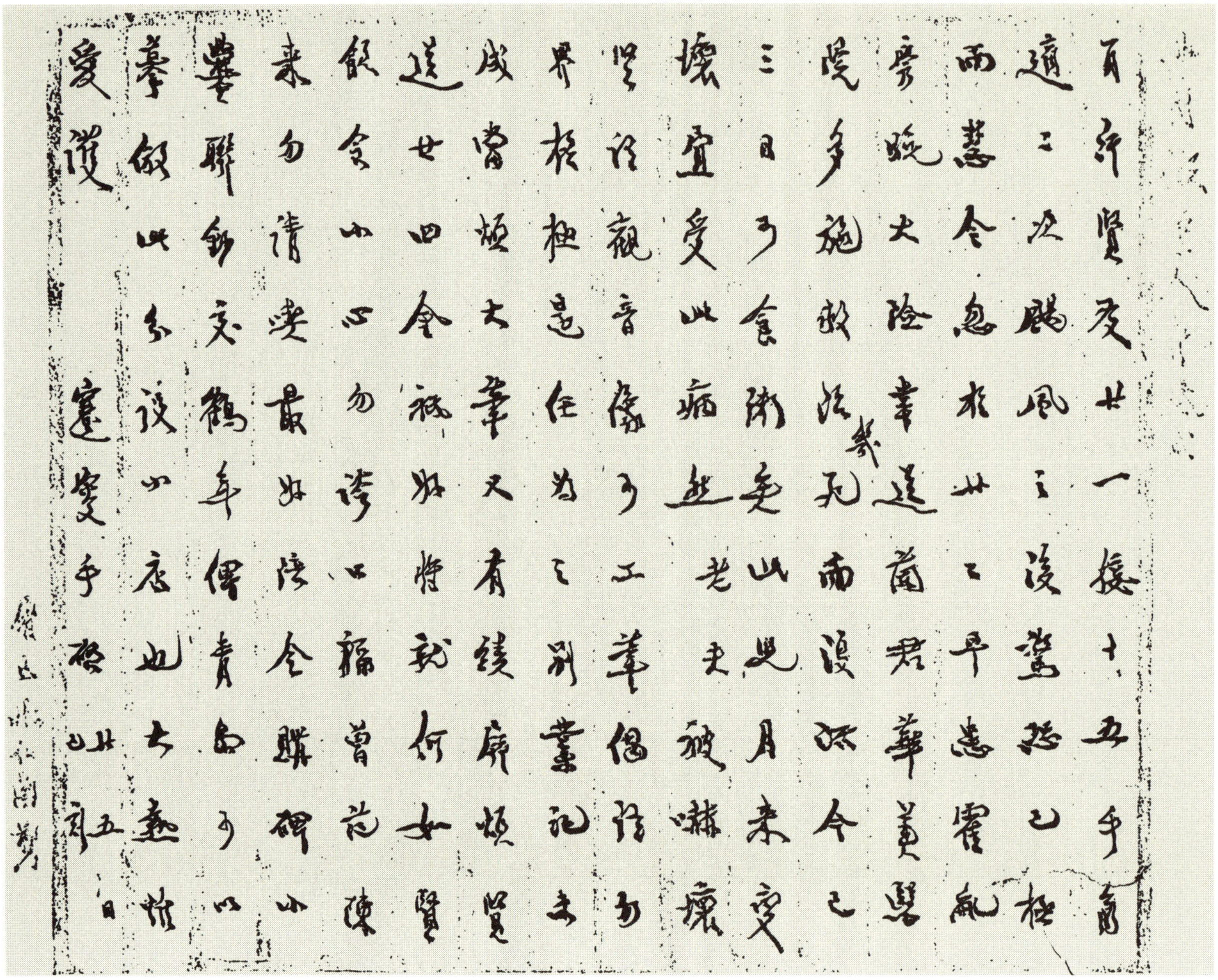
百行賢友：廿一號、十五手書
適之次颶風之後，驚悸已極，
而驀今忽水此之早患霍亂，
旁晚大瀉，幸遇蘭君華美醫
覺多施救治，幾免而後，決今已
三日不食，衛是此見月來受
壞，宜受此病也。老夫被嚇壞
照語觀音像，于工筆偈語分
界極極是任為之別叢記未
成，當頗大事，又有錢康頗覺
送世四金救好悟就何女賢
飯念心心分諸之福曾范陳
來分請安最好請全體碑心
豐聯錄文鶴年俾青島于以
夢敘此係後也衣也大熱惜
受覆　蹇叟手啓　廿五日

（九一）致朱復戡①

一九二二年八月十七日　壬戌六月二十五日　星期四

飛仙閣箋

百行賢友：

廿一接十五手函，適二次颶風之後，驚恐已極。而慧令忽於廿二早患霍亂，旁晚大險，幸送蘭君華美醫院，多施救治，幾死而復活，今已三日，可食粥矣。此兒月來變壞，宜受此病，然老夫被嚇壞。賢謂觀音像可工筆，偈語勿界格，極是，任爲之。《别業記》未成，當煩大筆。又：有綾屏煩賢，送廿四金，衹好將就何如？賢飲食小心，勿誇口福。曾、范、陳來，勿請喫，最好陪令購碑。小爨聯鈔交鶴年，俾青島可以摹倣此分設小店也。大熱惟

愛護。

蹇安手啓，

廿五日巳刻。

囚中擇譬亭古木扶佩清翠
斬藤槃全飾蕭樓富风毛魁
淩面国部全地我朵聞义
輔老世家老辈多見光夫畏寫
淫師事群為道信老
庙氣末如健當寫小幅
枝其青田石已刊于佛剝像
鸞銘之用但宜倣古客猶深剝刻
計劃尋辭續寧新意最好剝
石鼓縮本一通与形況
耳雪老赤而首肯
宏堂方金依圖題佛說仍跡
施經八蓋字长雅入趣似張
遷變化亦暗似畫亦奇絕正於春
辭別說撲紙彼書
祗紙石勝十字脒在追拓寫

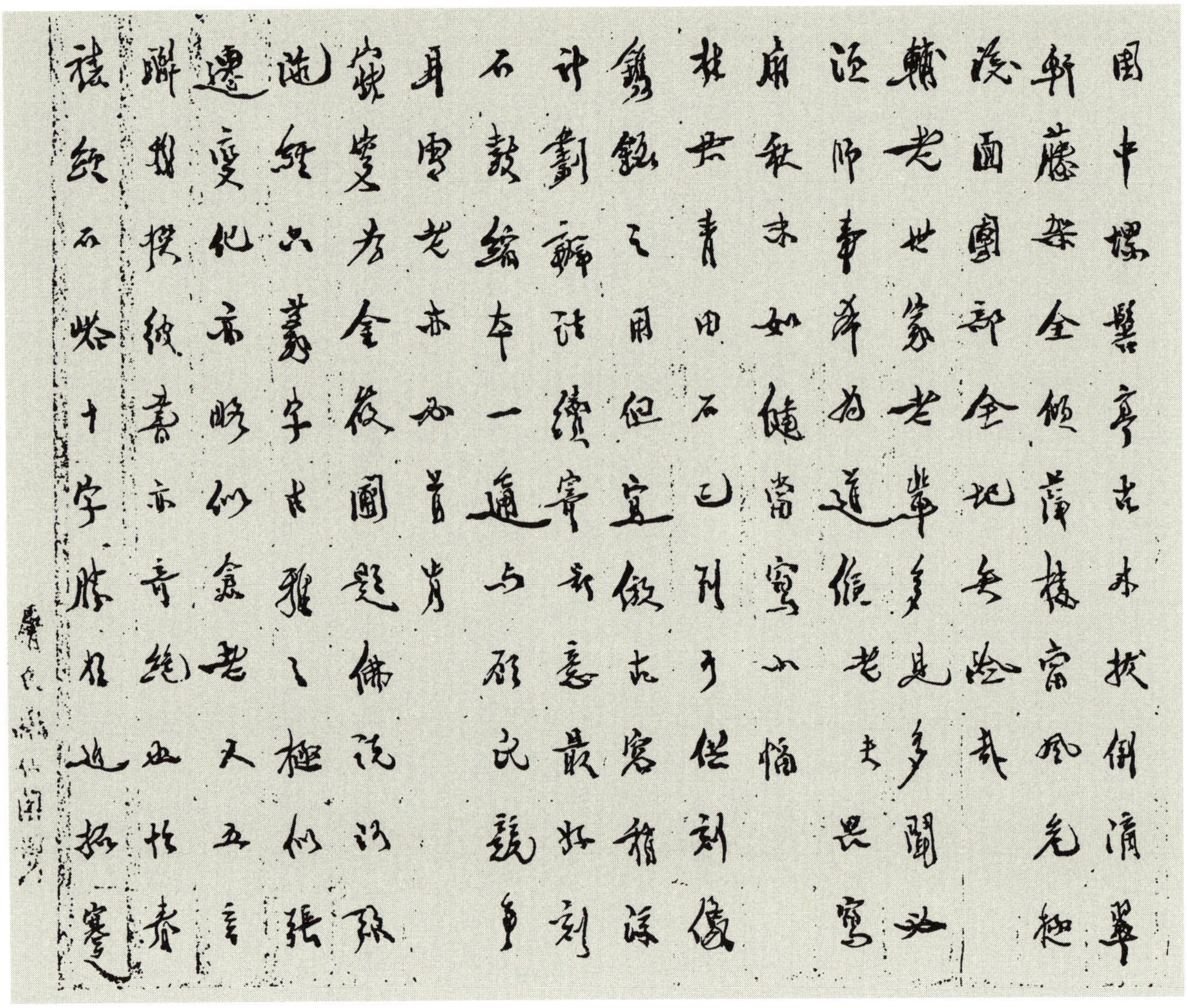

（九二）致朱復戡

一九二二年八月十七日　壬戌六月二十五日　星期四

飛仙閣箋

園中螺髻亭古木拔倒，滴翠軒藤架全傾，薛樓當風危極，後面團部全圮矣，險哉。

輔老②世家，老輩多見多聞，必須師事，希爲道候。老夫畏寫扇，秋末如健，當寫小幅。

林君青田石已到，可供刻像鎸銘之用，但宜倣古，容稍凉計劃辦法續寄。鄙意最好刻《石鼓》縮本一通，與顧氏競爭耳，雪老③亦必首肯。

寐叜④爲金筱圃題『佛説阿彌陀經』六篆字，古雅之極，似張遷⑤變化，亦略似倉老⑥。又：五言聯我撰彼書，亦奇絶也。怡春裱《經石峪》十字，勝於近拓。

塞。

考釋：

①（九一）（九二）合并考證。（九一）祇署『廿五日』。（九二）未署日期。

《申報》一九二二年八月八日《颶風驟雨之損失》有云：

> 松江於六日下午三時起，颶風大作。

八月六日，爲壬戌六月十四日。是第一次颶風。

《申報》一九二二年八月十四日《兩日來颶風中之聞見》有云：

> 本埠自前日（十二日），午後起發生大風，昨日（十三日）自晨至晚風勢更猛。

八月十二、十三日，爲壬戌六月二十、二十一日，是第二次颶風。

（九二）函云『適二次颶風之後』，當是壬戌六月廿五日。

（九一）函云『而慧令忽於廿二早患霍亂』，《沙孟海全集》（西泠印社出版社，二〇一〇年）第十卷《僧孚日録》壬戌六月廿五日：

> 慧令比患霍亂，進醫院，稍見痊。

（九一）函云『賢謂觀音像可工筆，偈語勿界格』，與（八五）函云『觀音宜工筆著色，上方偈語宜界硃格』相銜接。

（九一）函云『《別業記》未成，當煩大筆』，與（八五）函云『有《虹橋別業記》，樓恂兄煩書否？文未就』相銜接。又與（八八）函云『允撰《虹橋別業記》，恐又倩僞索靖、假猛龍書。鄙意擬煩賢書』相銜接。

（九二）函云『園中螺髻亭古木拔倒，滴翠軒藤架全傾，薜樓當風危極，後面團部全圮矣』，與（九一）函云『廿一接十五手函，適二次颶風之後』相銜接。

（九二）函云『林君青田石已到』，與（七四）函云『刻已向青田求石』相銜接。又與（七五）函云『青田石已託林澄泉兄代購』相銜接。又與（八二）函云『青田石已函購』相銜接。

總之：（九一）（九二）信箋均用『飛仙閣箋』，且書法完全一致。爲兩函同封。書寫時間當爲一九二二年八月十七日（壬戌六月二十五日）。

②丁輔之。

③羅振玉。

④沈曾植。

⑤《張遷碑》，全稱《漢故穀城長蕩陰令張君表頌》，亦稱《張遷表》《張遷表頌》。八分隸書，東漢中平三年（一八六）建於無鹽（今泰安市東平縣）境內，明代出土。石存山東泰安岱廟。

⑥吴昌碩。

述評：

①『林君青田石已到』，此是朱復戡始用石縮刻石鼓文的准備工作之一。

②關於『蘭君華美醫院』：

美國醫學博士蘭雅谷（一八六一—一九二七），亦作蘭雅各。加拿大新布倫瑞克省聖斯蒂芬人。妻安妮（一八五八—一九一九年）育有二子。一九二四年六月，蘭雅谷續弦伊夫林女士。

華美醫院（寧波市第二醫院前身）。隸屬洛克菲勒集團慈善事業基金組織的美北浸禮會。歷任院長：一八四三年，瑪高温；一八四七年，白保羅；一八九〇年，蘭雅谷。皆張美翊好友。北門瓮城角下老華美醫院的土地即是張美翊贈送與瑪高温。一九二〇年，蘭雅谷和任莘耕決定在原址建新院，亦得張美翊的捐款。蘭雅谷葬於寧波江北白沙公園。

③關於『輔老世家，老輩多見多聞，必須師事』：

丁輔之（一八七九—一九四九），原名仁友，後改名仁。字輔之，以字行。號鶴廬、守寒巢主、甫安。錢塘（今杭州市）人，西泠印社發起人之一。工書，長於甲骨篆文。

此是張美翊介紹朱復戡拜訪丁輔之。後亦介紹沙孟海拜訪丁。

百行賢契函悉洪荊山年少有
才用心聽政從寶落腳方存遠
致其母夫人象贊屬達翁已言
已因風吏科病中閣今集中郎
文奉繳望細校用張還史是龍

書之前蘭母哀冊五本惟賢書
之種與吳李相抗也鄉人衍求
我文賢書識為合璧外孫等昨
啓明病後能後悟會為宜老夫
名章等遠寄遠功延慧今膺無

危險精神頗好惟日飲清水此
兒可惡天應以此罰之竟圖幸
想不多月薪差于尊心用功儘
可發展闊抱多寄諧懷
侍奉參護　　蹇叟手啟　廿六
七月

其太史於漢翁儀楚之潤貴至忠士之此當何
如然文物以帝道行之老者不以為然明分錄
乎也

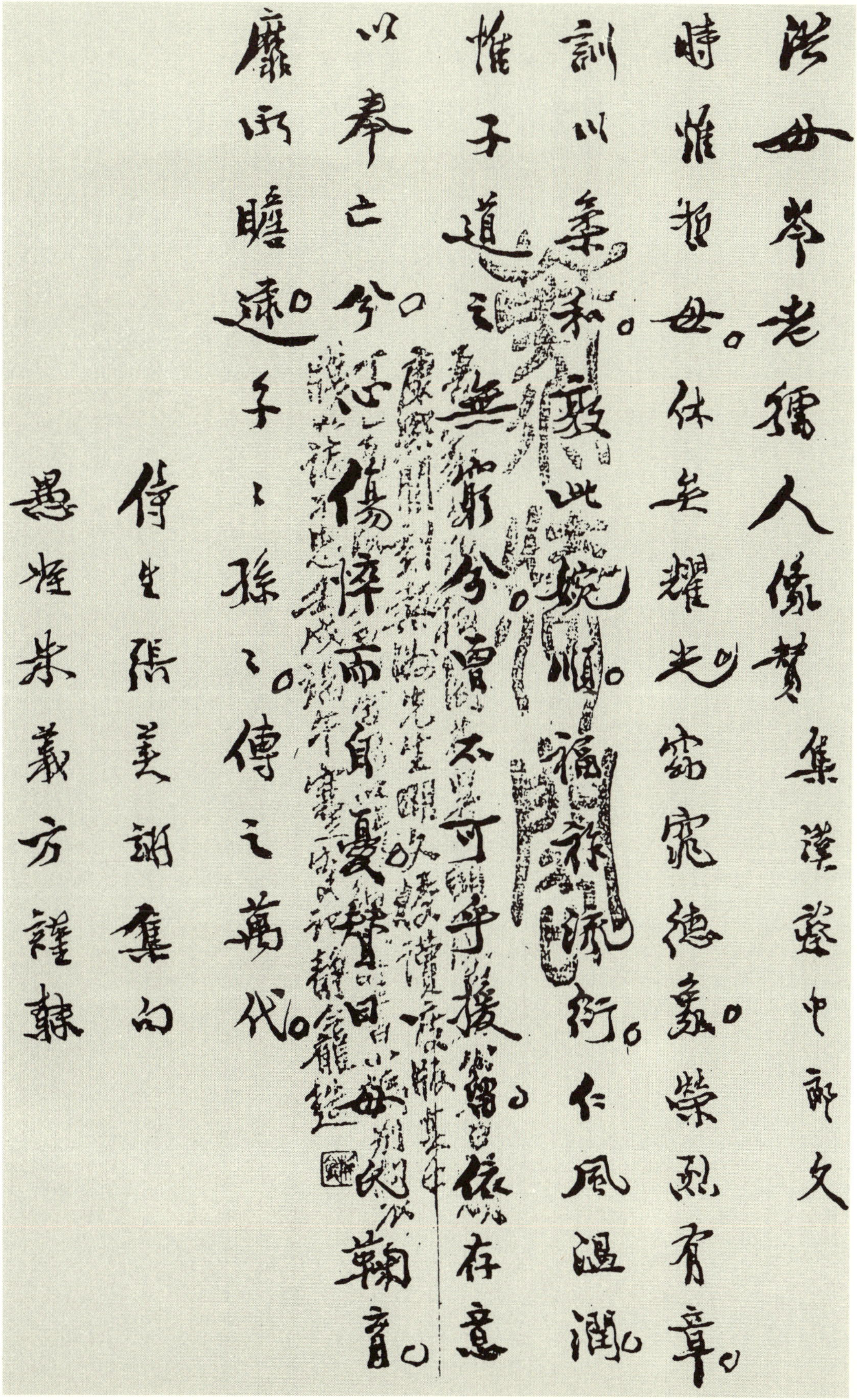
慈母岑老孺人像贊 集漢蔡中郎文
時惟賢母。休矣耀光。竆寬德象。榮烈有章。
訓以柔和。敦此婉順。福祿流行。仁風溫潤。
惟子之道。無窮兮曾不可乎援。留依存意
以奉之兮。心傷悴而自憂。慕日母兮鞠育。
靡所瞻遠兮。子子孫孫。傳之萬代。
傳生張美謝集句
愚姪朱羲方謹隸

（九三）致朱復戡[①]

一九二二年八月十九日　壬戌六月二十七日　星期六

黄過草堂箋、蒹猗閣箋[②]

百行賢契：

示悉。洪荆山年少有才，用心路政，從實落脚，方爲遠到。其母夫人象贊，勵建翁[③]已言之，因颶變、孫病中閣。今集中郎[④]文奉繳，望細校，用《張遷》《史晨》[⑤]體書之。前《簡母哀册》五本，惟賢書三種，與吴、李相抗也。鄉人能求我文賢書，誠爲合璧。外孫等晤否？賢病後雖復，慎食爲宜。老夫名章等速寄還勿延。慧令當無危險，精神頗好，惟日飲清水。此兒可惡，天應以此罰之。商團事想不多，月薪若干，專心用功，儘可發展。潤格多寄。諸惟

侍奉崇護。

蹇叟手啓，

六月廿七。

某太史爲洪翁像贊，潤資百六十元，此當何如？然文必以市道行之。老朽不以爲然，賢勿效可也。

《洪母岑老孺人像贊》（集漢蔡中郎文）：

時惟哲母，休矣耀光。窈窕德象，棨烈有章。訓以柔和，敦此婉順。福祚流衍，仁風温潤。惟子道之無窮兮，曾不可乎援留。依存意以奉亡兮，心傷悴而自憂。贊曰：母氏鞠育，靡所瞻逮。子子孫孫，傳之萬代。

侍生張美翊集句；愚姪朱義方謹隸。

乾隆間沈凡民鳳、袁隨園知之，小倉山房壁間皆其書也。嘉慶間鄧完白石如，張皋文知之，為作篆書賦送，以名天下。今朱先生百行，惟余知之，並海上遺老如吳缶老、諸公皆推挈，行與交好，氣得淵原，是石易頗力追古人，以副諸老期望。

壬戌六月廿七清晨寒雲

（九四）致朱復戡

一九二二年八月十九日　壬戌六月二十七日　星期六

雙鈎菉猗閣箋

乾隆間沈凡民（鳳），袁隨園知之，小倉山房壁間皆其書也。嘉慶間鄧完白（石如），張皋文⑥知之，爲作《篆書賦》，遂以名天下。今朱生百行，惟余知之。然海上遺老，如吴缶老諸公，皆折輩行與交，弱冠得此，原是不易，願力追古人，以副諸老期望。

壬戌六月廿七日清晨，

蹇安。

考釋：

①（九三）（九四）合并考證。（九三）衹署『六月廿七日』，未署年。（九四）署有明確日期：壬戌六月廿七日。

（九三）函云『因颶變、孫病中閣』，與（九一）函云『廿一接十五手函，適二次颶風之後，驚恐已極。而慧令忽於廿二早患霍亂』相銜接。

（九三）函云『慧令當無危險，精神頗好』，與（九一）函云『而慧令忽於廿二早患霍亂』相銜接。

（九三）函云『前『簡母哀册』五本，惟賢書三種，與吴、李相抗也』，與（八四）函云『承寄《簡母哀思録》』相銜接。又與（八六）函云『賢所書《簡母》各字皆佳絶，可以壓倒全册』相銜接。

總之：（九三）（九四）兩函同封。書寫時間當爲一九二二年八月十九日（壬戌六月二十七日）。

②（九三）信函信箋用『黄過草堂箋』，《洪母岑老孺人像贊》用『菉猗閣箋』。（九四）信箋用『菉猗閣箋』雙鈎版。簡稱『雙鈎菉猗閣箋』。其款署：『壬戌端午。蹇安造；靜龕書。』（鈐印）朱方百行（朱文）。

③勵建侯。

④蔡邕。

⑤《史晨碑》，又名《史晨前後碑》，前碑全稱《魯相史晨奏祀孔子廟碑》，東漢建寧二年（一六九）三月建。後碑全稱《魯相史晨饗孔子廟碑》，建寧元年（一六八）四月建。

⑥張惠言（皋文）。

述評：

①『商團事想不多』是朱復戡此時供職於上海總商會。

②一九二二年八月十九日（壬戌六月二十七日）清晨所書『雙鈎菉猗閣箋』文字，是張美翊又一次特意作文激賞朱復戡。評價甚高而非

溢美。

③關於洪荊山：

洪璞，原名完，字荊山。號太完。慈谿人。室名：襲常宧、小思補堂。在上海南京路拋球場有『恒裕豐地産公司』。一九二一年十月，參與發起『上海全球貨幣物券交易所』，股東。一九二二年，七月，『寧波三北旅滬同鄉會』（牯嶺路三〇號）新委員，參與『旅滬寧台急賑會』事；創辦『鄞鎮長途汽車公司』。一九二三年，寧波同鄉會書報委員；五月，『新南社』社員。曾住上海福州路杏花村菜館隔壁弄堂，有印：杏花村畔人家。

④關於『某太史』：

『某太史』，當是甯波人，似與張美翊有舊隙。《申報》一九〇五年十月十三日《阻撓改設學堂》：

> 日前，甬紳張美翊等具稟甯府請以月湖書院改作初級師範學堂。當蒙府尊喻庶三太守批准，詳請立案。嗣因甯郡各紳士俱不以此舉爲然，日昨有某太史等謁見太守共相辯駁，堅欲改廢是議。太守甚屬爲難，不知究竟作何辦理。

《申報》亦不提名道姓，隱作『某太史』，是因『某太史』亦名流，故諱言之。是當年張美翊改月湖書院初級師範學堂一事的阻撓者即此『某太史』。

⑤關於『乾隆間沈凡民（鳳），袁隨園知之』：

清代沈鳳（一六八五—一七七五），字凡民，亦作颿溟、樊溟。號補蘿、飄溟、凡翁、謙齋、補蘿散人、補蘿外史、桐君。別署阿誰、筆畊、固道人、江上釣鼇客、鷗邊亭長、沈叔子、沈郎、罷畫居士。江陰（今江蘇江陰市）人。室名：噉飯齋。袁枚『隨園』中聯、額皆爲其所書。書法王澍，能篆刻，擅山水。鄭板橋印章，大多出於沈鳳之手。

袁枚（一七一六—一七九七），字子才。號簡齋；晚號倉山居士、隨園主人、隨園老人。錢塘（今杭州市）人。在江寧小倉山下築『隨園』，室名：小倉山房。乾隆四年（一七三九）進士。

⑥關於『今集中郎文奉繳，望細校，用《張遷》《史晨》體書之』：

因文章是集東漢蔡邕，所以書寫也用東漢的《張遷碑》《史晨碑》體，以求統一。內容決定形式。

⑦關於『鄉人能求我文賢書，誠爲合璧』：

一九二三年四月三十日（癸亥三月廿三日）張美翊致朱復戡函亦有：『老朽望賢書之，庶成合璧。』張美翊一九二三年五月十七日（癸亥四月二日）致朱復戡又言『老夫詩，賢書，可稱雙絶』。與張美翊相提并論，給予朱復戡極高的定位。

廿八日惠書亦宜保重此時得

過且過青田大不肯為人作一畫

之供葦刻老夫擬作陂樂園記

文並敬初生壙山品客而寄上

壽願生意甚多略塞其母

蕭山黃遠心堂書印

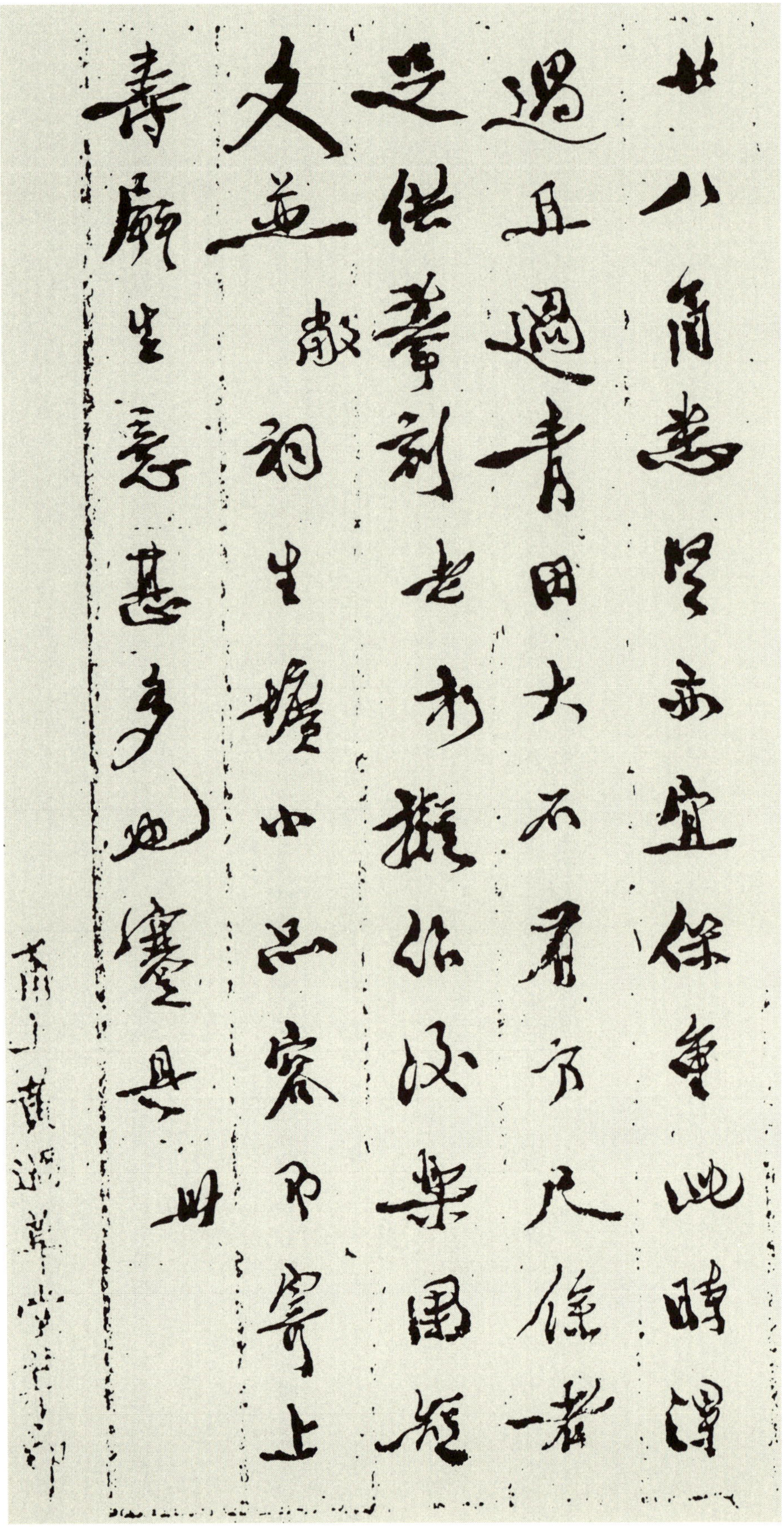

（九五）致朱復戡①

一九二二年八月二十二日　壬戌六月三十日　星期二

黄過草堂箋

廿八函悉。賢亦宜保重，此時得過且過。青田大石有方尺餘者，足供摹刻。老朽擬作《後樂園》短文，並敝祠生壙小品，容即寄上。壽屏
生意甚多也。

蹇具，

卅。

考釋：

①（九五）衹署卅日，未署廿、月。

函云『青田大石有方尺餘者，足供摹刻』，與（七四）函云『刻已向青田求石』相銜接。又與（七五）函云『青田石已託林澄泉兄代購』相銜接。又與（八四）函云『青田石已函購』相銜接。又與（九二）函云『林君青田石已到，可供刻像鎸銘之用』相銜接。

函云『賢亦宜保重，此時得過且過』，與（九三）函云『賢病後雖復，慎食爲宜』相銜接。

此信書寫時間當爲一九二二年八月二十二日（壬戌六月三十日）。

述評：

①『青田大石有方尺餘者，足供摹刻。』此是朱復戡始用石縮刻石鼓文的准備工作之一。

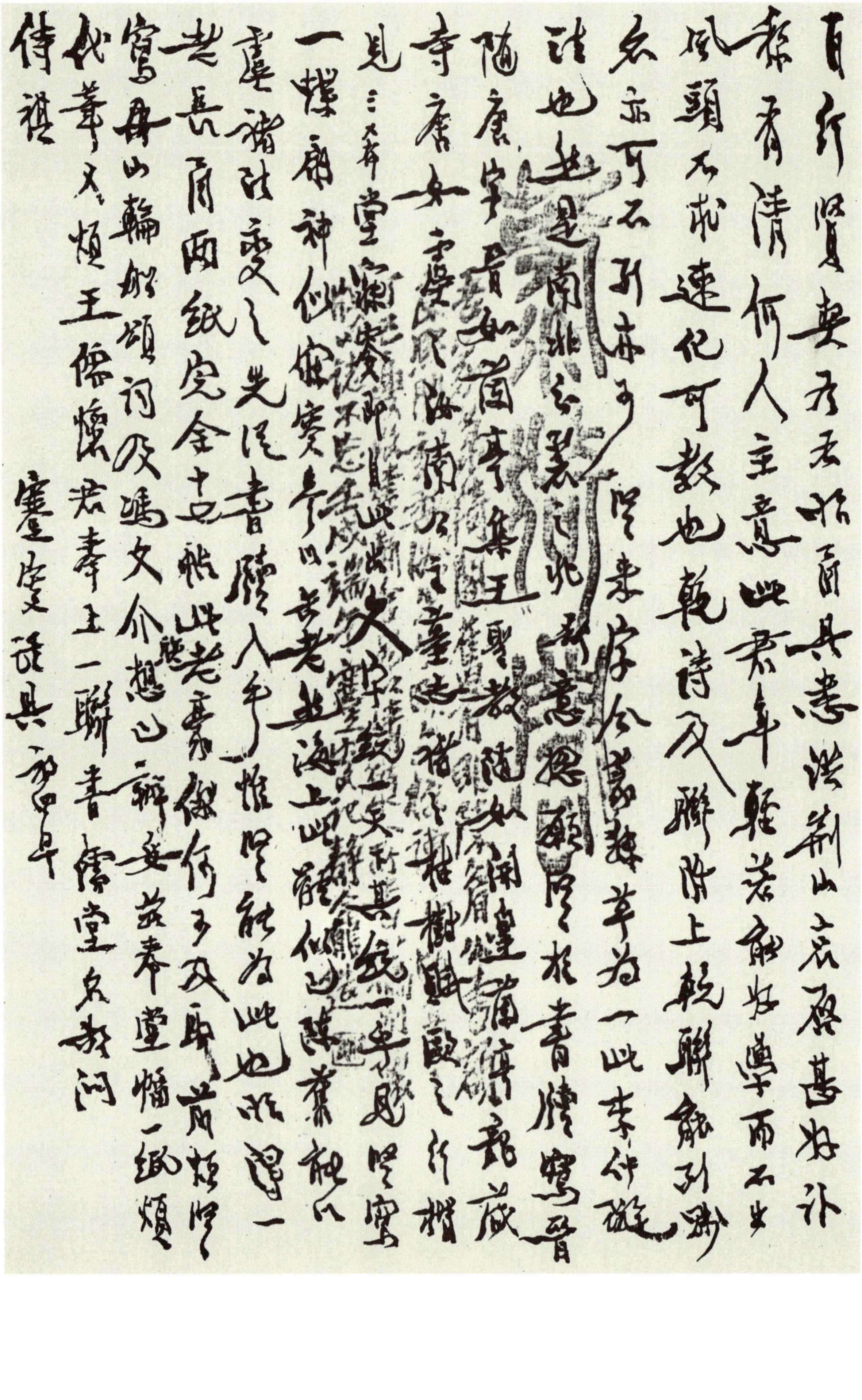

永豐公司開幕之喜

尚父釣璜八十歲

子陵扶目一絲風

王正廷撰賀

朱羲方謹書

（光衍名章及各石章劉建菴刻）

鶴老壽也孫青島看信來風景甚好甚念矣

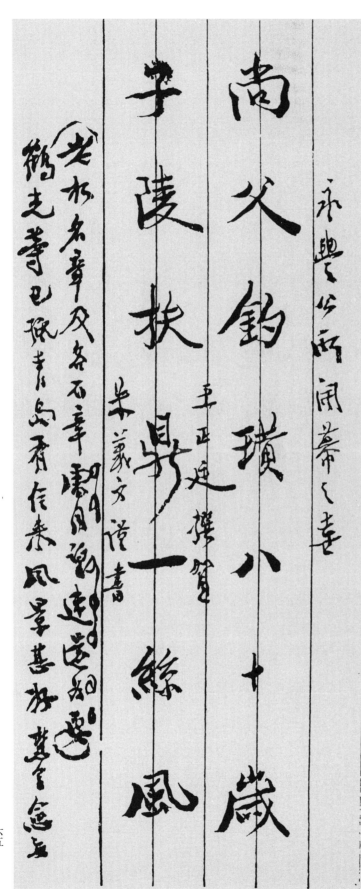

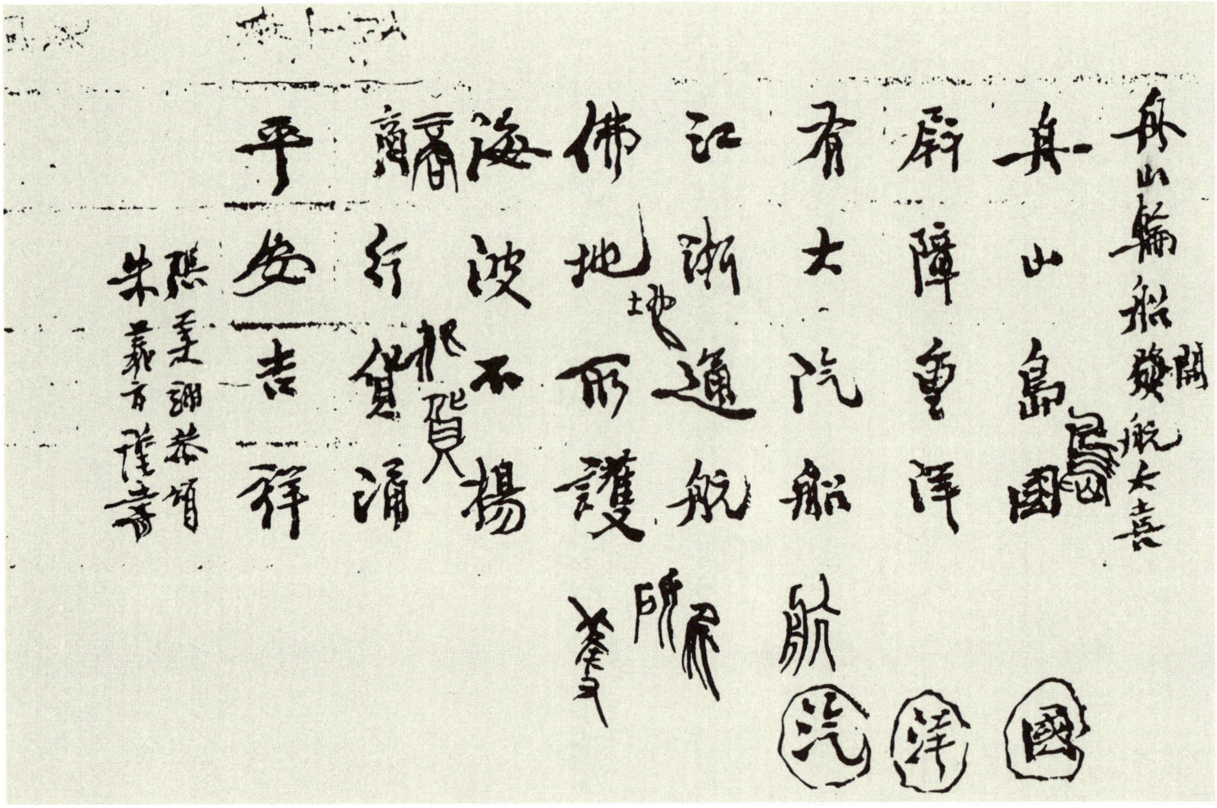
舟山輪船開航大喜
舟山島國
屏障重洋
有大汽船航
江浙通航
佛地所護
海波不揚
商行貨涌
平安吉祥
張季翔恭賀
朱義方謹書
國
洋
汽

（九六）致朱復戡①

一九二二年八月二十六日　壬戌七月四日　星期六

菉猗閣箋

百行賢契左右：

昨函具悉。洪荆山《哀啓》②甚好，訃稱『有清』，何人主意？此君年輕，若能好學而不出風頭，不求速化，可教也。輓詩及聯附上，輓聯能列賤名亦可，不列亦可。賢來字合篆隸草爲一，此《李仲璇》法也，然是南北分裂之兆。鄙意揔願賢於書牘寫晉、隨、唐字。晉如《蘭亭》《集王聖教》；隨如《開皇蘭亭》《龍藏寺》；唐如虞之《汝南公主墓志》、褚之《枯樹賦》、歐之行楷，見《三希堂》③，寐叟即自此出。文字統一，天下其統一乎？見賢寫一蝶［箑］扇，神以寐叟，參以缶老，然海上此體，似已陳舊。能以虞、褚法變之，先從書牘入手，惟賢能爲此也。昨得一老④長函兩紙，完全《十七帖》。此老豪傑，何可及耶？前煩賢寫《舟山輪船⑤頌詞》及馮文介⑥聯，想已辦妥。兹奉堂幅一紙，煩代筆。又煩，王儒懷⑦君奉上一聯，書儒堂⑧名。敬問

侍祺。

蹇叟謹具，

初四早。

永豐公所⑨開幕之喜：

尚父釣璜八十歲，

王正廷撰賀；

子陵扶鼎一絲風，

朱義方謹書。

（老朽名章及各石章需用，望速還爲要。）

鶴光等已抵青島，有信來，風景甚好。慧令愈矣。

舟山輪船開航大喜：

舟山島國，屏障重洋。有大汽船，江浙通航。佛地所護，海波不揚。商行貨涌，平安吉祥。

張美翊恭頌；　朱義方謹書。

考釋：

①（九六）祇署『初四日』，未署年、月。函云『前煩賢寫《舟山輪船頌詞》』，據《民國日報》一九二二年五月十五日《舟山輪船公司創立會記》可知：上海舟山輪船公司創辦

於一九二二年。當爲壬戌。

函云『洪荆山《哀啓》』，與（九三）函云『洪荆山……其母夫人象贊』相銜接。

函云『慧令愈』，與（九三）函云『慧令當無危險，精神頗好』相銜接。

函云『老朽名章及各石章需用，望速還爲要』，與（七八）函云『老朽檢名章（大號兩方），及「奉使印」等均不見，賢取去否』相銜接。又與（九三）函云『老夫名章等，速寄還勿延』相銜接。

函云『永豐公所開幕之喜』及王正廷撰《賀永豐公所開幕之喜》聯，與後（九八）張美翊致沙孟海函云『奉上石章一方，煩費神刻「永豐鮮船漁商公所章」陽文九字』有聯係，此爲前引。

舟山輪船開航大喜，附此。

此信書寫時間當爲一九二二年八月二十六日（壬戌七月四日）。

②哀啓，文體之一，由死者親屬叙述死者生平及臨終情況，一般均附在訃聞之後發送親友。

③《御刻三希堂石渠寶笈法帖》，刻於乾隆十二年（一七四七）。因帖中收有被乾隆帝視爲稀世墨寶的王羲之《快雪時晴帖》、王獻之《中秋帖》、王珣《伯遠帖》，藏帖處稱『三希堂』，帖名《三希堂法帖》。原刻石嵌於北京北海公園閲古樓壁間。

④章棖。

⑤上海舟山輪船公司。

⑥馮培元（一八一五—一八五三），字因伯。謚『文介』。仁和（今杭州市餘杭區）人。道光二十四年（一八四四）進士（探花）。咸豐二年（一八五二）湖北學政。《清史稿》有傳。

⑦王儒懷，王正廷（儒堂）長兄。早年就讀寧波白衣寺旁『三一書院』。一九二〇年，寧波同鄉會徵求會寧運隊副隊長。編有《筆算課本》（上海吴雲記書局，光緒二十九年十二月出版）。

⑧王正廷（儒堂）。

⑨永豐鮮船漁商公所。一九一三年，東錢湖冰鮮商幫創建於鄞縣江東後堂街。此時理事張申之。

述評：

①關於『賢來字合篆隸草爲一，此李仲璇法也』：

《李仲璇修孔廟碑》，東魏興和三年（五四一）建，石現存山東曲阜孔廟。碑額『魯孔子廟之碑』作鳥蟲篆，碑文中如『君』『都』『有』等字亦有繆篆的筆畫。多異體字。明人趙崡《石墨鐫華》（中華書局，一九八五年）：

碑正書，時作篆筆，間以分隸，形容奇怪。

朱復戡此時嘗試篆隸草書體的融合。

②關於『鄮意總願賢於書牘寫晉、隨、唐字，晉如《蘭亭》《集王聖教》，隨如《開皇蘭亭》《龍藏寺》，唐如虞之《汝南公主墓志》、褚之《枯樹賦》、歐之行楷』：

唐太宗撰《大唐三藏聖教序》，最早由褚遂良書，稱《雁塔聖教序》。後釋懷仁集王羲之字，稱《唐集右軍聖教序并記》，或《懷仁集王羲之書聖教序》，因碑首横刻有七尊佛像，又名《七佛聖教序》。

《龍藏寺碑》，隋開皇六年（五八六）建。正書，藏河北正定隆興寺。歐陽修《集古録》認爲撰者即碑末署名的張公禮。

虞世南《汝南公主墓志》，行草書，刻帖。

褚遂良《枯樹賦》，刻帖。款署貞觀四年（六三〇）書。

《蘭亭集序》又名《蘭亭宴集序》《蘭亭序》《臨河序》《禊序》《禊帖》。東晉穆帝永和九年（三五三）三月三日，王羲之書。

南宋理宗收集《蘭亭序帖》拓本一百七十餘種，丞相游似（字景仁，號克齋）收百餘種，每種裝爲一卷，并親寫題跋，即『游相藏本』，後有清人孫承澤跋：

右宋丞相游景仁所收禊帖，乃開皇本，非定武本也。

開皇（五八一—六〇〇），隋文帝楊堅的年號。《開皇本蘭亭序帖》早於唐刻本《定武蘭亭序帖》。上海藝苑真賞社影印。開皇本有二：一帖尾署『開皇十三年十月』；一帖尾署『開皇十八年二月廿日』。因未見於宋人著録，或疑僞造。

綜觀張美翊意，終爲學王書系統。而『書牘』用晉隋唐字，其它如書聯或書堂幅等不同形式之書作，則不一而論。形式決定書體，此是張美翊的書學觀。

另對寐叟、缶老書體，認爲『似已陳舊』，而囑朱復戡以虞、褚法變之。不學今人學古人，自古人出，此亦張美翊的書學觀。

③關於慈谿姜宸英（葦間）曾藏唐刻石《蘭亭序》兩種。

水賚佑編《蘭亭序研究史料集》（上海書畫出版社，二〇一三年）：

乾隆戊辰（一七四八）秋八月廿五日，姜自跋：

家藏一石，背面刻《蘭亭叙帖》二種。明嘉靖間，吴門有黄君者工畫人物得此，知是唐人模刻。

乾隆丁丑（一七五七）三月，南有老人（繆曰藻）跋：

右《蘭亭》二種，慈谿姜氏藏本，今其石在武林周岐年家。

乾隆辛丑（一七八一）六月既望，何紀堂（桐蓀居士）跋：

『定武本』世間已希見，往賢謂得東陽何氏本及慈谿姜氏本合而裝之，便可作『定武』觀矣。……乾隆丙申……表姪周惟秋偶過齋中，言及姜氏原石久存表兄周辰告家，……辰告之祖名溦，辰告名嘉猷。

道光二十四年甲辰十月四日張廷濟跋：

《蘭亭叙》兩面刻，古佳刻也。姜西溟跋，是吾家藏本；繆文子跋，是從子小華藏本；桐蓀居士跋，是何澍夙明世藏本。潁山瞿兄先生既獲是刻，屬張辛受之確摹以入石，□而夙明細意校録，後之攬者應知流傳之有緒。

張美翊一九二一年五月一日（辛酉三月廿四日）撰《慈谿姜西溟編修兩面蘭亭跋》（《新美域》，二〇〇八年第二期）：

按編修跋所稱『吴門黄君贋爲《清明上河圖》，并拓石（即指《蘭亭》）如舊本，鬻之貴公，以獻分宜相。潢匠索值不得，發其事，貴公以此見忤，黄亦窮死』者，貴公即婁江王思質中丞忬，弇州之父；潢匠即湯臣（一作湯勤，一作湯曰忠，常州人），世稱湯裱背（據沈德符《野獲編》）。中丞時鎮薊門，會大同有警，世蕃以失機論死。當時嵩居京師繩匠胡同（《池北偶談》），湯居裱背胡同，固東樓清客也。《一捧雪》劇本即演此事。

張擇端《清明上河圖》有宣和小璽，則謂南宋追憶故京之盛而寫此景，非也。《上河圖》贋本頗多，其以贋本入嚴氏自確，而無人述及，媵以《蘭亭》拓本者，則自姜氏始也。

姜跋『黄子景星携石依其姊黄孺人來溪上，是爲《蘭亭》歸葦間之始。』謝山先生云：『吾鄉《蘭亭》予所見者，姜湛園編修所藏武定本不損者，其最也；予家缸石損本，其次也；天一閣范氏紹興學宫不損本，又次之。要皆吾鄉《蘭亭》之足登簿録者。』（《鮚埼亭集外編·宋紹興學宫褉帖舊本記》，按即指天一閣藏石。）今惟天一、葦間兩石尚存，全氏本不知流何所矣。

翁覃溪跋姜氏《蘭亭》云：『慈谿鄭三雲（按諱辰，以乾隆間拔貢官至揚州同知，二老閣後人，邑志有傳）云：「葦間殁後，石歸武陵周禮部岐年，今不知歸何氏矣」』（《復初齋集》）。此即乾隆丁丑南有老人識語所稱『蘭亭二種，今在同年周岐年家』是也。小印『文子』，蓋吴縣繆曰藻字，別號南有居士，有《寓意録》，刻入《春暉堂叢書》。何桐孫跋稱周辰告之祖，名澄，官禮部主事，即岐年。辰告名嘉猷，則其孫也。

張叔未跋稱：『西溟跋，是吾家藏本；繆文子跋，是從子小華（名邦材，明經）藏本；何桐蓀跋，是何澍夙明世藏本』。此指墨迹而言，故又有瞿穎山（世瑛，錢塘人）屬張辛摹石而夙明校録之語。馮柳東登府《唐摹蘭亭跋》謂：『竹垞有跋，載《曝書亭集》，今爲我禾汪騶卿所獲。徐問蘧拓以見餉』。是此石道光間又由武林周氏歸於禾中汪氏矣。

老友葉縵卿刺史（意深）嘗告余云：『同治壬戌四月，浙東賊平，由慈谿來甬，偶過汲綆齋書肆，見西溟兩面蘭亭端石完好。是時極窮，亟假錢百廿十負之而歸。不數月，又出姜跋一石，爲鎮海方氏所得，不能合并。』此光緒甲午同試武林時所言也。今又由葉氏歸於董氏，而姜跋亦由方氏合爲完璧。余近年承董□□兄弟見貽拓本，因爲述其沿革如右。若王箬林、翁正三苛細指駁，則無關宏旨，故略之。辛酉三月廿四日蹇叟病起跋。（時年六十有五。）

『黄君』乃黄彪。其子黄景星（平泉）。『分宜相』乃明代分宜（今江西新餘市分宜縣）人嚴嵩。『貴公』乃明代王忬（思質），其子王世貞（號弇州山人）。『潢匠』『湯裱背』皆爲湯勤（湯曰忠），明人沈德符著《萬曆野獲編·卷二·僞畫致禍》記此事。清人王士禎著《池北偶談》（又名《石帆亭紀談》）記湯裱背是嚴世蕃（東樓）的清客。

張美翊跋指出：

一、全祖望著《鮚埼亭集外編》認爲：姜湛園編修所藏武定本不損者。

二、翁方綱著《復初齋集》中跋姜氏《蘭亭》，引慈谿二老閣後人鄭三雲語：『葦間殁後，石歸武陵周禮部岐年。』與乾隆丁丑南有老人繆曰藻稱『蘭亭二種，今在同年周岐年家』吻合。吴縣繆曰藻字文子，號南有居士。著有《寓意録》。何紀堂（桐蓀居士）跋：『辰告之祖名澂』，即錢塘周澄（岐年），是周嘉猷（辰告）之祖父。

三、張廷濟（叔未）跋指墨迹而言，非刻石的流傳。『瞿穎山』乃瞿世瑛（號穎山）。『馮柳東』乃馮登府（號柳東）。馮作《唐摹蘭亭跋》，説朱彝尊（號竹垞）《曝書亭集》中有兩面蘭亭跋，謂道光間由周岐年家流出，歸於嘉興（禾中）汪鷟卿（之虞）。『徐問蘧』乃徐楙。『葉縵卿』乃葉意深。同治壬戌四月曾藏此石。光緒壬午後石歸於董氏。

④關於『見賢寫一蝶［箑］扇，神以寐叜，參以缶老，然海上此體，似已陳舊，能以虞、褚法變之』：

此時朱復戡對『時派』沈寐叜、吴昌碩的書體，已得心應手。但『時派』終會陳舊，重複抄襲，寧波俗語『炒冷飯』。學古人法，從中『變』而出新，是張美翊重要的書學思想。

⑤關於『昨得一老長函兩紙，完全《十七帖》，此老豪傑，何可及耶』：

寫草書，不夾行書，爲『大草』。有某個草書不會寫，用行書代，爲『行草』。《十七帖》爲王羲之的書牘，基本上是大草，今草草法完備，從中研究草法，需要一定的學養。《十七帖》不是草書字典，有些字雖然帖中所無，但可以根據二王及晉人的草法，創造性地『草』出。章一山是進士，又精書法，當然『豪傑』。

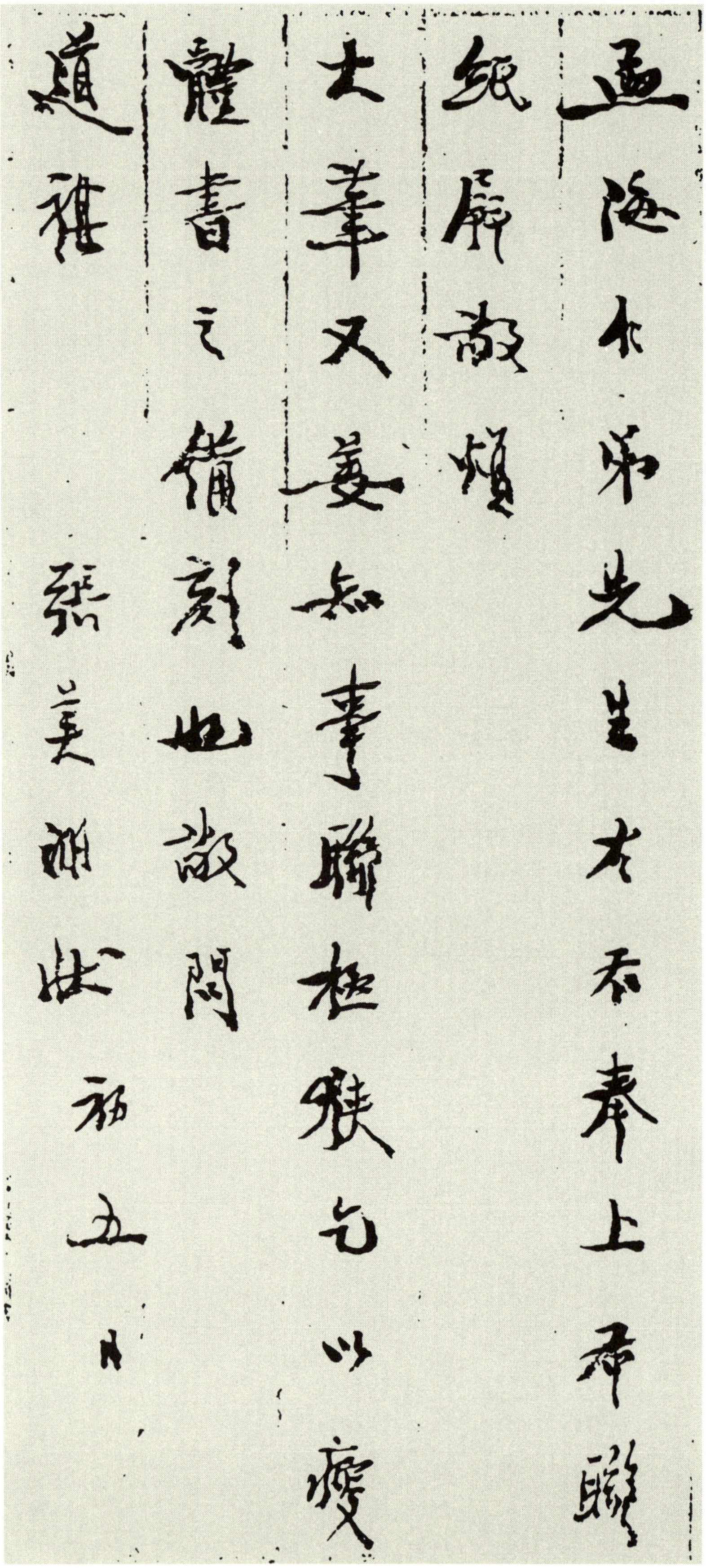

通海水部先生老吾奉上壽聯
紙屏敬煩
大筆又要知壽聯極猴乞以瘦
體書之備刻也敬問
道禧　孫美湖狀　初五日

（九七）致沙孟海①

一九二二年八月二十七日　壬戌七月五日　星期日

黄過草堂箋

孟海仁弟先生左右：

奉上布聯、紙屏，敬煩大筆。又：姜知事聯極狹，乞以瘦體書之，備刻也。敬問

道祺。

張美翊狀，

初五日。

考釋：

①（九七）致沙孟海。衹署『初五日』，未署年、月。

函云『奉上布聯、紙屏，敬煩大筆』，《沙孟海全集》（西泠印社出版社，二〇一〇年）第十卷《僧孚日録》壬戌七月五日：

> 蹇丈書來，屬代書輓聯、輓詩，即寫寄之。

此信書寫時間似爲一九二二年八月二十七日（壬戌七月五日）。

述評：

①『聯極狹，乞以瘦體書之』，是形式決定内容。

孟海老弟先生左右：無人替緣
北行，仍命夔讀
賢文本經藝，嘗教勿任偷懶，無
日書，今多臨，不措以收放心，情
夔奉上

壁及之奉上石章一方煩
費神刻承遺鮮鯽通肯似而章
篆文九字紛遲藻尤盛敬問
道祺　張燕昌頓首　初八
樵牧處懇帶回為盼

（九八）致沙孟海①

一九二二年八月三十日　壬戌七月八日　星期三

黄過草堂箋

孟海老弟先生左右：

安令暫緩北行，仍命受讀函丈，希從嚴管教，勿任偷懶，每日責令多臨小楷以收放心。恃愛奉瀆，乞鑒及之。奉上石章一方，煩費神刻『永豐鮮船漁商公所章』陽文九字，能速藻尤感。敬問

道祺。

張美翊謹啓，

初八。

楹帖旁晚帶回爲盼。

考釋：

①（九八）致沙孟海。祇署『初八日』，未署年、月。

函云『安令暫緩北行，仍命受讀函丈』，《沙孟海全集》（西泠印社出版社，二〇一〇年）第十卷《僧孚日録》壬戌七月八日：

　　惠令病後休養，不能赴津，蹇丈命安令仍來館就學。

函云『煩費神刻「永豐鮮船漁商公所章」』，《沙孟海全集》（西泠印社出版社，二〇一〇年）第十卷《僧孚日録》壬戌七月八日：

　　篆漁商公所印章。

此信書寫時間當爲一九二二年八月三十日（壬戌七月八日）。

[illegible]

百仟賢要本九示及繪觀音像

絕精妙佛像不即甚備圖章之

方收到老夫尚有殺太[illegible]一

章亦在置處遲寄回鏡匣中繫

即都意不甚如能代刻真匠次

閩派有相易暇遠勝之如曾愐
王聯寶好即寄爲聯聞華造僅
何人所汎欲擬三式擇用之爲
謝龍夜集聯明華首聯嶽圖江鶴擬花
青島詠賢閒介衣故集聯寄之

呂秀猶龍集聯甚人未鈔請寄

弟三份風潮矣道久斷極擾定

極重冬菴傳編真不得了無君

別業記差自謂矣爲聯順問

侍祺

蹇叟手啟 十五

（九九）致朱復戡①

一九二二年九月六日　壬戌七月十五日　星期三

黄過草堂箋

百行賢契左右：

示及。繪觀音像，絶精玅。佛像石印甚備。圖章二方收到。老夫尚有放大『美翊小印』一章，亦在賢處，望寄回。鍾喬申製印，鄙意不喜，如能代刻真正次閑②派，可相易，賢遠勝之也。當［堂］幅、王聯寫好即寄爲盼。明華③造牋，何人所託？兹擬三式，擇用之。另附《龍顔》集聯（首聯嵌明華）。因阿鶴④擬在青島效賢開分店，故集聯寄之。另有《猛龍》集聯，慧令未鈔，續寄。第三次風潮，交通久斷，梅墟灾極重、各處俱徧，真不得了。梁君《别業記》並函，轉交爲盼。順問

侍祺。

蹇叜手啓，

十五。

再鍾君之石及碑印圓章一紙
物故壽旛蕭蕭一根書圓章在
末幅照款黑亦蓋章為要空同
在此已數日睫之念還不置空
同憶前賢當意晉唐字語之間

大家破費獨到處是言羅雪堂
看殷墟集聯將來寄贈一冊望
月來申齋先生函促早出早息
說法商園保愛精神爲要兩閒
近佳　蘧又砥

蕭王黃過草堂藏真

（一〇〇）致朱復戡

一九二二年九月六日　壬戌七月十五日　星期三

黃過草堂箋

再：

鍾君二石及硃印圖章一紙，均放壽屏箱第一格中，圖章在末幅照黏，賢亦蓋章爲要。空同⑤在此已數日，睠睠念賢不置。空同揔勸賢留意晉唐字，謂元明大家，確有獨到處。並言羅雪堂有《殷虛集聯》，將來寄贈一册。空同來申，當先告也。賢早出早息，效法商團保愛精神爲要。再問

近佳。

蹇又啓。

考釋：

①（九九）（一〇〇）合并考證。（九九）祇署『十五日』，未署年、月。（一〇〇）未署日期。

（九九）函云『第三次風潮』，《申報》一九二二年九月三日《浙垣三次風雨災》：

浙省本年八月間，魚虞元寒等日，兩次颶風爲災，……乃八月三十一日，颶風又抵杭州灣，似由温州、甯波沿海而至，……至一日清晨，風猶未息。

壬戌七月，朱復戡作『明華萬歲』信箋，款署：『集西岳華山碑字爲明華銀行造牋，壬戌七月，百行朱義方時客海上』。（鈐印）義方私印（白文）；靜堪（朱文）。是爲壬戌七月十五。

（九九）函云『繪觀音像，絶精妙。佛像石印甚備』，與（八五）函云『擬煩向丁處選購佛像數種』相銜接。又與（八五）函云『觀音宜工筆著色，上方偈語宜界朱格』相銜接。又與（八七）函云『丁福保醫寓在泥城橋下（稱其仲祜先生），有佛像甚多』相銜接。又與（九一）函云『賢謂觀音像可工筆，偈語勿界格』相銜接。

（九九）函云『梁君《別業記》並函，轉交爲盼』，與（八七）函云『有《虹橋別業記》，樓恂兄煩書否』相銜接。又與（九〇）函云『刻寄椒弟函，允撰《虹橋別業記》，……樓恂兄以贈梁文兄者』相銜接。又與（九三）函云『《別業記》未成，當煩大筆』相銜接。梁文《別業記》，當是轉交方椒伯。

（九九）函云『圖章二方收到』，與（七八）函云『老朽檢名章（大號兩方），及『奉使印』等均不見，賢取去否』相銜接。又與（九三）函云『老夫名章等，速寄還勿延』相銜接。又與（九六）函云『老朽名章及各石章需用，望速還爲要』相銜接。

（九九）函云『堂幅、王聯寫好即寄爲盼』，與（九六）函云『玆奉堂幅一紙，煩代筆。又煩，王儒懷君奉上一聯』相銜接。

（一〇〇）函云『鍾君二石及朱印圖章一紙，均放壽屏箱第一格中』，與（九九）函云『鍾裔申製印，鄙意不喜，如能代刻真正次閑派，可相易』相銜接。

總之：（九九）（一〇〇）兩函同封。書寫時間當爲一九二二年九月六日（壬戌七月十五日）。

②趙之琛（次閑）。

③明華銀行。

④范鶴言。

⑤張亦湘。

述評：

①關於『繪觀音像，絶精妙』：

是張美翊對朱復戡早年繪畫很高的評價。朱復戡早年繪畫今存甚少，目前現存年份較早的國畫有一九一六年所作國畫《關公像》，一九二五年孟夏，學王原祁山水，得其神形。一九二六年夏仲，作箑扇《桃花源圖》。

②關於『鍾裔申製印，鄙意不喜，如能代刻真正次閑派，可相易』：

鍾以敬（一八六六—一九一七）或（一八六六—一九一六），字越生，亦作月聲、裔生、裔申。號讓先；又號窳龕，亦作窳堪。别署似鷗、烟蘿子。錢塘（今杭州市）人。精篆刻，融趙之謙、陳豫鍾、徐三庚諸家形神。西泠印社早期社員。

朱復戡早年亦喜收藏名家印章。鍾裔申爲張美翊所治印，因鍾裔申篆刻擅擬趙次閑『能得神似』，故張美翊認爲朱復戡擬趙之琛更神似，當是『真正次閑派』，以與鍾裔申所刻相易。後於（一〇二）一九二二年九月（壬戌七月十五日後—廿九日前）函又言『賢既愛鍾裔申二石，兹再奉寄，但須摹刻相易，必勝鍾作。』

③關於『梅墟灾極重』：

梅墟鎮，今寧波市國家高新區梅墟街道。朱復戡的曾祖朱忠隆始遷梅墟徐家窪。

請藝峴臺之半錄
圍中無藝字亦並
暑甘大名
直海老弟

先似一說文無峴字無楊
遞笛剏名峄聲字祇
無寔別名也說文見峄之字
也凡有石好合一

吳湖帆書

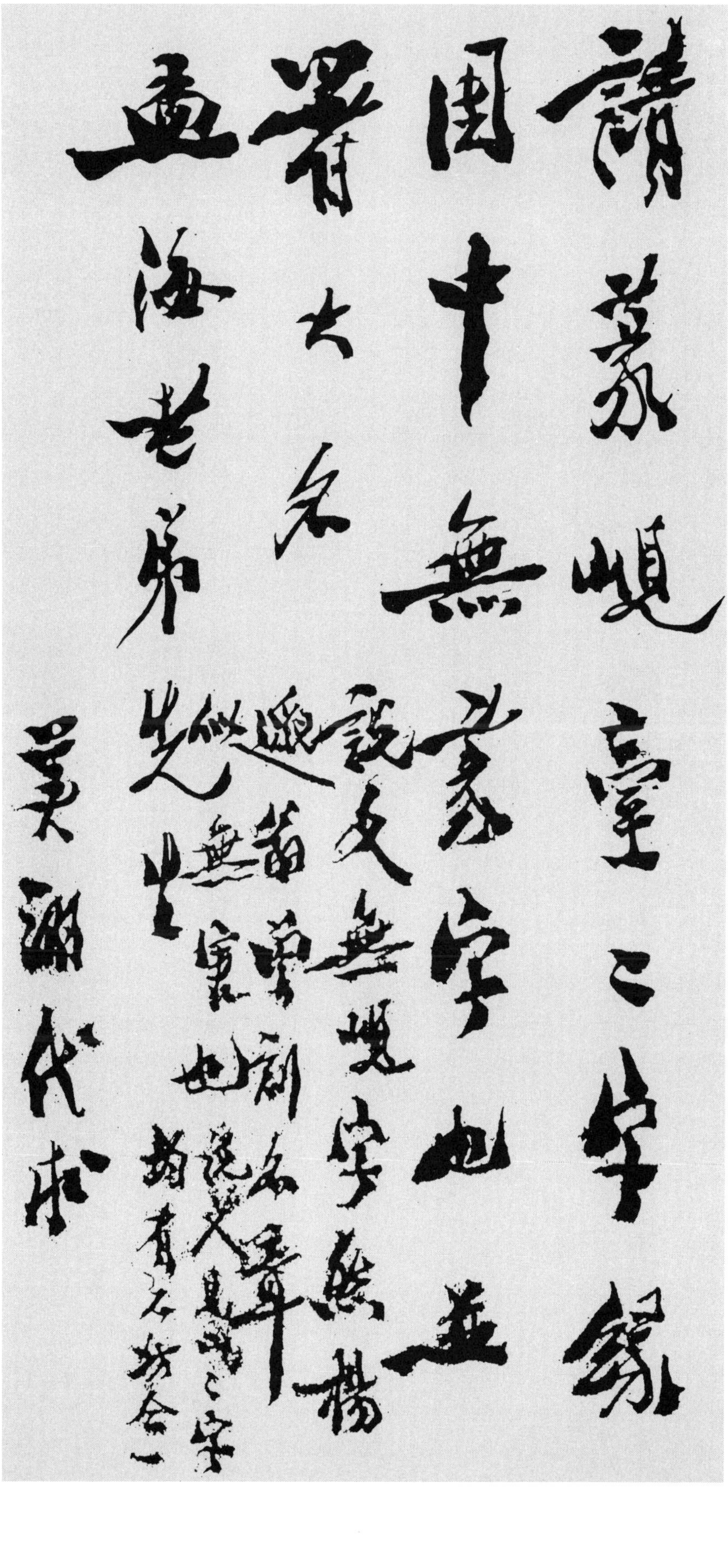

（一〇一）致沙孟海①

一九二二年九月十八日　壬戌七月二十七日　星期一

白片

請篆『峴臺』二字，緣團中無篆字也。並署大名。（説文無『峴』字，然楊邈翁②曾刻名章，似無害也。説文『見』『山』二字均有，不妨合一。）

孟海老弟先生。

美翊代求。

考釋：

①（一〇一）致沙孟海。未署日期。

函云『請篆『峴臺』二字』，《沙孟海全集》（西泠印社出版社，二〇一〇年）第十卷《僧孚日録》壬戌七月廿七日：

> 惠令亦曾來，遞到蹇丈片，屬與夷父分寫後樂園峴臺、『送香亭』匾額。

此信書寫時間當爲一九二二年九月十八日（壬戌七月二十七日）。

②楊峴（一八一九—一八九六），字庸齋、見山。號季仇；晚號藐翁（藐視上司被免官）。別署遲鴻殘叟、顯亭長。歸安（今湖州市月河街道）人。臧壽恭門生。咸豐五年（一八五五）舉人。善八分隸書。書迹有光緒七年辛巳（一八八一）湖州月河街陸心源『千甓亭』匾額（隸書）。門生吴昌碩有《題恩師楊峴遺像》詩：

> 顯亭歸去十三春，板屋吴洲失比鄰。師説一篇陳歷歷，門生再拜舞蹲蹲。

述評：

①關於『説文無峴字，然楊邈翁曾刻名章，似無害也。説文「見」「山」二字均有，不妨合一』：

張美翊對説文小篆所無之字的權宜之策，用拼合法。這種方法可取否，有爭議。但《説文解字》收録漢字九千三百五十三字，而《康熙字典》收録漢字四萬七千零三十五字。今《中華大字典》，達四萬八千餘字。如用篆字，僅靠《説文解字》，顯然不够，如果能根據正確的篆法進行拼合，是篆書藝術創作的可行之法。

百行賢孝来有其患老务役
大名章體素有中望況爱錘
商申之石故再壽寄但须攀
尤好兹肯慈敬费曼库一
看煩新業飯所陳定元界
刘榑属必胜鍾作刘而冷淵
上煩大華工窝费君想老送
札章壽廊係其門此所送佑老送
上聞質領廿四元山克
已代忠皇勾計載生日本八
月初十約月底故事傳
傳題尤好另一聊張根卿之
已丙术一餅費神月初雨育
俞彦廣上志正多前煩窝
堂幅王儒堂聯寄字下報問
偉襟 鏖逢近其

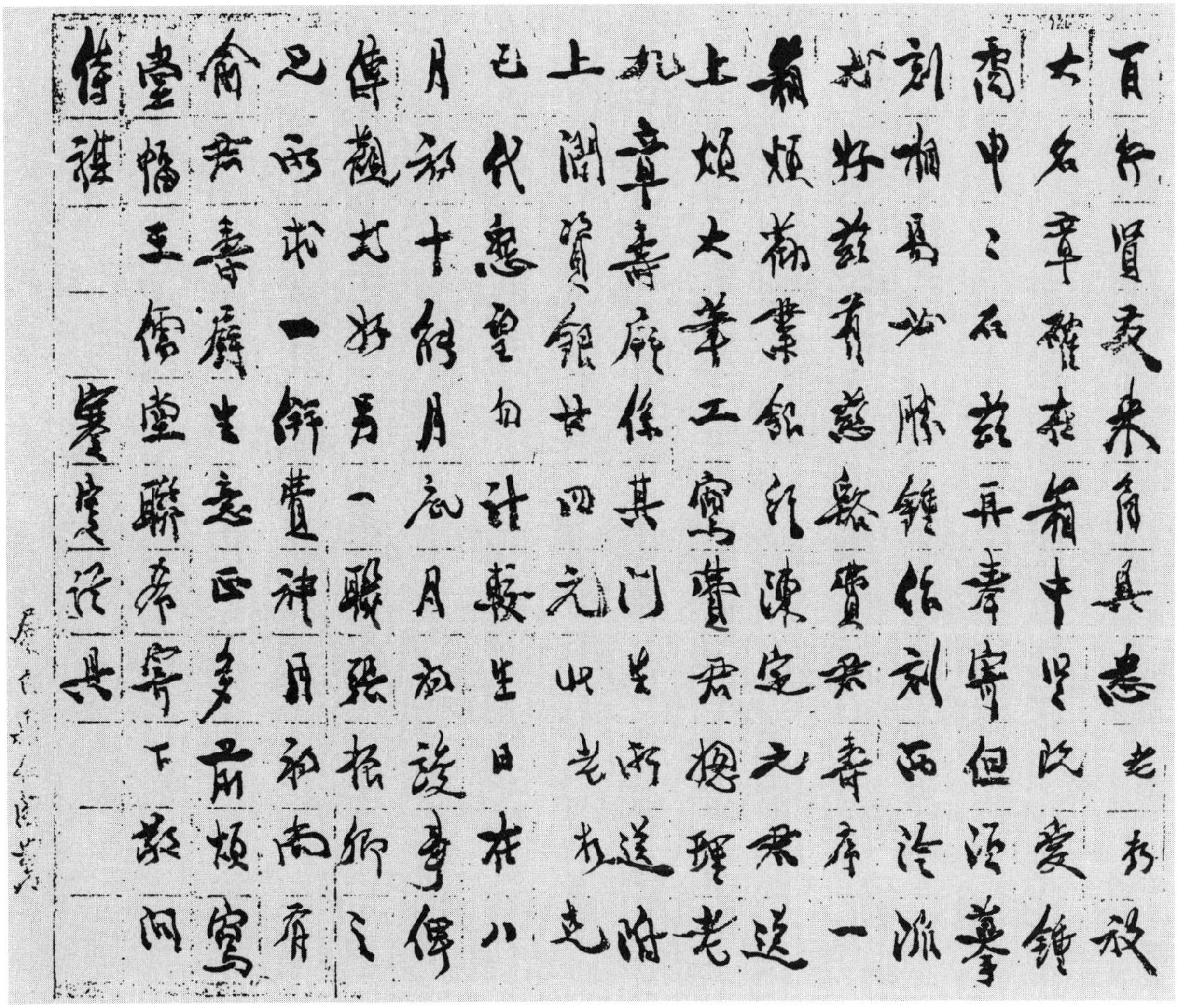

（一〇二）致朱復戡①

一九二二年九月　壬戌七月十五日後—二十九日前

飛仙閣箋

百行賢友：

來函具悉。老朽放大名章，確在箱中。賢既愛鍾喬申二石，茲再奉寄，但須摹刻相易，必勝鍾作，刻西泠派尤好。茲有慈谿費君②壽序一箱，煩勸業銀行陳定元君送上，煩大筆工寫。費君揔理『老九章』③，壽屏係其門生所送。附上潤資銀廿四元，此老朽克己代懇，望勿計較。生日在八月初十，能月底月初竣事，俾傳觀尤好。另一聯張振卿④之兄所求，一併費神。月初尚有俞君壽屏，生意正多。前煩寫堂幅、王儒堂聯，希寄下。敬問

侍祺。

蹇叟謹具。

考釋：

①（一〇二）未署日期。

函云『賢既愛鍾喬申二石，茲再奉寄，但須摹刻相易，必勝鍾作』，與（九九）函云『鍾喬申製印，鄙意不喜，如能代刻真正次閑派，可相易，賢遠勝之也』相銜接。

函云『前煩寫堂幅、王儒堂聯，希寄下』，與（九六）函云『茲奉堂幅一紙，煩代筆。又煩，王儒懷君奉上一聯』相銜接。又與（九九）函云『堂幅、王聯寫好即寄爲盼』相銜接。王儒堂聯，即（九六）函云『王儒懷君奉上一聯，書儒堂名。』

此信書寫時間當爲一九二二年九月（壬戌七月十五日後—二十九日前）。

②費祥麟。

③一八六〇年，嚴信厚在上海泗涇路開設『老九章綢緞莊』，一九一四年遷至棋盤街。後在天津開設『老九章』分號。

④張英麟（振卿）。

述評：

①『賢既愛鍾喬申二石，茲再奉寄』，是朱復戡已經把鍾喬申二石寄還張美翊，而張美翊知朱復戡『愛鍾喬申二石』，復又將石章寄給朱復戡。

②關於張振卿：

張英麟（一八三七—一九二五），字振卿，亦作振清；又字笠農。號菊坪、藩沼、沈詔；晚號南扶老人。山東歷城（今山東濟南市）七

賢鎮東紅廟村人。室名：蟠榆簃、南扶山房。同治四年（一八六五）進士。一九一五年後，參纂《山東通志》。一九一九年，監脩《續脩歷城縣志》。

一九八四年八月在濟南紅廟鄉發現《誥授光禄大夫，建威將軍，太子太保，都察院都御史，歷城張公墓志銘》：

賜同進士出身，誥授通議大夫，翰林院檢討，學部左丞，門下士海甯章梫撰文。賜進士及第，誥授中憲大夫，賞加侍講銜，前翰林院修撰，門下士肅寧劉春霖書丹。賜同進士出身，誥授光□大夫，實□館副總裁，法部右侍郎，世愚姪王□篆蓋。

承惠贄壽聯潮筆為不隨遠想陳室
大君題送齋主儒堂聯尚多一題
已存篋正面如敢乃發匯計歸八之
貺矣
望天外老高發筆稍大意說留碑拓
來函所述之字亦不能題卿空同今日來
滬已去　望寫畫如奉伯頌到即照問
日佳　寶琛手啟　廿九

（一〇三）致朱復戡①

一九二二年九月二十日　壬戌七月二十九日　星期三

朱絲欄箋

示悉。費壽屏潤筆必不遲延，想陳定元必照送。前王儒堂聯『釣』字多一點，已爲脩正。而公所乃裝玻匡，計洋八元，冤哉。賢天份太高，落筆稍大意，望留神爲。來函『何以』二字，亦不能歇脚。空同②今日來滬，已告賢寓處，必奉約煩刻印。順問日佳。

蹇手啓，

廿九。

考釋：

①（一〇三）祇署『廿九日』，未署年、月。

函云『空同今日來滬』，與（一〇〇）函云『空同在此已數日，……空同來申，當先告也』相銜接。

《沙孟海全集》（西泠印社出版社，二〇一〇年）第十卷《僧孚日録》壬戌七月廿三日：

張君一香（頣）爲蹇丈從子，年五十餘，僑寓天津，近日方回鄉，得與相見。午食後從蹇丈處索得張季直、釋寄禪手札以歸。

《僧孚日録》壬戌七廿六日：

請張一香寫聯，今日遞來。

一香居士張頣跋朱復戡書《石鼓文》（手稿圖版見馮廣鑑主編《朱復戡墨迹遺存》，人民美術出版社，二〇〇五年）：

壬戌八月四日，一香居士張頣，時與静堪同客海上。

函云『費壽屏潤筆必不遲延，想陳定元必照送』，與（一〇二）函云『茲有慈谿費君壽序一箱，煩勸業銀行陳定元君送上，煩大筆工寫』相銜接。

函云『前王儒堂聯「釣」字多一點，已爲脩正』，與（九六）函云『茲奉堂幅一紙，煩代筆。又煩王儒懷君奉上一聯』相銜接。又與（九七）函云『堂幅、王聯寫好即寄爲盼』相銜接。又與（一〇二）函云『前煩寫堂幅、王儒堂聯，希寄下』相銜接。

此信書寫時間當爲一九二二年九月二十日（壬戌七月二十九日）。

②張頤（一香）。

述評：

①關於『賢天份太高，落筆稍大意，望留神爲』：

張美翊自己時常有筆誤，但對朱復戡還是要求甚嚴，一點一畫皆爲留意。此亦望『生』成龍之意。

孟海老弟左右：餞翁壽詩奉求
大筆。求書手戕八月廿角上。友弟
張某某並編沙某某書
原稿似遠。餞繩伯亦要也。尚有
乾聯詩求寫察耳。星秋涼祇維
審護。張某謝謹此頌叩

（一〇四）致沙孟海①

一九二二年九月二十四日　壬戌八月四日　星期日

黄過草堂箋

孟海老弟左右：

段翁壽詩奉求大筆。（末書：壬戌八月，甬上友弟張某某呈稿；沙某某書。）原稿仍還段，繩伯②亦要也。尚有輓聯、詩求寫，容再呈。

秋涼祇惟

崇護。

張美翊謹狀，

初四。

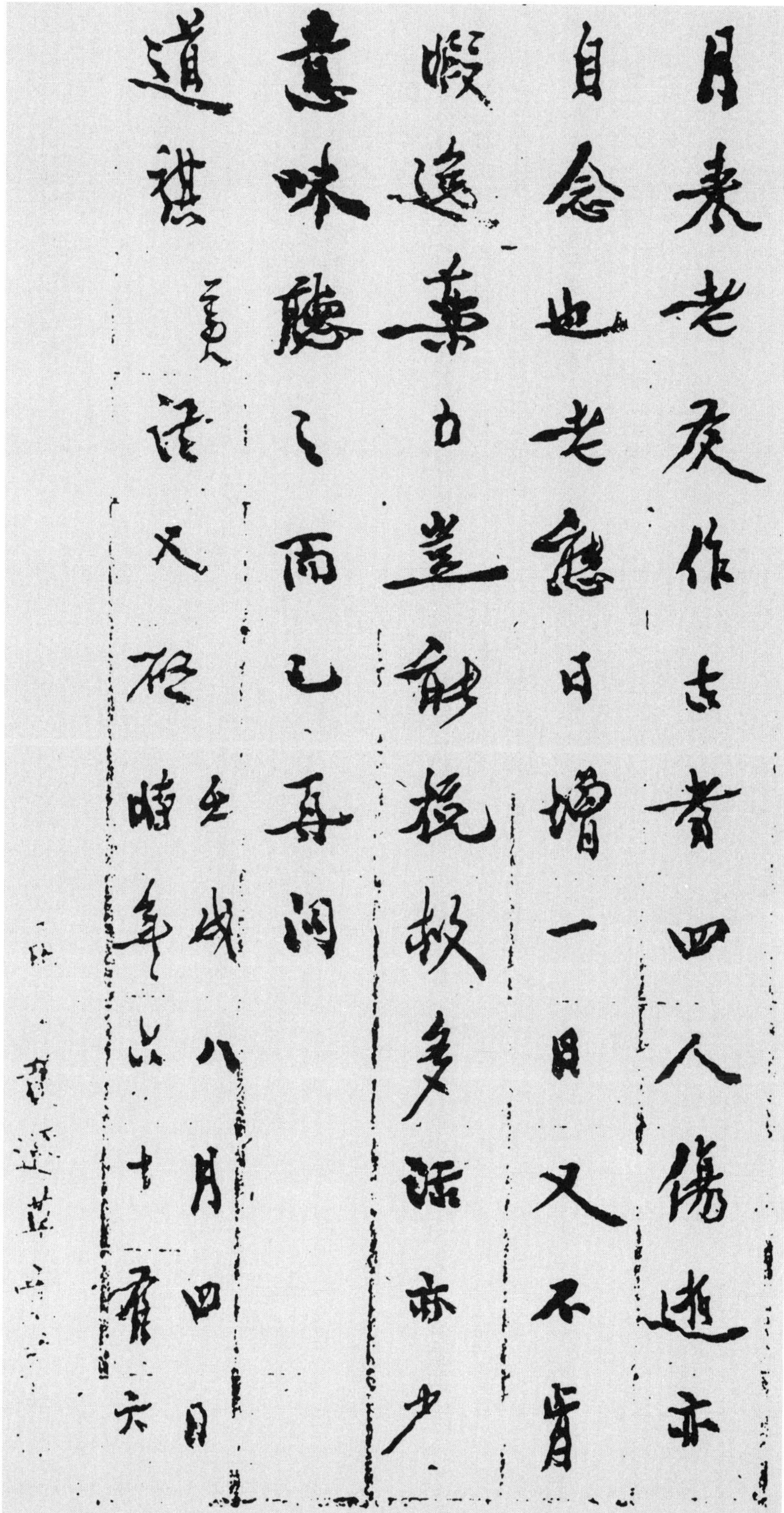

月來老友作古者四人傷逝亦
自念也老態日增一日又不肯
暇逸業力豈能擺脫多話亦少
意味聽之而已再問
道祺 弟
[illegible]又[illegible]時年六十有六
壬戌八月四日

（一〇五）致沙孟海

一九二二年九月二十四日　壬戌八月四日　星期日

黄過草堂箋

月來老友作古者四人，傷逝亦自念也。老態日增一日，又不肯暇逸，藥力豈能挽救，多活亦少意味，聽之而已。再問道祺。

美謹又啓。

壬戌八月四日，時年六十有六。

考釋：

①（一〇四）（一〇五）致沙孟海。合并考證。（一〇四）衹署『初四日』，未署年、月。而函云『壬戌八月』，當爲八月初四。（一〇五）署有明確日期：壬戌八月四日。

《沙孟海全集》（西泠印社出版社，二〇一〇年）第十卷《僧孚日録》壬戌八月四日：

得蹇丈、二舅氏及公延書。

總之：（一〇四）（一〇五）兩函同封。書寫時間當爲一九二二年九月二十四日（壬戌八月四日）。

②洪葆榮，字繩伯。錢塘（今杭州市）人，鬻藝上海。室名：迎翠軒。工書，擅花卉蘭竹。

謝道韞晉謝奕姪女其詠雪有未若

梅絮因風起之句

薛道衡字玄卿作流人看隺樂花遊

泥之句

曹直此過楊柳東風頸花發

永遠一雜砌女略雁砌遠之必須別

凡咎溪其朋日寧又又

世君桃平中卬是望以午金

民于

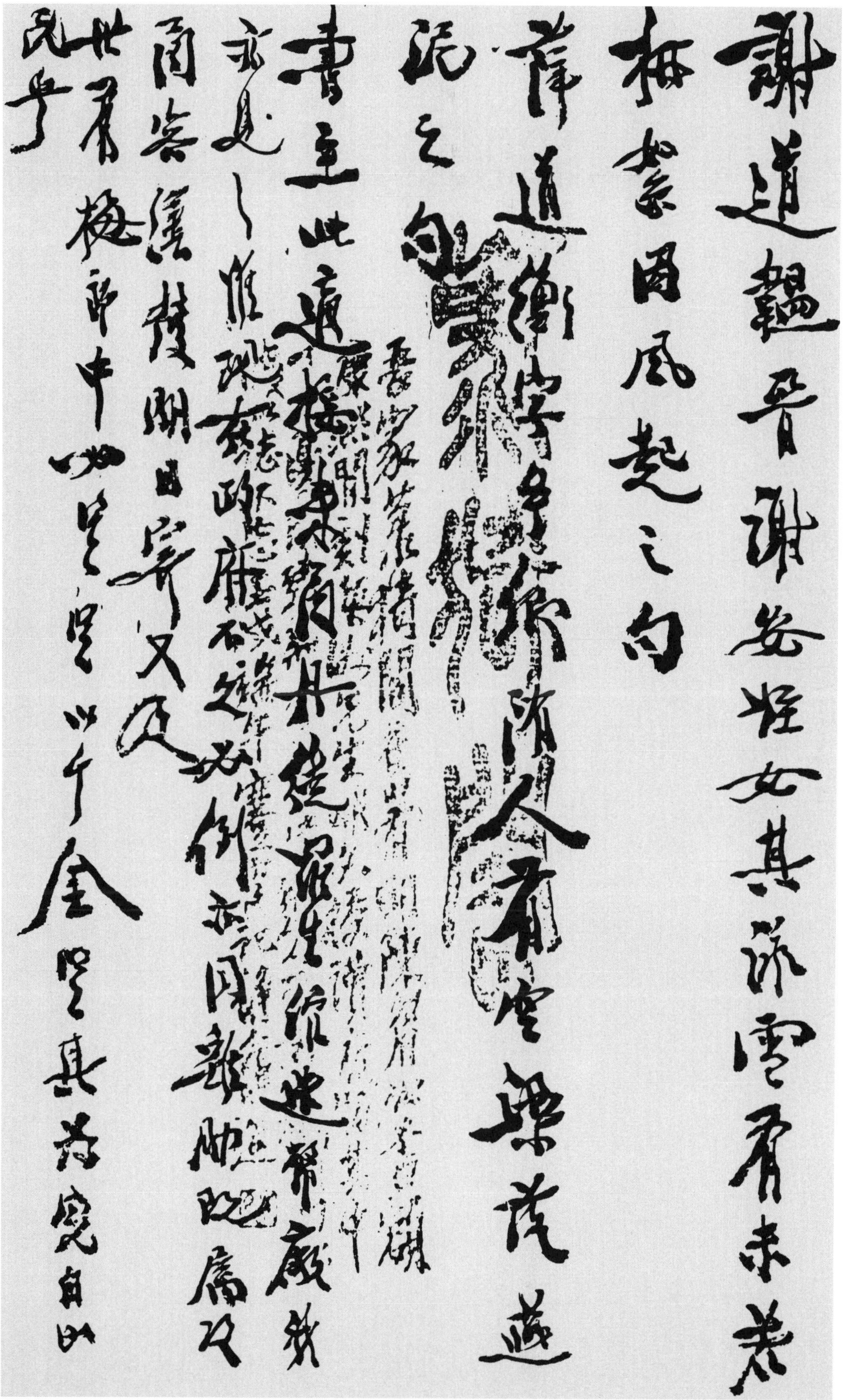

（一〇六）致朱復戡①

一九二二年九月二十五日　壬戌八月五日　星期一

蒹猗閣箋

謝道韞，晉謝安姪女，其詠雪有『未若柳絮因風起』之句。

薛道衡，字玄卿，隋人，有『空梁落燕泥』之句。

書至此，適接來函。丹徒羅生②館造幣廠，我亦見之。惟現在政府不久必倒，亦同鷄肋。既囑致函，容繕發，明日寄，又及。

世有梅郎中③，必資賢以千金，賢其爲完白山人④乎？

考證：

①（一〇六）未署日期。

函云『書至此，適接來函』。張美翊用『蒹猗閣箋』做『書帖消遣』事寫『謝道韞……薛道衡』時，得朱復戡來函，囑寫致羅雁峰函，張美翊遂直接在已寫的文稿後覆函朱復戡。此從覆函内容與『謝道韞……薛道衡』文稿毫無關係可知。

函云『丹徒羅生館造幣廠，我亦見之』，羅鴻年（雁峰）一九二二年十月三日（壬戌八月十三日）到任造幣廠長後不久，函知上海總商會，見《申報》一九二二年十月十五日（壬戌八月二十五日）《羅鴻年接任造幣廠長之函知》。之前張美翊已知此消息，朱復戡來信『既囑致函』，遂『容繕發，明日寄』，『明日』所寄函，即後（一〇七），署款『初六』，則此爲『初五』。

此信書寫時間當爲一九二二年九月二十五日（壬戌八月五日）。

②羅鴻年（雁峰）。

③梅鏐。

④鄧石如。

述評：

①關於『謝道韞……薛道衡』文稿：

謝道韞，字令姜。謝安姪女；謝奕女；王凝之妻。《晉書·王凝之妻謝氏傳》：

> 王凝之妻謝道韞聰明有才辯。嘗内集，雪驟下，叔謝安曰：何所擬也？安兄子朗曰：撒鹽空中差可擬。道韞曰：未若柳絮因風起。

洪允祥《張讓三先生六十徵詩文啓》（《甬上青石張氏家譜·贈言》味芹堂鉛印本，一九二五年）：

雪夜成詩，女有道蘊之譽。

張美翊女世芳、世芬，未知二人中誰能詩，有謝道韞之譽。

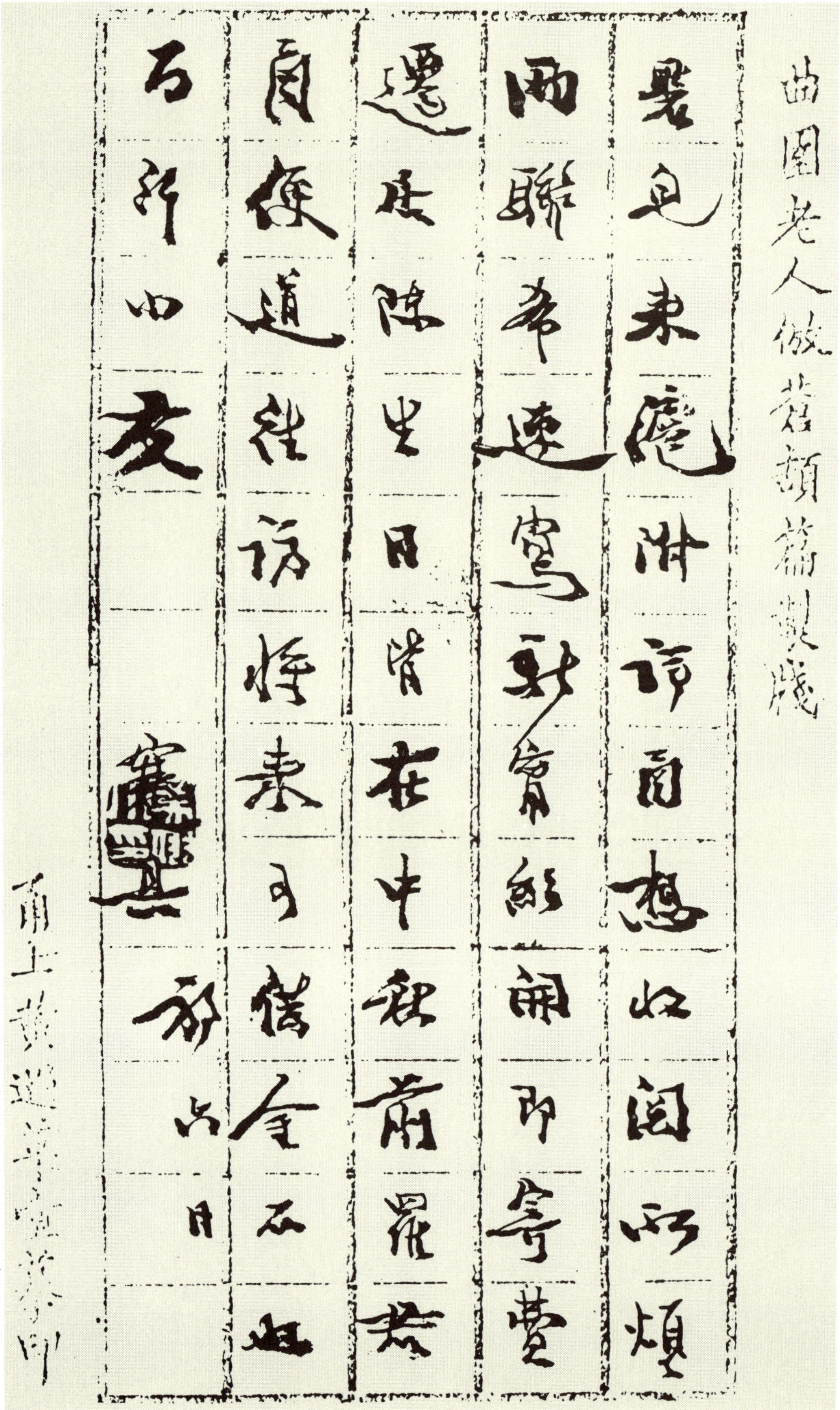

（一〇七）致朱復戡①

一九二二年九月二十六日　壬戌八月六日　星期二

黄過草堂箋

裝兒來滬，附詳函，想收閱。所煩兩聯，希速寫，『新甯紹』開即寄。費遷居、陳生日，皆在中秋前。羅君②函便道往訪，將來可借金石也。

百行小友。

蹇具，

初六日。

（鈐印）美翊小印（白文）。

考釋：

①（一〇七）祇署『初六日』，未署年、月。

函云『羅君函便道往訪』，與（一〇六）函云『丹徒羅生館造幣廠……既囑致函，容繕發，明日寄』相銜接。羅君函，是指張美翊於壬戌八月五日得朱復戡來函『囑致（羅）函』，壬戌八月五日之『明日』，即初六日。

函云『費遷居、陳生日，皆在中秋前』，與（一〇二）函云『玆有慈谿費君壽序一箱，煩勸業銀行陳定元君送上』相銜接。又與（一〇三）函云『費壽屏潤筆必不遲延，想陳定元必照送』相銜接。又與後（一一〇）函云『費序寫完否』有聯係，此爲前引。則此函在八月中秋節前數日。

此信書寫時間當爲一九二二年九月二十六日（壬戌八月六日）。

②羅鴻年（雁峰）。

百行賢契：來函悉。洞房七絕極思多漢是手
明所今錄李義山兩律則露了手腳空明來為
極稱賢才品出眾，又竊石鼓之後，去老一派
老夫竊見其宜獨立學問，無師自然，令人
來處山林寥無老者，關境界，心其獨造靈臺，星角
絕似畢生窮長此入手，勿再窮要游何上海
瑤境空氣惡劣，尋老華來甚放心，空門之
老友蘇州顧衡女史見以繪觀音，家大加獎賞，得其太夫
人經日記稱佛求寬小堂懸觀音像一幀，用作底
君年五十餘，頭年得于視松浙江，從請真春至遺極
送潤資五元之鉅，於十二月中由此寄來申謝上。又壽鑒女
先生頓首何以所在地址煩請書作函，祈賜明示
侍社　寶定　月一九七八

（一〇八）致朱復戡①

一九二二年九月二十七日　壬戌八月七日　星期三

蕉葉佛箋②

百行賢契：

來函具悉。《洞房》七絶極惡，多誤，豈可用耶？今録李義山③兩律，則處處可用。空同來函極稱賢才品出衆，又謂近寫《石鼓》，不落缶老一派。老夫謂凡事宜獨立，學問亦然。師古人然後知今人來處，寐叜、缶老另闢境界，正其獨立處。頃見賢函，絶似覃溪④、雪堂，可從此入手，勿再寫沈、吴一派何如？上海環境空氣太惡，幸賢有老輩往來，我甚放心。空同之老友蘇州顧衡如⑤見賢繪觀音象，大加嘆賞，謂其太夫人終日禮拜佛，求寫小堂幅觀音象一幀，用絹底。顧君年五十餘，晚年得子。現爲浙江候補官，奉差查振。送潤資五元，準於十二日安、慧等來申帶上。又：劉澄如先生頗問賢所在，想煩作書，餘續詳。順問

侍祉。

蹇叜具，

初七日。

考釋：

①（一〇八）衹署『初七日』，未署年、月。

函云『空同來函極稱賢才品出衆』，與（一〇三）函云『空同今日來滬』相銜接。（一〇三）是空同抵申後有函致張美翊，張得空同函後方有此語。

函云『蘇州顧衡如，見賢繪觀音象』，與（八五）函云『觀音宜工筆著色，上方偈語宜界朱格』相銜接。又與（九一）函云『賢謂觀音像可工筆，偈語勿界格』相銜接。又與（九九）函云『繪觀音像，絶精妙』相銜接。又與後（一一〇）函云『顧衡如畫觀音像，潤資五元附去』有聯係，此爲前引。

函云『送潤資五元，準於十二日安、慧等來申帶上』，與後（一一〇）函云『安、慧來，不易惹』有聯係，此爲前引。《沙孟海全集》（西泠印社出版社，二〇一〇年）第十卷《僧孚日録》壬戌八月十一日：

安令、慧令亦來……又爲慧令作名印。

安令、慧令是來向老師辭行，因十二日安、慧赴申，然後赴津。

此信書寫時間當爲一九二二年九月二十七日（壬戌八月七日）。

②信箋用箋紙：畫一佛坐芭蕉葉上，款署：『南無阿彌陀佛，釋迦牟尼佛應世二千九百五十一年，靜堪敬造。（鈐印）義方私印（白

文）。簡稱『蕉葉佛箋』，首次見用。

③李商隱（八一三—八五八），字義山。號玉谿生、樊南生。滎陽（今河南鄭州滎陽市）人。唐文宗開成二年（八三七）進士。

④顧廷懋（一八七一—一九四四），字衡如。蘇州光福鎮潭東村人。監生。一九二二年，寧波電報局長。一九二三年，浙江『餘東關統捐局』局長。吴湖帆好友，吴續弦顧抱真（寶珍），顧爲女方主婚人。顧衡如在蘇州人稱『光福的杜月笙』。

述評：

①關於『空同來函極稱賢才品出衆，又謂近寫《石鼓》，不落缶老一派』：

張美翊一九二二年十月四日（壬戌八月十四日）致朱復戡函又言『賢刻印無缶氣，極好。』一九二三年五月十七日（癸亥四月二日）致朱復戡函又言『勿落缶老一派。』都是不欲朱復戡再學吴昌碩。

復戡師曾語筆者：

《石鼓》應寫出大篆的味，是拔高，吴昌老寫《石鼓》是小篆味，不高。而昌老寫王覺斯，寫得比王覺斯緊凑，是拔高。我寫二王，但比二王緊凑，是受昌老啓發。

②關於『老夫謂凡事宜獨立，學問亦然。師古人然後知今人來處』：

在藝術上能够另闢境界，已屬不易。在學術上達到獨立，最不易得。黄庭堅《答洪駒父書》（《豫章黄先生文集》，民國上海涵芬樓景印本）：

自作語最難，老杜作詩，退之作文，無一字無來處。蓋後人讀書少，故謂韓杜自作此語耳。

讀古人書，知今人出處。方知何爲創新而不輕言『開宗立派』。

③關於『頃見賢函，絶似覃溪、雪堂』：

翁方綱（一七三三—一八一八），字正三；又字忠叙。號覃溪；晚號蘇齋。大興（今北京市大興區）人。藏書處名：小蓬萊閣、賜書樓、寶蘇齋（藏《施顧注蘇詩》與蘇東坡《嵩陽帖》）、三萬卷齋、三漢畫齋、石墨樓。藏書印有：蘇齋墨緣、蘇齋真鑒、秘閣校理、内閣學士内閣侍讀學士翰林侍讀學士、石默書樓、三任廣東學政、大興翁氏石默書樓珍藏圖書、恩加二品重宴瓊林、小蓬萊閣、覃溪審定、子孫寶之、北平翁方綱審定真迹。乾隆十七年（一七五二）恩科進士。曾任廣東、江西、山東三省學政。精通金石學、譜録學。工書畫，擅詞章。書法顔真卿、歐陽詢、虞世南。尤善隸書。論詩創『肌理説』。《清史稿》有傳。

由此知朱復戡此時學翁方綱、羅振玉，甚似。亦知張美翊的書學觀當然是學古人，但亦不完全否定學近人。

④關於劉澄如：

劉錦藻（一八六二—一九三四），原名劉安江，字澂如，亦作澄如。號橙墅；晚號堅匏盦。南潯（今湖州市南潯區南潯鎮）人。南潯首富劉鏞次子，承繼從父劉鏘。光緒二十年甲午（一八九四）進士。一九〇〇年於杭州西湖畔辟地營造『堅匏別墅』。藏書處名：堅匏庵。晚年在青島有：靜寄廬。

光緒三十一年乙巳（一九〇五）七月，與湯壽潛創辦浙江鐵路公司，董事兼副理。參予保路運動。

其子劉儼庭，娶盛宣懷六女盛靜頤。

曲園老人倣蒼頡篇製箋

孟海老弟先生侍史

法篆大好榭字既見新楷請改

从木今日檢閱隋唐墓志小品

之供炎暑消遣敬問

道安　張美翊謹狀　十一日

甬上黄過草堂摹印

（一〇九）致沙孟海①

一九二二年十月一日　壬戌八月十一日　星期日

黃過草堂箋

孟海老弟先生侍史：

法篆大好，『榭』字既見新坿，請改从木。今日檢閱隋唐墓志小品，足供炎暑消遣。敬問

道安。

張美翊謹狀，

十一日。

（鈐印）美翊小印（白文）。

考釋：

①（一〇九）致沙孟海。祇署『十一日』，未署年、月。

函云『法篆大好』，《沙孟海全集》（西泠印社出版社，二〇一〇年）第十卷《僧孚日録》壬戌八月十日：『代蹇丈寫壽人詩箋。』似代蹇丈寫壽人詩箋用篆書，得到夸獎。

函云『「榭」字既見新坿，請改从木』，《沙孟海全集》（西泠印社出版社，二〇一〇年）第十卷《僧孚日録》壬戌八月九日：『爲夷父刻「意榭」一印。』似有聯係。

此信書寫時間似爲一九二二年十月一日（壬戌八月十一日）。

述評：

①關於『「榭」字既見新坿，請改从木』：

推測張美翊之前與沙孟海涉及『榭』字，因『榭』字《説文解字》卷六木部：『榭，臺有屋也。从木䠶聲。』是新附字，張美翊有可能是有疏忽。此時是聽從沙孟海的建議，從《説文》新附字。

曲園老人倣舊題籤製箋

百行賢妻文覺手及不鼓又帖

拘患擬從容妃玩頤衡女畫龕

音像潤寶孟之附屯寫仲寄校

冊法集同稿社皆住此劉鑒老

我門存

進士京臺南澤人佳賦總里翰

作亲仰之尊人親作詩製聯真
正當翁其干任電氅太史被打
走質未知此人高絕矣安慧來
不易慧萬分寥之氣貴序寫定否
佛經附上報聞傳禮塞懸十八月

（一一〇）致朱復戡①

一九二二年十月二日　壬戌八月十二日　星期一

黄過草堂箋

百行賢契文覽：

示及石鼓、又帖均悉，擬從容把玩。顧衡如畫觀音像潤資五元附去，寫件寄杭州陸軍同袍社。（或問亦姪②住址。）劉澄老③，進士，京堂④。南潯人，住貽德里⑤，翰佁［怡］⑥京卿之尊人。能作詩製聯，真正富翁，其于［於］位，雲麓太史⑦被打走。賢未知此人高絶矣。安、慧來，不易惹，萬勿客氣。費序寫完否？佛牋附上。敬問

侍祺。

寒具，

八月十二。

考釋：

①（一一〇）衹署『八月十二』，未署年。

函云『顧衡如畫觀音像潤資五元附去』，與（一〇六）函云『蘇州顧衡如，……求寫小堂幅觀音像一幀……送潤資五元』相銜接。

函云『劉澄老，進士，京堂』，與（一〇八）函云『劉澄如先生頗問賢所在』相銜接。

函云『安、慧來，不易惹』，與（一〇八）函云『準於十二日安、慧等來申帶上』相銜接。

函云『費序寫完否』，與（一〇二）函云『茲有慈谿費君壽序一箱，煩勸業銀行陳定元君送上，煩大筆工寫』相銜接。又與（一〇三）函云『費壽屏潤筆必不遲延，想陳定元必照送』相銜接。

此信書寫時間當爲一九二二年十月二日（壬戌八月十二日）。

②張亦湘。

③劉澄如。

④清代對都察院、通政司、詹事府、大理、太常、大僕、光禄、鴻臚等寺及國子監的堂官，概稱京堂；負責文書、草擬者稱京卿。中葉以後，對官小任重而另加三品京卿、四品京卿者稱京堂。

⑤今上海濟南路東、肇周路北，肇周路三八四弄。

⑥劉承幹（翰怡）。

⑦高振霄。

述評：

①關於張美翊與劉承幹：

劉承幹（一八八一—一九六三），字翰怡。號貞一。原籍上虞（今紹興市上虞區），客籍南潯（今湖州市南潯區）。劉澄如子。藏書處有：宋四史齋（藏鎮庫之寶宋版四史，吴昌碩題）、嘉業藏書樓（宣統頒賜九龍金匾『欽若嘉業』，陸潤庠代筆）。光緒三十一年乙巳（一九〇五）秀才。宣統年間因賑灾捐銀三萬多兩，累獲分部郎中；四品京堂，人稱『京卿』。

書迹刻石：

一九二三年，《重造五佛鎮蟒塔功德碑記》：釋亡名撰；劉承幹書；王宗炎篆額。

張美翊與劉承幹均爲『淞社』中人。《甬上青石張氏家譜·贈言》（味芹堂鉛印本，一九二五年）收有劉承幹《張節母戴太孺人旌節録題辭》。

一九二〇年，張美翊介紹馮貞群與劉承幹相識。馮貞群《伏跗室書藏記》（駱兆平著《天一閣研究叢書》，寧波出版社，二〇一二年）：

庚申七月，吴興劉翰怡京卿來游育王，道經甬上，張丈蹇叟介與訂交，接席談藝，京卿方刻《吴興叢書》屬爲搜訪，乃發篋以芷畦《禮記集説》稿贈之。……惜蹇叟墓有宿草，不及見矣！乙亥四月二十四日馮貞群題記。

百千賢友前所想達多慧同來

又多奉優顧衡如川有佳址寄

上觀音像寶寺用[illegible]

木軸記田達命服[illegible]

尊文殺[illegible]

秋稘

開萬壽

[illegible]

南無大慈大悲救苦救難觀世音菩薩

釋迦牟尼佛應世二千九百五十一年歲在壬戌中秋節供奉

願太夫人念經堂

佛弟子員上奉義方恭摹并題

皆寫海上

（一一一）致朱復戡①

一九二二年十月四日　壬戌八月十四日　星期三

明華萬歲箋②

百行賢友：

前函想達。安、慧同來，又多奉擾。顧衡如片有住址，寄上。觀音像寫好，用油紙包裹，中嵌木軸，託四達俞服楚兄轉寄。另函轉交。敬問（養姪③、繆生④來函，知今日新銀行，甚慰。賢刻印無缶⑤氣，極好。）

秋祺。

蹇安手奉，

十四日。

南無大慈大悲救苦救難觀世音菩薩，釋迦牟尼佛應世二千九百五十一年，歲在壬戌中秋節，供奉顧太夫人念經堂。佛弟子甬上朱義方恭摹拜題。

考釋：

①（一一一）祇署『十四日』，未署年。而函云：『歲在壬戌中秋節』，寧波民俗，中秋節爲八月十六日。函云『安、慧同來，又多奉擾』，與（一〇八）函云『準於十二日安、慧等來申帶上』相銜接。又與（一一〇）函云『安、慧來，不易惹』相銜接。函云『顧衡如片有住址，寄上』，與（一一〇）函云『顧衡如畫觀音像，潤資五元附去，寫件寄杭州陸軍同袍社（或問亦姪住址）』相銜接。

此信書寫時間當爲一九二二年十月四日（壬戌八月十四日）。

②箋底紋『明華萬歲：集西岳華山碑字爲明華銀行造牋，壬戌七月，百行朱義方時客海上。』（鈐印）義方私印（白文）；靜堪（朱文）。一九二二年九月六日（壬戌七月十五日）張美翊致朱復戡函云『明華造牋，何人所託？今擬三式，擇用之』，（一一一）所用『明華萬歲箋』，當是據張美翊所擬而製。是此信爲壬戌八月十四日佐證。

③張亦湘。

④繆赤峰。

⑤吴昌碩。

曲園老人倣蒼頡篇[illegible]箋

孟海老弟先生左右

示敬悉烏絲闌收到筆尤佳惜

太瘦耳老年神觀不足往往誤

記古人名不勝愧恧細思令作

陳情景究致歎云云与通篇不

一冊上黃[illegible]

曲園老人致蒼頡書 七又

類懋少研鍊功夫下筆詠易不
脩乞台代為訂定抑轉請馮浩
童諸君一識彈之偏頗領謝
專布款意敬問
道祉 謝謹狀 廿一夕

南陽上黃遵草堂營字印

（一一二）致沙孟海①

一九二二年十月十一日　壬戌八月二十一日　星期三

黄過草堂箋

孟海老弟先生左右：

示敬悉，烏絲闌收到，筆尤佳，惜太輭耳。老年神觀不足，往往誤記古人名，不勝愧恧。細思『令伯陳情』②『景完致歡』③云云，與通篇不類，揔少研鍊功夫，下筆流易不偹。可否代爲酌定，抑轉請馮、洪、童諸君一譏彈之。牗額領謝，夷弟致意。敬問

道祉。

美翊謹狀，

廿一夕。

（鈐印）張美翊（白文）。

考釋：

①（一一二）致沙孟海。衹署『廿一日』，未署年、月。

函云『老年神觀不足，往往誤記古人名，……可否代爲酌定』，似與（一〇六）函云『段翁壽詩奉求大筆（未書：壬戌八月，甬上友弟張某某呈稿、沙某某書）』相銜接。『代爲酌定』的有可能是『張某某呈稿、沙某某書』的段翁壽詩。

函云『牗額領謝，夷弟致意』，《沙孟海全集》（西泠印社出版社，二〇一〇年）《僧孚日録》壬戌七月廿七日：

遞到蹇丈片，屬與夷父分寫『後樂園』峴臺、『送香亭』匾額。

據《僧孚日録》，『送香亭』匾額，沙孟海分幾日寫了幾次，都不滿意，直至八月六日還在重寫。八月廿一日之前寫成，在情理之中。本函當是壬戌八月廿一日。又：『牗額領謝，夷弟致意』，因張美翊『囑與夷父分寫後樂園峴臺』，故『夷弟致意』，爲佐證。

此信書寫時間似爲一九二二年十月十一日（壬戌八月二十一日）。

②李密（二二四—二八七），字令伯。武陽（今四川眉山市彭山縣）人。《陳情表》，李密寫給西晉武帝的奏章。

③東漢《曹全碑》：

是以鄉人爲之諺曰：重親致歡曹景完。

宋汪聖錫集刻東坡書於成都西樓
下凡三十卷放翁擇其尤奇逸者十卷名曰東
坡書髓此本六册四册蓋藏於南海吳荷屋
後歸潘季彤即刻海山仙館叢書者旋歸伍
氏即刻粵雅堂叢書者有何蝯叟跋潘伍兩家
皆粵商與洋人交易者也最後為仁和王子展
存善所得王官粵東貪而刻羈收金不以此
擾交者大老孝西林寄翁之故宣統初以贈陶齋後之
册則高江村謝東墅遺藏之後歸葉蘭坡
陶齋又得自粵中後跋以王所得為七卷葉
本為三卷以符放翁十卷之目今祇缺六册

似尚未完，然後閱一過，覺神采奕奕，如見
坡老下筆時意態。又書不一樣，遠勝三希堂、
景蘇園諸叢帖，可寶也。
陶齋曾刻成化本東坡七集，盡取校此帖，注
其來歷。清書宜尚友，與青本宜尚友。
東又以錄入圖贈此冊見示，望檢帖集一樣之。
惜余竟病，不能收勘，援筆題跋。
壬戌重九前四日寶熙記於薛樓，時年六十有六

（一一三）爲葛夷谷①

一九二二年十月二十四日　壬戌九月五日　星期二

蕉葉佛箋

宋汪聖錫②集刻東坡書於成都西樓下，凡三十卷。放翁擇其尤奇逸者十卷，名曰《東坡書髓》。此本六册，前四册蓋藏於南海吴荷屋③，後歸潘季彤，即刻《海山仙館叢書》者。旋歸伍氏④，即刻《粤雅堂叢書》者，有何蝯叟⑤跋。潘、伍兩家皆粤商與洋人交易者也。最後爲仁和王子展存善⑥所得。王官粤東，貪而刻。獨好金石，以此接交諸大老（岑西林⑦嘗劾之），故宣統初以贈陶齋⑧。後二册則高江村⑨、謝東墅⑩遞藏之，後歸英［瑛］蘭坡⑪。陶齋又得自粤中。後跋：以王所得爲七卷，英（瑛）本爲三卷，以符放翁十卷之目。今衹裝六册，似尚未完。然覆閲一過，覺神采奕奕，如見坡老下筆時意態。又：書不一體，遠勝三希堂景蘇周諸叢帖，可寶也。

陶齋嘗刻成化本《東坡七集》⑫，盍取校此帖，注其來歷。讀書宜尚友，學書亦宜尚友。夷父以銀八圓購此册見示，望檢《坡集》一校之。惜余衰病，不能相助，擲筆黯然。

壬戌重九前四日蹇叜記於薛樓，時年六十有六。

（鈐印）蹇叜（朱文）。

考釋：

①（一一三）爲葛夷谷。署有明確日期：壬戌重九前四日。

書寫時間當爲一九二二年十月二十四日（壬戌九月五日）。

②汪應辰（一一一八—一一七六），初名洋，字聖錫。學者稱玉山先生。謚『文定』。玉山（今江西上饒市玉山縣）人。紹興五年（一一三五）進士（狀元）。《宋史·藝文志》有傳。

③吴榮光（一七七三—一八四三），原名燎光，字殿垣、伯榮。號荷屋、可庵；晚號白雲山人、拜經老人。南海（廣東佛山市南海區）人。藏書處名：筠清館、石雲山房、友多聞齋、峴樵山房、賜書樓（儲『先帝所賜上方善本』）。藏書印有：坡可庵印、峴樵山房藏書之章、荷屋審定、吴氏筠清舘所藏書畫、吴伯榮氏秘籍之印。嘉慶四年（一七九九）進士。《清史列傳》有傳。

④伍崇曜（一八一九—一八六三），原名元薇，亦作元微。一名紹榮。字良輔。號紫垣。南海（今廣東佛山市南海區）人。道光十一年（一八三一）欽賜舉人。藏書處名：粤雅堂、遠愛樓。能畫，喜詩文。

⑤何紹基（子貞）。

⑥王存善（一八四九—一九一六），字子展。錢塘（今杭州市）人。室名：寄青霞舘、輯雅堂、知悔齋（承繼祖父王兆杏藏書樓名）。藏金石碑版有宋拓本《道因法師碑》《懷仁聖教碑》《昭陵碑》等。

⑦岑春煊（一八六一—一九三三），原名春澤，字雲階。西林（今廣西壯族自治區百色市西林縣）人。壯族，雲貴總督岑毓英子。光緒十

一年乙酉（一八八五）舉人。

⑧端方（一八六一—一九一一），托忒克氏，字午橋。號陶齋。滿洲正白旗人。一説漢人，姓陶。謚『忠敏』。藏書處名：寶華庵、陶齋。藏書印有：樂道主人真賞、端方藏記。光緒八年壬午（一八八二）舉人。

⑨高士奇（一六四五—一七〇四）或（一六四五—一七〇三），字澹人。號瓶廬、江村、全祖、竹窗（賜號）。謚『文恪』。慈谿匡堰鎮高家村人，移錢塘（今杭州市）、遷平湖（今嘉興市平湖市）。藏書處名：朗潤堂、巖耕草堂、江村草堂。收藏印有：紅雨軒、生香樂意齋、郎潤堂、蕭香齋、蔬香園、香齋、高氏巖耕草堂藏書之印、高氏江村草堂珍藏書畫之印。監生。康熙十六年（一六七七）以薦供奉内廷。一六八五年，《大清一統志》副總裁。能詩，善畫，工書，尤善鍾、王小楷。

⑩謝墉（一七一九—一七九五），字昆城。號金圃、豐甫；晚號西髯、東墅老人。别署聽鐘居士。浙江嘉善楓涇鎮（今上海市金山區）人。乾隆十七年壬申（一七五二）進士。鑑藏印有：楓溪謝墉、楓橋謝墉、嘉禾謝東墅藏、東墅審定、謝東墅藏書印、東墅墉印、謝氏之學。曾任太子永琰（嘉慶帝）師。乾隆四十二年（一七七七），督學江蘇，乾隆四十八年（一七八三）復任江蘇省學政。翌年，阮元以第四名考中，入儀徵縣學，補附生。

⑪瑛棨（？—一八七八），原姓鄭，名瑛桂。號蘭坡居士。漢軍正白旗人（因功編入漢八旗）。蔭生。擅丹青。

⑫《東坡七集》：《東坡集》《東坡後集》《東坡續集》《奏議集》《内制集》《外制集》《應詔集》。

述評：

①關於『陶齋曾刻成化本《東坡七集》，盍取校此帖，注其來歷。……望檢《坡集》一校之』：

《西樓蘇帖》，蘇軾的集帖拓本。收入蘇軾二十九—六十六歲的詩文六十餘篇，作行、草、楷。西樓爲成都古蹟，石至明時已佚。

陸游《渭南文集》（吉林出版集團，二〇〇五年）跋：

> 成都西樓下有汪聖錫刻東坡帖卅卷。
>
> 西樓下石刻東坡法帖十卷，擇其尤奇逸者爲一編，號東坡書髓。

文明書局（丁寶書等於一九〇二年創辦，初稱文明編譯印書局）影印殘本六册《東坡書髓》，一九二〇年版；次年再版。葛夷谷所購即此版本。

《沙孟海全集》（西泠印社出版社，二〇一〇年）第九卷《僧孚日録》辛酉五月十一日：

> 在吁雷室閲《東坡書髓》。

張美翊對帖學的精審，從跋文中可體見。

張美翊對學生每見一新帖，總要求學生按照『文帖互校』方法進行研究。例見一九二二年五月一日（壬戌四月五日）爲屠武仲題《穆氏先塋石表》：『山谷老人題語「聞李監石刻之所在，無風雨晨夜」下語氣未絶，當檢山谷文集校之。』

此可見張美翊認爲：學書必先讀書。

②關於潘氏《海山仙館叢書》及《海山仙館叢帖》：

潘正煒（一七九一—一八五〇），字季彤；又字榆庭。號聽颿樓主人。廣東番禺人。室名：清華池館、望瓊仙館、聽颿樓（藏書畫樓）。收藏印有：潘氏墨緣、神妙品、聽颿樓印、聽颿樓藏、潘氏聽颿樓藏、聽颿樓書畫印、季彤審定、季彤心賞、季彤秘玩、季彤鑒定珍藏、季彤平生真賞、潘季彤鑒賞章。副貢生。

潘仕成（一八〇四—一八七三），字子韶。號德畬，亦作德畭、德輿。潘正威子；潘正煒姪。藏書處名：周敦商彝秦鏡漢劍唐琴宋元明書畫墨迹長物之樓、藏張長史郎官記之室、寶琴齋、天響琴齋、荔香園。藏書印有：繼興堂主人手啓、子韶審定、海山仙館主人、曾在潘德畬家、潘仕成號德畬一字子韶、德畬心賞、德畭秘藏、天響琴齋藏書、嶺南潘氏寶琴齋珍藏書畫之印、藏張長史郎官記之室、德翁秘籍賞心之品、天響琴齋、藏之海山仙館、修梅仙館秘玩、潘德畬審定。道光十二年（一八三二）順天鄉試副貢生。

潘仕成修建別墅『荔香園』，又名『潘園』（在廣州西門外泮塘，今荔灣湖公園內）。兩廣總督耆英書園門匾額『海山仙館』及楹聯『海上名山，仙人舊館』。園内有：眉軒、雪閣、小玲瓏室、文海樓等。所藏古玩文物號稱『粤東第一』。潘仕成將所收藏的古帖及時人手迹，分類爲摹古、藏真、遺芬，鐫刻上石，大多嵌於海山仙館的迴廊沿壁，達千餘石，石刻施工時間，自道光九年（一八二九）至同治五年（一八六六）止，前後延續三十七年。並拓存匯編爲《海山仙館叢帖》。海山仙館極盛時爲廣東高官非正式接見歐美外交使者和商人的場所。一八七三年被查抄。

《海山仙館叢書》，刻於道光二十六年（一八四六）。潘仕成選擇藏書中的古今善本，由南海舉人譚瑩校訂，雕版極精，校核謹嚴。

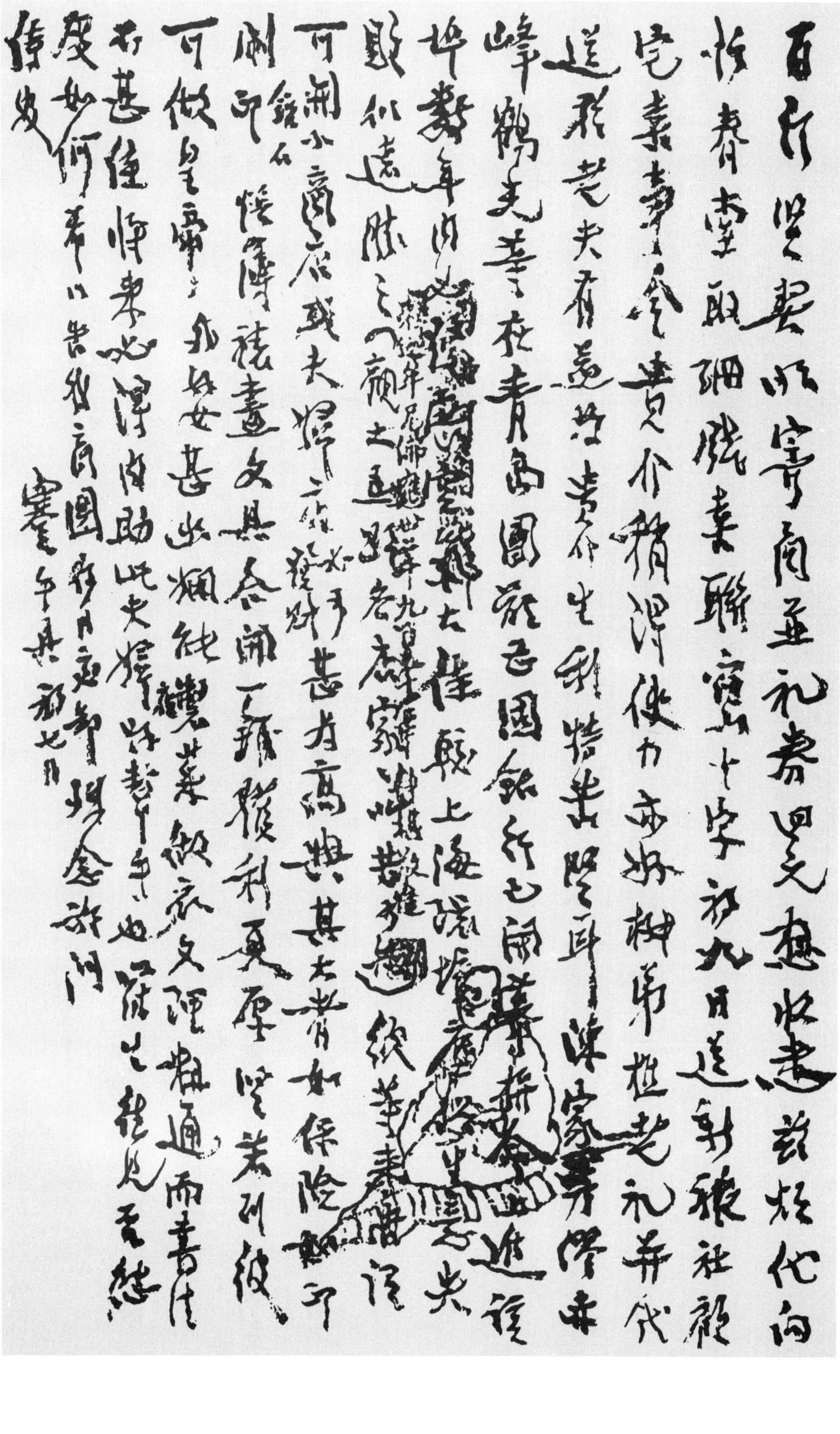

（一一四）致朱復戡①

一九二二年十月二十六日　壬戌九月七日　星期四

蕉葉佛箋

百行賢契：

昨寄函並禮券四元，想收悉。茲煩代向怡春堂取珊瓞喜聯，寫十字，初九日送新旅社②。顧宅喜事，令貴介③稍得使力亦好。椒弟④、樵老⑤禮并代送。於老夫有益，爲貴介生利，特苦賢耳。陳家芳、繆赤峰、鶴光⑥等在青島團體甚固，銀行已開幕，拼命上進。該埠數年内必發展，空氣大佳，較上海環境塵俗，生意失敗，似遠勝之。（觀大馬路各店，家家叫苦可知。）彼等來告，謂可開小商店或夫婦店（必可發財），甚爲高興。其大者如保險，如印刷（鉛石印），帳薄、裱畫、文具合開一鋪，獲利更厚。賢若到彼，可做皇帝。外孫女⑦甚幽嫻，能製菜做衣，文理粗通而書法不甚佳，將來必得内助，此夫婦店好幫手也。羅生⑧往見否？態度如何？希以告我。商團何日交卸？殊念。敬問

侍安。

蹇手具，

初七日。

考釋：

①（一一四）祇署『初七日』，未署年、月。

函云『鶴光等在青島團體甚固，銀行已開幕』，與（九六）函云『鶴光等已抵青島，有信來』相銜接。一九二二年十月，明華銀行青島分行開業，張褧伯兼任經理，行址在青島河南路，後遷中山路四二號。公曆十月，農曆爲九月，此當爲九月初七日。

函云『羅生往見否』，與（一〇六）函云『丹徒羅生館造幣廠……既囑致函，容繕發，明日寄』相銜接。又與（一〇七）函云『羅君函便道往訪，將來可借金石也』相銜接。

此信書寫時間當爲一九二二年十月二十六日（壬戌九月七日）。

②上海新旅社，無錫人徐孟園在上海湖北路創辦。

③貴介，指兄弟。朱復戡弟朱仲勘，亦作仲龕。此時可爲朱跑腿送件。

④方椒伯。

⑤方舜年（樵舲），方椒伯叔父。椒伯八歲失怙。一九〇三年，赴滬與叔父共營祖傳産業。

⑥范斐卿、張世芳二人的兒子名范鶴言（鶴年）。范鶴光應是此輩中人。

⑦陳紉梅。

⑧羅鴻年（雁峰）。

述評：

①『商團何日交卸』，是朱復戡尚供職於上海總商會。

②『外孫女甚幽嫻，……將來必得内助，此夫婦店好幫手也。』首次言及朱復戡的婚姻。張美翊的外孫女陳紉梅，是朱復戡髮妻。

曲園老人倣蒼頡篇製箋

孟海老弟先生示敬悉。謝山先生裴府君碑銘早見之，擬聯附覽。來青寫篆措體似老缶，光緒初所為也。後間（久慎師壽詩係寫屏四幀）

道安

謹啟　十二

甬上黃選草堂摹印

（一一五）致沙孟海①

一九二二年十一月一日　壬戌九月十三日　星期三

黄過草堂箋

孟海老弟先生：

示敬悉。謝山先生《裴府君碑銘》早見之。擬聯附覽。來書寫篆楷，頗似老朽光緒初所爲也。復問（文慎②師壽詩係寫屏四幀。）

道安。

美翊謹狀，

十三。

（鈐印）美翊小印（白文）。

考釋：

①（一一五）致沙孟海。祇署『十三日』，未署年、月。

函云『擬聯附覽』，擬聯，似是爲葛夷谷。《沙孟海全集》（西泠印社出版社，二〇一〇年）第十卷《僧孚日録》壬戌九月十三日：

代蹇丈寫贈夷父徙居聯。

馮幵《回風堂詩文集》（中華書局倣宋字鉛印本，一九四一年）有《自吾家甬上，與葛氏姊爲鄰，葛甥暘相依問學幾十年所。壬戌九月徙而他適，感舊惻愴不能無詞。會張蹇叜有詩贈暘，遂次其韵兼呈吾姊》詩。

『壬戌九月徙而他適』指葛夷谷搬遷至青石橋。

此信書寫時間當爲一九二二年十一月一日（壬戌九月十三日）。

②瞿鴻禨。

述評：

①關於『篆楷』：

篆楷，把篆書的結體用正書寫出，亦即用楷書的筆法來寫古文字的字形，與隸定相類似。主要是本《説文》，如『旁』寫作『㫄』，『飲』寫作『㱃』。沙孟海《僧孚日録》中有許多字爲篆楷，葛夷谷的『夷』，沙寫作上面一個『大』下面一個『弓』，好像是『夸』字，實際上是《説文》『从大从弓』的來歷。此種寫法，似是沙孟海當時小楷的追求。其時鄞縣錢罕亦擅長篆楷。張美翊自言『頗似老朽光緒初所爲也』，張美翊一九二三年一月三十日（壬戌一月三日）致朱復戡函中，『答』作『畣』，偶亦作古字。沙孟海《僧孚日録》『塔』作『墖』。

②關於『謝山先生《裴府君碑銘》』：

全祖望《裴府君廟碑銘》，廟在童嶴村。

沙孟海《全謝山辭家詩墨迹册跋》（沙孟海著《沙孟海論書叢稿》，上海書畫出版社，一九八七年）：

童嶴在吾村西五里，余少時與童葵孫藻孫昆仲尋全氏遺迹，年湮代遠，多惝恍不可辨認。……《鮚埼亭集》中有《裴府君廟碑銘》……有關吾里掌故者，僅得此數文耳。

百行賢矣尤若之子來商悉表聯寫送甚慰

雁峰湖人自出龍見並見老弟爲商不延攬其身

則其人不可交矣耕弟當與相見嘉之攀同耳

也耕弟擇陽陽如請老弥九老擬爲預來

處十三日回真隱庵老弟送鑪同擬來商双

方簡有均不受禮奇哉莆田黑究係年閑自遠

澗縣請老或因此遂之故新安婦文兩可愛耳

東谷云太康碑木俗也起慚宋兵閑之兹有送

李先生李庭春兩聯姪向作春取仲儀遠為學
大筆即為揚名有人謂宜遷就壁如對原格
外克之例生意自來上海後氣不知其變處如高手
因架于大太生意新意既以為能隨其生平大名
此時尚定依附耳諸獨遊何如聯作也依後
希留意趙此獨來往漂和如兵甚闕林家人閒
年少能作石鼓新圖章至山平愛弟閒教詞
侍祺 寒之爰頓首
十六日

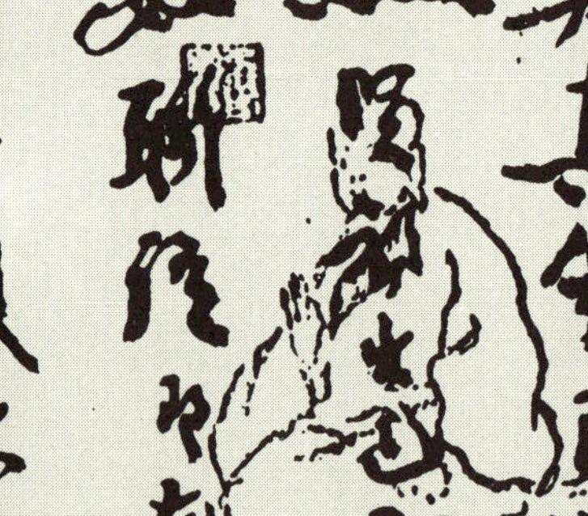

（一一六）致朱復戡①

一九二二年十一月四日　壬戌九月十六日　星期六

蕉葉佛箋

百行賢契左右：

十一夕來函悉。喜聯寫送，甚慰。雁峰②闊人，自然難見。然見老朽函而不延攬英年，則其人不可交矣。椒弟當與相見，盍先投函，再求椒弟探口氣何如。靖老初九午抵滬，寓强丈處，十三即回，真極飄忽。老朽送禮二圓。據來函，双［雙］方簡省，均不變禮。奇哉。蔣伯器③究係軍閥，自然闊綽，靖老或因此逃走，惟新夫婦文明可愛耳。夷谷云《太康甎》木公已題好，容再問之。兹有送董杏生、李庭森④兩珊聯，煩向怡春取件繕送。屢勞大筆，即爲揚名。有人謂賢宜遷就，譬如新店，格外克己，則生意自來。上海俗氣，不知真貨，即如高、王，因架子太大，生意蕭然。鄙意頗以爲然。賢初出已享大名，此時尚宜依附老朽，再謀獨立何如？聯語即在帖後，希留意。趙叔孺來訪，謙和如缶老⑤。其戚林冕之（閩人），年少能作《石鼓》、刻圖章。玉山可愛，并聞。敬問

侍祺。

蹇叟手奏，

十六日。

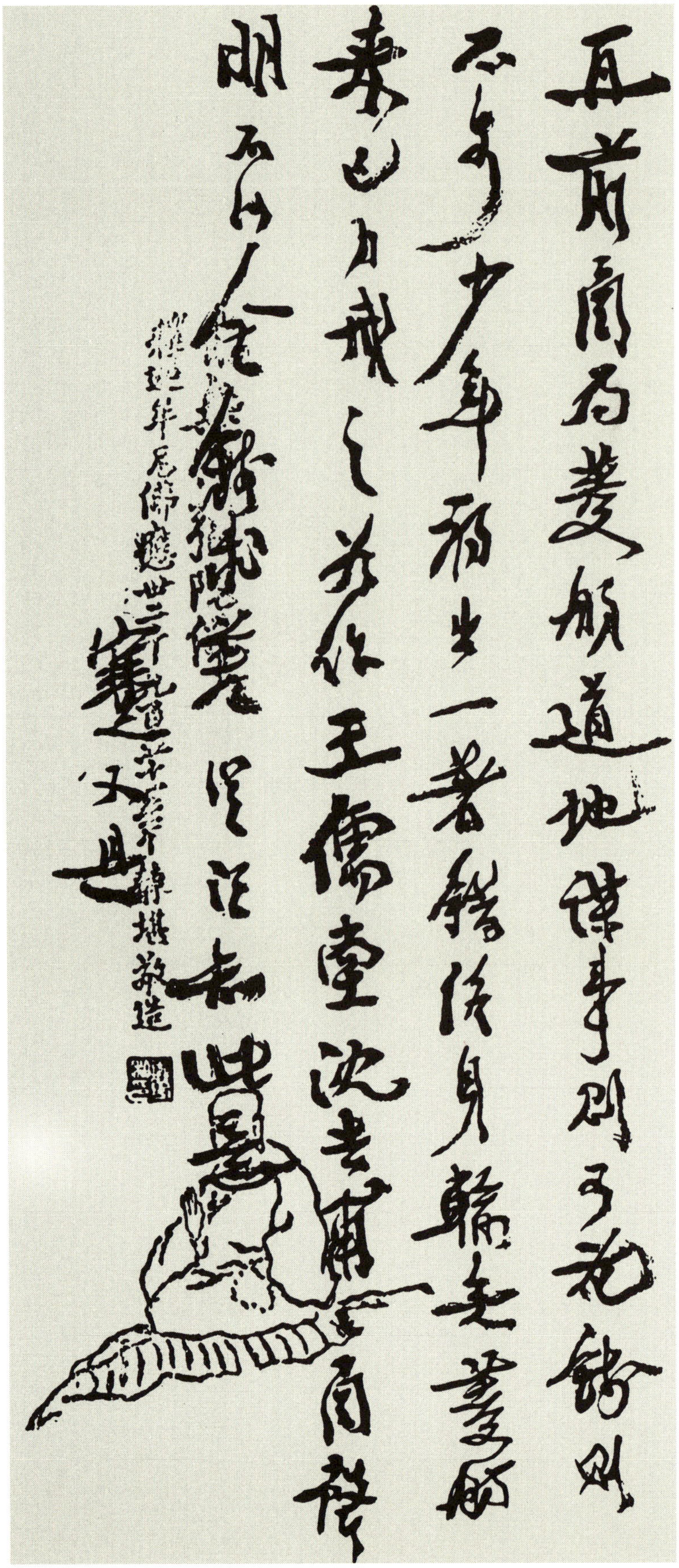

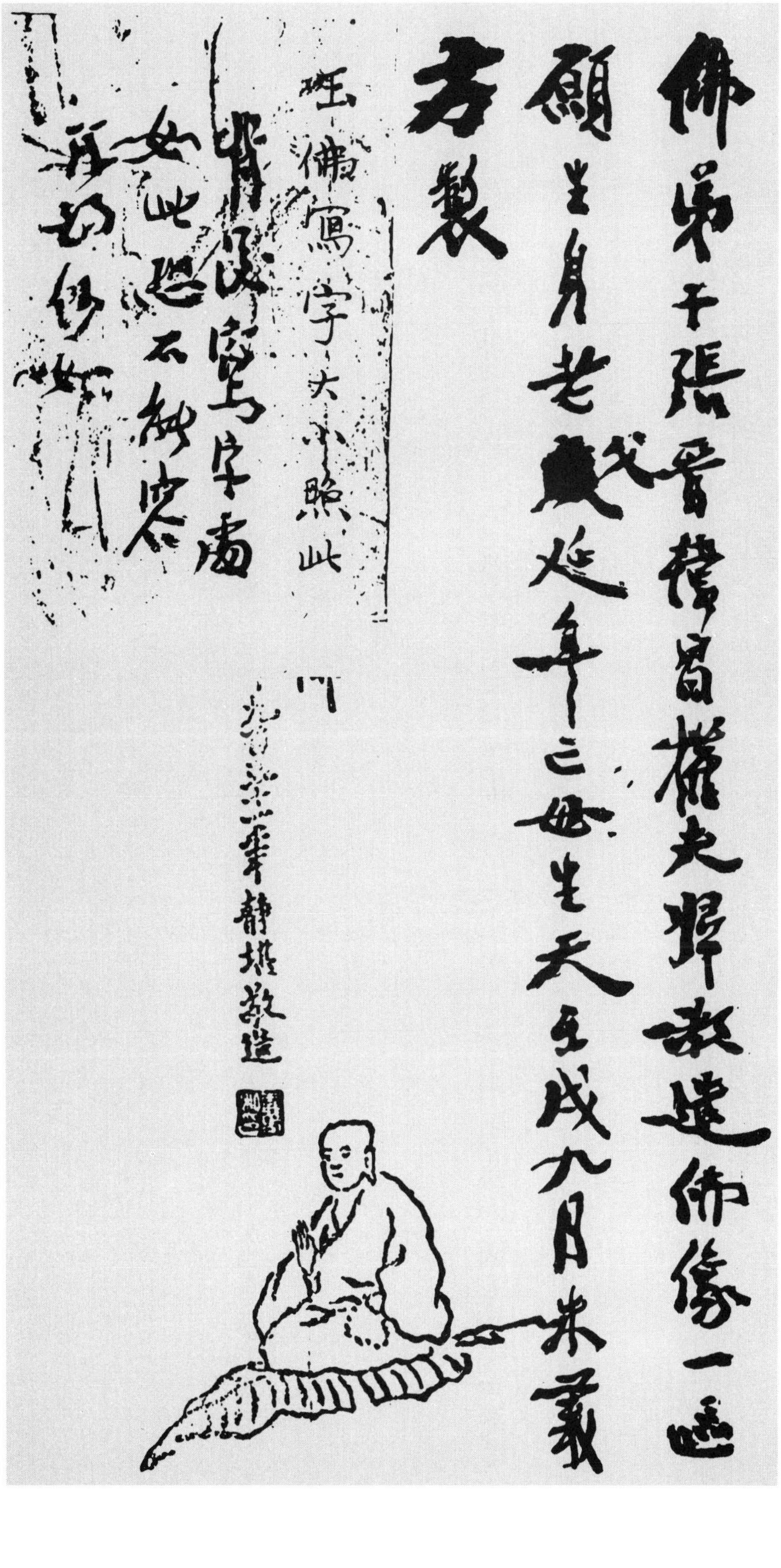
佛弟子張晉禮爲權夫得敬造佛像一區
願生身老延年亡母生天至戊九月朱義
方製
佛寫字大小照此
靜堪敬造

（一一七）致朱復戡

一九二二年十一月四日　壬戌九月十六日　星期六

蕉葉佛箋

前函爲菱舫⑥道地，謀事則可，花錢則不可。少年初出，一著錯，終身輸矣。菱舫來，已力戒之。爲作王儒堂、沈吉甫二函，聲明不以金錢求差，賢須知此意。

再：

佛弟子張晉韓昌權⑦夫婦，敬造佛像一區，願生身老父延年，亡母生天。壬戌九月朱義方製。

玉佛寫字大小照此。背後寫字處如此恐不能容，再酌何如？

蹇又具。

考釋：

①（一一六）（一一七）合并考證。（一一六）衹署『十六日』，未署年、月。（一一七）未署日期，而函云『壬戌九月』，有明確歲月，即壬戌九月十六日。

（一一六）函云『趙叔孺來訪』，《沙孟海全集》（西泠印社出版社，二〇一〇年）第十卷《僧孚日録》壬戌九月十七日：

途遇趙叔孺先生，先生近以事歸里。

是趙叔孺壬戌九月十七日前後在寧波，與張美翊相見。

（一一六）函云『雁峰闊人，自然難見，然見老朽函而不延攬英年』，與（一〇六）函云『丹徒羅生館造幣廠……既囑致函，容繕發』相銜接。又與（一〇七）函云『羅君函便道往訪』相銜接。又與（一一四）函云『羅生往見否？態度如何？』相銜接。

總之：（一一六）（一一七）信箋皆用『蕉葉佛箋』，兩函同封。書寫時間當爲一九二二年十一月四日（壬戌九月十六日）。

②羅鴻年（雁峰）。

③蔣尊簋（伯器）。

④李庭森，江蘇吴縣人。曹允源（根蓀）等編纂民國《吴縣志》（蘇州文心書局鉛印本，一九三三年）卷七十一中：李庭森妻朱氏。

⑤吴昌碩。

⑥菱舫，『令芳』諧音。同朱義方諧音『朱藝舫』。張德令、張令芳皆朱復戡青年時友，互相影響。林爾嘉一九一四年成立『菽莊吟社』，該社『未知籍地吟侣』名單中有『朱方』和『菱舫』。朱復戡幼名『朱方』。

⑦張絅伯韓昌權夫婦。張美翊的長子長媳。

述評：

①『椒弟當與相見，盍先投函，再求椒弟探口氣何如』，是爲朱復戡脱離上海總商會，去通商南市分行做准備。

②關於『雁峰闊人，自然難見，然見老朽函而不延攬英年，則其人不可交矣』：

羅鴻年（一八八〇—一九六二），字雁峰。號浥塵。江蘇丹徒人。秀才。南洋公學一九〇二年『墨水瓶事件』六班退學學生；一九〇六年七月中院第七届畢業。一九〇九年九月，參加留歐學生聯名在《時報》發表《敬告全浙父老》留湯保路。一九一一年，『英國伯明翰大學』畢業，獲商學士學位。一九一二年，三月七日，在《民立報》發表《共和憲法意見書》；『中國銀行籌備處』籌備員。一九一三年三月，『幣制委員會』調查員。一九一四年，『中國銀行國庫局』局長。一九一八年，三月，參與發起組織『北京證券交易所』；八月，『安福國會參議院』議員；『歐美同學會』審計。一九二一年，『中國銀行』第二届董事；九月，『銀行公會聯合會』出席華盛頓會議三名代表之一；參與發起『京都市儲蓄銀行』；十一月，梁士詒内閣財政部次長，旋去職。一九二二年，二月，『俄國灾荒賑濟會』成員；七月，『全國財政討論會』第一次會議賦税門、泉幣門調查員；十月三日，上海造幣廠廠長。

好書畫，擅畫佛。朱復戡曾刻印章：鴻年。

原學生羅雁峰不賣帳，張亦始料未及。其實，一九二三年四月羅即去職造幣廠，任期僅七個月，可知羅亦有難處。

③關於馮君木《太康甎》跋：

朱生義方，天才駿發，臨橅碑版，下筆即似；又工刻石，秦鉩漢印，往往亂真。年未二十，馳譽海上，琪花珠樹，誠可寶而愛也。頃爲張謇老造研，銘詞既雅，書刻尤古，合之叀[甎]文，可謂四美具矣。妙齡得此，蓄眼未見，歡喜贊嘆，從而題之。壬戌七月，馮幵。

（鈐印）君木（朱文）。

④關於董杏生：

董杏蓀（一八七九—一九五四），字杏生。鎮海（今寧波市鎮海區）莊市鷂鷹灣村（今莊市街道老鷹灣村）人。在上海四馬路九號有董杏記。經營輪船運輸。一九〇七年，『上海名妓演出助賑淮徐』任警察。一九〇九年，創辦『董氏軔初學堂』。一九二一年，創辦『四義國民學校』。一九二二年，『後海塘大修駐滬塘工協會』五幹事之一；獲『敬教勸學』匾及金色一等褒章嘉獎；八月，創建『上海公利汽車公司』，開闢上海公共租界第一條公共汽車綫路（由静安寺到曹家渡綫路）。

同鄉會：會董，一九二一年，經濟員。一九二三年，評事委員。

⑤關於趙叔孺：

趙時棡（一八七四—一九五四），初名潤祥（因生於古潤州鎮江），易名棡，字獻忱。又易名時棡，字叔孺，以字行。號紉萇；晚號二弩老人。鄞縣（今寧波市海曙區）人。大理寺正卿趙佑宸子。客居上海。室名：二弩精舍（藏東漢桓帝延熹年號、蜀漢後主景耀年號二弩機）。諸生。民國《鄞縣通志·文獻志》有傳。淞社中人。

⑥關於林冕之：

林洵（一九〇一—？），字冕之。早逝。

《沙孟海全集》（西泠印社出版社，二〇一〇年）第十卷《僧孚日録》壬戌九月廿一日：

夷父來，招公阜同訪叔孺先生，有林冕之（洵）者，閩侯人，先生之内姪，……從先生學，年二十一，作篆治印俱有功夫。

《僧孚日録》壬戌十一月七日：

冕之亦寓威海衛路，距余舘百所步，出示近作諸印並其手編叔孺先生《二弩精舍印存》，已得五册，……冕之屬刻數印，即其一印文曰『必遵修舊文而不穿鑿』。

⑦關於沈吉甫：

沈化榮（一八七一—一九五二），字吉甫。奉化人。一九〇〇年，在上海抛球場南二馬路口朝南洋房，創辦『朵雲軒箋扇號』，九月六日正式開張。一九〇四年，辭北京『華俄道勝銀行』買辦（中國人當經理稱『買辦』）。一九〇八年十月十四日，『上海救火聯合會』庶務員。次年，上海救火聯合會調查員。一九一九年十一月，參與創辦『溥益銀號』，監察人。一九二〇年，六月，在北京參與創設『泉通銀行』；二月，在北京西交民巷參與創設『中美懋業銀行』（原稱『中華懋業銀行』），一九二四年協理，次年總理）；十月，北京『勸業銀行』董事。十二月，北洋政府晉給二等嘉禾章。一九二一年六月，北洋政府晉給二等大綬嘉禾章。一九二二年，『永亨銀行』『東陸銀行』董事；七月，與曹汝霖等在北京創辦『同福銀號』。一九二三年四月，『全國財政討論委員會』委員。一九二四年秋，《全國水災募賑大會爲各省灾民乞賑啓》列名。

收藏古代名貴瓷器千餘件。天津舊宅，赤峰道九〇號。

此時，沈吉甫爲寧波旅京同鄉會會長。

曲園老人作篆隸書箋

孟海老弟兄談後札

大筆范翁今日成之速藻尤感

千段是何如敬問

道祺　重謝拙　十九

寒泉山居鄉藏提花年老人相

宜徽寫齋之來取一觀否錄

（一一八）致沙孟海①

一九二二年十一月七日　壬戌九月十九日　星期二

黄過草堂箋

孟海老弟：

兹復求大筆，范翁今日成主，速藻尤感。午後走領何如？敬問

道祺。

美翊狀，

十九。

寒冬山居，勃蘭提於年老人相宜。微寓有之，來取一瓶甚便。

考釋：

①（一一八）致沙孟海。祇署『十九日』，未署年、月。

函云『范翁今日成主……午後走領何如』，《沙孟海全集》（西泠印社出版社，二〇一〇年）第十卷《僧孚日録》壬戌九月十九日：

> 得蹇丈片，屬代寫輓詩，……張蹇丈輓友范某聯有云：『可堪款款下泉心』，劉孝標《廣絶交論》：『范張款款於下泉』，切兩人姓氏也。

函云『勃蘭提於年老人相宜。微寓有之，來取一瓶甚便』，《僧孚日録》壬戌九月二十二日：

> 得蹇丈書，有勃蘭提一瓶，紅茶四包寄奉重堂。

此信書寫時間當爲一九二二年十一月七日（壬戌九月十九日）。

述評：

①關於『成主』：

成主，是家族族譜後續儀程。富家長輩去世，爲續上族譜，確立死者在宗廟的地位，在『發引』之前，擇吉日爲死者在宗廟立個木頭牌位叫『神主』『木主』。牌位上書『顯考某公諱某某府君之位』，『位』字上邊的一點須用朱筆點上一紅點，叫做成主，也叫點主、題主。或牌位書『某某神主』，『神』缺一豎；『主』缺一點，點主時用紅筆補書而成。點主一般由死者生前友好來做，或請和尚、社會名流。但不能請法

官點主，因法官用筆勾決犯人。點主舉行繁瑣的儀式。

②關於『勃蘭提』：

最初來自荷蘭文。民國時或音譯『勃蘭提』，今音譯爲『白蘭地』。以法國出品最馳名。當時浙江人飲酒，多紹興黄酒，本色每斤一角，花雕每斤一角二分半。飲洋酒的人很少。白蘭地，三星牌每瓶銀四元，斧頭牌每瓶銀六元。張美翊畢竟洋派，家中有洋酒。

遹海仁弟老友茲有代電一件煩
大筆行草照格一寫無餘如意
錢一紙俾十一時前可寄兩處滕
來以上將海味相餉何如敬問
道祺　張善孖謹狀　即刻
遠蘧樓壁手迹多多寄寫尤感年
後尚有春煩各件寄款
諸君相助

（一一九）致沙孟海①

一九二二年十一月十一日—二十一日　壬戌九月二十三日—十月三日間

文華閣箋

孟海仁弟左右：

茲有代電一件，煩大筆行草照格一寫，並録如意牋一紙，俾十一時前分寄兩處。將來以上好海味相餉何如？敬問

道祺。

張美翊謹狀，

即刻。

惠纕樓聖手必多，分寫尤感。午後尚有奉煩各件，當蒙諸君相助。

考釋：

①（一一九）致沙孟海。未署日期。

函云『惠纕樓聖手必多，分寫尤感』，葛夷谷有室名『蕙纕閣』。『惠纕樓』應即『蕙纕閣』。是此時葛夷谷、沙孟海在寧波，未到上海（葛夷谷於癸亥年初到上海，舘張子京家）。沙孟海在離甬之前十天，與葛夷谷等人幫助張美翊整理薛樓圖書，作書目。（一一九）似在此段時間。《沙孟海全集》（西泠印社出版社，二〇一〇年）第十卷《僧孚日録》：

壬戌九月二十三日：約同往薛樓編寫書目。

壬戌九月二十四日：往後樂園寫書目。

壬戌九月二十四日：與公阜詣後樂園。

壬戌九月二十六日：招公阜爲助，蹇丈又招中飯，後爲繕寫一切。

壬戌九月二十七日：夷父來與俱至後樂園，衷博亦至。蹇丈命按所寫書目檢點藏籍，勘誤補遺，自朝達晚，已畢十二橱，餘待明日續檢之。

壬戌九月二十八日：黄策群來，往後樂園整比書籍。

壬戌九月二十九日：夷父來與俱往後樂園，玉殊它去，與夷父續檢薛樓藏籍，半日而畢。

壬戌十月三日：夷父來與俱詣後樂園，檢理新書（對古書言），并記書目，日暮竣事。

此信書寫時間似爲一九二二年十一月十一日—二十一日（壬戌九月二十三日—十月三日）。

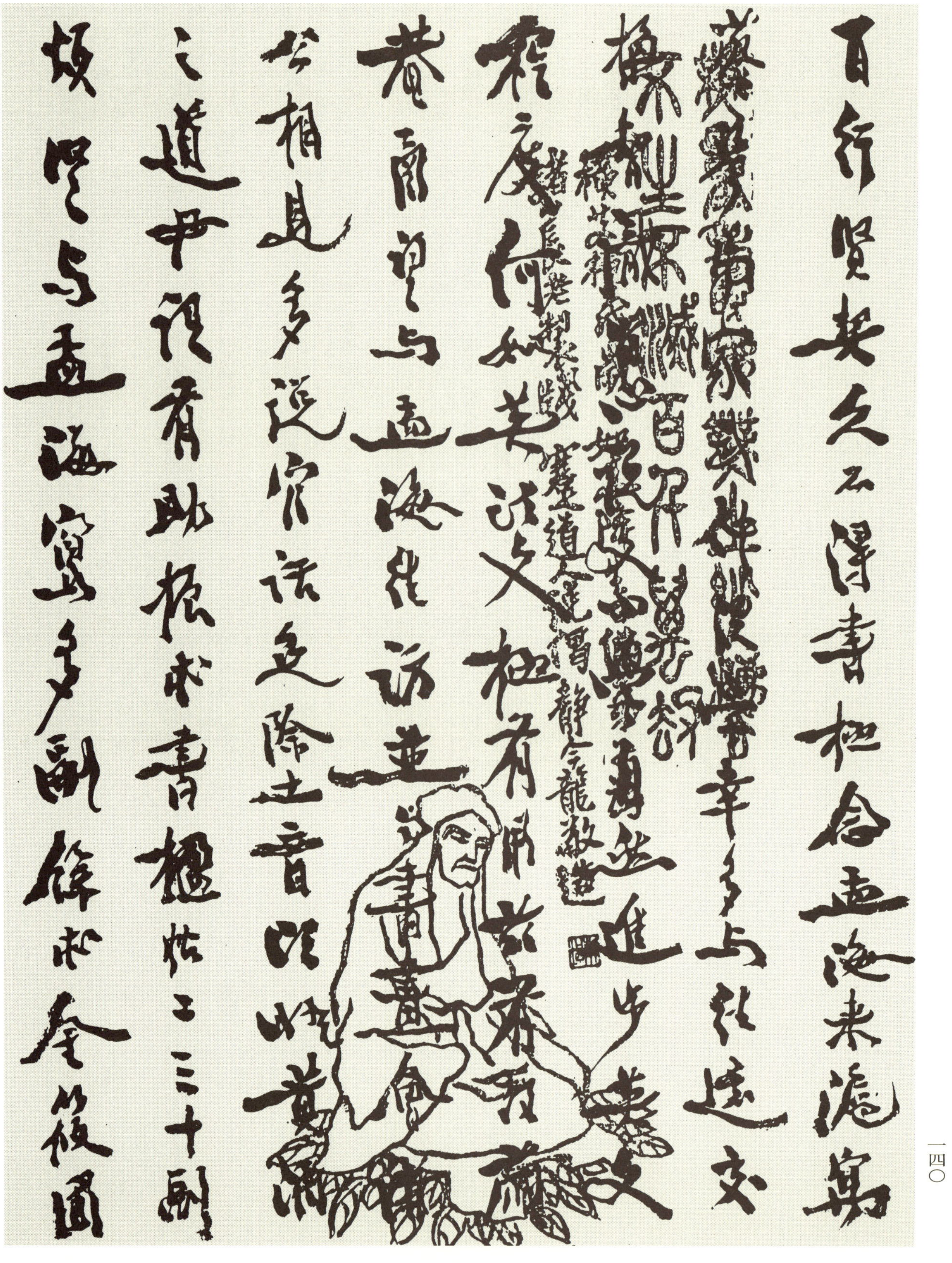

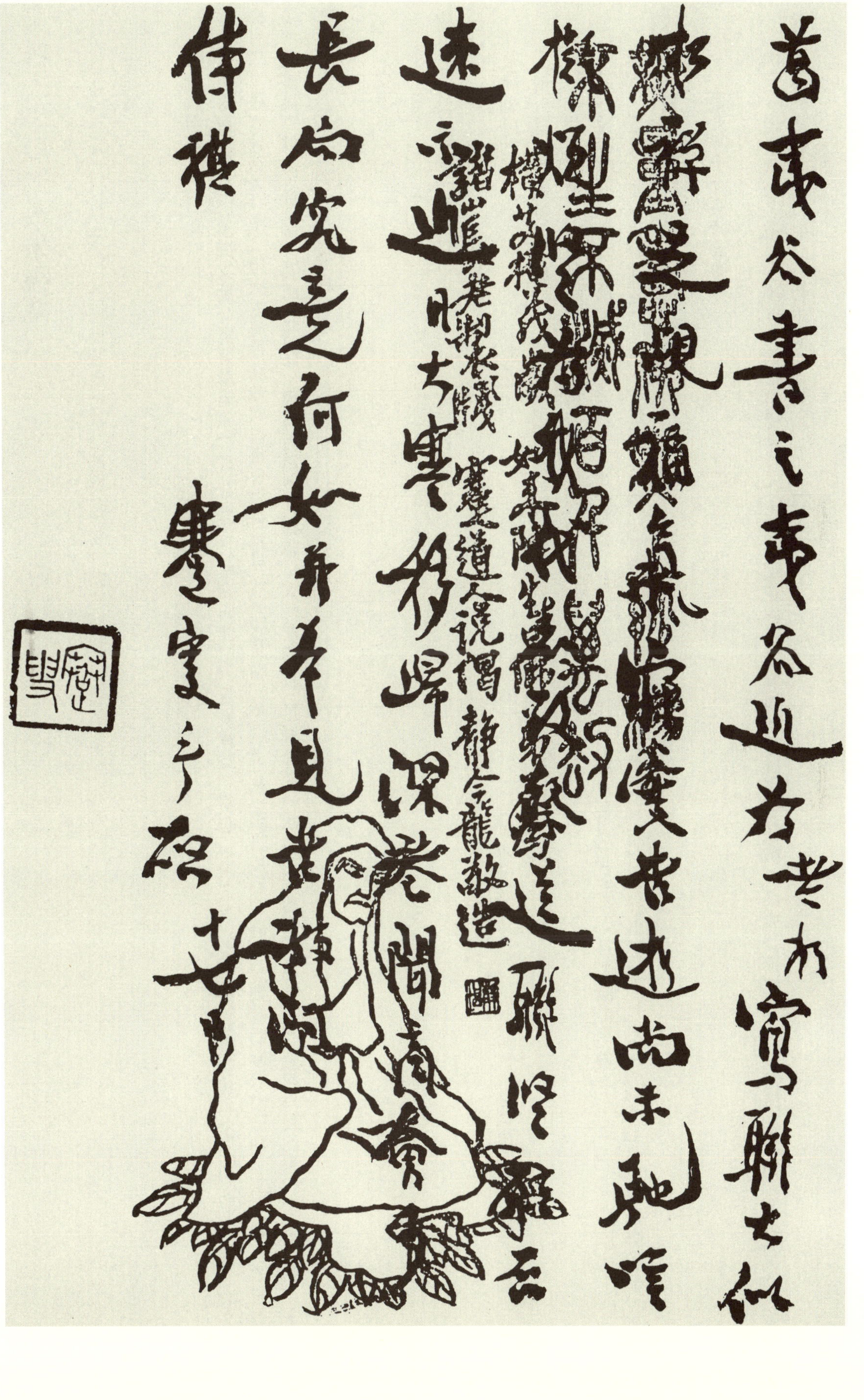

（一二〇）致朱復戡①

一九二二年十二月五日　壬戌十月十七日　星期二

長老箋②

百行賢契：

久不得書，極念。孟海來滬，寓蔡琴弟家，武仲從學。幸多與往還，交換智識。留心《説文》，小學自然進步。英文程度何如？英、法文極有用。茲有致藏菴③函，望與孟海往訪並與書畫會諸公相見。多説官話，免除土音。頃晤黄涵之道尹，謂有助振求書楹帖二三十副，煩賢與孟海寫多副，餘求金筱圃，葛夷谷書之。夷谷近爲老朽寫聯，大似松禪④，足覘福氣。寐叜⑤告逝，尚未馳唁，煩賢爲我代表，致祭送聯，賢願否？速示。近日大寒，移歸深巷⑥。聞商會可長局，究竟何如，并希見告。敬問

侍祺。

蹇叜手啓，

十七日。

（鈐印）蹇叜（朱文）。

考釋：

①（一二〇）祇署『十七日』，未署年、月。

函云『寐叜告逝，尚未馳唁』，沈寐叜壬戌十月初三丑時逝世。此當是壬戌十月十七日。

函云『孟海來滬，寓蔡琴弟家，武仲從學』，沙孟海於一九二二年十一月二十四日（壬戌十月六日）離甬抵滬。

函云『近日大寒，移歸深巷』，壬戌十月二十日爲『大雪』節氣。《沙孟海全集》（西泠印社出版社，二〇一〇年）第十卷《僧孚日録》壬戌十一月廿三日：

蹇丈於十月間歸處新巷。

函云『頃晤黄涵之道尹，謂有助賑求書楹帖二三十幅，煩賢與孟海寫多幅，餘求金筱圃，葛夷谷書之』，《沙孟海全集》（西泠印社出版社，二〇一〇年）第十卷《僧孚日録》壬戌十一月二十日：

與夷父、玉殊、公阜代黄涵之道尹（慶瀾）寫賑濟楹聯三十餘耦。

此信書寫時間當爲一九二二年十二月五日（壬戌十月十七日）。

②信箋以淡緑色佛像坐蒲團上，款署：『無量壽佛，無上玅法；不生不滅，百千萬劫。横艾掩茂歲如來降生日，佛弟子爲諸山長老製牋。蹇道人説偈；靜龕敬造。』（鈐印）靜堪（朱文）。簡稱『長老箋』。首次見用。

③吴涵（一八七六—一九二七），小字湖兒、壺兒、阿壺。字子茹。號臧龕，亦作藏戡。安吉（今湖州市安吉縣）人。吴昌碩次子。

④翁同龢（一八三〇—一九〇四），字叔平（或作號）、聲甫、笙甫、笙階、叨夫。號玉圃、瓶笙、瓶生；又號松禪、松禪老人、瓶廬、瓶庵、瓶齋、長瓶、均齋、韵齋。謚『文恭』。江蘇常熟人。室名：紫芝白龜之室。藏書處名：一經堂、韵齋、寶瓠齋、瓶廬。藏書印有：叔平所得金石文字、松禪居士、翁同龢觀、常熟翁同龢藏本、虞山攬秀堂翁氏藏書。咸豐六年（一八五七）進士（狀元），同治、光緒帝師。書法錢灃（南園）。翁氏故居在今常熟市城内翁家巷二號。《清史稿》有傳。

⑤沈增植。

⑥亦作深港、新巷，即甯波城中新巷弄。

述評：

①『聞商會可長局』，是朱復戡仍供職於上海總商會。

②關於『孟海來滬，寓蔡琴弟家，武仲從學』：

蔡同瑺（一八八四—？），亦作同常，字明存。號琴孫，亦作芹孫、琴蓀。鄞縣潘火橋人。『二百八十峰草堂』（四明山凡二百八十峰，寓意四明草堂）主人蔡鴻鑒（筿卿）孫；蔡和霽（月笙）子。藏書處名：墨海樓（家有古硯名『墨海』，兼喻藏書之富），藏書大多得於鎮海姚燮（梅伯）『大梅山舘』；鄞縣盧址（青厓）『抱經樓』。世居寧波府側街蔡家巷（原名渡母橋）。上海室名：明存閣。一九一〇年六月三十日，參與創辦《四明日報》。一九一一年七月，參與發起『寧波國民尚武分會』。一九二〇年十月，『上海民新銀行』辦事董事。同鄉會：永遠會董、學務會董。

一九二一年，沙孟海既舘居家，次年，屠用錫遷滬，與蔡家共聘沙孟海爲西席，故屠武仲從學。

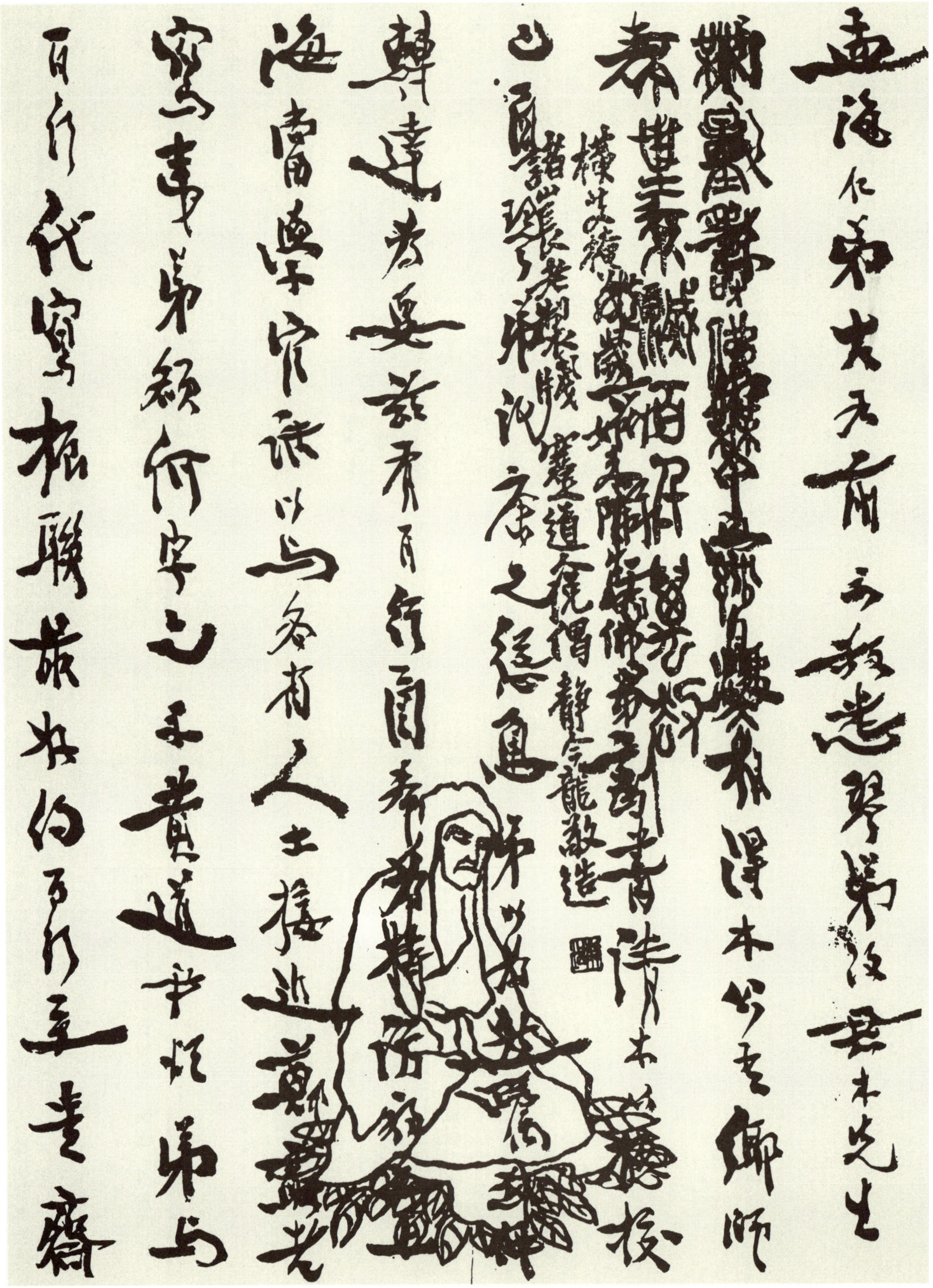

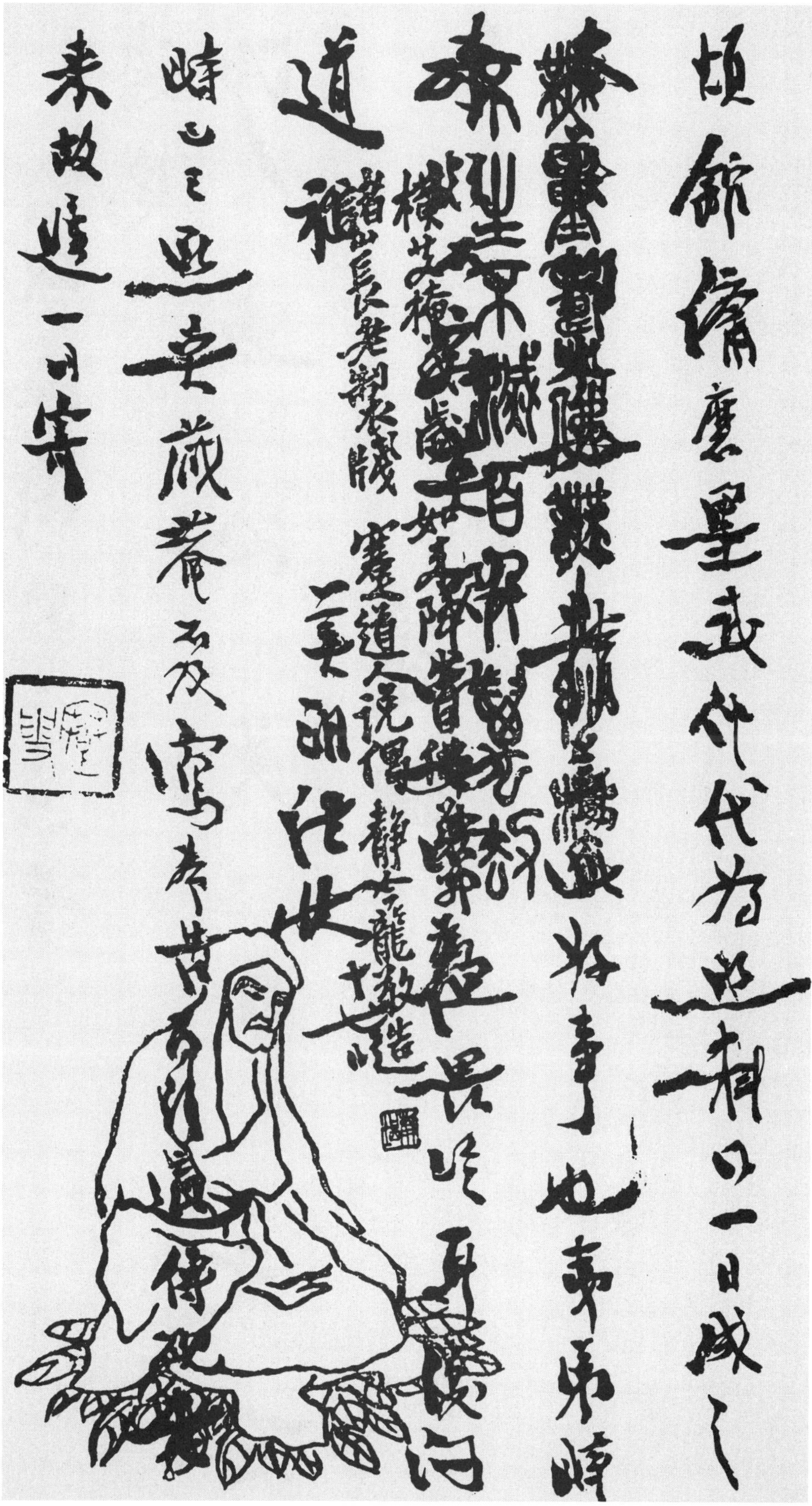

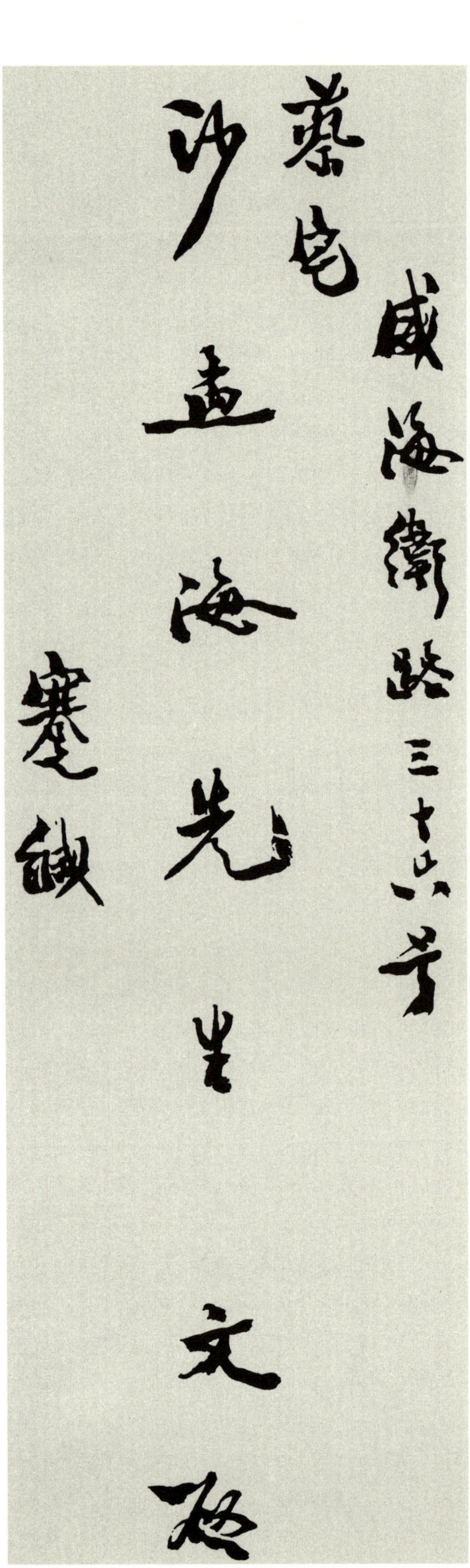
威海衛路三十六号
沙孟海先生

（一二一）致沙孟海①

一九二二年十二月五日　壬戌十月十七日　星期二

長老箋

孟海仁弟左右：

前示敬悉。琴弟致君木先生函，盛稱弟所學，自必相得。木公吾鄉師表，老朽擬勸詠霓②兄刻書，請木公揔校，已函琴弟託康兄③慫恿，弟以爲然，囑武仲轉達爲要。兹有百行函，希爲持訪。初至上海，當學官話，以與各省人士接近。鄭蘇老寫夷弟額何字？乞示。黄道尹煩弟與百行代寫振聯，最好約百行至貴齋，煩舘傭磨墨，武仲代爲照料，以一日成之，各節均好，必須精美，此好事也。夷弟時來，頗不寂寞。賤體如常，但畏冷耳。復問

道祉。

美翊謹狀，

十七日。

時已三點矣，臧菴④不及寫，希告百行。適傅硯老⑤來，故遲一日寄。

（鈐印）蹇安（朱文）。

（信封）威海衛路三十六號蔡宅，沙孟海先生文啓，蹇緘。

考釋：

①（一二一）致沙孟海。衹署『十七日』，未署年、月。

函云『初至上海，當學官話，以與各省人士接近』，《沙孟海全集》（西泠印社出版社，二〇一〇年）第十卷《僧孚日録》壬戌十月十九日：

又得蹇丈書，屬余學官話，可與各省人士接近。

十七日書函，十九日收到。當爲壬戌十月十七日。

函云『黄道尹煩弟與百行代寫振聯』，與（一二〇）函云『頃晤黄涵之道尹，謂有助賑求書楹帖二三十幅，煩賢與孟海寫多幅』相銜接。

函云『臧庵不及寫，希告百行』，與（一二〇）函云『兹有致藏堪函，望與孟海往訪並與書畫會諸公相見』相銜接。

此信書寫時間當爲一九二二年十二月五日（壬戌十月十七日）。

②張咏霓。

③屠用錫（康侯）。

④吴涵（臧菴）。

⑤傅硯雲。

述評：

①關於『勸咏霓兄刻書』：

張美翊早在一九一四年勸張咏霓刻《張蒼水集》。後又倡議張咏霓編刊《四明叢書》，均未果。張美翊去世多年後，張咏霓於一九三二年刻成《四明叢書》第一集。一九四〇年陸續刻印至七集半時，張咏霓去世，其子星聯等刻印完成第八集。九、十兩集，僅有《存目》。

之所以『函琴弟讬康兄慫恿』，因屠康侯、蔡琴孫兩家合聘沙孟海爲西席。《沙孟海全集》（西泠印社出版社，二〇一〇年）第十卷《僧孚日録》壬戌十月八日：

> 蔡氏子女就余學者五人……約（字綽如）、紓（字柔宜）、絳（字赤華）及賓牟……維絜較幼。

之所以『讬康兄慫恿』，因康侯與張壽鏞是姻家。張壽鏞四女月梅，適屠康侯長子屠伯系。

②關於屠康侯：

屠用錫，字康侯。室名：古娑羅舘。光緒三十二年（一九〇六），北大路竹林巷『屠氏義塾』改爲『兢進小學堂』。一九〇七年，『浙江旅滬學會』評議員。一九〇八年，參與創辦『甯紹商輪股份有限公司』，寧波分公司副經理。一九一一年七月，參與發起『寧波國民尚武分會』，名譽董事。一九一五年，受聘爲英商『鴻安商輪漢口分公司』經理。一九二〇年，『勸業銀行寧波分行』監察人。

同鄉會：一九一一年，會董。一九二三年，審查委員。

有行文覽圖志黃滔老參伴祇
求入時款字稱藝分寫古體依
變乾聯已擬諡續寄為我代祭
何妨宗實說大袖行拜跪禮所
諱禮從宜也緊與朴青衫同鄉

會聯兄，向非賢字不足以託言
有人出井嘗改財閥素長聯此
次處老乾聯必須得自己協理
巖入則秦
珍生也
于知兄聯亦頗合時
望必不以為然天寒惟
侍奉增護　寒手啟　初九

（一二二）致朱復戡①

一九二二年十二月二十六日　壬戌十一月九日　星期二

黄過草堂箋

百行文覽：

函悉。黄涵老各件祇求入時，款字稍整，勿寫古體。寐安輓聯已擬就，續寄。爲我代祭，何妨穿寬袍大袖，行拜跪禮，所謂『禮從宜也』。褧兒求青島同鄉會聯長句，非賢字不足以配之。（有人告我甯波財閥喜長聯，此次冕老②輓聯，必須將自己、協理嵌入，則秦珍笙③也。）可知長聯亦頗合時，賢必不以爲然。天寒惟

侍奉慎護。

蹇手啓，

初九。

考釋：

①（一二二）祇署『初九日』，未署年、月。

函云『寐安輓聯已擬就，續寄，爲我代祭』，與（一二〇）函云『寐安告逝，尚未馳唁，煩賢爲我代表，致祭送聯』相銜接。

函云『黄涵老各件祇求入時，款字稍整，勿寫古體』，與（一二〇）函云『頃晤黄涵之道尹，謂有助賑求書楹帖二三十幅，煩賢與孟海寫多幅』相銜接。又與（一二一）函云『黄道尹煩弟與百行代寫振聯』相銜接。

函云『此次冕老輓聯』，冕老，即費紹冠（冕卿），卒於壬戌九月廿三日（一九二二年十一月十一日）。

《沙孟海全集》（西泠印社出版社，二〇一〇年）第十卷《僧孚日録》壬戌十一月五日（一九二二年十二月二十二日）：

代人輓費紹冠聯云：有磊落不群氣；是鄉國可惜人。

初九，當爲壬戌十一月九日。

此信書寫時間當爲一九二二年十二月二十六日（壬戌十一月九日）。

②費紹冠（冕卿）。

③秦珍笙，秦絅孫諧音。秦文錦（一八七〇—一九三八），字絅孫，亦作褧孫。號籥雲居士、息園老人。江蘇無錫人。秦觀三十二世孫；秦祖永孫。室名：古鑒閣、鉏彝齋（得關中所出周麗彝）。收藏印有：秦氏金石、金石癖、絅孫考藏、絅孫收藏、秦絅孫收藏、秦絅孫古鑒閣藏、絅孫三十年精力所聚、錫山秦絅孫集古文字記。一九〇四年，在上海三馬路（漢口路）二七七號創辦『藝苑真賞社』。

述評：

①關於『寐安輓聯已擬就，續寄。爲我代祭，何妨穿寬袍大袖，行拜跪禮，所謂禮從宜也』：

《禮記·曲禮》：

禮從宜，使從俗。

一九二三年一月二十二日、二十三日（壬戌十二月六日、七日），上海公祭沈曾植。

②關於『此次冕老輓聯』：

費紹冠（冕卿）卒於壬戌九月廿三日。

張美翊撰《慈谿費君冕卿行狀》（《甯波旅滬同鄉會月刊》第六號，一九二三年三月）：

君諱紹冠，字冕卿。世爲浙江慈谿費市人。費氏聚族而居，爲邑著姓。曾祖沛生，妣朱氏；祖綸懷，妣應氏、盛氏；考輔壽，妣嚴氏、宋氏、孫氏，以君官封贈如例。兄弟三人，君次居季，宋太君出也。君幼承庭訓，長奉教於舅氏嚴筱舫閣學，好爲經世有用之學，尤長於輿地形勢，不屑屑制科帖括。弱冠成諸生，省試不得志，即以例貢需次江蘇知縣，未數月，復謝去，則佐閣學治榷政。閣學雄才大略，規劃宏遠，創設銀號，幾遍各行省，交遊往來，皆當世巨人長德。君獨恂恂自下，聲華暗淡，常如爲秀才，時而好書畫，耽吟咏，則猶有舅氏風也。其司關榷，出入巨萬，潔己奉公，絲毫不苟。既居甯久，則舉爲商會長，任四明銀行。凡所措施，洞中窾要。而性氣和平，排解紛難，不大聲色，人以是益信服之。當辛亥改革，東南震動，吾郡通商巨埠，中外襍處，異軍特起，人心未定。有武弁某尤横行凶暴，君請於當事，力陳利害，卒置於法，而附和無藉之徒始畏懼鳥獸散，於是聯絡文武，闔境晏然，市易如故。癸丑甲寅之際，軍事杌陧，旋即鎮静，胥賴調和之力。丙辰之冬，甬軍與杭軍激戰於百官鎮，潰回甬北，群情惶駭。君在商會集士紳籌議，夜深馳入甬軍，爲民請命，力言甬江商市繁盛，設有戰事，地方糜爛。且甬北爲輪船鐵路總匯之地，外人行棧林立，尤恐賠償不貲。黎明議定，集餉遣散，而以縣知事莅其事。維時市肆停閉，人思避匿，獨君出任其難，挽回劫運，論者謂民國以來，吾甯無兵燹之灾者，君一人之力也。平日於地方義舉，靡役不從，如義振會、平糶局、孤兒院、育嬰堂、四明公所，或推會長，或任董事。嘗任甲種商業學校校長八載，甬北崇敬學校校董十七載，而奉化之方橋，慈谿之雲華堂、保嬰會、保黎醫院，亦皆籌款助成，始終其事。病中猶惓惓於大嵩橋之未成，費氏峰山學校之籌設。易簀之際，神明湛然，吁可謂善人君子也已。卒於壬戌九月廿三日亥時，生於同治乙丑十月十二日酉時，享年五十有八。配翁宜人、童宜人，三娶王宜人。子三人，長星煥，出嗣仲兄爲後；次星爛、星煇。女二人。余與君髫年同學，愛之若弟。既壯，奔走海内外，不相見者幾二十年。一日聚於閣學海上寓廬，聞呼君名，乃始握手，歡然道故，并言研究輿地所得，繼以論畫賦詩。閣學大喜，置酒相慶，以爲兩人者天下之至好也。嗣是見益數，情益親，自傷老大，又遘凶亂，往往相對愁嘆，都無好懷。今年夏，余養病後樂園，君尚以時見過，互述病狀，自言將休息於甬北之瑜園，初不意其先我而去也。天寒晷短，風雪凄然，握筆爲文，不覺隕涕，既傷逝者，行自念矣。甬上張美翊謹狀。

孟海老弟去夏別來甚念聞郎

歲于習滬与東谷書會相望至

遺不紙百行謂題襟社已往訪

最好請藏龕引見倉老此翁樸

然藹然一團和氣也須一見

弟論倉老極確定自羲法變古
倉老又變々老一生有功夫細
開此經界豈從相者所及致定
白背徐袖海致倉老者朱有行
耳未王蘇林叢似太極老朽所

貝錢十萬勝求雅存溦如近
時羅雲堂自正派未秋起過十
蘭荃倉老去仲右縮出自民當
可文亦有來歷章隱及之數問
道社
張美謝謙狀
初九

（一一三）致沙孟海①

一九二二年十二月二十六日　壬戌十一月九日　星期二

黄過草堂箋

孟海老弟左右：

別來甚念，聞明歲可留滬與夷谷書舍②相望，吾道不孤。百行謂題襟社已往訪。最好請藏菴引見倉老，此翁粹然靄然，一團和氣，必須一見。弟論倉老極確，完白篆法變古，倉老又變之。老一生有功夫，能開此徑界，豈皮相者所及。效完白者，徐袖海；效倉老者，朱百行耳。若王籀林篆似太板。老朽所見，獨錢十蘭。勝於稚存、淵如。近時羅雪堂，自正派，未能超過十蘭。若倉老左伸右縮，出自瓦當。印文亦有來歷。率臆及之。敬問

道祉。

張美翊謹狀，

初九。

考釋：

①（一一三）致沙孟海。祇署『初九日』，未署年、月。

函云『百行謂題襟社已往訪』，《沙孟海全集》（西泠印社出版社，二〇一〇年）第十卷《僧孚日録》壬戌十月廿五日（一九二二年十二月十三日）：

百行來，導余遊海上題襟館，晤歸安俞語霜（原），待安吉吴子茹（涵）未至。

函云『倉老此翁粹然靄然，一團和氣，必須一見』，《沙孟海全集》（西泠印社出版社，二〇一〇年）第十卷《僧孚日録》壬戌十一月十日（一九二二年十二月二十七日）：

得蹇丈、夷父書。蹇丈屬一詣吴子茹，請引見倉老，謂此老粹然靄然，必須一見。

張美翊函署『九日』。壬戌十一月十一日（一九二二年十二月二十八日）沙孟海致朱復戡書（侯學書《鐵筆神童—朱復戡傳》，上海書畫出版社，二〇〇二年）：

百行道兄足下：不相見忽已半月。蹇公書來，謂吴缶老粹然藹然，一團和氣，必須一見之。弟從是夜荷兄導往題襟館，待臧堪不至。其後未嘗一往彼處。自暴自欺，一至於此。思之愧恧蹇公厚意與兄之高誼，自惟頽唐，辜負多矣。望後當一回甬，日内兄有遐，可否再導

弟往看吴君，最好到彼寓廬并得拜見缶老，如何？惟尊裁之。蹇公致（蹇公書昨晚暫寄到）兄札附上。風寒惟侍奉吉慶不盡。弟文若頓首。十一。

沙函云『蹇公書昨晚暫寄到』，寧紹輪每星期二、四、六下午四時開滬，一夜可達。初九日，合星期二。沙十日收到張函。

函云『弟論倉老極確』，《沙孟海全集》（西泠印社出版社，二〇一〇年）第十卷《僧孚日録》壬戌十月廿六日（一九二二年十二月十四日）：

寄夷父書，又云吴缶廬作篆製印。

此信書寫時間當爲一九二二年十二月二十六日（壬戌十一月九日）。

②《沙孟海全集》（西泠印社出版社，二〇一〇年）第十卷《僧孚日録》壬戌十一月三日（一九二二年十二月二十日）：

得康侯杭州書，爲其姻家張芷津（甬人，寓居於海上）欲延師教子，余前爲薦夷父，玆已得其報。復夷父書，猶未付郵，因開緘添語，以張舘事告之。……夷父明歲亦來此。

此時葛夷谷尚未到滬，張美翊已知信息，故言。張芷津，應爲張子京。

述評：

①關於『百行謂題襟社已往訪』：

朱復戡於一九一九年由吴昌碩介紹加入『海上題襟舘金石書畫會』，爲最年輕的會員。張美翊手札中所言及題襟舘的常客有：光緒二十一年進士康有爲（更生）；光緒三十年進士章梫（一山）；光緒三十年進士高振霄（雲麓）；光緒八年解元鄭孝胥（太夷）；何紹基之孫何維樸（詩孫）等人。張美翊手札所言及的『海上題襟舘金石書畫會』會員中有：諸生趙時棡（叔孺）；廪貢生顧燮光（鼎梅）；黄葆戊（藹農）；丁仁（輔之）；劉清（介玉）；王禹襄等人。

此時，舘址在汕頭路三號俞語霜寓所。吴昌碩幾乎每晚八點左右都要去題襟舘，其次子吴臧堪先去，吴昌碩坐自備人力包車隨後到。但此次朱復戡携沙孟海去題襟舘，吴臧堪、吴昌碩都没去，故而没見到。

《沙孟海全集》（西泠印社出版社，二〇一〇年）第十卷《僧孚日録》壬戌十月廿五日（一九二二年十二月十三日）：

先是蹇丈有書抵吴爲余紹介，并屬引見其父倉石先生。蹇丈之意真可感。然倉公年老，名盛鄉曲，鯫生恐未必遽肯相見，即見，亦未必誠意教導也。

②關於『弟論倉老極確』：

沙孟海論吴昌碩，乃沙致葛夷谷函中所言，葛持示張美翊。

《沙孟海全集》（西泠印社出版社，二〇一〇年）第十卷《僧孚日録》壬戌十月廿六日（一九二二年十二月十四日）：

寄夷父書有云吴缶盧作篆製印，出自浙派，其所造詣直加丁、黄諸老而上，之能於皖、浙兩派之外别開生面，其力量真不可思議。惟其才近狂，不可爲後生作師資耳。曩以吴氏篆刻比之龔璱人之文，實爲不易之論。又云吴老篆書，在甬時所見不多，但見少年模倣者好作斜肩伸脚之狀。其實吴氏已作并非如此，學者不善爲之，變本加厲，故可憎耳。吴氏寫對最佳，其意境略似十蘭而遒勁則過之，世之學者，但取吴氏題署小品擴而大之以寫大字，不知吴氏小字如此，大字便别有一法矣。

沙孟海的觀點，張美翊首肯。

③關於張美翊對清代篆書家的評論：

徐三庚（一八二六—一八九〇），字辛穀。號井罍、袖海、上于、上于父、老辛庚、大横、金罍、餘糧生、似魚室主、詵郭、薦木道士、金罍道人、翯然散人。上虞（今紹興市上虞區）章鎮大勤鄉人。工篆隸、刻印。

王澍（一六六八—一七四三）或（一六六八—一七三九），字若霖，亦作篛林、簃林、若林。號虚舟、竹雲。金壇（今江蘇常州市金壇市）人。室名：二泉寓居。康熙時以善書，特命充五經篆文館總裁官。

錢坫（一七四一—一八〇六）或（一七四四—一八〇六），字獻之。號小蘭、十蘭、篆秋生、少華山長。别署泉坫。嘉定（今上海市嘉定區）人。錢大昕姪。室名：石松閣。乾隆三十九年（一七七四）副貢。工小篆，能篆刻，能畫。《清史稿》有傳。

洪亮吉（一七四六—一八〇九），初名蓮，又名禮吉。字君直；又字稚存。號北江；晚號更生居士。祖籍歙縣（今安徽黄山市歙縣），客籍陽湖（今常州市武進區陽湖街道）。室名：風雪授經堂。藏書處名：卷葹閣、更生齋、紅豆山房、曉讀書齋。藏書印有：書直黄金三百兩、蓬壺散仙、石經詳復官、對策上第、掃花使者、當三皇五帝之書、藏書萬卷、君直一字稚存、平生愛我無如酒凡事輸人不但棋。乾隆五十五年庚戌（一七九〇）進士（榜眼）。故居在常州市天甯區延陵東路西段東獅子巷二〇號。

孫星衍（一七五三—一八一八），字淵如；又字伯淵、伯如。號季疇，亦作季逑、季述、季逐。别署芳茂山人、微隱。陽湖（今江蘇常州武進區陽湖街道）人。藏書處名：平津舘、問字堂、孫氏祠堂、廉石居。藏書印有：東方廉使、東魯觀察使者、孫氏祠藏、孫忠愍侯祠堂藏書、都官、芳茂山人、五松書屋、太史之章、青溪寓公、緑衣執法大夫印、丁未對策上第、東方都漕使者。乾隆五十二年（一七八七）進士（榜眼）。擅詩文，工篆隸。故居位於常州市雙桂坊五九號。

張美翊此函似對錢坫評價較高。

洪亮吉《北江詩話》（人民文學出版社，一九九八年）：

錢坫工篆書，然自負不凡，嘗刻一石章曰：『斯、冰之後，直至小生。』

錢坫自謂李斯、李陽冰之後一人。錢坫於嘉慶二年（一七九七）病右手，改用左手寫篆，反倒不板滯而古茂生動。

篆書能有所變化者，張美翊惟推鄧石如、吴昌碩。

盡海
東谷老弟夫人欣聞今日起程
就飲海上讀書處友為闢境界
定有所得惟東都處士之廬無
人何所資以詩書此則讀易黎
文不能無曉曉也茶食弟

惠存刻尚擬寫稿代寄午後
來送于晚若丈殯兄檢還
木以有詩文送行否敬問
起安諸惟
愛照
張美翊謹狀
廿六

（一二四）致沙孟海、葛夷谷①

一九二三年一月十二日　壬戌十一月二十六日　星期五

黄過草堂箋

孟海、夷谷老弟左右：

欣聞今日啓程就舘海上，讀書交友，另闢境界，定有所得。惟『東都處士之盧無人』②，何所資以待老。此則讀昌黎文不能無睠睠也。茶食希惠存。刻尚擬寫信煩代寄，午後來送。于晦若③尺牘乞檢還。木公有詩文送行否？敬問裝安，諸惟愛照。

張美翊謹狀，

廿六。

遠海
事從
仁弟今日作劉蕙石同年
自館季輝其笑家寄桃花扇跋刻將致
蘇劉々扇寫就奉上湖大人以
成名士亦有之緣印模粗不能
刻扇頗遜尋一額又致王儒堂

盾上黃遵草堂箋

快覽頌
代寫一式二分採送北京青島
各件明日即頌蘇滬又遁再送
來括聯聯方好大安肯再求大筆撥冗
學社　美湖拜首　印

（一二五）致沙孟海、葛夷谷

一九二三年一月十二日　壬戌十一月二十六日　星期五

黄過草堂箋

孟海、夷谷仁弟：

今日作劉葱石④同年函（李龢安舘其家），寄《桃花扇跋》⑤。刻將致蘇、劉二函寫就奉上。游大人以成名⑥，古亦有之。縣印模黏不能刻扁［匾］，煩照摹一顆。又：致王儒堂快電，煩代寫一式二分，探送北京、青島。各件明日即煩帶滬。又：道尹⑦送來振聯（可知前聯大好）再求大筆。敬問

學祉。

美翊頓首，

即。

考釋：

①（一二四）（一二五）致沙孟海、葛夷谷。合并考證。（一二四）衹署『廿六日』，未署年、月。（一二五）未署日期。

（一二四）函云『欣聞今日啓程就舘海上』，《沙孟海全集》（西泠印社出版社，二〇一〇年）第十卷《僧孚日録》壬戌十一月廿六日（一九二三年一月十二日）：

詣蹇丈。

當是去向張美翊辭行。

沙孟海第一次離甬赴滬就舘，是一九二二年十一月二十四日（壬戌十月六日）。《僧孚日録》壬戌十月六日：

六日四時抵滬。

沙孟海壬戌十一月十八日（一九二三年一月四日）回寧波。《僧孚日録》壬戌十一月十八日：

到甬。

此次，壬戌十一月廿七日午後復離甬赴滬。

（一二五）函云『游大人以成名，古亦有之』，《僧孚日録》壬戌十一月廿六日（一九二三年一月十二日）：

得蹇丈書，附劉澄如（錦藻）書，薦余教其子《説文》之學。又致鄭蘇戡先生書，俾往申後持而往見之，丈謂『游大人以成名，古亦有之』。

《鄭孝胥日記》（中華書局，一九九三年）一九二三年一月三十日：

張讓三以書介紹沙孟海、朱百行來見。沙名文若，朱名義方；沙好公文，小學，能篆刻。

總之：（一二四）（一二五）兩函同日，（一二四）函云『午後來送』，（一二四）爲上午；（一二五）爲下午。書寫時間當爲一九二三年一月十二日（壬戌十一月二十六日）。

②韓愈《送温處士赴河陽軍序》：大夫烏公一鎮河陽，而東都處士之廬無人焉。

③于式枚（晦若）。

④劉世珩（葱石）。

⑤劉世珩刻《桃花扇傳奇》。

⑥傳屈原作《楚辭·卜居》有：『將游大人以成名乎？』

⑦黄涵之道尹。

述評：

①關於李龢安：

李詳（一八五九—一九三一），字審言，亦作慎言；又字窳生；中年更字愧生。號寓齋、二研室主、百藥生、枚安，龢安生。江蘇興化人。室名：二研堂（心儀錢大昕《潛研堂集》；阮元《研經堂集》）。廩貢生。曾入端方幕，助端方整理金石。一九一三年坐舘原『江楚編譯官書局』總辦劉世珩家。

李詳、劉世珩與張美翊均爲淞社中人。

②關於于晦若：

于式枚（一八六五—一九一五）或（一八五三—一九一六），字晦若。謚『文和』。祖籍賀縣（今廣西壯族自治區賀州市），明初遷營山（今四川南充市營山縣）。光緒六年庚辰（一八八〇）進士。一九一三年，纂脩清史稿總閲。《清史稿》有傳。一九一六年移居上海，與李經方、李經邁將李鴻章生前親定之函牘影印行世，名《李文忠公尺牘》。張美翊所謂『于晦若尺牘』，當是于式枚所編《李文忠公尺牘》的簡稱。

書迹刻石：

一九〇三年，《李文忠公神道碑》：吴汝綸撰文；于式枚書；俞樾篆額；楊中孚刻碑。立於合肥。

函海仁弟纖豁屏疊深悵惘
天寒道遠如何雪堂老人之弟
于讀學人也效樊榭賣書氣象
謙和非凡鄉有士氣青氈甚
一面

弟暇時子細玩丁輔之有漢印

于吾印書極多有書見曾一紙

數頁方有僧目行諸友花衢流

極精博此亦其一角又桃花庵

破七帶七代錄一紙附入澄老

向中敬內紫砂美叶廿七

四斫贊刊另稽如何折和紙

寄與弟向陸遜又題示

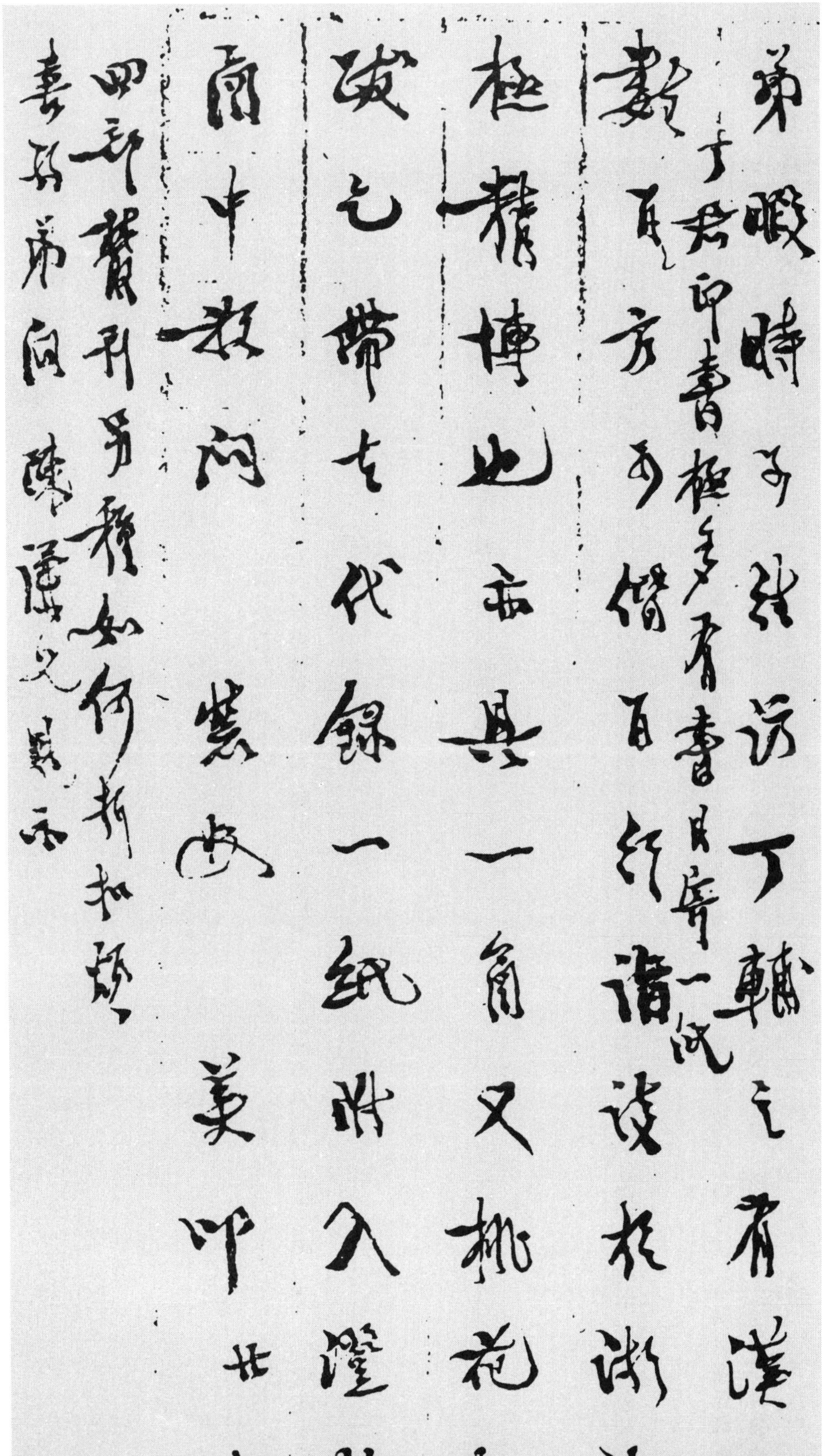

（一二六）致沙孟海①

一九二三年一月十三日　壬戌十一月二十七日　星期六

黄過草堂箋

孟海仁弟：

衢路屏營②，至深悵惘。天寒道遠，如何如何！雪堂老人之弟子敬，學人也，效樊榭③賣書，氣象謙和，非吾鄉有士氣者比。兹具一函。弟暇時可往訪丁輔之，有漢印數百方（丁君印書極多，有書目寄一紙），可偕百行詣談，於浙派極精博也，亦具一函。又：《桃花扇跋》乞帶去代録一紙，附入澄老函中。敬問

裝安。

美叩，

廿七。

《四部叢刊》另［零］種，如何折扣？煩喜孫弟④問陳謙兄⑤見示。

考釋：

①（一二六）致沙孟海。衹署『廿七日』，未署年、月。

函云『雪堂老人之弟子敬，學人也』，《沙孟海全集》（西泠印社出版社，二〇一〇年）第十卷《僧孚日録》壬戌十一月廿七日（一九二三年一月十三日）：

詣蹇丈，丈於余赴申，頗以爲悵，並語余：異日必成名，前途幸自愛也。即退，……蹇丈又遣童子以書至，并附函羅子經（振常）、丁輔之（仁）兩書，亦爲余紹介。羅乃叔言弟，效樊榭賣書海上。丁藏有漢印數百方。前輩奬導之恩，所當永矢弗諼者也。午後與翁須同行登舟，夷父……送之至江岸。

此信書寫時間當爲一九二三年一月十三日（壬戌十一月二十七日）。

②宋人陳傑《送萬平野余秋山被薦北行》有：衢路屏營詩少味。

③厲鶚（一六九二—一七五二），字太鴻，又字雄飛。號樊榭、樊榭山民、西溪漁者、南湖花隱。原籍慈谿，客籍錢塘（今杭州市）。康熙五十九年（一七二〇）舉人。

④馮貞胥（喜孫）。

⑤陳夏常（謙夫）。

述評：

①壬戌十一月二十六日，沙孟海赴滬未成行，延至二十七日午後行，張美翊再派人送信於沙孟海。並附有爲沙孟海訪羅振常、丁輔之介紹信兩封。

②關於羅振常：

羅振常（一八七五—一九四二），字子經、亦作之經、子敬。號心井、貌安、邈安、邈園。祖籍上虞（今紹興市上虞區），客籍淮安（今淮安市）。羅振玉季弟。室名：怡悦齋、心井庵、學養生齋、信美樓、脩俟齋、古調堂。藏書處名：終不忍齋、蟫隱廬（亦其上海書肆名）。藏書印有：羅氏藏書、羅振常讀書記、上虞羅氏終不忍齋藏書、蟫隱廬秘籍印。

③關於「《桃花扇跋》乞帶去代録一紙，附入澄老函中」：

《沙孟海全集》（西泠印社出版社，二〇一〇年）第十卷《僧孚日録》壬戌十一月三十日（一九二三年一月十六日）：

爲蹇丈抄《桃花扇傳奇跋》凡千餘言。丈近爲貴池劉葱石（世珩）作也。……劉葱石近刻《桃花扇》，丈爲作跋，考述甚詳。

是沙孟海在上海抄録《桃花扇傳奇跋》。

④關於馮喜孫：

馮貞胥（一九〇一—一九七七），原名喜孫，後改名貞胥。字翁須、須父。筆名都良，後以爲名。慈谿人。馮幵（君木）子。室名：幽討室、都良舘。十四歲時寫《先母事略》，老輩目爲神童。一九一六年，就讀馮幵創辦的國學社，後轉入效實中學。一九二〇年，應陳屺懷邀，供職上海《商報》。

《沙孟海全集》（西泠印社出版社，二〇一〇年）第九卷《僧孚日録》庚申十二月十日：

送翁須登舟赴申。

⑤關於陳謙夫：

陳夏常（一八八〇—一九四五），字謙夫。慈谿丈亭下陳村（今餘姚市）人。一八九九年，入基督教。一九〇一年，教會學校「寧波崇信書院」畢業。一九〇六年，在三七市藥王廟發起組織「慈谿西鄉公益社」。一九〇八年，「寧波益智學堂」舍監。一九一〇年，參與創建「慈谿保黎醫院」，會董。一九一一年，發起成立「金川鄉自治公會」；十一月「寧波軍政分府」外交兼交通部副部長。一九一二年參與發起成立「效實學會」；建立效實中學。一九一四年，效實中學校長。一九一六年，供職上海商務印書舘兼效實中學校長；參與發起「寧波中華基督教青年會」。一九一七年，「金川鄉自治公會」副會長。一九一九年，「寧波中華基督教青年會」正式成立，首任會長。一九二二年，成立「青年會服務團」。

同鄉會：一九二〇年，學務董事。一九二三年，評審委員、教育委員。

當時馮喜孫、陳謙夫均在商務印書舘（陳謙夫爲批發部主任，一九二四年辭）。故張美翊向其咨詢商務印書舘於一九二〇年始印售的《四部叢刊》零種折扣事。

孟逸長弟
而及前寄栟集樣本並本公
詩歌悉頻錄桃花扇跋轉燈
老雨桃霄亦無後角木冬未
見難笑雨是散奈大如太無
前移詩代寄云無老父手我
人課致弁根受遺中促範笑
子亦謙々也老於稱能文生

收雪鴻寫寄荀雨美人畫軸
戲為春萼題王煙直秋林萬
壑畫箑七古又錄長古一首
并煩自行代寄膠合題成海
齋懸相距近見之原楷集也
定四許實則彙刊多種韓柳
集儘佳闢哉什甚強健極慰
敬問 道祺 美翊此

壬戌十二月廿四日

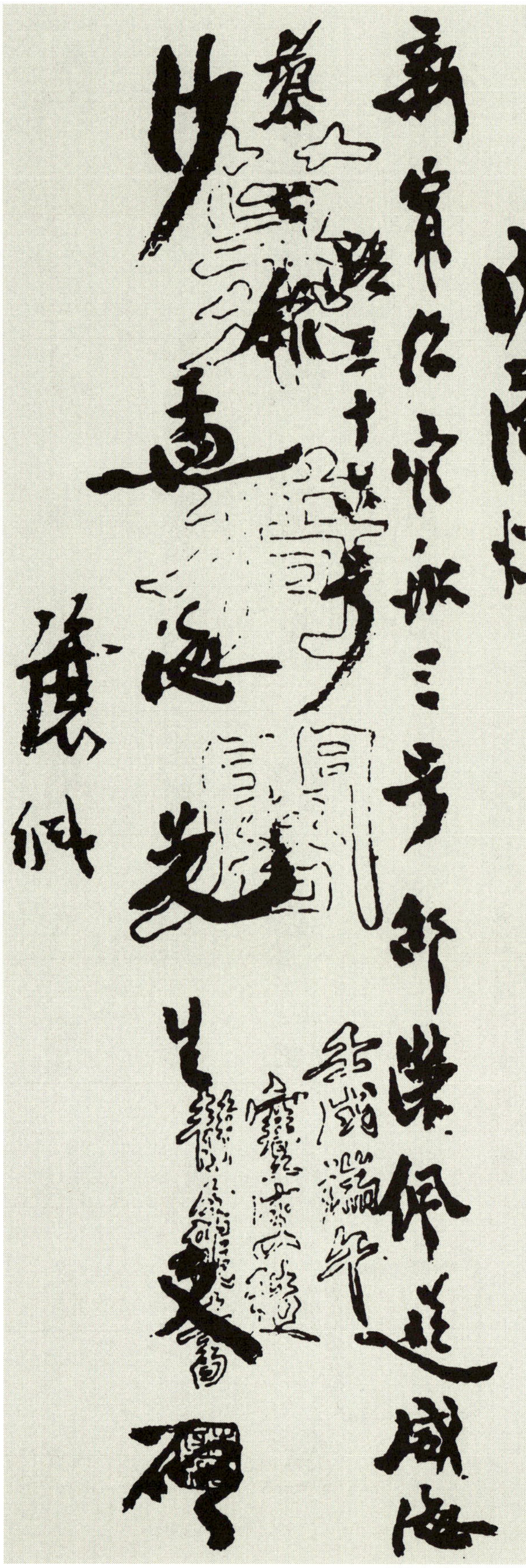

（一二七）致沙孟海①

一九二三年一月三十日　壬戌十二月十四日　星期二

飛仙閣箋

孟海仁弟：

印及前寄《柳集》樣本、並木公②詩，敬悉。煩録《桃花扇跋》轉澄老③，而枕雷④亦無復函。木公未見齳叜⑤，而是散原⑥，大好。不知前拙詩代寄否？缶老父子⑦，雅人深致，異於吾黨中堅匏父子⑧，亦嗛嗛也。老朽稍能久坐，昨雪牕寫寄蘂雨《美人畫甎歌》，爲養農⑨題王廷直⑩《秋林驚湍》畫箑七古，又録長古一首，並煩百行代寄。勞合路、威海衛路相距近，見之否？《柳集》已定四部，實則彙刊另［零］種《韓柳集》⑪儘佳。聞武仲甚强健，極慰。敬問

道祺。

美翊謹狀，

壬戌十二月十四日。

（鈐印）蹇安（朱文）。

（信封）内函煩新甯紹官艙三號邵榮佩送威海路三十六號蔡公舘，沙孟海先生文啓，讓緘。

（信封底紋）雙鈎『菉猗閣』。壬戌端午。蹇安造；靜龕書。（鈐印）朱方百行（朱文）。

考釋：

①（一二七）致沙孟海。署有明確日期：壬戌十二月十四日。此信書寫時間當爲一九二三年一月三十日（壬戌十二月十四日）。

②馮君木。

③劉澄如。是知張美翊《桃花扇跋》亦寄劉澄如一份。

④劉世珩，號枕雷道士。

⑤李詳（審言）。

⑥陳三立（散原）。

⑦吴昌碩、吴涵（臧龕）。

⑧劉錦藻、劉承幹。

⑨張亦湘。

⑩王謌（廷直）。

⑪羅振常蟫隱廬書店，據宋廖瑩中世綵堂刻影印。

述評：

①蔡琴孫寓所在威海衛路三六號，沙孟海客居蔡家。雙鈎『菉猗閣』信封，首次見用，僅一見。

②關於『木公未見鱓叜，而是散原』：

《沙孟海全集》（西泠印社出版社，二〇一〇年）第十卷《僧孚日録》壬戌十二月一日：

師今早到滬，來蔡氏。師此行爲訪李鱓叜，而李適以事先一日歸揚州，以年老明歲不復來此。師謂相見無期矣。

馮君木赴滬訪李鱓叜，而李已於馮來前回揚州，未遇。馮《回風堂詩文集》有《渡海訪李審言至則先一日歸揚州矣疊前韻寄之》詩。

陳三立（一八五三—一九三七），字伯嚴。號散原。義甯（今江西九江市修水縣義甯鎮）人。湖南巡撫陳寶箴子；陳寅恪父。室名：散原精舍。光緒十五年己丑（一八八九）進士。

③關於『《柳集》已定四部，實則彙刊零種《韓柳集》儘佳。』

《沙孟海全集》（西泠印社出版社，二〇一〇年）第十卷《僧孚日録》壬戌十二月十日：

寄蹇文世綵堂《柳集》影印本樣紙，昨日索自坊間者也。

『世綵堂』是南宋人廖剛的堂名，有《世綵堂集》。其後人廖瑩中（？—一二七五）刻書之所。曾刊行《柳河東集》《韓昌黎集》善本多種。

一九一七年，張美翊致冒廣生函（上海博物館圖書館編《冒廣生友朋書札》，上海書畫出版社，二〇〇九年）：

鶴汀老道兄同歲：

海上秋風，懷人未已。天高木落，我勞如何。祇惟台候興居佳勝，侍奉康娛，慰如所頌。弟寓敝會亦頗紛雜，一味慈悲救苦，夜中尚能觀書，聊以自遣。《雪交亭集》及其他《永嘉祠堂叢刻》乞示價目，每種寄致一部，書值照奉，萬弗客氣。古人有云『老而不學則衰』，故弟雖年已六十，仍手不釋卷。今歲校閲《金石全例》諸書，乃知徐刻元本潘《例》，反不如盧刻遠甚，因於碑版體例領會頗多。間亦爲人作文，惜少好題目耳。近就日本購得覆刻蔣之翹本《柳文》，又游居敬本《韓柳合刻》，皆桑皮紙。板本佳絶，何必宋槧耶。專肅敬請侍安，諸惟愛照不具。

年愚弟張美翊謹狀，

甬上中秋日。

（鈐印）美翊小印（白文）。

張美翊亦是版本學家。清人朱記榮輯《金石全例》十種，總目：元潘蒼崖輯《金石例》十卷；明王止仲輯《墓銘舉例》四卷；清黄宗義輯《金石要例》一卷；梁玉繩輯《志銘廣例》二卷；郭祥伯輯《金石例補》二卷；劉寶楠輯《漢石例》六卷；李富孫輯《漢魏六朝墓銘纂例》四卷；馮登府輯《金石綜例》四卷附金石跋文；梁廷枏輯《金石稱例》四卷附續篇；王念豐輯《碑板廣例》十卷。

張美翊在六十歲時仍在校閲《金石全例》等書，領會碑版文章的體例，即所謂『金石義例』，既是對金石學、更是對文章體例的重視。研究金石義例之學，并非着眼於文字書法，而是有助於寫文章。

④關於『印及前寄《柳集》樣本、並木公詩，敬悉』：

一九二三年一月十二日（壬戌十一月二十六日）張美翊致沙孟海函云『木公有詩文送行否』，故沙孟海寄馮君木詩。

沙孟海第一次離甬赴滬時，張美翊即有意送詩，未及作。而馮君木有詩贈沙。

《沙孟海全集》（西泠印社出版社，二〇一〇年）第十卷《僧孚日録》壬戌十月五日：

又過後樂園，蹇丈亦欲有詩相送，客多未及作。

一九二二年（壬戌）馮君木贈沙詩二首，分兩次作：

《僧孚日録》壬戌八月廿七日：

吾生老好事，愛才若環寶。豈謂廣培植，亦用娛懷抱。若也猥者徒，幼清能愛好。從游六七年，畢景窮蒐討。餘事佞篆刻，法古非意造。刃游碧落外，指節出怪巧。濁世多盲風，觸鼻皆腥鮑。相扇蘭之芬，爲余作牙爪。英才天所篤，努力發華藻。含睇仁山阿，得子吾可老。

《僧孚日録》壬戌十月五日：

師贈余詩，已録於前。兹少有變易，濁世多盲風以下改作：

盲風帀大地，陵遲及雅道，區區抱微尚，寂寞無人曉。英才天所篤，努力造深窈。含睇仁山阿，得子吾可老。

第二首，即送余赴上海，云：

芳物餘幾何，日受風氣剥。涓涓一滴清，不抵萬流濁。眼中諸年少，好我惟子獨。拾唾作珠璣，妥帖歸掌録。蕭蕭烟水外，寂寂兩間屋。清言互證嚮，往往窮昏夙。飢來不可忍，遠游圖自鬻。離别苦累人，政坐有口腹。幽憂多疾疢，恃子慰蕭槭。惘然促之去，作計毋乃酷。男兒志四方，行矣毋蜷局。迴光照衰朽，夢來倘不速。

⑤關於『寄藥雨《美人畫磚歌》』：

《沙孟海全集》（西泠印社出版社，二〇一〇年）第十卷《僧孚日録》壬戌十二月十五日：

得蹇丈復書，謂雪窗寫寄方藥雨《美人畫甎歌》。此甎乃新出土者，余曾於趙叔孺先生許見其拓本，凡四軀，作宰魚奉盤之狀，形體絶姿媚，不若漢畫像之樸簡，非遠古物也。

（三）子贛傳貨殖　理財　除舊布新時發達　新年

向戍論弭兵　裁兵　修文偃武世昇平　裁兵

五材無不用　裁兵　修貢效珍萬國集　理財　通商

八政貨為先　理財　投戈講藝四方平　裁兵

崇儉老氏學　理財　禪瀛遠至貨永匯　理財　通商

去兵孫子書　裁兵　日月重光兵氣銷　裁兵

拒絕武士道　拒日　洪範八政先食貨　理財

歡迎共和民　聯美　老子一書戒兵爭　裁兵

五族示平等　通貨衛商財萬邦憲　理財　制憲

四方戒用兵　裁兵　戢戈橐矢四民安　裁兵

昨見報登總商會徵求裁兵春聯帖，限期已臨，數聯擬寄，能否採稿，或留為新年應酬之用，亦應時道也。惟寫此聯宜有潤格，將來請老夫吃新春糕何如。

此函於蘇給安望妥寫作文慶麟年

基潤華印章拉　將寄東

百行空老　鐵手長北五

（一二八）致朱復戡①

一九二三年二月十日　壬戌十二月二十五日　星期六

朱絲欄箋

子贛（貢）傳貨殖（理財）；向戌論弭兵（裁兵）。

五材兵不用（裁兵）；八政貨爲先（理財）。

崇儉老氏學（理財）；去兵孫子書（裁兵）。

拒絶武士道（拒日）；歡迎共和民（聯美）。

五族示平等；四方戒用兵（裁兵）。

除舊布新時發達（新年）；脩文偃武世昇平（裁兵）。

脩貢效珍萬國集（理財、通商）；投戈講藝四方平（裁兵）。

裨瀛遠至貨泉匯（理財、通商）；日月重光兵氣銷（裁兵）。

《洪範》八政先食貨（理財）；《老子》一書戒兵爭（裁兵）。

通貨鬻財萬邦憲（理財、制憲）；戢戈櫜矢四民安（裁兵）。

昨見報登揔商會徵求裁兵春聯，惜限期已逾。數聯擬寄，能否投稿，或賢留爲新年應酬之用，亦頗時道也。

惟寫此聯宜有潤格，將來請老夫喫新春樓②何如？

昨函竹齋③，轉告賢契寫法文履歷片，並潤單、印章拓片寄來。

百行賢友。

蹇手具，

廿五。

考釋：

①（一二八）衹署『廿五日』，未署年、月。

函云『昨見報登揔商會徵求裁兵春聯，惜限期已逾』。

一九二二年，五月，上海總商會會長聶雲臺，活躍於『廢督裁兵』運動。七月，宋漢章繼任會長，繼之。十一月，宋漢章等被舉爲『裁兵勸告會』負責人，聯名通電，勸告政府實行『廢督裁兵』，被稱爲『十二年廢督裁兵第一聲』。總商會徵求裁兵春聯，當是一九二三年年初，壬戌臘月，癸亥春節之前，當爲壬戌臘月廿五日。

此信書寫時間當爲一九二三年二月十日（壬戌十二月二十五日）。

②在上海南京路、九江路之間佛陀街。
③姜竹齋。一九二〇年四月，同鄉會徵求大會辦事處任文牘。

百斤坚妻人来梅业相闷军

束前其患种书愿以蓁沈此作

楷以此嫦老夫石怕逸纪久缘

老夫廿錄戴亦为此山寶則

此體囫初以蘭見众之女王

寶地隱君人鏡人慎見長發

醫雄翰傳江州渲韓疏文尚

書窑兼方来聘江村漓石谏

刻書資用去體不識故古辣

又石漏曹時傳为失後熊海

書窑作孝廉變會稽壞老清

廣文题被曾刻集录古字曲

囤公缺書故窑好大王三老

碑裸以蓁轶其门下王延引

耽葦之抚卅樯些龍在尚神

似老夫少時母以之窑卷心

庚戌飛伏閑窗

西園假唐人行卷貳

為文法師所賞今思之作怪
實蔽於也以紀書名於皆工
何昔為此寓懷於書故適
而之他何以致聊齋會徽聯
識無佳作之徽海上無才盡
海回里謂漁陳諸君稱過讓
折聽教為之一番學淵暨看
止境一如半解便爲儀岸小
窗雨已然相甚好可爲舉杯
邀月下景李白樓謫自古能
詩者多如飲善青者未必能
飲李白斗酒詩百篇張旭三
杯草聖傳杜甫中八仙飲歌以說以
最宜算飲合之一斗兴餐杯
容為題詩寄博一粲春回快
侍奉集後 寒雲手書 日中除

（一二九）致朱復戡①

一九二三年二月十四日　壬戌十二月二十九日　星期三

飛仙閣箋

百行賢契：

人來接照相、潤單、來椾，具悉種切。忽以篆法作楷，以此嚇老夫，老夫不怕（紀文達②語），緣老夫廿餘歲亦爲此也。實則此體國初③以來已有之，如王寅旭隱君（錫闡④。見《名人尺牘》）、陳長發（啓源⑤。《毛詩稽古編》）、江叔澐（聲⑥。《古文尚書疏證》），刻書皆用古體。江徵君⑦以篆書寫藥方，藥肆不識。改古隸，又不識。當時傳爲笑談。鎮海姚梅伯⑧孝廉（燮），會稽孫彦清⑨廣文⑩（德祖。曾見之），刻集亦古字。曲園不能書，故寫《好大王》⑪《三老碑》，襍以篆隸。其門下王廷鼎⑫酷摹之；杭州楊譽龍⑬（尚存），亦神似。老夫少時好以之寫卷，乃爲文慎⑭師所賞。今思之，作怪實藏拙也。賢能書，各體皆工，何苦爲此？寒雲⑮拙於書，故遁而之他，何必效耶？商會徵聯，誠無佳作，足徵海上無才。孟海回里，謂馮、陳⑯諸君，稱賢謙抑聽教，爲之一喜。學問豈有止境，一知半解，便爾傲岸，小器而已。照相甚好，可稱『舉杯邀月小景』（李太白《月下獨酌》詩），自古能詩者多好飲，善書者未必能飲。『李白斗酒詩百篇，張旭三杯草聖傳』（杜少陵《飲中八仙歌》）。賢試以最密算法合之，一斗共幾杯？容爲題詩，寄博一粲。春回惟

侍奉崇護。

蹇叜手具，

小除日。

（鈐印）蹇叜（朱文）。

耳老閣名清涼因老夫聽
黃涌之金藏圖成特敘倩淨土
之故今懸取一兩實只字於壁
時時戲之以求長生不老冀也
來東謂勉力哉年將來為老父

七十微壽比松極潤大約石過
女王儒堂
我為之太矣老夫達俗至此少
年宜進取老年求者事境不同
耳然看送迎境之簡遇風勝代
寫候我信附七明正耳會蹇具
壬戌女陰日

培文同學老弟雅鑒

雲幌風燈懷舊學

飆輪電軌看新猷

張美翊孫朱義方書

（一三〇）致朱復戡

一九二三年二月十四日　壬戌十二月二十九日　星期三

黄過草堂箋

再：

老闆不請喫肉，殆因老夫聽黄涵之、金篠圃『戒特殺，脩净土』之故，今懸弘一所寫六字於壁，時時對之，以求長生不老。裝兒來稟，謂勉力幾年，將來爲老父七十做壽，必求極闊（大約不過如王儒堂）。我爲之大笑，老夫豈俗至此。少年宜進取，老年求省事，境不同耳。兹有送包培之⑰函，望用牋代寫，俟我信附去。明正再會。

蹇具，

壬戌小除日。

培之同學老弟雅鑒：

雪幌風燈懷舊學；飆輪電軌著新猷。

張美翊撰；朱義方書。

考釋：

①（一二九）（一三〇）合并考證。（一二九）署有：小除日，（一三〇）署有明確日期：壬戌小除日。即壬戌臘月廿九日。（一二九）（一三〇）兩函同封。

書寫時間當爲一九二三年二月十四日（壬戌十二月二十九日）。

②紀昀（一七二四—一八〇五），字曉嵐；又字春颿。號觀弈道人、孤石老人、河間才子；晚號石雲。謚『文達』。祖籍上元（今江蘇南京市秦淮區），客籍河間（今河北滄州市獻縣）景城鎮崔爾莊。藏書印有：春颿校正、心與古人會、校書天禄、河間紀昀、瀛海紀氏閱微草堂藏書之印。乾隆十九年（一七五四）進士。《清史稿》有傳。

③指清初。

④王錫闡（一六二八—一六八二），字寅旭；又字昭冥。號曉庵、天同一生。明末清初震澤（今江蘇蘇州市吴江區震澤鎮）人。精通天文曆算。道光《震澤鎮志》：『性狷介，不與俗諧，着古衣冠，獨來獨往，不用時世錢，以篆體作楷書，人多不能識，有譏其詭僻者，弗顧也。』

⑤陳啓源（？—一六八九），字長發。吴江（今江蘇蘇州市吴江區）人。康熙諸生。

⑥江聲（一七二一—一七九九），本字鱷濤；又字叔澐，亦作叔瀛。晚號艮庭（不諧俗，動與時違，取周易艮背之義）。祖籍休甯（今黄山市休甯縣）梅田，客籍元和（今蘇州市）。惠棟弟子。藏書印有：江聲叔澐氏、文通後人。嘉慶元年（一七九六）舉孝廉方正。

⑦徵君，即徵士，指不接受朝廷徵聘的隱士。此處尊稱江聲。

⑧姚燮（一八〇五—一八六四），字梅伯，亦作某伯。晚號復莊、復翁、復道人、野橋、老復、上湖生、東海生。別署大某、大梅山民，亦作大某山民，疏影詞史、二石生。祖籍諸暨（今紹興市諸暨市），客籍鎮海小港（今寧波北侖區）姚張村姚家兜。室名：小有居。藏書處名：大梅山舘、上湖草堂、疏影樓。道光十四年（一八三四）舉人。善書畫，尤工梅花。民國《鄞縣通志·文獻志》有傳。

⑨孫德祖（一八四〇—一九〇八），字彦清。號寄龕、宛委山民。會稽（今紹興市）人。室名：飲雪軒、學庸齋。同治六年丁卯（一八六七）舉人。薛炳撰《家傳》：孫德祖字彦清。會稽縣人，同治丁卯舉人，光緒庚辰任長興縣學教諭，戊申卒於家，年六十九。

⑩孫德祖（彦清）一八八〇年，長興縣學教諭。一九〇二年，淳安縣教諭。縣學正職稱教諭；副職稱訓導。教諭也是縣學的教授，掌文廟祭祀，教育所屬生員，相當於縣學校長。

⑪全稱《高麗好大王碑》，又稱《廣開土王境平安好大王碑》。東晉義熙十年（四一四）建，清光緒年間（一八八〇年前後）出土。石在吉林省集安縣。

⑫王廷鼎（一八四〇—一八九二），字和孫、銘之。號夢薇、瓠樓、壺樓、懶鶴、紫薇山人。震澤（今蘇州市吴江區）平望鎮人。室名：裕德堂、紫薇花舘。俞樾弟子。就讀詁經精舍。同治四年（一八六五）舉人。曾化名參加太平天國科考中探花。一八九一年，辨志精舍在讀。曾書杭州西湖孤山南麓俞樾庭院『俞樓』聯：四圍花木多於屋；萬卷文章著等身。俞樾《春在堂雜文》有傳。

⑬楊譽龍（一八五五—？），字雲程，亦作雲成。錢塘（今杭州市）人。俞樾弟子。就讀詁經精舍。同門中與章太炎、曹樹培最相知。室名：素行室。一八九一年，辨志精舍在讀。光緒舉人。平陽劉紹寬《厚莊日記·戊戌日記》：六月初九日，『朝考正場出圖，浙江取四十名，一等九名：楊譽龍、曾春撰、來傑、朱用賓、魯宗泰、劉紹寬、陳其疇、劉富槐、吴汝成。』能書畫。宣統元年（一九〇九），創建仁和縣覓橋鎮覓橋小學。

⑭文慎，瞿鴻禨的謚號。

⑮袁克文。

⑯馮君木、陳天嬰。

⑰包光鏞（一八七二—？），字培之。鄞縣人。一八九八年至一九〇二年就讀南洋公學，一九〇二年，獲政治班第一名獎勵。同年，考取北京五城中學第二名，未讀。次年四月二十一日，在南洋公學申請公費去比利時學習路礦。張美翊呈請盛宣懷批准。一九〇八年，考取浙江省官費留學美國，學工藝化學科。一九一六年，天津津浦鐵路管理局財務總管。一九二五年，供職中孚銀行。

述評：

①關於『老夫不怕』：

寧波話『老虎』與『老夫』諧音，『老夫不怕』，即寧波俗語『老虎不怕』。朱復戡，舊號『虎闓』，『復戡』即『虎闓』諧音。

②關於『篆法作楷』：

是篆楷，古體。

張美翊所説江聲以篆書寫藥方事，見俞樾（一八二一—一九〇七）《春在堂隨筆》（遼寧教育出版社，二〇〇一年）：

江艮庭先生，生平不作楷書，雖草草涉筆，非篆即隸也。一日，書片紙付奴子至藥肆購藥物，字皆小篆。市人不識，更以隸書往，仍不識。先生愠曰：『隸本以便徒隸，若輩并徒隸不如耶？』予生平亦有先生之風，尋常書札率以隸體書之。湘鄉公述此事戲予，因録之以自嘲焉。

清代記録江聲寫古字事者，又見：

陳康祺（一八四〇—一八九〇）《朗潛紀聞二筆》（中華書局，一九八四年）：

叔澐徵士愛古成癖，平生不肯爲俗字，尺牘書疏，皆依《説文》。

吴翌鳳（一七四二—一八一九）《懷舊集》（嘉慶十八年初刊本）：

精六書，以世所行隸楷多俗，作字必本許叔重。精於小學，以許叔重《説文解字》爲宗，《説文》所無者，必求叚借之字以代之，生平不作楷書，即與人往來筆札，亦作古篆。見者訝以爲天書符籙。

李斗（一七四九—一八一七）《楊州畫舫録》（中華書局，一九六〇年）：

生平不爲楷書，雖日用記賬，皆小篆，故所刻書皆篆書焉。

孫星衍（一七五三—一八一八）《五松園集》（《皇清書史》，明文書局，一九八五年）：

不爲行楷者數十年，凡尺牘率皆依《説文》書之，不肯用俗字。

錢泳（一七五九—一八四四）《履園叢話》（陝西人民出版社，一九九八年）：

予嘗雪中過訪，見先生著破羊裘，戴風巾，正録《尚書集注音疏》，筆筆皆用篆書。雖尋常筆札登記，亦無不以篆書之，讀者輒口噤不能卒也。嘗言許氏説文爲千古第一部書，除九千三百五十三字之外無字，除説文之外無學問也，其精信如此，畢秋颿尚書聞其名，延至家校劉熙《釋名》，亦用篆體書之。

江藩（一七六一—一八三一）《漢學師承記》（上海古籍出版社，二〇〇六年）：

嘗著《六書説》一首，自書勒石。喜爲北宋人小詞，亦以篆書書之。

彭藴章（一七九二—一八六二）《歸樸龕叢稿》（道光二十九年刊本）：

先生工篆書，手書是書刊板行世，凡有大篆之字必書大篆，大篆不足，繼以小篆，不獨疏解精核，兼可識大篆，其有功於世不淺也。

方朔《枕經堂金石書畫題跋》（同治三年刊本）：

近日江艮庭所書《釋名疏》，曾經經訓堂傳刻，其篆法大有此銘意度，以此更服艮庭篆籀之學深也。

趙爾巽等著《清史稿》（中華書局，一九七七年）：

生平不作楷書，即與人往來筆札，皆作古篆，俗儒往往非笑之，而聲不顧也。

文字作爲記録語言的工具，與以文字爲載體的書法藝術，完全是兩回事。藥方是應用文，寫古字顯然不合時宜，達不到應用的目的。信函，亦應用文，寫古字倒可以。但要看對方是否有較高的學養。俞劍華編《中國美術家人名辭典》（上海人民美術出版社，一九八一年）：

章棖……簡櫝或累千餘言，或作純草，不雜行書，然無一字不可識。

張美翊一九二二年八月二十六日（壬戌七月四日）致朱復戡函云『昨得一老長函兩紙，完全《十七帖》。』章一山致張美翊函，全篇大草，不夾雜一個行書，這在民國已屬少見。但王羲之《十七帖》全用大草寫信，祇是正常的事。此時代使然，兩晉時期，今草已大量使用於日常應用的書牘。至於一些常用語，如『足下』『不具』『頓首』之類的草書甚至可以用符號代，是因草書是給內行人看的。儘管寫得不規範，但因是套語，也不會引起歧義。今人通信，最好不要寫草書。因這不僅僅是受信人的水平問題，今人寫草書往往會寫錯字，而受信人越是懂草書的內行，就越讀不懂。

③關於弘一與張美翊：

弘一法師，俗名李叔同（一八八〇—一九四二），譜名文濤，幼名成蹊，學名廣平。字息霜。號漱筒，晚號晚晴老人。一九一八年八月十九日出家，法名演音。祖籍洪洞（今山西臨汾市洪洞縣），生於天津，遷上海。精繪畫、音樂、戲劇、書法、篆刻、詩詞。曾拜凈土宗印光法師（一八六一—一九四〇）爲師。屬凈土宗。

李廣平（弘一）就讀南洋公學經濟特班考試時，張美翊爲副考官，李屬於張美翊的學生輩。一九〇三年七月二十一日，南洋公學提調兼代總辦張美翊寫的《南洋公學呈請督辦大臣盛宣懷給予李廣平咨文應順天鄉試》，是有關李叔同參試資格『監生』來歷與日期的文件。

弘一法師有致張美翊函（于建華《南社名家書畫鑒賞》，中國書店出版社，二〇一二年）：

未由省展，霜寒比自何如？普陀印光長老及諸上善人勸送《安士全書》，匡益世道，袪發昏蒙，猥辱累屬爲之紹於知識，銘茲典誨，伏深贊慶，謹致文告，希垂省察。倘值有緣，幸爲勸勉。隨憙功德，江山遼敻，豈復委宣。演音。

讓翁居士舊師道座。

十一月十八日

釋印光《重刻安士全書·序二》（《增廣印光法師文鈔·重刻安士全書序二》，九州出版社，二〇一二年），文末署：民國七年戊午六月十九日（一九一八年七月二十六日）。弘一此函，當在此年。

弘一函中稱張美翊爲『舊師』，是方外之人仍不忘『舊』老師。有論文說：張美翊早年師事弘一法師。真是本末倒置，今人衹知書法名氣大的弘一法師，而不知弘一之師不知名，却爲高人。

④關於黄涵之與張美翊：

黄慶瀾（一八七五—一九六一），字涵之。法名智海。祖籍江西景德鎮，生於上海。副貢生。南洋公學師範院畢業，留學日本。一九〇五年八月，上海城厢内外總工程局議事經董。

一九一九年，會稽道道尹。道署在寧波，辦公機構在鄞縣。轄蕭山、餘姚、紹興、諸暨、鄞縣、定海、鎮海、嵊縣、奉化、慈谿、象山、上虞、新昌、臨海、黄巖、天台、仙居、寧海、温嶺、南田（象山縣鶴浦鎮樊岙）。

書迹刻石：

一九二二年，五佛鎮蟒塔門額，楷書。存小白嶺。

黄涵之中年信佛，淨土宗印光法師（時居上海太平寺）弟子，法名智海。也是寧波觀宗寺的高僧諦閑的信徒。一九一七年以後『專脩淨土』，大力提倡『戒殺護生』的淨土宗重要理念。一九一九年十一月，時任甌海道道尹的黄涵之親自編寫《勸勿多殺生命白話文》，下發所屬的十六縣知事。晚年尤致力於將淨土五經寫成白話。

一九二一年，張美翊爲黄涵之《甌海觀政録》作序（一九二一年鉛印本）：

孔子稱古語『勝殘去殺』，而歸本於善人之爲邦。孟子言『以善養人』，然後『能服天下』。而『善政不如善教之得民』，復再三言之。蓋當春秋戰國之際，功利相尚，戰爭不息，人民煩苦怨咨蕩焉而無所於歸，聖賢知亂之未已而治之無望。必有秦始皇者出舉皇帝，三代之大經大法燔滅而無遺，故深感於爲邦養人，不覺長言之不足，慨然思得善人以拯救之也。改革以來，天下多故，獨吾鄉少安。適有天幸，長官來此者，多賢明仁恕，與吾民相安，遂以無事。上海黄君涵之，所謂好善優於天下者也。去歲自甌海道尹量移會稽，先與余相見於滬，握手歡然。爲言吾鄉人心風俗出治之要，並及紹台兩屬。余謂：『民氣已動，宜鎮之以静。民政太繁，宜持之以簡。昔曾文正生平有取於孟子「取人爲善、與人爲善」兩言，與胡文忠受命大亂之後期，以善人挽回浩刦。迄今讀其批牘簡書，怵乎愀乎，大率以善言充其善量。今政體雖更，效法有在，君未嘗不韙吾言也。』比抵任所，則勤政愛民，百廢俱舉。其於教孝崇節，尤兢兢致意。夏秋之間，浙東風水爲災，君則奮起籌振，函電紛馳，呼號奔走，昕夕不遑。余亦粗有陳説。中外人士，感而相應，遂驟集數十萬金，振濟台屬，旁及他縣，即如吾鄞、奉數鄉災狀稍輕，亦得一二萬金，方事之殷，君瘏口曉音，以勞吾民，幾忘寢食。而吾民則稱頌善人無異詞。君猶慼然，自謂未盡職也。今年春，余養疾回里，君出《甌海觀政録》一編相示，發而讀之，知君之行於會稽者，與施與甌海殆無以異。乃嘆君之爲政，與孔孟之書無不合。至其表率屬僚，考察治績，則鑒於民生之不易，奉官不可以苟，勤求而不厭，歷久而彌虔，謂人心有向善之機，即國本有底安之望，大哉言乎，可謂善人也已。是編爲類十五，爲目五十九，所載成案，至爲纖悉，因序其端，并抒所見，使治國聞者考覽焉。歲在辛酉月令孟夏之月，鄞張美翊蹇叟。

一九二三年，張爲黄涵之《勸世白話文》作跋（上海棋盤街廣益書局，一九二三年）：

孔孟之道，莫大乎孝，而歸本於求仁。蓋孝者，天之經，地之義。而仁者，脩、齊、治、平，皆原於此也。春秋戰國之際，世衰道微，邪説暴行又作。聖人憂之，知其必極於殘殺，而無禮無學，賊民斯興。故《論語》《孟子》之書於孝與仁再三言之，所以坊民之亂而期進於治。孔子言『善人爲邦』，孟子言『善政』『善教』，胥此道也。上海黄涵之道尹，自甌海量移會稽，下車伊始，即以《勸孝文》及《戒殺放生》之旨告諭吾民，言淺而意深，文約而趣博。余受而讀之，以爲善人之言，安得使吾民家喻而户曉之？來此三年，政通人和，雖災不害。吾浙東之民歡稱：『道尹，善人善人』無異詞。兹復以《勸世白話文》二卷見示，其首篇曰：『勸孝而行善。』『歸厚』諸篇，復於求仁之旨爲近美哉，君誠仁孝人也。憶余童時，當粤匪大亂之後，士大夫謹守禮法，矜式鄉黨，科舉之時，輒有勸戒諸書分貽學子，若者善，若者惡，論其報應，毫髮不爽。少年子弟服習既久，亦皆束身寡過。同光之初，天下大安，幾乎小康。自新學盛行，政變迭起，内憂外患，乘之適會泰東西學説日新月異，僞僻盲從之徒迻譯紛雜，人心風俗爲之一變。改革而後，且舉孝弟忠信禮義廉耻，刮絶之惟恐不盡，於是權利相爭，詐僞相角，天下囂然，無復安息。起視斯民，則水深火熱，天災人禍，相逼而來，乃復盛倡共産過激之説。是必使吾國再見歐戰之慘劇，人道滅熄而後止也。惟是剥極必復，亂極必治，移風易俗，必自東方軒轅之胄裔，始得君之書而存之。教孝行仁，其效自遠。用白話文者，乃使家喻户曉之意也。癸亥五月，鄞張美翊蹇叜時年六十有七。

一序一跋，都徵引孔孟之道爲依據。另外，張美翊反對書函用白話文，而對黄涵之的『白話文』佛經，則不反對，因『用白話文者，乃使家喻户曉之意也。』

⑤關於『將來爲老父七十做壽，必求極闊』：

一九一六年（丙辰）張美翊六十歲時曾做壽。

洪允祥《張讓三先生六十徵詩文啓》（《甬上青石張氏家譜·贈言》味芹堂鉛印本，一九二五年）：

蓋聞融諸法於一心，則儒墨皆應化；縮萬世於日暮，則彭聃非久視。娑婆不淨，乘悲願而現身；泱莽可游，假大年以持世。是以鼎革之交，貞元之會。必有磊落英多之士；耆艾魁碩之材。爲之補苴聖緒，振挈頹波；藻鏡人倫，激揚世教。攬澄清之轡，鐘鼎非榮；鳴風雨之鷄，山林非逸。目營四海，心先天下而憂；身老一邱，名與斯文并壽。道匪夷而匪惠；學亦史而亦玄。姑射神人，功在陶鑄之表；庚桑畏壘，人致尸祝之虔。斯則二首六身且繼寶書之特筆；千秋萬世未爲樂府之謏詞也已。我讓三張先生，明山閒氣；浙水通儒。幼勵焠掌之勤；博受刳心之教。跌宕文史；窈窕書林。固已含茹班揚；甄綜崔蔡。昌黎吞篆，將起魏晋之衰；仲舒下帷，藉扶天人之奥。矧黄、全文獻，未替風流；豐、范圖書，深資沾溉。山鄰禹穴，抽金匱石室之藏；學溯姚江，洗白葦黄茅之陋。遂使吴公循吏，識賈生於少年；李膺清流，證孔融爲偉器。然而先生欿然未足也。謂六經之外，未讀奇書；九州之西，别開異境。抵鄒衍之掌，快若仙遊；乘博望之槎，願繩祖武。長風萬里；滄海一粟。作客五年；成書百卷。大秦種類，班志之所未詳；西極山川，亥步之所未陟。入穆滿化人之國；補塗山王會之圖。譚兵禿納之河；弔古安敦之殿。博物則鳥名西母；題詩則花賞戎王。凡所見聞，蔚成著述。以視丁零、蘇武，嚙冰雪而吞聲；安息、甘英，怯滄溟而裹足。倜乎遠矣。從薛庸庵奉使絶域而歸；值盛愚齋開幕江南之日。延之上座，資我智囊。先生以魯連玉貌，偶客平原；杜甫詩人，久依嚴武。代常何草奏，名達天閽；爲桓温參軍，詩用蠻語。賓遊盈座，畢知朝野之異同；英俊下僚，澄觀治亂之倚伏。姬籙將熸，處士橫議；劉宗失御，黨獄株連。先生以劉真長椽屬之官；負郭林宗士林之望。齒牙餘論，足以宏奬人才；泉石高情，未肯輕罹世網；人間何世，任我遨遊幕府。多才不聞嘲謔。是以樊川風月，泯黨牛怨李之嫌；江都春秋，弭黜周王魯之訟。時則熙寧之法未變；廣明之禍旋來。銅馬縱橫，玉輿播越；彊鄰合縱，海水群飛；半壁阽危，江流欲涸。先生恤緯心苦，入幕謀深。謂宜守五市之盟；豫媾和之策。遠猷密贊，衆論僉同；群藩輯睦，以保封疆。上宰從容而議玉帛。江淮節度，仍通貢賦之途；吴越蒼生，不墮干戈之劫。是則鄧先奇計，漢廷之所未知；墨子熱腸，黔首從而託命也已。既而，張中丞駐襜帷於浙水；馮忠愍移棨節於贛江。先後以隆禮重幣聘爲上賓。忠謨嘉猷，資以入告下陳蕃之榻，徐孺子夙號高人；佐董晉之軍，韓退之獨濡大筆。浮雲蔽日，愁絶登樓；濁酒醉人，狂任落帽。不遑甯處，難支大厦之傾；輒喚奈何，别有傷心之故。無何，桑海揚塵；梓鄉招隱。囊有王通之策，欲獻無時；篋希陸賈之金，常貧如舊。安期生仙者，何與秦楚之爭；習鑿齒半人，私脩漢晉之史。似圖似渥，拜困學於鄉賢；問影問形，署泉明爲徵士。此又訪嘯臺之迹，嵇叔夜自媿不如；全谷口之真，楊子雲聞而亟許者歟？且夫屈伸者時，上士貞之以道；否泰者運，哲人淑之以仁。故樹人裕於百年；育才殿夫三樂。有清末禩，吾道横流。稷下雄談，惟侈瀛海。武城名邑，不聞弦歌。學子皆躍冶之金；儒林少障瀾之柱。先生託兼愛之心；妙作人之術。創師範學校於明州；長南洋公學於歇浦。南金東箭，皆在陶植之中；霽月光風，静戢罽陵之氣。文中子師資特妙，豫儲異代之風雲；龐士元獎借過情，是爲南州之冠冕。今即康成垂老，謝遣生徒。而安定設科，傳爲法式。功亦偉矣，心亦瘁矣。至於落紙則陳遵尺牘；揮麈則樂廣清談。詩體則大曆雅才；書法則元和新樣。出其餘技，足敵時流。穆若清風，尤在家教。先生挺秀孤寒，抱感風木而温公敦厚。謹事哲兄，新息英雄。尤禮寡嫂。撫竹林之□，□□談玄；賞蘭屺之芳，許甥乞墅。青山偕隱，婦如德耀之賢；雪夜成詩，女有道蘊之譽。哲嗣聚伯、叔馴，生禀夙慧，善讀父書。文妙雙丁；經傳二戴。旁綜佉盧之帙；遠搴若木之華。學楙人師，澤延君子。將於今年二月八日先生初度之辰，舉稱觴之典。其時茅君待客，自有金壇；王烈迎賓，還開石架。載柴桑之酒，不少王宏；展香山之圖，首數胡杲。中年已過，分柑亦行樂之方；大老來歸，茹蕨即長生之術。三千歲花開靈樹，任爾逍遥；五百里星聚賢人，無量歡喜。所冀東京才子，南國詞宗，貺以佳章，光兹盛舉。庶幾松喬異骨，千秋傳郭景純之詩句；甬名山萬古，有夏黄公之迹云爾。

《甬上青石張氏家譜·贈言》（味芹堂鉛印本，一九二五年）收有張元濟《讓三張先生六十壽詩》：

大隱欽鴻案，熙春在鯉庭。南州高士傳，東越老人星。早歲搴三秀，培風走八溟。隨車開孔道，擁節證圖經。米聚知邊要，槎回説地形。重臣尊異等，婉試畫新硎。往者妖拳禍，彌天戰血腥。微言靖江海，長算結藩屏。逐鹿從高枕，連鷄遂解鈴。爲謀安半壁，食報合千齡。羔雁仍充積，麒麟不暫停。迴帆指南贛，擊汰汎西泠。壯事頻看劍，嘉謨若建瓴。雲雷方締造，霜霰忽飄零。用相難扶醉，同昏忍獨醒。卷懷經國策，歸問草堂靈。倦鶴猶軒舉，輕鷗入淼冥。鼎鑪脩上藥，蠻觸付流萍。初度欣周甲，韶顔喜復丁。玳筵飛月琖，彩伴集霞軿。赤水珠光滿，明山石氣清。九還丹的皪，四照玉玲瓏。賤子擎杯祝，先生倚杖聽。年年真率會，遲我結埼亭。

送張美翊六十壽詩者尚有：吴士鑑、沈同芳、唐文治、馮毓孳、孫寶瑄、魏友枋、盛炳緯、虞輝祖、陳康黼、徐珂、周慶雲、錢溯耆、繆荃孫、梁建章、王榮商、馮君木。

百行賢異雨所共志頗喜之至老弟不知何故一極
賢作無論如何請之出安作筆意便為開卷一覽兩談三生
不上有緣之所批務老弟力為之賢力後弟即南京通
前去多就得林弟作氣與阴又全係人一齊早歸
見歸首泥過難請俞氏庭作係由聚選歸見
一期概說賢最於起早內新紙寄宗線往接来示青年
能早起態度約先在青年正時來亦起無俞氏庭前年為此所祈四張改去
途舞服與林弟極要好當多接洽賢泥研究韓計

隱或任書牘示舊留心敘行學問亦通達葉東大宗予
吸收通行本教永樂錄般二百五十万進口條存是為人精應潮斷定
眞名望全未見章遂氣郎絕年三十三歲少從老夫學十
五能通說文以篆刻即世[illegible]才即在
上海陳佛藝云及安年常手識數千金不該邑是一令
有氣行萍御新此永定根基想能王一章萬億此時一斷
非傳授卷尚覺不足如洪雁寒王母要為說精為斷付
舉急當[illegible]青附直如老夫攻上海來談[illegible]以老去為此

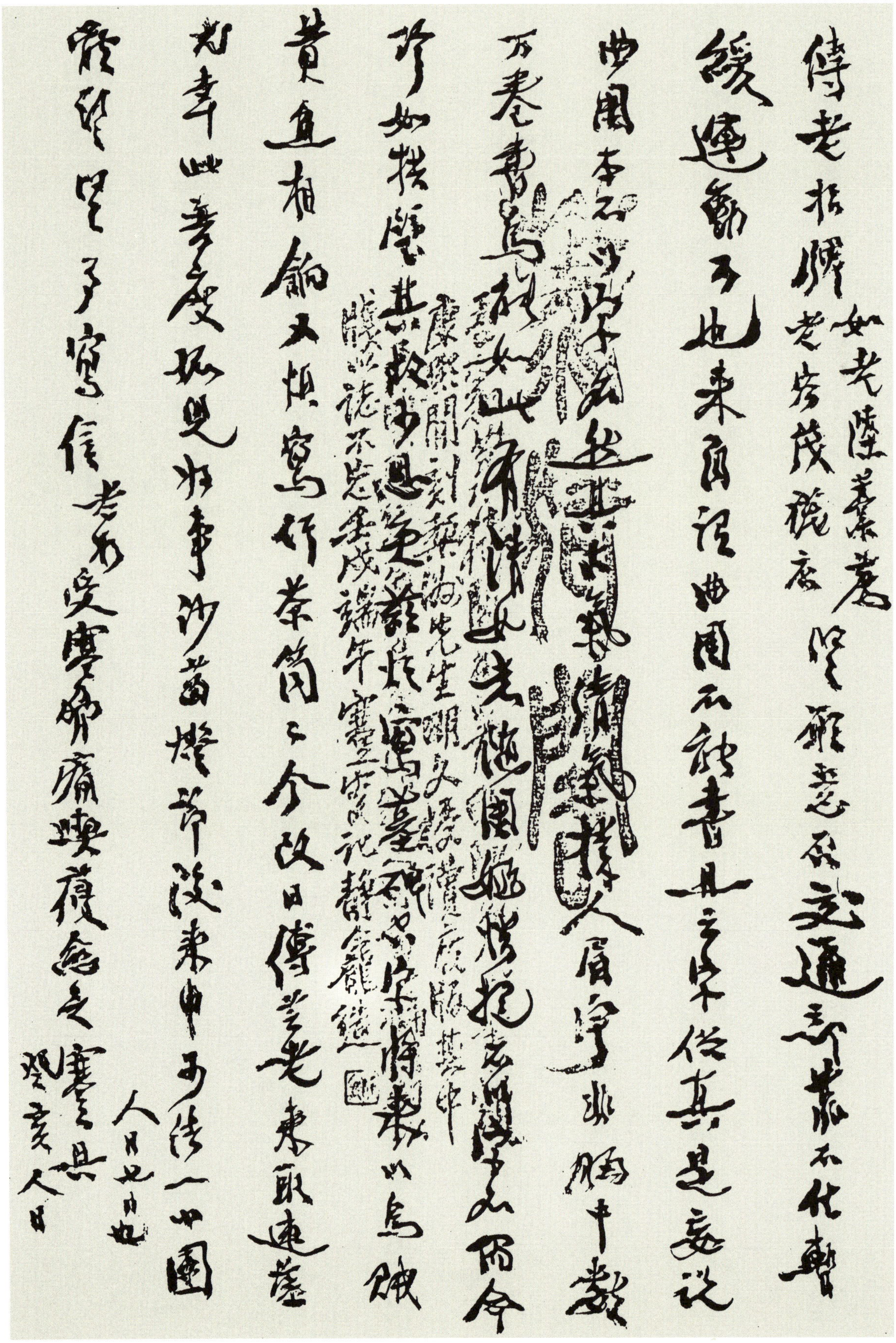

（一三一）致朱復戡①

一九二三年二月二十二日　癸亥一月七日　星期四

蒹猗閣箋

百行賢契：

兩函具悉，歡喜之至。老朽不知何故，一接賢信，無論如何話言，如何筆意，便爲開顏一笑，所謂三生石上有緣②，前世殆老朽爲方丈，賢爲徒弟耶？南市通商③，大可就得，椒弟④脾氣與賢又合。保人一節，今早裴⑤兒歸省，謂己晤過，擬請俞佐庭作保，由裴作證。裴星期抵滬，賢最好起早向新紹甯官艙往接，表示青年能早起態度。（鶴光⑥在青，每五時半即起。）俞佐庭前年爲洪承祁羅致，半途辭脱，與椒弟極要好，當可接洽。賢須研究薄計學，或任書牘，亦須留心銀行學。南市漁類大宗，可吸收漁行存款。（永豐鮮船二百五十萬進口餘稱足。）爲人稍應酬屏對，定有名望。舍表弟章蓮泉⑦明經，年五十二歲，少從老夫學，十五能通《説文》小篆，即舉秀才。新年來訪，謂賢天才，即在上海鬻藝，不及數年，當可歲致數千金，所言甚是。今有銀行落脚，就此永定根基，摠勝王一亭萬倍。此時對於傅筱庵尚彀不上，如洪雁賓、王心貫必須好爲對付。裴兒告稱，謂青島亦知老夫，况上海乎？望賢以老夫爲世傳老招牌（如『老陸稿薦⑧』『老宏茂襪店』），賢願意否？交通部靠不住，暫緩運動可也。來函謂曲園不能書，且云字俗，真是妄説。曲園本不以字名，然其古氣、清氣，撲人眉宇，非胸中數萬卷書，焉能如此？有清如袁隨園⑨、姬惜抱不以字名，而今珍如拱璧，其故可思矣。兹煩寫墓碑六字，將來以烏賊、黄魚相餉。又：煩寫竹茶筒二個，改日傳芸老⑩來取，速藻尤幸，此普度孤兒好事。沙、葛燈節後來申，可結一小團體。望賢多寫信，老朽受寒脅痛，喫葠愈矣。

蹇具，

癸亥人日（人日七日也）。

考釋：

①（一三一）署有明確日期：癸亥人日（人日七日也），即癸亥一月七日。

此信書寫時間當爲一九二三年二月二十二日（癸亥一月七日）。

②故事最早見於唐人袁郊《甘澤謡·圓觀》，僧人名圓觀，而非圜澤。亦見於明人張岱《西湖夢尋·三生石》和清初古吴墨浪子《西湖佳話·三生石跡》。流傳最廣的是蘇東坡《僧圓澤傳》。

③中國通商銀行南市分行。中國通商銀行，光緒二十三年四月二十六日（一八九七年五月二十七日），由督辦全國鐵路事務大臣盛宣懷在上海成立。是中國人自辦的第一家商業銀行、華資銀行。也是中國首家獲政府批准發行鈔票的銀行。總行設於上海黄浦路（今中山東一路七六號）。

④方椒伯。

⑤張絅伯。

⑥范鶴光。

⑦章蓮泉，亦作彦泉。供職中國通商銀行南市分行。

⑧傳説陸稿薦自康熙二年（一六六三）創業，至咸豐十年（一八六〇），因遭戰亂損失殆盡。同治五年（一八六六），在崇真宫橋原址重振家業。傳至光緒二十七年（一九〇一）九月，陸姓後裔陸偉、陸念椿等，將陸稿薦牌號租押給吴縣西津橋人倪松坡。

⑨袁枚。

⑩傅宜雲（硯芸）。

述評：

①此時朱復戡即將入中國通商銀行南市分行供職。

②關於『此時對於傅筱庵尚彀不上，如洪雁賓、王心貫必須好爲對付』：

傅宗耀（一八七二—一九四〇），字筱庵。鎮海人。盛宣懷義子。此時任中國通商銀行董事長，總商會會長。

同鄉會：一九一四年，評事科。一九二一年，特别名譽會董。

洪濤（一八八九—？），字雁賓、成瑾。鎮海人。一九〇六年，就讀『健行公學』。一九二一年十月，參與發起『上海建築材料物券交易所』『中法合辦萬國物券金幣交易所』，理事。一九二二年，『中易公司』結束大會股東代表。一九二三年，通商銀行秘書、《商報》財務監察人；參與建築『軍工路』。

《申報》一九二三年九月十日《軍工路之進行》：

寧台鎮守使王悦山君，……因持商由滬巨商傅筱庵、李徵五、洪雁賓等建築軍工路。

同鄉會：一九二一年，理事。一九二三年九月，『寧波急賑大會』調查主任。一九二三年七月二十日，第二届選舉大會初選爲十二個監視員之一；第二科事務監。

王心貫（一八九一—一九三三），字正聿。鎮海莊市漢塘人。一九〇九年，『漢冶萍公司』股東。一九二〇年，上海總商會會員，在職中國通商銀行。一九二一年，參與發起『上海夜市物券交易所』。一九二三年，參與創辦『明明電燈公司』；虹口乍浦路『通商銀行分行』經理。

《申報》一九一八年五月十七日《鎮海小學成績展覽會》：

鎮海第四次闔邑小學學生成績展覽會於十三日上午十時開會，會長劉廉巽、王心貫。

同鄉會：一九一八年，捐款十元。

③關於『俞佐庭前年爲洪承祁羅致』：

俞佐庭（一八八九—一九五一），原名煒。字崇功；又字蔭堂。鎮海（今寧波市鎮海區）俞范（今城關鎮）人。鎮海望族李咏裳表姪。

一九〇八年，『慎餘錢莊』職員；上海『恒祥錢莊』賬房。一九一六年，寧波『慎德錢莊』（後改組爲『天益』）經理。一九一七年，參與創建『同義醫院』。一九一九年，建『浙江省第二監獄』募捐董事。一九二四年三月，『鄞縣育嬰堂董事會』總務股。

所謂『前年』，即一九二一年，朱葆三、嚴信厚等人在黄浦灘路一二號創辦『上海中易信托公司』。洪承祁爲經理，俞佐庭爲副經理。

俞佐庭，時任寧波商會會長。

④關於『今有銀行落脚，就此永定根基，總勝王一亭萬倍』：

王震（一八六七—一九三八），字一亭；又署一亭父。號白龍山人（世居吴興北郊白龍山，或云求畫不付潤金爲『白弄』）、海雲樓主、梅花館主。法名覺器。吴興（今湖州市吴興區）人，生於上海浦東三林塘。吴昌碩弟子。室名：海雲樓、芷園、梓園、梅花館、六三園。

王一亭十四歲（一八八〇年）到怡春堂裱畫店學徒。次年，入上海『慎餘錢莊』學徒。一八八七年，『天餘沙船號』跑街。一九〇五年八月，『上海城厢内外總工程局』議事經董。一九〇六年，『信成商業儲蓄銀行』董事；『上海預備立憲公會』董事；參加『國會請願同志會』。一九〇七年，日本『日清汽船株式會社上海分社』買辦；加入同盟會；五月，『張園萬國賽珍會中國珍品陳列所』（珍品售資助賑）男賓招待員；參與創建『立大麵粉廠』，董事長。一九〇八年六月，『浙路股東臨時會』查賬員。一九〇九年，『滬南商務總會』總理；上海總商會議董。一九一〇年，參與創建『申大麵粉廠』，董事長；參與創建『閘北湖州會館』。一九一一年，『上海農工商務』總長；參與發起《中美輪船股份有限公司》。一九一二年一月，參與組織『敬禮海陸軍人大會』，宴請北伐軍將領；參與創辦『南京拓植學校』。次年，『中華商業儲蓄銀行』董事長；『上海總商會』協理；『婦孺救濟會上海董事會』負責人，主張更名爲『中國救濟婦孺會』。一九一七年，參與創辦『上海中醫專門學校』；參與組織『佛教慈悲義賑會』，賑濟北方水灾。一九一八年，『上海居士林』副林長；參與創辦『覺社』；十月，『上海濟生會』董事。一九一九年，參與創辦『上海中華武術會』。一九二〇年五月，參與創辦『上海華商證券物品交易所』。次年獲農商部頒發執照而正式開業。一九二二年，『上海佛教净業社』社董；『中國佛教會』會長；『中國紅十字會』常議員議長；『紅十字會時疫醫院』院長；主持籌賑黄河水灾。

研習書畫、入銀行，王、朱經歷同，但朱比王順利，故『勝王一亭萬倍』，而非他指。

⑤關於『曲園不能書』：

張美翊一九二一年八月二十五日（辛酉七月二十二日）致朱復戡函曾論及此話題：『曲園篆隸楷，全是書卷氣，……望讀書卅年再説，現弗妄談。』不知爲何，纔三年（没到『讀書卅年』），朱復戡又談起曲園不能書，且云字俗。張美翊斥之爲『妄説』。

俞樾、袁枚、姚鼐，均不以書法名世，却是胸中有數萬卷書的文豪，故而書法自有書卷氣。

復戡師曾語筆者：

書法以有金石氣爲第一，書卷氣次之。

所謂『氣』，非指具體而指感覺。氣韵，是自然地筆底流淌，非强爲所能。

爲了書法而書法的『書法家』，得當世名，得實惠。學者不爲書法而自然成書法家，得身後名，書作後世人珍如拱璧，得以流傳經久。實惠的『書法家』一旦失却『頂戴花翎』，便一落千丈，其書亦廢。

⑥關於姬惜抱：

姚鼐（一七三二—一八一五），字姬傳；又字夢穀。號惜抱。世稱惜抱先生、姚惜抱。桐城（今安慶市桐城市）人。藏書樓處名：惜抱軒。藏書印有：大季氏、惜抱軒藏書印。乾隆二十八年（一七六三）進士。先後主持鍾山、梅花、紫陽、敬敷書院。與方苞、劉大櫆并稱爲『桐城三祖』。

張美翊把『姬傳』『惜抱』字、號省略連寫。此亦見（一八）『劉葱珩好古董』，劉世珩，字葱石。作『劉葱珩』。或是筆誤。

百行賢妻所關也忠愛君作保

極盡宜研究履行學之而日宇

仲忠遠慕守　五君間平

紳交為鑒要奴問　寒更空文其

傳禩

聚兄兄来彡相見

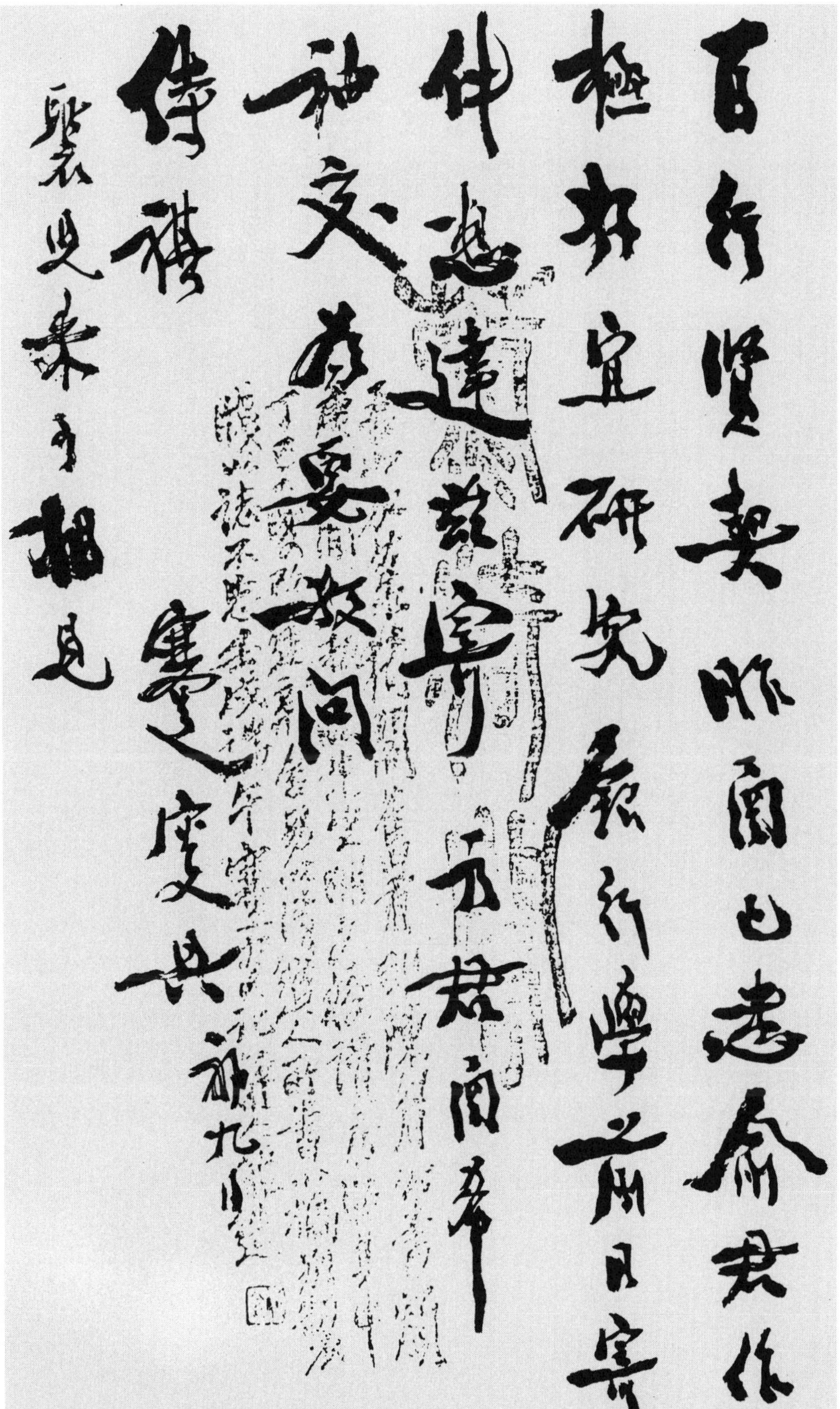

（一三二）致朱復戡[1]

一九二三年二月二十四日　癸亥一月九日　星期六

蒹猗閣箋

百行賢契：

昨函已悉。俞君[2]作保極好，宜研究銀行學。前日寄件想達。兹寄方君函，希袖交爲要。敬問

侍祺。

蹇安具，

初九日。

褧兒來，可相見。

考釋：

①（一三二）衹署『初九日』，未署年、月。

函云『俞君作保極好，宜研究銀行學』，與（一三一）函云『擬請俞佐庭作保』相銜接。

函云『前日寄件想達』，與（一三一）函云『癸亥人日（人日七日也）』相銜接。

函云『褧兒來，可相見』，與（一三一）函云『褧星期抵滬』相銜接。初九日是星期六。

此信書寫時間當爲一九二三年二月二十四日（癸亥一月九日）。

②俞佐庭。

月行賢友惠章送上晚宜和巳達到雙方将

甚颛喜老夫大為快慰竹弟及

專芝来開巳悲尚未見郭尚故云亲如兹烦凌翰龄光

送文老友硕元碩收平弟待解一幅弘緯淳一首

賢为我容写座板芳素友事就

缘結郭光里

手筆高太夫写杯供佳老夫乌

湘束光逸堂内申气彌老師瀚恭彌林章一山蘭光

賢可幸膝也聞賀十三圖山絲

於寒壽悼送卷為老夫刻一集慶如幸郭迷

硕甫十七生日速藻芬福份送凌墓寧角卅三字郭速

鼎延者眀老夫師趙蘭雅谷谿黙愚人約吹書菜

闃淚二君試路老夫血脈二平常老人無事幾借其新緊

段二星期籍賀胃静惜児不雜共之功未長想况所開胃

絲帶杆蟀省画今乃此學女成人參故開侍及

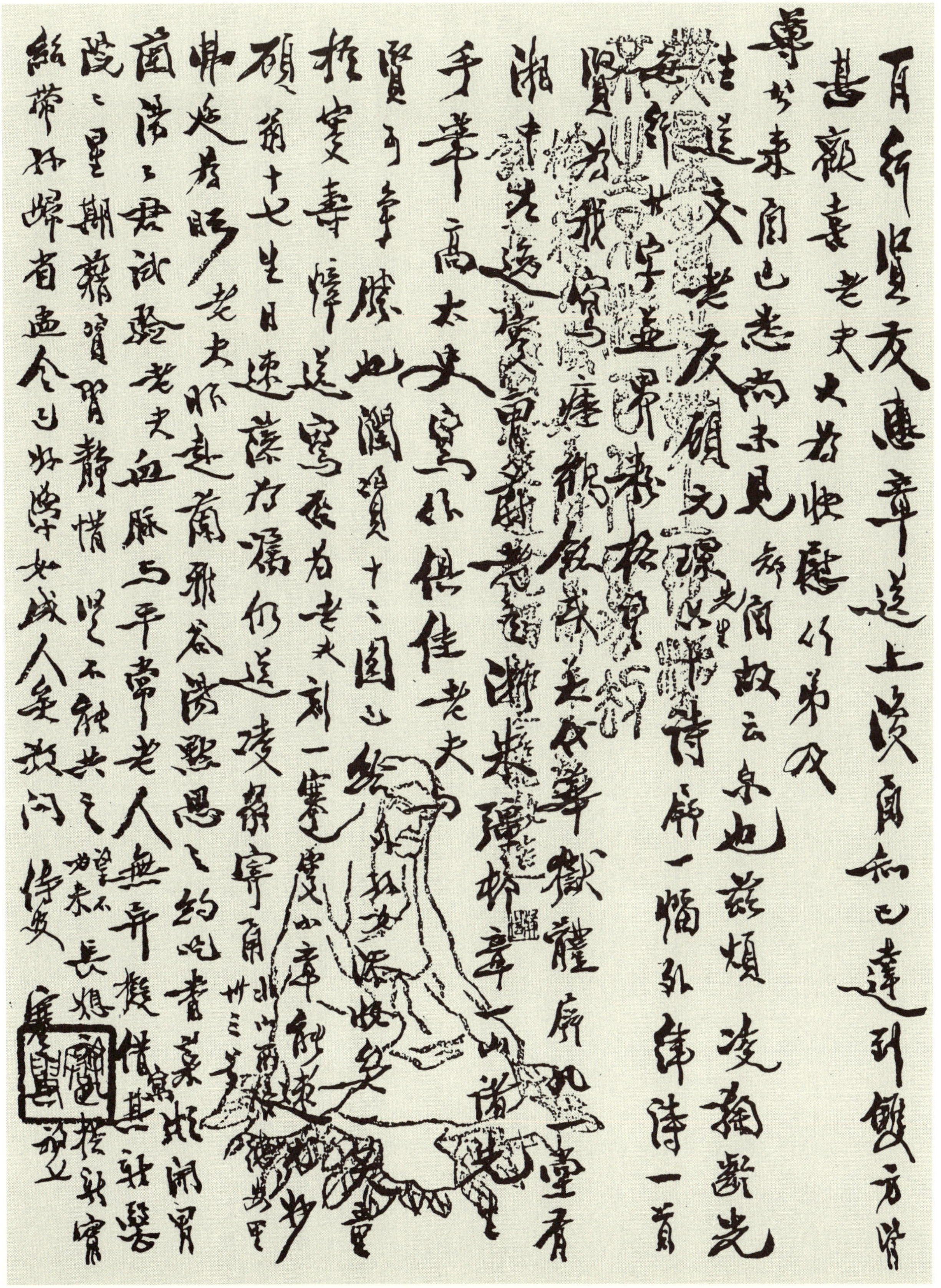

（一二三）致朱復戡①

一九二三年四月二十二日　癸亥三月七日　星期日

長老箋

百行賢友：

惠章送上，復函知已達到，雙方皆甚歡喜，老夫大爲快慰。竹弟②及尊公來函已悉，尚未見鄙函，故云爾也。兹煩凌鞠齡先生送交老友顧元琛先生六十詩屏一幅，外律詩一首，每行廿字，並界粉格，望賢爲我寫《瘞鶴銘》或《大代華岳》體。屏凡一堂，有湘中左逸叟③、曹蔚老④，吾浙朱彊村⑤、章一山諸先生手筆，高太史寫作俱佳，老夫與賢可爭勝也。潤資十二圓，已給外孫女添妝矣，一笑。童於安⑥壽幛送寫否？爲老夫刻一『蹇安』小章，能速尤妙。顧翁十七生日，速藻爲囑，仍送凌翁⑦寄甬（北山西路德安里卅三號），弗延爲盼。老夫昨赴蘭雅谷⑧、湯默思⑨之約喫番菜⑩，頗開胃。蘭、湯二君試驗老夫血脉，與平常老人無異，擬借寓其新醫院二星期，藉資習靜，惜賢不能共之（望不必來）。長媳⑪初九搭新甯紹帶孫歸省，孟令已好學如成人矣。敬問

侍安。

蹇具，

初七。

（鈐印）蹇安（朱文）。

一
再寫於定壽幢已交誦章日內
常來滬求書望加工加速裁稱
學生者翰林內閣掌於前輩秀
才叢於數官皆如此極清高也
逃又為蕉館之作五十序一揮

二

而就甚為快意我意雖賢書不
可遠逸刻印大進琴孫之吾女
皆學刻識都青大好為老於就
近代筆跡多感事公掃墓歸也
相見賢望期多往訪之

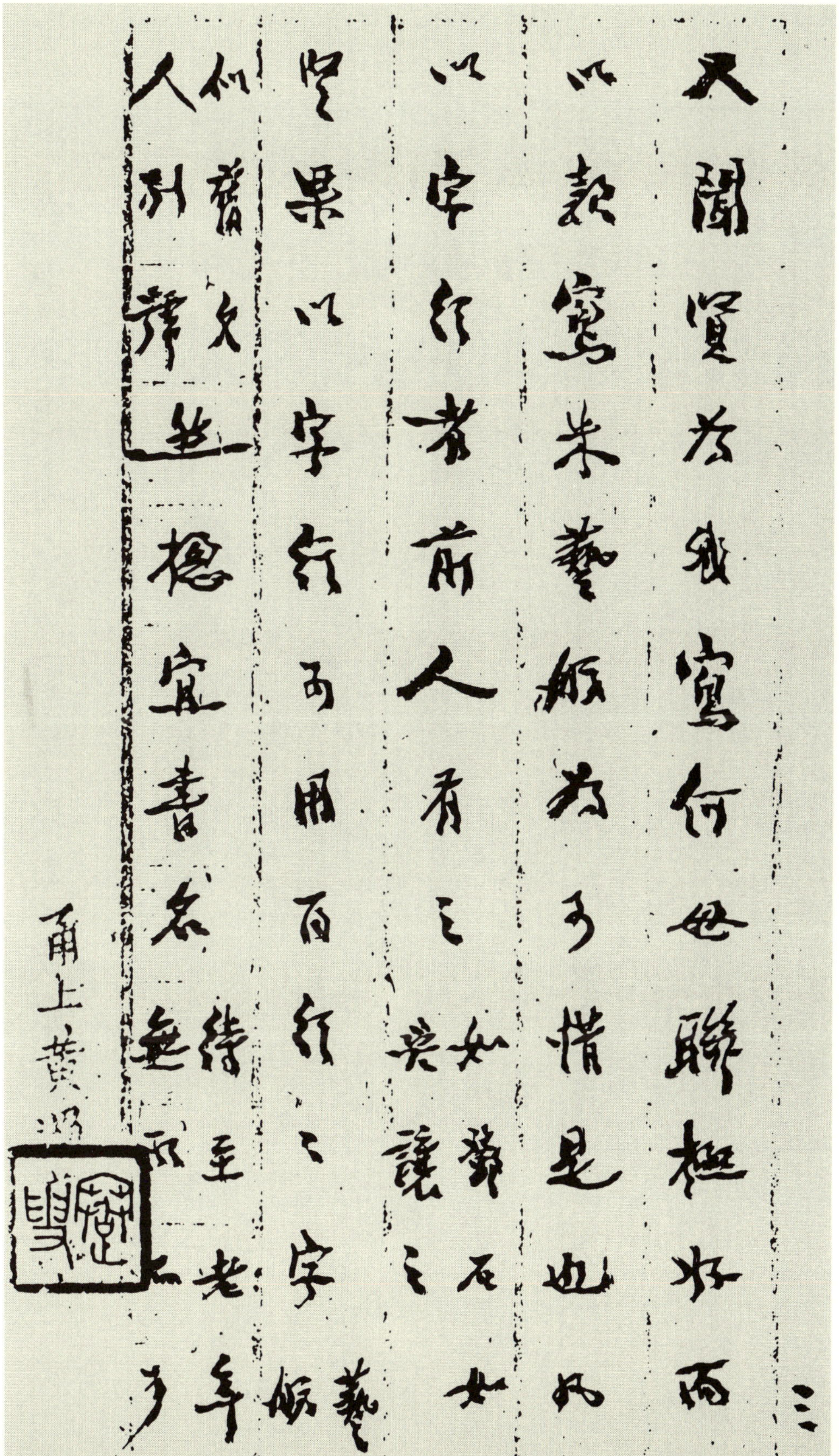
二
天閣賢於我寫何必聯極好而
以款寫朱藝般為手惜是也如
以字行者前人有之如鄧石如吳讓之
學畢以字行可用百行之字藝般
何發久人別號無
總宜書名無取待至老年乎
甬上黃

像贊以行每行十六字連上下款在內

此間係原人行卷式

何母嚴太恭人像贊 集蔡中郎文

於穆夫人時惟哲母實明實
靜於何不賓供治婦業思齊
先妣化導周悉撫育二孤殷
勤斯勤斯翼此清徽之寵宜流
施淑疏後猗與懿德仁者壽
長形影不見降此殘殃號呼
告哀惸惸孝子罔所摧碎一行
於揮涕睨銘景行既作母儀
于儀斯年永世不朽

鄞縣姜謝楷朱蘅方書

（一三四）致朱復戡

一九二三年四月二十二日　癸亥三月七日　星期日

黄過草堂箋

再：

童於安壽幛已交詠章，日内當來滬求書，望加工加速。款稱學生者，翰林内閣對於前輩秀才、對於教官，皆如此，極清高也。近又爲蓉舘兄作五十序，一揮而就，甚爲快意，我意非賢書不可。孟海刻印大進，琴孫之子女皆學刻。誠初⑫書大好，爲老朽就近代筆，殊可感。夷谷掃墓歸，已相見。賢星期可往訪之。

（鈐印）蹇安（朱文）。

又：聞賢爲我寫何母聯極好，而以款寫朱藝舫⑬爲可惜是也。凡以字行者，前人有之（如鄧石如、如吴讓之）。賢果以字行，可用百行二字（藝舫似舊文人别號），然揔宜書名，待至老年，無所不可。

（鈐印）蹇安（朱文）。

像贊八行，每行十六字，連上下款在内。

何母嚴太恭人像贊（集蔡中郎文）：

於穆夫人，時惟哲母；實明實粹，於何不有。供治婦業，思齊先姑；化導周悉，撫育二孤。殷斯勤斯，翼此清淑；光寵宣流，施浹疏族。猗歟懿德，仁者壽長；形影不見，降此殘殃。號呼告哀，慘怛孝子；胸肝摧碎，行旅揮涕。昭銘景行，既作母儀；千億斯年，永世慕忘。

鄞張美翊撰；　朱義方書。

考釋：

①（一三三）（一三四）合并考證。（一三三）祇署『初七日』，未署年、月。（一三四）未署日期。

（一三四）函云『童於安壽幛已交咏章，日内當來滬求書』，與（一三三）函云『童於安壽幛送寫否』相銜接。

（一三四）函云『近又爲蓉舘兄作五十序』，癸亥張美翊《陳蓉舘文學五十壽宴詩序》中有『今歲癸亥六月十八日，爲君覽揆之辰』之語。

（一三四）函云『夷谷掃墓歸，已相見，賢星期可往訪之』，葛夷谷在癸亥一月到上海授舘張子京家，見一九二三年沙孟海致朱復戡函（墨迹）：

百行我兄足下：相别倏已逾月，春和景麗，計起居佳勝耶也？弟於前月廿七日與夷父同來滬，夷父今歲授舘張子京家，在愛而近路均益里一二四號，弟仍留明存閣。尊府地址。弟已忘之，比聞兄在通商，遐當過訪，先此致函台端。通商電話或號，能於電話中作回報否？敬請台安。弟文若。

（一三三）函云『爲老夫刻一「蹇安」小章』，與後（一三五）函云『來函並精刻小牙章』有聯係，此爲前引。（一三五）署有明確日期：癸亥三月廿三日。所言『精刻小牙章』，指朱復戡得（一三三）後，遵囑爲張美翊所刻『蹇安』小章，故（一三三）早於三月廿三日，當爲三月七日。

（一三三）函云『兹煩凌鞠齡先生送交老友顧元琛先生六十詩屏一幅……顧翁十七生日，速藻爲囑』，與後（一三五）函云『顧詩童文，寫後皆未之見』有聯係，此爲前引。（一三五）函云『顧詩』，即（一三三）函云『顧元琛先生六十詩屏』，（一三五）函云『童文』，即（一三三）函云『童於寏壽幛送寫否』和（一三四）函云『童於寏壽幛已交咏章』，均爲童於寏壽幛文。

總之：（一三三）（一三四）兩函同封。書寫時間當爲一九二三年四月二十二日（癸亥三月七日）。

②姜竹齋。

③左孝同（逸安）。

④曹廣楨（蔚安）。

⑤朱祖謀（一八五七—一九三一），原名朱孝臧，字藿生；又字古微，亦作古薇。號漚尹、上彊村民；又號彊村，亦作彊邨。歸安（今湖州市吴興縣）埭溪渚上彊村人。光緒九年癸未（一八八三）進士。晚清四大詞家之一。書法顔真卿、柳公權，能畫人物、梅花。

⑥童今吾，字蒙求。慈谿莊橋人。幼年在李思浩家館就讀。留學日本回國後在北京『中國銀行』供職。一九一九年，與賀德霖創辦天津『東陸銀行』，協理。一九二〇年，發起組織『明華商業儲蓄銀行』，總經理；四明銀行股東。

⑦凌鞠齡，亦作鞠舲、菊舲。名醫，有專治痢疾家傳秘方。一九一八年五月，參與發起『美國紅十字會徵求贊成員』，第八隊隊員；七月爲同鄉會建築新會所捐款五百元。一九二〇年六月，『四明公所南廠籌備開幕』書記（朱復戡亦爲書記之一）。一九二一年，『同鄉會新會所開幕』庶務主任。一九二二年，九月，『寧波急賑大會』庶務幹事；十月三十日，『四明醫院』開幕，凌致贊禮。

⑧蘭雅谷。音譯亦作蘭雅各。

⑨音譯亦作湯默士、湯姆思。美國人。寧波華美醫院醫生，一九二一年，外科主任兼愛克斯光主任。

⑩西餐，或中菜西喫。當年張美翊經常在上海四馬路（一九一八年遷西藏路跑馬廳對過）一品香番菜館宴客。

⑪張晉（褧伯）繼室韓昌權（平卿，一八八八—？），仁和副貢生韓澄次女。張晉子女皆出韓氏。朱復戡曾刻印章：張韓平卿、平卿。張晉原配鎮海陳氏（候選道陳世熙長女，一八八三—一九〇四）。

⑫吴澤（誠初）。

⑬朱義方諧音。

述評：

①（一三四）函云『聞賢爲我寫何母聯極好』，故《何母嚴太恭人像贊》附此。

②關於左孝同：

左孝同（一八五七—一九二四），字子異，亦作子翼；又字子祀。晚號逸安、逸盦、遁齋、遯庵。湘陰（今湖南岳陽市湘陰縣）人。左宗棠四子。光緒三年（一八七七），補縣學生員。光緒十一年乙酉（一八八五），由廪貢生欽賜舉人。妻，王鑫女。善篆書。書迹刻石：

一九一六年，《項君錦三墓表》：高振霄撰並書；左孝同篆額。

一九一九年，《阿育王寺重修舍利殿碑》：陳邦瑞撰；高振霄書；左孝同篆額。

一九二一年，《清故資政大夫，海軍協都統，嚴君墓志銘》（嚴復）：陳寶琛撰；鄭孝胥書；左孝同篆蓋。

一九二三年，《陶氏宗祠碑記》：左孝同楷書并篆額。

張美翊纂《甬上屠氏宗譜》（既勤堂木活字本，一九一九年），左孝同題簽。《甬上青石張氏家譜・贈言》（味芹堂鉛印本，一九二五年）收有左孝同《題張母戴太孺人旌節録》。

③關於曹廣楨：

曹廣楨（一八六四—一九四五），字蔚安。湖南長沙人。光緒十八年壬辰（一八九二）進士。書宗二王、顔真卿，善詩文。書迹刻石：

一九二一年，《羅正鈞墓志》：陳三立撰文；趙啓霖正書；曹廣楨篆蓋；尹銘濬刻。

張其淦撰《曹廣楨墓志銘》。

《甬上青石張氏家譜・贈言》（味芹堂鉛印本，一九二五年）收有曹廣楨《張節母戴孺人傳贊》。

④關於張美翊與陳蓉館：

陳聖佐（一八七六—一九三二），字蓉館，亦作蓉綰。鄞縣姜山鎮走馬塘人，明代遷居鄞縣城内倉基街。諸生。

同治十二年（一八七三），祖父陳愈守在月湖南水月橋邊建翰香家塾。光緒二十五年（一八九九）建成。光緒三十二年（一九〇六）改爲『翰香初等小學堂』。陳愈守長孫陳聖佐（蓉館）任校長。一九二一年，四月，上海華商紗布交易所經紀人，商號『發記棉紗』；參與創辦『上海信托公司』。一九二二年，『上海四明文社』社長。曾參與創辦『和豐紡織股份有限公司』，逝世時『和豐紗廠』下半旗志哀。

同鄉會：發起人之一。一九一一年，會董。一九一九年，同鄉會國民學校校董。一九二一年，二月，新會所籌備委員。一九二二年，學務董事。

四明公所：一九一九年，『公義聯合會九人董事會』董事。一九二〇年六月，參與虹口北廠募捐，任總辦事處會計、望春山團團長；八月，爲北廠募捐。一九二一年六月，董事。曾任四明公所甬北支所董事。

張美翊《陳蓉館文學五十壽宴詩序》（《寧波旅滬同鄉會月刊》第五〇期）：

吾甬上倉基陳氏，自明季恭愍公稱崇禎甲申十九忠臣之一。同治間義行稻笠先生得旌於朝，其子子瓛孝廉繼之。有才無命，媳江孺人，以節孝旌，撫遺腹孤成立，即蓉館文學也。三百年來忠孝節義萃於一門，論者數吾鄉族望，陳氏其冠冕矣。文學禀承母教，奮起孤童，溺苦於學。以制舉之文，無裨於用，則大研求算術，心精力果，通貫中西，著有《百鷄術衍算草》。既又以爲聲光化電之學濫觴墨子，而泰西人推驗尤日出不窮，乃於格致新書無所不覽。爰是十應歲科試始成諸生。三赴鄉試，薦而不售。年既三十，則奮然曰：吾術不用於儒，當行於商。於是挾其算數化學趕至上海，以爲五采彰施五色。《尚書》已言之天官之染人、考工之鍾氏，且設專官，古人於采色之術，如此其重也。學失求野，不能不取之西人，凡五方之正色，及一切間色，無不可化合而成。求之微分、積分，其術逾精，其理逾著。以此與歐美人相交易，無不獲利中間。之津、之漢，以迄開封、長沙同業者，率奉君爲志幟。君則曰：『吾學固如此也。』君於家設翰香學校，以教族之子弟；設保寒會，以施衣給米，皆承先志而擴張之。賑救災祲，調劑錢市，得君一言，款集而事定。其在上海創建同鄉會及四明公所、殯舍、醫院，始終其事，鄉老皆倚君以辦。尤善排解紛難，余往在同鄉會，尚以爲弗如君遠甚也。君念母氏劬勞，事親盡色養。江太君既老，受旌則就兩浙節孝摠祠長生牌位，親御板輿往觀行禮，見者嘆爲盛事。教子嚴而有法，長俊初習銀行業；次俊武習電械學，自美國畢業而歸。蓋數理之術，各得君之一藝。有孫效虞、效威，長者穎髮秀好；幼者玉雪可念。而君與其夫人清河君，年甫五十，鬢髮黝然，偕老相莊，壽未有艾。夫以君祖之義行、母之節孝，鬱積者久，至君乃大發之。歐陽公有云：爲善無不報，而遲速有時，其信然耶！今歲癸亥六月十八日，爲君覽揆之辰，海上文社諸君相與爲詩，如既醉詩人之咏太平君子，凡若干篇，郵書抵甬，屬爲之序，因爲述君先世及其生平行事，以告當世知言君子。抑余亦周歲而孤，賴先太宜人教養者也。今老矣，尚能以學問節行爲士大夫所指目。持是以思，則母教之所成就者，至重且大。而余與君守身以待後，不益當交勉於無已哉！

⑤關於『款寫朱藝舫』：

張美翊云：『款寫朱藝舫爲可惜是也。』早在一九二一年季冬，朱復戡用沈曾植字體爲『樂勛先生』作草書『濃墨奔怪石；寒藤挂古松』聯，就已經款署：『百行朱藝舫』，衹是張美翊不知而已。朱復戡一生名號較多，附列於此。

朱復戡，小字阿蘭。譜名朱義方。字伯行。號靜龕。

朱義方諧音：朱方、朱朱方、朱儀方、朱藝舫。

百行諧音：伯行、白行、伯寅、八寅、白嬰、伯嬴、白嬴、朱博尹。

靜龕諧音：靜堪、秦戡、秦齋。

四十歲後更名朱起，號復戡。復戡諧音：風戡、豐戡、伏堪、鳳戡、虎闓等。

別署：赤子（姓朱）、紫陽（宋代朱熹號紫陽）、紫陽書堂主人、子訓（取朱子家訓），諧音：適存；朱公陶（戴傳賢要致富如陶朱公，改名戴季陶，朱學戴，將陶朱公的陶字從前面移到最後）、梅墟釣徒（鄞縣梅墟）、石貿山樵（鄞縣東有鄮山）、風滿樓主（日寇將侵滬，山雨欲來風滿樓）、秦詔銅量樓主（得秦詔銅量）、朱振邦（牌九，六、三，一起稱『至尊寶』，最大，通喫。『至尊寶』吴語諧音『朱振邦』）。

由於名號太多，容易引起誤會。甚至連沙孟海都不是很清楚。

沙孟海《朱復戡篆刻·跋》（上海書畫出版社，一九八六年）：

老友朱復戡兄，原名義方，字百行。別署靜戡。善書畫，精篆刻。年未冠即以藝事馳譽滬上，手蹟流傳遠暨海外。余旅食東西，蹤跡靡定，與復戡多年未晤。聞其教授上海美術專科學校，又聞其轉客山左，相去益遠。壬辰春，從他友處獲讀《復戡印集》，中多擬鉨之作，峻茂變化，殆欲雄視一世。初不知復戡即三十年前舊靜戡也。蓋君中歲嘗罹痼疾，既起，更名起，號復戡，書刻之名蓋著。不知者，且以靜戡、復戡爲兩人。海外圖籍，至誤列朱義方百行謂已故作家，斯亦藝林佳話矣。

⑥關於張美翊與顧元琛：

顧釗（一八六三—？），字元琛。一九〇四年，『寧波招商局』總辦（局長，一九一五年二月辭職）；參與創辦『和豐紗廠』（一九一〇任經理，一九二一年因病辭）。一九〇八年，『四明銀行』股東。一九〇九年，參與集資創辦『和豐電燈公司』。一九一一年七月，參與發起『寧波國民尚武分會』，名譽董事；『寧波商團第一團』名譽團長，每月捐五千銀元爲民團購買武器。一九一二年，『浙江銀行鄞縣分經理處』經理。一九一九年，『寧波總商會』會董；『浙江省第二監獄』募捐董事。一九二〇年四月，『寧波中華基督教青年會』二次徵求會分隊長。一九二二年，參與發起『爲鄞縣監獄囚徒施齋、講佛經』募捐；十二月，『寧波公立崇敬學校』董事。一九二三年十二月，『修築南江塘』董事。曾任『四明公所甬北支所』董事。

天童寺志編纂委員會編《新修天童寺志》（宗教文化出版社，一九七九年）載一九一六年張美翊撰《體净泉記》：

淨心和尚住持天童，浚泉於法堂後之東偏。維時正講《首楞嚴經》，因名之曰《楞嚴泉》。講主圓瑛法師製銘。越二年，老友顧元琛居士，與和尚爲方外交，來游天童。瞥見東偏有泉，謂：『西不能無之，比如單因不生，唯緣無滅。生滅相待，東西相成，而爲法界之緣起，理勢然也。』和尚欣然從之。既浚，得水於中央石階之下，湏涌而出，其清潔逾東泉之水。居士歡喜，嘆未曾有，擬以和尚之名名泉，和尚却之，云：『以人名泉，待諸名人，衲非名人，有玷雅觀。』因取《楞嚴》『性淨明體，徹法底源』之意，兼採《肇論》『離徹底淨』之旨，目之曰『體净泉』，而自爲之銘。適余以續脩《天童山志》到寺，居士同在座，相與啜清茗，談經綸，若有所得，爰記巔末，而係以和尚之銘。其辭曰：

內心寂滅，諸見不移；外塵無依，萬累莫羈。妙淨理體，動用難思；真空性水，湛寂生輝。隨緣隱顯，何盈何虧？澄汰諸有，滌盪群迷。澹兮若海，清且漣漪。識浪不起，智照靡遺。

顧元琛與寄禪、淨心、張美翊均爲好友。顧元琛庚申十月《記游天童寺》（《新修天童寺志，宗教文化出版社，一九七九年》）有云：

寄禪最心契，酬答盈詩筒。淨心亦好友，山志已告終。索余撰序跋，自愧非文雄。作爲此歌辭，聊以寄游蹤。

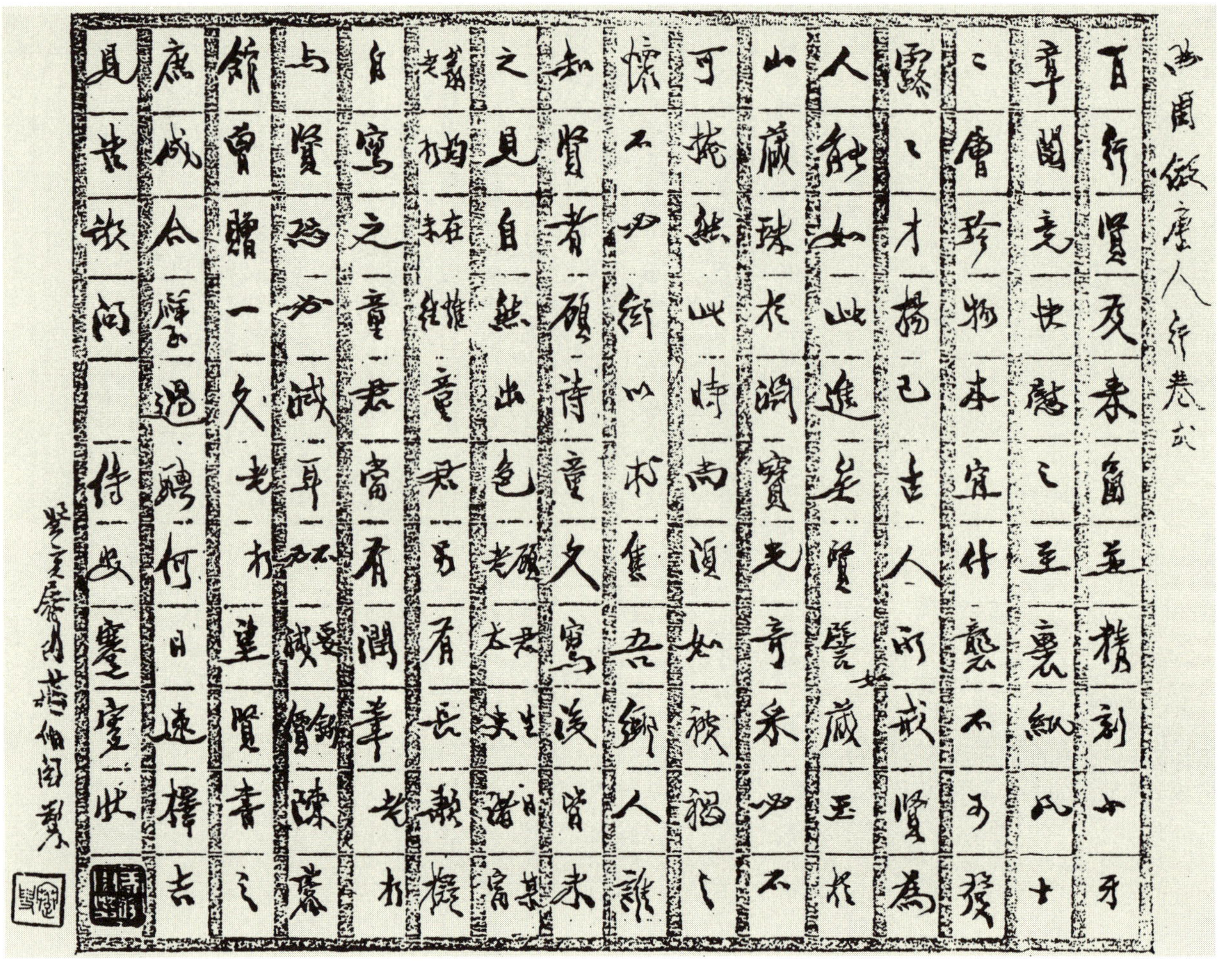

西園[illegible]塵人行卷式

百行賢及素畜並精刻小牙
章聞竟世懸之至囊紙凡十
之會珍物本宜什襲不可發
露之才揭已古人所戒賢為
人能如此進是賢豎藏玉於
山藏珠於淵寶光奇采必不
可掩然此時尚須如被褐之
懷不必衒以求售吾鄉人誰
知賢者碩詩童文寫後皆未
之見自然出色老碩太君先生諸日富某
叢老均於未在推往意君勞有長款擬
自寫之童君當有潤筆老於
與賢為方誠耳不可不受賤會錫陳慕
館曾贈一文老於篁賢書之
庶成合璧過聽何日遠擇吉
見其款問 侍安 賽寶收

（一三五）致朱復戡①

一九二三年五月八日　癸亥三月二十三日　星期二

飛仙閣箋

百行賢友：

來函並精刻小牙章，閱竟快慰之至。裹紙凡十二層，珍物本宜什襲，不可發露。露才揚己，古人所戒，賢爲人能如此，進矣。賢譬如藏玉於山，藏珠於淵，寶光奇采，必不可掩。然此時尚須如被褐之懷，不必衒以求售，吾鄉人誰知賢者？顧詩童文②，寫後皆未之見，自然出色。（顧君生日，某老太史、諸富翁均在，惟老朽未往。）童君另有長歌，擬自寫之。童君當有潤筆。老朽與賢，恐必減耳（不要錢，必減價）。陳蓉舘曾贈一文，老朽望賢書之，庶成合璧。過聘何日，速擇吉見告。敬問

侍安。

蹇叟狀，

癸亥三月廿三日。

（鈐印）美翊小印（白文）；蹇叟（朱文）。

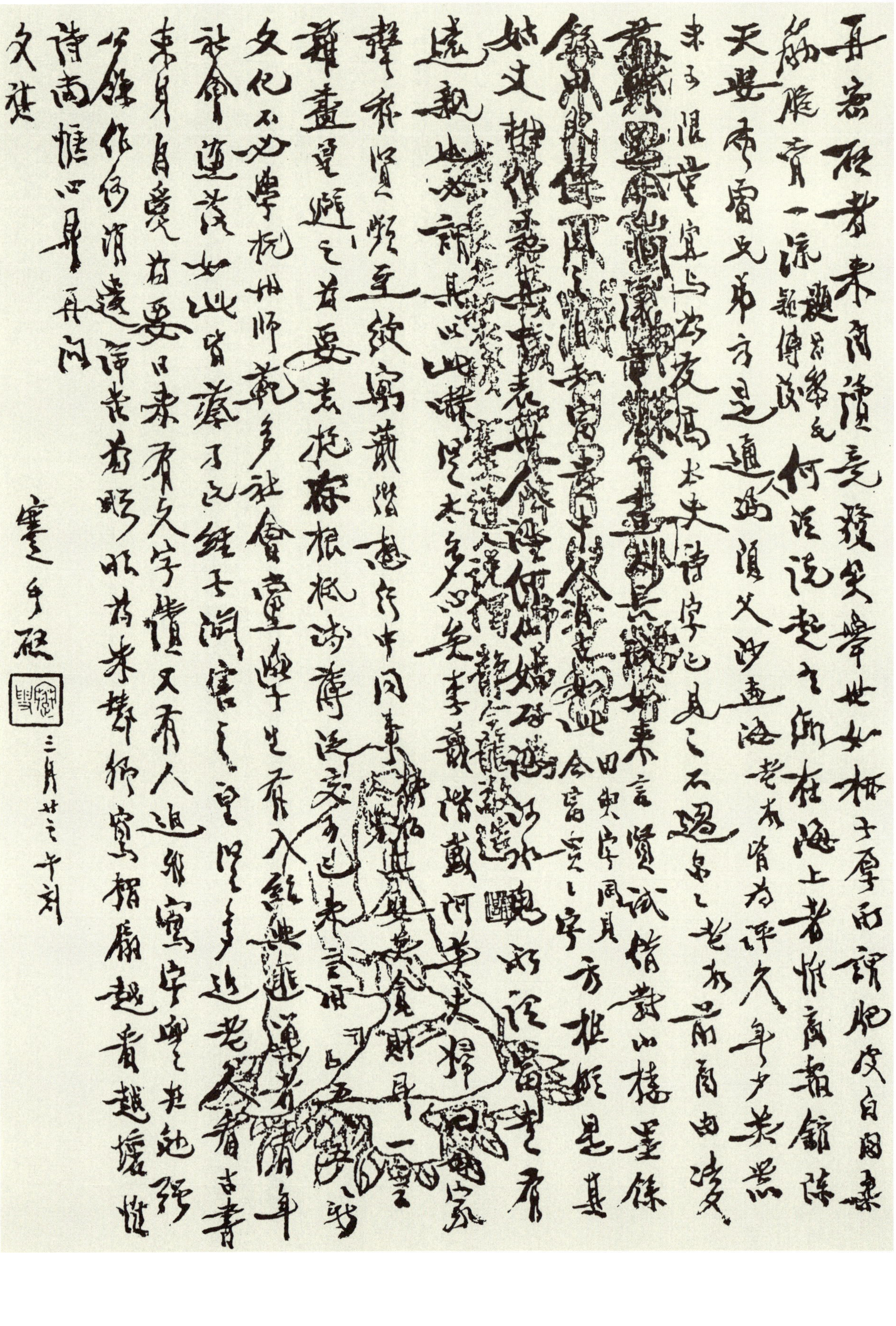

南京
通商銀行
三月廿二日

（一三六）致朱復戡

一九二三年五月八日　癸亥三月二十三日　星期二

長老箋

再：

密啓者：來函讀竟發笑。舉世如柳子厚[3]所謂『肥皮白肉、柔筋脆骨』一流（《題昌黎毛穎傳後》[4]），何從説起。有鄉在海上者，惟商報舘陳天嬰[5]、布雷兄弟，方是通人。馮須父、沙孟海，老朽皆爲評文。年少英器，未可限量，宜與爲友。高太史[6]詩、字已見之，不過爾爾。老朽前函由凌君轉，豈可非議？童『半』下畫太長，誠如來言。賢試借《對山樓墨餘録・田臾傳》閲之，自知富貴中人自古如此。（田臾字同貝，合富貴二字。）方樵舲[7]是其姑丈，椒伯是其中表。『世人認何仙姑，不認河水鬼』[8]，所謂富貴有遠親也。必謂其以此嚇賢，太多心矣。李蕺階[9]、戴阿英夫婦回母家，聲稱賢頻至彼寓。蕺階想行中同事（椒伯之舅），其娶英貪財耳，一言難盡，望避之爲要。袁抱存[10]根柢淺薄，泛交可已。來言用『』，五『五』，新文化，不必學。杭州師範多社會黨，學生有入紹興匪巢者。青年社會，墮落如此，皆蔡孑民[11]、經子淵[12]害之。望賢多近老人、看古書，束身自愛爲要。日來有文字債，又有人迫我寫字，實在勉强。公餘作何消遣？詳告爲盼。昨爲朱鄭卿[13]寫楷扇，越看越壞，惟詩尚愜心耳。再問

文祺。

蹇手啓，

三月廿三午刻。

（鈐印）蹇安（朱文）。

（信封）南市通商分銀行，朱百行賢契文啓，讓三緘，三月廿三日。

考釋：

①（一三五）（一三六）合并考證。（一三五）署有明確的日期：癸亥三月廿三日。（一三六）衹署『三月廿三午刻』，未署年。

（一三五）函云『來函並精刻小牙章，閲竟快慰之至』，與（一三三）函云『爲老夫刻一蹇安小章，能速尤妙』相銜接。

（一三六）函云『老朽前函由凌君轉』，與（一三三）函云『玆煩凌鞠齡先生送交老友顧元琛先生六十詩屏一幅』相銜接。

（一三五）（一三六）有信封『南市通商分銀行，朱百行賢契文啓，讓三緘，三月廿三日。』署有『三月廿三日』。

信封蓋郵戳爲『甯波十二年五月八日』，即一九二三年五月八日。癸亥三月二十三日。

總之：（一三五）（一三六）兩函同封。書寫時間當爲一九二三年五月八日（癸亥三月二十三日）。

②顧元琛，童今吾。顧君、童君，皆指此二人。

③柳宗元（七七三—八一九），字子厚。學者稱柳河東、河東先生、柳柳州。唐河東（今山西芮城、運城一帶）人。

④以青配白，比喻文句雖對偶工整，却失之於俗。柳宗元《讀韓愈所著毛穎傳後題》：『韓子之怪於文也。世之模擬竄竊，取青媲白，肥皮厚肉，柔筋脆骨，而以爲辭者之讀之也，其大笑固宜。』金人元好問《送詩人秦略簡夫婦蘇墳別業》詩：『昨朝見君臨水句，乃知抽青配白非詩人。』

⑤陳屺懷。

⑥高振霄。

⑦方舜年（樵舲）。

⑧寧波俗語有『河水鬼找替代』。

⑨李蕺階，方椒伯内弟。供職通商銀行南市分行。

⑩袁孝質（克文）。

⑪蔡元培（孑民）。

⑫經亨頤（子淵）。

⑬朱鼎煦（酇卿）。

述評：

①信封：南市通商分銀行，朱百行賢契文啓，讓三緘，三月廿三日。是至遲一九二三年五月，朱復戡供職於中國通商銀行南市分行。

②張美翊致朱復戡函：

一九二三年四月二十二日（癸亥三月七日）：『爲老夫刻一蹇安小章，能速尤妙。』要求刻小印章。

一九二三年五月八日（癸亥三月二十三日）：『來函並精刻小牙章，閱竟快慰之至。』得到小印章。

朱復戡爲張美翊刻『蹇安』朱文印兩方，前者大，『安』字上部横竪筆畫不相連；後者小，『安』字上部横竪筆畫相連。（一三五）函末所用『蹇安』朱文小章，即是張美翊收到『蹇安』朱文小牙章後當即使用，首次見用。

凡鈐『蹇安』朱文小印文件，日期上限在一九二三年五月八日（癸亥三月二十三日）。

③關於『過聘何日，速擇吉見告』：

此時，朱復戡的婚姻大事正式列入議程。同時，亦言及『戴女』事。

④關於『新文化，不必學。杭州師範多社會黨，學生有入紹興匪巢者。青年社會，墮落如此，皆蔡孑民、經子淵害之』：

新文化，指新文化運動。分兩期，前期：一九一五——一九一九；後期：一九一九——一九二〇。五四前的新文化運動是舊資産階級民主主義的文化運動，五四以後的新文化運動是新資産階級民主主義的文化運動。

杭州師範，一九〇八年五月十四日，於浙江貢院舊址開學，校名『浙江官立兩級師範學堂』。一九一二年，更名『浙江省立兩級師範學校』，次年更名『浙江省立第一師範學校』。一九二三年，浙江省立第一師範學校與浙江省立第一中學合校，稱『浙江省立第一中學校』，校長何炳松。

社會黨，北大教授江亢虎在宣統三年九月十五日（一九一一年十一月五日），成立『中國社會黨』，部長。本部設上海大馬路（今南京東路）虹廟對面。一九一三年八月因涉嫌參加二次革命被袁世凱解散。一九一六五六月二十一日，中國社會黨在『中華慈善協會』開會復黨重建，臨時通訊處設於霞飛路鼎慶里（今淮海中路北嵩山路東）一九號。

蔡元培（一八六八—一九四〇），字鶴卿，亦作鶴廎、和卿；又字仲申、民友。號孑民。曾化名蔡振、周子餘。山陰（今紹興市越城區）人（故居在紹興市越城區蕭山街筆飛弄一三號）。光緒十八年壬辰（一八九二）進士。一九〇一年九月，南洋公學經濟特科班總教習。著作宏富。蔡此時正在歐洲漫游。

經亨頤（一八七七—一九三八），字子淵。號石禪；晚號頤淵。別署聽秋、石淵、秋道人、白馬湖客。上虞（今紹興市上虞區）驛亭人。室名：大松堂、仰山樓、培遠樓、臨淵閣、北海一廬、山邊一樓、長松山房、春霜草堂。一九〇三年留學日本，一九一〇年回國。一九一二年，『浙江省第一師範學校』校長；『上海圖畫美術學校』校董。一九一九年，『浙江省教育會』會長。浙江新文化運動的先驅。『南社』社員。印學漢，畫宗八大，書法《爨寶子》。女經普椿適廖承志。

張美翊的意思是説朱復戡的來函用標點符號引號，如五寫作『五』。古文有句讀，無標點符號。標點符號，是『新文化』的作法，不必學。

一九一一年六月，江亢虎在杭州演講『社會主義與女學之關係』，張美翊時在杭州增韞幕中，得見增韞視江亢虎思想甚於洪水猛獸，將其驅逐出境。

所謂『學生有入紹興匪巢者』，是因蔡元培、經亨頤，而且『四大金剛』中的夏丏尊、劉大白都是紹興人，故謂『紹興匪巢』。

施存統一九一九年就讀於浙江省立一師，在《浙江新潮》發表文章《非孝》，提出廢除家庭制度的觀點。遭到對『新文化』持不同觀點的學人反對。沙孟海即其中之一。

《沙孟海全集》（西泠印社出版社，二〇一〇年）第九卷《僧孚日録》庚申十二月廿二日：

> 今日談新文化倡言《非孝》之徒，輒引孔融『父之於子，實爲情欲』之語以爲先聲。竊以爲北海孝直名天下，焉得有此語，遂爲萬世禮教之罪人？
>
> 按《三國志·孔融傳》云：曹操既積嫌忌，而郗慮復構成其罪，遂令丞相軍謀祭酒路粹枉狀奏融曰：『少府孔融，昔在北海，見王室不靜，而招合徒衆，欲規不軌，云「我大聖之後，而見滅於宋，有天下者，何必卯金刀」。及與孫權使語，謗訕朝廷。又融爲九列，不遵朝儀，禿巾微行，唐突宫掖。又前與白衣禰衡跌蕩放言，云「父之於子，當有何親？論其本意，實爲情欲發耳！子之於母，亦復奚爲？譬如寄物缻中，出則離矣！」既而與衡更相贊揚。衡謂融曰：「仲尼不死。」融答曰：「顔回復生。」大逆不道，宜極重誅。』又《魏武帝集·列孔融罪狀令》云：此州人説平原禰衡受傳融論，以爲父母與人無親，譬若缻器，寄盛其中，又言若遭饑饉，而父不肖，寧贍活餘人。融違天反道，敗倫亂理。
>
> 此其言，皆出諸曹氏之口，曹氏有意造設淫辭以害北海，其言寧可憑信。陳《志》固已於前著『嫌忌』『構成』『枉狀』等字，其事之子虛可知。即有如曹氏所言曰『此州人説』云云，含糊飄渺，亦無實據。且《北海傳》曰：州里歸其孝，曰一門爭死，及其二子收至，相謂若死者有知，得見父母，豈非至願。正與曹氏令中者相反。昧者不察，顧妄引之，罪不減曹氏。

由此可知沙孟海當時對新文化的觀點。採用釜底抽薪之法，否定了《非孝》的理論根據。

《非孝》導致『一師風潮』，迫使經亨頤等人於一九二〇年初離開浙一師。經亨頤對中國文化確有過激言論，如曾主張將故宮視爲清室逆産廢除，後經張繼在民國中央會議上予以駁斥，故宮纔得以保全。

張美翊政治、文化觀點，對朱復戡影響巨大，一生不參加任何黨派。

⑤關於陳布雷：

陳布雷（一八九〇—一九四八），原名陳訓恩，字彦及。筆名畏壘、布雷。後以布雷爲名。慈谿（今寧波市餘姚市三七市鎮）官橋村人。一九一一年秋任《天鐸報》撰述。次年兼任《申報》譯述。一九二〇年至一九二七年，供職《商報》，後任編輯主任。一九二三年，新南社社員。

一九一七年，陳布雷《外舅楊先生六十壽言》（《陳布雷集》，東方出版社，二〇一一年）：

昔在丁巳，吾外舅六十生辰，及門諸子，奉介壽之詞，俾布雷爲之序，馮君威博書之以獻，鄞張讓三先生誦而韙之，謂能無溢譽，無枝詞，庶幾無忝於楊先生之教。

楊敏曾（一八五八—一九四〇），張美翊一八八〇年就讀『辨志文會』時同窗。

一九二一年十一月，陳布雷在寧波旅社與鎮海王允默舉行婚禮，張美翊爲證婚。

⑥關於『田臾字同貝，合富貴二字』：

朱作霖撰《田臾傳》。毛祥麟編入筆記體小説《對山墨餘録》，又稱《對山墨餘》《對山書屋墨餘録》。

朱作霖，字雨蒼，亦作雨窗。上海南匯周浦人。附貢生。工詩詞，尤長於碑版文字。

毛祥麟（一八一二—一八九二），字瑞文。號對山。上海人。監生。精醫，工詩文，山水畫宗文徵明。

《田臾傳》：『田臾，字同貝。』

『同』在上『田』在下，合爲『富』；『臾』在上『貝』在下，合爲『貴』。

《田臾傳》寓意：富貴之人往往是憑藉祖上蔭庇、婚姻支助，勢位富厚，時至乃來。賢士當伏處時，一無憑藉，當勵志，貧賤中有奇士，得賢内助亦重要。

⑦關於『馮須父、沙孟海，老朽皆爲評文』：

《沙孟海全集》（西泠印社出版社，二〇一〇年）第十卷《僧孚日録》戊戌十二月廿六日：

又謁蹇丈，丈於吾輩舉止，無不關心，細事小節，指導周至。《費冕卿傳》，丈評閲即畢，以用筆欠放相戒，題記百餘言，當好藏之。

《僧孚日録》甲子十二月大除日：

冊端又有張蹇丈及木師題語，木師語嘗摘録於第四冊，而丈語未及移寫，原跡以零牋附粘，凡三頁，列論近代名人日記之得失，末以勿似越蔓之偏激相戒飭。

『越蔓』，乃李慈銘。一九二三年，沈曾植與蔡元培發起，商務印書舘影印《越縵堂日記》。

⑧關於方樵舲：

方舜年（一八六九—？），字樵苓，亦作樵舲。鎮海（今寧波市鎮海區）駱駝鎮柏墅方村人。方性齋次子。繼承『方慎記號』『無生糖行』及『延康』『允康』『壽康』等多家錢莊。一九〇八年，七月，參與創辦『甯紹商輪股份有限公司』，協理；九月，參與創辦『四明銀行』，董事。一九一一年十一月，發起『上海軍事募捐團』。一九一五年七月，參與上海『勸用國貨會』活動。一九二二年，參與疏浚西大河。曾開設『天生煤號』，總經理。上海北無錫路有『天生公司』。

上海總商會：一九二〇年九月，會董。一九二一年，一月，調查委員會委員；七月，公證委員會委員。

同鄉會：一九一一年，會董。一九一四年，總務科。一九一九年，副會長。

四明公所：一九一五年，董事。一九二〇年，參與北廠募捐，總辦事處總主任。

百行賢友文覽來扇具悉薛文翁傳渭
詩成如填賢寫便屏甚好詩續寫七
律一首健五十以字得錢石為少矣論東
送何令别何言
借也惟姜作齋之東頭吉帝望代
送楊叢銀行賢教雙元錢錦
賢用多耳尚有陳嘗錢君壽詩一幅
謝在十二日容所作詩煩賞叢代徐渭

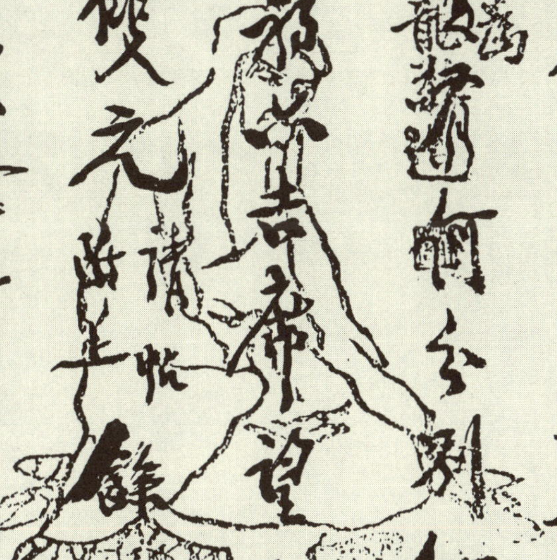

士君寄上吾頻遠寫此四先無 君老梅之 孫梅通文

錄矣老夫方譽饒壽文極好闌已煩王

不如賢童君悴

看 音 合

潤資極煌送到府進日

多 極 書皇能出現 賢看我

神如何 長想潰春鄉 今日 起程明晚即登舟 敬問

侍祺

蹇先艾 四月初二日

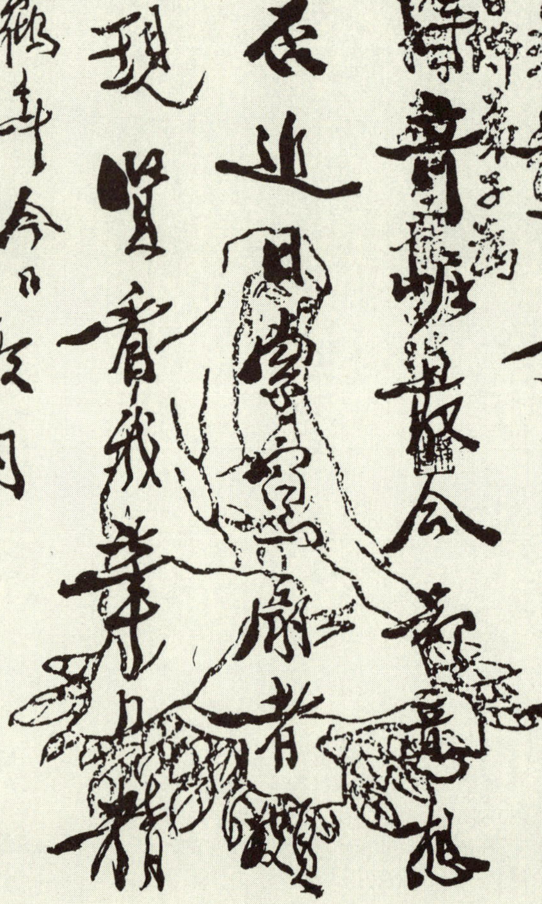

（一三七）致朱復戡①

一九二三年五月十七日　癸亥四月二日　星期四

長老箋

百行賢友文覽：

來函具悉。薛文翁②詩潤。詩成必煩賢寫。綾屏甚好，詩續寄。七律一首，僅五十六字，得錢不爲少矣，鞠弟③送來銀十六元。老夫與賢有何分別，何言借也？惟姜竹齋之弟初六吉席，望即代送棉業銀行④賀敬雙元（請帖附上），餘歸賢用可耳。尚有陳蓉舘君壽詩一幅，期在十二日，容即作詩，煩當業公所徐弢士君寄上（徐君⑤，老棣⑥之孫，極通文），再煩速寫，此即光無錢矣。老夫爲蓉舘壽文極好，聞已煩王禹襄寫，即亦聽之，然必不如賢。童君⑦幛，有人見之，謂寫得奇崛，最合鄙意。想潤資極慳，送到否？近日索寫扇者頗多，拙書豈能出現？賢看我筆力精神如何？（長媳、濱春、鶴年今日起程，明晚即登舟。）敬問

侍祺。

蹇叟狀，

四月初二日。

（鈐印）蹇叟（朱文）。

再題右詩屏由偉君遠來附上
擬作五古一百字此亦操練生
意之一端望作行楷勿作草書
略倣集王聖教參以李仲璇北
海寄波士語毋撫混妙帖習氣

三怪老亦識之耳勿謂吾扳詩老一派

約三日內寄陳廊新之八送蒐

順豐手迎老史詩呈青手稱餞

絕暮年得此助手方快此改

百行呈悉

賓虹

二

南上黃隨草堂製印

（一三八）致朱復戡

一九二三年五月十七日　癸亥四月二日　星期四

黃過草堂箋

再：

陳君⑧詩屏由徐君⑨送來，附上。擬作五古一百字，此亦招徠生意之一端。望作行楷，勿作草書，略倣《集王聖教》，參以《李仲璇》⑩、北海⑪，甯波土話『年糕混炒』，惟賢能之，惟老朽識之耳。（勿落缶老一派。）拙詩約三日內寄。陳屏初七、八送『萬順豐』可也，老夫詩，賢書，可稱雙絶，暮年得此助手爲快。此致

百行賢契。

蹇具，

初二。

（鈐印）蹇叜（朱文）。

考釋：

①（一三七）（一三八）合并考證。（一三七）祇署『四月初二日』，未署年。（一三八）祇署『初二日』，未署年、月。

（一三七）函云『老夫爲蓉舘壽文極好，聞已煩王禹襄寫』，與（一三四）函云『近又爲蓉舘兄作五十序，一揮而就，甚爲快意，我意非賢書不可』相銜接。又與（一三五）函云『陳蓉舘曾贈一文，老朽望賢書之』相銜接，

（一三七）函云『童君幃，有人見之，謂寫得奇崛』，與（一三五）函云『顧詩童文，寫後皆未之見』相銜接，

（一三八）函云『拙詩約三日内寄』，與（一三七）函云『尚有陳蓉舘君壽詩一幅，期在十二日，容即作詩』相銜接。

總之：（一三七）（一三八）兩函同封。書寫時間當爲一九二三年五月十七日（癸亥四月二日）。

②薛文泰。

③凌鞠齡。

④薛文泰爲中國棉業銀行董事。

⑤⑨徐弢士。

⑥徐棣蓀。

⑦童今吾。

⑧陳蓉舘。

⑩《李仲璇修孔廟碑》，碑額篆書『魯孔子廟碑』，東魏興和三年（五四一）建，碑現存山東曲阜孔廟。字體正書、篆、分隸，形構奇怪，

多異體字。

⑪李邕（六七八—七四七），字泰和。江夏（今武漢市武昌區）人。曾官北海太守，人稱『李北海』。

述評：

①關於『薛文翁詩潤』：

（一三七）『薛文翁詩潤。詩成必煩賢寫。綾屏甚好，詩續寄。七律一首，僅五十六字，得錢不爲少矣，鞠弟送來銀十六元。』

此是朱復戡函詢張美翊：何事凌鞠齡送來銀十六元。張美翊回答：是爲薛文泰作七律一首五十六字的詩潤。張、薛老友，且是姻親，爲詩尚且有潤，可知當時風氣不白用人。且詩未成，潤先至，是『先潤後筆』的規矩。

②關於『謂寫得奇崛，最合鄙意』：

以『奇崛』爲美，是張美翊的書學觀之一。

③關於『年糕混炒』：

年糕混炒，用於書法，即是『融會貫通』。

復戡師曾語筆者：

書法、篆刻爲什麽要有古文字學基礎？就是在寫篆書、刻印章時，不能簡單地將各種風格不同的字集中在一方印中，而是要能根據每個字的造字原理，將不同風格的字進行改造，諸如筆畫的增删、偏旁部首位置的挪移、點畫方圓正斜的變易等等，由此使得一幅作品成爲有機的、科學的、藝術的統一體。

寧波俗語『混炒年糕』。炒得好，纔是書法家的真本事。

④關於『陳君詩屏由徐君送來』：

徐世堂（一八五二—一九四〇），亦作徐世棠。字棣蓀，亦作棣笙。鄞縣靈橋門君子營（今寧波市海曙區君子街）人。室名：五間兩弄四明軒。一九〇九年，投資『甯紹商輪公司』五個監察人之一。一九一五年，爲『中國紅十字會時疫醫院』活動捐款三十元。一九一八年，『和豐紡織股份有限公司』董事。曾投資滬甬兩地錢莊、典當行業。

同鄉會：創始人之一。一九一一年，會董。一九一七年六月，籌備建築新會建築科主任之一。一九二〇年，徵求會寧機隊隊員。

徐棣蓀是上海英租界漢口路慶和里四一九號萬順豐顏料行經理，副經理陳蓉舘。所以陳屏直接可送『萬順豐』。

⑤關於薛文泰：

薛文泰（一八七三—？），字煥章。鎮海城關人。寓上海白克路三五號。張美翊姻親。一九〇五年，在上海厦門路創辦『益泰軋花廠』。一九一五年，參與上海『勸用國貨會』活動。一九一七年，創辦『厚生紗廠』『振華紗廠』，經理；參與發起創辦『華商紗廠聯合會』，董事。一九一九年，參與創辦『維大紡織公司』。一九二〇年，二月，參與發起組織『上海證券物品交易所』，理事；六月，『四明公所虹口北廠』募捐梓蔭山團團長；投資『瑞泰錢莊』。一九二一年，參與發起創辦『中國棉業銀行』『中國鐵廠』『均泰錢莊』『紗布交易所』；投資『中華勸工銀行』。一九二二年，『大有餘榨油廠』經理。

上海總商會：一九二〇年九月，會董。一九二一年一月，財政委員會委員。

同鄉會：一九二〇年四月，徵求隊寧泰隊隊長；一九二四年，理事。

⑥關於王禹襄：

王禹襄（一八七〇—一九三五），譜名家棟。原名雨薌、亦作漁湘、予襄。字霖如、伯子、兹公。號適安、惜菴、芑公、養吾子、養梧、養梧生、養梧居士、天壽、荼安、東海意怠（《莊子》『東海有鳥焉，名曰意怠。其爲鳥也，翂翂翐翐而似無能』）。鄞縣人。室名：清緒經舍、凡豫齋、梧月山房。崇實書院肄業。光緒二十八年壬寅（一九〇二）舉人。

《甬上青石張氏家譜·贈言》（味芹堂鉛印本，一九二五年）收有王禹襄《題張母戴孺人貝葉鑪香圖》《題張母旌節録》。

曲園老人[illegible]手牘

百行賢友昨寄陳篋之白悅來
關詩屏想收患茲煩綜殘箭附
詩一首隨筆寫來已得百廿字
屏幅狀反平少須界七行望以
事作旋參北海書之不拔怪瓌

自有人識貨也。賢士歲所寄鏞臨石鼓四種刻，發閱皆妙，擬為題語，因宜塗本蓋參楊慎說也。葆詩續寄，藉問侍禧。慶燮手具 初二

寫就可寄甯波開明橋當業公所交徐鏞堂收，蓉館生洎任本月十二日，請於初十前照寄。

無用散處人稿卷貳

世閥忠臣家族望倉基里義
行有懷孫節毋有賢子自昔
傑士渠多由孤童起嗟君遺
腹生勞苦命母氏幼少蒙鞠
育稍長教經史顏厥學子業
窮探曉人旨餘事涉西學格
致參化理異等舉茂材棄書
乃居市貨殖游俠徒吾黨有
居指百年日方中蘭道自茲
始我亦周晬孤垂老慎視復
祝君互相勗非以歡樂只
蓉館道兄五十壽

張美翊撰　朱義方書

陵土先生附寄上海南市
通商公錄行
因舞講教煩

一柴　百　行　賢　弟　文　祷

寒室九

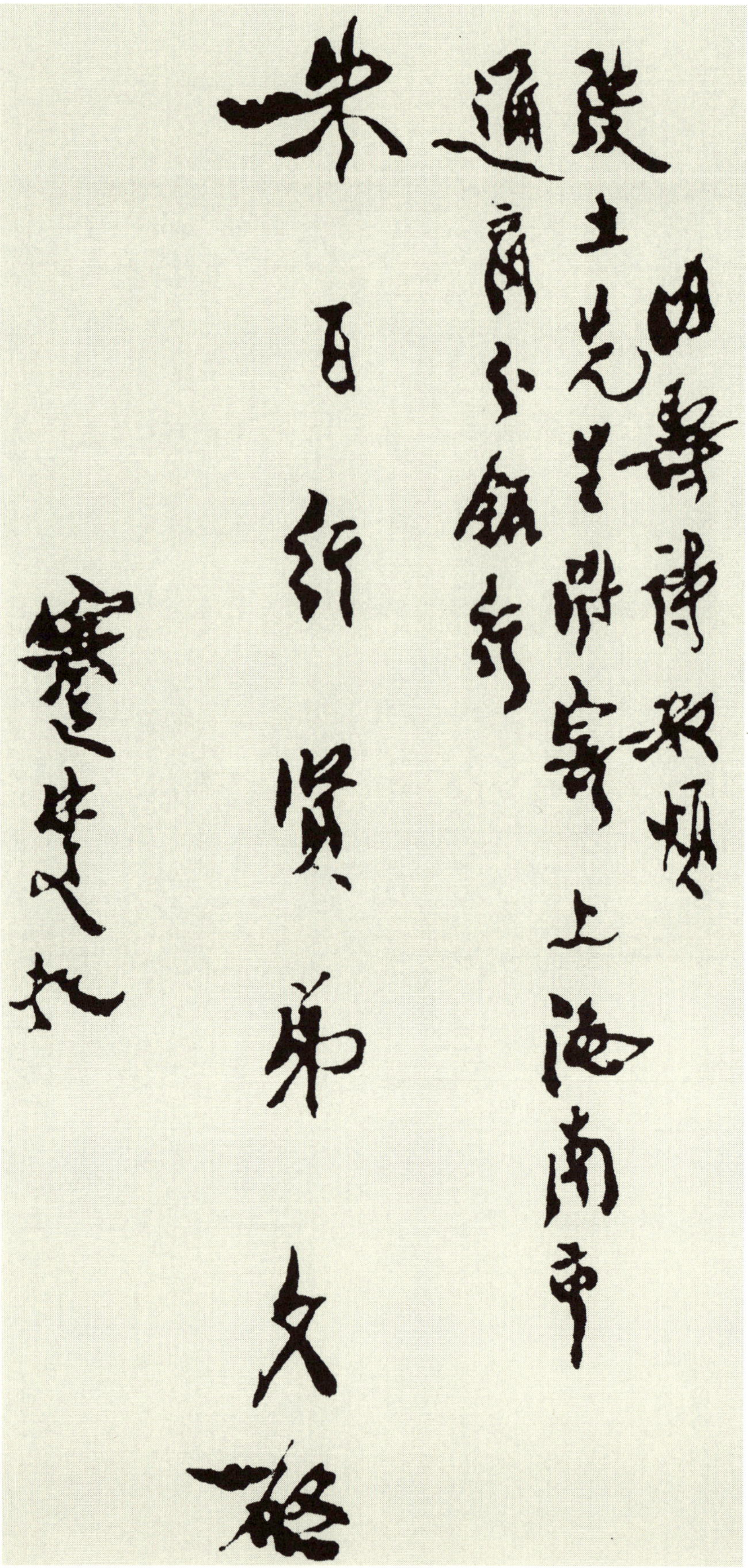

（一三九）致朱復戡①

一九二三年五月十八日　癸亥四月三日　星期五

黃過草堂箋

百行賢友：

昨寄陳蓉兄②白牋朱闌詩屏，想收悉。茲煩徐弢翁③附詩一首，隨筆寫來，已得百廿字。屏幅狹仄，至少須界七行，望以《李仲璇》參北海書之，不妨怪環，自有人識貨也。賢去歲所寄縮臨石鼓四種，刻發閱，皆好，擬爲題語。《因宜堂》本蓋參楊慎説也。薛詩續寄。藉問侍祺。

蹇安手具，

初二。

（鈐印）蹇安（朱文）。

寫就可寄甯波開明橋當業公所交徐鏞笙④收。蓉舘生日係本月十二日，請於初十前照寄。

世閥忠臣家，族望倉基里。義行有憫孫，節母有賢子。自昔傑士流，多由孤童起。嗟君遺腹生，勞苦念母氏。幼少蒙鞠育，稍長教經史。頗厭舉子業，窮探疇人旨。餘事涉西學，格致參化理。異等舉茂材，棄書乃居市。貨殖游俠徒，吾黨首屈指。百年日方中，聞道自茲始。我亦周晬孤，垂老慎視履。祝君互相勗，非以歌樂只。

蓉舘道兄五十壽。

張美翊撰；朱義方書。

（鈐印）美翊小印（白文）。

（信封）内壽詩，敬煩弢士先生附寄上海南市通商分銀行，朱百行賢弟文啓。蹇安托。

考釋：

①（一三九）祇署『初二日』，未署年、月。

函云『昨寄陳蓉兄白牋朱闌詩屏，想收悉。茲煩徐弢翁附詩一首』，與（一三七）函云『尚有陳蓉舘君壽詩一幅，期在十二日，容即作詩，煩當業銀行徐弢士君寄上』相銜接。又與（一三八）函云『拙詩約三日内寄』相銜接。又與（一三八）函云『陳君詩屏由徐君送來，附上』相銜接。

函云『薛詩續寄』，與（一三七）函云『薛文翁詩潤。詩成必煩賢寫』相銜接。

函云『望以《李仲璇》參北海書之』，與（一三八）函云『略倣《集王聖教》，參以《李仲璇》、北海』相銜接。

信中雖自署四月二日，據『昨寄陳蓉兄白牋朱闌詩屏，想收悉』之語，當爲四月三日之誤。

此信書寫時間當爲一九二三年五月十八日（癸亥四月三日）。

②陳蓉舘。

③徐弢士。

④徐方來（鏞笙）。

述評：

①關於『《因宜堂》本蓋參楊慎説也』：

楊慎（一四八八—一五五九），字用修。號升庵。新都（今四川成都市新都區）人。明正德六年（一五一一）狀元。三國演義開篇詞『滾滾長江東逝水』，即襲用楊慎所作。

對於楊慎《石鼓文音釋》，評價歷來不高，是因認爲楊慎説有僞托之嫌。清代永瑢、紀昀等編《四庫全書總目》（中華書局，二〇〇三年）：

慎有《檀弓叢訓》，已著録。是編第一卷爲《石鼓古文》，第二卷爲《音釋》，第三卷爲《今文》，《附録》則自唐韋應物至明李東陽所作石鼓詩，凡五篇。前有正德辛巳慎《自序》，稱東陽嘗語慎，及見東坡之本，篆籀特全，將爲手書上石，未竟而卒，慎因以東陽舊本録而藏之。《金石古文》亦言升庵得唐時拓本，凡七百二字，乃其全文。馮惟訥《詩紀》亦據以載入《古逸詩》中。當時蓋頗有信之者。後陸深作《金臺紀聞》，始疑其以補綴爲奇。至朱彝尊《日下舊聞考》，證古本以『六轡』下『沃若』二字。『靈雨』上『我來自東』四字，皆慎所强增。第六鼓、第七鼓多所附益，咸與《小雅》同文。又鼓有『[illegible]』文，郭氏云恐是『臭』字，白澤也。慎遂以『惡獸白澤』入正文中，尤爲欺人明證。且東陽《石鼓歌》云：『拾殘補闕能幾何？』若本有七百餘字，東陽不應爲是言云云。其辨托名東陽之僞，更無疑義。今考蘇軾《石鼓歌》自注，稱可辨者僅『維鱮貫柳』數句，則稱全本出於軾者妄。又韓愈《石鼓歌》有『年深闕畫』之語，則稱全本出唐人者亦妄。即真出東陽之家，亦不足據，況東陽亦僞托歟？

②關於徐鏞笙：

徐方來，字鏞笙，以字行。鄞縣人。徐時棟（柳泉）孫。一九一四年三月，『中華全國商會聯合會第一次代表大會』議案審查員。一九一六年，『通久源股東會』臨時主任。一九一七年十一月『寧波獨立』時與陳季衡、費冕卿爲寧波紳商學界官廳咨詢代表善後。一九一八年，『和豐紗廠』董事。一九一九年，『寧波總商會』會董。一九二二年，參與發起『爲鄞縣監獄囚徒施齋、講佛經』募捐。此時任『四明信托公司』經理。曾任『四明公所甬北支所』董事。張美翊舅父劉藝蘭爲柳泉門人。

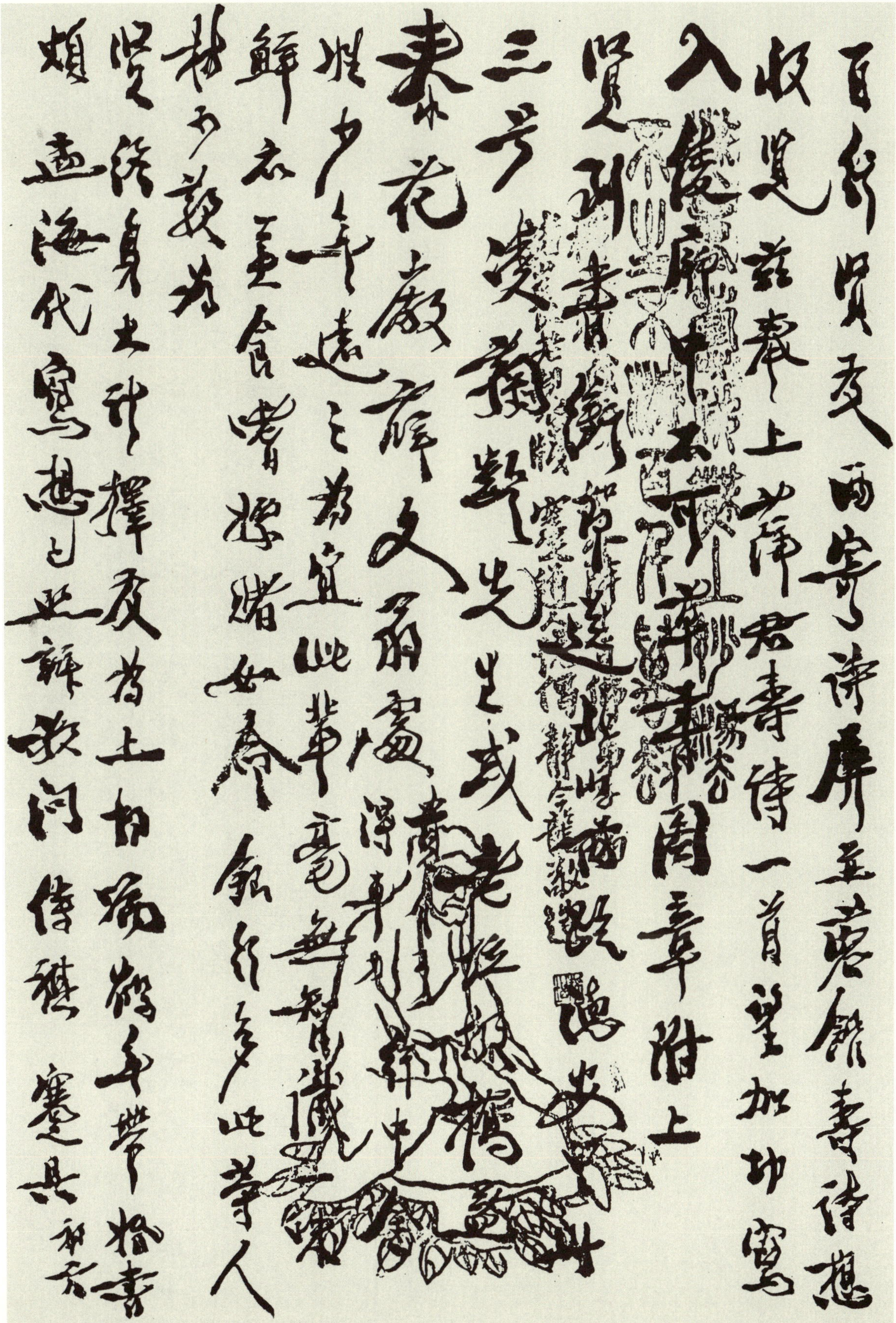

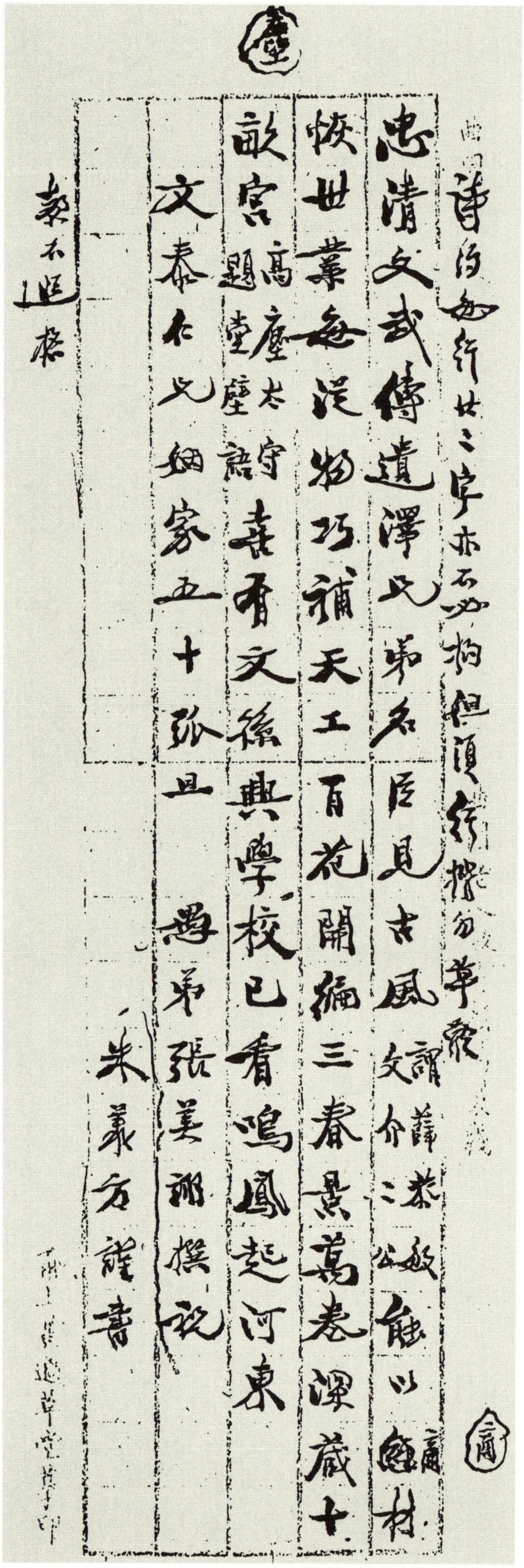
詩句每行廿二字亦不必拘但須行楷勿草發

忠清文武傳遺澤 兄弟名臣見古風（謂薛恭敏公、文介公） 能以[illegible]材

愜世業無從物巧補天工 百花開徧三春景 萬卷深藏十

畝宮 高廬太守題堂壁語 喜看文孫興學校 已看鳴鳳起河東

文泰在兄姻家五十張且 愚弟張美翊撰記

朱義方謹書

款不道 添

（一四〇）致朱復戡[1]

一九二三年五月二十一日　癸亥四月六日　星期一

長老箋、黃過草堂箋

百行賢友：

兩寄詩屏並蓉舘壽詩，想收覽。茲奉上薛君[2]壽詩一首，望加功寫入綾屏中，不可草書。圖章附上，賢列書銜。即送北山西路德安里卅三號凌鞠齡先生，或老垃圾橋益泰花廠薛文翁[3]處。（貴介可得車力。）行中金姓少年[4]，遠之爲宜。此輩毫無智識，一味鮮衣美食，嗜嫖賭如命。銀行多此等人材，可嘆。爲賢終身大計，擇友爲上，切囑。鶴年帶婚書煩孟海代寫，想已照辦。敬問

侍祺。

蹇具，

初六。

詩約每行廿二字，亦不必拘，但須行楷勿草體。

忠清文武傳遺澤，兄弟名臣見古風（謂薛恭敏[5]、文介[6]二公）。能以商材恢世業，每從物巧補天工。百花開徧三春景，萬卷深藏十畝宮（高塵[7]太守題堂壁語）。喜有文孫興學校，已看鳴鳳起河東。

文泰仁兄姻家五十弧［穀］旦，

愚弟張美翊撰祝；　朱義方謹書。

款不照格。

再啟者長媳來此廿餘日曾至鄰人戴宅見李戴閣
其談論頗長女送長媳自滬歸言之尤詳戴女前曾
強許阿鶴老史與長女大不為然鶴父體其嫁望許之遂
以阿鶴人格低看情無恐甚意傳出而戴女卑齊許
名長女遂與論雖此阻老夫人女而汲汲阻為戴氏打擾
乎遇如此今遂戴女下我官與蓋律所好頃先生目下
阿美與百行極好屢同其看影戲吃大菜嬲其寫字使
當之極阿美誠稱百行之漂亮言之嘖嘖女界社交一揚
自由伊夫何能覓得一樣電話立刻即到如老公之
道學陳氏之言據伊不喜聽我聞此語如冷水澆背

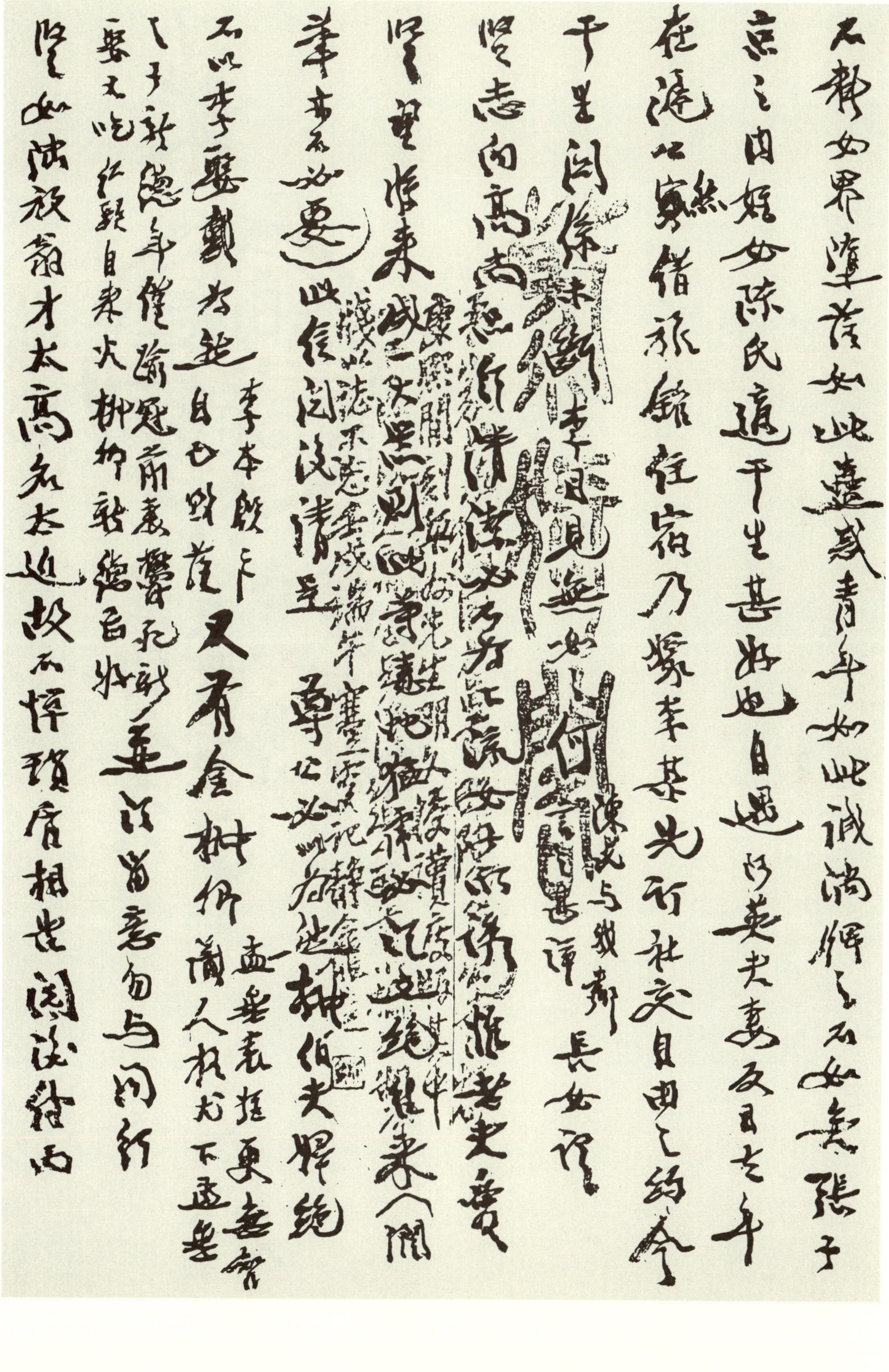

長毋相忘
漢鉤弋夫人長毋相忘瓦
庚申癸仲

（一四一）致朱復戡

一九二三年五月二十一日　癸亥四月六日　星期一

蒹猗閣箋

再：

密啓者：長媳來此廿餘日，曾至鄰人戴宅，見李、戴，聞其談論。頃長女[8]送長媳[9]自滬歸，言之尤詳。戴女前曾强許阿鶴[10]，老夫與長女大不爲然。鶴父[11]艷其嫁資，許之，遂致阿鶴人格日低，有恃無恐，生意停止。而戴女早有污名，長女遂與解約，自此恨老夫父女。而次媳[12]仍與戴氏打牌，可惡如此。今述戴言如下：『我寫墓碑何必煩二先生[13]？目下阿英與百行極好，屢約其看影戲，喫大菜[14]。煩其寫字，便當之極。阿英盛稱百行之漂亮，言之嘖嘖，女界社交，一切自由，伊夫何能管得？一摇電話，立刻即到，如老公公[15]之道學，陳氏[16]之古板，伊不喜歡。』我聞此語，如冷水澆背，不料女界墮落如此，蠱惑青年如此，誠淌牌[17]之不如矣。張子京[18]之内姪女陳氏適干生，甚好也。自遇阿英，夫妻反目，去年在滬公然借旅舘住宿。乃嫁李某，先訂社交自由之約，今干生關係未斷，李目見，無如之何。（陳氏與我鄰，言之甚詳。）長女謂賢志向高尚，品行清潔，必不爲下流女子所誘。惟老夫愛賢，望將來成一大器，則此等毒蛇猛虎，必須立絶往來（潤筆亦不必要）。此信閲後，請呈尊公，必以爲然。椒伯夫婦絶不以李娶戴爲然。（李本殷户，自己敗落。）又有金椒卿（孟垂[19]表姪，更無智識，人格尤下。孟垂之子新德，年僅踰冠，前妻鬱死，新娶又喫紅頭自來火。椒卿、新德甚好），並須留意，勿與同行。賢如陸放翁，才太高，名太近，故不憚瑣屑相告，閲後附丙。

（信封）外件，朱百行先生文啓，讓緘。

（信封底紋）『長毋相忘』瓦當。漢鈎弋夫人長毋相忘瓦，庚申冬仲，義方作。（鈐印）義方（朱文橢圓形）[20]。

考釋：

①（一四〇）（一四一）合并考證。（一四〇）祇署『初六日』，未署年、月。（一四一）未署日期。

（一四〇）函云『兩寄詩屏并蓉舘壽詩，想收覽』，與（一三七）函云『綾屏甚好，詩續寄，……尚有陳蓉舘君壽詩一幅，期在十二日，容即作詩』相銜接。又與（一三八）函云『陳君詩屏由徐君送來，附上。……拙詩約三日内寄』相銜接。又與（一三九）函云『昨寄陳蓉兄白牋朱闌詩屏，想收悉。……蓉舘道兄五十壽。張美翊撰，朱義方書』相銜接。

（一四〇）函云『兹寄上薛君壽詩一首』，與（一三九）函云『薛詩續寄』相銜接。

（一四一）函云『長媳來此廿餘日』，與（一三三）函云『長媳初九搭新甯紹帶孫歸省』相銜接。又與（一三七）癸亥四月二日函云『長媳、濱春、鶴年今日起程，明晚即登舟』相銜接。自三月七日至四月二日，相距恰『廿餘日』。（一四一）函云『頃長女送長媳自滬歸，言之尤詳』。是四月六日，長媳已離甬，張美翊於是日密函朱復戡。

（一四一）函云『又有金椒卿』，與（一四〇）函云『行中金姓少年，遠之爲宜』相銜接。

（一四一）之後，癸亥四月廿二日張美翊致沙孟海函云：『百行婚期改在九月，……前聞有某夫婦頗與往來，因詳詢百行，百行答謂有白戲可看，白菜可喫，似乎樂得……今已謝絶』，自四月六日至四月廿二日，相距十八日，故張美翊有『今已謝絶』之語。此爲佐證。

總之：（一四〇）（一四一）兩函同封。書寫時間當爲一九二三年五月二十一日（癸亥四月六日）。

②③薛文泰。

④金椒卿。鄞縣人。林孟垂表姪。

⑤薛三才（一五五五—一六一九），字仲儒。號青雷。謚『恭敏』，贈太子太保。鎮海人。萬曆十四年（一五八六）進士。

⑥薛三省（一五五八—一六三四），字魯叔。號天谷。謚『文介』，贈太子太保。鎮海人。薛三才弟。萬曆二十九年（一六〇一）進士。《神宗實録》副總裁。張錫琨《明文授讀記語》有記。

⑦薛玉衡（一五七〇—一六三一），初名三台，字六符。號高塵。薛三省從弟。萬曆四十七年（一六一九）進士。天啓爲歸德知府。鎮海城關西北有『鷗槃園』。自題聯：百花開遍三春景，萬卷深藏十畝宫。

⑧張美翊長女（老大）張世芳。

⑨張美翊長子張晉（絅伯）妻韓昌權。

⑩范鶴年。

⑪范斐卿。

⑫張美翊次子張謙妻。張謙正室屠氏（副貢生東陽縣學訓導屠仿規女），生子貽令；女愛妹。副室李氏，生子燕令。

⑬⑮張美翊行二，故稱『二先生』。老公公亦指張美翊。

⑭當時上海人稱西餐爲『大菜』，外國人開的餐館有真正的大菜，分法國菜、意大利菜、德國菜。最便宜且最不好喫的是『羅宋大菜』。

⑯陳紉梅。

⑰淌牌，『蕩』俗省作『淌』，意爲漂流。玩雀牌桌中央稱『河』，棄牌置河中。作弊者於河中撩取淌牌，類於婦女秘密賣婬，稱『撩淌牌』。淌牌屬於私娼。

⑱張壽鎬（一八八〇—一九二四），字子京，亦作芷津。鄞縣人。張嘉禄次子。附貢生。一九〇九年七月三十日，『鄞縣財政調查所』所董。一九一三年『浙江省議會』議員。曾爲贖《三老碑》、補鈔文瀾閣四庫缺簡，各捐銀一百元。

⑲林光裕（孟垂）。

⑳『長毋相忘』瓦當信封首次見用，僅一見。

述評：

①關於張世芳：

戴女事由張美翊長媳韓昌權告訴張美翊的長女張世芳，世芳又告訴張美翊有關朱復戡與戴女交往事，此是誤會之始。

張世芳非一般女性，一九〇七年，參與發起『女國民拒款公會』。

《神州日報》一九〇七年十一月十日《女國民拒款公會公啓》有云：

發起人山陰何俞樹萱、鄞縣范張世芳。

《神州日報》一九〇七年十二月十一日《婁縣女界拒款會成立》有云：

甯波代表張世芳女士演説，謂舊時入股爲利益，今日入股爲保國。江浙鐵路猶人身四肢之一，有疾未有不醫，今日我輩正當請醫生醫此殘損。

《神州日報》一九〇七年十二月二十一日《浙江旅滬女同鄉懇親會》有云：

鄞縣范張世芳女士演説，略謂吾國女子，向不預聞外事，際此國家危急存亡之秋，女界同胞不得不除其舊習，互相聯絡，講求有關公益之事，故今日特開此會，商議如何聯絡之法。至於蘇杭甬路事，尤繫吾浙之存亡，務須萬衆一心，方能挽救於垂危之日。自日前各處開女子保路會以來，集股也已不少，自今已往，益當堅持到底，勿被外人譏笑有始無終。

《申報》一九〇八年一月二十日《浙江旅滬女同鄉會紀事》有云：

本會發起在浙江女拒款會諸君到滬同人開懇親會之時，現已成立，今日開正式大會，……調查員……張世芳。

《并州官報》一九〇八年，第三一期《寧波改育嬰堂爲幼稚園》有云：

日前由張世芳女士創議，改設幼稚園。

一九〇八年浙江鐵路集股，認一整股。

②關於林孟垂：

林光裕（一八七六—？），字孟垂。鄞縣人。張美翊長姑夫國學生林萊庭，字贈公。萊庭長子守初，字理問。張美翊中表兄。守初長子光裕（孟垂），次子光宗（仲敬）。

林孟垂，張美翊表姪。寧波儲才學堂畢業。初爲寧波警官學校教務長，後經商上海。一九一八年九月，爲同鄉會建築新會所募捐多起，曾募中華銀行一百元。一九二〇年夏，『鄞奉公益醫院』董事。一九二一年十月，參與發起『上海建築材料物券交易所』，理事；參與發起『中法合辦萬國物券金幣交易所』，副理事長。曾經營『鄱樂煤礦公司』。

一九二一年，張美翊作《林老表嫂李太宜人七秩壽序》（《甬上青石張氏家譜·家集》味芹堂鉛印本，一九二五年）：

少讀朱子《小學》，開宗明義，即述母教。而第六篇《善行》所載唐崔山南祖母唐夫人事姑之孝；宋呂滎公中國夫人治家之嚴。再三言之，用示家治。蓋一家之興，必有賢母，斯有賢子孫保世滋大端。由於此，朱子誠重之也。吾張氏與林氏世姻也，姑丈萊庭贈公，孝友仁厚，當時稱爲長者。吾長姑高明慈儉，實左右之，是生吾表兄守初理問。吾兩家門第鼎盛，上下食指數十人。既更喪亂，漸以中落。

余少時即與理問君同學，長則同求試於有司。中表之好，不啻同懷。比吾表嫂李宜人來歸，城南老屋尚無恙。未幾，贈公棄養，理問爲房從所迫，至不能有其居室。宜人則綢繆牖户，風雨漂摇，賃廡屢遷，不常安處。理問勞於外，宜人勞於内，上事慈姑，下撫子女，朝夕甘旨之奉，汲爨縫紉之事，一身任之，不以爲苦。光緒己丑，余將隨節外國，挾理問至上海，則大爲餘姚卲筱村、合肥龔仰蘧兩中丞所賞愛。鄉老張依仁封翁、湯松巖舍人方創設紡織新局於楊樹浦，畀以職事相引重。宜人則持家教子，躬苦食淡，帥初不變。聞者兩賢之。甲午，余自海外歸，上謁姑氏兼見宜人，歡然道故，相與笑樂，則聞旁舍誦聲琅然，蓋長子光裕孟垂方從事制科之學，乃復授以讀書作文之法，經史詞章之要，令其試秀生充學生。不數年學成，則食餼於縣庠，畢業於外國，充然爲甯波巡警學堂教務長，爲官紳長老所敬禮矣。宜人事始盡色養，相夫能賓敬理問父子，經營兩世葬事，自負土以至封樹，勞苦備至。宜人則製畫翣翛，祭品必虔必敬。既又命孟垂兄弟遷葬叔祖父母，購地樹碑，歲時祭掃。性慈善好施與，族戚以緩急告，周給之必稱其意。改革而後，孟垂偕其弟光宗仲敬趕至上海，經商有聲，數年之間，奔走南北，凡所設新事業者，林氏兄弟皆參預其間，朋輩斂手推服。宜人就養旅邸，勤儉慈和又帥初不變，今長孫在明成立，娶婦躬抱曾孫，而宜人壽届古稀，神明穆清，强健猶昔。今歲辛酉六月十九日爲其帨，且預戒子孫稱慶以其貲充善舉。都人士謂余與林氏舊姻，乞爲之文，以佐執爵之祝。余老矣，感於方今習俗之奢靡，人心之譸張。捨家族而言社會，高語政事法律。退而觀其家庭，箕帚耰耡，德色誶語，有不可問者，而其家亦朝榮而暮落，其人且暴富而忽貧。蓋見之數矣，因舉朱子小學爲教，使知崔氏、吕氏之稱於當時，傳於後世，賴有賢母而使然。欽念哉！欽念哉！林氏之克光前業，不失舊物，蓋宜人劬勞教育，數十年於兹也。今日者，綵衣導前，含飴擁後，從容頤養，夫豈偶然而致哉？爰述此以勗孟垂兄弟，并爲登堂上壽者告焉。時在昭陽作鄂律中林鐘之月中澣穀旦。

百斯賢庶大覽連寧薩陳詩屏並函

詩諭為趣辭竹齋之弟吉禮慰已代遂為

慰厲虎閒閱賢而奉孝君歐翻鳥蕭吳

求王塵身錢南墨守非克白

興食老

人少與剝石不作篆羽冠曰有成自依金

陵後孝廉鬱昆金石善本乃寶石鼓

文嶂山碑城隍廟三墳記之扁今頁本

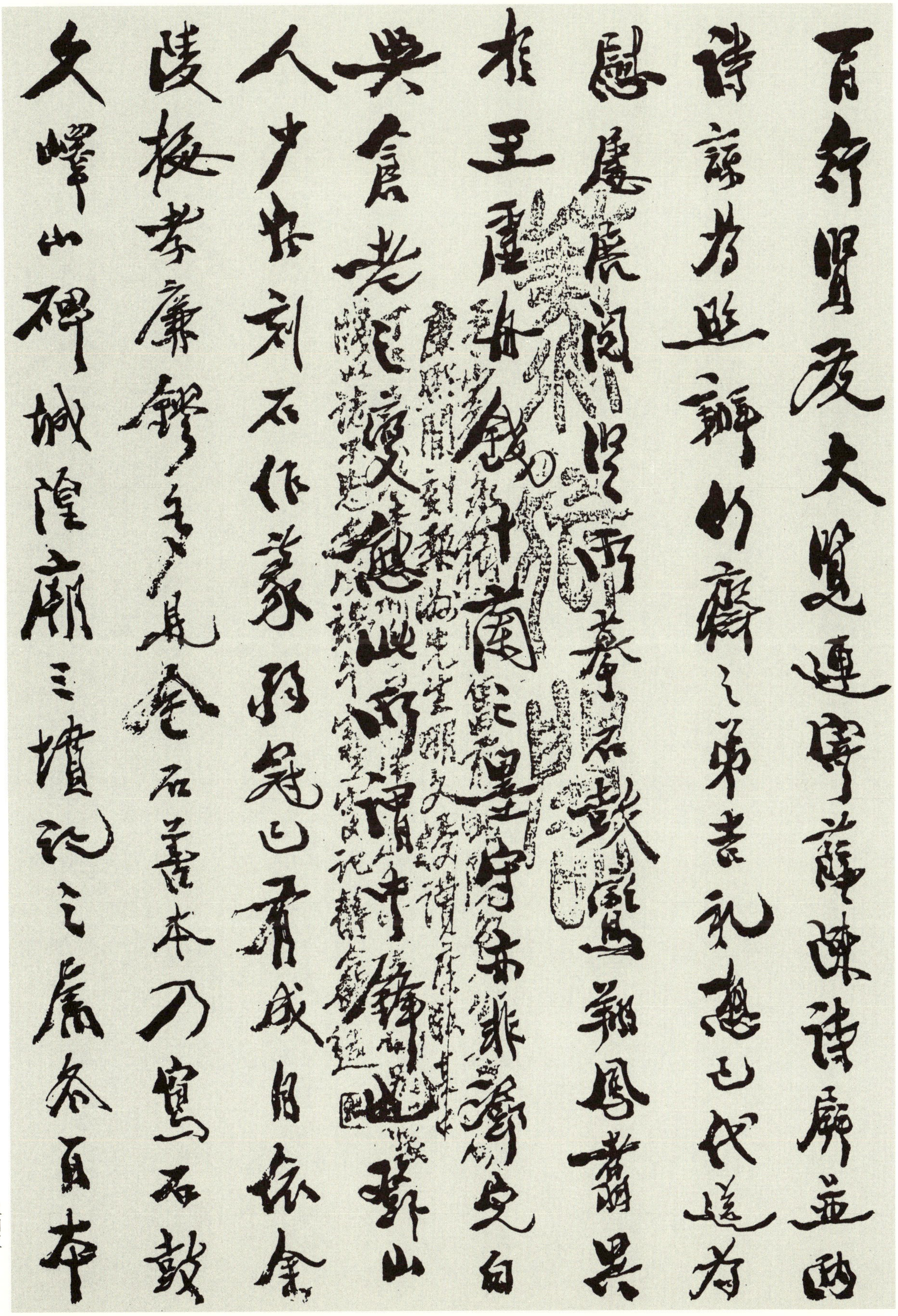

又寫說文廿本五年篆書成乃學乞辣如此其久也

草另閣一面目為古人而無此評何如

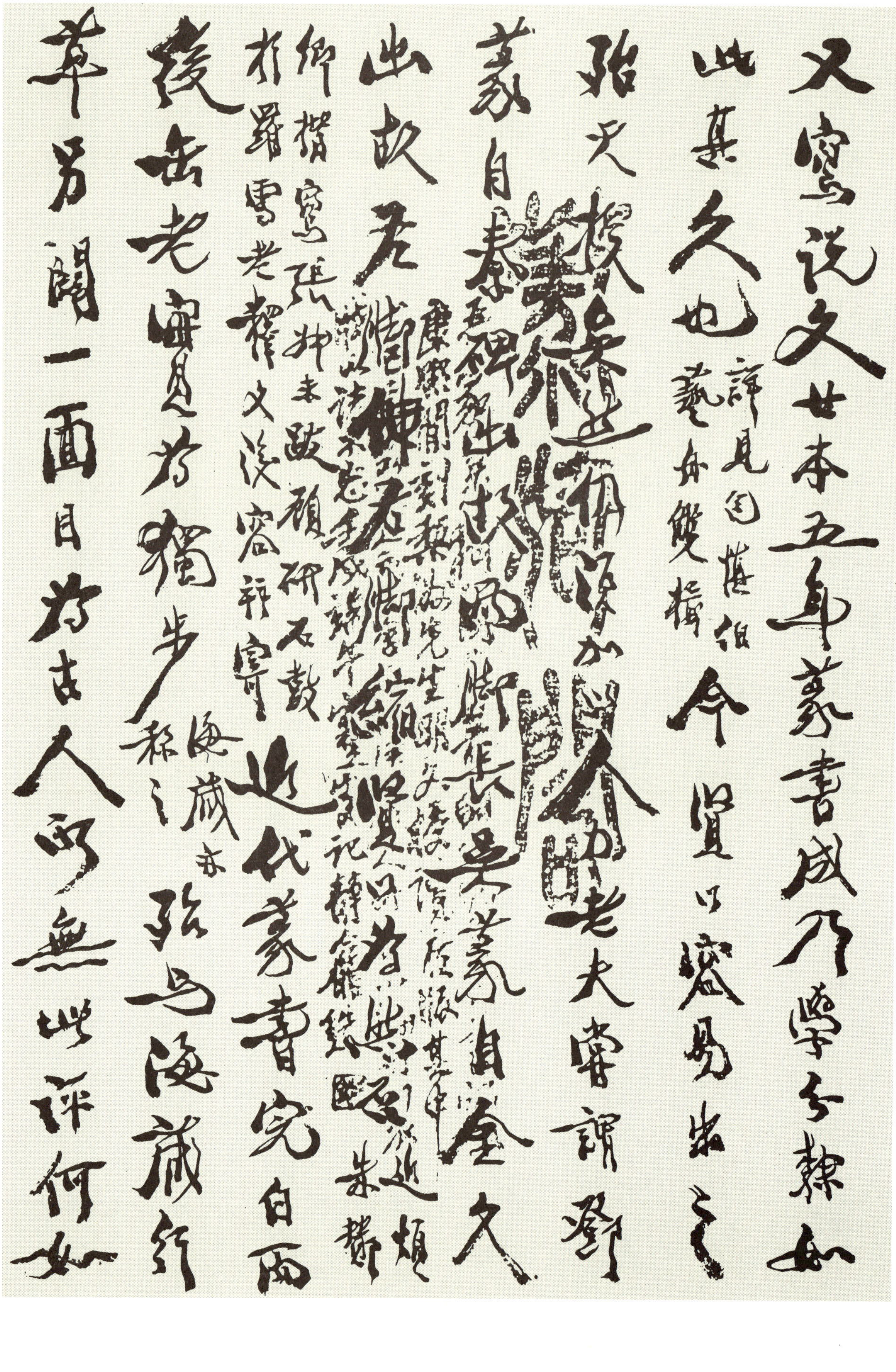

雲老學人之義又當別論此非意煩

賢用硃華在青田石縮寫石鼓大約

以阮氏所藏張進堂金石契寫刻為底本毒以

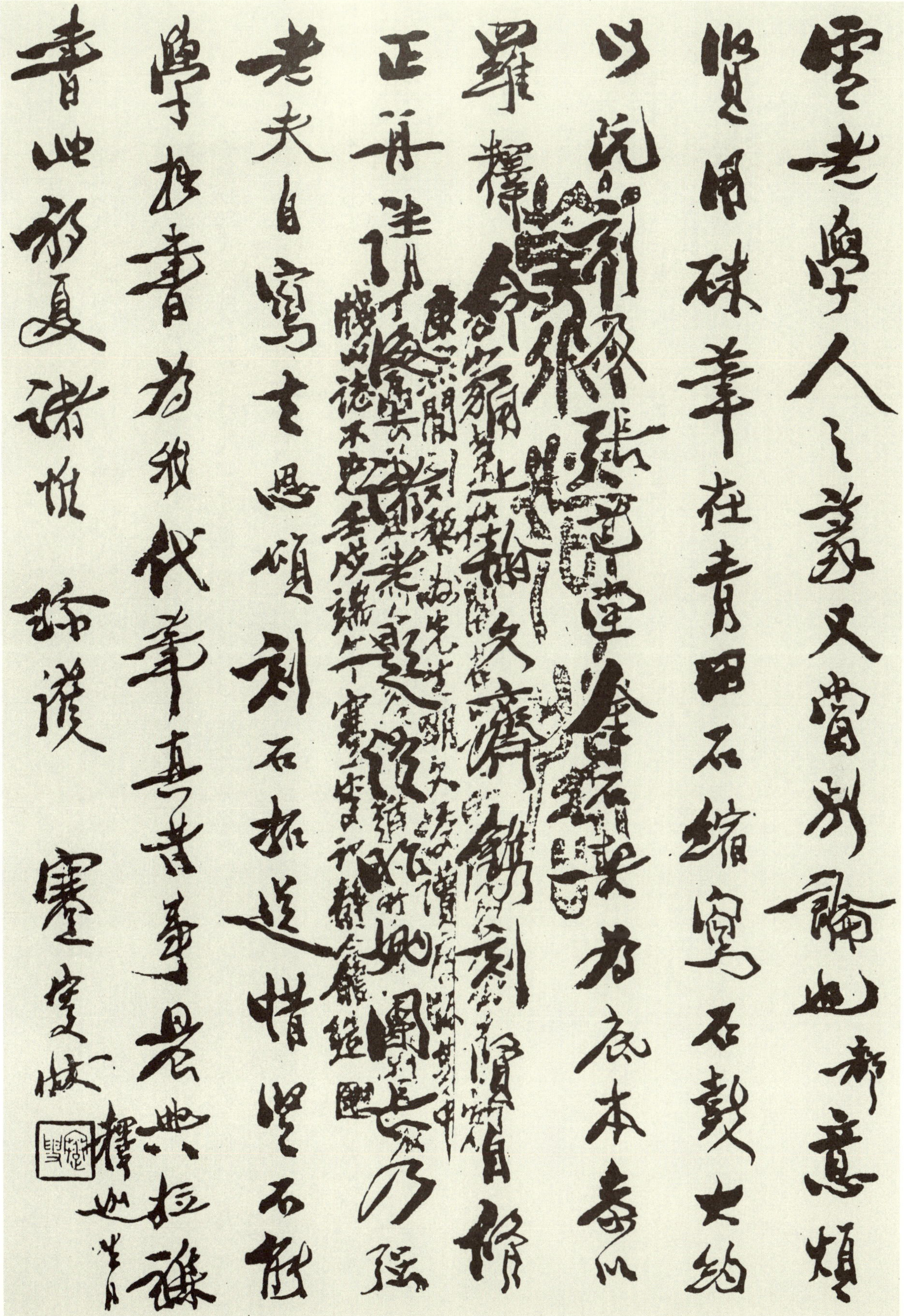

（一四二）致朱復戡①

一九二三年五月二十三日　癸亥四月八日　星期三

蓑猗閣箋

百行賢友文覽：

連寄薛、陳②詩屏並兩詩，諒爲照辦。竹齋③之弟吉禮，想已代送爲慰。屢展閲賢所摹《石鼓》，鸞翔鳳翥。異於王虛舟④、錢十蘭之墨守；亦非鄧完白⑤、吴昌老之變態。此所謂中鋒也。鄧山人⑥少好刻石作篆，弱冠已有成，自依金陵梅孝廉鏐，多見金石善本，乃寫《石鼓文》《嶧山碑》《城隍廟》《三墳記》之屬各百本，又寫《説文》廿本，五年篆書成，乃學分隸，如此其久也。（詳見包慎伯《藝舟雙楫》。）今賢以容易出之，殆天授矣。然仍須加以人力。老夫嘗謂鄧篆自秦碑出，故兩脚長；吴篆自金文出，故左脚伸右脚縮。賢以爲然否？（近煩朱鄦卿楷寫張叔未跋顧研石鼓於羅雪老⑦釋文後，容并寄。）近代篆書，完白而後，缶老實爲獨步（海藏亦稱之），殆與海藏行草另闢一面目，爲古人所無，此評何如？雪老學人之篆，又當別論也。鄙意煩賢用硃筆在青田石縮寫《石鼓》，大約以阮刻及張芑堂《金石契》⑧爲底本，參以羅釋，命甬上『翰文齋』鐫刻，賢自脩正，再請海上諸老題語。昨姚團長乃强老夫自寫《去思頌》⑨，刻石拓送。惜賢不能學拙書爲我代筆，真苦事。晨興拉雜書此。初夏諸惟

珍護。

蹇安狀，

釋迦生日。

（鈐印）蹇安（朱文）。

考釋：

①（一四二）衹署『釋迦生日』，未署年。釋迦生日，即農曆四月八日。

函云『連寄薛、陳詩屏並兩詩』，與（一四〇）函云『兩寄詩屏並蓉舘壽詩，想收覽。兹寄上薛君壽詩一首』相銜接。

函云『竹齋之弟吉禮，想已代送爲慰』，與（一三七）函云『惟姜竹齋之弟初六吉席，望即代送棉業銀行賀敬雙元』相銜接。

此信書寫時間當爲一九二三年五月二十三日（癸亥四月八日）。

②薛文泰、陳蓉舘。

③姜竹齋。

④王澍（虛舟）。

⑤⑥鄧石如（完白）。

⑦羅振玉。

⑧張燕昌（一七三八—一八一四），字文魚（因手有魚紋）。號芑堂，亦作芑塘；又號金粟山人。海鹽（今嘉興市海鹽縣）武原鎮人。藏書處名：娱老書巢、冰玉堂。藏書印有：芑堂手拓、石鼓亭、張氏燕昌藏。乾隆四十三年（一七七七）優貢，嘉慶元年（一七九六）舉孝廉方正。

⑨去思頌碑，是地方對即將離職官員的歌頌文刻石。張美翊撰《姚團長去思頌》，載《浙江兵事雜誌》，一九二四年第一一七期。

述評：

①關於張叔未：

張廷濟（一七六八—一八四八），原名汝林，亦作汝霖。字順安；又字説舟、作田、竹田、未亭、南亭。號叔未；又號海岳庵門下弟子；晚號眉壽老人。別署孤雲、厚橋墓祠守者、蘭亭亭長、竹田里老。嘉興（今嘉興市南湖區）新篁鎮人。名醫張鎮（字起也、芑也）子。海鹽澉浦吴懋政門人。室名：考堂。藏書處名：清儀閣、桂馨堂。藏書印有：清儀閣張叔未廷濟印、清儀閣藏、寶穰、新篁里、學博士印、八甎精舍、嘉慶戊午浙江解元。嘉慶三年（一七九八）舉人（解元）。精金石考據，善畫，能篆隸，精行楷，工詩詞。

張叔未《清儀閣金石題識》中有顧研本石鼓文。

②關於『鄧山人少好刻石作篆，弱冠已有成，自依金陵梅孝廉鏐，多見金石善本』：

梅鏐，字既美。號石居、青溪。宣城（今安徽宣城市）人。梅文穆子。諸生。通訓詁學，能古文。工篆隸。家藏歷代金石善本甚多。乾隆三十九年（一七七四），鄧石如經梁巘（一七一〇—一七七八）推薦到梅鏐家學習八年，前五年專攻篆書，後三年學漢八分。

學書法，要通金石學，也要通版本學，擇『善本』而學，這需要眼力。

③關於姚團長：

姚琮（一八九一—一九七七），原名姚美森，字味辛。瑞安（温州市瑞安市）馬嶼鎮上京村人。一九二〇年，暫編浙江陸軍第一師第二團上校團長。

《沙孟海全集》（西泠印社出版社，二〇一〇年）第九卷《僧孚日録》辛酉八月十八日：

> 屠氏小學有姚生者，年甚幼，今日始至。能寫隸書，頗瘦硬，類《禮器》同，是誰家兒，則團長之姪也。古學衰歇，學者競尚事功，俊美高雅之風，偏得之於武人，倘所謂禮失求野者歟？

乍説『團長』，會想到『武人』，實則姚團長文武雙全。曾與蔣介石同窗。一九二六年，黄浦軍校總教官、校長室主任。姚琮讀《資治通鑒》，摘要刻成《史逯》（北京聯合出版公司，二〇一四年），自序有云：

> 民國二十三年於役南昌，退公讀《資治通鑒》，摘要成帙，名之曰《史逯》。年餘卒業，始知從政者讀書之不易。特師昔賢晉呈《貞觀政要》之美舉，鈔呈委員長蔣公鈞覽，期補萬一。……乙酉秋日，姚琮序於重慶。

姚琮能詩。書法得康有爲傳授『四指爭力』執筆法，工漢隸。無怪乎沙孟海頗贊其姪能寫《禮器碑》。

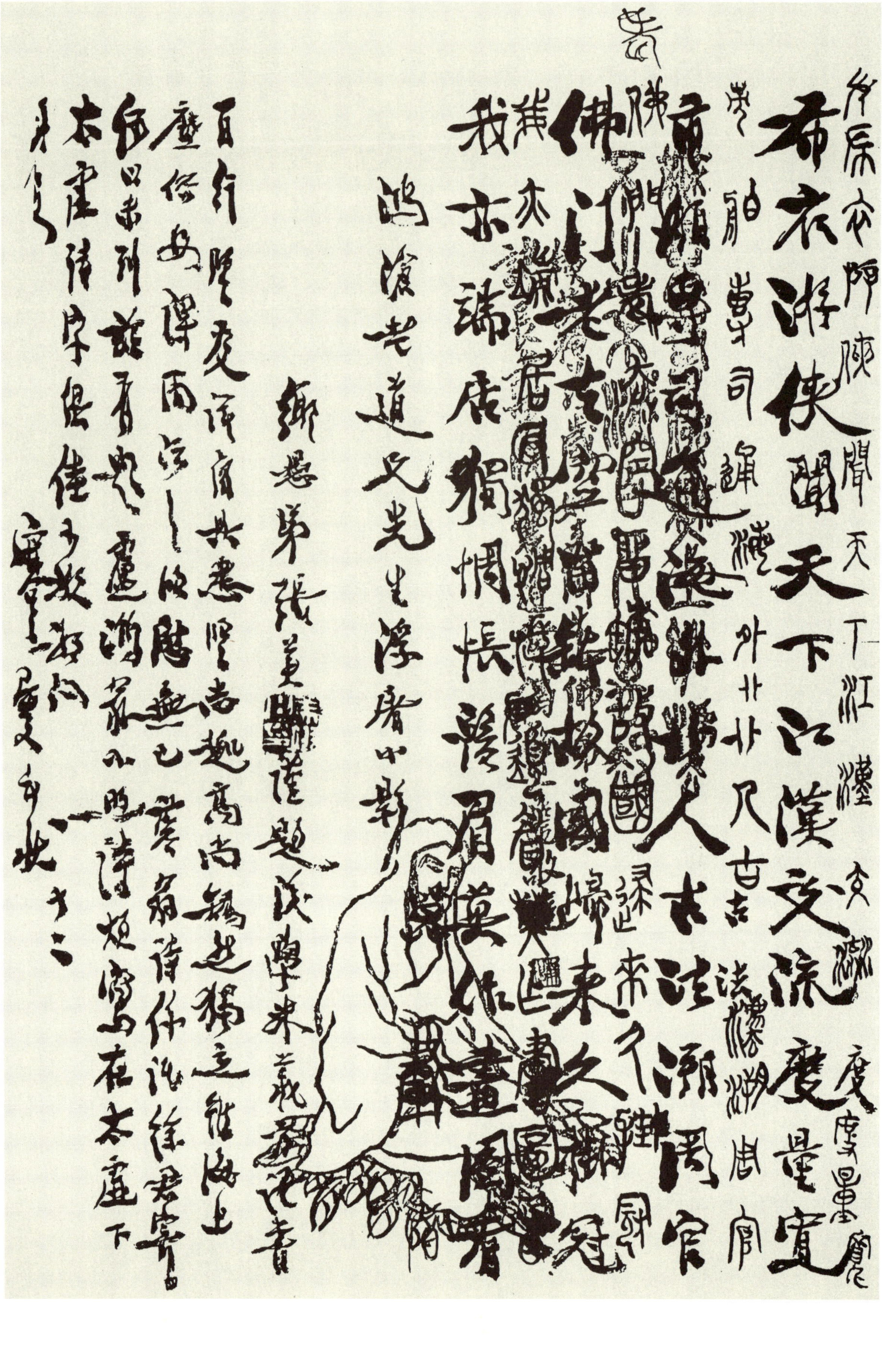

布衣游俠閲天下江漢交流度量寬

（一四三）致朱復戡①

一九二三年五月二十七日　癸亥四月十二日　星期日

長老箋

布衣游俠聞天下，江漢交流度量寬。市舶專司通海外，芈人古法溯周官。佛門老去空留鉢，故園歸來久掛冠。我亦端居獨惆悵，鬚眉莫作畫圖看。

鴻滄②老道兄先生浮屠小影，

鄉愚弟張美翊謹題；後學朱義方謹書。

（鈐印）美翊小印（白文）。

百行賢友：

詳函具悉。賢志趣高尚，矯然獨立，雖海上塵俗，毋得而污之，欣慰無已。蓉翁③詩係讬徐君寄，何以未到？茲有題盧鴻翁④小照詩，煩寫在太虛下。太虛詩字俱佳，可敬。敬問

侍安。

蹇叟手狀，

十二。

考釋：

①（一四三）祇署『十二日』，未署年、月。

函云『蓉翁詩係讬徐君寄，何以未到』，與（一三五）函云『尚有陳蓉舘君壽詩一幅，期在十二日，容即作詩，煩當業銀行徐弢士君寄上』相銜接。

函云『賢志趣高尚，矯然獨立，雖海上塵俗，毋得而污之』，與（一四一）函云『戴女』事相銜接。

此信書寫時間當爲一九二三年五月二十七日（癸亥四月十二日）。

②④盧洪昶（鴻滄）。

③陳蓉舘。

述評：

①關於盧鴻滄：

盧洪昶（約一八五五—一九三七），字鴻滄，亦作洪滄、洪昌。本姓戎，九歲時爲同里盧姓養子。鄞縣人。室名：卍字草堂、極樂閣。盛

宣懷幕賓，主議萍鄉煤礦自煉焦炭以煉鋼。一八九六年，受盛宣懷委派在萍鄉設立『鐵廠駐萍煤務局』。一八九九年，漢陽『萍鄉煤礦轉運局』，坐辦。一九〇三年，『漢口商務總會』總理。一九〇五年，參與創辦『同仁學堂』。一九〇七年，『交通銀行駐漢口分行』經理。一九一一年，參與發起《中美輪船股份有限公司》。

一九〇四年九月，以江蘇候補同知身份偕同浙江省内名紳聯名呈報農商部，農商部王清穆以專本具奏，請特旨開放『墮民』。清廷頒旨准奏，寧紹兩地『墮民』遂得脱籍。同年十一月六日，出資與陳訓正（校長）創辦『育德初等農工學堂』於城區西門盤詰坊（今伴吉巷），爲浙江第一所『墮民』子弟學校。盧洪滄與陳訓正致力於『墮民』脱籍之事，輿論比之林肯解放黑奴。民國《鄞縣通志·文獻志》爲民國方聞人物。楊壽枏《思冲齋文別鈔》亦有記載。其子盧成章，發動組織光復寧波。

②關於『鴻滄老道兄先生浮屠小影』：

盧鴻滄僧服小影，廣倩名家題詩。

譚延闓日記（劉建强編著《譚延闓文集·論稿》，湘潭大學出版社，二〇一四年）一九二一年七月二十七日：

爲盧鴻滄題僧服小像，詩不切，字不工，老大無成，可嘆也。

③關於太虛：

太虛（一八九〇—一九四七）或（一八八九—一九四七），俗姓吕，名淦森。法名唯心，號太虛。原籍崇德（今嘉興市桐鄉市），生於寧海（今寧波市寧海縣）。以倡導『人間佛教』而著稱。一九〇五年，入蘇州小九華寺出家，旋往寧波天童寺依寄禪和尚受具足戒。嗣往永豐寺就歧昌和尚學經。越歲，復住天童寺脩禪學佛。時與圓瑛、會泉同參禪學。一九〇九年，參加『江蘇省僧教育會』。一九一一年，廣州白雲山雙溪寺住持。次年，在南京創立『中國佛教協進會』。一九一七年，應請至臺灣弘法。次年，參與創設『覺社』。一九二二年，在武昌始創佛學院。

《甬上青石張氏家譜·贈言》（味芹堂鉛印本，一九二五年）收有太虛《張節母戴孺人頌》。

百行賢友前後同淨未言之所論
篆法極是韻意不數而外耳縮摹李
斯嶧山會稽碣石刻
從鐵在賢
不夏極能得
泰山二十九字溫城廟碑拓
首有
三墳記之
諸篆好在字數不多
惟三墳稍長耳冬間再寫記文
九千數百字一部乃以橫絕之今
豈特爭霸海上而已前輩後登

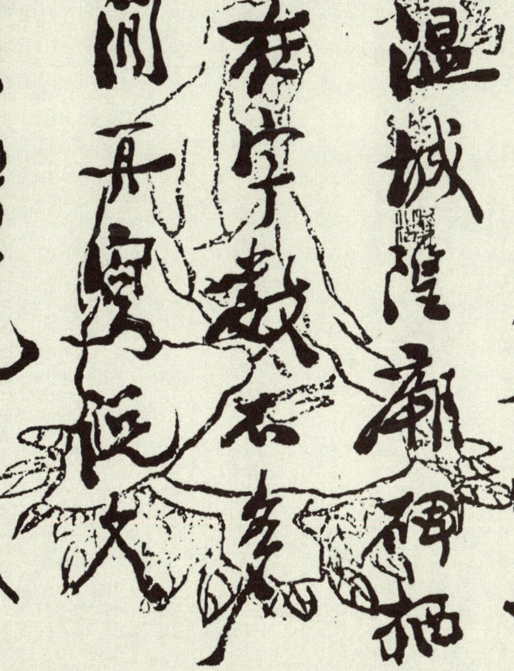

盧鴻流老友頭陀像一幀煩批窗

詩收到甚喜故不敢薄文奉夫人聯

河海頓中此弟二本為贈綾光窗

心同妙墨臺我髡遠裝惲而鳥

竹齋扨此是

贊寺伴肴開華也

華美琴院湖江有樹木日會西菜

嘗養得好勿以芳念 塵千甚 者走 四月十五

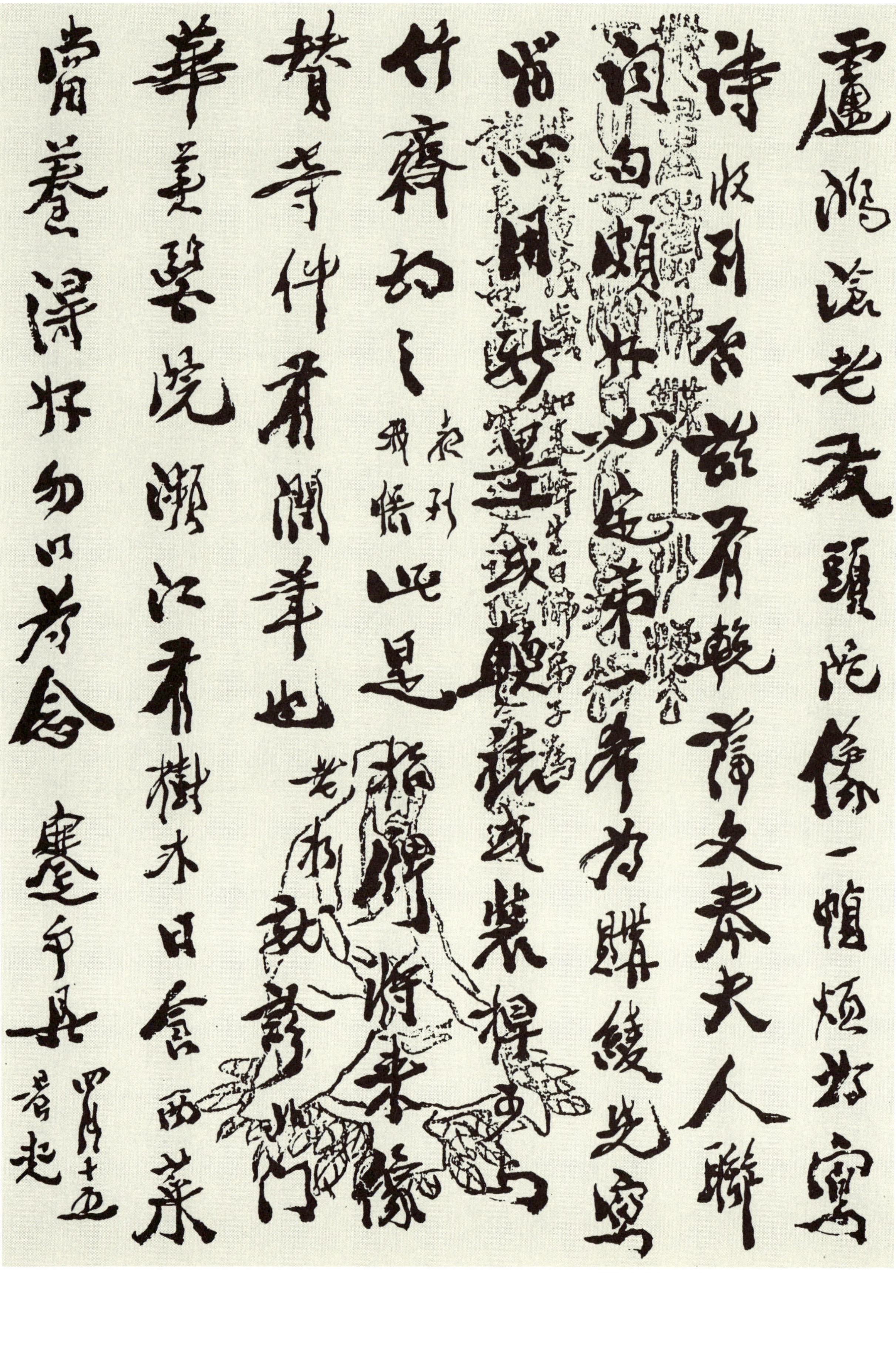

（一四四）致朱復戡①

一九二三年五月三十日　癸亥四月十五日　星期三

長老箋

百行賢友：

前展復函，詳哉言之。所論篆法極是。鄙意《石鼓》而外，再縮摹李斯《嶧山》《會稽》（皆有之，可寄上）、《碣石》（雙鈎在賢處，極難得）刻石、《泰山》二十九字、李少温《城隍廟碑》《栖三墳記》（皆有之）諸篆。好在字數不多，惟《三墳》稍長耳。冬閑再寫《説文》九千數百字一部，可以横絶古今，豈特爭霸海上而已。前寄履登②盧鴻滄老友頭陀像一幀，煩爲寫詩，收到否？兹有輓薛文泰夫人聯，詞句頗好，必定第一。希爲購綾先寫，留心用新墨，或輭裱，或裝桿，可與竹齋③酌之（款列我帳），此是招牌，將來像贊等件有潤筆也。老朽就診北門華美醫院，瀕江④有樹木，日食西菜，當養得好，勿以爲念。

蹇手具，

四月十五晨起。

考釋：

①（一四四）祇署『四月十五』，未署年。

函云『前寄履登盧鴻滄老友頭陀像一幀，煩爲寫詩，收到否』，與（一四三）函云『兹有題盧鴻翁小照詩，煩寫在太虛下』相銜接。

此信書寫時間當爲一九二三年五月三十日（癸亥四月十五日）。

②袁履登。

③姜竹齋。

④華美醫院在寧波市永豐路，背臨姚江。

述評：

①關於張美翊的篆書觀：

張美翊認爲學篆書須寫：《石鼓》《嶧山》《會稽》《碣石》《城隍廟碑》《栖三塋記》《刻石泰山》《説文》。不學清人篆書，是取法乎上。

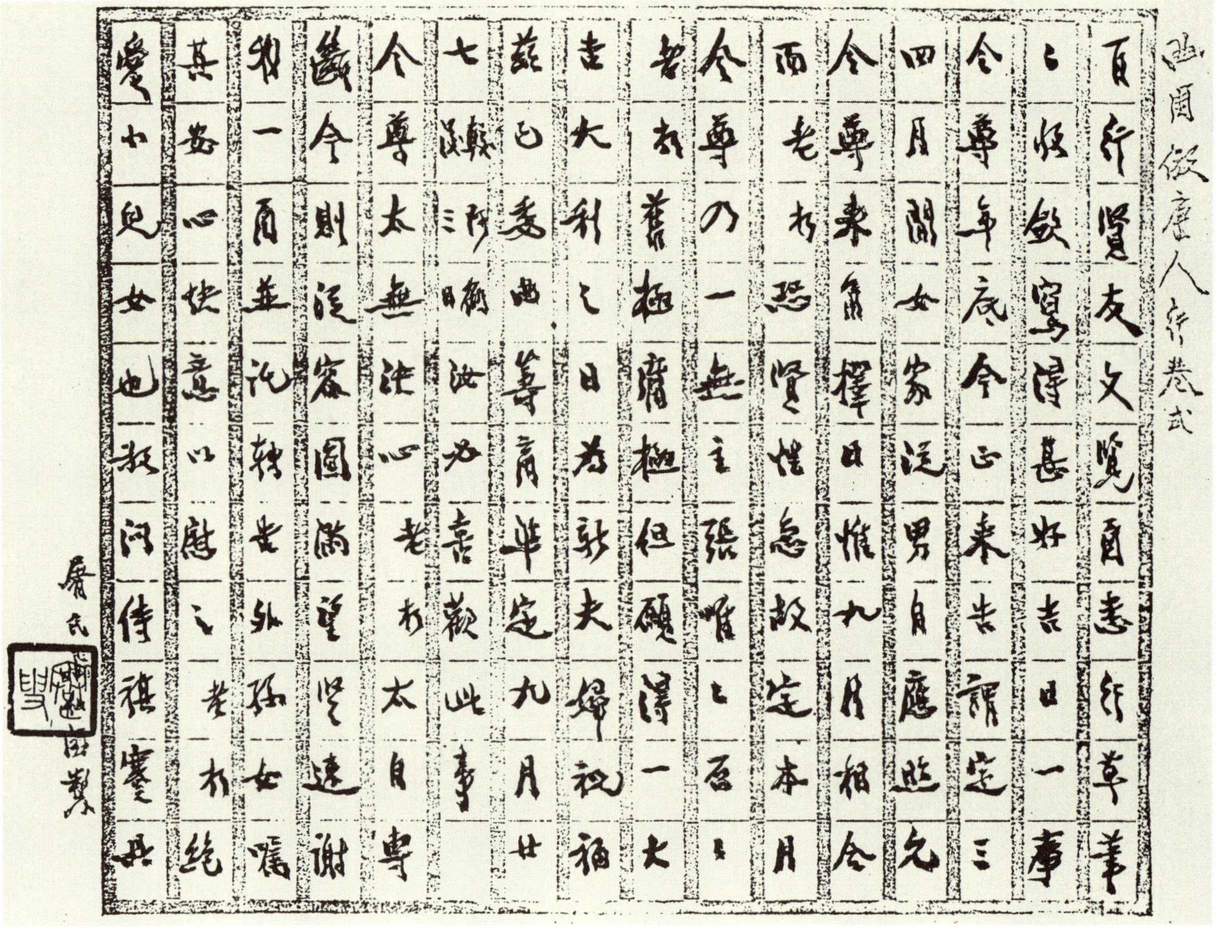
函國儀慶人行卷式

百行賢友文覽貴恙行草筆
々收欲寫得甚好吉日一事
令尊年底令正來告請定三
四月開女家從男自應允
令尊來函擇日惟九月相合
而老朽恐賢姪急欲定本月
令尊乃一無主張唯々唇々
老朽舊極痛極但願得一大
吉大利之日為新夫婦祝福
茲已委曲籌商準定九月廿
七淡敦三阝日爾汝為喜歡此事
令尊太無法心老朽太自專
識令則從容圖滿望遠謝
我一頁並託轉告外孫女囑
其安心快意以慰々老朽絕
愛小兒女也教問侍祺蹇丹

唇氏 啟拜

（一四五）致朱復戡①

一九二三年六月　癸亥四月中旬

飛仙閣箋

百行賢友文覽：

函悉。行草筆筆收斂，寫得甚好。吉日一事，令尊年底、今正來告，謂定三四月間。女家從男，自應照允。令尊來函，擇日惟九月相合，而老朽恐賢性急，故定本月。令尊乃一無主張，唯唯否否。老朽舊極腐極，但願得一大吉大利之日，爲新夫婦祝福。玆已委曲籌商，準定九月廿七（較阿鶴後三日），汝必喜歡。此事令尊太無決心，老朽太自專斷，今則從容圓滿，望賢速謝我一函，並託轉告外孫女，囑其安心快意以慰之。老朽絶愛小兒女也。敬問

侍祺。

蹇具。

（鈐印）蹇安（朱文）。

考釋：

①（一四五）未署日期。

函云『令尊來函擇日，惟九月相合……玆已委曲籌商，準定九月廿七』，張美翊一九二三年六月六日（癸亥四月廿二日）致沙孟海函云『百行婚期改在九月』，與本函云『準定九月廿七』有聯係。（一四三）在張致沙函之前，當在四月中旬。

函云『較阿鶴後三日』，與（一三八）函云『鶴年帶婚書煩孟海代寫』相銜接。

此信書寫時間當爲一九二三年六月（癸亥四月中旬）。

述評：

『吉日一事，令尊年底、今正來告，謂定三四月間』；『令尊來函，擇日惟九月相合，而老朽恐賢性急，故定本月。』『本月』指四月，是原來朱復戡的婚事定在四月，後來終因『擇日惟九月相合』，改爲九月。

遠海作弟須當弟奉奉　手書
但愍無已傳聞老稱慕氣妙
弟勤儉好學大有進步實年
能刻印乎素能將其妙弟近
製見示否琴棋妙人其室人
尤難得宜賣後失敗何家耶
甚憂鬼貧甚無安老志行高淡作義
自擯絕一世前輩百行貫完

白自秦石出故藁久左右惟
長年老自全久出故右仲客
館　賢以為然否耕儒尺在
滬吾鄉一人而已望欲事之
歸安相見自必快談木公石
盧此行歸意宜令畏壘翁頭
諸君一見安方知老杕交滿
天下亦不屢兩漢謝山情流

設宴人 行卷貳

請不遠耳老相久病不願問

人病以年久不見亦未往問

然時〻念之百行婚期設在

九月上海商界環境張不了

聞女界社交昌言不諱前聞

有某夫婦煩費與往來因詳詢

百行〻〻卷請有自識方看

白業多壁化學得尚不知

看墨華今已辭絶真天真爛
漫章其看志向上看師廣曉
持望花墨顯自相見互證印
得其蒙劍寶看獨到處最妙
約甚來館專弟想願見也少
書庫事時機何尚未到老朽
寫此甚適勿急送閱
道祖　張秉謙記此　四月廿二

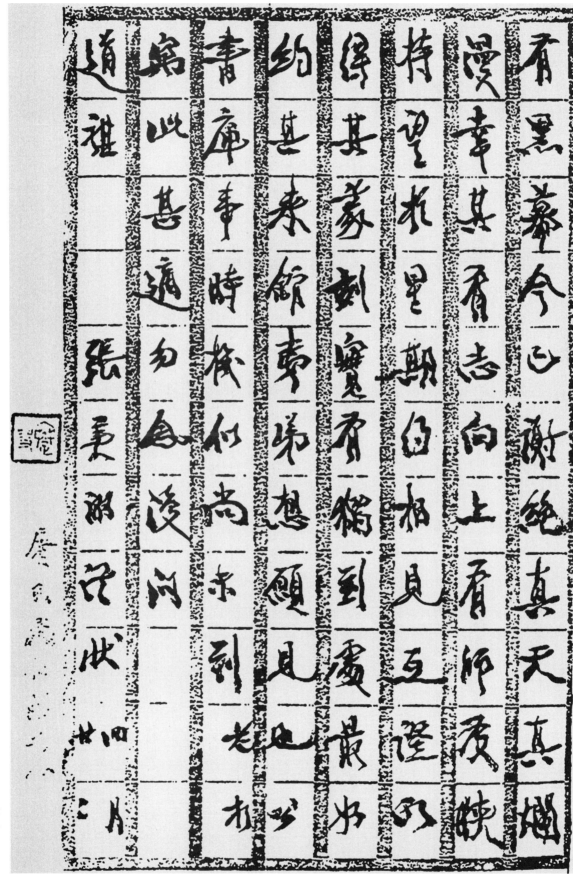

（一四六）致沙孟海①

一九二三年六月六日　癸亥四月二十二日　星期三

飛仙閣箋

孟海仁弟：

頃甫弟②來，奉手書，欣慰無已。傅雲老③稱蔡氏姊弟勤儉好學，大有進步。賓牟④能刻印，可喜。能將其姊弟近製見示否？琴孫好人，其室人尤難得，宜有後。失敗何害耶？（裴兒甚愛賓牟。）缶老志行高淡，作篆自横絶一世。前告百行，謂完白自秦石出，故篆文左右脚長；缶老自金文出，故左伸右縮。賢以爲然否？叔孺兄在滬，吾鄉一人而已，望敬事之。齳叜⑤相見，自必快慰，木公⑥不虚此行。鄙意宜令畏壘⑦、翁須⑧諸君一見叜，方知老朽交滿天下，亦不讓西溟⑨、謝山⑩，惜所詣不逮耳。老朽久病，不願問人病，公阜⑪久不見，亦未往問，然時時念之。百行婚期改在九月，上海商界環境，殆不可問，女界社交，昌言不諱。前聞有某夫婦頗與往來，因詳詢百行。百行答謂有白戲可看，白菜可喫，似乎樂得，而不知有黑幕，今已謝絶。真天真爛漫，幸其有志向上，有師友挾持。望於星期約相見，互證所得。其篆刻實有獨到處，最好約其來舘，夷弟想願見也。公書庫事，時機似尚未到。老朽寓此甚適，勿念。復問

道祺。

張美翊謹狀，

四月廿二。

（鈐印）蹇叜（朱文）。

考釋：

①（一四六）致沙孟海。祇署『四月廿二』，未署年。

函云『前告百行謂完白自秦石出，故篆文左右脚長；缶老自金文出，故左伸右縮』，與（一四二）函云『鄧篆自秦碑出，故兩脚長，吳篆自金文出，故左脚伸右脚縮』相銜接。

函云『前聞有某夫婦頗與往來，因詳詢百行，百行答謂有白戲可看，白菜可喫』，與（一四一）函云『目下阿英與百行極好，屢約其看影戲，喫大菜』相銜接。

此信書寫時間當爲一九二三年六月六日（癸亥四月二十二日）。

②葛夷谷。

③傅硯芸。

④蔡賓牟。蔡明存子。

⑤李詳（齳叜）。

⑥馮君木（木公）。
⑦陳布雷。
⑧馮貞胥。
⑨姜宸英（一六二八—一六九九），字西溟。號湛園；又號葦間。慈谿慈城鎮人。康熙三十六年（一六七九）進士（探花）。
⑩全祖望（謝山）。
⑪吴澤（公阜）。

述評：

①關於『頃甫弟來，奉手書』：

葛夷甫此時已在上海。

《沙孟海全集》（西泠印社出版社，二〇一〇年）第十卷《僧孚日録》癸亥七月十五日：

夷父朝來。

沙孟海《僧孚日録》自壬戌十二月三十日—癸亥七月十五日前，闕。故本函在《僧孚日録》中無反映。

《僧孚日録》甲子七月十二日：

檢蹇丈三年中所貽手札，得三十五通，絶筆於去年八月三日。

本函爲癸亥四月廿二日。

《僧孚日録》癸亥八月四日：

得蹇丈長箋。前寄閲武仲及柔宜所作書、穆子湘事二篇，丈爲改定，補入事實。

張美翊癸亥八月四日致沙孟海信，闕。

②關於『叔孺兄在滬，吾鄉一人而已，望敬事之』：

沙孟海在趙叔孺、吴昌碩二師之中，似更崇拜趙。先識趙叔孺，後識吴昌碩。

均見《沙孟海全集》（西泠印社出版社，二〇一〇年）第十卷《僧孚日録》：

識趙叔孺：

壬戌八月六日：

爲袁博刻一印，即四月間叔孺所篆倣漢白文印。刻他人所篆之印，猶替人作文，殊不易易。

壬戌八月廿七日：

見叔孺先生題《霓仙遺稿》篆書四字，書法之工，今之作篆者，殆無出其右。此老固不屢用刻印擅長也。今之作篆者無出叔孺右，并非過言。缶盦自辟一徑出以怪，特雖風靡一時，未可爲訓；清卿、子與皆已死；吴氏端嚴而少逸氣；楊氏秀整但傷輭弱。若叔孺者有完白之圜勁，有悲盦之秀逸，無偏無黨，可謂精品矣。

壬戌九月二十日：

過訪叔孺先生未遇。

壬戌九月廿一日：

夷父來，招公阜同訪叔孺先生，……傍晚與叔孺先生飲於陳厚田家，夷父、公阜、蕙庵、冕之皆同行。

壬戌十一月十日：

叔孺先生貽余《濱虹集印》，計四册，秦漢印數百鈕，皆黄氏藏物也。

壬戌十一月十一日：

會翁須偕訪叔孺先生，先生午後不恒在家，故特休課早訪之，日中辭出。

識吴昌碩：

壬戌十二月三日：

百行早來，呼余起，過看吴子茹，子茹引見倉石先生。七十九老叟尚健，惟耳稍聾。先生自謙於學術無所得，惟刻印稍有功力。其論印人，極崇浙派，尤推錢叔蓋、胡鼻山二子。次閑稍近薄，撝叔白文出自浙派，朱文本之完白，亦不可及。又謂治印自以漢印爲正宗，初學宜取其平實者效倣之，勿求詭奇。持論絶平允。

③關於『公書庫事』：

本函前云『失敗何害耶』，後云『公書庫事，時機似尚未到』。

《沙孟海全集》（西泠印社出版社，二〇一〇年）第十卷《僧孚日録》壬戌十二月五日（一九二三年一月二十一日）：

蔡氏……今春營商事敗。

蔡同瑞經商失敗，一九二三年初，欲出售墨海樓藏書償債。寧波旅滬同鄉會、寧波道尹黄慶瀾等擬建『公書庫』購藏墨海樓藏書。《申報》一九二三年四月四日《甬同鄉會之兩重要會議》：

甯波旅滬同鄉會近爲甯波公書庫問題，將於陰曆本月二十日開重要會議，會稽道尹黄慶瀾及甬紳張讓三、陳屺懷等均由甬來申列席。昨該會特先發出通告書云：……近聞郡中墨海樓蔡氏藏書，大半爲鎮海姚梅伯先生舊藏，范、盧二氏之書，亦有輾轉流入，其中頗多宋元明精槧，并鄉先哲遺著傳抄孤本。今因款項中蹶，待價出沽。而歐美日本圖書舘聞風而來，願出善價。竊以此種人間孤本及鄉哲遺著，聽其流出海外，諒非當地紳士之所願。慶瀾忝臨貴郡，對於保存地方文獻，與有同情，不自揣量，擬備價購歸在郡中復樂園，添建新式樓房，分儲其中，約計銀十萬元。玆事體大，非貴幫人士合力協作，不克舉辦。

張美翊老同學戴季石聞訊，有《致邑紳張讓三書》（徐良雄主編《中國藏書文化研究》，寧波出版社，二〇〇三年）有云：

讓老閣下：比聞我甯波地方竟有籌設公書庫之舉，爲之喜而寐者屢日屢夜。揆發起諸君之原意，直接則爲墨海樓，間接則爲大梅山舘，保私家之舊藏，充公家之至寶，意甚美也。地點即擬六邑之後樂園，又何其適當也。

《申報》一九二三年十一月二十八日《旅滬甬人籌議兩大建築物》：

甯波旅滬同鄉會前……發起建築甯波公書庫、集資購買墨海樓藏書一節。……結果如下：一、購買藏書費，由各發起人分認暫墊，并推張申之君與旅滬各發起人接洽。二、假旅滬甯波同鄉會及甯波後樂園，爲滬甬二地辦事處。三、公推張申之、趙鉢尼、董貞、何璇卿等赴甬，爲常住辦事員。四、公書庫地址，定在後樂園。

最終，蔡氏以藏書二八七九種三〇四四一册，抵銀四萬兩於寧波萱蔭樓李植本。由蔡賓牟著録藏書（《墨海樓書目》）。此後，在癸亥臘月，馮君木有詩《慰明存》。張美翊有《殘臘病中喜見君木慰明存詩次韵奉和》（馮君木《回風堂詩文集》，中華書局倣宋字鉛印本，一九四一年）：

酒未新蒭菜待腌，荒荒寒日漏疏檐。不知漢臘年來改，但覺秦灰劫後添。避世偏於賢者近，離群終爲俗人嫌。繩牀老病頹唐甚，夢幻無端豈久淹。

壯歲浮槎海外行，當年氣象獨峥嶸。平時權略消磨盡，易代心情感慨生。喜有文章論法派，愧無詩句撼長城。我如病葉君孤幹，風雪天寒尚作聲。

百行賢莫贴乎孝勵實名

辭字審言揚州興化人老貢生

辭文為□左第一其他詩文俱

成篆志節孤於新建鄉全謝

此之學老夫以有上續耆舊詩

贈之實以興化到融齋造書

為報興學冠持人同治那為上海龍門

書院山長礎書宴館鄭蓺石卯年

老甚行後世

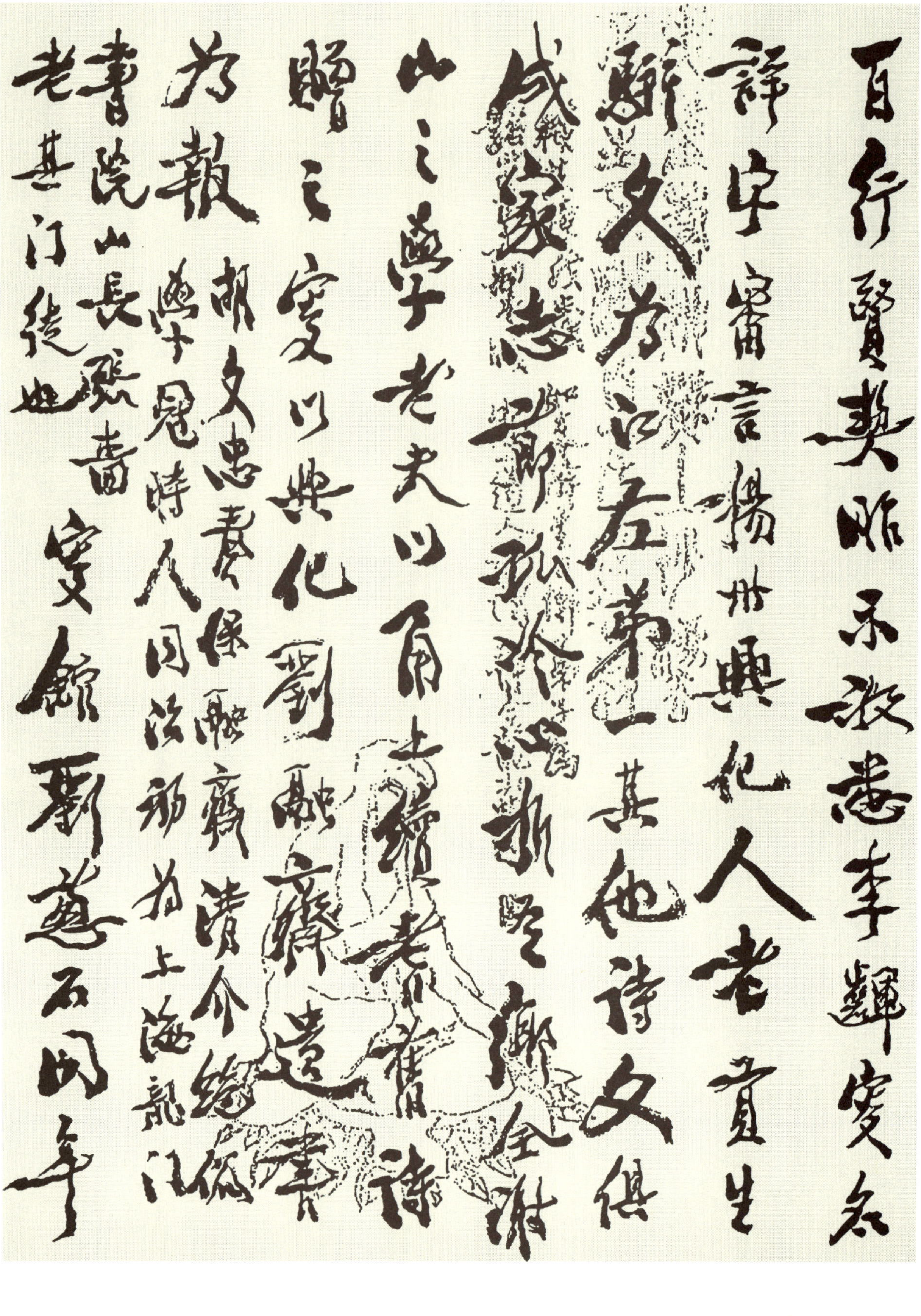

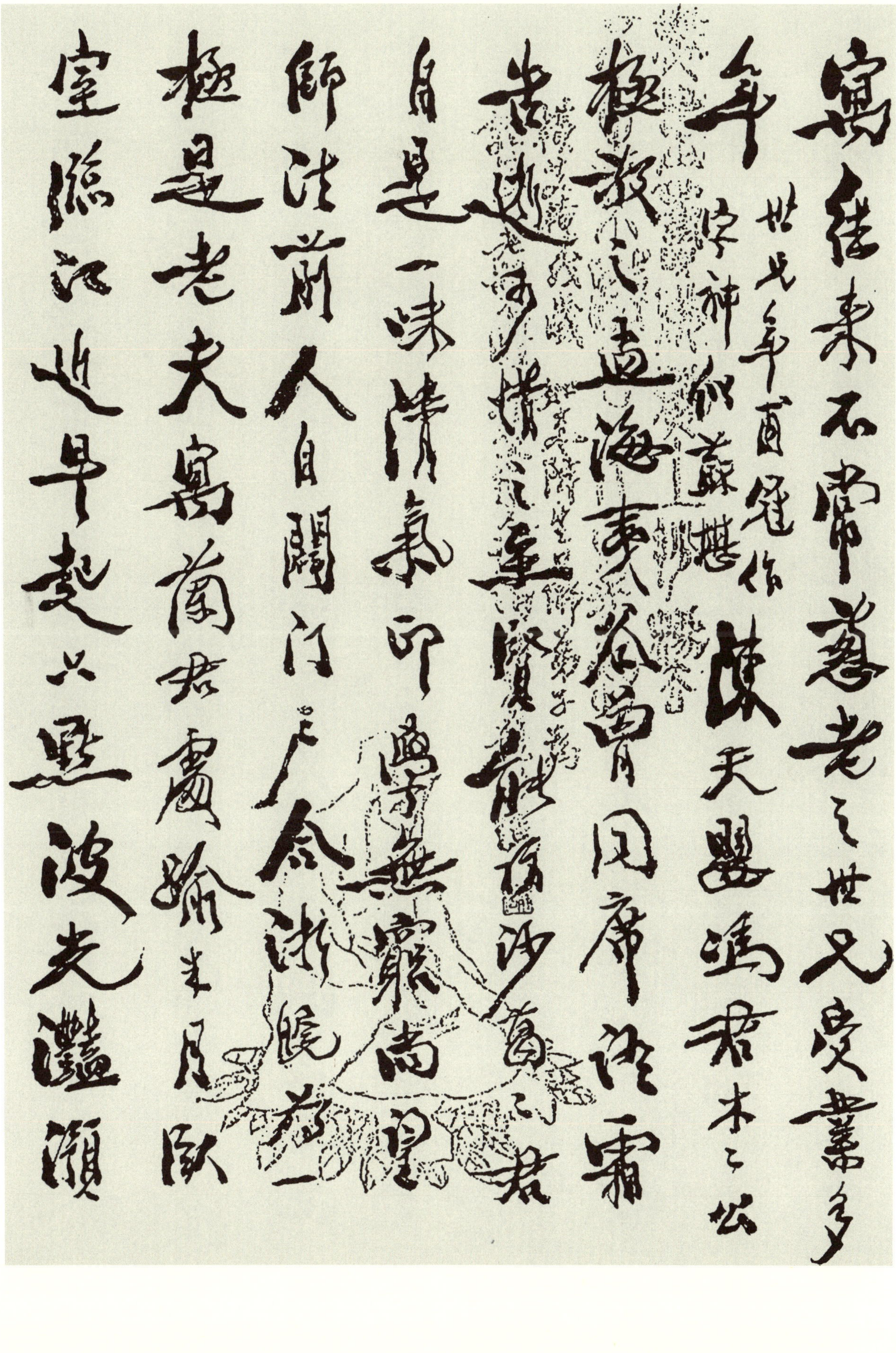

寓往來不常蕙老之世又受業多
年陳天器鴻君木之松
極教之畫海史谷曾同席論霜
告逝乎情之筆質能於沙鳥之君
自是一味清氣可與無窮南皇
師法前人自闢門戶合淋腕為一
極是老夫寓蘭君處嬌米月臥
室偶返適見趣興題波光瀲灩願

小舟輕來真如畫境早夜尚多衣裕

日齊湯盟上任華耕診題軍眠積減

雨波者皆闹風淫多歲亦減其丰西

養鼎動膡柑之夏　　　後業圖時今

年之亥相沖石知　　　　　時

賢龍枝書有精神　　　　時

局如亂春道如毛萬雜偉色謀也

不易惟賢勤倫開婦女服飾變石

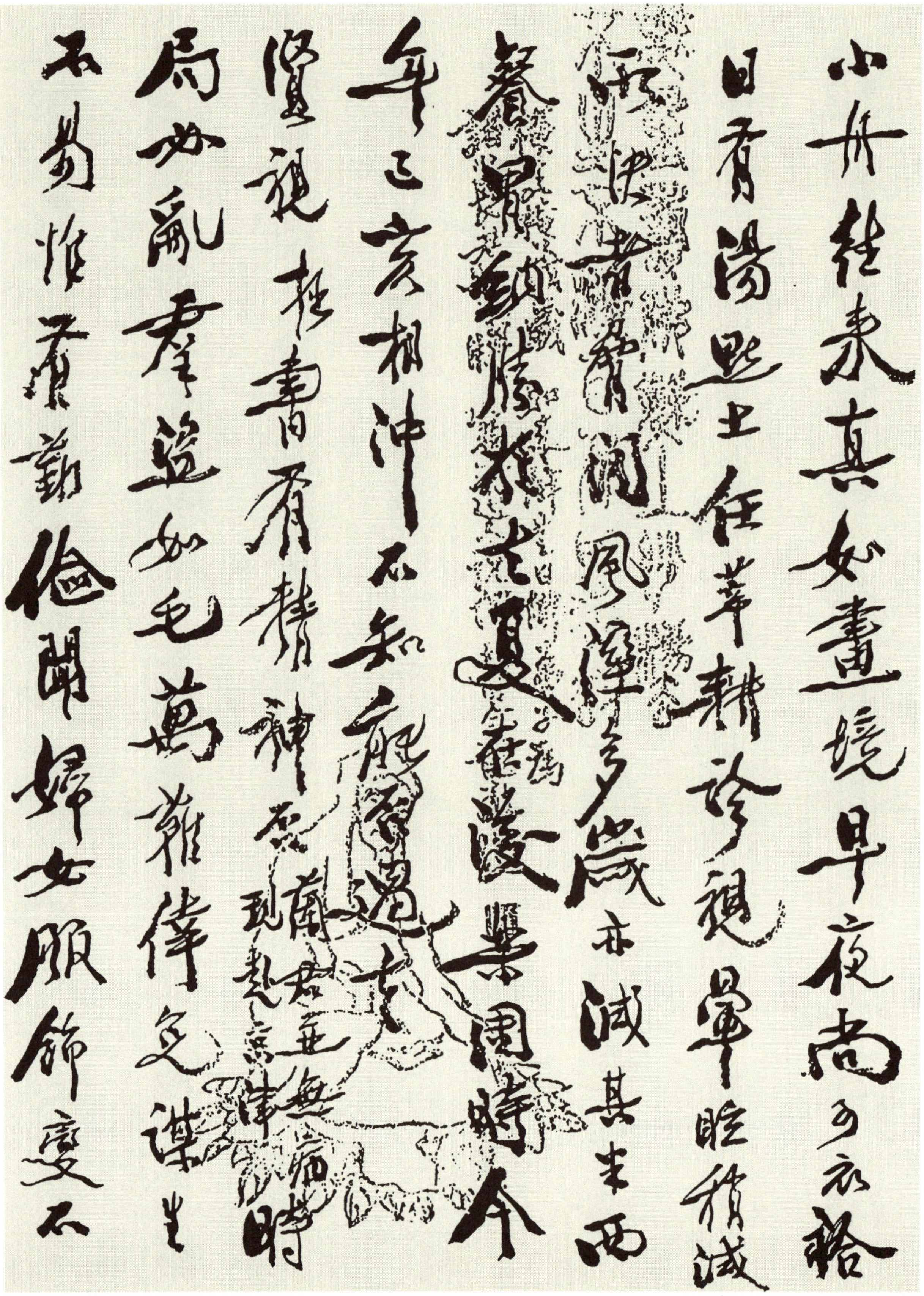

成為真是妖怪本城蒙養院保姆荇

張兩武俠之以逃張亦世家子中藏才

武則這一遊為教育會中望元巡迴

敬改冷豔文化被童兩監字果律

之畫老太荇琴孤延辦山學蒙養畫

翻舊榮有所相思自設夫來人之名也

俞雲乾聯附淡問

侍祺 寒雲從其

月朔廿二兄弟

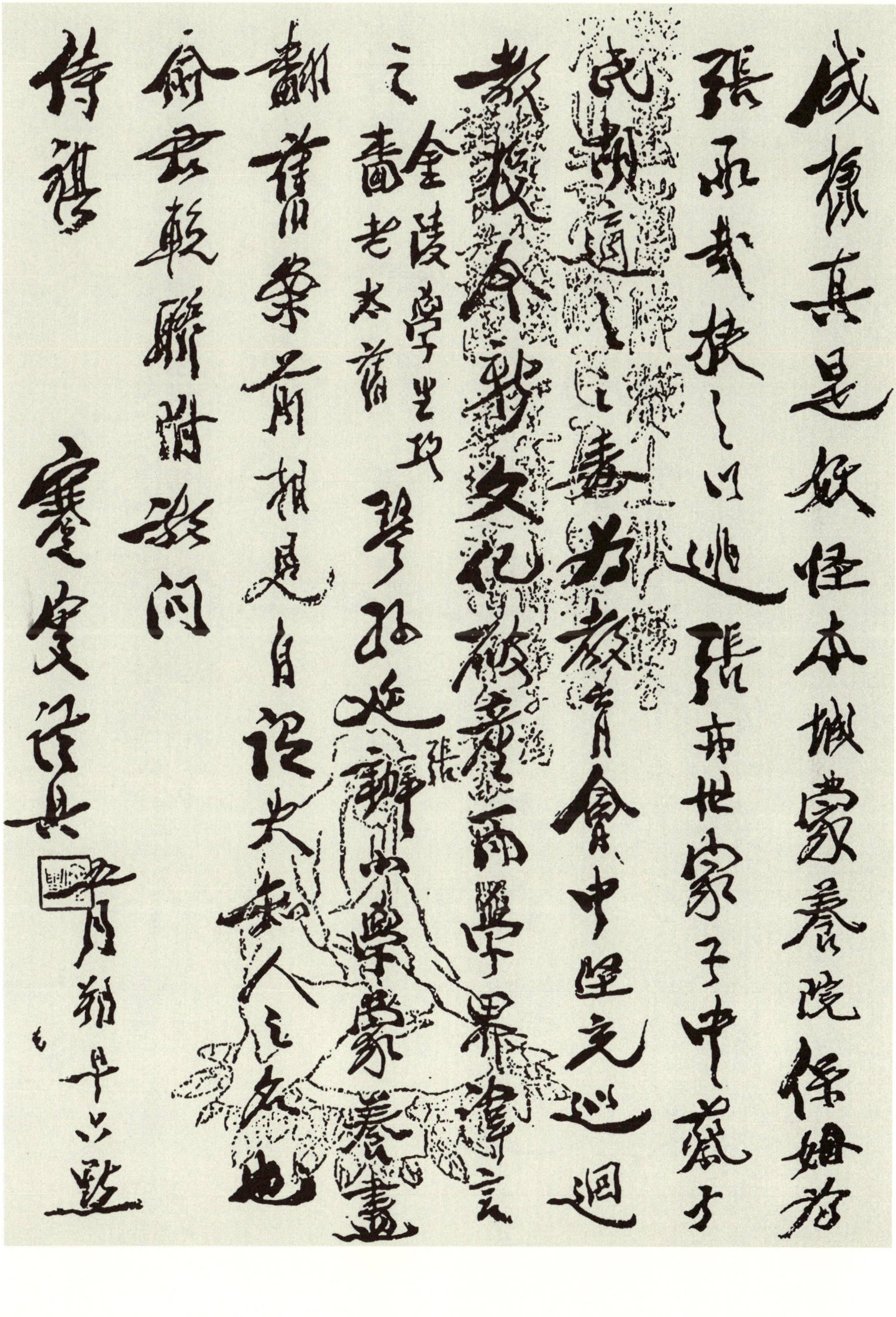

雅會集題葆羣鸞雪个逸老獨
以雄奇稱海上
進哀粲擂中年
下文承折節太息風流頓盡多
語霜光解上來方氣芳歜
石必郗岑題為漢枳

八大山人寫雪个

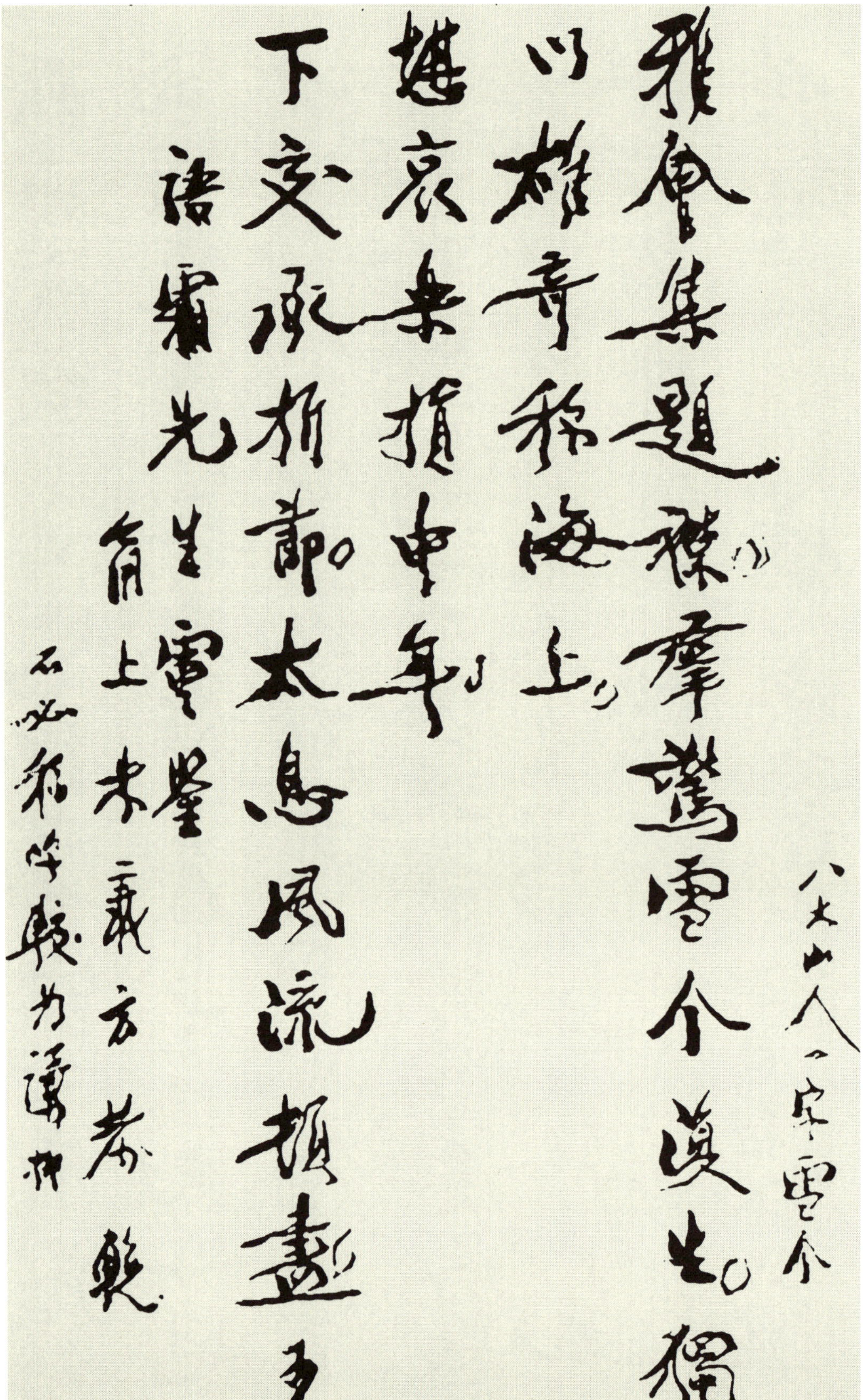

（一四七）致朱復戡①

一九二三年六月十四日　癸亥五月一日　星期四

長老箋

百行賢契：

昨示敬悉。李齳安名詳，字審言。揚州興化人。老貢生，駢文爲江左第一，其他詩文俱成家。志節孤冷，心折吾鄉全謝山之學。老夫以《甬上續耆舊詩》贈之，安以興化劉融齋②遺書爲報。（胡文忠③奏保融齋，清介絶俗，學冠時人，同治初爲上海龍門書院山長，張嗇老④其門徒也。）安舘劉葱石同年寓，往來不常。葱老之世兄受業多年（世兄年甫冠，作字神似蘇堪）。陳天嬰、馮君木二公極敬之，孟海、夷谷曾同席。語霜⑤告逝，可惜之至。賢能訪沙、葛二君，自是一味清氣。印學無窮，尚望師法前人，自闢門户，合浙、皖⑥爲一，極是。老夫寓蘭君⑦處踰半月，卧室臨江近，早起六點，波光灩瀲，小舟往來，真如畫境。早夜尚可衣袷。日有湯默士、任莘耕診視，暈眩稍減。所快者，脅間風濕多歲，亦減其半。西餐胃納勝於去夏在後樂園時。今年巳亥相冲，不知能否過去。賢視拙書有精神否？（蘭君並無病，現赴京津。）時局必亂，群盜如毛，萬難倖免。謀生不易，惟有勤儉。聞婦女服飾變不成樣，真是妖怪。本城蒙養院保姆⑧爲張承哉挾之以逃。張亦世家子，中蔡孑民、胡適之之毒，爲教育會中堅，充巡迴教授。今新文化破産，而學界諱言之。（金陵學生攻嗇老⑨太舊。）琴孫延張辦小學蒙養，盡翻舊案。前相見，自謂失知人之名［明］也。俞君⑩輓聯附。敬問

侍祺。

蹇安謹具，

五月朔早六點。

（鈐印）蹇安（朱文）。

雅會集題襟，群驚雪個復生（八大山人⑪一字雪個），獨以雄奇稱海上；

下交承折節，太息風流頓盡，可堪哀樂損中年。

語霜先生靈鑒。甬上朱義方恭輓。（不必稱呼較爲謙抑。）

考釋：

①（一四七）祇署『五月朔』，未署年。五月朔，即農曆五月初一日。

函云『語霜告逝，可惜之至』，《時報》一九二三年六月十四日《藝術界消息》：

> 書畫家俞語霜，日前因夫婦反目，吞阿芙蓉膏而逝。

此信書寫時間當爲一九二三年六月十四日（癸亥五月一日）。

②劉熙載（一八一三—一八八一），字伯簡。號融齋；晚號寤崖子。江蘇興化人。室名：持志塾。道光二十四年（一八四四）進士。主講上海龍門書院十四年。著有《藝概》。

③胡林翼，謚『文忠』。

④⑨張謇。

⑤⑩俞原（語霜）。

⑥浙、皖：浙派，乾隆年間丁敬在錢塘（杭州）創的篆刻流派；皖派，以鄧石如（安徽人）爲代表的篆刻流派。

⑦蘭雅谷。

⑧指寧波幼稚師範學校附屬幼稚園。教師稱『保姆』，由育嬰堂的乳媪、敬節堂的節婦訓練而成。

⑪朱耷（一六二六—一七〇五），字雪個。入清後改名朱道朗，字良月。法名傳綮，字刃庵。號八大山人、個山、人屋、驢、驢屋、個山驢、法堀、掣顛、純漢、綮雪衲、卧屋子、弘選、破雲樵者等。畫押有：三月十九日、相如吃、拾得、何園。南昌（今江西南昌市）人。明寧王朱權後裔，明亡後爲僧爲道。書畫精絶。

述評：

①關於『今年巳亥相沖，不知能否過去』：

所謂『巳亥相沖』，是地支數七位爲沖，地支數中六則合，七則過。『巳』至『亥』是七數，故相沖擊爲煞。相沖者，十二支戰擊之神，大概爲凶。張美翊生於丁巳二月初八日，是『巳』，寫此函時歲在癸亥，是『亥』，所以擔心『巳亥相沖』爲凶。

②關於《續甬上耆舊詩》：

全祖望輯選《續甬上耆舊詩》，收録明末清初寧波詩家近七百餘人古今體詩一萬六千餘首，短文近百篇。作者小傳由全祖望親撰。一九一七年，張美翊鼓動梁秉年（廉夫，張舅父劉藝蘭門人）出資刊刻《續甬上耆舊詩》。由馮貞群編輯，張美翊審定。一九一八年，刊刻完成。由四明文獻社出版。

馮貞群《續甬上耆舊詩・考略》（駱兆平著《天一閣研究叢書》，寧波出版社，二〇一二年）有云：

同邑後學張美翊讓三審定，慈溪後學馮貞群孟顓編次。

胡適著《胡適日記》（《胡適日記全編》，安徽教育出版社，二〇〇一年）：

一九三五年七月十八日：

《續甬上耆舊詩》……此書保存百餘年，至張讓三始印行。

③關於『琴孫延張辦小學蒙養』：

同治九年（一八七〇），蔡築在鄞縣渡母橋（今海曙區蔡家巷）辦星蔭義學。光緒三十二年（一九〇六），其曾孫蔡琴孫（校董）改辦爲

『蔡氏初等星蔭小學堂』。一九一二年，改名『蔡氏私立兩等星蔭小學校』（今寧波市海曙中心小學前身）。一九一八年八月，蔡琴孫出銀四百元，創辦『蔡氏星蔭蒙養園』（今寧波市府橋街五五號墻門；　今寧波市第一幼兒園前身）。是浙江省第一所由中國人創辦的幼稚園，採用歐美教育模式。延請張雪門爲星蔭蒙養園園長。

一九二二年七月九日寧波《時事公報》記星蔭幼稚園：

> 創辦四年來成績卓著，現在幼稚生三十八人……昨舉行第四次畢業式。

張雪門（一八九一—一九七三），原名顯烈，字承哉，亦作塵芥。别署潛光、伏驥。鄞縣西鄉人。優貢生。

中國教育會，光緒二十八年（一九〇二）秋冬間，由蔡元培等人發起成立。蔡爲事務長。本部在上海泥城橋福源里。一九〇七年終止。張承哉是『中國教育會』中人，屬於蔡元培『新文化』一派，自然爲張美翊所惡。

客觀評價張承哉，作爲中國第一位男性幼兒教師、幼兒教育的先驅，其功不可没。

汪焕章《中國幼兒教育權威——鄞縣張雪門》（寧波市鄞州區檔案館《近代鄞縣史料輯録》，天津古籍出版社，二〇一三年）：

> 君名顯烈，字承哉。號雪門。鄞縣城區人。……民國八年予任教效實中學，君主持鄞縣私立蔡氏星蔭幼稚園，研究幼兒教育不遺餘力。稍後（約在民國十一年間），君發起創辦甯波幼稚師範學校，組織董事會，租賃甯波城内湖西馬衙巷榮禄第馬氏（馬幼漁先生住宅）花園及園中房屋爲校舍，而聘予及林黎叔、董貞柯、馮蒞館、紀挺芳諸先生爲董事兼教師。又聘蘇州某幼稚師範畢業生二人爲實習教師，附設幼稚園，以資學生實習。君自任校長，……二年後，君因事赴平津，予等勉力維持半年餘，而首期學生已届畢業，此後因學校主持無人而停辦矣。

張宗麟《幼稚園的演變史》（商務印書館，一九三五年）：

> 他是清季的優貢生，爲着愛好幼兒教育，引起家庭問題。

④關於俞語霜之死：

俞原（一八七四—一九二三），原名宗原，字語霜。號女牀山民。歸安（今湖州市吴興區）人。室名：春水草堂（愛杜甫『春水船如天上坐』句）。南社社員。海上題襟館金石書畫會副會長。時有『畫孟嘗』雅稱。

《沙孟海全集》（西泠印社出版社，二〇一〇年）第十卷《僧孚日録》壬戌十二月十三日（一九二三年一月二十九日）：

> 百行約今日午後同往題襟館，余先至，與俞語霜談。頃百行亦至。語霜與其友李懷霜擬辦雜志，招余亦入社。

復戡師曾語筆者有關俞語霜之死，當時筆記如下：

俞語霜肚子大，長得象大肚彌勒佛。與任堇叔交契，與吴昌碩等辦海上題襟館金石書畫會。

題襟館一度因付不出房租，俞將汕頭路自己寓所騰出作爲活動場所，被公推爲經辦日常會務的駐會會員。相當於『秘書長』，主持會務工作，外人不知，都認爲是正舘長。

當時有的大佬買外國人的舊汽車，次貨，開起來『空空匡匡』聲音很響。這些人經常開車到舘，引起一租界巡捕的注意。巡捕見題襟舘門前車水馬龍，便時常來門口張望，後來被允許進門。巡捕看到俞語霜的畫三十元左右一張，又不知『舘長』有多大，因知道譚延闓是督軍，纔是舘員，覺『舘長』官更大。又看到俞家招待客人的茶點，很高級，心存巴結。巡捕認爲太浪費，建議何不用個人，自己做飯。知俞妻已亡故，將自己女兒介紹給俞語霜，後爲填房。

婚後，巡捕便經常出入俞家，小人得志。俞語霜抽大烟，每天十元八元無所謂。巡捕認爲俞語霜不存款，浪費。擺出丈人架勢教訓俞要顧家，不准抽烟。

將近端午節，俞語霜找人熬烟做膏子，已成，尚温。巡捕丈人責駡俞不買過節之物而買烟，索要烟膏，又使女兒奪之。俞語霜是要面子的人，氣極。一氣之下將烟膏子喝下，毒發倒地。巡捕丈人踢之，駡其裝死，與女揚長而去。時值晚上，外人不知。次日，纔發現俞語霜已死。下午，朱復戡知道此事，找人料理後事，駡那女人逼死俞語霜。

俞語霜停尸畫案一星期，因死得很痛苦，遺容甚可怖。此後舘員皆因情感上難以接受，不願再去俞家。

朱復戡曾爲刻印章：俞原之鉢、歸安俞原、春水草堂、一髯世花之寺僧、我從山水窟中來。

⑤關於任莘耕：

任莘耕（一八九五—一九四二），字心畊。原籍山東樂安縣，客籍鄞縣姜山鎮任家横。一九一〇年，從蘭雅谷學醫。辛亥革命時參加『武漢紅十字救護隊』半年，獲紅十字金色獎章。一九二二年，『寧波華美醫院』中方首任副院長兼外科醫師。一九二二年，爲『寧波中華基督教青年會』建築新會所募捐。次年，『寧波青年會』第五届徵求會員土星隊隊員；第五任會長。故居在孝聞街（今寧波海曙區孝聞社區）。

百行賢契歷者無所王璘龍君素訪記
為其親家焉信及君遊壇題碑撰
素製聯翁爲揮汗令刻稱揚與題
碑借菩薩達摩德長老衛尊
達至美界錢大攜北洪柏里機叢芍
義會我廣西騰焉昇昌木惡禪訪焉
信及君同明善素堪注名第請其
量紙樣派定字數加工集寫安基

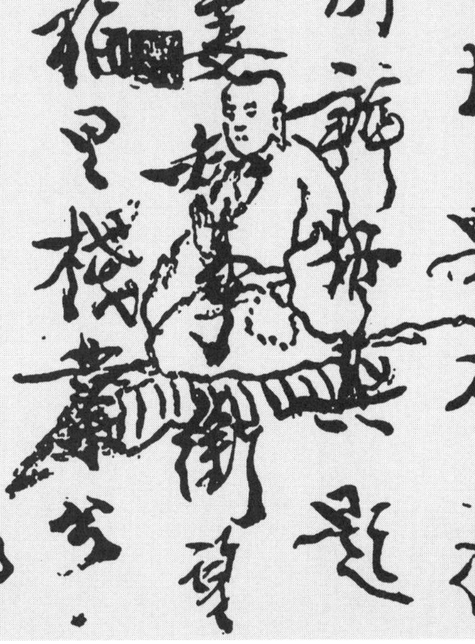

碑應三體並為摹篆印章 黃字通之

金後風蓑蓬碌 馬君殷燉擬也

有重開也教門

傳也寒之化嘯

孫龍之妙筆意所若關二君皆好之

信及之若

與來衡第前為寫鎮逸哥孝亭聯行

人額賞之也

南無阿彌陀佛

釋迦牟尼佛應世二千九百五十一年 樹林敬造

（一四八）致朱復戡①

一九二三年六月三十日　癸亥五月十七日　星期六

蕉葉佛箋

百行賢契：

啓者：前王瑞龍②君來訪，託爲其親家馬信友君造墳題碑、撰表、製聯，兹爲揮汗分別辦好。其題碑借黄道尹、金廳長、姜知事銜，望速至美界鐵大橋北洪福里棧業公義會，或廣西路馬昇昌木器號③訪馬信友君，問明墓表填注各節，請其量准紙樣，派定字數，加工繕寫。其墓碑，應三體，並爲摹篆印章：黄字涵之，金筱圃，姜證禪。馬君殷實慷慨，必有重潤也。敬問

侍安。

蹇安謹狀，

五月十七日。

（鈐印）蹇安（朱文）。

瑞龍、信友二君希致意，不另函。二君皆好人，可與來往。弟前爲寫鎮海『節孝亭』聯，行人嘆賞也。

考釋：

①（一四八）祇署『五月十七日』，未署年。

函云『前王瑞龍君來訪，託爲其親家馬信友君造墳題碑、撰表、製聯，兹爲揮汗分別辦好』，與後（一五〇）函云『馬信友碑、表事，面託董真賢弟向王瑞龍一説』有聯係，此爲前引。

此信書寫時間當爲一九二三年六月三十日（癸亥五月十七日）。

②王瑞龍（一九〇五—？），鎮海溜浦鎮人。上海澄衷中學畢業。供職郵局。後創有『王瑞記報關行』等。一九一八年，爲同鄉會建築新會所募捐。

③上海馬昇昌裝修木器廠。

述評：

①『其題碑借黄道尹、金廳長、姜知事銜……其墓碑，應三體，並爲摹篆印章：黄字涵之，金筱圃，姜證禪』，知此時朱復戡爲黄涵之，金筱圃，姜證禪三人捉刀。

②王瑞龍曾請朱復戡寫鎮海『節孝亭』聯。

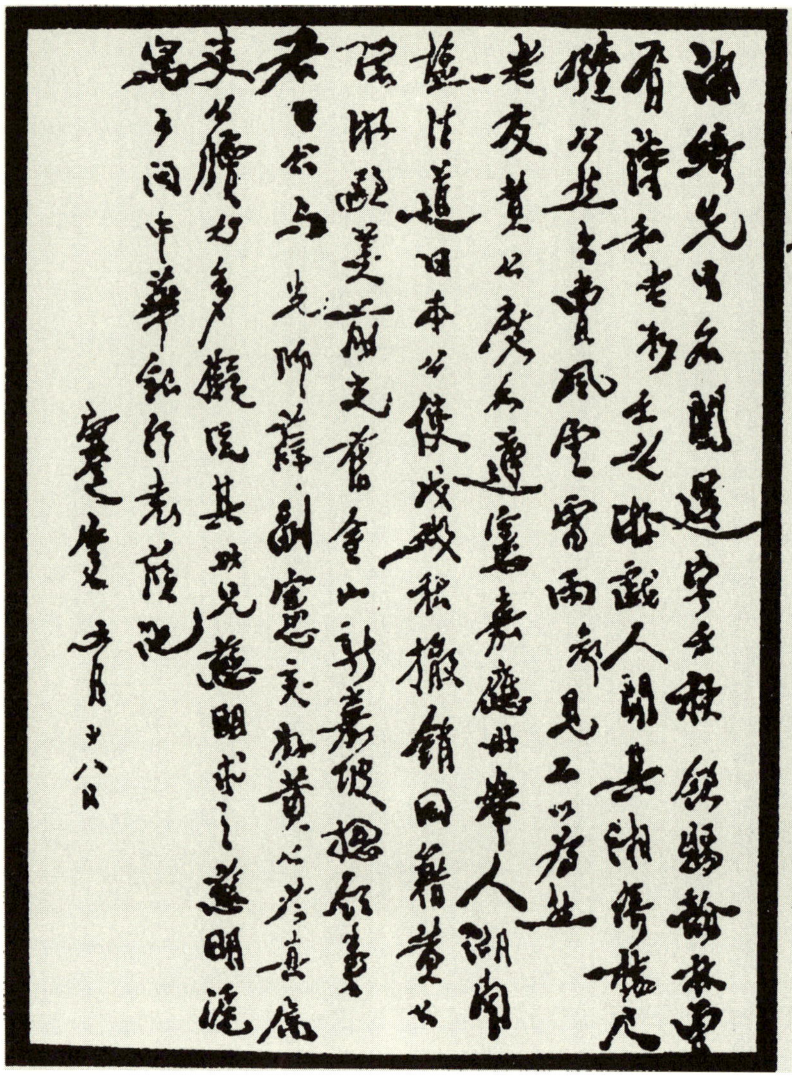

静廬

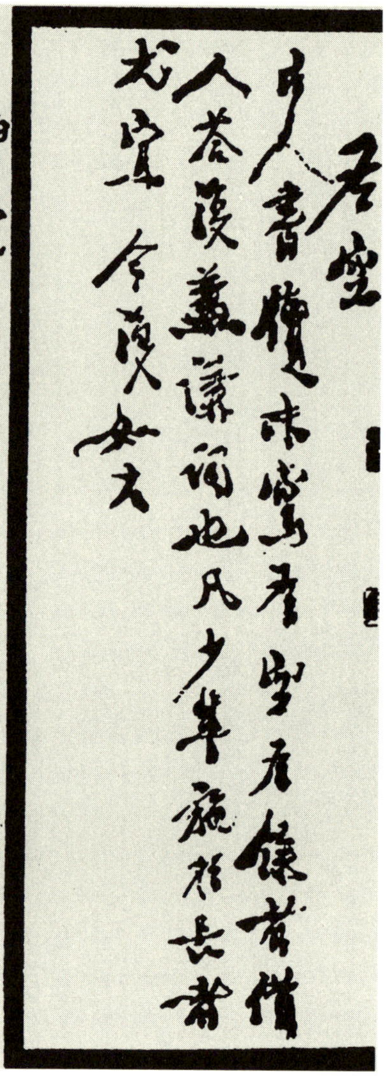

（一四九）致朱復戡①

一九二三年七月一日　癸亥五月十八日　星期日

靜廬箋②

左空。

古人書牘末寫左空、左餘者，備人答復，蓋歉詞也。凡少輩施於長者尤宜。今復如左：

湘綺先生名闓運，字壬秋。欽賜翰林。曾有詩和老杇。壬老游戲人間，其《湘綺樓尺牘》公然出賣風雲雷雨，鄙見不以爲然。

老友黄公度，名遵憲。嘉應州舉人。湖南鹽法道。日本公使，戊戌秋撤銷回籍。黄公環游歐美，前充舊金山、新嘉坡摠領事。

右二公與先師薛副憲③交好，黄公爲其屬吏。公牘尤多。擬從其世兄慈明④求之。慈明滬寓可問中華銀行袁葭池⑤。

蹇叜，

五月十八日。

考釋：

①（一四九）衹署『五月十八日』，未署年。信箋用『靜廬箋』，『靜廬』當是靜龕之廬，即朱復戡的室名。朱復戡來函詢問王闓運、黄遵憲事。此爲張美翊的覆函。從書法看，似爲癸亥。一九二三年《湘綺府君年譜》刻成，或爲朱復戡詢問的由頭。此信書寫時間似爲一九二三年七月一日（癸亥五月十八日）。

②信箋用『靜廬箋』，首次見用，僅一見。

③薛福成曾官都察院左副都御史，故稱『薛副憲』。

④薛瑩中（慈明）。

⑤袁葭池（一八九〇—？），鄞縣人。一九一二年前於寧波府中學畢業。

述評：

①關於王闓運：

王闓運（一八三二—一九一六），字壬秋；亦作壬父、壬甫。號湘綺。湖南湘潭雲湖橋山塘灣人，生於長沙府善化縣學宮巷。咸豐二年（一八五二）舉人。曾坐館肅順王府。主持成都尊經書院、長沙思賢講舍、衡州船山書院。清史館館長。

薛福成在同治四年（一八六五）夏，入兩江總督曾國藩幕，與王闓運同僚。

王闓運於一九一三年一月二十三日（農曆壬子十二月十七日）到上海，次日登岸。王闓運《湘綺樓日記》（商務印書館，一九二七年）壬子十二月十九日（一九一三年一月二十五日）：

章一山、張讓三來訪，留坐不肯，上燈便散。

王闓運倡導漢魏六朝詩，爲湖湘派領袖。在上海與沈曾植、陳夔龍、樊增祥、章一山、張美翊等交游。壬子十二月廿一日（一九一三年一月二十七日）作《和張讓三詩》（馬積高主編《湘綺樓詩文集》，岳麓書社，一九九六年）：

張讓三送詩，又和一首。云：南昌近事足嗟吁，幕府於今改秘書。獨有冥鴻在寥廓，不同歸鶴弔丘墟。遺民感慨兵戈後，經國文章憂患餘。聞道郟中能避世，欲從閑寫禮堂疏。

一九一三年二月二十五日（癸丑正月二十日）後，王闓運離滬。

②關於黃遵憲：

黃遵憲（一八四八—一九〇五），字公度。號人境廬主人。廣東梅州人。室名：人境廬（陶淵明『結廬在人境』）。光緒二年丙子（一八七六）舉人。一八九〇年二月三日，從薛福成出使歐洲英、法、意、比四國，二等參贊。

張與黃爲從薛福成出使同僚。

③關於薛慈明：

薛瑩中（一八七三—？），字慈明。無錫人。薛福成三子。候選知縣；候選道。收藏印有：曾在薛慈明處。精通日語。寓上海新靶子路一五三號。從事房地產，有『薛慈記經理産業公司』。

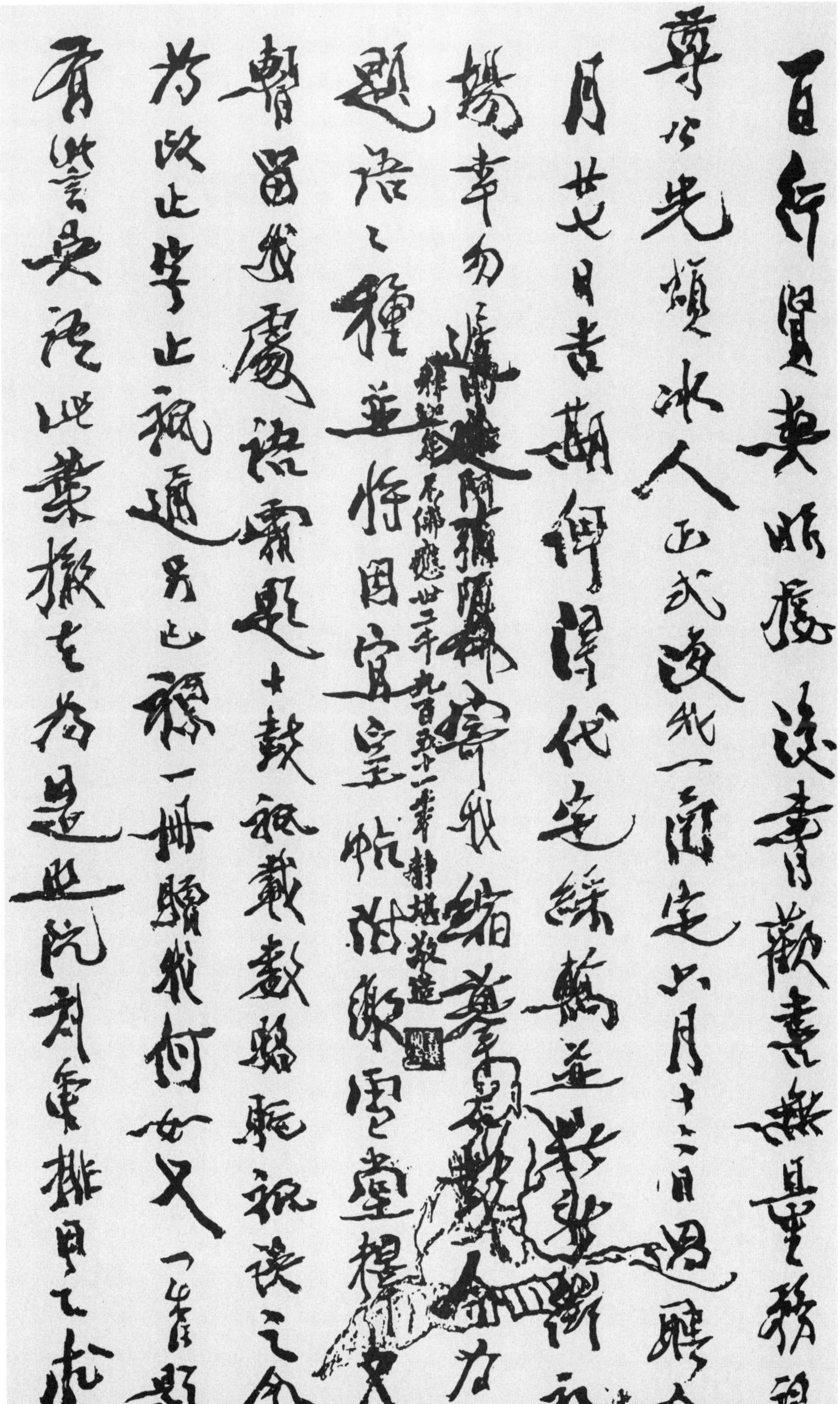

岳老海藏卜年題彥之增聲償情窓实長

逝耳大見寄我斜枝以七三众岩報成周記隆翁

前多紙只一佛希寄寧一閒貢地有後界峰令

西屋已倒由某人圖門備蹬勿急此其

題地馬有夜碑表奉西汀童此真坐再向王攘龍

一說凡定上逸寄心太老石如結藏若某华贲为榜

寄惶以为何次大遠至以少度海上斎贞观風港

地土再熱度行如我問诗史寒其七烛廿二月

釋迦牟尼佛滅世三千九百五十一年釋堪敦造

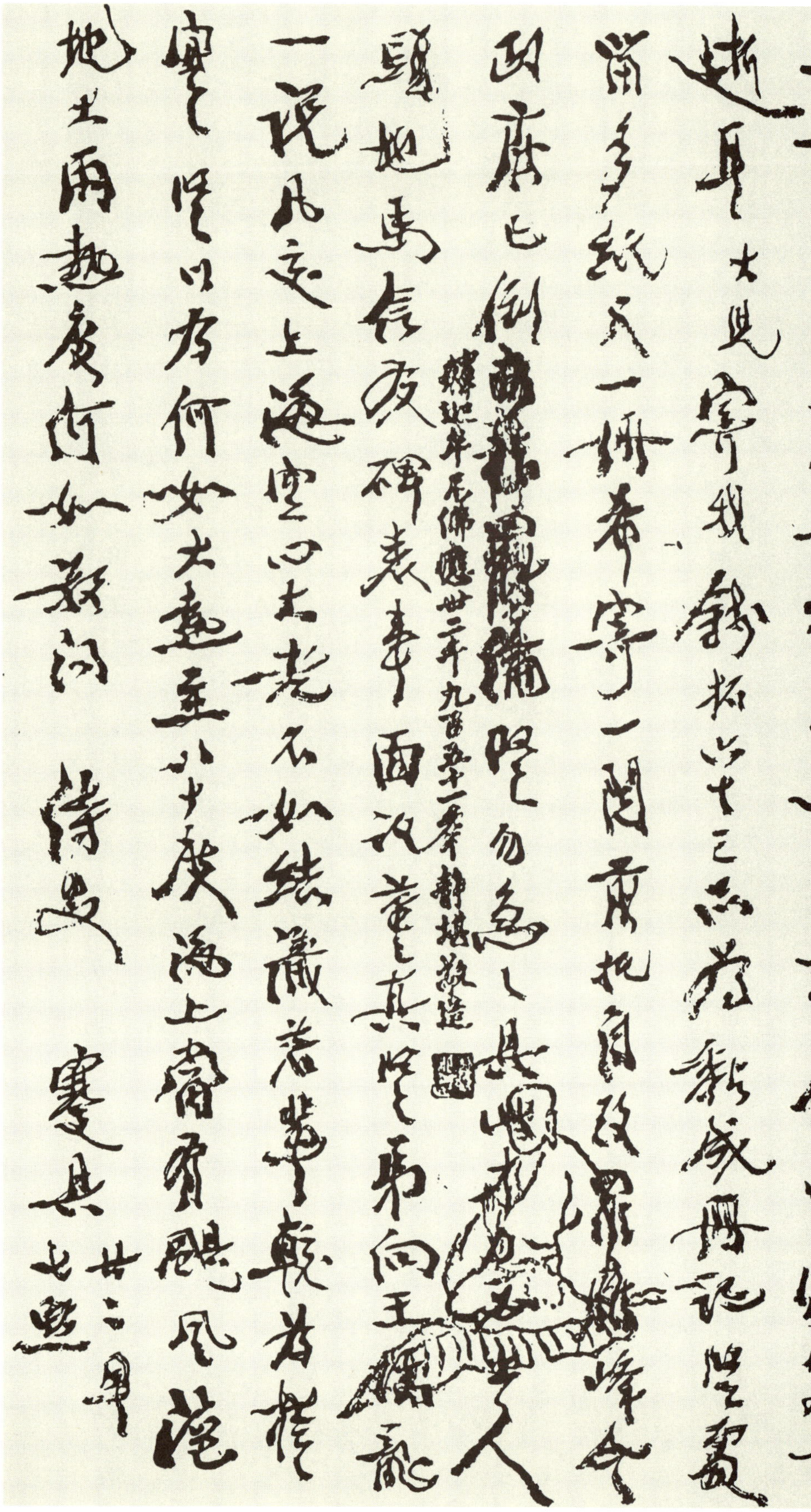

（一五〇）致朱復戡[1]

一九二三年七月五日　癸亥五月二十二日　星期四

蕉葉佛箋

百行賢契：

昨接復書，歡喜無量。務望尊公先煩冰人正式復我一函，定六月十二日過聘，九月廿七日吉期。俾得代定綵轎、並鼎新街禮場，幸勿遲延。去夏寄我縮摹《石鼓》，今爲題語二種，並將《因宜室帖》附繳。雪堂《釋文》，暫留我處。語霜[2]題『十鼓衹載數駱駝』，『衹』誤『之』，今爲改『止』字，『止』『衹』通。另：已褾一冊，贈我何如？又：一香[3]題，有訾吴[4]語，此葉撤去爲是。照阮刻重排甲乙，求缶老[5]、海藏[6]、農冉[7]題語，足增聲價，惜瘵叜[8]長逝耳。大兒[9]寄我錢拓六十三品，爲黏成冊，記賢處留多紙又一冊，希寄一閱。前托函致羅雁峰，今政府已倒，可作罷論。賢勿急之，具此才力，必出人頭地。馬信友碑、表事，面託董真[10]賢弟向王瑞龍一說。凡交上海空心大老，不如結識若輩，較爲樸實，賢以爲何如？大熱至八十度，海上當有颶風，滬地大雨，熱度何如？敬問

侍安。

蹇具，

廿二早七點。

余所見石鼓文摹本前如鄧
完白近如吳倉碩鄧出秦刻
石吳參鐘鼎文皆絕作也老
友上虞羅雪堂合國子監新
舊拓本阮刻天一閣本及宋
廬山陳氏甲秀堂本上海顧氏
研石本為之考釋丙辰六月
縮摹一本附以異同表一點

一畫雕刻精審可以凌駕潘
恆山張芑堂矣惟觀附印甲
秀本篆體稍扁結構散漫頗
研本本非入時趨失古意朱君
自行舊阮刻本參以明拓總
姚氏因宜堂本縮摹此冊黑
文者阮本飛白者姚本方整
勁挺純乎不鉤之鋼篆文寫

以飛白尤曠古所未見詩眼
變化存乎其人當於鄧吳兩
外别開面目弱冠之年所詣
至此進境未可量也
癸亥五月廿二日爲　郎
蹇叟時年六十有七

（一五一）爲朱復戡

一九二三年七月五日　癸亥五月二十二日　星期四

飛仙閣箋

余所見石鼓文摹本，前如鄧完白，近如吴倉碩。鄧出秦刻石，吴參鐘鼎文，皆絶作也。老友上虞羅雪堂，合國子監新舊拓本、阮刻天一閣本、及宋廬山陳氏甲秀堂本、明上海顧氏研石本，爲之考釋。丙辰六月，縮摹一本，附以異同表，一點一畫，辨别精審，可以凌駕潘愜山[11]，張芑堂[12]矣。惟觀附印甲秀本，篆體稍扁，結構散漫。顧研本亦入時趍失古意。朱君百行，據阮刻本，參以明旌德姚氏[13]《因宜堂》本，縮摹此册，黑文者阮本，飛白者姚本。方整勁挺，純乎不鉤之鋼，篆文寫以飛白，尤曠古所未見，神明變化存乎其人，當於鄧、吴而外，别開面目。弱冠之年，所詣至此，進境未可量也。

癸亥五月廿二日黎明，

蹇安時年六十有七。

（鈐印）蹇安（朱文）；美翊小印（白文）。

考釋：

①（一五〇）（一五一）合并考證。（一五〇）衹署『廿二日』，未署年、月。（一五一）署有明確日期：癸亥五月廿二日。

（一五〇）函云『務望尊公煩冰人正式復我一函，定六月十二日過聘，九月廿七日吉期』，與（一三五）函云『過聘何日，速擇吉見告』相銜接。

（一五〇）函云『今政府已倒』，與一九二三年六月八日—十三日，曹錕迫黎元洪離京，總統職權由國務院暫攝一事有關。（一五〇）當爲一九二三年六月中旬以後。

（一五〇）函云『大熱至八十度，海上當有颶風，滬地大雨，熱度何如』，當是夏季五月中的二十二日。

（一五〇）函云『馬信友碑、表事，面託董真賢弟向王瑞龍一説』，與（一四八）函云『前王瑞龍君來訪，託爲其親家馬信友君造墳題碑、撰表、製聯』相銜接。

（一五〇）函云『去夏寄我縮摹《石鼓》，今爲題語二種』，（一五一）即爲《石鼓文題語》之一。

總之：（一五〇）（一五一）兩函同封。書寫時間當爲一九二三年七月五日（癸亥五月二十二日）。

②俞原（語霜）。

③張亦湘。

④⑤吴昌碩。

⑥鄭孝胥。

⑦曾熙。

⑧沈曾植。

⑨張晉（斐伯）。

⑩當是董貞，張美翊筆誤作董真。董世楨，字貞柯。慈谿人。就讀慈谿縣中時與陳布雷同學、密友。一九一二年，『甯波效實中學』文科教師。一九二〇年，『慈谿保黎醫院』十周年紀念作演説。一九二二年，『甯波幼稚師範學校』董事兼教師。次年，舊寧屬縣立甲種商業職業學校校長。一九二一年，同鄉會出版部主任。『寧波中華基督教青年會』會員。

⑪潘迪（惬山）。

⑫張燕昌（芑堂）。

⑬姚學經。

述評：

①關於『一香題，有呰吴語』：

指張亦湘跋朱復戡書《石鼓文》。一香居士張頤跋（手稿圖版見馮廣鑑主編《朱復戡墨迹遺存》，人民美術出版社，二〇〇五年）：

晚近書獵碣文字者，首推吴老缶，老缶固老作家，然偶有獷悍之氣，欲以此炫流俗之目也。今觀静堪此册，縮其結構，筆筆清勁不懈而入於古，蘭者空谷，無言自芳，其見識洵高人一等哉。壬戌八月四日，一香居士張頤，時與静堪同客海上。

所謂『呰吴語』，是指『老缶固老作家，然偶有獷悍之氣，欲以此炫流俗之目也。』

②關於『語霜題「十鼓祇載數駱駝」，「祇」誤「之」，今爲改「止」字，「止」「祇」通』：

韓愈《石鼓歌》原文作：『十鼓祇載數駱駝。』

一九二三年五月（癸亥四月），朱復戡刻『十鼓止載數駱駝』印。仍是作『止』。款署（《朱復戡篆刻》，上海書畫出版社，一九八六年）：

全謝山先生《宋拓石鼓文跋》云：『范侍郎欽天一閣有石鼓文，乃北宋本，吴興沈仲説家物。彭城錢逵以薛氏《釋音》附之。錢氏篆文甚工美，後歸於松雪王孫。明中葉歸於吾鄉豐吏部坊，已而歸范氏。古香蒼然，蓋六百餘年矣，是未入燕京之拓本也。范氏藏之亦二百餘年矣。余嘗臨天一閣，幸獲展觀摩挲，不忍釋手。范氏子孫，當世寶之。』按《謝山先生年譜》：乾隆三年戊午（先生三十四歲）重登天一閣，搜括金石舊拓，編爲碑目。逮嘉慶二年丁巳，阮文達重摹上石，正甲子一周。此後失去原拓，豈文達篡去耶？癸亥四月，静龕并記。

③關於國子監新舊拓本：

元成宗大德年間，國子監教授虞集（一二七二—一三四八）將石鼓交朝廷安置於國子監大成殿門內。潘迪集宋代諸家注釋，刻成《石鼓文音訓》。明代仍置石鼓於國子監大成門內。

都穆《金薤琳琅》（學古齋刊本，光緒八年）：

> 鼓今在北京國子監，即元之舊地。予官禮部時常命工拓之，字多漫瀝，較之宋本僅十之二三而已。

乾隆時，又重新倣做十面石鼓。陳列在北京孔廟大成門內（北京國子監）兩側。雖比照原鼓大小，其形狀與刻字部位和原石鼓有差別。

乾隆新倣石鼓旁豎立兩通石碑。東一碑，碑額『御製』兩篆字。開頭文爲『集石鼓所有文成十章製鼓重刻序』，署款『乾隆五十有五年，歲次庚戌正月上元丙申日，御製并書』。碑文有云（朱耀廷主編《北京文化史研究》，光明日報出版社，二〇〇八年）：

> 近因閲石鼓文，惜其歲久漫漶，所存不及半……舊鼓舊文爲千古重器，不可輕動，置其木柵，蔽其風雨，以永萬世。而爲石刻十章，并列國學，以公天下、惠後儒，則乃宣王之文也。

西一碑，碑身四面爲清人張照所書的韓愈《石鼓歌》。

④關於阮刻天一閣本：

石鼓文傳世墨拓善本，傳范氏天一閣所藏元代趙孟頫松雪齋藏本存四百五十一字，爲北宋拓本。阮元摹刻天一閣本，有《重橅天一閣北宋石鼓文本跋》（駱兆平編纂《天一閣藏書史志》，上海古籍出版社，二〇〇五年）：

> 天下樂石，以岐陽石鼓文爲最古，石鼓脱本，以淛［浙］東天一閣所藏松雪齋北宋本最古。海鹽張氏燕昌曾雙鈎刻石，尚未精善。元於嘉慶二年夏，細審天一閣本，并參以明初諸本，推究字體，摹擬書意。屬燕昌以油素書丹，被之十碣。命海鹽吴厚生刻之。至於刀鑿所施，運以意匠；精神行跡，渾而愈全。則儀徵江氏德地所爲也。刻即成，置之杭州府學明倫堂壁間，使諸生究心史籀古文者有所法焉。
> 內閣學士兼禮部侍郎；文淵閣直閣事；南書房行走；提督淛［浙］江全省學政，儀徵阮元記。

是阮刻天一閣本既承襲天一閣本，又參以明初諸本。

⑤關於陳氏甲秀堂本：

《甲秀堂法帖》，即《廬山陳氏甲秀堂法帖》，是南宋匯刻的叢帖。原刻本於明前久佚，明後期有翻刻本。

據記載，《甲秀堂法帖》有：《石鼓文譜》《泰山秦篆譜》《秦權量銘》《漢鄧騭討羌竹簡》《曹子建帖》《右軍荀侯帖》《歐陽率更倣右軍帖》《顔魯公倣右軍帖》《顔魯公祭姪文》《懷素草書》《李白醉稿》《白居易詩》《司馬光書》等。

馬子雲《碑帖鑒定淺説》（紫禁城出版社，一九八六年）：

> 廬山陳氏《甲秀堂帖》，前刻石鼓文，秦璽文、泰山秦篆、秦量銘等。泰山秦篆譜賴此以傳。現存者爲石鼓文譜、歐倣右軍帖、魯公倣右軍帖，顔書《二祭稿》，懷素《自叙帖》、李白《酒歌》等帖。

據北京故宮博物院藏南宋拓本殘本《甲秀堂帖》，『周石鼓文譜』（隸書標題），並非完整刻入石鼓文，而是每半開上面縮刻石鼓文，下面爲楷書釋文。

⑥關於《因宜堂法帖》：

錢泳《履園叢話·碑帖》（《歷代筆記選注》，北京出版社，一九八三年）：

嘉慶初年，有旌德姚東樵者，目不識丁，而開清華齋法帖店，輒摘取舊碑帖，假作宋、元、明人題跋，半石半木，匯集而成，其名曰《因宜堂法帖》八卷、《唐宋八大家帖》八卷、《晚香堂》十卷、《白雲居米帖》十卷，皆僞造年月姓名。

張伯英《法帖辨僞》（齊魯書社，一九八七年）：

《因宜堂法帖》多收僞迹。

⑦關於潘迪《石鼓文音訓》碑：

潘迪（恆山），字履道，牖民，允功。元城（今河北邯鄲市大名縣）人。

明人馮從吾《元儒考略》（光緒十八年刻本）：

潘迪，字允功。博學能文。歷官國子司業；集賢學士。所著有《易春秋庸學述解》及《格物類編》《六經發明》諸書，傳於世。

李修生編《全元文》（江蘇古籍出版社，二〇〇四年）：

潘迪，字履道；一字牖民。元城人。歷監察御史；國子助教；昇國子司業；禮部尚書。以正議大夫；集賢直學士致仕。

王德毅等編《元人傳記資料索引》（中華書局，一九八七年）：

潘迪，字履道。元城人。通五經。歷翰林編修；國子助教；昇國子學士；遷集賢學士。

潘迪於至元五年（一三三九）作《石鼓文音訓》碑。對石鼓所刻文字逐一進行解讀。其所用拓本三百八十六字，其訓釋依據主要來自宋代鄭樵、薛尚功、王厚之諸家説。潘迪《石鼓文音訓跋》（于敏中編《日下舊聞考》，北京古籍出版社，一九八一年）：

迪自爲諸生，往來鼓旁，……間取鄭氏樵、施氏宿、薛氏尚功、王氏厚之等數子之説，考訂其音訓，刻諸石，俾習篆籀者有所稽云。

百行賢友廿一日所附𡣾兒書多至八板讀竟爲笑
顏大開讀其憂甚至而知賢未深然所言則甚
有道理老夫教𡣾兒卅九年今始得孔叢康熙
及勤儉二字嘗[illegible]老[illegible]其言論性張
才氣橫溢抑之得銳直爽[illegible]人今
則戒絕浮躁正當做人第一教行有乎為模範
至其淡食為常大年間之大媳實則消瘦遣
非得毀以為疑豈老夫前頭得尚及得後書

早已損窮甚盡余之知也密面代為辭謝隆誼心
可也夫朋友之道以德為尚一心之齋餘身不改老夫
主張羊義主張親如甚重家之興敗子如之
堅石所以大前事甚重家之興敗子如之
竹齋來言極執所念親陛遠
堂亂子偹而上執言誠無前究不致文章收列
忍連日大熱漬以寒暑盡主半以度西午無甚頭疼
今日健先去津期大涼故得倍書寒具兵五月廿五日

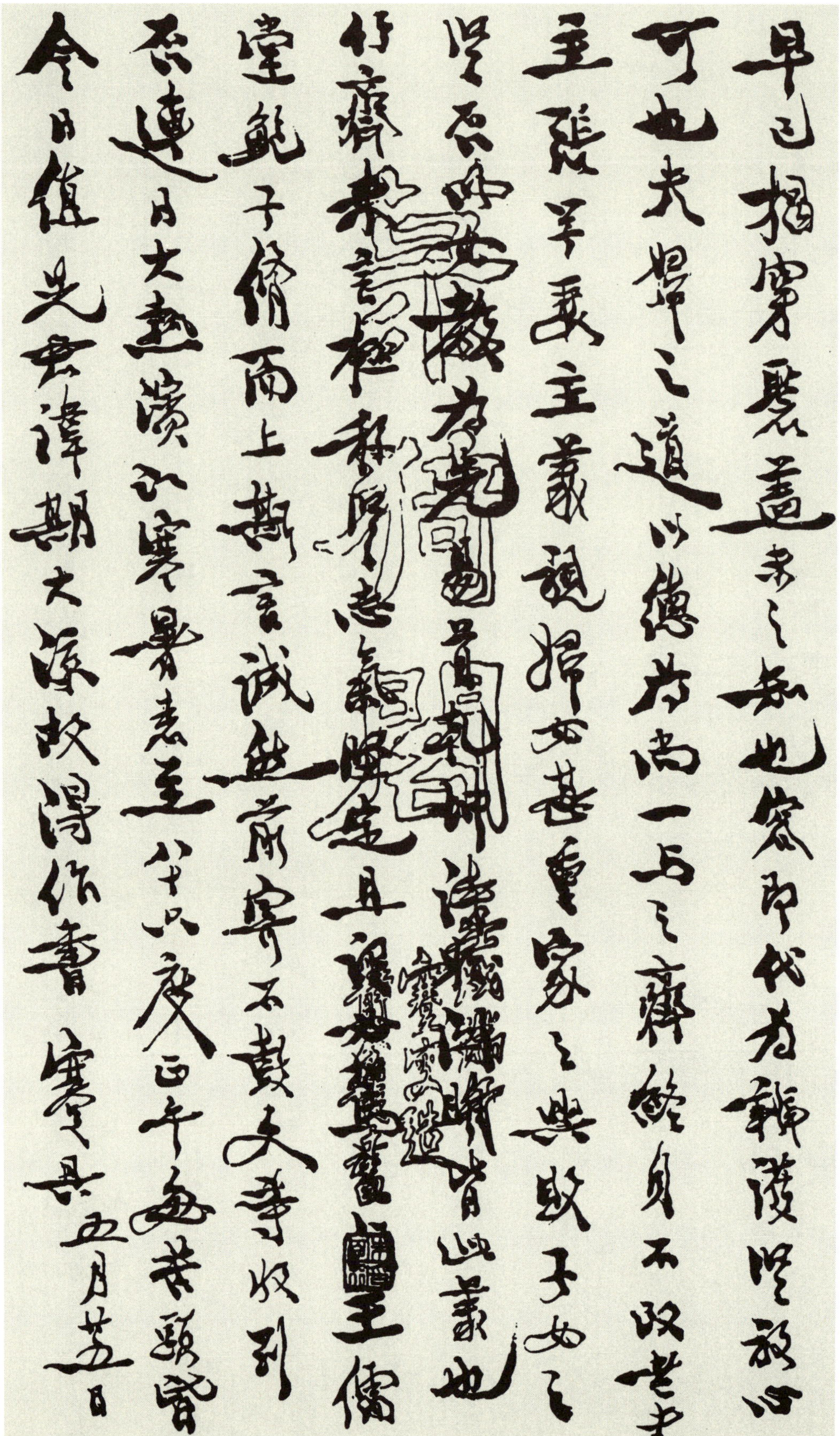

（一五二）致朱復戡①

一九二三年七月八日　癸亥五月二十五日　星期日

雙鈎菉猗閣箋

百行賢友：

廿一日函附裴兒書多至八板，讀竟爲笑顏大開，謂其愛賢甚，至而知賢未深。然所言則甚有道理。老夫教裴兒卅九年，今始得『禮』『義』『廉』『恥』及『勤儉』二字。當民國初年，老夫見其言論恢張，才氣橫溢，抑之不得。自經憂患，幡然改變。今則戒絶游賭，正當作人。管教行員，可爲模範。至其誤會各節，大率聞之大媳，實則淌牌造作謗毁，以爲疑點。老夫前致賢函及得賢書，早已揭穿，裴蓋未之知也，容即代爲辨［辯］護，賢放心可也。夫婦之道，以德爲尚，一與之齊，終身不改。老夫主張單妻主義，視婦女甚重，家之興敗，子女之賢否，以女教爲先。《易》首『乾坤』；《詩》始『關雎』，皆此義也。竹齋②來言，極稱賢志氣堅定，且謂必駕吾門王儒堂、鮑子脩③而上，斯言誠然。前寄《石鼓文》等收到否？連日大熱，濱江寒暑表至八十六度，正午每苦頭昏，今日值先君④諱期，大凉，故得作書。

蹇具，

五月廿五日。

考釋：

①（一五二）祇署『五月廿五日』，未署年。

函云『前寄《石鼓文》等收到否』，與（一五一）中《石鼓文題語》相銜接。

函云『至其誤會各節，大率聞之大媳，實則淌牌造作謗毁』，所謂『誤會各節』，即（一四〇）函云有關『戴女事』。

此信書寫時間當爲一九二三年七月八日（癸亥五月二十五日）。

②姜竹齋。

③鮑子脩，居北京。吴佩孚的部屬，電報總局局長。

④張美翊父張延青。

述評：

①關於『戴女事』，張裴伯聞之其妻，由於不明真相，張裴伯致函朱復戡質疑之，朱復戡於五月廿一日致函張美翊爲自己辯解時，附張裴伯函給張美翊。

②關於『今日值先君諱期』：

張美翊父親張延青於咸豐八年（一八五八）戊午五月廿五日去世。張氏九世祖四青府君墓莊，有張延青所立聯：

拓地傍桓谿，烟壑鍾靈護冠劍；参天森宰木，雲礽庇蔭讬松楸。

③關於『老夫主張單妻主義，視婦女甚重，家之興敗，子女之賢否，以女教爲行先』：

張美翊妻鄭氏卒於一九一八年，陳屺懷作《悽露行奉唁蹇叟喪耦》（沈雲龍《近代中國史料叢刊·天嬰室叢稿》，臺北文海出版社影印本，一九六六年）：

悽露何潸潸，孤月何鰥鰥。鰥鰥夜不瞑，潸潸亦不乾。誰能對此苦，有妾坐長嘆。愁目鰥似月，月缺猶能還。淚河雙裂決，豈獨似露繁。頭白失心儷，那不催肺肝。我欲止妾悲，挼腸始一言。天地有分折，而況落人間。妾泣回我言，汝言得毋謾。貧賤爲夫婦，死生良獨難。吾生實坎軻，百瓦希一全。單門永朝夕，不絶幸有天。卌年賃廡下，所怙孟光賢。一旦隔幽明，益復念生前。老鸞戀衰風，此情何緜緜。上窮徧碧落，下窮徧黃泉。尋尋復覓覓，不見心中顔。吁嗟黔婁婦，汝歸在何邊。憶昔初結髮，誓不相棄捐。我年已風燭，胡爲棄我先。牛衣冷如鐵，至老乃獨眠。霜風動繐帳，何以妥我魂。前塵忽到夢，一一心頭温。猶憶布衣裳，鹿車入我門。舉室歡無間，凡事盡卑尊。節嗇衣食餘，三黨忘飢寒。辛苦事門户，婦道信亡愆。疇實驅我去，浮海忽長遄。美德缺不報，游子心何安。哪知歸來日，復爲人事牽。挾筴千四方，戚戚寧有歡。慚負投奩意，念兹故悁悁。如何耳目中，音容竟杳然。子婦亦列列，恫哭聲震棺。遺愛及井閭，行路心爲酸。況我久比翼，獨飛能無惴。妾言一何悲，聞之涕泗漣。忍聲復致妾，願妾勿煩冤。人生百蟪蛄，倏忽幾晨昏。嘗謂莊非達，未能忘鼓盆。盆破不忘鼓，絃斷不忘彈。徒令生者苦，死者已漫漫。賢愚同奄化，黃土豈有垠。願言告吾妾，天道且勿論。誦我悽露篇，致我意拳拳。高高天上月，睒睒照屋山。濺濺心上淚，滴滴不斷懸。安得浩蕩風，一空千萬纏。

陳屺懷《悽露行》中大段記録了張美翊的話語，從『憶昔初結髮，誓不相棄捐』可見張對鄭氏情感確屬『單妻主義』。

張美翊重視女教，見爲謝蘅牕之母作《謝母王太夫人六秩壽序》（《甬上青石張氏家譜·家集》，味芹堂鉛印本，一九二五年）：

母教尚矣，故有封鲊之母而後有陶士行；有丸熊之母而後有柳仲郢；有畫荻授書之母而後有歐陽永叔。史傳所載，殆難更僕。數吾鄉風俗樸厚，閨門雍肅，世家大族，其先必有賢母持家教子，搘持數十年，久或一二世，然後門庭光大，子孫繁昌。論者推本賢母之教播爲美談，若我謝母王太夫人，足以稱矣。夫人爲國楨翁之季女，自其在室，即婉娩聽從。及笄，歸封翁有蘭翁，侍奉舅姑，能盡色養。封翁客滬瀆習煤業，賴太夫人在家以婦而兼子職，晨昏饈膳之供，春秋享祀之禮，無少欠闕，族黨稱焉。既而，封翁遽捐館舍，太夫人年甫三十，痛不欲生。繼念舅姑在堂，而令子蘅牕君方髫齔未成人，則强起治事，奉翁姑益孝，而教益嚴。逮尊章先後棄養，治喪營葬，盡禮盡哀，緝匱綴畸，至爲劬苦。蘅牕君奮起孤童，能承先志，趠至海上，經營煤業。復以其暇，研究礦學。孜求煤質，望而知其材之良楛，值之高下，凡中外人士之談石炭學者，皆奉蘅牕君爲幟志，力能左右商市。太夫人顧而樂之，以爲汝父懷才早逝，未競所施，今汝能繼述，是吾願也。世界文明日進，交市日廣，工之所作，商以通之，人力之所不及，以汽機濟之。蘅牕君於實業公司，無不投貲恐後，如甯紹商輪，和豐紗廠。其犖犖大者，近復自開煤礦，自置輪船，從容恢復，日大以肆。太夫人顧而樂之，以爲通商惠工，立國在此，興家亦在此，願汝勉爲之也。謝氏族君［居］梅墟，佃農魚鹽，濱江斥鹵，識字者少。太夫人則命蘅牕君置田數百畝，教之農學新法，創設求精兩等小學校，並設附學十所，以教其鄉子弟。十年來糜欵鉅萬，過其地者，見禾芃麥秀，蔬瓜怒生。童子挾册，相望於道。且與甯波工商兩校，亦歲有貲助，則太夫人之教施也。上海商市所萃善舉尤多，蓋以濟行政之窮而弭造化之憾，太夫人則命蘅牕君遇事出資，歷久罔懈，如孤兒院、普育堂、救濟婦孺會、普益習藝所施捨諸事，幾於無役不從。水旱偏災，近而甯紹，遠而京奉，亦皆倡捐，往振不下萬金，則太夫人之慈善也。君子將營宮室，宗廟爲先，居室爲後。蘅牕君既治家祠於泗州塘，復建廣廈以奉老母，地當江北勝處，樓臺翼如，廳舍奥如，燕寢有室，諷經有堂，太夫人婆娑其中，從容頤養，子婦侍側，文孫擁前，奉巾帨而心怡，見環珥而色喜，愉愉如也。親舊道故，賓友起居，言笑爲樂，進退以時，秩秩如也。一家之中，雖席豐履厚而儉約自飭如故。一日之中，雖安常處順而敬戒不怠如故。夫行莫貞於不易，而德莫大於有恒。觀於太夫人，義方之訓以嚴而兼慈仁惠之施，由近而及遠，則其受福之多，享年之永，與其保世而燾後者，豈偶然哉？今歲五月之吉，爲太夫人六十設帨之辰，都人士謀之蘅牕君，將擇期稱慶，相與帣韝鞠□，奉觴上壽。謂余與盛省傳太史與蘅牕君雅故，飫聞太夫人聖善勞苦之教，屬爲之辭，書之於屏，因爲宣道懿爍，俾知爲善獲報，其來有自。請以是質之鄉人士，爲太夫人躋堂稱觥以祝無疆之壽，既醉之，稱女士閟宮之頌，壽母播之聲。詩傳爲盛事，其即此意也夫。

賢首祇一佛太惜是如今虛設

寐寞俺藏之形者邪墨有所託

覽者加責遠寺□經光夫□□□

訶□硯□□□□□□佛

禪智年石佛過世三千□□□五□□静坐界遐道

尊乃傳承晉轉硯要石于梘記

抍斫岳老有□□□老夫石彰殿

旅□如以此

百□□□妻

塞堂□ 廿六丹橋瓜七中度

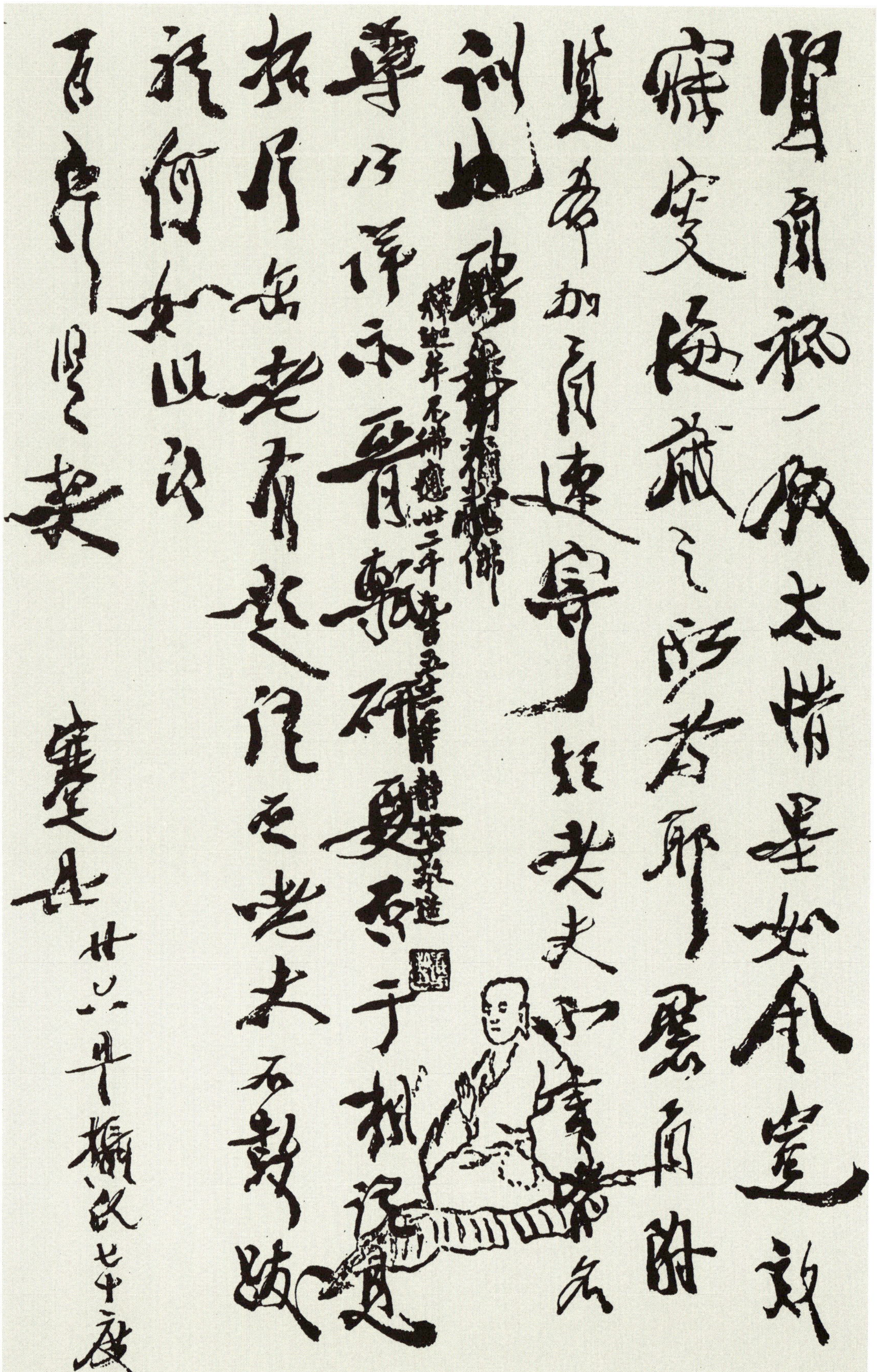

（一五三）致朱復戡①

一九二三年七月九日　癸亥五月二十六日　星期一

蕉葉佛箋

賢函祇一版，太惜墨如金，豈效寐叟、海藏之所爲耶？裝函附覽，希加函速寄。煩［凡］老夫所言，皆名訓也。聘事求尊公詳示。晉甎研要否？于相②語見拓片，缶老有題語否？老夫《石鼓》跋語何如？此致

百行賢契。

蹇具，

廿六早，攝氏七十度。

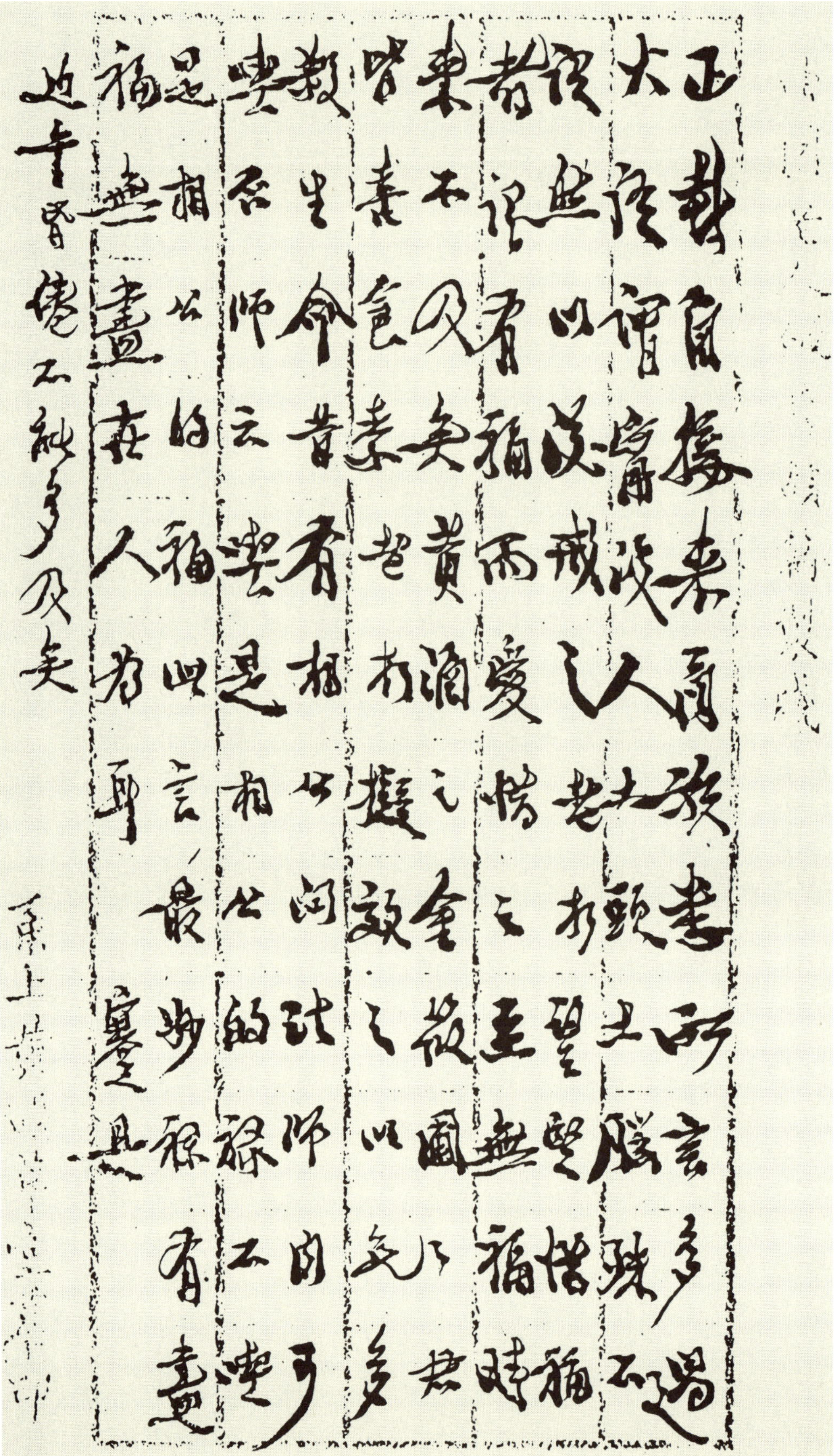
正封自緣來函致書所言多過
大謬謂膚淺人大頭土腦殘不
設無以莫識老於望堅惜福
者退有福而愛惜之至無福時
來不及矣黃酒之金散圖之乃君
皆喜意喜老有擬敬之以乞多
數生命昔有相公問計師的于
唆否師云要是相公的祿不要
是相公的福以言最妙祿有盡
福無盡在人為耳寧甚甚
近年習德不敢多及矣
東上某

由

黄公館（住址電詢）同浮公

黄老世嫂張夫人靈右

隨宦佐仁君奉姑孝順資贊助

生天皈淨土禮佛慈悲證夙因

侍生張美翊恭輓　愚姪朱叢方謹書

恆春堂布聯希代入帳（送某堂照）

（一五四）致朱復戡①

一九二三年七月九日　癸亥五月二十六日　星期一

黄過草堂箋

正封函，接來函，敬悉。所言多過火語，謂甯波人土頭土腦，殊不謂然，以後戒之。老朽望賢惜福者，謂有福而愛惜之，至無福時來不及矣。黄涵之、金筱圃二君，皆喜食素，老朽擬效之，以免多殺生命。昔有相公問法師：肉可喫否？師云：喫是相公的禄，不喫是相公的福。此言最妙，禄有盡，福無盡，在人爲耳。

蹇具。

近午昏倦，不能多及矣。

黄公舘住址，電詢同鄉會。

黄老世嫂張夫人靈右：

隨宦佐仁君，事姑孝順資賢助；生天皈浄土，禮佛慈悲證夙因。

侍生③張美翊恭輓；愚姪朱義方謹書。

怡春堂布聯，希代入帳。

考釋：

①（一五三）（一五四）合并考證。（一五三）祇署『廿六日』，未署年、月。（一五四）未署日期

（一五三）函云『裝函附覽，希加函速寄』，與（一五二）函云『至其誤會各節，……裝蓋未知之也，容即代爲辨護』相銜接。

（一五三）函云『老夫《石鼓》跋語何如』，與（一五二）函云『前寄《石鼓文》等收到否』相銜接。

（一五三）函云『聘事求尊公詳示』，與（一五〇）函云『務望尊公煩冰人正式復我一函，定六月十二日過聘』相銜接。

癸亥五月二十八日（一九二三年七月十一日），釋印光《復黄涵之居士書二》（釋印光著《增廣印光法師文鈔卷》，上海中華書局，一九二七年）：

　　五月廿八接廿四手書。知尊夫人病體沉重，……豈料夫人淨業已熟，脱體而去。昨由契西來函方知，不禁爲閣下失賢助，爲令郎失所恃嘆。

是知黄涵之張夫人癸亥五月廿四日病重，五月廿六日去世。時間與（一五三）（一五四）吻合。

總之：（一五三）（一五四）兩函同封。書寫時間當爲一九二三年七月九日（癸亥五月二十六日）。

②張原煒（于相）。

③舊時對於同輩或晚輩的婦人，在名帖和聯幛上都自稱『侍生』。

述評：

信中『裴函附覽』，乃張美翊允朱復戡關於戴女事『代爲辯護』，所以第二天寄朱復戡函時附致張裴伯一函爲朱『辯護』，囑朱復戡致張裴伯函時，連同張美翊『辯護函』一起寄給張裴伯。

百行兄契：久未接兄長函，甚念。石鼓文收到已覽。
前寄西諦先生蘭老人，是否此人？極似王瑞禹書。
蒼石印記神速，潤兄若干
之，前然我敢，石為藏已到處有奇好也。
筆何可得，四千金，但求生意好，不講西畫者。
可為老者傲損矣。
兄以為何如。五哥生日，老弟与兄送一新鮮物件，
可定是哉。日來頗涼，張驂新添稚痛，請問
侍安。夢晦，請西漢以小字回贈為限，多做更妙。寒兵
頓首

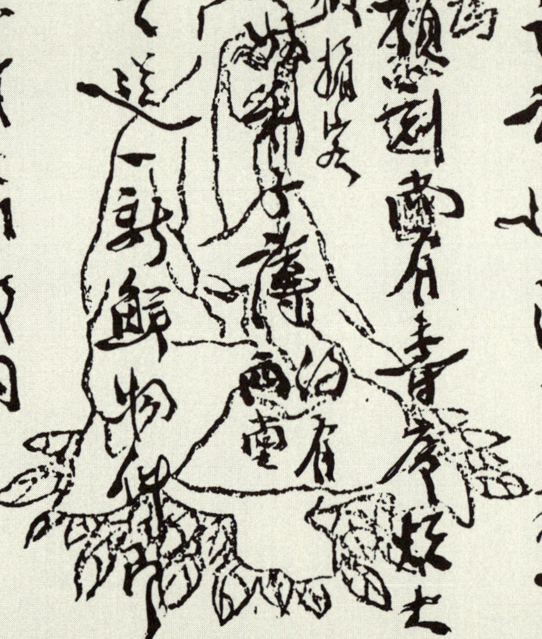

（一五五）致朱復戡①

一九二三年七月十七日　癸亥六月四日　星期二

長老箋

百行賢契：

久未接賢長函，甚念。石鼓文收到否？裝函發否？詳悉告我。蘭老人②見否？此人極好。王瑞龍來面，碑誌已寫好，潤已送達，可謂神速。潤資若干乞示，不必計較，不必如高③、王敲竹槓。刻尚有壽序煩大筆，約可得四十金。但求生意好，不妨利子薄（約有兩堂），可爲。老朽做掮客，賢以爲何如？五哥生日，老朽與賢送一新鮮物件，即酌定見告。日來頗涼，賤軀就診稍痊。敬問

侍安。

鵠盼詳覆，以小字四版爲限，多則更妙。

蹇具，

初四。

（鈐印）蹇安（朱文）。

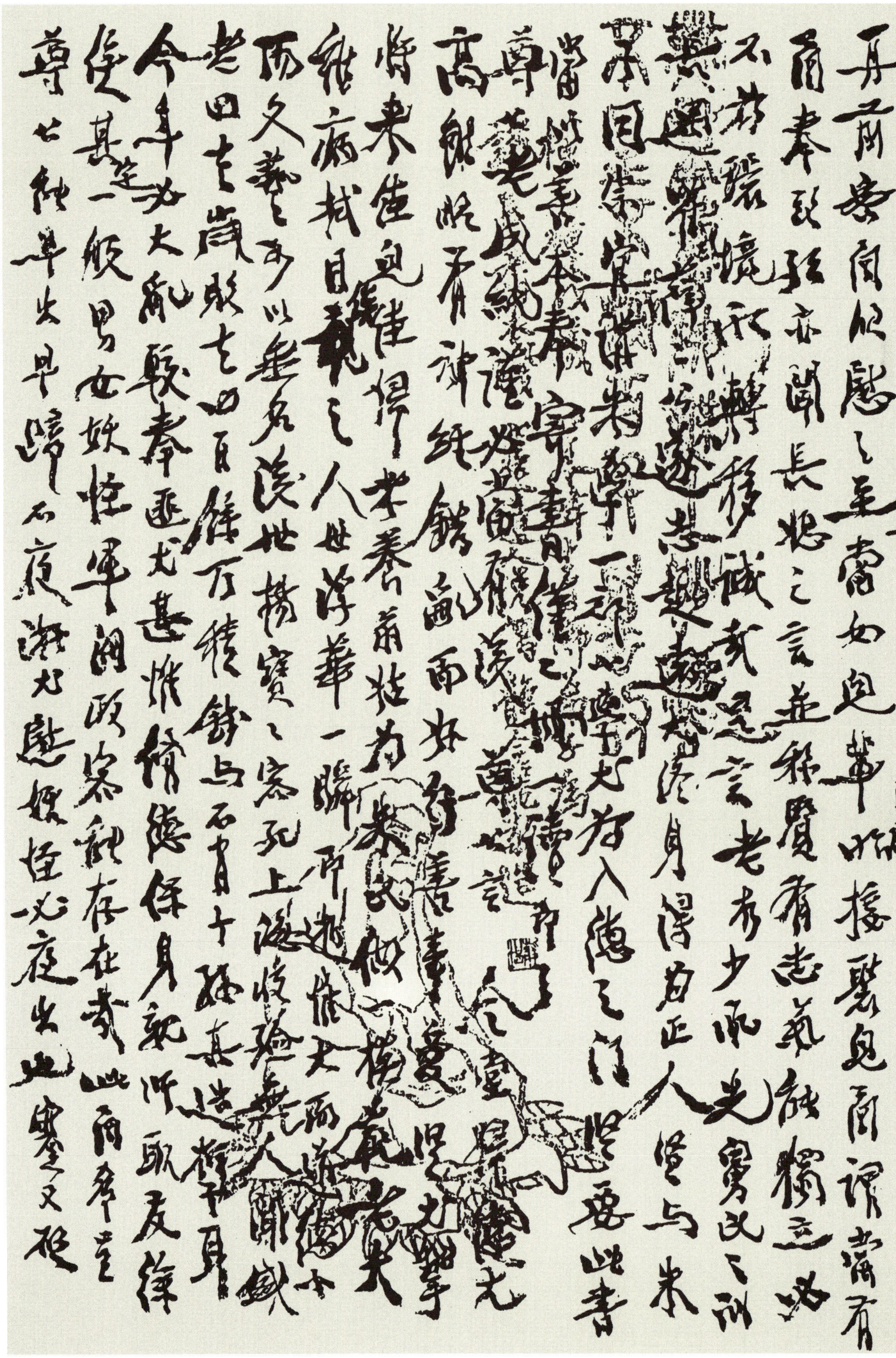

（一五六）致朱復戡

一九二三年七月十七日　癸亥六月四日　星期二

長老箋

再：

前密函，欣慰之至，當告女兒輩同慰。昨接裴兒函，謂當有函奉致，殆亦聞長媳之言，並稱賢有志氣，能獨立，必不爲環境所轉移，誠哉是言。老朽少承先舅氏之訓，長遇瞿、薛[4]二公，遂志趣遠大，終身得爲正人。賢與朱子同宗，宜講朱學，一部《小學》，尤爲入德之門，賢要此書，當以善本奉寄。書僅二册，一讀即了。尊公老成純謹，必當有後。尊公言令堂婦德尤高，雖略有神經錯亂，而好行善事，愛賢尤摯，將來佳兒佳婦，孝養翁姑，爲朱氏做一模範。老夫雖病，拭目俟之。人世浮華，一瞬即逝，惟大而道德，小而文藝，可以垂名後世。楊寶寶客死上海，收殮無人。聞盛老四[5]去歲敗去四百餘萬，積錢與不肖子孫，真造孽耳。今年必大亂，較奉匪尤甚，惟脩德保身，親師取友，徐俟其定。一般男女妖怪，軍閥政客，能存在哉？此函希呈尊公，能早出早歸，不夜游尤慰，妖怪必夜出也。

塞又啓。

考釋：

①（一五五）（一五六）合并考證。（一五五）衹署『初四日』，未署年、月。（一五六）未署日期。

（一五五）函云『石鼓文收到否』，與（一五一）《石鼓文題語》相銜接。又與（一五二）函云『前寄《石鼓文》等收到否』相銜接。又與（一五三）函云『老夫《石鼓》跋語何如』相銜接。

（一五五）函云『裴函發否』，與（一五三）函云『裴函附賢，希加函速寄』相銜接。

（一五五）函云『王瑞龍來面，碑誌已寫好，潤已送達，可謂神速』，與（一四八）函云『前王瑞龍君來訪，託爲其親家馬信友君造墳題碑、撰表、製聯』相銜接。又與（一五〇）函云『馬信友碑、表事，面託董真賢弟向王瑞龍一説』相銜接。故知此函當爲六月。

（一五六）函云『昨接裴兒函，謂當有函奉致』，與（一五五）函云『裴函發否』相銜接。

總之：（一五五）（一五六）信箋皆用『長老箋』，兩函同封。書寫時間當爲一九二三年七月十七日（癸亥六月四日）。

②蘭雅谷。

③高雲麓。

④瞿鴻禨、薛福成。

⑤盛恩頤（一八九二—一九五八），字澤承。武進（今江蘇常州市鐘樓區）人，盛宣懷第四子。留學英國倫敦大學和美國哥倫比亞大學。盛恩頤屢出資救濟灾民，獲政府勳章甚多。

述評：

①關於『老朽少承先舅氏之訓，長遇瞿、薛二公』：

張美翊的學歷：

光緒二十年（一八九四）甲午科浙江鄉試，張美翊取爲副貢（鄉試舉人五名取副榜一名入國子監）第十四名。光緒甲午科浙江鄉試硃卷，張美翊有刻本《考本》（見顧廷龍主編《清代硃卷集成》，臺北成文出版社，一九九二年），其中《履歷》，是由張美翊自己填寫，原籍地方官核對後蓋印確認。據張美翊《考本·履歷》可知張美翊從師情況如下（《考本·履歷》中人，姓、字居先，名居後）：

受業師

胞叔溪蘅夫子。

洪海宗夫子（諱）家衍（邑佾生）。

樓燕孫夫子（諱）寶巖（邑庠生）。

史谷香夫子（諱）國寶（國學生）。

張延匡（一八二八—一八九一），官名景仲，字企衡。改名體存，號溪蘅。副貢生候選訓導；例授修職郎。生於道光八年戊子十一月初八日，卒於光緒十七年辛卯九月二十三日。張美翊的胞叔。

張、洪、樓、史，是張美翊的『蒙師』。洪海宗是洪復齋從兄，曾館深港（新巷）張家。

蔣椒卿夫子（印）子番（同治癸酉科舉人；欽加同知銜江蘇候補知縣）。

奉化人。

裘宣橋夫子（諱）性宗（咸豐乙卯科舉人揀選知縣；國史館謄録）。

裘性宗（一八二二—一八八五），字禾邨。號宣橋；晚號溪上老人。慈溪人。仁和縣學教諭。《甬上青石張氏家譜·贈言》（味芹堂鉛印本，一九二五年）收有裘性宗《題張漁汀先生柳蔭垂釣圖》。

胡峻卿夫子（印）仲庚（副貢生；候選訓導）。

胡仲庚，字峻卿，亦作俊卿。鄞縣人。師事湯志堯（謙山）、姚文田（秋農）。通醫，擅書。光緒五年己卯（一八七九），楷書《阿育王寺淨土堂碑》。光緒三年丁丑（一八七七）書青石張氏『崇報堂』聯《甬上青石張氏家譜·附録》（味芹堂鉛印本，一九二五年）：

派衍鄒溪卅世簪纓推望族；靈鍾排嶴千秋俎豆肅明禋。

款署：光緒三年丁丑小春月三十二世孫世安謨；胡仲庚書。

袁偉孫夫子（諱）信芳（光緒丙子科經魁；丙戌科進士；江西廣昌縣知縣）。

袁信芳（一八二七—一八九三），一名順賓，字以燕，亦作貽燕。號葦孫、偉孫。鄞縣人。擅書。曾任鄮山書院掌教；岐山書院山長；月湖書院山長。楊霽園撰《署廣昌縣事，袁君墓志銘并序》。

郭畦孫夫子（諱）慶集（同治丁卯并補行甲子科舉人；前署蕭山縣學教諭）。

鄞縣人。

周敬庵夫子（諱）和（道光庚子科舉人；前永康縣學訓導）。

鎮海人。

蔣、裘、胡、袁、郭、周，是張美翊的『課師』。

陳駿孫夫子（諱）繼聰（同治庚午科舉人揀選知縣；辨志精舍齋長）。

陳繼聰（一八二二—一八八六），字駿孫。號亞秋，晚號退安居士。鎮海人。室名：海巢、達蓬山館。曾從姚燮（復莊）、黄式三（薇香）、徐時棟（柳泉）遊。曾任辨志精舍詞章齋齋長。

陸鎮亭夫子（印）廷黻（同治丁卯并補行甲子科舉人；辛未科進士；翰林院編修；五品銜前甘肅提督、學政；月湖書院山長）。

陸廷黻（一八三五—一九二一），字己雲。號漁笙、鎮亭山人。鄞縣人。曾從徐時棟、陳勱遊。曾任崇實書院山長。

董孟如夫子（印）沛（同治丁卯并補行甲子科舉人；光緒丁丑科進士；知州銜江西建昌縣知縣；崇實書院山長）。

董沛（一八二八—一八九五），字孟如。號覺軒。鄞縣人。室名：正誼堂、晦暗齋。藏書處名：六一山房。藏書印有：六一山房藏書、鄞六一山房董氏藏書。曾任江西通志館協輯官，協脩《江西通志》。繼徐時棟脩《鄞縣志》。曾任辨志書院史學齋齋長；崇實書院山長。《甬上青石張氏家譜·贈言》（味芹堂鉛印本，一九二五年）收有董沛《溪蘅先生水石圖小影》。

薛叔耘夫子（諱）福成（前寧紹台兵備道；二品頂戴；督察院左副都御使；欽差出使英法義比國大臣）。

薛福成（一八三八—一八九四），字叔耘。號庸庵。無錫賓雁里人。寧紹台兵備道；二品頂戴；督察院左副都御使；欽差出使英法義比國大臣。

光緒十年甲申閏五月二十一日（一八八四年七月十三日），薛福成任寧紹台道。

光緒十一年乙酉（一八八五），薛福成在寧波府『後樂園』創設『崇實書院』。光緒十二年丙戌（一八八六）八月，以貢生、秀才爲主會課取士。張美翊就讀『崇實』，從薛福成學古文義法。薛復聘張美翊爲西席，課子薛林宗（九歲）。

陳、陸、董、薛，是張美翊真正傳道授業的受業師。最重要的是薛福成。

問業師：

問業師是不時請教的老師：

陳咏橋太夫子（諱）勱（道光丁酉科拔貢；朝考一等分發廣西試用知縣；徵舉孝廉方正；特旨發往江蘇委用知縣）。

陳勱（一八〇五—一八九四），字子相、勵生。號咏橋。別署甬上閑叟、鄞西老圃、二百八十峰樵者。鄞縣人。室名：何隨居、求放心齋、二十里雲山館。藏書處名：運甓齋（今寧波海曙區咏歸路五八號）。肄業月湖書院。道光十七年（一八三七）拔貢。同治元年（一八六二）舉孝廉方正；江蘇試用知縣。師事王梓材（臒軒）。工書。喜收藏古甎。

張美翊老師陸廷黻、潘成勛曾師事陳勱，故張美翊稱陳勱爲『太夫子』。《甬上青石張氏家譜・贈言》（味芹堂鉛印本，一九二五年）收有陳勱《張春圃先生小影題詞》。

潘月涯夫子（諱）成勛（歲貢生就職訓導）。

潘成勛，字月涯。鄞縣人。咸豐十一年歲貢。師事陳勱。

毛伯璈夫子（諱）琅（同治乙丑并補行辛酉壬午科舉人；石門縣學教諭）。

毛琅（一八三五—一八八五後），字伯璈、溪芷。鄞縣西門外後河巷人。室名：蜀紅吟館。功臣館謄録。善詩文，工書。曾主講振文書院。一八八五年，薛福成撰《新建三忠祠碑記》，毛琅書。款署：光緒十一年歲次乙酉秋八月，欽加布政使銜；分巡寧紹台兼管水利海防兵備道；護理浙海關監督；加三級記録四次；無錫薛福成謹撰。例授文林郎；乙丑補行辛酉正科；壬戌恩科舉人；前功臣館謄録；石門縣教諭，毛琅謹書。

陳希彦夫子（印）熙績（光緒乙亥恩科解元；揀選知縣）。

陳熙績，字希彦。鄞縣人。陳勱從弟。光緒元年乙亥（一八七五）恩科解元。

肄業師：

肄業師亦稱『書院肄業師』。對張美翊而言，主要是在辨志精舍和崇實書院負責教學管理的山長、教師或書院考課的各級行政長官：

洪筱鄉夫子（諱）璇樞（前月湖書院山長）。

洪璇樞（一八一二—？），字篆韓。號筱鄉。鄞縣人。肄業月湖書院。道光十二年壬辰（一八三二）舉人；揀選知縣。同治十三年刻本《鄞縣志》（戴枚纂）：璇樞績學敦行，爲鄉里宗。邑人多師事之。

馬黎仙夫子（諱）恩黼（前月湖書院山長）。

馬恩黼，原名廷概，更名瑞巖。字覲光。號黎仙，亦作藜仙。鄞縣人。一作吳縣人。同治三年甲子（一八六四）舉人；揀選知縣。一八七九年主講月湖書院。

黃元同夫子（印）以周（辨志精舍齋長）。

黃以周（一八二八—一八九九），本名元同，後以元同爲字。號儆季、哉生。浙江定海紫微鄉人。浙東大儒黃式三（薇香）四子。一生篤守顧亭林經學即理學之說。同治九年庚午（一八七〇）舉人。歷任分水縣、遂昌縣、海鹽縣學訓導；光緒十二年丙戌（一八八六）應江蘇督學黃體芳聘，主講江陰南菁書院十五年；光緒十六年庚寅（一八九〇）處州府學教授。繼承乾嘉學派考據學派。曾任辨志精舍漢學齋齋長。《清史稿》：宗源瀚建辨志精舍於寧波，請以周定其名義規制，而專課經學。

何徠青夫子（諱）松（辨志精舍齋長）。

何松，字徠青。浙江慈溪人。師事錢泰吉。室名：常惺惺齋、夢璞居。同治八年己巳（一八六九）歲貢；保舉候選訓導。辨志精舍史學齋長。

馮夢香夫子（印）一梅（辨志精舍齋長）。

馮一梅（一八四九—一九〇七），字夢香，亦作夢薌。浙江慈溪人。光緒二年丙子（一八七六）舉人。師事俞樾，同門有章太炎、黃以周、吳慶坻等。藏書處名：述古堂。擅考據，工書。曾爲浙江官書局總校；紹興府學堂總教習；主講衢州正誼書院、西安鹿鳴書院、鎮海鯤池書院、餘姚龍山書院、新昌鼓山書院。辨志精舍輿地齋齋長。有孫馮君木。

陶子縝夫子（諱）方琦（辨志精舍齋長）。

陶方琦（一八四五—一八八四），譜名孝鋆（一作漢鋆），字子珍，亦作子縝、紫畛。號蘭當；又號湘湄，亦作湘麋。會稽（今浙江紹興市）陶家堰人。興化知府陶良翰子。室名：漢孳室、琳青書館、溪廬、蘭當館、湘麋閣。嘗言：『讀萬卷書不如著一寸書。』師事李慈銘，同門有蔡元培。光緒二年丙子（一八七六）進士。光緒五年己卯（一八七九）湖南學政。曾任辨志精舍詞章齋齋長。

受知師：

亦稱座師，主要是負責或參與科舉考試的官員，如知府、知縣、道員、學政：

戴幹庭夫子（印）枚（前鄞縣知縣）。

戴枚，字幹庭。丹徒（今江蘇鎮江市丹徒區）人。附生。同治六年（一八六七）鄞縣知縣。

孫歡伯夫子（印）熙（前鄞縣知縣）。

孫熙，亦作孫熹，字歡伯。陽湖（今江蘇常州市武進區）人，監生。室名：宋井齋。同治十三年（一八七四）調任鄞縣知縣。《清朝野史大觀·清人逸事》（小橫香室主人撰，上海中華書局，一九三二年）：後孫以虧空故被藩司詳參。籍没其資，家室盡零落。

秦鹿笙夫子（印）簧（前鄞縣知縣）。

秦簧（一八二四—一八九〇），字甲峰。號鹿笙，亦作麓笙。湘潭（今湖南湘潭市）人。同治三年甲子（一八六四）舉人。光緒七年庚辰（一八八一）在任鄞縣知縣。秦簧《墓志銘》爲王闓運撰。

邊仲思夫子（印）葆誠（前寧波府知府）。

邊葆誠，亦作寶誠，字仲思。任邱（今河北滄州市任邱市）人。咸豐十一年辛酉（一八六一）寧波知府。同治三年甲子（一八六四），重修月湖書院。

宗湘文夫子（印）源翰（前寧波府知府）。

宗源瀚（一八三四—一八九七），字湘文。上元（今江蘇南京市）人。室名：頤情館。富收藏，精輿地，擅書。《宗源瀚墓志》爲譚廷獻撰；費念慈正書并篆蓋。光緒四年戊寅（一八七八）春調任寧波知府。光緒五年己卯（一八七九），在月湖竹洲開辦辨志精舍（又稱辨志書院、辨志文會、辨志齋、辨志講舍，一九〇二年改爲南城小學堂），内設漢學、宋學、詞章、史學、輿地、天算六個科目。次年張美翊就學於此，詞章、漢學、宋學，成績均曾爲超等（其它科目爲特等）。

吴福茨夫子（印）引孫（寧紹台兵備道）。

吴引孫（一八四八—一九一七）或（一八五一—一九二〇），字福茨。祖籍安徽歙縣，客籍江蘇儀徵。同治十二年癸酉（一八七三）進士。光緒十五年己丑（一八八九）浙江寧紹台兵備道。

黄恕皆夫子（印）倬（前浙江學政）。

黄倬（一八〇九—一八八五），字樹階。號恕皆。善化（今湖南長沙市）人。與曾國藩同鄉，過從甚密。道光二十年庚子（一八四〇）進士。光緒三年丁丑（一八七七）浙江學政，歲試，張美翊補爲鄞縣縣學生。

張霽亭夫子（印）澐卿（前浙江學政）。

張澐卿，字霽亭。太和（今雲南大理市）人。咸豐二年壬子（一八五二）恩科進士。光緒五年己卯（一八七九）浙江學政。

瞿子玖夫子（印）鴻禨（前浙江學政）。

瞿鴻禨（一八五〇—一九一八），字子玖，亦作子久。號止盦。善化（今湖南長沙市）人。同治十年辛未（一八七一）進士。光緒十一年乙酉（一八八五）五月浙江學政。受知師中的瞿子玖（鴻禨），倍受張美翊尊崇。

潘嶧琴夫子（印）衍桐（前浙江學政）。

潘衍桐（一八四一—一八九九），原名汝桐，字菶廷；又字孝則。號嶧琴。南海縣鰲頭堡荷溆鄉（今廣東佛山市禪城區南莊鎮河滘）人。同治七年戊辰（一八六八）進士（榜名潘汝桐）。光緒十四年戊子（一八八八）至十六年庚寅（一八九〇）浙江學政。

徐季和夫子（印）致祥（浙江學政）。

徐致祥（一八三八—一八九九），字季和。號靄如。嘉定（今上海市嘉定區）人。咸豐十年庚申（一八六〇）進士。光緒二十年甲午（一八九四）科浙江學政，張美翊參加考試爲副貢。

張美翊十八歲時（一八七五年），在舅父劉藝蘭（鳳章）的教導下讀書，智力漸開。

劉藝蘭最喜宋人説經之書，爲辨志精舍宋學齋長。後又爲崇實書院山長。張美翊既曾就讀於辨志精舍，亦曾就讀於崇實書院，所以劉藝蘭既是張美翊的受業師，亦是肄業師。

②關於張美翊之舅父劉藝蘭：

劉樹人（一八三八—？），譜名世桂，字企顔、鳳章。號藝蘭。藏書處名：青藜閣。光緒十一年乙酉（一八八五年）舉人。候選訓導。辨志宋學齋長；崇實書院山長。

一九一三年，張美翊跋《雪交亭正氣録》（張壽鏞輯《四明叢書》刻本，第二集，一九三四年）：

據謝山《檗庵高公墓石表》：『公諱宇泰，初字元發，改字虞尊，別字隱學，晚年自署宮山，已又署檗庵』。此書自序『隘夫』，又其別字也。《雪交亭集》十二卷，傳記之屬，宜歸《史部》；《續耆舊傳》作《雪交亭正氣録》十六卷，稱名甚是（光緒《鄞志·藝文》歸《史部》）而卷數不合。全《序》稱分年爲紀，然壬辰無紀；癸巳僅記萬曰吉等四人姓名，注云『未考其詳，容續補之』，則似未完之書（《癸巳紀》録席邱僧識吴梅村詩，亦似不倫）。此書末有何樹畬跋語，時在咸豐辛亥。余見之先舅氏劉藝蘭先生所，因勸妹夫湯鴻九農部出貲借鈔，分裝四册，時爲光緒壬午。今先舅氏藏書已歸天上，農部歿亦十年矣。孤甥峴亭六月曝書，檢以相示。余方搜訪吾鄉桑海掌故，謀爲校刻。而海上二次革命，烽火驚聞。老眼摩挲，憂亂彌甚！

癸丑季夏，蹇叜張美翊記。

張美翊妹夫湯嗣衘，字鴻九。王榮商《容膝軒文集·贈湯鴻九序（嗣衘）》（張壽鏞輯《四明叢書》刻本，第八集，一九四八年）：

鴻九磊落軒爽而禀氣剛勁。……其孝於親，友於兄弟，篤於友朋之義無弗同者。至於文章，議論縱横馳驟，曲折變化，下視世俗塗附拘攣之習，若居泰華之巔而俯臨塿也。……鴻九由壬午副貢舉己丑京兆試，累躓於春闈，以貲官户部郎中非其好也。獨其處境較順，故豪興未減，往往高歌大呼以自排遣。

劉藝蘭曾從道光優貢徐時棟（一八一四—一八七三）遊。劉藝蘭《題烟嶼樓詩集》序（慈谿葉氏虎胛山房刊本，同治六年）：

吾師柳泉先生，以根柢之學，發爲詞章。鄉邦後進翕然宗仰。鳳章早歲讀先生應試諸作，服膺已久，後得見先生詩古文辭，愈益欽慕，自憾單門末學，無由登大雅之堂。同治癸亥，先生五十初度，鳳章自附門下獻麗辭爲壽，先生不棄，奬許過甚。尋有課孫之命，得以縱觀著作，先生經學説部，皆發前人所未發，文章尤卓然大家。吟咏特其餘事。會溪上葉君，刻先生詩集，鳳章獲預讎校。間有簽語，葉君爲并刻之。刊成敬賦五言十六韵，以識二十餘年説服之悰。

大里歌采芝，狂客賦回鄉。四明風雅國，淵源追漢唐。洎入宋元來，作者紛相望。耆舊前後集，列宿森光芒。夫子起今代，高步翰墨場。六藝織經緯，百家譜宫商。琅然正始音，卓爲後學倡。著録都講籍，群雅何鏗鏘。我生少失學，自顧恒倀倀。猥以駑駘姿，一顧逢孫陽。假館受詩教，辨論忘夜長。觀海嘆浩漫，問途識康莊。編成與参校，格律曾細詳。回環百回讀，咀嚼餘芬芳。願以温厚旨，振興先梓桑。大雅其可復，盈耳聲洋洋。

同治九年（一八七〇）徐時棟《春秋規萬序》（王達津主編《清代經部序跋選》，天津古籍出版社，一九九一年）：

吾鄉萬充宗先生，著《經學五書》，其中《學春秋隨筆》，始隱公，迄昭公，凡十卷。前年余嘗取而讀之，有暢然意滿者，有與鄙意未合者，輒以己見筆之書眉。

……是時，及門劉藝蘭方主我家塾，謂實有發前人所未發者，不第爲萬氏諍友而已。當別録爲書，以示學者。

……藝蘭方在杭州，而吾老友陳君子相善，觀書精於抉擇，往吾妄有所著，必君爲我論定之。今將以善本示君，故縷述其著書之由與書名之意於卷端，君闓亦不厭詳盡以歸我乎？藝蘭歸來，當共與快讀之也。

同治九年八月十二夜子初，時棟書。

唐文治《茹經堂文集·張子虞先生墓表》（中國文獻出版社，一九七〇年）：

蓋浙江自王文成講學以來，一變而爲蕺山、楊園。再變而爲梨洲、實齋。洎阮文達督浙倡設詁經精舍，厥後俞曲園先生主之，咸同之間，先生嘗肄業其中，與先師黄元同、劉藝蘭二先生并稱宿學，聲名鵲起。

宗源瀚序陳繼聰著《忠義紀聞録》（光緒十六年壬午刻本）：

光緒戊寅春，予來明州，最先識劉藝蘭、何徠青兩明經與陳駿孫孝廉，皆方聞綴學之選也。……宗源瀚序。

劉藝蘭曾協脩鄞縣、慈谿、鎮海三縣縣志。編《四明藝文志》。著有《甬上方言考》《青藜閣集》。

張壽鏞著《約園著作選輯》（張芝聯編，中華書局，一九九五年）：

昔劉藝蘭舉人鳳章，協修光緒鄞縣志，藝文一門，云出其手，遂有《四明藝文志》之編，其稿後燬於火。

孫德祖《題楹福墨》（光緒二十三年刻本）：

鄞縣志局識劉藝蘭孝廉（鳳章），事母極孝，年已五十，夢囈貫作嬌憨聲呼阿母。有兄業賈，亦敬愛兼至。性好聚書，尤篤信宋五子。贈聯云：『孝友根天性；圖書養道心。』君得之，謙讓未皇其意，蓋深喜之。

萬石風流傳閥閲；一時文藻滿江關。又贈鄞縣志同事劉藝蘭。

③關於瞿鴻機與張美翊：

瞿鴻機，光緒二十九年（一九〇三），軍機大臣。後因忤慈禧旨意免官，辛亥後寓上海。

光緒十三年丁亥（一八八七），張美翊爲學政大學士瞿鴻機調考的優廩生（有廩禄的優等秀才，府、縣每年歲考一等生纔有這個資格）。對瞿執弟子禮，一九〇四年六月張美翊曾以學生身份呈『説帖』於瞿，請瞿倡導立憲（汪林茂《浙江辛亥革命史》，浙江人民出版社，二〇〇一年）：

當次列强注目東方，改定憲政，亦足震動耳目，氣象一新，必爲環球所許。

一九一三年十二月十七日（癸丑十一月二十日），張美翊參與上海『桃源隱』酒樓『超社』第十三集，作《和西巖老漁超社陶字韵》（董沛《四明清詩略續稿》，中華書局，一九三〇年）：

小集上海桃源隱酒樓，益陽胡定臣兄弟出示陶文毅公印心石屋圖瓷器，上繪金陵蜀岡滄浪亭風景並題小詩，蓋道光丁酉所製。胡君，文忠公之孫；文毅公之彌孫也。感賦長歌，即和西巖老漁超社陶字韻。

益陽官保人中豪，婦翁冰玉安化陶。文孫繩武述祖德，感念家國辭京曹。朅來海上意不適，有如澤畔吟離騷。傭保雜作坐酒肆，高樓轟起臨江皋。時人莫問今何世，武陵自種仙源桃。出示古瓷並精美，製作突過哥定窯。印心石屋天章燦，有圖有詩工摹描。當時道光歲丁酉，開府江左論鹽漕。公餘會集絶風雅，羅列酒器供行庖。厥後東南大亂起，胡公戡定尤勤勞。朝暮運甓有師法，中興將相天建標。滄桑倏爾糕驚世變，爲庶清門誠孤高。譬之桓公在晉代，後有靖節恥折腰。可知仕隱關運會，千古一轍隨所遭。況乃大盜屢移國，江南景象殊蕭條。燕京法物已散落，留此區區亦無聊。西巖老漁今山斗，吟詩結社何超超。摩挲秘色發高唱，俛仰身世思前朝。諸公自是古彝鼎，賤子無用同陶匏。賦詩還器且什襲，會有寶氣騰雲霄。

瞿鴻機晚號西巖老漁（人）。

《和西巖老漁超社陶音韻》，後發表於一九一四年《小説月報》五卷二號，款署塞安。

④關於楊寶寶等『上海三闊少』：

楊寶鏞，小字寶寶。字子京。鄞縣人。巨商楊憇棠子。『楊慶和』銀樓老闆。恩賜舉人。能書。清末民初寧波籍『上海三闊少』之一。

約光緒十六年（一八九〇）在南京路五福弄『東荒場』建簡陋菜場，低價租給商販。又在南京路貴州路『西荒場』建菜場。

鄭逸梅著《上海舊話・從羊角車到轎子》（上海文化出版社，一九八六年）有『楊子京雇西人擡轎』。花重金讓洋人擡轎。一九〇六年，楊子京『楊慶和』銀樓盤出。

復戡師曾語筆者『上海三闊少』事，每位闊少有一件驚世之舉：

蔡鶴卿（此蔡鶴卿非蔡元培），乘坐十六人擡緑泥大轎，當時上海道員衹是用八擡緑泥大轎。鄞縣人，後經營上海廣東路七號聖保羅保險公司。

經潤三（？—一九一七），在禁止騎馬的道路上跑快馬，不怕罰錢。上虞人。後爲上海地皮大王。

楊寶寶，在六和塔上往下撒金葉子。

⑤關於『五哥』：

徐耀庭（一八六七—？），亦作耀廷、藥庭、藥廷、月亭。祖籍河北鹽山，世居天津。自幼從兄徐子明讀書，通書畫、篆刻。早年曾在李叔同家的桐達錢莊任帳房，長李叔同二十三歲。李叔同稱之徐五老師，亦師亦友。

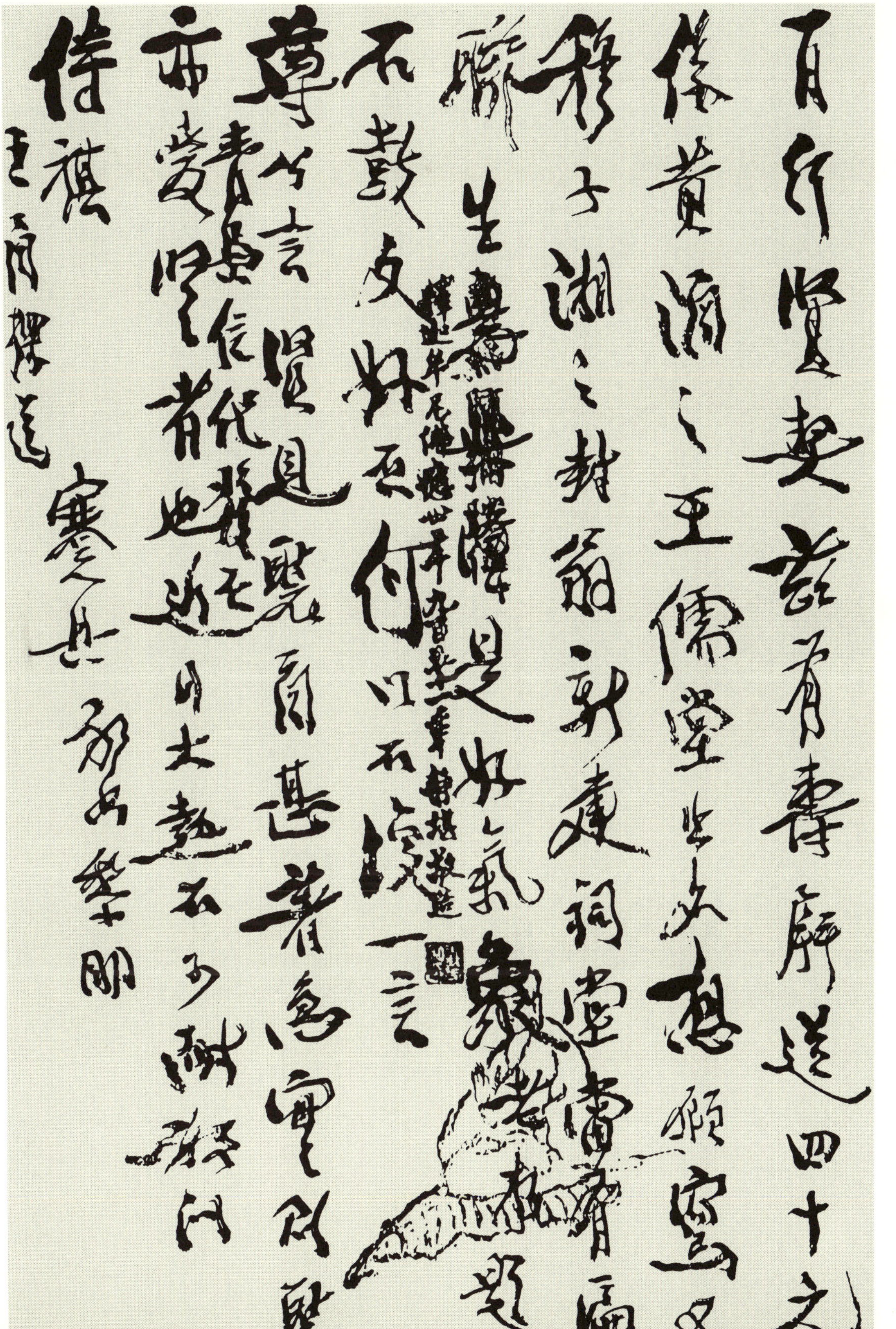

（一五七）致朱復戡①

一九二三年七月十九日　癸亥六月六日　星期四

蕉葉佛箋

百行賢契：

兹有壽屏，送四十元。係黄涵之、王儒堂出名，想願寫。又：穆子湘之封翁新建祠堂，當有匾聯。生意興隆，是好氣象。老朽題《石鼓文》好否，何以不復一言？尊公言賢見褧函甚著急，實則褧亦愛賢者也。青島信代發否？近日大熱不可耐。敬問

侍祺。

蹇具，

初六黎明。

王函探送。

考釋：

①（一五七）衹署『初六日』，未署年、月。

函云『老朽題《石鼓文》好否，何以不復一言』，與（一五〇）函云『去夏寄我縮摹《石鼓》，今爲題語二種』相銜接。又與（一五一）《石鼓文題語》相銜接。又與（一五二）函云『前寄《石鼓文》等收到否』相銜接。又與（一五三）函云『老夫《石鼓》跋語何如』相銜接。又與（一五五）函云『石鼓文收到否』相銜接。

函云『兹有壽屏，送四十元』，與（一五五）函云『刻尚有壽序煩大筆，約可得四十金』相銜接。

此信書寫時間當爲一九二三年七月十九日（癸亥六月六日）。

述評：

①關於『係黄涵之，王儒堂出名』：

知此爲黄涵之、王儒堂捉刀。

百行賢契來函碑表均悉背

觀覽茂之函令知並明之心

見古書引傳謂文甚有書慰碑側

款字望秀窮稍周正焉君送

閱覽八十圓至矣是否此從

代王瑞龍寫亭聯兩來才無

春風自有夏雨雲自鈔錢並

多得我此款即為補助聘記

之用不必寄我即為製成指

雙枚一刻百行一刻細梅望

賢篆字折三軸全豎每個約

八圓左右全錢最無用徒供

遙劫上海將來賢夫婦如樂

盜賣無推與世稱錯隱何等

高尚此時稍從俗而已教問

侍祺・

蹇叟某六月八日

（一五八）致朱復戡①

一九二三年七月二十一日　癸亥六月八日　星期六

飛仙閣箋

百行賢契：

來函、碑、表均悉。『昔睹醱蔑之面，今知然明之心』（見《左傳》，曾文正②喜引之），甚爲喜慰。碑側款字望另寫，稍周正。馬君送潤資八十圓，至矣足矣。此從代王瑞龍寫亭聯而來，可知春風自有夏雨。雪白銀錢，豈易得哉。此款即爲補助聘禮之用，不必寄我。即爲製戒指雙枚，一刻百行，一刻紉梅，望賢篆字，打至輕金質，每個約八圓左右。金、鑽最無用，徒供盜劫（上海屢見），將來賢夫婦如梁孟賃廡推髻，世稱偕隱，何等高尚，此時稍從俗而已。敬問

侍祺。

塞安具，

六月八日。

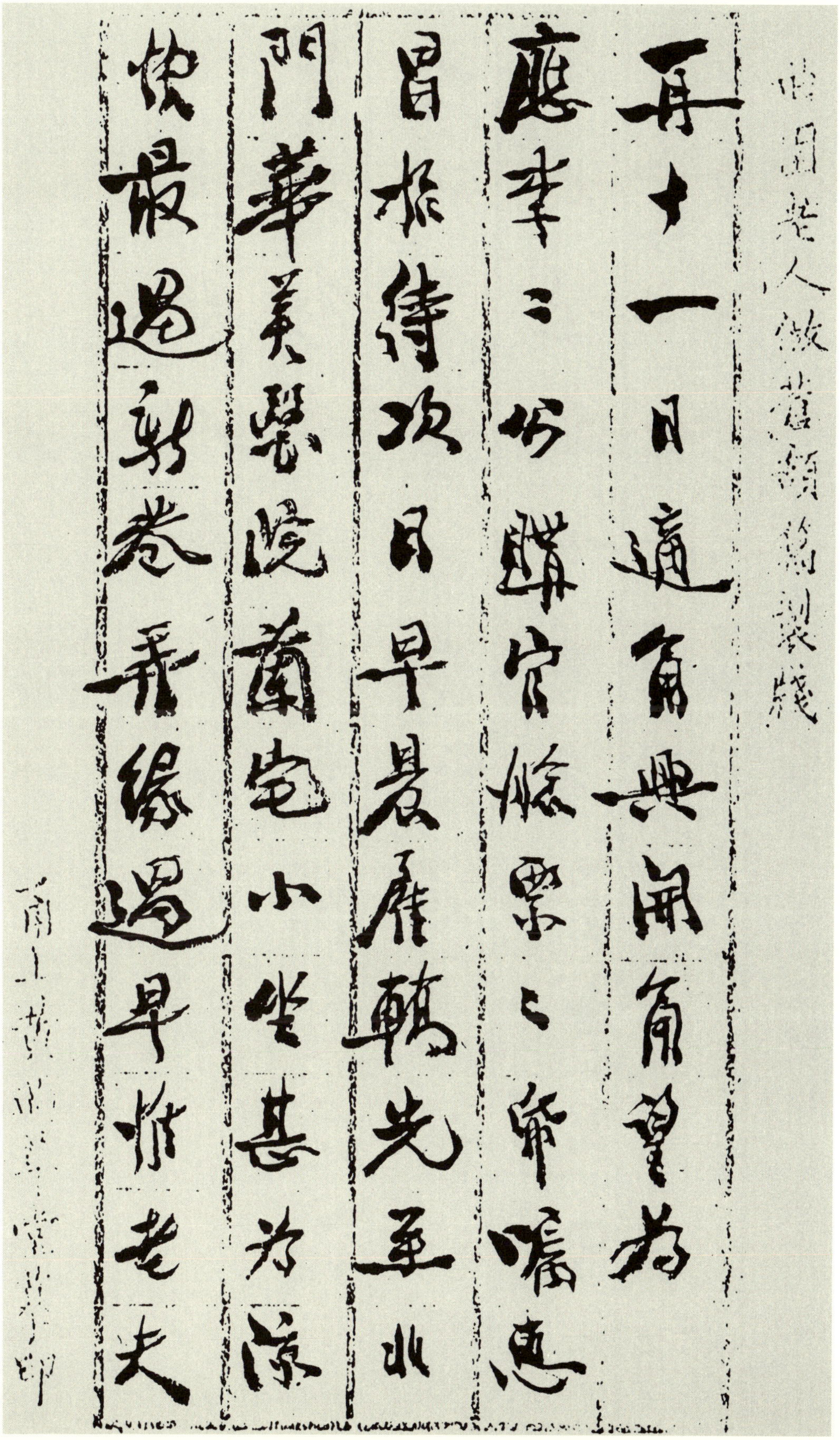

已起他人不能也切囑

季翁秋否同來齊探明速復

青山農黃花農福建長樂人堂

藏為登載於報手見茶楚中南華別新不報一

旅寓白一位長沙陵氏厚甲謝弄

安長畢一笑盡訴之

弟[illegible]黃興[illegible]

碑字明日交玉鈴寄 請收存送
楊葉飯行速閱
何齋先生 回音

（一五九）致朱復戡

一九二三年七月二十一日　癸亥六月八日　星期六

黄過草堂箋

再：

十一日適『甬興』開甬，望爲應、李二公購官艙票二張，囑惠昌招待。次日早晨雇轎先至北門華美醫院蘭宅③小坐，甚爲凉快。最④過新巷弄，緣過早惟老夫已起，他人不能也，切囑切囑。季翁⑤能否同來，希探明速復。青山農黄藹農⑥，福建長樂人，吴、鄭爲登報，必好手。（見《中華新報》⑦，篆、隸、刻印，不落窠臼，住長濱路民厚南里對弄安仁里一號，盍訪之。）碑字明日交玉銘寄，請帖希送棉業銀行。速問竹齋先生回音。

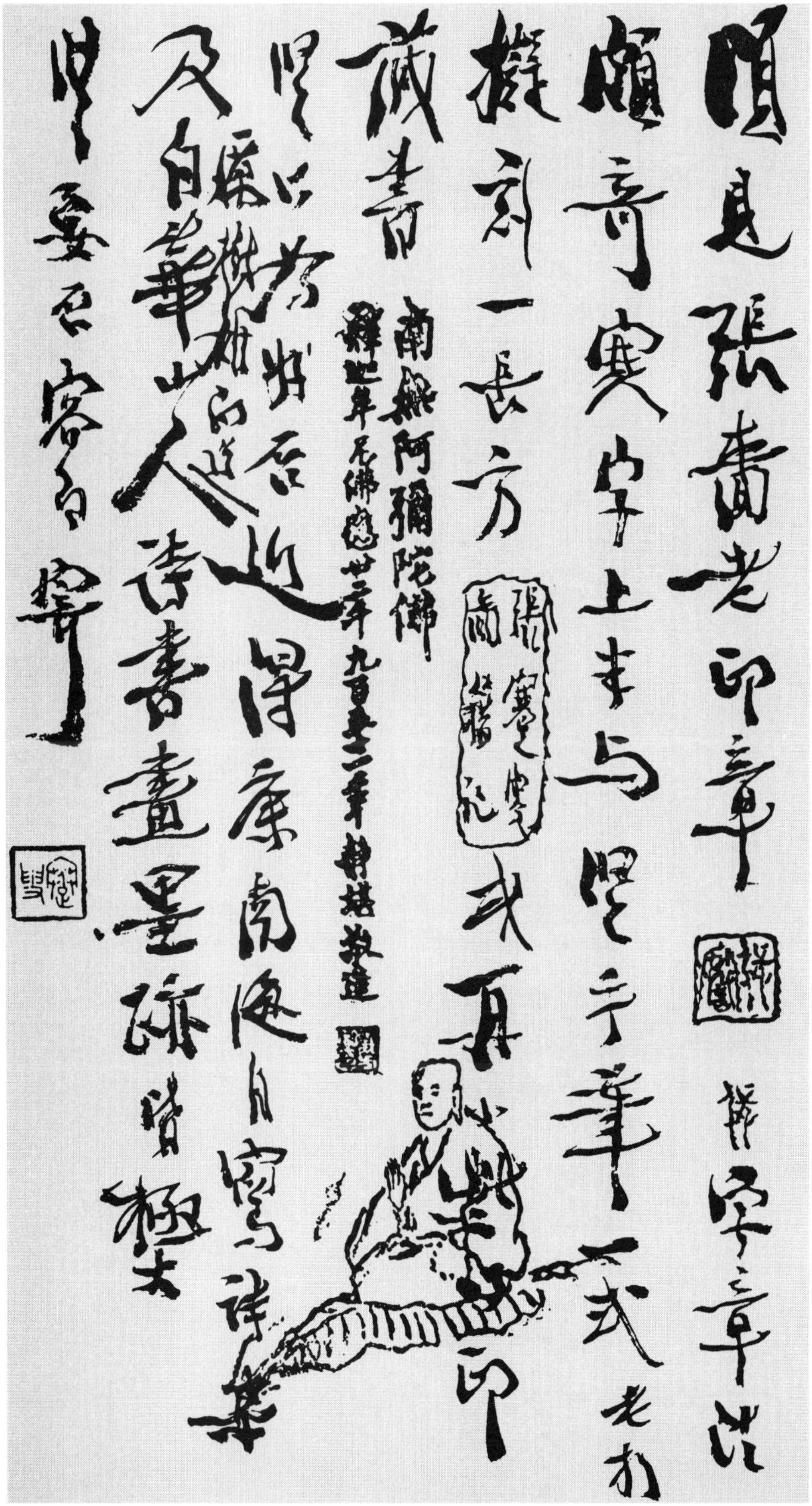
南無阿彌陀佛

（一六〇）致朱復戡

一九二三年七月二十一日　癸亥六月八日　星期六

蕉葉佛箋

頃見張嗇老印章『張謇』，『張』字章法頗奇，『謇』字上半與賢手筆一式。老朽擬刻一長方『張蹇安圖籍記』，或再小些，以印藏書，賢以爲好否？近得《康南海自寫詩集》及厲樹雄⑧所送《白華山人詩書畫墨跡》⑨，皆極大，賢要否？容即寄。

（鈐印）蹇安（朱文）。

考釋：

①（一五八）（一五九）（一六〇）合并考證。（一五八）紙署『六月八日』，未署年。（一五九）（一六〇）未署日期。

（一五八）函云『此款即爲補助聘禮之用』，當爲癸亥。

（一五八）函云『碑側款字望另寫，稍周正。馬君送潤資八十元』，與（一四八）函云『讬爲其親家馬信友君造墳題碑、撰表、製聯』相銜接。又與（一五〇）函云『馬信友碑、表事』相銜接。又與（一五五）函云『王瑞龍來面，碑誌已寫好，潤已送達』相銜接。

（一五九）函云『碑字明日交玉銘寄』，與（一五八）函云『碑側款字望另寫，稍周正』相銜接。與後（一六一）函云『昨函想各事照辦爲慰。新甯紹開星期。茲寄還馬君碑、表』有聯係，此爲前引。又與後（一六二）函云『馬君碑改寫年月，想照辦』有聯係，此爲前引。

（一五九）函云『十一日適「甬興」開甬，望爲應、李二公購官艙票二紙，……季翁能否同來，……速問竹齋先生回音』，與後（一六一）函云『兩冰人來，合家歡喜。竹齋，彥威，晤希代謝。』有聯係，此爲前引。

（一六〇）函云『近得《康南海自寫詩集》及厲樹雄所送《白華山人詩書畫墨跡》，皆極大，賢要否？容即寄』，與後（一六一）函云『茲寄還馬君碑、表，又《白華墨迹》』有聯係，此爲前引。

總之：（一五八）（一五九）（一六〇）三函同封。書寫時間當爲一九二三年七月二十一日（癸亥六月八日）。

②曾國藩。

③蘭雅谷宅。

④此處似奪『後』之類的字。

⑤應季審。

⑥黄葆戉（藹農）。

⑦《中華新報》，一九一五年十月十日，創刊於上海。

⑧厲汝熊（樹雄）。

述評：

①關於『昔睹鬷蔑之面，今知然明之心』：

張美翊、張褧伯父子對『戴女事』的誤會消除之後，用『昔睹鬷蔑之面，今知然明之心』典，表明對朱復戡知面知心之意。又用『梁孟賃廡推髻』典作爲祝福。

『昔睹鬷蔑之面，今知然明之心』典出春秋時期鄭國大夫鬷蔑（字然明），貌丑而心有見識。

《左傳・襄公二十五年》：

子産始知然明，問爲政焉。對曰：『視民如子。見不仁者誅之，如鷹鸇之逐鳥雀也。』子産喜，以語子大叔，且曰：『他日吾見蔑之面而已，今吾見其心矣。』

『梁孟賃廡推髻』典出東漢時期的梁鴻與妻孟光隱居霸陵山中。《後漢書・逸民列傳・梁鴻》：

梁鴻字伯鸞。扶風平陵人也。……同縣孟氏有女，狀肥丑而黑，力舉石臼，擇對不嫁，至年三十。父母問其故。女曰：『欲得賢如梁伯鸞者。』鴻聞而娉之。女求作布衣、麻屨，織作筐緝績之具。及嫁，始以裝飾入門。七日而鴻不答。妻乃跪牀下請曰：『竊聞夫子高義，簡斥數婦，妾亦偃蹇數夫矣。今而見擇，敢不請罪。』鴻曰：『吾欲裘褐之人，可與俱隱深山者爾。今乃衣綺縞，傅粉墨，豈鴻所願哉？』妻曰：『以觀夫子之志耳。妾自有隱居之服。』乃更爲椎髻，着布衣，操作而前。鴻大喜曰：『此真梁鴻妻也。能奉我矣！』字之曰德曜，名孟光。……遂至吴，依大家皋伯通，居廡下，爲人賃舂。每歸，妻爲具食，不敢於鴻前仰視，舉案齊眉。

②關於黄藹農：

黄葆戉（一八八〇—一九六八），小字破鉢。字藹農。號鄰谷、青山農。長樂（今福建福州市長樂市）青山村人。閩浙督右參將黄霽亭子。室名：暖日廬、蔗香舘。一九二二年，『上海商務印書舘』編輯，負責出版《宋拓淳化閣帖》《天籟閣舊存宋人畫册》等。後任舘美術部主任廿餘年。精於審定書畫，與姚虞琴、吴湖帆、張大壯并稱『滬濱四慧眼』。書法秦漢。篆刻初法皖、浙派，繼宗黄牧甫，復參漢瓦晉甎、封泥及三代吉金。黄藹農與鄭孝胥，同爲福建長樂人，交密，《鄭孝胥日記》中記録與黄藹農往來頻繁。函云『鄭』，或爲鄭孝胥。

黄葆戉曾兼任《中華新報》副刊《文苑》主編。

③關於厲樹雄：

厲汝熊（一八九一—一九八七），亦作汝雄，字樹雄。英文名字傑姆斯・厲。定海（今舟山）秀山島北浦人，生於上海。一九〇五年，參與組建『甯波和豐紡織股份有限公司』。一九〇九年，『華興保險公司』總經理；『地豐公司』經理；『漢冶萍公司』股東（五百股以上）。一九一一年夏，與柏惠民、徐朗西組織『平民共濟會』。一九一五年，隨張謇的『商務考察團』赴美國參觀（歷時九個月）。一九二〇年，六月，『明公所虹口北廠』募捐鼓吹山團團長；『意商華義銀行』買辦；與盛宣懷四子盛澤承（厲盛兩家世交）合創『豐盛實業公司』，董事長兼副總經理。一九一七年十月，參與發起『華孚商業銀行』，常務董事。一九二一年，『華孚商業銀行』總行經理，宋子文、陳正翔爲副經理；創辦『大陸信託公司』；『上海證券物品交易所』董事；『四明電話公司』總經理。一九二三年，在上海愛多亞路（今延安東路一六〇號）建第一座七層的公寓大樓，稱『厲氏大廈』。一九一五年至一九二五年間，在江蘇辦三家電廠；在浙江辦六家電廠，一家電話公司，一家自來水公司；在安徽辦一家電話公司，一家電燈公司。一九二〇年四月，同鄉會徵求大會寧雄隊隊長。

日行以無所前想各事無亦為懸新窗絲開是期
龍骨遠馬君碑表又白華墨跡希更後殺一面萬
金剛尊者篆之額亦好 賓虹涵之 慶瀾之 藏國
甚美君閣 無量壽阿彌陀佛像 十一面門方濟 清
釋迦牟尼佛應世二千九百五十二年 敬造
算畫王臘之老蕭林寫唐碑絕工其學摩博
人與議以取見石師於金石之
與清文勤吳清吳湖帆鑒秦
字何處其處殺意以石鼓文請其兒作懷老
年何七十矣 中華書局刻期刻春燈剛候張

墨如蘇靈芝錢像，望看之，將來便性善長壽彥序

已樓送望四十元，請磨墨寫句用墨汁，我意當

滴之之主傳臺 王廷送印 傳臺石如代刻用之見畫字取

望以存

侍禪

南無阿彌陀佛

釋迦牟尼佛涅槃二千九百五十三年

寒石

萬勿太大，以此再小些好，過時固難不宜太印

（一六一）致朱復戡①

一九二三年七月二十二日　癸亥六月九日　星期日

蕉葉佛箋

百行賢契：

昨函想各事照辦爲慰。新甯紹開星期。兹寄還馬君碑、表，又《白華墨跡》，希覆我一函。黄、金圖章各篆二顆亦好，黄慶瀾印、涵之；金兆鑾印、筱圃。其姜君②圖章即日寄上。西門方濱橋蘇路清算處王勝之③老翰林寫唐碑絶工，其學極博，人極謙，賢願見否？（與潘文勤④、吴清帥⑤爲金石交。）吴湖帆鬻篆字，即寓其處。我意以《石鼓文》請其題語，勝老年約七十矣。中華書局有明拓《泰山金剛經》《張黑女》《蘇靈芝鐵像》⑥，賢看之好否？陳性善⑦壽序已接，送賢四十元，須磨墨寫，勿用墨汁。我意黄涵之、王儒堂（王正廷印、儒堂），不如代刻用之，免得索取，賢以爲何如？敬問

侍祺。

蹇具，

初九黎明。

『張蹇叜圖籍記』，萬勿太大，比此再小尤好，近時圖籍，不宜大印。

考釋：

①（一六一）祇署『初九黎明』，未署年、月。

函云『兹寄還馬君碑、表，又《白華墨跡》』，與（一五九）函云『厲樹雄所送《白華山人詩書畫墨跡》皆極大，賢要否？容即寄』相銜接。又與（一五九）函云『碑字明日交玉銘寄』相銜接。又與（一五八）函云『碑側款字望另寫，稍周正』相銜接。

函云『張蹇叜圖籍記，萬勿太大，比此再小尤好，近時圖籍，不宜大印』，與（一五九）函云『老朽擬刻一長方「張蹇叜圖籍記」，或再小些，以印藏書』相銜接。

函云『黄、金圖章各篆二顆亦好，黄慶瀾印、涵之；金兆鑾印、筱圃。其姜君圖章即日寄上』，與（一四八）函云『應三體，並爲摹篆印章：黄字涵之，金筱圃，姜證禪』相銜接。

函云『我意黄涵之、王儒堂（王正廷印、儒堂），不如代刻用之，免得索取』，與（一五七）函云『係黄涵之，王儒堂出名。想願寫』相銜接。

函云『陳性善壽序已接，送賢四十元』，與（一五七）函云『兹有壽屏，送四十元』相銜接。又與（一五五）函云『刻尚有壽序煩大筆，約可得四十金』相銜接。

此信書寫時間當爲一九二三年七月二十二日（癸亥六月九日）。

②姜證禪。
③王同愈（勝之）。
④潘祖蔭（文勤）。
⑤吴大澄（清卿）。
⑥蘇靈芝書《大唐易州鐵像頌》，唐開元二十七年（七三九）建，在易縣（今保定市易縣）。蘇靈芝，武功（今武功縣）人。書法融二王、虞世南。
⑦陳性善，寧波人。一九一五年七月，爲『中國紅十字會時疫醫院』活動捐款二元。

述評：

①『王勝之老翰林寫唐碑絶工，其學極博』：

王同愈（一八五六—一九四一），字文若。號勝之、栩緣。元和（今蘇州市）人。室名：槎南草堂。藏書處名：栩栩庵。藏書印有：乙丑翰林、吴縣王同愈書畫文字記、元和王氏圖示記、王氏書庫、王氏秘匧、小人有母、精本、栩栩庵收藏印、栩緣所藏。光緒十五年己丑（一八八九）進士。畫宗宋元，書法歐陽詢、褚遂良。

此是張美翊又一次介紹朱復戡『近老人』，用心良苦。

②關於潘文勤、吴大澄、吴湖帆：

潘祖蔭（一八三〇—一八九〇），小字鳳笙。字伯寅、東鏞、在鐘。號鄭盦、龜盦、少棠、龍威洞天主。謚『文勤』。祖籍歙縣，客籍吴縣。狀元潘世恩孫。室名：八囍齋、功順堂、滂喜齋、漢學居、攀古樓、八求精舍、芬陀利室、龍威洞天、二十鐘山房。咸豐二年（一八五二）進士（探花）。曾藏大盂鼎，今存中國歷史博物館；大克鼎，今存上海博物院。

吴大澄（一八三五—一九〇二），初名大淳，避清穆宗諱改名爲大澄。字止敬、清卿。號恒軒、白雲山樵、白雲病叟。吴縣人。藏書處名：恒軒、愙齋、兩壺庵。同治七年（一八六八）進士。工詩文，擅書畫刻印。精鑒別，精金石學，能釋古文奇字。同治元年（一八六二）『萍花社書畫會』會員。

吴湖帆（一八九四—一九六八），初名翼燕，字橘駿。更名萬，字東莊、倩庵。號丑移。吴縣人。吴大澄過繼孫。室名：雙脩閣、梅景書屋（藏《梅花喜神譜》）、玉華仙館（藏御賜玉華硯）、四歐堂（夫人潘静淑嫁資中有宋拓歐陽詢《化度寺塔銘》《九成宫醴泉銘》《皇甫誕碑》，又家藏《虞恭公碑》，集歐陽詢四帖於一室）、寶董室（得隋《董美人墓志銘》拓片）、邴克山房（吴大澄遺留有周代邴鐘和克鼎）。人稱鑒定『一隻眼』，與錢鏡塘合稱『鑒定雙璧』。弟子中有書畫鑒定家張珩、徐邦達、楊仁愷。書法宋徽宗瘦金書、米芾。畫工青緑山水。

王同愈與潘文勤、吴大澄爲金石交。從中可見張美翊友中多金石家。

致周叙唐人信卷貳

百行外孫婿賢妻兩水人來
合家歡喜竹齋老國照料代
謝馬君碑文寫年月想避諱
以君周章不妨草合黃金冬
為華蒙送馬君處說明我意
不鼓返說好否讀來衡其悅
與人也知為
令繼祖也之兄且論
令繼祖也念佛修行頗耽清
淨甚善日來大熱不可耐
五哥大壽為我代表恭祝頌
送去任華耕君乞寶陽君門
俾壽印加墨長兒來稟云命
額之挹大清餘富是大福
令尊仍復舊暑休息為宜
蹇叟手具　六月廿四日

廣氏頌仙閣製

（一六二）致朱復戡①

一九二三年七月二十七日　癸亥六月十四日　星期五

飛仙閣箋

百行外孫壻賢契②：

兩冰人③來，合家歡喜。竹齋，彦威，晤希代謝。馬君碑改寫年月，想照辦。縣君④圖章不好，望合黄、金⑤各爲摹篆，送馬君處，説明我意。石鼓題語好否？陳秉衡⑥君，伉爽人也，知爲令繼祖母之兄，且諗令繼祖母念佛脩行，頗耽清淨，甚善。日來大熱不可耐。五哥大壽，爲我代表恭祝，頌送否？任莘耕君乞寫湯君⑦門牌，希即加墨。長兒來禀，已命鶴光拓大清錢，當是大觀。令尊代候，溽暑休息爲宜。

蹇叟手具，

六月十四。

考釋：

①（一六二）祇署「六月十四日」，未署年。

函云「馬君碑改寫年月，想照辦」，與（一四八）函云「託爲其親家馬信友君造墳題碑」相銜接。又與（一五〇）函云「馬信友碑、表事」相銜接。又與（一五五）函云「碑誌已寫好，潤已送達」相銜接。又與（一五八）函云「碑側款字望另寫，稍周正。馬君送潤資八十元」相銜接。又與（一五九）函云「碑字明日交玉銘寄」相銜接。又與（一六一）函云「茲寄還馬君碑、表」相銜接。

函云「石鼓題語好否」，與（一五〇）函云「去夏寄我縮摹《石鼓》，今爲題語二種」相銜接。又與（一五一）《石鼓文題語》相銜接。又與（一五二）函云「前寄《石鼓文》等收到否」相銜接。又與（一五三）函云「老夫《石鼓》跋語何如」相銜接。又與（一五五）函云「石鼓文收到否」相銜接。又與（一五七）函云「老朽題《石鼓文》好否，何以不復一言」相銜接。

函云「縣君圖章不好，望合黄、金各爲摹篆」，與（一四八）函云「並爲摹篆印章：黄字涵之，金筱圃」相銜接。又與（一六一）函云「黄、金圖章各篆二顆亦好，黄慶瀾印、涵之；金兆鑾印、筱圃」相銜接。

函云「五哥大壽，爲我代表恭祝，頌送否」，與（一五五）函云「五哥生日，老朽與賢送一新鮮物件」相銜接。

此信書寫時間當爲一九二三年七月二十七日（癸亥六月十四日）。

②此函首見對朱復戡的稱謂改變爲：「百行外孫壻賢契」。

③姜竹齋，應彦威。

④姜證禪，時任鄞縣知事。

⑤黄慶瀾印、涵之。金兆鑾印、筱圃。

⑥陳秉衡，紹興人。在紹興城内利濟橋有『乾泰元錢莊』。一九〇九年，會稽縣商會議員。一九一一年十一月，『紹興臨時軍政分府』軍餉科科員。一九一六年，八月，孫中山訪乾泰元錢莊；紹興商會會董。曾任『上海漁業冰鮮公會』（敦和公所）第三任董事。商會董事。

⑦華美醫院醫生，美國人湯默士。

述評：

①關於『已命鶴光拓大清錢』：

一九二三年拓印本，綫裝《大清錢譜》，即此。

②關於『知爲令繼祖母之兄』：

是朱復戡祖父朱孝弘繼室爲紹興陳氏。

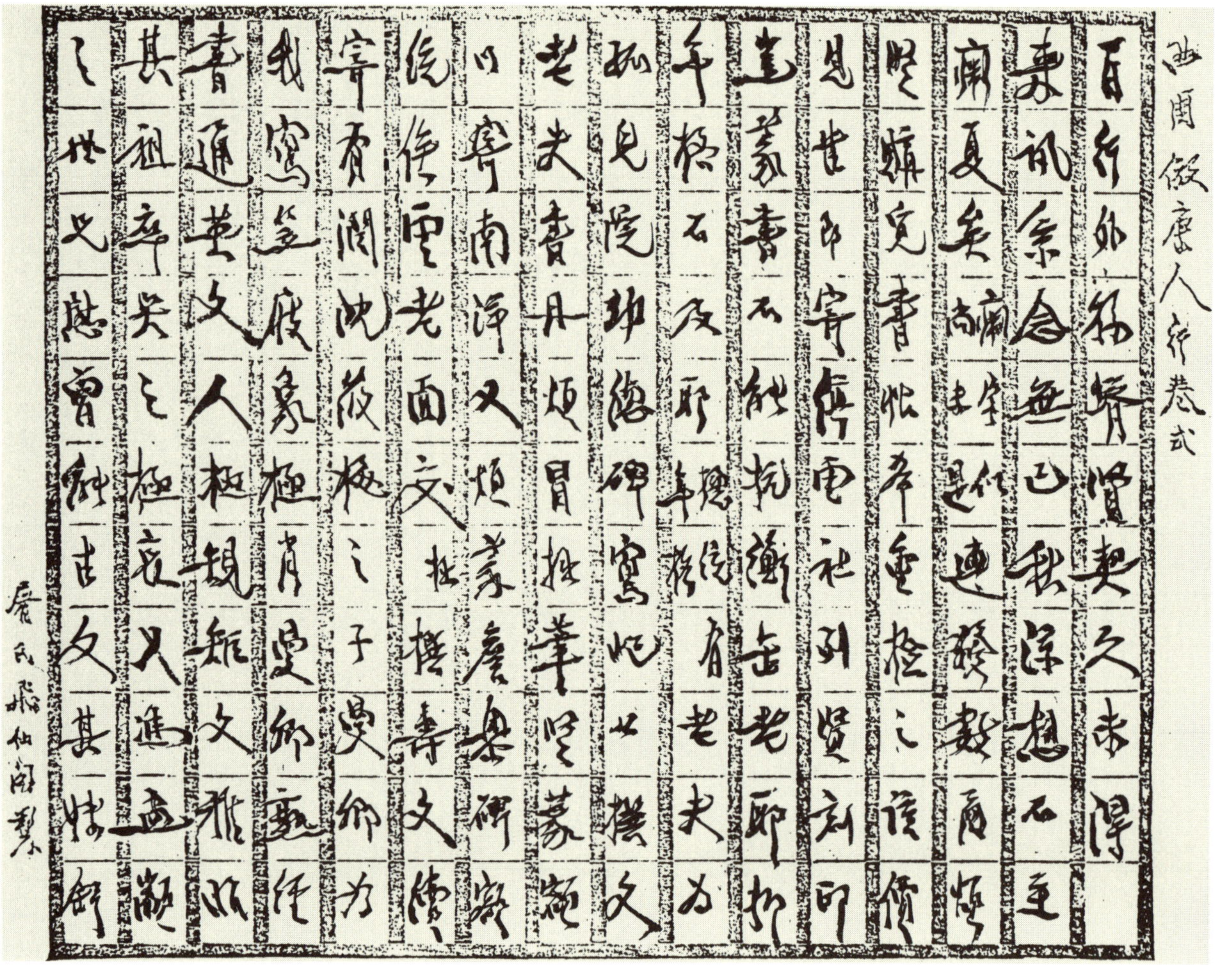

此月候定八十七岁

宜画绝佳老夫烦其写桃源
图及米陈村嫂婴图一口题
得将原长女归顾呈夜宿行
中厥力与友夜出为擦木雷
万祖原日本大使筹措极是
桃弟惠更忙是上海纷繁纷
丸有闲备原此叶不制为是
日来婴院笺与编氏七二度
康言中秋圣膳至日夜是地
谢来日矣黄帝纪之四十六
百二十年登高为七十七甲
子之来年手抛后堂信非耶
现以书帐时远顿知邀元氏
石碑真有独到处近文何人
者示教问
侍祺　蹇具　七月廿七

詹氏飞仙阁制

（一六三）致朱復戡①

一九二三年九月七日　癸亥七月二十七日　星期五

飛仙閣箋

百行外孫壻賢契：

久未得來訊，系［繫］念無已，秋凉想不至痢夏矣（『痢』字似尚未是）。連發數函，煩賢購覓書帖，希重檢之，該價見告即寄。『停雲社』列賢刻印，豈篆書不能抗衡缶老耶？抑年格不及耶？（揔統有年格。）老夫爲孤兒院②功德碑寫：屺公撰文；老夫書丹。煩冒拙筆。賢篆額。以寄南洋。又：煩篆《詹嵒碑》額，統俟雲老③面交。拙撰壽文續寄，有潤。沈筱梅④之子曼卿⑤爲我寫笠屐象極肖。曼卿熟經書、通英文，人極規矩文雅。昨其祖卒，哭之極哀。又：馮孟顓之世兄慰曾，能古文。其妹舒［紓］宜，畫絶佳，老夫煩其寫《桃源圖》及《朱陳村嫁娶圖》，一以贈賢好否？長女歸，謂賢夜宿行中。願勿與友夜出爲囑。水電另組［租］否？日本大灾籌振⑥，極是，椒弟想更忙矣。上海紛獲紅丸，有關係否？此藥不製爲是。日來醫院凉爽，攝氏七二度。謠言中秋黑暗五日夜，是地球末日矣。黄帝紀元⑦四千六百二十年癸亥，爲七十七甲子之末年，平地作海，豈信然耶？現以書帖消遣，頗知魏元氏各碑，真有獨到處。近交何人，希示。敬問

侍祺。

蹇具，

七月廿七。

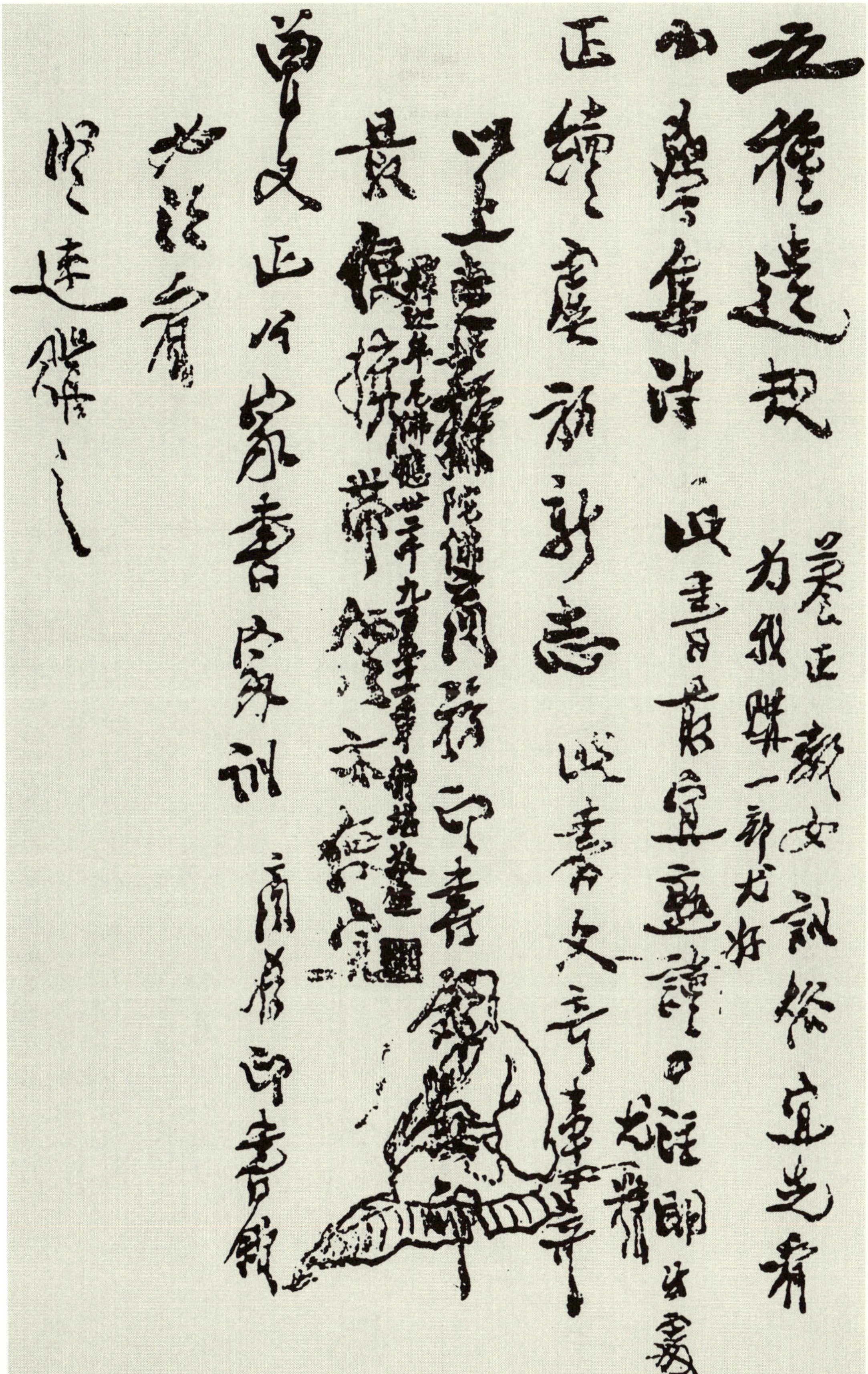
五種遺規

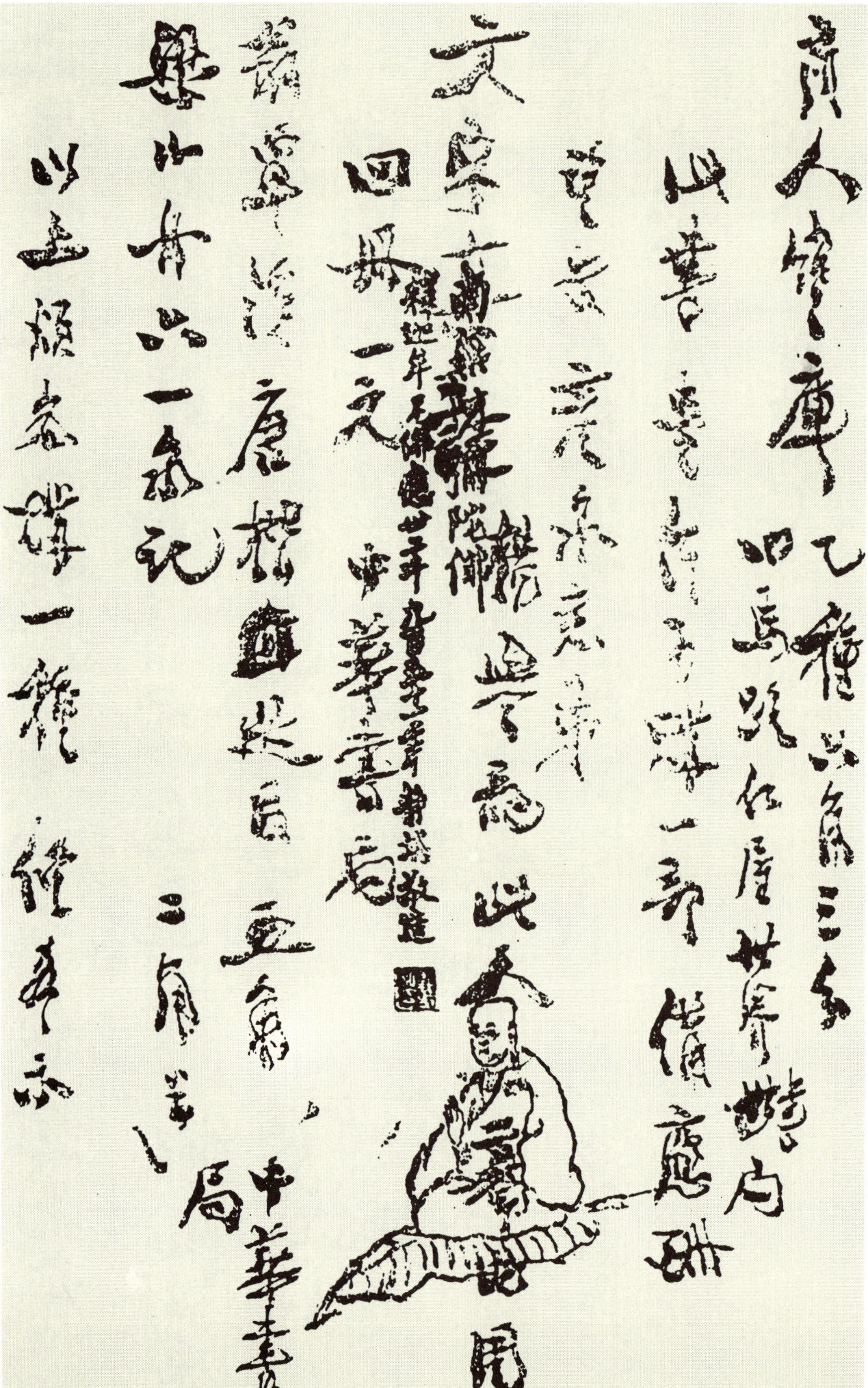
中華書局
四冊一元
中華書局

（一六四）致朱復戡

一九二三年九月七日　癸亥七月二十七日　星期五

蕉葉佛箋

《五種遺規》⑧。（《養正》《教女》《訓俗》，宜先看。爲我購一部尤好。）
《小學集注》⑨。（此書最宜熟讀，注明出處尤精。）
《正續虞初新志》⑩。（此書文奇事奇。）
以上三種，商務印書館鉛印，最便携帶，價亦便宜。
《曾文正公家書》《家訓》⑪。（商務印書館。）必須看，賢速購之。
《商人寶庫》⑫。（乙種，六角三分，四馬路紅屋，世界書局。此書貴行可購一部備應酬，望告彦［蓮］泉表弟。）
《文字真詮》。（楊譽龍，此人酷摹曲園。四册一元，中華書局。）
翁覃溪《唐楷選目》⑬。（五角，中華書局。）
梁山舟《六一泉記》⑭。（二角半，中華書局。）
以上煩各購一種，價希示。

考釋：

①（一六三）（一六四）合并考證。（一六三）衹署『七月廿七日』，未署年。（一六四）未署日期。
（一六三）函云『黄帝紀元四千六百二十年癸亥，爲七十七甲子之末年』，宋教仁曾主張把被認爲是黄帝即位之歲癸亥，作爲紀元元年。
（一六三）言癸亥，距黄帝即位之癸亥正是七十七個甲子，歲癸亥，公曆一九二三年。
（一六三）函云『日本大灾』，一九二三年九月一日，日本關東大地震。
（一六四）函云『此書貴行可購一部備應酬』，朱復戡癸亥初供職上海中國通商銀行南市分行，當爲癸亥。
《沙孟海全集》第十卷《僧孚日録》癸亥十一月一日：『爲蹇丈配書録。』亦爲癸亥。
（一六四）函云『《商人寶庫》……世界書局』，《商人寶庫》爲一九二三年八月上海世界書局再版的新書，所以張美翊囑朱復戡購買，與農曆七月廿七時間相吻合。
（一六四）函云『翁覃溪《唐楷選目》……梁山舟《六一泉記》』，一九二三年，上海棋盤街中華書局出版《名人真跡》叢書：五月出版翁覃溪《唐楷選目》，乃其中第三十種；六月出版梁山舟《六一泉三堂祠記》乃其中第三十一種。亦與農曆七月廿七時間相吻合。爲癸亥佐證。

總之：（一六三）（一六四）兩函同封。書寫時間當爲一九二三年九月七日（癸亥七月二十七日）。

②寧波佛教孤兒院。

③傅硯雲，亦作傅硯芸。

④沈枚（一八七五—一九四九），字光初。號嘯梅，亦作筱梅。六十歲後別署瘦鶴山人、瘦石老人、古稀餘生。室名：頤壽草堂、寄雲廬。鄞縣城獅子街人（今寧波市海曙區）。工畫，任伯年關門弟子。有《沈嘯梅畫集》。

⑤沈曼卿（一八九八—一九八〇），原名家箴。晚號曼安、橦月居士。沈筱梅子。一九二〇年至一九二四年，先後二次就讀於東南大學中文系。曾任寧波培英中學、中山公學教師。工詞章，擅繪畫。

⑥一九二三年九月一日，日本關東地區（橫濱和東京一帶）發生八點一級大地震，稱爲關東大地震。

⑦黄帝紀元：辛亥革命前，曾經流行以黄帝建國爲元年的紀年方式，一般認爲黄帝建國在公元前一六九八年，此函作於癸亥（一九二三），距其時正七十七個甲子。

⑧清人陳宏謀輯。陳宏謀（一六九六—一七七一），原名『弘謀』，因避清高宗弘曆名諱改『宏謀』。字汝咨。號榕門。臨桂（今廣西桂林市臨桂區）人。《五種遺規》將歷代重要風俗政事文獻整理成五部精簡扼要的參考教本。

《沙孟海全集》（西泠印社出版社，二〇一〇年）第九卷《僧孚日録》庚申十二月十五日：

看《五種遺規》。

⑨朱熹撰；陳選集注。陳選（一四二九—一四八六），字士賢。號克庵。謚『恭愍』。臨海（今台州市臨海市）城關人。明天順四年（一四六〇）進士。此書是儒者爲學的基礎。

⑩《正續虞初新志》，張潮編著。張潮（一六五〇—？），字山來。號心齋、仲子。歙縣（今安徽歙縣）人。順治六年（一六四九）進士。《虞初新志》收集明末清初人文章。按照『隨到隨評』『隨選隨刻』『遞補遞印』的方式編刊，歷時二十餘年。所收篇章大抵真人真事，一般都帶有奇異情節或不尋常的事件和人物。如王思任《徐霞客傳》、吴偉業《柳敬亭傳》。由於史料缺乏，張潮生前《虞初新志》最後刊行本或選定本，謂之『正』編，後人據遺稿編入者謂之『續』編。

⑪《曾文正公家書》，全書集結了曾國藩在清道光二十年（一八四〇）至同治十年（一八七一）前後寫致祖父母、父母、叔父母、諸弟、妻子及兒輩的家信，内容涉及進德脩業、經邦緯國之道的闡發。《曾文正公家訓》，是曾國藩寫給兄弟子姪的書信匯編。

⑫《商人寶庫》，一九二三年八月上海世界書局出版，内容爲：商人模範、銷售百法、日用字匯、商業尺牘、尺牘材料、酬世文件、柬帖程式、郵電便覽等。

⑬翁覃溪（方綱）《唐楷選目》，蔣樂菴原藏，高野侯鑒定。内容爲翁方綱校唐碑筆記二十四種：歐陽詢《化度寺邕禪師塔銘》《九成宫醴泉銘》《皇甫府君碑》，張旭《郎官石記》，褚遂良《陰符經》《伊闕三龕記》《雁塔聖教序記》，虞世南《破邪論序》，顔真卿《茅山李元靖先生碑》《宋廣平碑兩側》，李邕《端州石室記》，柳公權《西平王李晟碑》，敬客《王居士甎塔銘》，佚名《祭酒孔憲公碑》等。一九二三年五月上海中華書局出版。

⑭梁山舟（同書）《六一泉三堂祠記》，西泠印社原藏，高野侯鑒定。一九二三年六月上海中華書局出版。

述評：

①關於書目：

張美翊言及代爲購覓書帖事，在致朱復戡手札中兩見，此一見，另見（六一）函云『所要書局樣本書目，望爲代覓是幸』。（一六四）箋紙用『蕉葉佛箋』，而『蕉葉佛箋』造於壬戌，首次見用於一九二二年九月二十七日（壬戌八月七日）。（六一）早於造箋，故不能附於彼，而衹能附於此。

②關於『馮孟顓之世兄慰曾，能古文。其妹舒（紓）宜』：

馮貞群（一八八六—一九六二），字孟顓，亦作曼孺（儒）。號成化子、妙有子、伏跗居士；晚號孤獨老人。慈谿孝中鎮（今慈城鎮）人，生於松江（今上海市松江區）。藏書處名：伏跗室（族叔馮君木命名）。『伏跗』出於王延壽《魯靈光殿賦》『狡兔跧伏於柎（跗）側』，意爲『伏處鄉里不求顯，而致力於學』。藏書印有：伏趺、伏跗室、慈谿馮氏醉經閣圖籍。光緒二十八年壬寅（一九〇二）秀才。一九〇九年，寧波府中學會考英文、歷史、地理科員。一九一一年十一月，『寧波軍政分府』參議員。編有《鄞縣范氏天一閣書目内編》《伏跗室書目》。參編《四明叢書》。書法歐陽詢。

馮適（一九〇三—一九四九），小字慰曾。原名昭適，字衷博。號飛鳧山人。慈谿慈城鎮人。馮孟顓獨子。室名：飛鳧山館。著有《飛鳧山舘筆記》。工書，好佛學。一九二四年八月坐舘章太炎家，並從章氏研《説文》。

馮紓（一九〇四—一九三七），字紓宜。慈城人。馮孟顓長女。師事趙蕙庵。工畫。

③關於朱陳村嫁娶圖：

出典見明代都穆《南濠詩話》（丁福保輯《歷代詩話續編》，中華書局，一九八三年）：

> 朱陳村在徐州豐縣東南一百里深山中，民俗淳質，一村惟朱陳二姓，世爲婚姻。……坡翁《朱陳村嫁娶圖》。

張美翊以外孫女陳紉梅嫁朱義方，恰一朱一陳，故贈此圖。

④關於『老夫爲孤兒院功德碑寫：屺公撰文；老夫書丹。煩冒拙筆。賢篆額』：

民國《鄞縣通志・文獻志》：

一九二三年：

> 《佛教孤兒院南洋方外董事功德碑》：篆額『甯波佛教孤兒院南洋方外董事功德碑』；陳訓正撰；張美翊隸書；李義方篆額；周容刻石。碑石存在處：佛教孤兒院。

據此函，可知民國《鄞縣通志》所謂：『張美翊隸書』，實際上是朱復戡捉刀代作隸書；『李義方篆額』應是『朱義方篆額』。《鄞縣通志》誤作『李義方』。

李鴻章六弟李昭慶之子李經方（一八五五—一九三四），字伯行。過繼給李鴻章爲長子。『李經方』與『朱義方』，皆字『伯行』。復戡師曾對筆者説不喜『伯行』，一因與李鴻章子重名。二因『伯行』與『不幸』吳語諧音。師云：千萬不要搞出個『不幸早死』之類陳列於社中。

⑤關於『停雲社列賢刻印，豈篆書不能抗衡缶老耶？抑年格不及耶』：

海上停雲書畫社，一九二三年仲夏創立。俞語霜逝後，題襟館分爲二，一在福州路；一與南市的邑廟豫園書畫會合并後名停雲館（陶潛詩：『靄靄停雲』，陶自序『停雲，思親友也』）。由任堇、吕萬等主持。有八十餘人，社址初設於麥底安路（今山東南路）明德里。

朱復戡此時的篆刻已經卓然名家，所以停雲社陳列其篆刻。而張美翊認爲此時朱復戡的篆書可以與吴昌碩抗衡，不應該因朱復戡年輕而不陳列於社中。

⑥關於『現以書帖消遣，頗知魏元氏各碑，真有獨到處』：

張美翊一九二〇年十月七日（庚申八月二十六日）致劉邦驥函曾言對碑帖『好漢隸唐碑而不喜齊魏』。此時似有改變。

的事。

木公先生侍史得委弟廟志
貴祉教此乃与齋見并令此
時方知經書之宜讀徑前来
嘗主張廢經不料狗至此也
朝廷
大作知趙仲攜之夯張玉樂
遣俊務七
代向三七寄一紙買藏念一子
為佳無疑揮雲又有小文子
袁曾峰道念器院巳畢
至七乙度上夜多雨日来犬
矢謀言中秋思重見滅
沈耶人四如此天道子如七
七甲子之事真不易過而
兵戈未必多歎敬問
道禧　　　弟張美湖州此小贶

庚戌秋社郎謹志

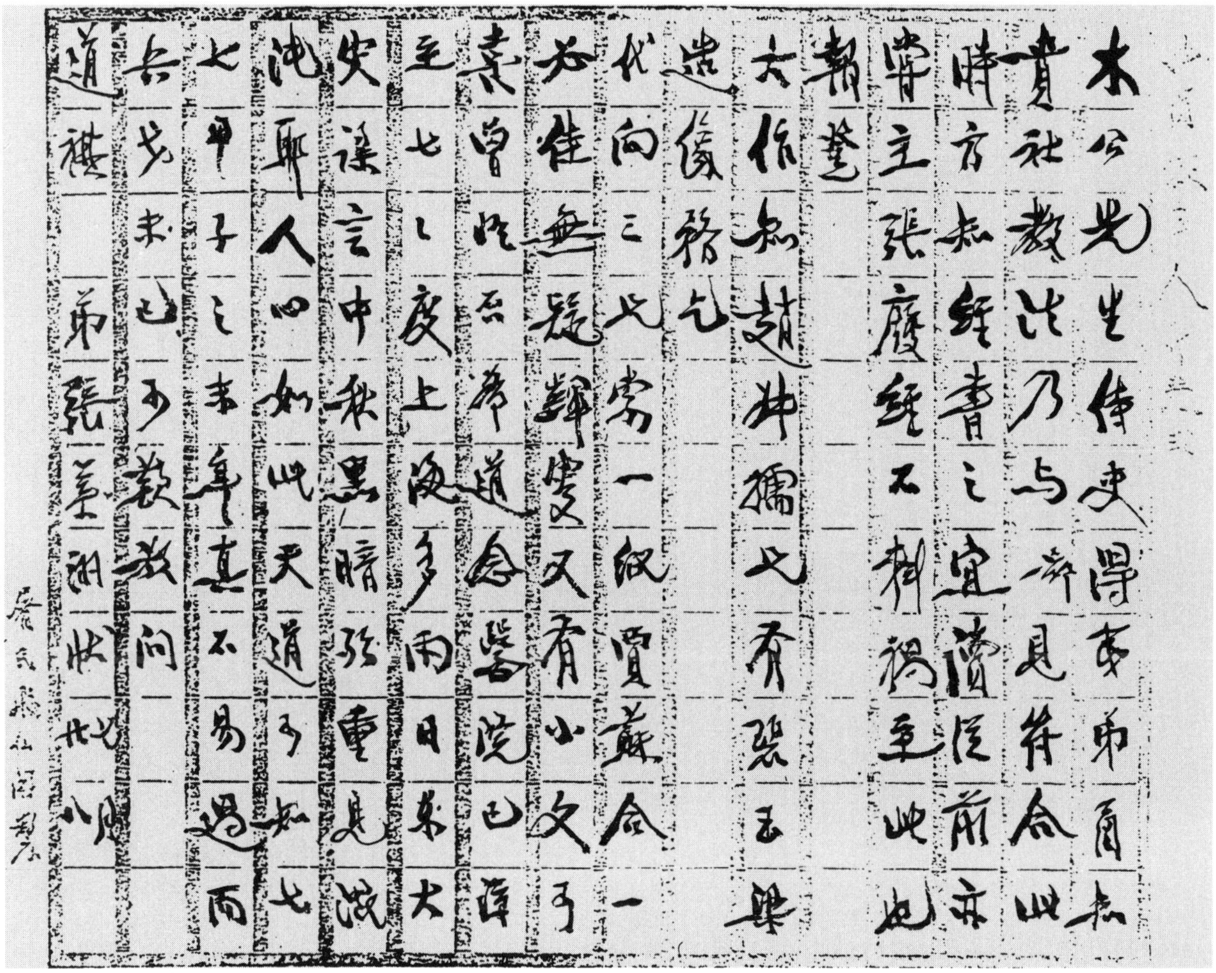

（一六五）致馮君木①

一九二三年九月八日　癸亥七月二十八日　星期六

飛仙閣箋

木公先生侍史：

得夷弟②函，知貴社③教法乃與鄙見符合。此時方知經書之宜讀，從前亦嘗主張廢經，不料禍至此也。報登大作，知趙叔孺兄有碧玉梁造像，務乞代向三兄索一紙，賈蘇合一，必佳無疑。韡叜④又有小文，可喜，曾晤否？希道念。醫院已凉至七二度，上海多雨。日本大灾，謡言中秋黑暗，殆重見混沌耶？人心如此，天道可知。七七甲子之末年，真不易過，而兵戈未已，可嘆。敬問

道祺。

弟張美翊狀，

七月廿八。

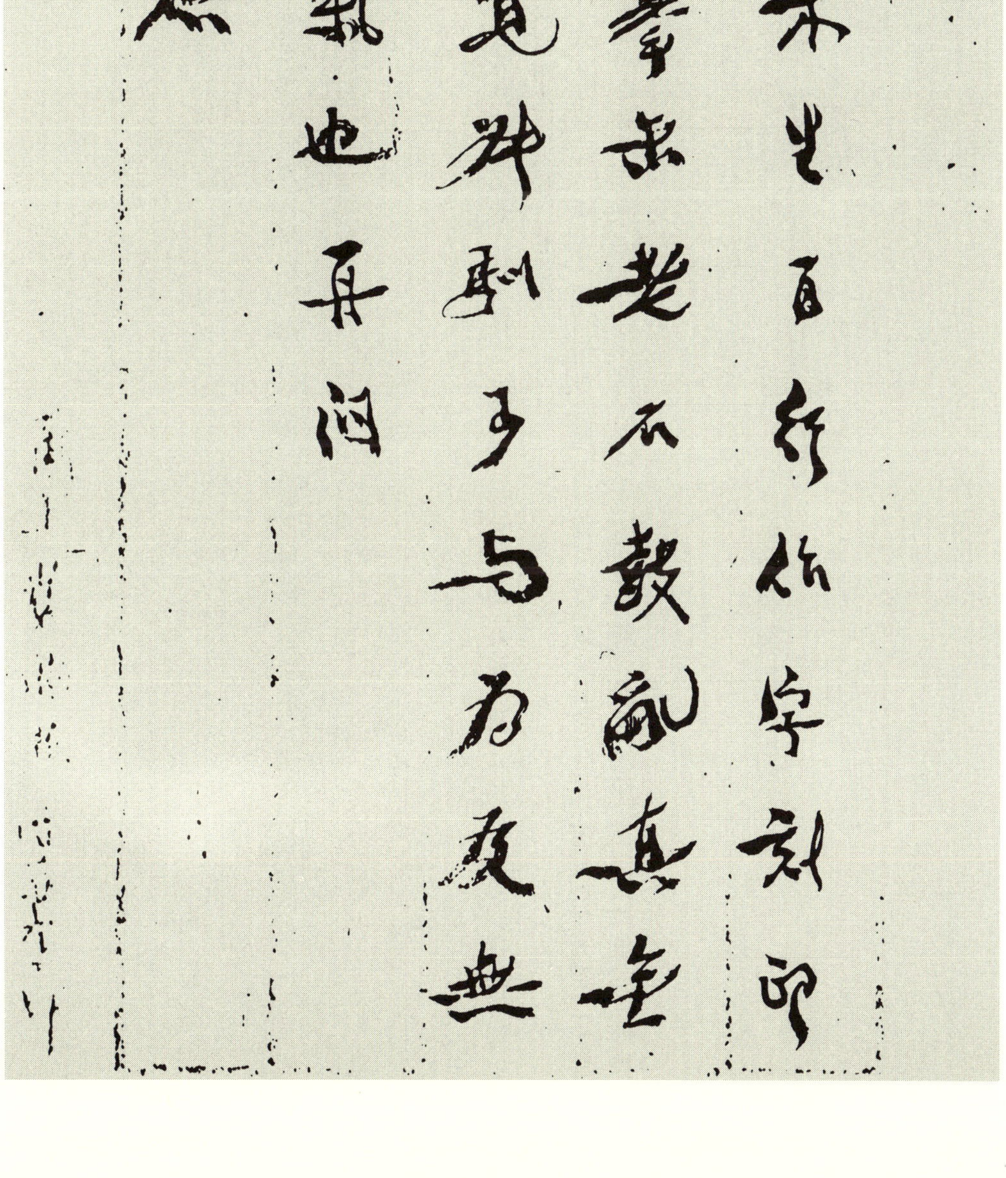

耳　敝門下朱生自行作字刻印
老有天授篆書老不數亂真金
潤格備覽彭取手与為友無
新文化賢氣也耳問
大祺　弟又照

（一六六）致馮君木

一九二三年九月八日　癸亥七月二十八日　星期六

黄過草堂箋

再：

敝門下朱生百行，作字刻印，若有天授，摹缶老[⑤]《石鼓》亂真矣。潤格附覽。叔馴[⑥]可與爲友，無新文化習氣也。再問台祺。

弟又啓。

考釋：

①（一六五）（一六六）致馮君木，合并考證。（一六五）祇署『七月廿八日』，未署年。（一六六）未署日期。

（一六五）函云『日本大灾』，與（一六三）函云『日本大灾籌振』相銜接。

（一六五）函云『謡言中秋黑暗，殆重見混沌耶』，與（一六三）函云『謡言中秋黑暗五日夜，是地球末日矣。黄帝紀元四千六百二十年癸亥，爲七十七甲子之末年』相銜接。《沙孟海全集》（西泠印社出版社，二〇一〇年）第十卷《僧孚日録》癸亥八月十四日（一九二三年九月二十四日）：

> 説者謂地震期在八月之望，故中秋將至，衆心恐慌。

（一六六）當是張美翊介紹朱復戡拜訪馮君木的介紹信。從署款『弟又啓』可知。

總之：（一六五）（一六六）兩函同封。致馮君木。書寫時間當爲一九二三年九月八日（癸亥七月二十八日）。

②葛夷谷。

③脩能學社。

④李審言。

⑤吴昌碩。

⑥張謙（叔馴）。

述評：

①關於『貴社教法乃與鄙見符合』：

脩能學社，一九二三年七月，上海錢業界領袖秦潤卿在海甯路北河南路路口辦學校，延請馮君木爲校長。

秦祖澤（一八七七—一九六六），字潤卿。晚號抹雲老人。慈谿孝中鎮（今寧波江北區北城鎮）人。上海寧波路有福源莊錢莊。一九二〇年，上海錢業公會會長。

藏書樓名：抹雲樓。

寧波市圖書舘藏《抹雲樓藏書目》，有秦潤卿手鈔《讓三先生遺書目》，共有《西漢會要》《春秋疏》《吴越簡史》等二六九八册。乃張美翊後人捐贈抹雲樓。

陳布雷《修能圖書舘記》（拓本見《沙孟海書法集》，上海書畫出版社，一九八七年）：

聘吾師慈谿馮回風先生爲之，主國故經傳、文史之屬；無錫楊君歷樵副之，主外國語、算術、會汁之屬。訓恩與同邑洪戌阿先生、朱君炎復、錢君太希、馮君都良；鄞沙君孟海、屠君心源；奉化俞君次異；興化楊君孟昂等各據所長，并膺講席。

款署：

民國三十六年丁亥三月，慈谿陳訓恩撰；鄞沙文若書。

張美翊、馮君木均反對新文化，晚輩中無新文化習氣者方可交往。馮君木、沙孟海師徒對新文化的態度附此：

一九二一年（辛酉），馮君木《與宓生如卓》（王文濡編《當代名人尺牘》，上海文明書局，一九二六年）：

前接來書，纚纚千百言，具見意志之篤實，心眼之曠遠。申紙低回，歡喜何量。今日學子揭櫫『文化運動』四字，空言囂張，適爲不悦學者藏身之窟。新道德未有端緒，舊道德已全冲决。横流稽天，未知所届。而先進宿士，袖手旁睨，大率持兩種態度：一則絶對排斥，視之爲洪水猛獸；一則極端迎合，奉之爲玉律金科。要之，楚固失矣，而齊亦未爲得也。竊思文化新潮，澎湃及於全球，固萬不容膠執成見，横施阻遏。然青年學力未充，意識未塙，要須有整齊利道之者。而但有聳動，絶無箴規。坐令多數學子，中風狂進。無復有沈潛研討之意。氣焰則日長而日高，問學則愈趨而愈下。噫，是孰使之然歟？鄙人深矉熟視，殷憂無窮。忝以一日之長，不欲自捫其舌。嘗謂今之青年有七大惡德，試爲足下發之：一曰夸大。改造社會，提倡文化，大言炎炎，自命先覺。標高揭己，目空一世，心得淺深，不復内省。二曰偷惰。厭文學之深博，斥之爲陳死。畏科學精實，詆之爲物質。自由思想，不學驕人。清談誤國，今豈異古。三曰淺燥。但逞血氣，不問理解。以急激見鋒穎，目審慎爲畏葸。甚囂塵上，動輒盲從。四曰專愎。解放改造，奮鬥覺悟，勞工神聖，戀愛自由。語有定譜，句有定式，文有定符號，論有定主議。千言霧塞，萬喙雷同。小持異議，便遭抨擊。深閉固拒，不容調和。五曰誕妄。新舊牴牾，匪伊夕朝。誠意感孚，庶收厥效。乃危言激論，好爲欺詐。或肆口污蠛，或深文周内，故甚其詞，冀相鼓動。習慣即成，信用斯失。六曰輕薄。主張不同，言論自異，往復辯難，學者恒事。乃惡語傷人，無復蘊蓄。冷嘲刻詈，盈篇累牘，類市兒之交鬨，等村嫗之勃谿。意量之隘，貽譏大雅。七曰殘忍。主義則趨於破壞，議論則敢於推翻。奸人陰私以逞詞鋒，毁人名譽以張直道。甚至父子革命，夫婦離婚，但期立異，無難實踐。割恩絶愛，恬不爲疚。忠厚之性，喪失盡矣。綜是七者，要以一言括之，曰：趨時自炫而已。惟趨時也，固徇人而不克己；惟自炫也，故好名而不務實。操是術也以往，吾恐數十年後，中國將無人才之可言。而學問道德之途，或幾於茀絶矣。夫以我國學説之迂，心習之陋，丁此新運，寧容孱守。年華鼎盛，朝氣方昌，誠宜廓其心量，廣儲博籀，用供異日入世之需。憚於精密之探索。而惟是虛掠光影，以嘩世而取寵，抑其自待不既薄乎？吾弟嚴於思考，不爲苟同，實事求是，孳孳無已。前所云云，萬不至於墮其波流。特以沈憂塡臆，不吐不快，聊復爲吾弟一舒寫耳。愛之也深，不覺言之也盡。望之也殷，不覺責之也厚。諸青年或當聞見而見諒耶。《儒林外史》，頃讀畢否？繼有論列，極盼寫寄。春寒颯沓，惟爲學珍重。开白。

《沙孟海全集》（西泠印社出版社，二〇一〇年）第十卷《僧孚日録》壬戌七月廿三日：

南京高等師範有學術雜志刊行，月出一册，翔集中西古今之學説，論議平允，文筆亦近雅，力排近時新文藝、新教育之妄謬。舉世非之，獨立不撓。雖未必盡美，亦可謂鷄鳴風雨、砥柱中流者矣。（此志出後，各處報紙多非罵之，以爲頑舊，不隨潮流，吾誠不解若輩順應潮流者，果何裨於社會也。）編中譯自西籍者有白壁德《中西人文教育談》，葛蘭堅《論新》諸篇。白、葛皆美國人，白談中國言論界之利病，切中窾要。葛但論彼國近時風尚之浮囂，正與我國絲毫無異。我國今日談新文化者，動引西方邪説，閒執衆口，此志多以西方學説來相駁責，侃侃而談，最爲痛快。囂囂之徒，可以休也。

②關於張美翊與馮君木：

一九一七年，張美翊贈書馮君木。二人有詩唱和，見《回風堂詩文集》（中華書局倣宋字鉛印本，一九四一年）：

張美翊《以倣宋本韓子蒼饒德操二集贈君木題詩其耑》：

江西詩派當時盛，宋本傳摹未失眞。一代韓饒同寂寞，中天坡谷並嶙峋。遺編甫出悲亡國，法脉相傳見古人。持贈知音倍珍重，謾將訾議薄居仁。

馮君木《次韵張蹇叟見貽倣宋本陵陽倚松二集蓋嘉興沈乙庵所刊者沈有序自署老民其紀年猶曰宣統癸丑也（丁巳）》：

慶元一髮存單本。天壤廖廖獨識眞。撥棄煙埃追冷澹，琱鎪寒碧出嶙峋。稱詩苦愛西江派，開卷如逢汐社人。割取巾箱肯相餉，知君用意亦能仁。

一九二二年，馮君木有《蹇叟餉黄巖橘報之以詩》：

風塵遠致色猶鮮，話到分甘意惘然。別有酸辛縈齒頰，且將悲感答纏緜。民生莫保侯千户，樹蓺虛期木十年。羣盜連山方物損，可堪回首赤城顛。

③關於『報登大作，知趙叔孺兄有碧玉梁造像』：

『大作』，指馮君木《題梁虞思美碧玉造象題名記拓本為陳介誾》（《回風堂詩文集》，中華書局倣宋字鉛印本，一九四一年）：

文曰：中大通二年，歲次庚戌四月八日，吳興人虞思美敬崇釋迦像一區，上為皇帝陛下國祚永固，邊方安泰，水災了絶，民生休寧。

又願一切受苦衆生咸同斯福。都六十字。造象已佚，僅存斯記。書體峻整茂美，足以羽翼始興。外韜木匣，匣上有趙悲盦題字曰：『天地間有數文字』，旁款云：『梁玉象題名，舊藏江甯甘氏，撝叔趙之謙。』其玉今為趙叔孺所藏，叔孺用石綠拓其文，並刻二印鈐之拓本。一白文曰『天地間有數文字』；一朱文曰『辛酉十二月四明趙叔孺得梁玉象題名記』，矜寵至矣。陳介闇得其一本屬題。

峻嚴紗躡貫思伯，緜密遠開蘇孝慈。片玉蕭梁餘劇蹟，不須重問館壇碑。

趙三琱刻美無倫，抱得貞珉慰苦辛。宛孌斯文如女色，不妨碧玉當情人。

幽翠寒瓊拾得難，平分手拓與人看。臺城柳色應無恙，留取青青照歲寒。

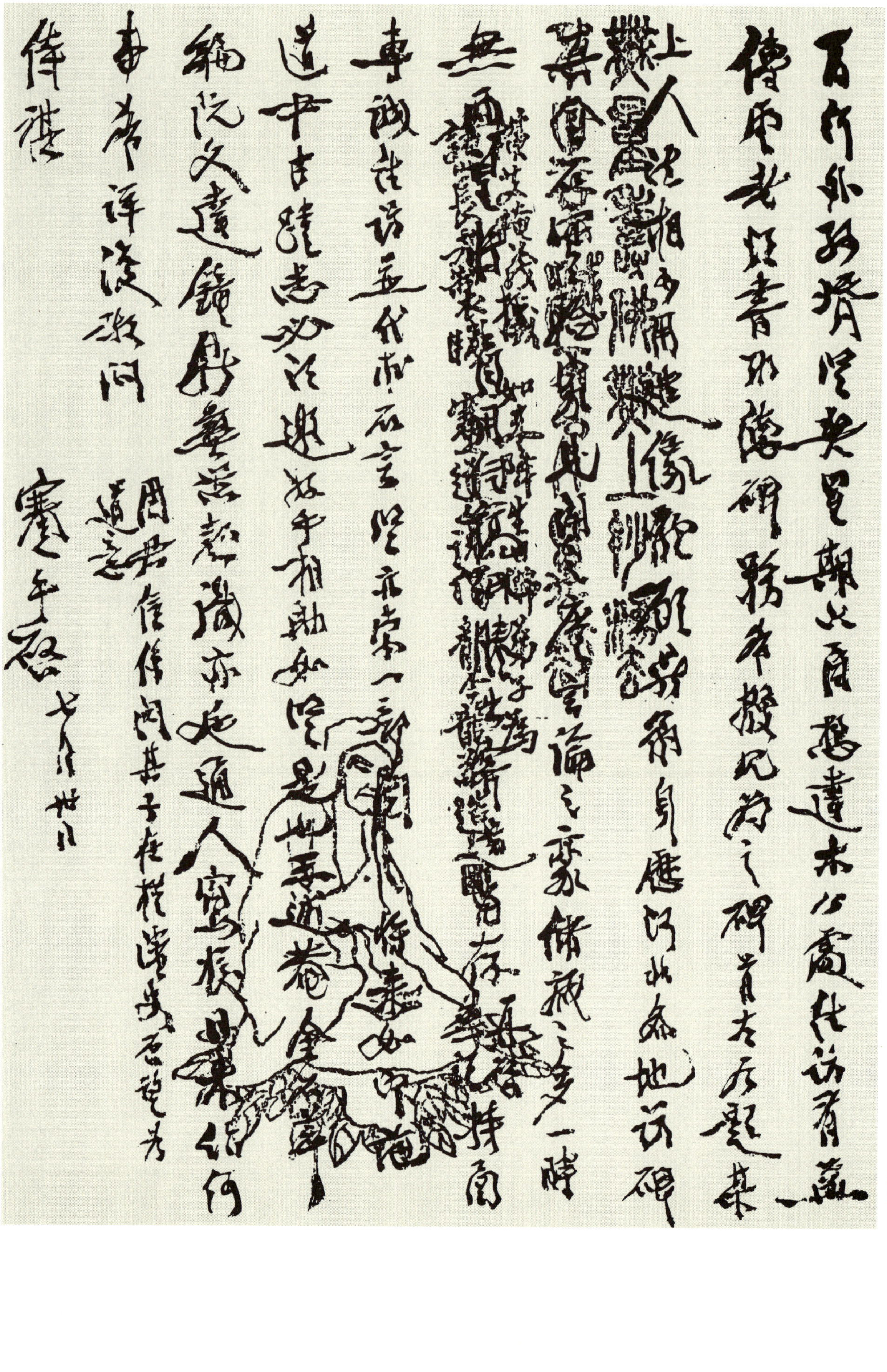

（一六七）致朱復戡①

一九二三年九月十日　癸亥七月三十日　星期一

長老箋

百行外孫壻賢契：

星期六函想達。木公②處往訪有益。傅雲老③煩書功德碑，務希撥冗爲之。碑首左方題『某上人法相』，可用造像體。顧鼎翁④身歷河北各地訪碑，真金石實驗家，見聞之廣，言論之豪，儲藏之多，一時無兩。望將拙函用信稿紙謄出，寄還留存（再啓無記），持函專誠往訪，並代求《石言》⑤，賢亦索一部閲之。將來如印范道尹⑥《古蹟志》，必須邀好手相助，如賢是也。王述庵《金石萃編》⑦，阮文達《鐘鼎彝器款識》⑧，亦延通人寫校。日來作何事，希詳復。敬問

侍祺。

周君信係問其子在横濱安否，望爲道意。

蹇手啓，

七月卅日。

靜山世弟文覽：日昨承
枉臨辭行，適他出，失迓為歉。想
安抵津門，至慰。長途今秋早經會畢。
隨時請
教。聞已到校，想已晤
見。是否改習商科，深其勤學篤

儉謙謹自持勿廣交多費如

弟頗見方藥兩先生及令姪亦湘

手曉述今陰傳刻也與令岳

通商矣故向

道祉　張美翊頓首　七月廿日

甬上黃過草堂箋印

（一六八）致戴君仁

一九二三年九月十日　癸亥七月三十日　星期一

黄過草堂箋

靜山[9]世弟文覽：

日昨承枉臨辭行，適他出，失迓爲歉。想安抵津門，至慰。長孫孟令[10]早經函告隨時請教，聞已到校，想已晤見，是否改習商科？囑其勤學節儉，謙謹自持，勿廣交多費。如弟欲見方藥雨先生及余姪亦湘[11]，可囑孟令陪侍。刻已與令岳[12]通函矣。敬問

道祉。

張美翊謹狀，

七月卅日。

（鈐印）蹇叟（朱文）。

（一七二）致朱復戡①

一九二三年十月一日　癸亥八月二十一日　星期一

雙鈎菉猗閣箋

百行外孫壻賢契：

詳函讀悉，欣慰之至。顧崇癯，金石專家，談論喜高聲。其壻戴生靜山，大學畢業。其尊人太守公②，其東家范道尹，而豪無官氣，拙函望速送，定有《石言》相贈。賢習英文兼法文，與西文友相交，勝於（上第二子）多矣。（寒雲③有此印，無耻已極。）老夫之意，大亂之世，宜多交外人，最好與外人營業，舒承德其一也。老友袁曜翁④之世兄嘉聲，僅通英文而中文甚劣，在板達蛋廠，歲入二千金，可養老父。賢若有西友與之辦事，勝於做官，然亦宜擇人耳。何曉山［生］⑤和平會議，請公使列席，乃惟一辦法。乃民黨反對，徒搗亂耳。賢謂書畫亦有資格，此俗見也。如邯鄲淳⑥、王子敬⑦，少時書已驚人；王石谷⑧、鄧完白得大人以成名，此亦有運氣。然脩學待時，天豈負人哉？木公⑨刻到滬，可於星期訪之。錢太希於字學有功，朱炎甫⑩能古文，可煩夷谷介紹（學社在錢業公所）。老夫已回家。衰態如常。笠屐像煩賢題讚何如？刻專脩家譜，意在速成也。敬問

待安。

蹇具，

八月廿一午，有雨。

考釋：

①（一七二）祇署『八月廿一日』，未署年。

信中稱謂是『百行外孫壻賢契』，爲癸亥。

函云『何曉生和平會議，請公使列席』，『和平會議』當指何東（曉生）倡議舉行的南北和平會議。

《申報》一九二三年十月五日《和平會議之座聲》：

> 上海總商會昨接甯波總商會來電，贊成何東君之和平會議。文云……惟對於延請列國公使陪席與議一節，擬請限制表决，俾杜外人干政之嫌。

一九二三年十月五日，與十月一日吻合。

函云『木公刻到滬，……學社在錢業公所』，與『脩能學社』有關。癸亥七月，上海錢業公會創辦上海脩能學社。延請馮君木任校長。

陳布雷《脩能圖書館記》（拓本見《沙孟海書法集》，上海書畫出版社，一九八七年）云：

社經始於民國十二年癸亥七月。

《沙孟海全集》（西泠印社出版社，二〇一〇年）第十卷《僧孚日録》癸亥八月十八日：

師擬今日赴申……師以事往江東，恐不及下舟，因緩一日行。朱炎甫新受脩能學社之聘，今日啓行，余與同艙。

函云『笠屐像煩賢題讚何如』，與（一六三）函云『沈筱梅之子曼卿爲我寫笠屐象極肖』相銜接。

函云『顧崇癯，金石專家，……拙函望速送』，與（一六七）函云『顧鼎翁身歷河北各地訪碑……望將拙函用信稿紙謄出寄還留存（再啓無記），持函專誠往訪』相銜接。又與（一六九）（一七〇）諸介紹信相關。

此信書寫時間當爲一九二三年十月一日（癸亥八月二十一日）。

②顧家相（一八五三—一九一七），字輔卿。山陰（今紹興市）。顧燮光父。光緒二年丙子（一八七六）進士。光緒二十五年（一八九九），復任萍鄉縣令時，主持修建江西省第一條鐵路——萍（鄉）安（源）鐵路。一九〇三年至一九一二年，開封市『河南省高等學堂』學監、總辦。曾在江蘇、河南、江西做知縣、知府。纂脩《浙江通志》。

③袁克文。

④袁堯年（一八五八—一九二五），譜名可煃，字曜臣。號高甫、滌軒。鄞縣人。室名：循陔室。光緒十四年戊子（一八八八）優貢，候選教諭。張美翊鄞縣學生時期同窗，爲徵社十二子之翹首。光緒二十三年丁酉（一八九七）參與創設寧波儲才學堂。光緒二十年甲午（一八九四）撰《清李府君植楣墓志銘》。宣統三年辛亥（一九一一）撰《李母費宜人墓志銘》。民國時撰《薛君慈明生壙志銘》。著有《循陔室外集》。

⑤何東（一八六二—一九五六），原名何啓東，字曉生。香港開埠後的首富。其父荷蘭裔猶太人（粵語音譯何仕文），其母廣東寶安人施娣。

⑥邯鄲淳（約一三二—二二一），又名竺。字子叔，亦作子淑；又字子禮，或作正禮。漢陽翟（今許昌市禹州市）人。

⑦王獻之（三四四—三八六），小字官奴。字子敬。祖籍琅琊（今臨沂市），客籍會稽（今紹興市）。王羲之第七子，東晉簡文帝司馬昱的駙馬。官中書令，人稱王大令。

⑧王翬（一六三二—一七一七），字石谷。號耕烟散人、劍門樵客、烏目山人、清暉老人。常熟（今蘇州市常熟市）人。清初四王之一。

⑨馮君木。

⑩朱威明，字炎甫，亦作炎復、炎父。鄞縣人。室名：北坎室（馮君木題）。撰《淡禪塔銘》，曾熙書、馮君木撰贊；撰《李府君古香墓表》，錢罕書。

述評：

①關於何曉生和平會議：

《申報》多有報導：

《申報》一九二三年十月一日《總商會定期開會》：

上海總商會快電香港何東君提議回復和平，提倡裁兵。

《申報》一九二三年十月四日《何東氏和平會議之座聲甬江錢業公所函》：

曉生先生爵士偉鑒：頃接上海錢業公會快郵代電，述及接奉爵士號電，以時局糾紛，擬集合國内名流，南北當局，實行和平會議。

②關於『刻專脩家譜，意在速成也』：

張美翊主纂《甬上青石張氏家譜》（味芹堂鉛印本，一九二五年）。一九一二年，張美翊曾題其曾叔祖張敏齋寫本《甬上青石張氏宗譜》（手稿）前云：

此吾宗抄譜舊稿，族曾叔祖敏齋先生所藏，册中字紙潔白而字秀潤者，先生所手寫也。光緒八年壬午正月六日，先生携此册過菉猗閣，囑先叔溪蘅先生交美翊所藏，以爲將來脩譜底本。維時先生年六十八，已篤老矣。又四年卒。壬子四月，因書衣破損，重裝一過，并録題語。上距壬午，忽忽卅一年，而脩譜之願未嘗，爲之媿悚。裔孫美翊謹志，時年五十六。

（鈐印）美翊小印（白文）。

此跋表現了張美翊對未完成脩家譜夙願的心情。其實張美翊一直脩譜不輟，一八九五年編《甬上青石張氏家譜·遺訓》；一九一七年《甬上青石張氏家譜·世系》（味芹堂鉛印本，一九二五年）：

謹案我二十八世叔韞山府君新編世系排行歌，各四言二十八句，凡一百十二世。詞意典重，音節和諧，頌而兼規，昭兹來許。嗣自二十九世起，即遵新編命名定系，秩然不紊。當時叔祖碩學者儒爲宗族矜式。嘗以新編歌詞分送雲龍、大步兩族，遂亦依照編次，迄今昭穆倫序，無不相合。吾三族人相見，一問而其世序齒連，宗雖遠猶近，則叔祖之有功於吾族大且久矣。雍正戊申後一百九十年，歲在丁巳七月朔日，適草定譜稿世系，謹跋於後。三十五世孫美翊，時年六十有一。

至一九一九年，《甬上青石張氏家譜》已基本大備。脩輯名氏：

總脩：三十五世張美翊（讓三）；

協脩：三十四世張延章（涵莊）；

主脩：三十三世張福廣（克明）、張楚廣（栽庭）、張啓光（醇笙），三十四世張延賓（笙和）、張延翎（祥生）、張延淇（右卿）、張延煜（炳生）、張延良（春樹）、張延大（卧齡）、張延昌（春鶴）、張延立（欽甫）；

與脩：三十三世張顯廣（俊揚）、張衢廣（亦齋），三十四世張延鴻（玉璇），三十五世張懋翊（湝卿）、張權翊（松筠），三十六世張世統（亦湘）、張世紳（叔馴）；

採訪繕校：三十四世張延康（耐生），三十五世張鉅翊（登三），三十六世張世元（允甫）、張世絳（裴伯），三十七世張德令（新甫）。

《甬上青石張氏家譜》歷代編輯譜稿名氏：

二十八世張錫璁（韞山）、張鐸（驅山）；三十世張承伊（超群）、張承綸（雲亭）；三十二世張宗峻（魯瞻）、張宗序（敏齋）；三十四世張延匡（溪蘅）。

> 謹案吾青石張氏，自明永樂間由雲龍碶遷居郡城青石橋，迄今踰五百年，歷代相傳，僅有譜稿。此次編輯，實賴有底本，始得補綴粗備，則歷代諸公手輯之功也，謹誌於前，用示後嗣。己未七月中旬，三十五世孫美翊謹誌。

盛炳緯《甬上青石張氏家譜·序》（味芹堂鉛印本，一九二五年）有云：

> 張氏先未有譜也，至三十二世世安，思繼二十八世錫璁、三十世承綸之志，手輯譜稿，未成賚志以歿，以遺稿授姪溪蘅。溪蘅歿，復授姪讓三。今讓三復歸道山，乃授同宗延章，俾竟其事。……至其體例，悉仍讓三手定，不稍更改。

一九二三年十月一日距一九二四年八月十日張美翊去世，僅有十個月，此時張美翊似乎自感時日不多，爲不留遺憾而加速完善《家譜》。

③關於『上第二子』：

袁克文有『上第二子』朱文方印。

張美翊反對袁世凱稱帝，所以亦深惡袁克文自稱『上第二子』。

據唐魯孫《近代曹子建袁寒雲》（《萬象》第三卷第五期）：

> 後來世凱稱帝，已成定局，……他想出一條錦囊妙計，謀求援清朝册封皇子往例，封爲二皇子，并請名家刻了一方『上第二子』印章，以示別無大志。

實際上，袁克文用此印，是爲避禍。即便如此，也爲嫉惡如仇的張美翊所不容。

述評：

①關於朱復戡婚禮：

《沙孟海全集》（西泠印社出版社，二〇一〇年）第十卷《僧孚日録》癸亥十月三日（一九二三年十一月十日）：

謁張蹇丈，并訪朱百行。

朱復戡婚禮爲一九二三年十一月五日（癸亥九月二十七日），婚後至十一月十日仍在寧波。

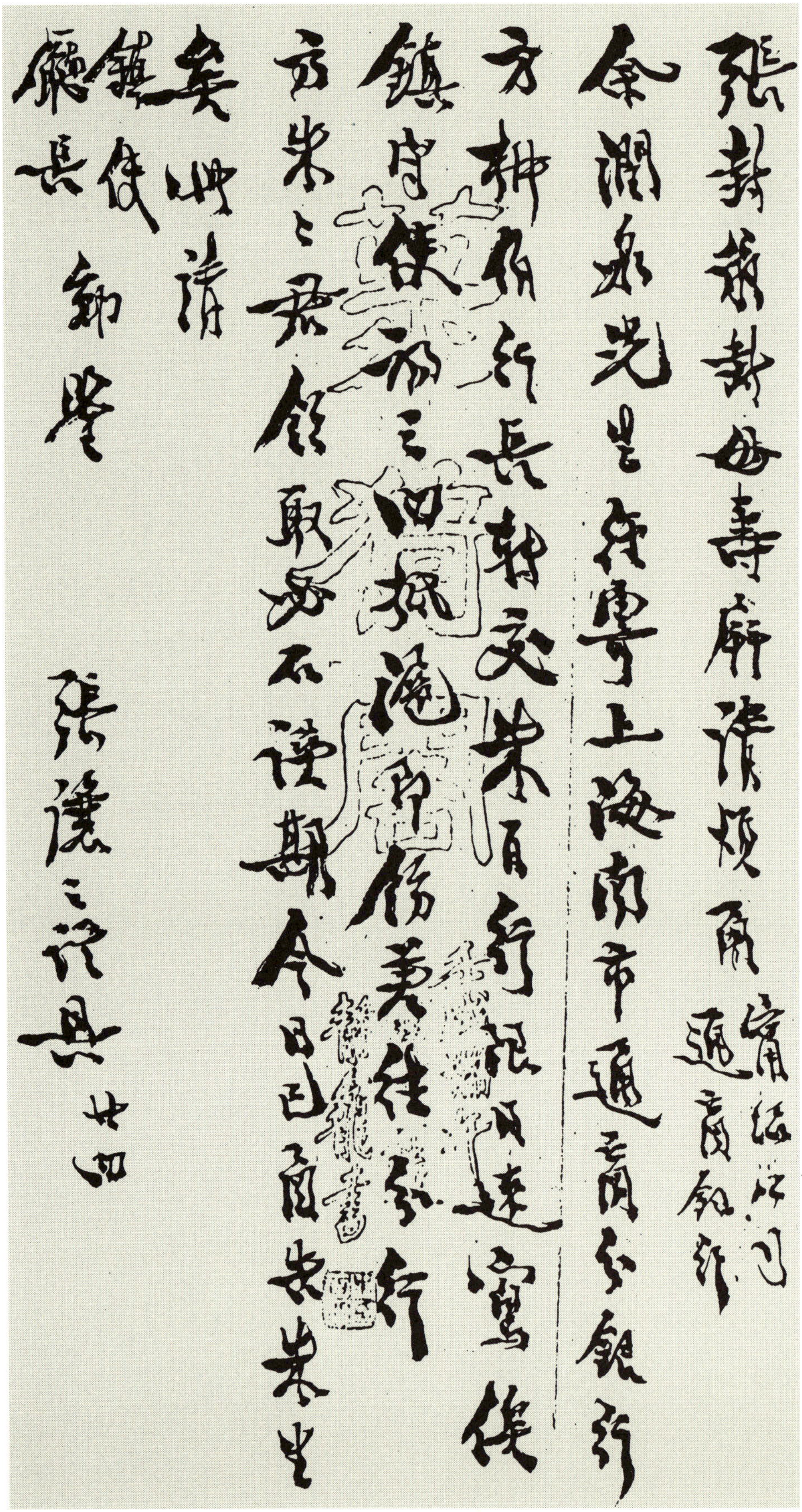
張封翁封母壽屏請煩 [illegible]
余潤泉先生[illegible]上海南市通商銀行
方耕石行長轉交朱百行[illegible]速寫候
鎮守使[illegible]三四[illegible]印傷美往發行
方米之君館取出石印期今日已寄出來生
矣此請
鎮守使
廳長 鄉覽
張謇 三月廿四

（一七六）致袁思永、王桂林①

一九二三年十二月一日　癸亥十月二十四日　星期六

雙鈎槖猗閣箋

張封翁封母壽屏，請煩甬（甯紹公司、通商銀行）余潤泉②先生徑寄上海南市通商分銀行方椒伯行長轉交朱百行，限日速寫。俟鎮守使初三、四抵滬，即飭差往分行方③、朱④二君領取，必不誤期。今日已函告朱生⑤矣。此請

鎮使⑥、廳長⑦勳鑒。

張讓三謹具，

廿四。

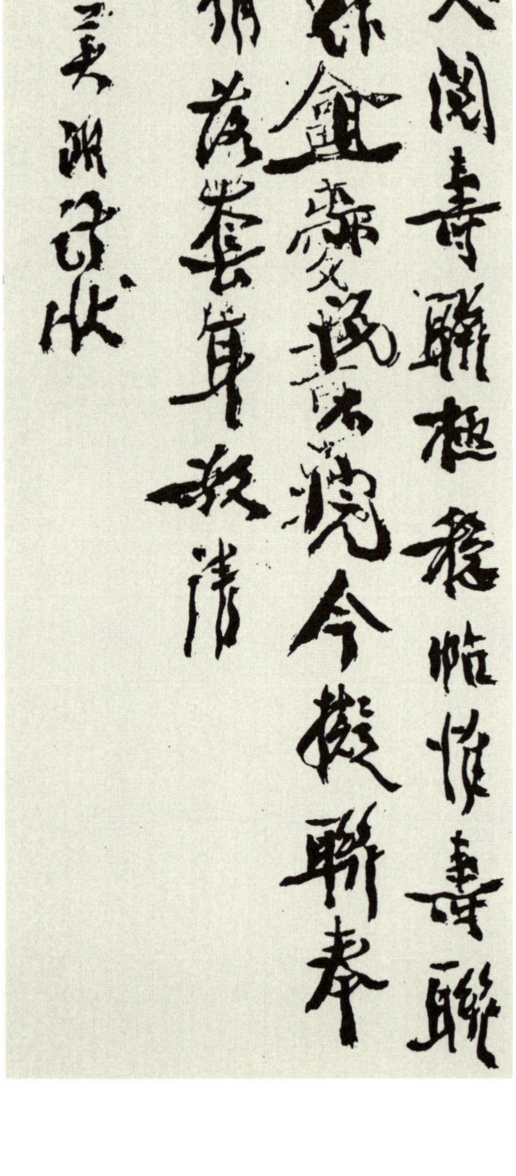

耳書法一門指天資勝於學力
敝門下某生百行作書一篆印
似其寫石鼓之与缶老相抗十
七八時倣清道人多專其摹
印尤古秀今年廿一因家境況

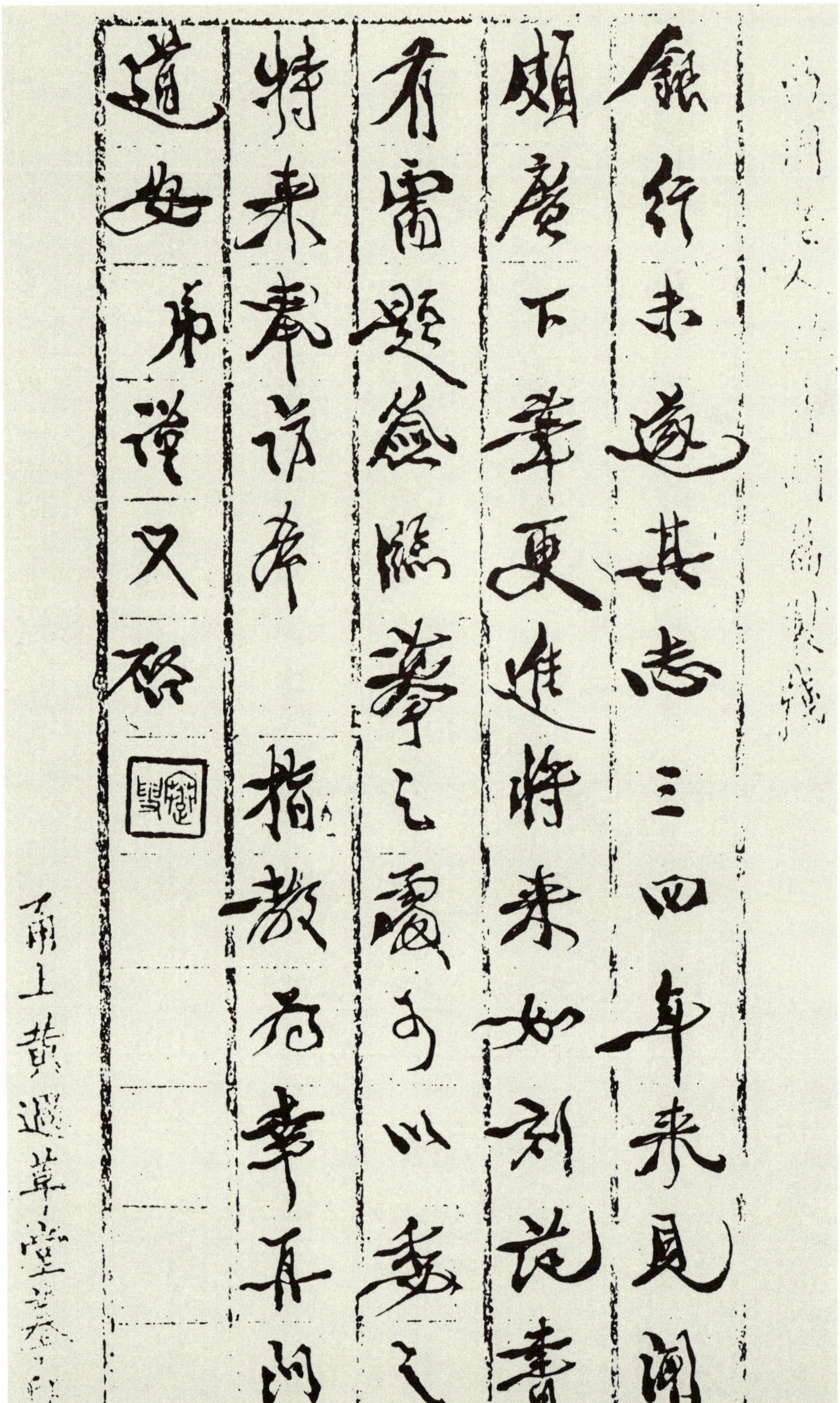

銀行未遂其志　三四年來見聞
頗廣下筆更進將來如刻苦青
有需題簽懸挈之處以委之
特來恭詣奉　指教為幸再問
道安　弟謙又啓

甬上黄遐草堂藏

（一六九）致顧鼎梅

一九二三年九月十日　癸亥七月三十日　星期一

黄過草堂箋

再：

書法一門，殆天資勝於學力。敝門下朱生百行，作書一摹即似，其寫《石鼓》，足與缶老相抗。十七八時倣清道人，可奪真。其摹印尤古秀。今年廿一，因家境就銀行，未遂其志。三四年來，見聞頗廣，下筆更進，將來如刻范[13]書，有需題簽臨摹之處，可以委之，特來奉訪，希指教爲幸。再問

道安。

弟謹又啓。

（鈐印）蹇安（朱文）。

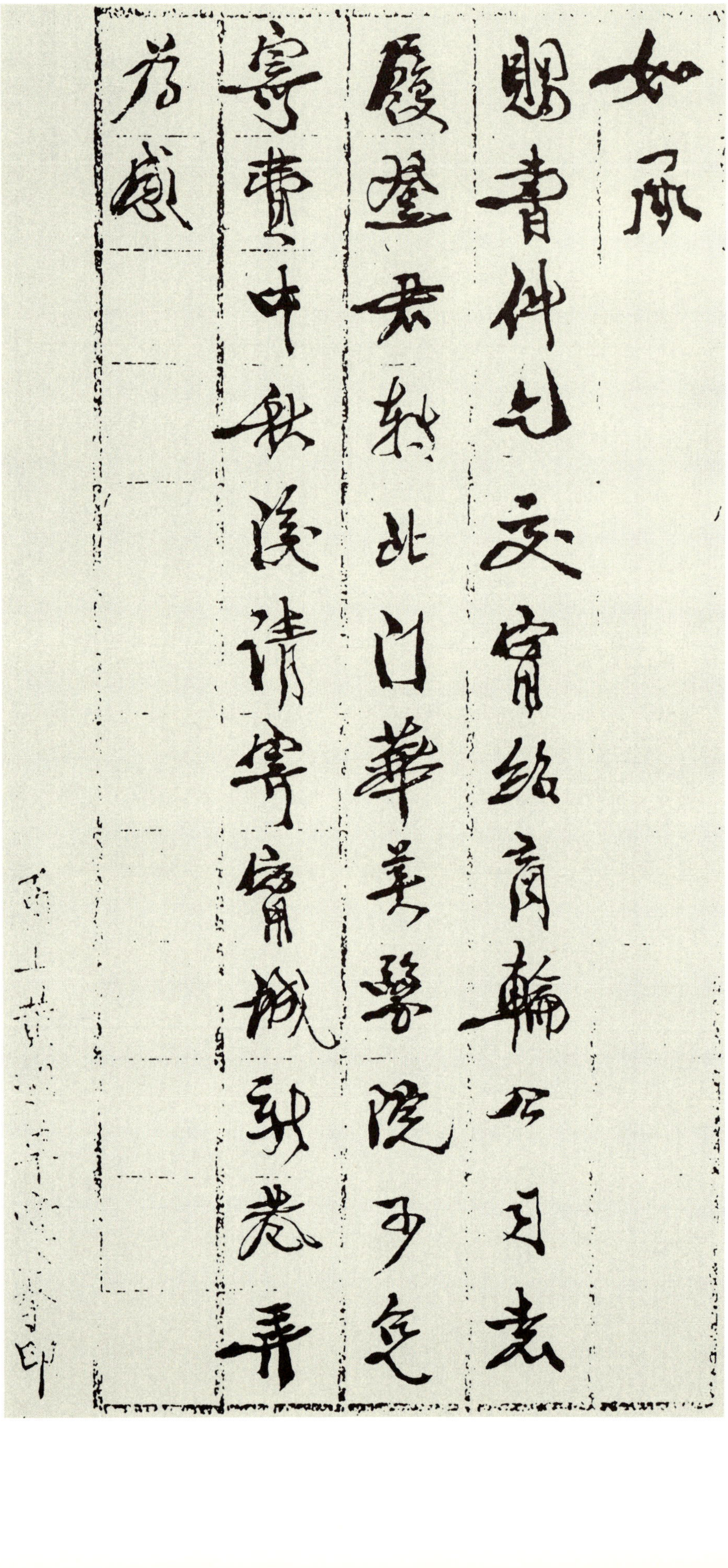
如承
賜書件乞交寄給商輪名目未
履登君執北口華美醫院多趸
寄費中秋後請寄賓城新巷弄
為感

（一七〇）致顧鼎梅

一九二三年九月十日　癸亥七月三十日　星期一

黄過草堂箋

如承賜書件，乞交甯紹商輪公司袁履登君轉北門華美醫院，可免寄費，中秋後請寄甯城新巷弄爲感。

考釋：

①（一六七）（一六八）（一六九）（一七〇）合并考證。（一六七）（一六八）衹署『七月卅日』，未署年。（一六九）（一七〇）未署日期。

（一六七）稱謂作『百行外孫壻賢契』，爲癸亥。

（一六七）函云『星期六函想達』，（一六五）（一六六）是星期六，『星期六函』當是指致『木公』函。（一六七）函云『木公處往訪有益』，是致『木公』函確爲張美翊介紹朱復戡拜訪馮君木的介紹信。

（一六七）函云『傅雲老煩書功德碑，務希撥冗爲之』，與（一六三）函云『老夫爲孤兒院功德碑寫：屺公撰文；老夫書丹。煩冒拙筆。賢篆額』相銜接。

（一六七）函云『顧鼎翁身歷河北各地訪碑，……望將拙函用信稿紙謄出寄還留存（再啓無記），持函專誠往訪』，與（一六八）致戴靜山函云『刻已與令岳通函矣』有聯係，此爲前引。

（一六七）函云『將來如印范道尹《古蹟志》，須邀好手相助，如賢是也』，與（一六九）函云『將來如刻范書，有需題簽臨摹之處，可以委之，特來奉訪』有聯係，此爲前引。

從署款作『張美翊謹狀』來看，（一六八）致戴靜山；從署款『弟謹又啓』來看，（一六九）（一七〇）爲致戴靜山的岳父顧鼎梅。并且，致顧鼎梅應三函同封，這裏衹有（一六九）（一七〇），是由於朱復戡持張致顧函去拜訪顧鼎梅，張致顧函則留顧處，朱不得留。而介紹性質的附函則留在朱處。（一六八）致戴靜山函云『刻已與令岳通函矣』可證。而（一六八）致戴靜山函，因戴赴天津，朱未去拜訪而函留朱處。

（一六八）函云『日昨承枉臨辭行，……想安抵津門』，一九二三年，戴靜山受聘於天津南開中學任教，行前向張美翊辭行。

（一六九）函云『今年廿一』，一九二三年朱復戡二十一歲。

（一七〇）函云『如承賜書件，乞交甯紹商輪公司袁履登君轉北門華美醫院，中秋後請寄甯城新巷弄爲感』，張美翊一九二三年五月三十日（癸亥四月十五日）住華美醫院。（一七〇）當在癸亥中秋前。

總之：（一六七）（一六八）（一六九）（一七〇）四函同封，均爲寄到朱復戡處，（一六七）致朱復戡；（一六八）致戴靜山；（一六九）（一七〇）致顧鼎梅，均爲介紹性質的附函。書寫時間當爲一九二三年九月十日（癸亥七月三十日）。

②馮君木。
③傅硯芸。
④⑫顧燮光（鼎梅）。
⑤顧鼎梅著《夢碧簃石言》。
⑥⑬范壽銘（鼎卿）。
⑦王昶（述庵）。
⑧阮元（文達）。
⑨戴君仁（一九〇一—一九七八），字靜山。晚號梅園。筆名童壽。鄞縣東鄉大堰頭（東錢湖鎮大堰村）人。縣令戴廷謌子。其妻爲顧鼎梅（燮光）女顧志鵷。一九二三年六月北京大學畢業。
⑩張孟令此時就讀於天津南開大學。
⑪張一香。

述評：

①關於『碑首左方題「某上人法相」，可用造像體』：造像體，指魏碑體，魏碑中如龍門二十品之類，準確的名稱應爲『造像題記』。『法相』，用造像體，是内容與書體的統一。

②關於張美翊與顧鼎梅：

顧燮光（一八七五—一九四九），字鼎梅。號褉堪、褉癯、非儒非俠。會稽（今紹興市）人。顧家相子。室名：金佳石好樓。藏書處名：非儒非俠齋。光緒廩貢生。精碑版金石目録等學，工漢隸，畫宗陳淳、華巖。張美翊《寄懷鼎梅道兄時在衛輝纂河朔金石志》，載《文藝雜誌》，一九一四年，第一二期。

三月二十日：

魯迅日記（《魯迅文集全編》，國際文化出版社，一九九五年）一九一七年（丁巳）：

三月二十日：

晚季市來。并持來代買河朔隋以前未見著録石刻拓本卅種共四十八枚，顧鼎梅信云值見金廿元。

三月二十一日：

寄虞含章信并泉廿，付顧鼎梅拓本之直。

五月十六日：

顧鼎梅送《琬談新録》一本，石印《元顯魏墓誌》一本。

③關於范鼎卿：

范壽銘（一八七〇—一九二一），字鼎卿。晚號循園。山陰（今紹興市）人。范文瀾叔父（范壽銘兄范壽鐘，范文瀾父）。光緒十九年癸巳（一八九三）舉人。任河南安陽、内黄等縣知縣凡七年。一九一三年，范在安陽城東北街文昌宫内創立『古跡保存所』，有記：

其兩千年來之所留遺，若東漢殘石，寶山造像爲人劫竊而零落殆盡。蓋近十餘年間安陽古跡之消沉散佚者，不知凡幾矣。

一九一四年，河北道道尹。一九二〇年夏，河南大旱，籲請中外慈善團體募集賑糧。精金石學。

書迹刻石：

一九一一年，《誥封奉直大夫，陳府君之墓表》：陳濬然撰；傅增□書丹；范壽銘篆額。

范壽銘在河北與顧燮光遍歷太行山，訪得自漢迄元各書未著録金石七百種，成《河朔古蹟誌》《河朔古蹟圖識》。

顧燮光輓范鼎卿聯：

二十年金石之交，小别甫經年，追思考古搜奇，腹痛每深知己感；數千里音容頓杳，清譚懷往事，忍説高山流水，心傷難盡故人情。

④關於王昶、阮元：

王昶（一七二四—一八〇六），字德甫；又字蘭泉、琴德。號述庵、共泉。青浦（今上海市青浦區）朱家角人。乾隆十九年（一七五四）進士。精金石學。

阮元（一七六四—一八四九），字伯元。號芸臺，亦作雲台、雲臺。謚『文達』。江蘇儀徵人。藏書處名：文選樓、石墨書樓、琅環仙舘、積古齋、揅經室、唐宋舊經樓、阮孔經樓、節性齋、萬柳堂、南萬柳堂。藏書印有：雷塘盦主、亮功錫祜、墨莊藏書印、五雲多處是仙台、孔子七十三代長孫女、積古齋藏研處、揚州阮氏琅環仙舘藏書印、揚州阮氏琅環仙舘珍藏金石書畫之印、譜研齋著書處、泰華雙碑之舘、家住揚州文選樓隋曹憲故里、揚州阮伯元氏書處曰琅環仙舘藏金石處曰積古齋藏研處曰譜研齋著書處曰揅經室。乾隆五十四年（一七八九）進士。曾創立廣州『學海堂』，杭州『詁經精舍』。設『靈隱書藏』『焦山書藏』。

王昶、阮元均爲著名金石家，張美翊用以激勵朱復戡。

景曙仁兄親家閣下：前函計已達覽。

承詢南宮與札，可以借展前後。承

第一函撥以抵押，擬移鄰李處，希為從旁

吹噓為荷。專此，敬請

台安

張珩頓首 八月初三

百行書期准借，屬盼。前途晤面，景老

蔡九無論新舊或墨，其物可借用，旅

時需燈亦便。惟新貢花色均好，香斜

帶一二具來，物可行，隨其評價

（一七一）致朱景曙①

一九二三年九月十三日　癸亥八月三日　星期四

朱絲欄箋

景曙仁兄親家閣下：

前函想達。舒承德②弟定與相得，可以發展。兹復承弟一函，擬以姪孫德鄰奉薦，希爲從旁吹噓爲荷。專此敬請

台安。

張美翊謹啓，

八月初三。

（鈐印）美翊小印（白文）。

百行吉期，准借屠宅前進，昨承景老答允，無論新舊式器具，均可借用，臨時電燈亦便，惟新房須花色好看，能帶一、二具尤妙。百行囑其詳復。

考釋：

①（一七一）致朱景曙。衹署『八月初三日』，未署年。

函云『百行吉期』，當爲癸亥。此信書寫時間當爲一九二三年九月十三日（癸亥八月三日）。

②舒承德，鄞縣人。一九一八年三月，爲四明公所擴建捐五十元。同年九月，爲同鄉會興建新會所募捐。一九二〇年四月，同鄉會徵求會寧順隊副隊長。

百行孰為脩慝難詳有論意隨時而易既而
今不專為後論蓋高賢其操數生靜比大學
異業其尊人志其公共家範道世事無賓主
枝兩見運建定稿不言有相贈堅留差及無次文與兩
文及枏此勝於全齋之子以多美無耶之恥老孝之尊
古亂之世宜宰人賤為子孫人學業餘以德其一
也老廢去禮前之世兄義聲借通華文而士之尊為表
枝遠書之嚴懲人二千令可養老又堅若有而百廢子人

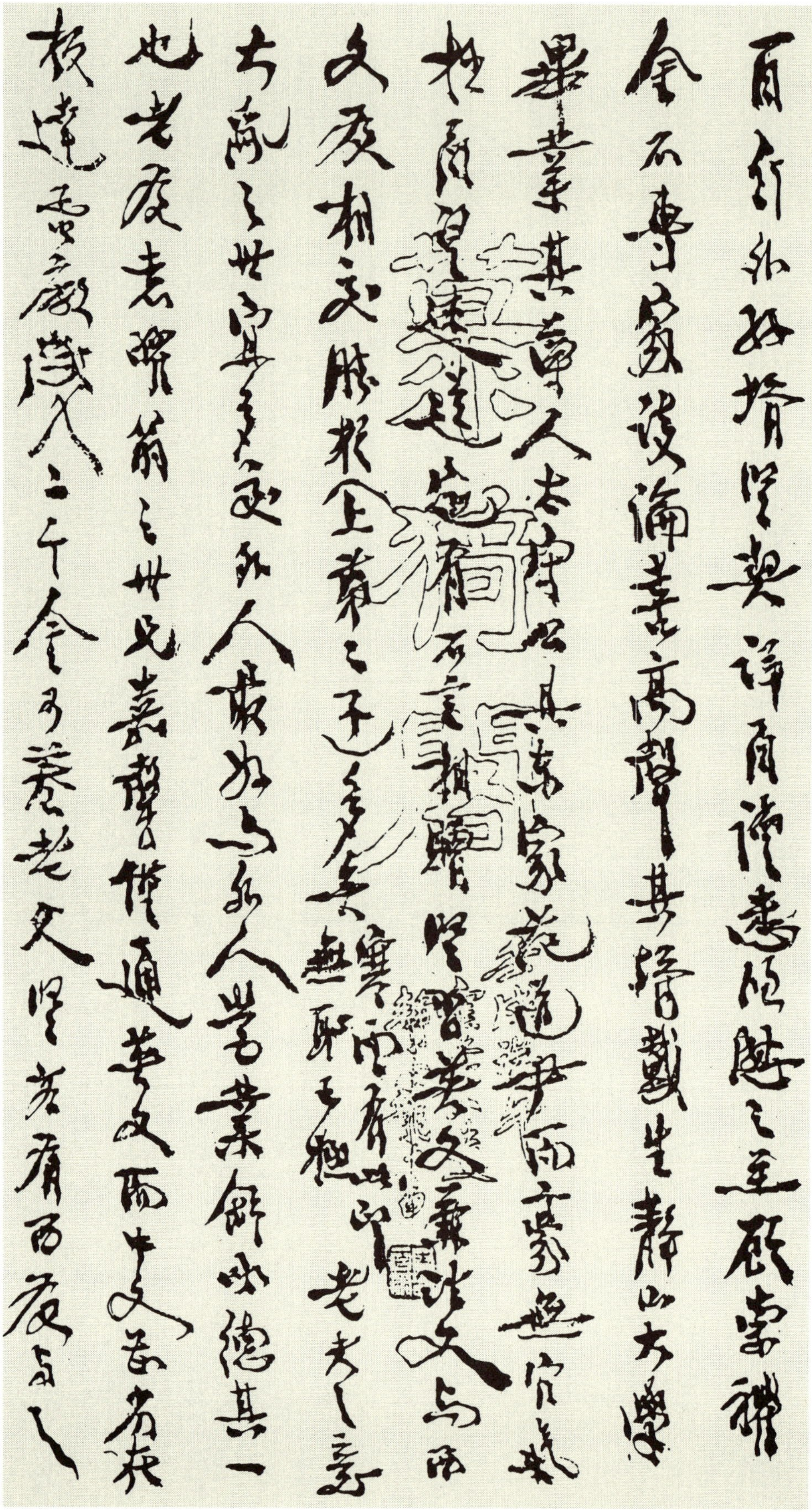

龢手勝於做官甚遠。標人即何曉山，和平會議情
形使然，乃然一鄉誌，乃已畫及戲綫搗亂耳，呢記書
畫道亦有資格。此係見地，如都穆讚王子敬少時書已業
人王右軍，究自得古人，以成名也，亦不違氣節。修學待
時，天道負人，亦未必謝則說。可收星期誤之。鐵夫應升
守學者功業實有餘古文可比，黃公介紹。學辦在錦者夫 董公家
迴回家，哀懇如常，並假僑牀，望是讓，何如。刻專候收
請壽序速成也。敬問
侍安
寶宣具 月廿一午前兩

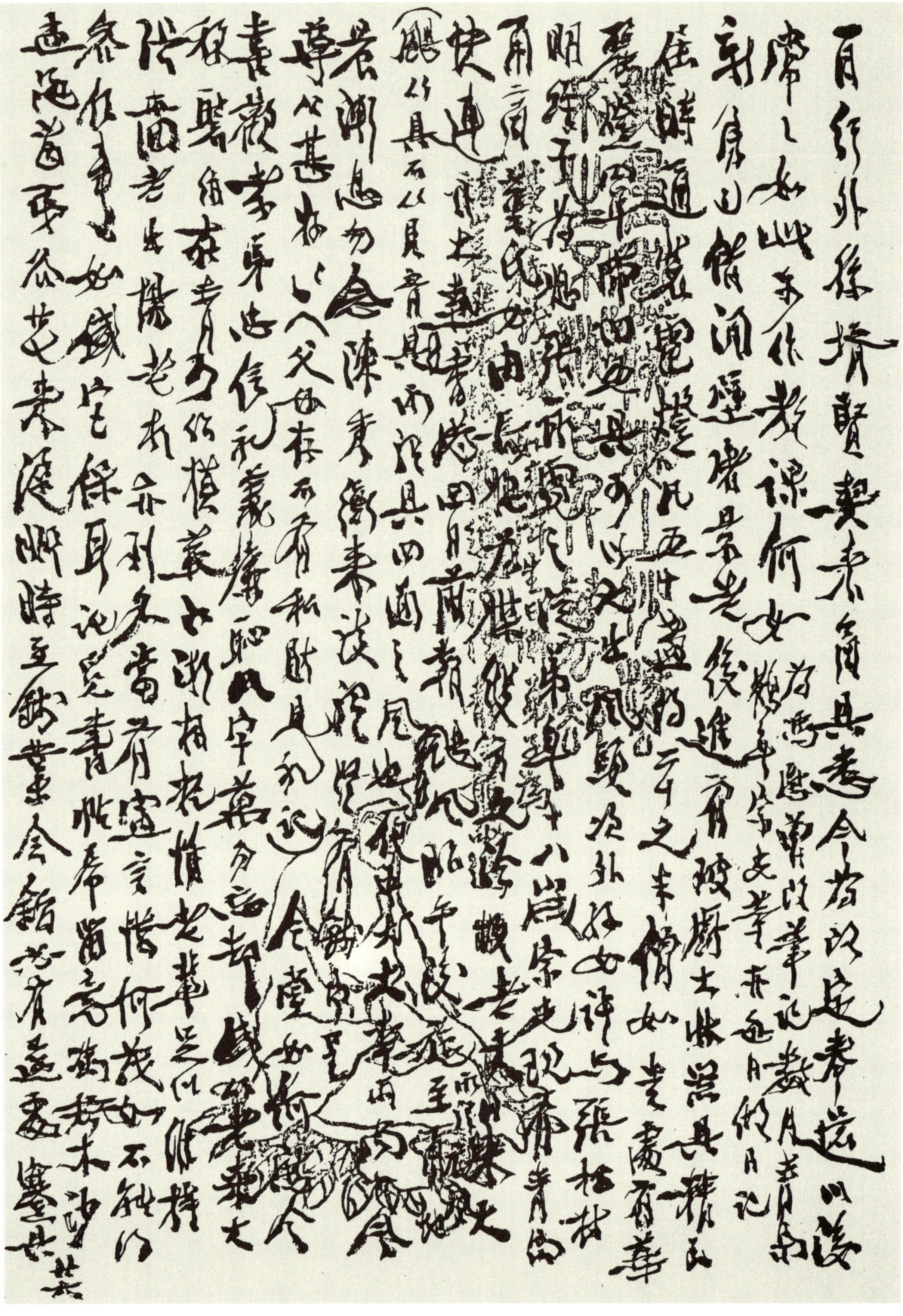

（一七三）致朱復戡①

一九二三年十月六日　癸亥八月二十六日　星期六

菉猗閣箋

百行外孫壻賢契：

來函具悉，今爲改定奉還，以後常常如此，可作教課何如？（爲馮慰曾改筆記數月。青島鶴年、宗光等亦每日做日記。）新房已借間壁屠景老②後進，有玻厨、大牀，器具精良，届時通裝電燈，凡五十盞，約二十元，半價。如貴處有華麗燈罩，帶四、五具，可以大出風頭。次外孫女許與張松材明經子爲媳，張詠霓之從弟，年十八歲。宗光現有青島甬商董氏女，由長媳爲媒，雙方允洽，故老夫日來大快。連日大熱，香港四日前報颶風，昨午後旋至甬地。所謂颶風（颶从具，不从貝，音具），所謂具，四面之風也。夜中尤大，幸雨尚小，今晨漸息，勿念。陳季衡來談，謂賢有錢即呈尊公，甚好甚好（『父母存，不有私財』，見《禮記》），令堂如何慰令喜歡，『孝弟忠信禮義廉耻』八字，萬勿忘却。盛竹老③來，大稱裴伯在青可作模範。江浙相輕，惟老輩足以維持。張嗇老④出場，老朽亦列名，當有宣言。惜何茂如⑤不能得各位事如盛宮保⑥耳。讬覓書帖希留意。馮君木，沙孟海，葛夷谷廿七來滬，暇時至錢業會館，必有益處。

蹇具，

廿六。

考釋：

①（一七三）祇署『廿六日』，未署年、月。

函云『馮君木，沙孟海，葛夷谷廿七來滬，暇時至錢業會館』，與（一七二）函云『木公刻到滬，可於星期訪之』相銜接。

函云『讬覓書帖希留意』，與（一六四）函云『五種遺規……以上煩各購一種，價希示』相銜接。

此信書寫時間當爲一九二三年十月六日（癸亥八月二十六日）。

②屠景山。

③盛竹書。

④張謇。

⑤何豐林（茂如）。

⑥盛宣懷（宮保）。

述評：

①關於『次外孫女許與張松材明經子爲媳，張詠霓之從弟』：

張美翊次女張世芬（老二），適陳昌壽（祖畬、紹舜），有二女：陳紉梅，適朱復戡。陳元梅，許與張壽風。張壽鏞，張壽風，皆『壽』字輩，爲從兄弟。

②關於張美翊與張謇：

張謇（一八五三—一九二六），字季直。號嗇庵。祖籍常熟（今常熟市），客籍海門長樂鎮。行四，人稱『四先生』。光緒二十年甲午（一八九四）恩科狀元。光緒二十四年（一八九八），在南通創辦『大生紗廠』。光緒三十一年（一九〇五），與馬相伯在吴淞創辦『復旦公學』（復旦大學前身）；創辦『江浙漁業公司』。光緒三十三年（一九〇七），創辦農業學校和女子師範學校。宣統元年（一九〇九），創辦『郵傳部上海高等實業學堂船政科』（曾名『吴淞商船專科學校』）。一九一二年，創辦醫學專門學校、紡織專門學校、河海工程專門學校、江蘇省立水産學校（曾名『吴淞水産專科學校』，今上海海洋大學前身）。

光緒三十年（一九〇四）八月十二至十三日（公曆九月二十一至二十二日），張謇約張美翊、湯壽潛、許鼎霖、熊希齡同至上海洋務局與袁樹勛一起脩改《咨呈南洋大臣》文稿及附呈的漁業公司各項章程、預計大略表。

張謇與張美翊當年同屬立憲派。

張謇書法亦爲當時所重。書法唐歐、褚、顔，晚年法蘇、黄。對翁松禪、何紹基、劉墉研究較深，有論云：『劉石庵折筆在字内，何紹基折筆在字外。』張謇書法整體精神面貌未脱舘閣氣。

論書重學問輕技術，故對鄧石如、包世臣的褒貶有霄壤之别，認爲包世臣晚出獨精絶，雄强洞達始平實；而鄧石如匠氣，少讀書故。此點與張美翊『要在多讀書』觀點一致。

③關於『孝弟忠信禮義廉耻八字，萬勿忘却』：

此是張美翊以儒家思想『八德』教導子弟的原則。張美翊一九二三年七月八日（癸亥五月廿五日）致朱復戡函：『老夫教裴兒卅九年，今始得禮、義、廉、耻及勤儉二字。』

④關於『惜何茂如不能得各位事如盛宫保耳』：

何豐林（一八七三—一九四八），字茂如。平陰（今山東濟南市平陰縣）人。民國初，寧台鎮守使。一九二〇年底，淞滬護軍使（警備總司令），爲當時松江及上海城區最高軍政長官。上海有『豐林路』（楓林路）和『豐林橋』（楓林橋），『茂公橋』（何字茂如，今隆茂橋）、『平陰橋』（何老家平陰縣）。

盛宣懷（一八四四—一九一六），字杏蓀，亦作荇生、杏生；又字幼勗。號次沂、補樓；晚號止叟。别署愚齋、思惠齋、東海、孤山居士、紫杏、愚卿等。祖籍江陰（今無錫市江陰市），客籍武進（今常州市鐘樓區）五星鄉盛家灣村。藏書處名：愚齋圖書舘。秀才。封太子太保，故稱盛宫保。盛宣懷用人主張『量才器使。』

張美翊感嘆當時主政上海者不能用人，不如盛宣懷。何豐林不用朱復戡等人，而盛宣懷能用張美翊。

一九〇〇年五月二十九日（光緒二十六年五月二日），張美翊致盛宣懷函（陳旭麓等編《義和團——盛宣懷檔案資料選輯之七》，上海人民出版社，二〇〇一年）：

大人閣下：

拳匪滋事，路工被毁。現在自以救出洋員爲第一義，修復軌道，爲第二義。然懲前毖後，當有根本大計。職隨侍左右，頗有所聞，向來噤不敢發。今事甚急，不得不一言之（聞洋人已出險，爲之心慰）。

去秋在保定聞地方議論，謂辦工員役倚洋欺民，甚至聚衆强奸，調戲不遂，栽贜誣陷，不一而足，言之痛心疾首。在工閩生，年輕學淺，與洋人言則洋語不够，與北人言則北語不够。言語不通，情意遂致隔閡。至其是否漁利舞弊，無從佐驗，所不敢言。行車洋員又因舌人不敷，廣招吃教子弟，參錯其間。拳民與教爲仇，此次波及鐵路，而於津蘆毫無所損，未始不由於此。今宜查明長辛店先逃之司事、翻譯，及平日在工聲名惡劣之人，重懲一、二，以勵其餘，以謝居民，以杜言者之口。否則近接京師，人言嘖嘖，亦可畏也。萬勿姑息，致爲所累（查辦宜委聯道，則聲氣接洽，勿用閩人）。

在工譯員多爲洋人所用，不歸總辦節制，此大弊也。查電局打報及修綫各生，皆由委員約束，故二十年來相安無事。今宜明告洋工程師，以後各路需用翻譯，應報明總辦酌定，隨時由總辦考察去留，不准私自派用，尤不宜濫用教民。蓋各委員雖不盡可靠，然尚自顧前程，究勝於閩生之少不更事，教民之無所不爲也。

翻譯不宜專用閩人，言者多矣。爲今之計，北段似宜招致京、津一帶法文員生；南段亦宜參用他省之人，總較閩語易曉，並可稍分其勢。且閩廠初學諸生，大抵重在工藝，故多短於語言，人人皆知。今乃不問年紀大小、學問深淺，聯翩偕來，恐非辦法。

長江一帶人心浮動，會匪尤多。前宗令出示哥弟會似亦仇視鐵路。所有南段工程，務乞預調重兵，沿途彈壓，爲亡羊補牢之計。然總須在工員、役及洋人、翻譯勿欺壓平民、勿克扣小工，凡事公道，自不至滋生他變。總之，辦事以得人心爲主，雖似迂言，却是古今不易。萍鄉、馬鞍山亦其明徵。何以路工、譯員多不厭人口？事關大局，黨同固所不敢傾軋、亦所不爲。請公嚴切申誡，遇有欺民扣工者，一經舉發，從嚴懲治，則人心翕服，自不敢激變矣。

往在外洋，適琅威理辭職而歸，薛公就詢海軍情形，因知丁禹庭受制閩人，而劉、林諸人習氣甚深，皆不可用。遂函告傅相，力言海軍不宜用閩人。傅相復言引道光間李忠毅（長庚）及邱、王兩門爲證，謂閩人未嘗不可用。不數年，乃有中東之變，不幸而言中矣。前年隨節來漢，適有工頭鬧事之案，因戲謂鄭蘇龕，中國海軍送於閩人之手，吾蘆漢鐵路勿踏覆轍。蘇龕雖不以爲然，亦自言不袒同鄉，隨時補救，蓋未嘗不心動也。

以上各節，想我公無不慮及，惟念食禄忠事，故陳一得之愚，望秘不示人，並恕其狂直，諒其無他，幸甚、感甚。

美翊謹叩。初二夜。

⑤關於『爲馮慰曾改筆記數月』：

一九二四年，馮昭適《張蹇安先生傳》（《寧波旅滬同鄉會月刊》第十七期，一九二四年）：

先生諱美翊，字讓三；一字簡碩；晚自號蹇安。鄞人。父延青先生，生期年而孤。母劉宜人守節教養。幼邁異，嗜學如渴。弱冠受知於督學善化瞿公鴻禨，補生員。旋中式鄉試，爲副貢生。顧不以自喜，獨有志於古文。得湘鄉曾氏文集，大悦之，尋誦悉上口，復擇其精者，録爲别鈔。無錫薛公福成備兵甯紹台，一見器之，延教其子，暇授以古文義法，有疑義輒相研討，聞見益洽。光緒十六年，隨薛公使英法義比四國，所至必採問風俗，著書以告國人。累奬至直隸州知州。既返國，提倡新政，興立學校。歷參督辦□□侍郎盛公宣懷，浙江巡撫張公曾敭，江西巡撫馮公汝騤府事。馮公殁，先生閒關歸鄉。光復而後，頹然無復有問世之意，與鄉人往來滬甬間，被舉爲甯波同鄉會會長，而先生年則已六十矣，匡贊諸公於外蓋四十年。在盛公幕時，八國聯兵犯京師，飛言日興，先生密陳盛公以中外互保之策，東南疆帥果行之，兵革不起，先生與有力焉。在江西時，吴城有奸民某結英國教士，聚衆百餘人，横行鄉里間，吏莫敢誰何，奸民曰益充斥，久漸謀亂。馮公聞，欲遽以兵往剿，先生戒勿輕動，使數人僞與某友而勸之降，乘間斬之。而發兵掩捕，誅其桀黠，散其餘黨，遂露布其罪狀，英人慄然，旬日事定。於是世服其才，有應變戡亂之略也。爲人高顴方頤，鬚眉偉然，意興甚豪。平居接物，有誠語，無恶聲；有微愠，無厲色；好劇談，往往傾其座，人與友交，曲折盡其意。尤喜宏獎後進。遇有微長，終身咨誦，不能忘復；爲講論文辭，未嘗有倦，受其教者多成就。晚歲養痾於家，請者盈門，無不立應。常卧中執筆作書，而口與客問答，輕重疏密，各如其意云。民國十三年夏正七月十日卒，得年六十有八。著有《菉猗閣詩文集》若干卷。

馮昭適曰：壬戌、癸亥間，先生寓居薛樓，昭適日往謁之，持文請政，無不改就，嘗笑語曰：『吾與汝家三世交矣！』意氣藹然可親。生平恒謂：『世之人才自然成者絶少，苟有志，即可予以美名，奬勵成之。』故培植後進若不及。如何昊天不遺一老，豈獨吾儕之不幸哉。

⑥關於屠景山：

屠景山，亦作景三、景珊、静三。鄞縣西鄉西樂人。光緒三十年（一九〇四）三月三，在寧波東門口『日新街』口，獨資創辦『源康布店』。鄉人傳誦：『老闆屠景山，資本三萬三，開店三月三』。一九一五年，參與上海『勸用國貨會』活動。一九二二年八月，爲『寧波水灾急賑會』捐款一千元。

同鄉會：一九一八年七月，捐款一萬元，永遠會董。一九二二年，特别名譽會董。

⑦關於陳季衡：

陳季衡（一八七六—一九二八），字時夏，以字行。號于盦。鄞縣人。一八九八年，附生。一九〇四年，就讀『日本東京法政大學』。一九〇七年十一月，『全浙國民拒款會』選舉副會長寧屬代表、留學界代表。一九〇九年，『浙江省咨議局』副議長。曾任『浙江公立法政專門學校』校長。一九一一年，七月，參與發起『國民尚武會寧波分會』；十一月，『浙江軍政府』司法部長；『浙江省都督府』秘書長，代理省主席約一星期，捐銀元一萬爲軍餉；以浙江代表出席上海『各省都督府代表聯合會』。一九一四年，『寧波公立甲種商業學校』名譽校長。一九一九年，『寧波總商會』會董；建『浙江省第二監獄』募捐董事。一九二三年，與張申之拒曹錕賄選，旋赴廣州，任非常時期國民政府參議會議員。

書法顔真卿。

⑧關於盛竹書：

盛竹書（一八六〇—一九二七），字炳紀。鎮海人。郡試第一名入縣學。一九〇一年，發起浚通鎮海東門浦；參與興辦『公益織布廠』『公益醫院』『貧民借貸局』。一九〇七年，赴漢口，『寧波會館』總董，發起『寧波旅漢同鄉會』，興辦『寧波旅漢小學』一所。一九〇八年，『漢口商務總會』議董。一九一一年，『浙江興業銀行漢口分行』總經理。一九一二年，『漢口商務總會』協理；參與發起『中華全國商會聯合會』，湖北幹事。一九一五年，至上海，『交通銀行上海分行』經理，『浙江興業銀行』常董，『浙江興業銀行上海分行』經理。一九一七年五月，創設上海《銀行周報》。一九一八年，參與創立『上海銀行公會』，董事。一九一九年二月，『中國紅十字會』臨時常議員兼任會計董事。一九二〇年，『上海銀行公會』第二届會長。一九二一年，三月，參與創辦『上海造幣廠借款銀團』；七月，參與發起『通泰鹽墾借款銀團』，董事。創辦『泰東麵粉公司』。一九二二年，『上海銀行公會』第三届會長；『上海交通銀行』行長；創辦『漢豐麵粉公司』；七月，『中國紅十字會會員大會』第一次常議會副議長。一九二三年，七月，『中國紅十字會總辦事處時疫醫院』院長；八月，參與發起『蘇浙和平協會』，幹事會幹事；九月，組織『日灾賑濟會』。一九二四年十一月，創辦『鎮海旅滬同鄉會』，會長。

《盛竹書先生墓志銘》：袁思亮撰，鄭孝胥書。

⑨關於『江浙相輕，惟老輩足以惟持。張啬老出場，老朽亦列名，當有宣言』：

上海，屬江蘇，却由皖系盧永祥、何豐林駐守。浙、滬一帶爲反直中心。曹錕賄選期間，江蘇督軍齊燮元爲直系。乃聯合直系福建督軍孫傳芳、直隸省省長王承斌，准備攻浙、滬。因此，一九二三年八月，浙、滬士紳發起『蘇浙和平協會』，由張謇草擬電文，通電呼籲維持江浙安寧。

本函言及來談的陳季衡，即爲拒曹錕賄選議員之一；盛竹書，『蘇浙和平協會』，幹事。何茂如，即淞滬護軍使（警備總司令）。當時張美翊亦列名『蘇浙和平協會』發表呼籲保境安民通電。《中華民國史事紀要》（初稿，一九八二年）電曰：

各省巡閱使、檢閱使、總司令、督軍，督理、省督統均鑒：……馮煦、張謇、唐文治、段書雲、黄以霖、仇繼恒、魏家譁、鄧邦述、高雲麟、吴慶坻、朱祖謀、盛炳緯、徐宗溥、沈銘昌、張美翊、吴品珩叩。

百行外孫婿望其日前函想達
此間擬於廿四也六請新婿印在
我家多以熱鬧是日大多發款
賓客看戲
楙弟同姪同大兄先細閱其
意見如何告我近日上海氣象
于急大亂而已敬詢
侍安 愙齋手書 廿八日午

（一七四）致朱復戡①

一九二三年十月八日　癸亥八月二十八日　星期一

朱絲欄箋

百行外甥壻賢契：

日前函想達。此間擬於廿四、五、六請新壻，即在我家可以盤桓，望日内多發數函。茲有致椒弟函，頗關大局，先細閱。問其意見如何，告我。近日上海氣象，可知大亂而已。敬問

待安。

蹇安手具，

廿八早。

考釋：

①（一七四）祇署『廿八早』，未署年、月。

函云『此間擬於廿四、五、六請新壻』，寧波婚俗，於結婚前三日，女方大紅帖子請女壻，三請後坐藍泥轎在寫有本堂名的燈籠下引導到女家，在堂上拜岳父，三道茶後，入房中拜岳母。朱復戡癸亥九月二十七日婚期，前三日請新壻恰在九月廿四、五、六日。而本函署『廿八早』，已經過了『廿四、五、六日』故不可能是九月，而應是提前一個月預訂，或爲八月廿八日。

此信書寫時間似爲一九二三年十月八日（癸亥八月二十八日）。

百部程嬰孔孫杵文覺吾斯道無諸事列讀者
一一見後並同時堂上若要的處
一讀完請帳速（昌）寄以便發帳至濤（一）新房定妝
作者新衛卅子極究作精美計得廿之甚老矣寫
十年極大利不如請你代世子有此本相適也（二）大櫃燈章平閣來
與極林陸諸相紀（第七宗衡）良 國用李老石状（三）蕃與世賢占定
總己於儀（四）問用要去拊舞覺也男儀相進態
常陳藝術學界（六）最壯世凹抓扇萬分再度逸（七）

尊公遗像上将于文石铭入，拟仿五梅五层，独用于寡多

寄前送直此九。尊处摹授帖石拓拓本十一，志遗背登

赠将石七十一种，犹青先碑（十三）、前记碑两金藏刻

百纸纫梅字，以备交换十七种，另刻纫梅印章一颗尤好

望并注示印章及图章（若干）多颗，如欲刻字者乞多与数十个为荷

应差之公望亲自往请。以上各节过一

见覆以慰远念，或将前项代覆亦可。敬颂

侍安

謇顿首 九月六日

（一七五）致朱復戡①

一九二三年十月十二日　癸亥九月三日　星期五

朱絲欄箋

百行賢契外孫壻文覽：

吉期近矣，諸事列後，希一一見復，並回明堂上爲要，勿延。

一、陳宅請帖速寄，以俟發帖，至囑。（一）新房定好，係鼎新街卅號，極完備精美，計洋廿元。老夫寓十年，極專利。（如請帖作卅一號，不必改，本相連也。）（二）已定大燈（焕章閣②朱）與翰林院陳相配（朱子官銜，民國用堂名不好）。（三）菜與豊器已定，統已預備。（四）賢用西裝抑華裝？（五）男賓相馮慰曾、陳葵卿，皆學界。（六）最好廿四抵甬，萬勿再遲。（七）尊公隨身之物，可交玉銘。（八）新房五樓五底獨用，可容多客，前進直出。（九）尊處發帖，不妨稍廣。（十）袁監督③證婚好否？（十一）證婚書先購寄。（十二）前託購兩金戒，刻百行、紉梅字以備交换。（十三）另刻紉梅牙章一顆尤好，賢亦須小牙章及大小圖章多顆，恐求字者必多。（十四）媒翁應、姜④二公，望親自往請。以上各節，逐一見復，以慰遠念。或煩葭舫⑤代復亦可，敬問

侍安。

蹇叜具，

九月三日。

附：迎娶吉期卜於九月二十七日，僅此上聞。婚書外備此紅柬，并加姻愚姪朱□□（某某）載拜一帖。

考釋：

①（一七五）衹署『九月三日』，未署年。

函云『媒翁應、姜二公』，與（一六二）函云『兩冰人來，合家歡喜。竹齋，彦威，晤希代謝』相銜接。媒翁即應彦威、姜竹齋。

函云『最好廿四抵甬，萬勿再遲』，與（一七四）函云『此間擬於廿四、五、六請新壻』相銜接。

此信書寫時間當爲一九二三年十月十二日（癸亥九月三日）。

②朱熹有『焕章閣待制侍講』職。

③袁思永，一九二二年，浙江海關監督。

④應季審、姜竹齋。

⑤疑是朱復戡弟朱仲龕。按弟名從兄例：朱復戡號靜龕，其弟仲龕；朱復戡用名藝舫，其弟葭舫。

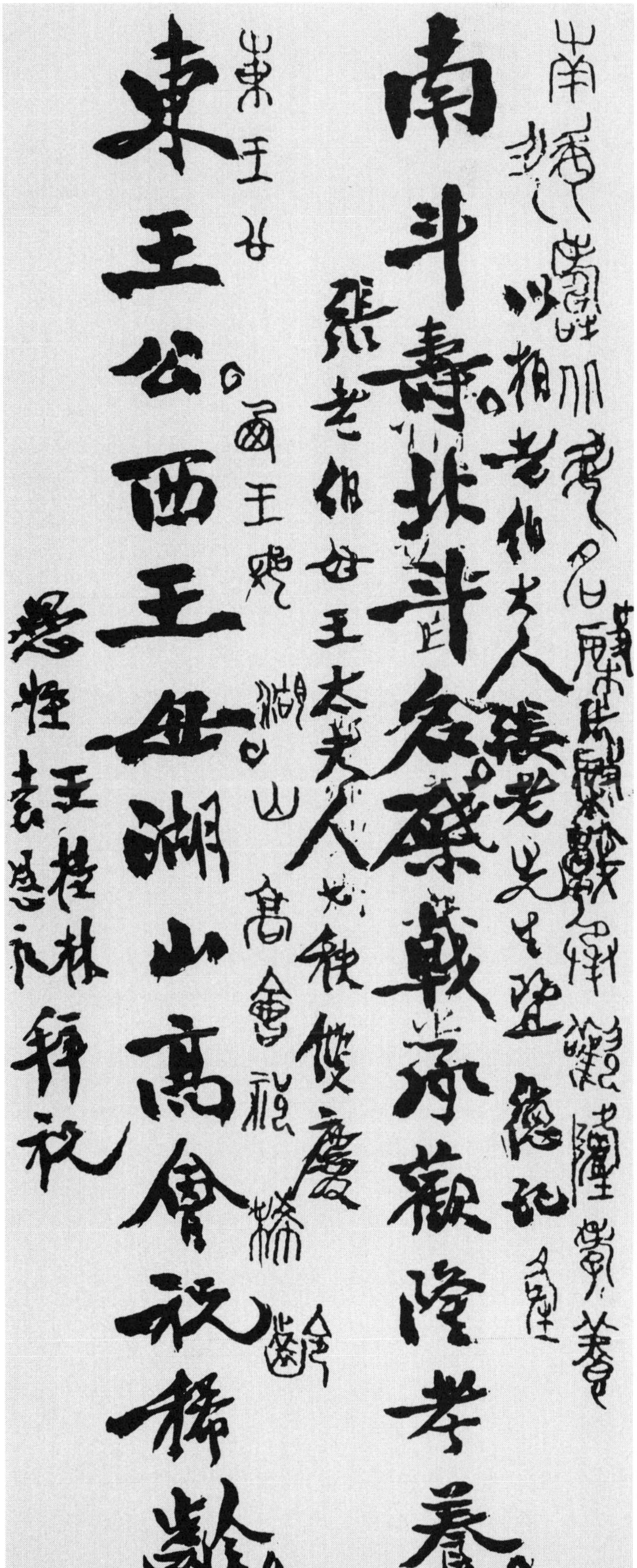
南斗壽。北斗名。磔戟承歡隆孝養。
東王公。西王母。湖山高會祝稀齡。

（一七七）致袁思永、王桂林

一九二三年十二月一日　癸亥十月二十四日　星期六

鄞翊箋⑧

承林澄兄交閲壽聯，極穩帖。惟壽聯長句殊不易作，且亦説不完。今擬聯奉政，意求包括，稍落套耳。敬請悦⑨、巽⑩翁指教。

美翊謹狀。

以柏老伯大人張老先生暨德配張老伯母王太夫人七秩雙慶：

南斗壽，北斗名，榮戟承歡隆孝養；

東王公，西王母，湖山高會祝稀齡。

愚姪王桂林、袁思永拜祝。

考釋：

①（一七六）（一七七）致袁思永、王桂林。合并考證。（一七六）祇署『廿四日』，未署年、月。（一七七）未署日期。

（一七六）函云『張封翁封母壽屏』，是王桂林、袁思永爲張載陽省長之父母祝壽。《沙孟海全集》（西泠印社出版社，二〇一〇年）第十卷《僧孚日録》癸亥十一月六日：

> 師代人壽張喧初省長（載陽）之父詩，余爲書之。此詩隨口出之，未嘗屬稿，其一聯云：是公合具公孤器；有子能提子弟軍。

張美翊致王桂林、袁思永函在先，（一七六）函云『俟鎮守使初三、四抵滬』，當爲農曆十一月三、四日。與後（一七九）函云『王、袁在滬有一二日耽閣』有聯係。癸亥十一月三、四日抵滬，再耽擱一二日，則爲癸亥十一月六日，與馮君木『壽張喧初省長（載陽）之父』詩時間相吻合。（一七六）當爲癸亥十月廿四日。

（一七七）是張美翊爲王、袁所代擬的張封翁封母壽聯。

總之：（一七六）（一七七）兩函同封。書寫時間當爲一九二三年十二月一日（癸亥十月二十四日）。

②余承誼（潤泉）。

此兩函爲張美翊致王桂林、袁思永函，而王、袁旋將此兩函請寧波余潤泉寄上海南市通商分銀行方椒伯，轉交朱復戡。

③方椒伯。

④⑤朱百行。

⑥⑨王桂林（一八七七—？），字悦山。東陽（今金華市東陽市）人。『北洋陸軍速成學堂』畢業。一九一二年，浙江憲兵司令。次年，『浙江省體育會』評議員。一九一六年八月至一九二〇年，浙江嘉湖鎮守使。一九二〇年十一月，寧台鎮守使。一九二四年，將軍府將軍。

⑦⑩袁思永（巽初）。

⑧（一七五）信箋底紋雖模糊，尚有『鄞翊』二字可辨。簡稱『鄞翊箋』，當是張美翊所造箋。

述評：

①關於余潤泉：

余承誼，原名鋆，字潤泉。鄞縣人。寧波點錫業領袖。一九〇七年，寧紹台挑浚河道九名董事之一。一九一一年，七月，參與發起『國民尚武會寧波分會』，幹事；『寧波商團第一團』團長；十一月，『寧波保安會』幹事；『寧波總商會』副會長、商會總董。一九一九年，『寧波總商會』會董；建『浙江省第二監獄』募捐董事。一九二一年，『中國通商銀行寧波分行』行長；十一月，『華洋義賑會』董事。一九二二年十二月，『寧波公立崇敬學校』董事。一九二三年，『寧波基督教青年會』第五屆徵求會員木星隊隊長；十二月，『修築南江塘』八名會計之一。此時兼任『永耀電力公司』『寧紹商輪公司』經理。

②關於袁思永：

袁思永（一八七六—一九三六），字巽初、無咎。號藹齋。湘潭（今湖南湘潭市）人。兩廣總督袁樹勛（子美）子。湯壽潛門生。廩貢生。一九〇八年以候補道發浙，因袁樹勛與浙撫增韞有舊，增委以『督練公所』（訓練新軍的機構，一九一〇年後撤銷）總參議。是年面試選送蔣介石入『日本東京振武軍事學校』，蔣後執弟子禮。一九二二年，『浙江海關』監督，獻寧波七塔寺『妙莊嚴域』匾。

浙江全省警察廳公事牋

平安帖

照入備　林扶清拜啓　書

懸省長新篇壽屏十六幅看

閏資約廿六日頓令潤又貢 百通

經寄南行奉向方行長請

假三天令人趣先慶里預備

約合禮號寶子光認切勿遷延

脫與他名手一爭高下也絕

收廣費也至囑。

呈悅步鈞

守後捐淋

淮倩人匈

南行

昔行長

來取無

楷洽為

（一七八）致朱復戡①

一九二三年十二月一日　癸亥十月二十四日　星期六

甯波警察廳啓事箋②

張省長③封翁壽屏十六幅，有潤資。約廿六日煩余潤兄（甬通商），徑寄南行，希向方行長請假二天，命人梅④先磨墨預備，約合《猛龍》《寶子》⑤爲之，勿過癡肥。與他名手一爭高下，此絶好廣告也。至囑至囑。

王悦山鎮守使抵申，准飭人向南行貴行長⑥處來取，希爲接洽。

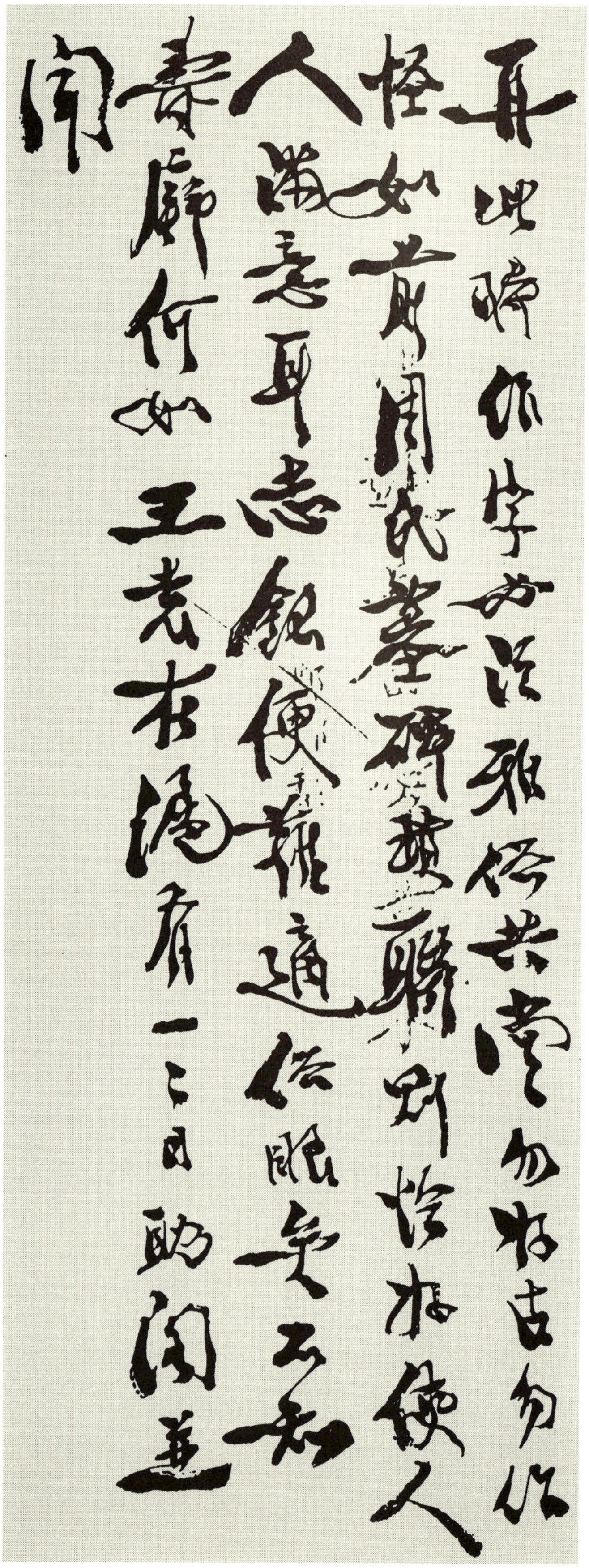

（一七九）致朱復戡

一九二三年十二月一日　癸亥十月二十四日　星期六

鄞翊箋

再：

此時作字，必須雅俗共賞，勿好古，勿作怪，如前《周氏墓碑》、瓆聯，則恰好使人人滿意耳。《志銘》，便難適俗眼矣。不知壽屏何如。

王、袁⑦在滬有一二日耽閣，並聞。

考釋：

①（一七八）（一七九）未署日期。

（一七八）函云『命人梅先磨墨預備』，是朱陳已結婚，當是癸亥。

（一七六）致王桂林、袁思永函云『今日已函告朱生矣』，（一七八）（一七九）即當爲廿四日『函朱生』者。（一七八）（一七九）亦當爲『廿四』。

總之：（一七八）（一七九）兩函同封。書寫時間當爲一九二三年十二月一日（癸亥十月二十四日）。

②（一七八）信箋用『浙江省甯波警察廳啓事箋』竪行朱絲欄信箋。箋右側有『早安惟照不備，林映清拜啓，十二月一日』字。林映清，字澄泉。時任寧波警察廳廳長。用公曆，十二月一日，農曆正是十月二十四日。此是張美翊利用林映清來函的空白處致函朱復戡。（一七九）信箋同（一七七）。一九二四年五月九日，林調任蕭山捐統局長。

③張載陽（一八七三—一九四五），亦作載揚。字春曦。號暄初。新昌（今紹興市新昌縣）誠愛鄉張家店村人。杭州室名：暄廬。一九一〇年，『浙江武備學堂』畢業。一九二二年十月，浙江省長，一九二三年，授陸軍上將。書法晉唐。張載陽爲其父張以柏做七十壽，輯有《張以柏封翁暨德配王太夫人七秩雙慶壽言》（新昌張九如堂鉛印本）。次年，張以柏去世，輯有《張封翁以柏公榮哀録》（新昌張九如堂鉛印本）。

④陳紉梅。

⑤張猛龍碑、爨寶子碑。

⑥方椒伯。

⑦王桂林、袁思永。

百般如物於時吳老東渡我去之乃能為我寫無一語文者
子書可聽人云恐已往意無意不甚庶各去來江湖豈能一切
擇後者也之字畫白能以人直壞安知忠九一人學拔萃 拔萃之士
前無一人懷實
淡學者亦能故如陸香苍退墨章一以古樸古老爲
不以學者為然長老之不齊出仍乎寫詩卷一冊贈我
累不發何如試細閱之陸香老手使山膳者青論讀表
論古文未論新即七十老人乃喜引進少年與老夫相以書訊
以年前新白文住道乃未文双之 湘曙
之此問柳以而寫不裁及

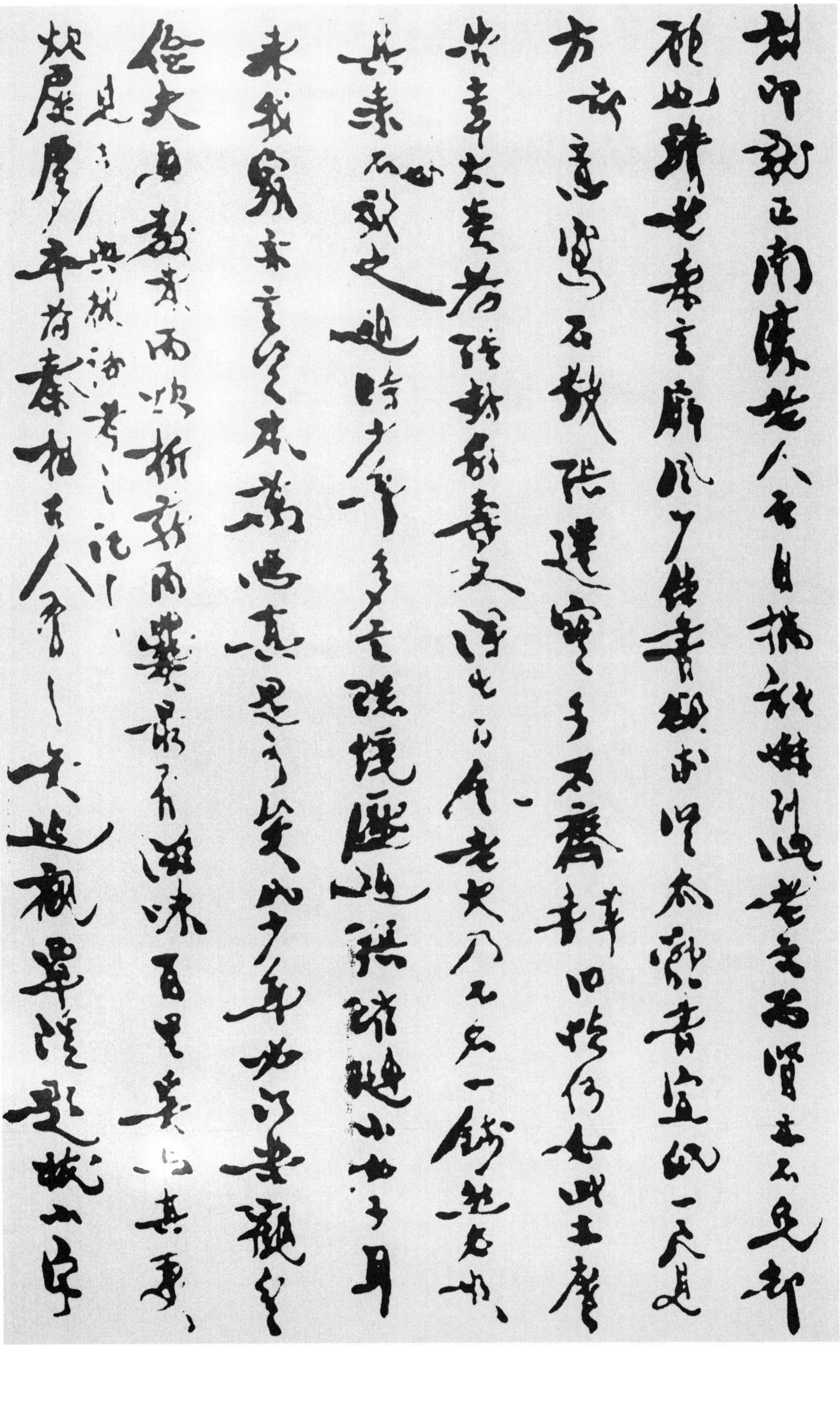

奉手頃廣出門欲發函書有乙巳乃夏已也出於今無
且書頃梅
金遊叔令畿瞻多甚與研神令中此安未延秘齋收去
廷秋藏遺收澗卑年史不衆得有安且分伎座明珍幸
遺考史出十有三日從仮便出壯遊高橋乘概而已
兩餘張本帖致錢以贈無人撫視因藉想者無尺牢
仍又欲以了數去又了實又弟絲安陰日書且低至老大
當以九作樹贈所秋梅傳自階上翠遙什請[illegible][illegible]
伯兄
寐叟 十一月七日

（一八〇）致朱復戡①

一九二三年十二月十九日　癸亥十一月十二日　星期三

朱絲欄箋

百行外孫壻賢契：

來稟詳哉，言之乃能聽我言，無一語反對，可喜可慰。人不患貧，但患無志，不勤不儉。名士氣、江湖氣，一切掃除。缶老之字，爲白龍山人②寫壞，幾成惡札（板橋自古今一人，學板橋者無一人，蝯叟③後學者亦俗），故如張嗇庵④、羅雪堂、章一山，亦推缶老，而不以學者爲然。缶老自石齋⑤出，今寄手寫詩卷一册，索性寫石齋何如？試細閲之。張嗇老手復馮慰曾書，論讀書，論古文，未論刻印。七十老人乃喜引進少年，與老夫相同。嗇⑥謂公阜⑦所刻白文佳，蕙庵⑧朱文次之（叔孺之姪）。賢能以所寫《石鼓》及刻印就正南濠老人⑨否？自揣能嚇到此老否？恐賢亦不免却顧也！靖老來言，屏風少佳書，欲求賢各體書，宣紙一尺見方，鄙意寫《石鼓》《張遷》《寶子》、石齋（草書）四幀何如？此亦廣告。章太炎爲張封翁壽文，得七百金，老夫乃不名一錢。然各安其來，不必效之。近時少年多言環境壓迫，張璀璡小女子耳，來我家亦言資本萬惡，真是可笑。凡少年必須樂觀，貧儉夫妻數米而炊，析薪而爨，最有滋味。百里奚與其妻炊扊扅⑩，卒爲秦相（見《古人典林》⑪，試考之記之），古人有之矣。近觀覃溪題跋，小字筆筆從歐、虞出，賢能購翁書看之否？阿夏已逃出性命，熱全退，能食粥，昨夕禳鬼謝神，今午汝岳母⑫去喫龍虎飯矣（望告紉梅）。項松茂⑬送我潤資五十元，不知賢有否，且勿往索，致涉市道。老夫生平有『三日没飯喫，凸肚過高橋』氣概，所以老而能强，幸賢效我。昨寄孟令《猛龍》⑭及蘇堪書，孟令字似《元欽》⑮，似可教。業文可愛，兄弟能共讀四書五經否？老夫當以九經相贈。顧鼎梅續函附上，希速往訪。敬問

侍安。

蹇具，

十二日巳刻。

考釋：

①（一八〇）衹署『十二日』，未署年、月。

信中稱謂『百行外孫壻』，當爲癸亥。

函云『章太炎爲張封翁壽文，得七百金』，『張封翁壽文』，當指張省長封翁，與（一七七）函云『張封翁封母壽屏……今擬聯奉政』相銜接。當爲十一月十二日。

函云『顧鼎梅續函附上，希速往訪』，與（一七二）函云『顧崇癯，金石專家，……拙函望速送及也』相銜接。

此信書寫時間當爲一九二三年十二月十九日（癸亥十一月十二日）。

②王震，號白龍山人。

昔於此物皆何要來得自然合攏就此書所以其三字絕

奇怪處字頭乃其錢楷電風碑筆觸猶支取相當

奔放書殺人飛電仙館因字上 臨改寫寧我書

殺人茂壇有此書此政閣 以以 似毛三字絕多處 上三字 殿似 望

問書敢之王張龍向聯奔代達 也宋宗書 的有潤如條文格外

是乃生意楊殺 工商界中表安為處條刻即遠如工一新

晨鷄將畫過跳楼伊舟中於中嫁細楠命生國 又老水仍正

叢人生歷是過處見老遠 臻俊為將寧長 於二日

（一八一）致朱復戡①

一九二四年一月八日　癸亥十二月三日　星期二

朱絲欄箋

百行外孫壻賢契：

未得函，甚念。濟祖②乩書『屠公井』三字絕奇。惟屠字須另爲結構，望用硃筆鉤好，支配相當。并代書族人『飛雲仙舘』四字（牋附上），須寫得飛舞。族人設壇有乩書『吒波閣』（从口从乇）三字絕可駭（上三字略似），望賢書敵之。王瑞龍函、聯（已奉寄）希代送，約有潤廿餘元。格外克己，生意揔在工商界中。袁巽翁③屢催刻印，速加工一刻。歲臘將盡，盜賊橫行，賢早出早歸，紉梅勿出門。老朽仍不能久坐。褧兒過滬，見否？速詳復爲盼。

塞具，

初三日。

考釋：

（一八一）祇署『初三日』，未署年、月。

信中稱謂『百行外孫壻』，當爲癸亥。

函云『歲臘將盡』，當是癸亥十二月三日。

此信書寫時間當爲一九二四年一月八日（癸亥十二月三日）。

②濟公。

③袁思永。

述評：

①關於『并代書族人「飛雲仙舘」四字（牋附上），須寫得飛舞』：

此亦是內容決定形式。一是因爲『飛雲仙舘』本身有『飛雲』之意；二是因爲寫『飛雲仙舘』要與三字絕奇的『屠公井』、三字絕可駭的『咤波閣』乩書相類。所以要朱復戡寫得飛舞以敵之。

百年如一瞬數耳然遠似棋

軒玉瑞龍本過高何以异如礼

書法而未宁堂生亦跡隆南敦

謨而少志如风人宜重此情有

信用會此藝應社會老耄病日

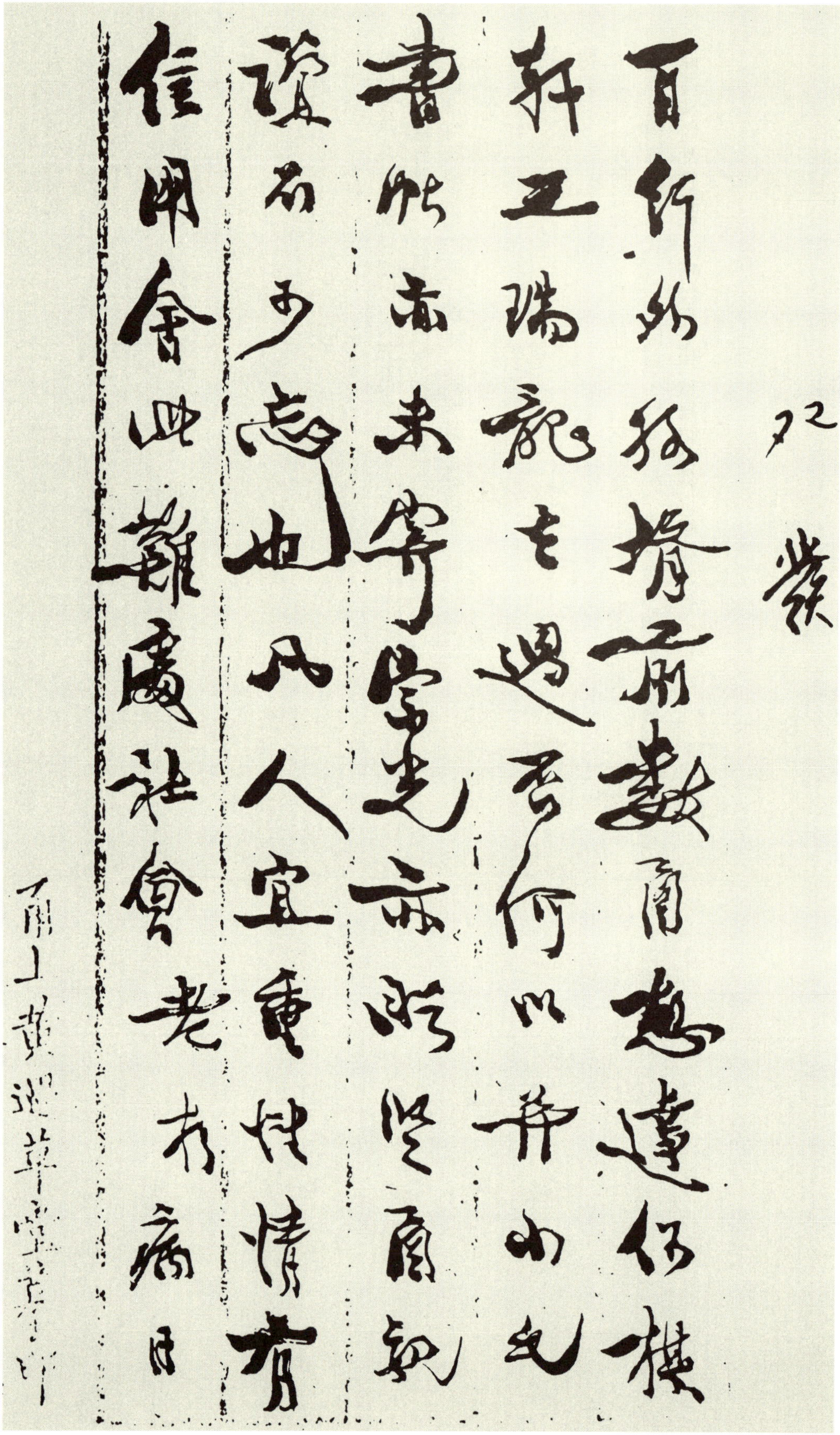

隈氣日羽忽不能再通長饑足

默進步裴順間

侍禛寔真　廿三

瑩昔瑤龍弟大巖風業社圖已

收刊禪宗誰相頸來德

（一八二）致朱復戡①

一九二四年一月二十八日　癸亥十二月二十三日　星期一

黄過草堂箋

百行外孫壻：

前數函想達。何媒軒②、王瑞龍去過否？何以并小毛書帖亦未寄？宗光亦盼賢函，親誼不可忘也。凡人宜重性情，有信用，舍［捨］此難處社會。老朽病日深，氣日弱，恐不能再通長函見賢進步矣。順問

侍祺。

蹇具，

廿三。

望告瑞龍弟，《大觀海棠社圖》已收到，祥官③准初頭來滬。

拜阜昆芳来過囑其光向諸會
代稱道畧道黃公同甫已面説
矣秀東
尊兄為要

（一八三）致朱復戡

一九二四年一月二十八日　癸亥十二月二十三日　星期一

黃過草堂箋

再：

卓賢芳來過，囑其先向商會代轉道署。黃公回甬，已面託矣，希稟尊公爲要。

考釋：

①（一八二）（一八三）合并考證。（一八二）衹署廿三日。未署年、月。（一八三）未署日期。

（一八二）稱謂『百行外孫壻』，當爲癸亥。

（一八二）函云『王瑞龍去過否』，與（一八一）函云『王瑞龍函、聯，希代送』相銜接。

（一八二）函云『祥官准初頭來滬』，初頭，指月分或年分的初始。此處未言月，似指年分。有可能是指甲子年初頭，則（一八二）似爲癸亥臘月廿三日。

總之：（一八二）（一八三）信箋皆用『黃過草堂箋』，書法亦同。兩函同封。書寫時間似爲一九二四年一月二十八日（癸亥十二月二十三日）。

②何梅軒。

③疑是張美翊最小孫張慶令，生於一九一九年，屬羊。其父張褧伯生於一八八五年，屬鷄，幼稱酉官。按例：張慶令稱祥官，祥者羊也。

今日起遣叟接蒋牧來自起王

屏遣邢衍中多違失便趋為人

賢夫婦衍止小曲石心當飛男

女為福延為病以年青有貓相

張老叫之流此寒其

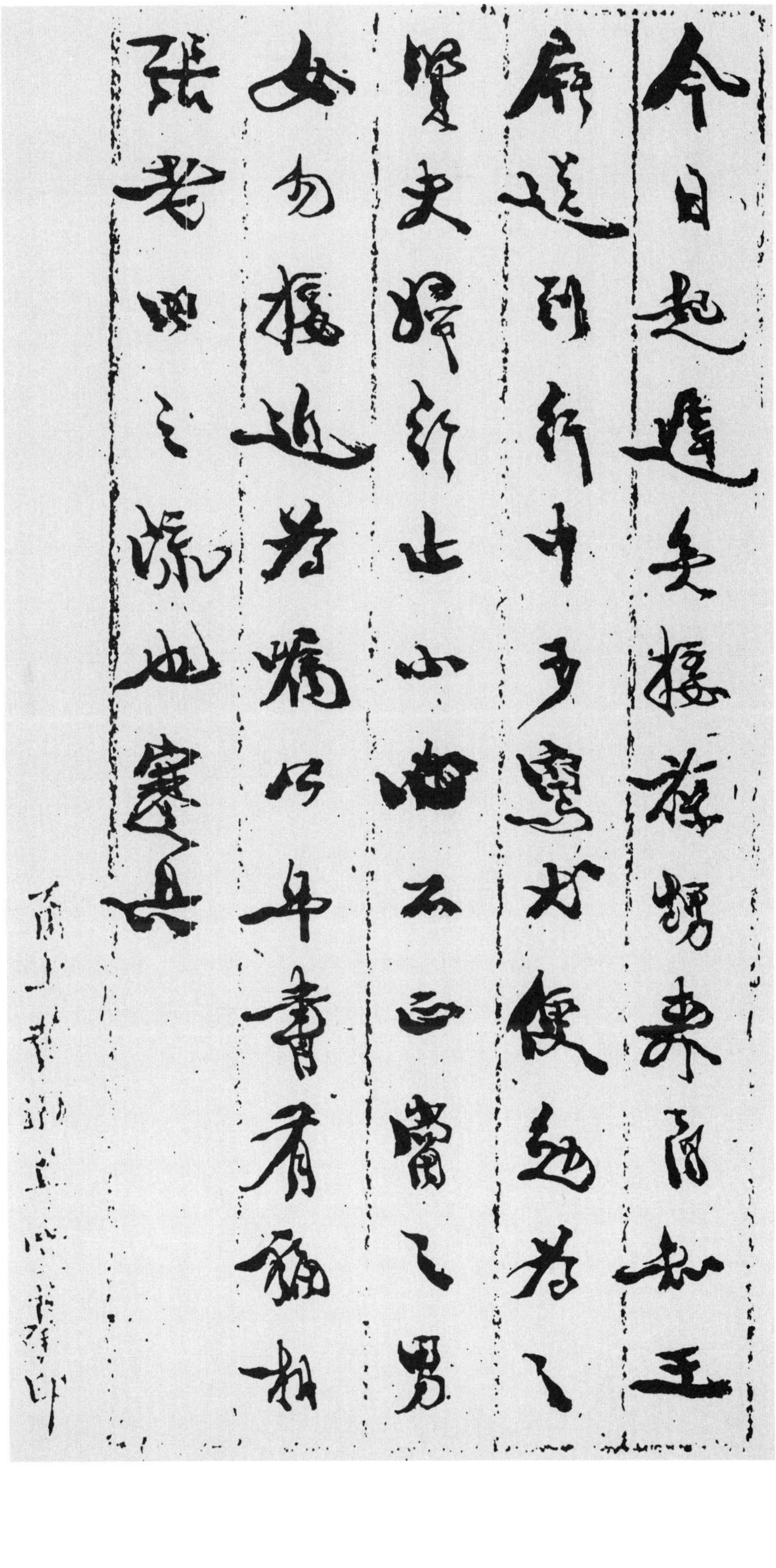

（一八四）致朱復戡①

一九二四年初　癸亥歲末或甲子歲初

黃過草堂箋

今日起遲矣。接葆甥來函，知王屏已送到行中，可寫尤便，勉爲之。賢夫婦行止小心，不正當之男女勿接近爲囑。公阜②書有福相③，張老四④之流也。

蹇具。

考釋：

①（一八四）未署日期。

函云『賢夫婦行止小心』，當爲癸亥末或甲子初。

函云『接葆甥來函知王屏已送到行中』，與（一八二）函云『何媒軒、王瑞龍去過否』相銜接。葆甥即何葆春（媒軒）。又與（一八一）函云『王瑞龍函、聯，希代送』相銜接。又與（一八〇）函云『王瑞龍去過否』相銜接。

此信書寫時間似爲一九二四年初（癸亥末或甲子初）。

②吴澤（公阜）。

③福德相：一切善行之名相。《聰訓齋語》：

姚端恪公有言：此乃成就我福德相，愈加恭謹以遜謝之，則橫逆之來，蓋亦少矣。

④張謇（嗇庵），行四。

曲園老人佚著類篇叢殘

陽曉峰湖斗讓該所存閱此齋務

印書館編書時中擲開文諒本雷進

書孫陳仲回在齋教館收與國文

館太本苞萬花在傳納社沙遠

海仍錄蔡之厥對撰刻戴襟癱

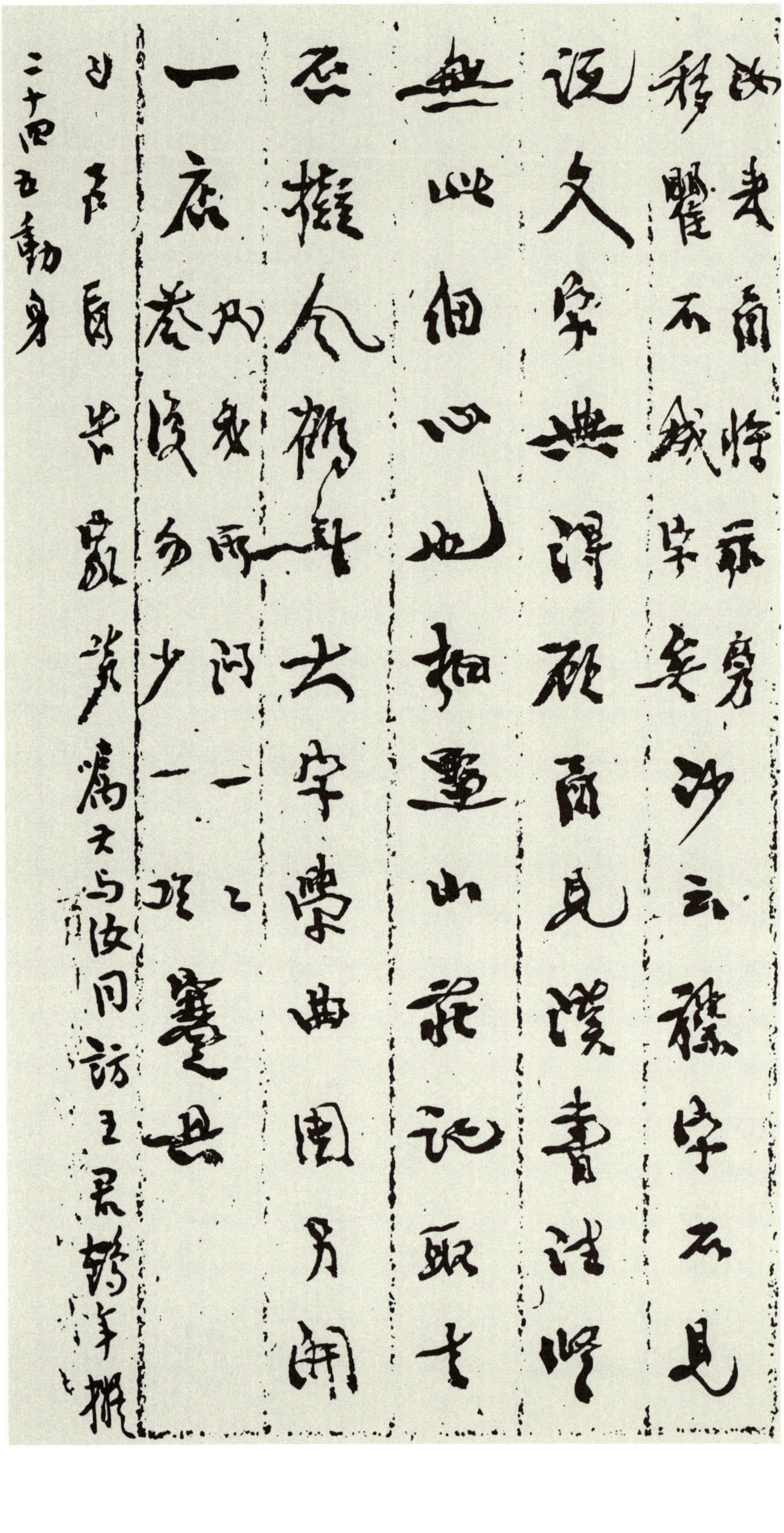
汝來函將乘勇沙云穆字不見
移譯不識字矣
返文字無得願商見漢書註將
無此個心也相墨出莊記取七
恐擬人概斜太字學曲園月開
凡來所問一一
一底卷後分少一一詳塞之也
已良母告家人為之與汝同訪王君鈞年批
二十四五動身

（一八六）爲陳童子①

一九〇八年七月二日　戊申六月四日　星期四

花卉箋②

脩學基於幼歲，立身貴乎有恒。展閲日記凡四閲月，讀書作字，日有常課，書法匀淨，一筆不苟，得自十一齡童子。太邱③名德，衍及文孫，且喜且敬。《論》《孟》《詩》《書》已完，《左傳》始讀，旁涉《綱鑒》通史④、地圖、法帖，何其多能，近四年來，當更有進境。學無論古今中外，而歸本於脩身則一。願侍奉重闈，秉承家訓，先研國粹，漸闢新機，有厚望焉。

光緒三十四年六月四日，美翊閲畢記。

（鈐印）美翊小印（白文）。

考釋：

①（一八六）爲陳童子。署有明確日期：光緒三十四年六月四日。書寫時間當爲一九〇八年七月二日（戊申六月四日）。

②花卉箋首次見用，僅一見。

③東漢人陳寔（一〇四—一八七），字仲弓。許昌（今河南許昌市長葛市）古橋鄉陳故村人。曾任太邱縣長，人稱『陳太邱』。函云『太邱名德，衍及文孫』，是知此受者爲陳姓童子，可能是鄞縣横溪鎮道成岙村陳氏。

④清人吴乘權等輯《綱鑒易知録》。

述評：

①此爲目前所見的張美翊年份最早的墨跡（一九〇八年），但不知受者名字，故附於後。

②清人讀書，十一歲童子，《論語》《孟子》《詩經》《尚書》已讀完，始讀《左傳》，旁涉《綱鑒》通史、地圖、法帖。可見中國傳統文化，清代乃集大成之盛世。此後由盛轉衰，抑或規律？

惪老同歲侍史一別三月春盡
矣驚飛草長無任悵悵間
公患心恙目擊時局自應壘塊
未消第革命之歲亦頗患此年
來大節飲食必戒米飯少飲勃

蘭提乃得霍然
公誠之何如復莊今樂府目録
並鈔本四冊煩晏石又奉
覽得暇尚擬造訪春寒惟
珍攝　年
教弟張美翊狀　三月十日

（一八七）致劉世珩①

一九一二年後—一九一九年間某年農曆三月十日

黄過草堂箋

葱老同歲侍史：

一别三月春盡矣，鶯飛草長，無任悵悵。聞公患小恙，目擊時局，自應壘塊未消。弟革命之歲頗患此，年來大節飲食，尤戒米飯，少飲勃蘭提，乃得霍然。公試之何如？《復莊今樂府目録》，並鈔本四册，煩吴石兄②奉覽。得遐尚擬造訪。春寒惟

珍攝

年教弟張美翊狀，

三月十日。

考釋：

①（一八七）致劉世珩。衹署三月三日，未署年。

函云『弟革命之歲頗患此』，知此函的上限在一九一二年。

劉世珩刻《暖紅室匯刻傳奇》，需要《復莊今樂府選總目》。

《暖紅室匯刻傳奇》，一九一九年完工，爲此函下限。從書法清秀精緻來看，書寫年代似在此間靠前。

此信書寫時間似爲一九一二年—一九一九年間。

②吴隱（一八六七—一九二二），字通庵，亦作遯盦。號石潛、潛泉。紹興人。

評述：

①關於《復莊今樂府選總目》：

《復莊今樂府目録》，即《復莊今樂府選總目》。

清人姚燮編纂《復莊今樂府選》，戲曲選集。原爲一九二册，未刊。

朱鼎煦『别宥齋』藏《復莊今樂府選》五十六册（一九七八年捐天一閣），附《復莊今樂府選總目》一册，乃光緒三十年（一九〇四）馮辰元手録，共十頁。疑張美翊自朱鼎煦處鈔録，由吴石潛交劉世珩。

鄭振鐸著《中國文學研究·姚梅伯的今樂府選》（商務印書館，一九二八年）記有《復莊今樂府選總目》。自言鈔自寧波。

漁谿府君像贊

行人之後二難競爽公爲長君稱於族黨私淑黃門起家孝廉多村多藝三絕能兼惟孝友于田姜遺美甬上耆舊矜式在是穆乎遺像邈矣高風英絕領袖百世所宗

己未季冬月

裔孫美翊謹題

（一八八）為張漁谿後人①

一九二〇年一月　己未十二月

白箋

漁谿府君像贊：

行人之後，二難競爽。公爲長君，稱於族黨。私淑黄門，起家孝廉。多材多藝，三絶能兼。惟孝友于，田姜遺美。甬上耆舊，矜式在是。穆乎遺像，邈矣高風。英絶領袖，百世所宗。己未季冬月，裔孫美翊謹題。

（鈐印）美翊小印（白文）。

考釋：

①（一八八）署己未季冬月，未署日。

此像贊書寫時間當爲一九二〇年一月（己未十二月）。

述評：

①關於『漁谿府君』：

漁谿府君，乃張美翊的二十八世（青石九世）叔祖張錫璜。

張美翊主纂《甬上青石張氏家譜・系録》（味芹堂鉛印本，一九二五年）：

錫璜，士塤長子。字志吕。號漁谿。以詩經補鄞縣學諸生充歲貢。康熙五十三年甲午，浙江鄉試第一百名舉人；揀選知縣；敕授文林郎。生順治十七年庚子九月初六日亥時，卒雍正二年甲辰二月二十日未時。年六十五歲（有傳）。

③何紹基（蝯叟）。

④⑥⑨張謇。

⑤黄道周。

⑦吴公皁。

⑧趙安煒（一八八三—一九五二），字天貺。號蕙庵。工書法篆刻，能畫。

⑩扊扅：門栓。百里奚與妻炊扊扅事見《古樂府》：

百里奚，五羊皮，憶别時，烹伏雌，炊扊扅，今日富貴忘我爲！

⑪江永《四書古人典林》。

⑫張世芬。一九〇八年浙江鐵路認一整股。

⑬項世澄（松茂）。

⑭張猛龍碑。

⑮《元欽墓志》，北魏永安元年（五二八）建，一九一六年河南洛陽出土。

述評：

①關於『缶老之字，爲白龍山人寫壞，幾成惡札（板橋自古今一人，學板橋者無一人，蝯叟後學者亦俗），故如張嗇庵、羅雪堂、章一山，亦推缶老，而不以學者爲然』：

復戡師曾語筆者：

吴缶老寫《石鼓》，由方變長，並且左低右高，開了一派，是活學，學古人不死臨是聰明的方法。今人學吴，倘不學其治學之法，而學其結體，是不善學。

吴昌碩治學之法何如？至今似尚缺乏深層次的研究。

②關於『張嗇老手復馮慰曾書』：

《沙孟海全集》（西泠印社出版社，二〇一〇年）第十卷《僧孚日録》癸亥十月十四日（一九二四年十一月十四日）：

袁博近以文稿寄呈張季直先生評騭。

一九二三年十一月，張謇覆張美翊函，《大公報》一九二三年十二月一日（癸亥十月廿四日）《與張蹇叟訊》：

久别極念，叟寄馮生文，函被屢催。昨始發箴［緘］，走［久］之困於人事可知矣。叟於近日文字魔障，多感喟之言，然亦衹足殺投焰之蛾，而不足以病廖天之鶴。若馮生豈非英雋之士乎？生質殊美，美在能静，加以學力，必成雅才。匆匆點勘，聊以報命，未能盡也。近體如何？珍重。

一九二三年十二月四日張謇覆馮衷博（慰曾）、張美翊函（《李明勛等主編《張謇全集》，上海辭書出版社，二〇一二年）：

衷博賢弟鑒：

前日辱寄書，均到。賢文筆殊健，以改本玩之，當更有所造詣。讓老道賢向學之誠甚摯，亦老人所樂聞也。復候文祺。

讓三先生大鑒：

馮生文筆頗優，更益精進，知其有造也。前日寄書已收到，兹去一函，乞轉致。弟子云者，寗亦拘形式耶？復頌大安。

張謇覆馮衷博函，由張美翊轉遞（原件注明寄『寧波新巷弄』）。

③關於『章太炎爲張封翁壽文，得七百金，老夫乃不名一錢』：

張文治編《古書修辭例》（中華書局，一九三七年）中，附録二，《華國月刊》第一卷第十一期《文話》一則：

馮昭適者，慈谿儒家子，弱冠攻學甚苦。今年來上海，爲章太炎先生授幼子讀。一日，出文質先生，則其鄉人張原煒記父軼事，而同里張美翊爲之點定者也。先生曰：『記述瑣事，期於達而止。』略加點竄，辭簡而意開豁，洵大匠之能事也。備録之，以爲承學規矱焉。

《先府君軼事》：先府君終歲客授。生計纖屑，一不以過問。一日，客居思啖魚，見河干泊漁舟，亟自携器往就之。漁者權其器，故抑衡示增益，欲以德府君。凡稱物，必先權其器，謂之約；已乃納物其中，物逾其重者衡多振，其約則反是。府君誤以爲誑已也，强漁者揚使上。漁者爲譬解之百端，良久乃省。其闊達類如此。此事至瑣屑，然叙次頗不易。屢與諸友相商榷，苦不能達。惟蹇叜先生有以教我！張原煒記。

其二：先府君好讀書，終歲客授於外；家人生産一不以過問。一日，家居思食魚，見河干泊漁舟，亟携筐就之。凡入市稱物，必先權儲物之器，已乃納物其中加减之，凖物之輕重以計值，無或爽者。漁者見府君，欲以德府君。先權其筐，抑其懸使之下；既納魚於筐，則揚之使上。告府君重若干，值若干。府君大詫異，謂：『稱物宜平，汝先抑之後揚之何也？其誑我耶？』漁者答曰：『抑之使筐之重，揚之則求魚之輕，意以厚公。非概施之人。』且爲之譬解之百端。府君良久乃省，既而曰：『汝毋然！稱物宜平。汝厚我，得勿薄於人耶？』卒令平之，給以值，漁人歡謝而去。鄉人見之，咸嘆謂『長者！長者！』其闊達多類此。（張美翊）

其三：先府君好讀書，未嘗知家人生産。一日，思食魚，亟携筐趣漁舟泊所。漁者欲以德府君。先權其筐，抑其懸使下；既納魚於筐，則揚之使上；已而减筐之重以計值。告府君，重若干，值若干。府君大詫，謂：『稱物宜平，汝先抑之，後揚之，其誑我耶？』漁者答曰：『抑之使筐之重，揚之則求魚之輕，意以厚公。』且爲之譬解百端。府君良久乃省，其性遺物多類此。（章太炎先生改定本）

第一稿張原煒，自謂：『苦不能達』；第二稿張美翊，達則達，文稍繁長；第三稿章太炎，文簡意達。

張原煒爲桐城派；張美翊師承『湘鄉義法』，亦是從桐城派出藍而來；章太炎師承俞曲園，學魏晉文，將可省略字儘量删削或改用最簡之字。

復戡師曾語筆者：

文章應學《史記》，桐城派不好，啰嗦。

張原煒、張美翊、章太炎三人文章，功夫才情均爲相當，衹是章太炎取法乎上，此點高於二張。

一九二三年九月，章太炎在上海創刊《華國月刊》，社長。

④關於『老夫生平有「三日没飯喫，凸肚過高橋」氣概』：

『江橋』指靈橋。寧波俗語『三日弗喫飯，腆肚過江橋』，意爲人要有志氣。張美翊雖出身於名門望族，但中落，經濟狀況并不富足。

一九〇五年十二月，張美翊作《叔母陳太宜人七十壽序》（《甬上青石張氏家譜·家集》，味芹堂鉛印本，一九二五年）：

天道五十年而一變，盛極必衰，亦剥極必復。國之運數從之，惟家亦然。吾家自曾祖竹菴府君以積貲起家，祖考暨叔祖繼之，號稱饒裕。及後分爲恒、升兩房。恒房則吾父藜庭府君、叔父溪蘅府君；升房則叔父載之、雨汀兩府君。皆能承先業而燾後嗣。不幸吾先君與載之府君無禄早世。中更喪亂，漸以中落。溪蘅府君、雨汀府君分治家事，教督子弟，食指日繁，資用日匱。兩老人雖皆享壽踰六十歲，實戚戚無一日之歡。及今思之，猶有餘痛。叔母陳太宜人，雨汀府君之繼配也，今年七十矣，仲冬初旬，爲其生日。從弟松甫太學，將因次子娶婦，爲叔母先期稱慶。叔母念家室之屯邅，子嗣之彫落，惄焉憂傷，未之許也。松甫謂美翊宜有文以解其意，且示後人。竊維天運之循環，與人事之因應，盛衰剥復，本理之常，無足異者。方其盛也，門庭加闢，嗣續加多，親戚存問，歲時饋遺，以及祭祀之禮，嫁娶之資，綽然皆有餘裕。及其衰也，死喪頻仍，生計困乏，舉家而憂，危及身而拮据，慼然若不可以終日。然剥之既極，即爲復之將來自。美翊少時，見吾叔母事叔祖母以孝，相吾叔父以順，撫諸子女以慈。雖中年以至暮歲，境遇豐嗇先後不同，而恭儉仁惠，率初不變。猶且神明穆清，强健善飯，嗣是以後，或者親見吾房從子弟再振門基，繁育曾元，克光先業。吾叔母之壽且由耄耋而期頤，正未有艾，可斷言也。抑美翊因之重有感矣。吾從兄弟八人，今存者，恒房則美翊與從弟登三文學；升房則從兄子同、二尹與松甫太學而已。從兄需次皖中，俸入微薄。美翊客授上海，孏不上進。而登三、松甫生事尤蹙，未能翼之以起。良用内疚，環顧諸子，上者稍知自立，其次尚未成材。由是以思，則所以慰吾叔母之心者，固自有在，非僅奉觴上壽謂，即盡職而無忝也，因書之於幛，與吾兄弟共勉之。光緒三十一年十一月上澣。

一九一八年九月，張美翊爲張懋翊（淮卿）作《族弟淮卿五秩壽序》（《甬上青石張氏家譜·家集》，味芹堂鉛印本，一九二五年）：

吾族甬上青石張氏，自七世祖振寰府君當明季以貨殖起家，嘗佐冰槎軍事，以一語完全城之命，卒以貲雄鄉里。入國朝後隱約終身，延姚江黄梨洲先生講學吾家，於是吾八世祖天因文學、叔祖雪汀進士得聞證人之學。九世祖四青山人稱黄門再傳弟子，嘗爲刻《明文授讀》。嗣是而後，儒學相承，世稱孝友，而家業漸以衰矣。逮嘉道間，先曾祖竹菴府君奮起孤童，以通財鬻貨屢致千金。不幸吾先祖先考，皆年三十餘捐館舍。中更匪亂，先人商肆百無一存。余少時及見吾族祖寶三翁，深目廣顙，聲若洪鐘。嘗主吾家，每述先世遺事以相勗勉。既翁遷居鎮海，歲尚會祭於家祠，亟喜與余語而惜其偏好文字，以爲文學之選而非貨殖之材。迄今垂四十年，而吾族弟淮卿以商名於海上。君蓋寶三翁之孫而堯炳翁之子也。君幼奉祖父之訓，習聞陶朱計然之術。寶三翁名能知人，謂興吾家者，其在此子。年十四，即游滬習商業，爲主者所賞愛。年踰冠，鎮海葉澄衷觀察聞其名，延襄老順記號事，君益奮以進，通知外國語文及機械之學，與中外官商交易，必誠必信，口無二價。至治事至勤而律身至儉，終日危坐肆中，右管而左籥，雖出入紛紜而神識凝定。敝衣疏食，率粗不變，葉翁每嘆爲非人所及。逮葉翁棄世，則佐其次君，與其姻王君別創瑞昌順號，以君主其政，益得發抒志氣，推廣營運。適有天幸，息以大贏。海上同業論人材，必以君爲志幟。蓋業以專而精，貲以積而厚。有本之木，有源之水，非蒲蘆潢潦所得而擬也。君天性孝友，既先後奉祖若父之諱，則事祖母范太宜人、母金太宜人，備盡色養，及老壽考終，喪葬盡禮。兄弟十人，君次居仲。逮伯兄先逝，益推愛諸弟。其幼也，爲謀教養；長也，爲營生計。今松筠、春琛以下昆季，皆經商滬瀆，卓然能自樹立。分居析産，處分井井。脩家祠，置祀田，一身任之。久居商市，安於樸誠，無聲色之好、飲博之娛。急公尚義，於家鄉興學校、脩道路，以及上海諸善舉，靡不量力出貲助成其事。族戚故舊以緩急告佽之，必稱其意。少年子弟，則量其才品爲之推薦。嗇於自奉而厚於待人；嚴於持躬而寬於容衆。先後數十年，觀其肆，秩秩如也；入其家，雍雍如也，君子於以知君之過人遠矣。君既還居鎮海，遂爲其邑長老名輩所引重。既築新居於八里橋下，堂宇崇峻，軒庭明敞左右。爲長子娶婦，宗人往賀，謂庶幾吾先世味芹堂盛時之風。自余往來上海，與君相見者，歲星踰兩周矣。每喜謂君以貨殖，吾以文學，兩者不能兼營，當分任之。然經商致富，足以振起吾宗經濟，文章或空言而無實用。余於君，愧弗如也。秋八月十有四日，爲君五十生辰，德配陶宜人年亦五十一矣。同人製屏稱慶，囑余爲文以佐執爵之祝。君有子女七人，世萊成人授室，能繼父業。世蔚、世蘊入校讀書，勤敏有造。年甫及艾，與宜人偕老相莊，家室和平，子孫繁衍，吾張氏之興也，其在斯矣。因述君行事，爲登堂上壽者告，并以勗其子弟焉。歲在著雍敦牂律中南吕之月上澣宜壽穀旦。

文中言『文章或空言而無實用』，令人糾結。

⑤關於項松茂：

項世澄（一八八〇—一九三二），字松茂。號渭川。鄞縣打網岙人。一九〇四年，『漢口中英大藥房』經理。一九〇九年，『漢口商務總會』副會長。一九一一年，回上海，上海四馬路（福州路）『五洲大藥房』經理。一九一五年，將『五洲』改組爲股份有限公司；『中華國貨維持會』執行委員。一九二〇年，賑濟有功，政府特頒三等嘉禾勛章、『至性過人』匾，農商部聘任諮議。一九二一年六月，在上海合資組建『五洲固本皂藥廠』。時稱『製藥大王』。一九二三年，寧波同鄉會鄉産陳列委員。

（一八五）致朱復戡[1]

一九二四年三月　甲子二月

黃過草堂箋

張曉峰[2]、陳叔諒[3]皆在閘北商務印書舘編書（中西文皆精），陳布雷、馮喜孫[4]、陳仲回[5]在商報舘（皆國文好手）。錢太希、葛夷谷在脩能社。沙孟海仍舘蔡宅。顧鼎梅別號褍癯（汝來函將『示』旁移『瞿』，不成字矣）。沙[6]云『褍』字不見《説文》、字典。得顧[7]函，見《漢書》注。賢無此細心也。《柏墅小莊記》[8]取去否？擬令鶴年[9]大字學曲園，另開一店。（凡我所問，一一答復，勿少一項。）

蹇具。

已另函告家芳，囑其與汝同訪王君。鶴年擬二十四、五動身。

考釋：

①（一八五）未署日期。

函云『張曉峰、陳淑諒皆在閘北商務印書舘編書』，陳叔諒一九二四年一月畢業於『國立東南大學』，供職上海商務印書舘。時間上限在一九二四年一月。不可能是一九二三年。

函云『沙云「褍」字不見《説文》、字典。得顧函，見《漢書》注』，《沙孟海全集》（西泠印社出版社，二〇一〇年）第十卷《僧孚日録》癸亥十二月十一日（一九二四年一月十六日）：

蹇丈有書致顧鼎梅先生（燮光），屬余與夷父持往訪之。

函云『陳步雷、馮喜孫、陳仲回在商報舘』，陳步雷於一九二三年六月辭去商務印書舘，改就『脩能學社』國文教員，月薪九十元。此函當在一九二三年六月後。

此信書寫時間似爲一九二四年三月（甲子年二月）。

②張其昀（一九〇〇—一九八五），字曉峰。鄞縣人。一九二三年，『南京高等師範學校』（南京大學前身）畢業，在上海商務印書舘主編《高中中國地理》。

③陳訓慈（一九〇一—一九九一），字叔諒。慈谿西鄉官橋村（今寧波市餘姚市三七鎮）人，爲陳布雷二弟。一九二四年一月，畢業於國立東南大學歷史系；任上海商務印書舘編譯所編譯。

④馮貞胥（喜孫）。

⑤陳建雷，字仲回。鄞縣人。馮君木弟子。一九二〇年三月至一九二一年六月間，爲《新的小説》主要撰稿人之一。一九二三年，編《寧波雜志》。

⑥沙孟海。
⑦顧鼎梅。
⑧光緒十六年（一八九〇），俞樾撰，并書。隸書，天一閣藏。
⑨范鶴言。

述評：

①關於顧鼎梅別號：

《沙孟海全集》（西泠印社出版社，二〇一〇年）第十卷《僧孚日録》癸亥十二月十一日（一九二四年一月十六日）：

　　蹇丈有書致顧鼎梅先生（燮光），屬余與夷父持往訪之。顧寓棋盤街科學儀器館中，清癯藹和，長於金石之學。……顧先生，會稽人，其自署曰⿰衤崇癯，⿰衤崇字甚奇，字書無之。

《僧孚日録》甲子二月二日（一九二四年三月六日）：

　　顧鼎梅號⿰衤崇堪（又號⿰衤崇癯），『⿰衤崇』字初不識，後見其致張蹇丈書，自謂《史記·薄太后傳》索引中其字作『⿰衤崇』。頃檢史記，則仍作『⿰衤崇』，豈刻本誤耶？索引原文云：顧氏按《冢墓記》薄父冢，在會稽，縣西北⿰衤崇山上今猶有兆域。『⿰衤崇』音莊洽反。又，正義云《括地志》云：樴山在越州會稽縣西北三里，一名稷山。然則，此山有『⿰衤崇』『樴』『稷』三種寫法。

張美翊批評朱復戡『賢無此細心也』。

②關於甲子年張美翊很少寫信：

一九二四年一月二十八日（癸亥十二月二十三日）致朱復戡函已有：『老朽病日深，氣日弱，恐不能再通長函見賢進步矣』之語。

《沙孟海全集》（西泠印社出版社，二〇一〇年）第十卷《僧孚日録》甲子七月十二日（一九二四年八月十二日）：

　　蹇丈……正月十九日，由家來申，道甬謁見，猶據牀健談，曾爲草函牘數通。

一九二四年五月（甲子四月），張美翊已病重，在上海住院治療，基本不再寫信。《僧孚日録》：

甲子四月廿五日（一九二四年五月二十八日）：

　　往金神父路廣慈醫院謁張蹇丈。丈於近日養疴於此。醫戒勿見客，留刺而退。

甲子五月廿五日（一九二四年六月二十六日）：

　　師與明存合宴李徵五少將。李年政五十，酒以壽之也。張君聚伯，安令、慧令之父。余未曾與一面，頃自青島來滬省蹇丈疾，今日并要致在坐，始遇之。

甲子五月三十日（一九二四年七月一日）：

夷父來，與之同出看百行未值。蹇丈出院後，賃屋西門路潤安里以養疴。今與夷父尋至其處謁之，則丈已於昨日旋甬矣。

甲子六月十二日（一九二四年月十三日）：

辟方來，屬刻張蹇丈、安心上人兩印，立候施用，故急就之。

甲子七月十一日（一九二四年八月十一日）：

晨得翁須電話，知張蹇丈於十日申刻病故，爲之泫然，人之云亡，吾邑風教文物於斯頹矣，豈但哭其私而已。

是張美翊一九二四年五月下旬至六月三十日在上海。

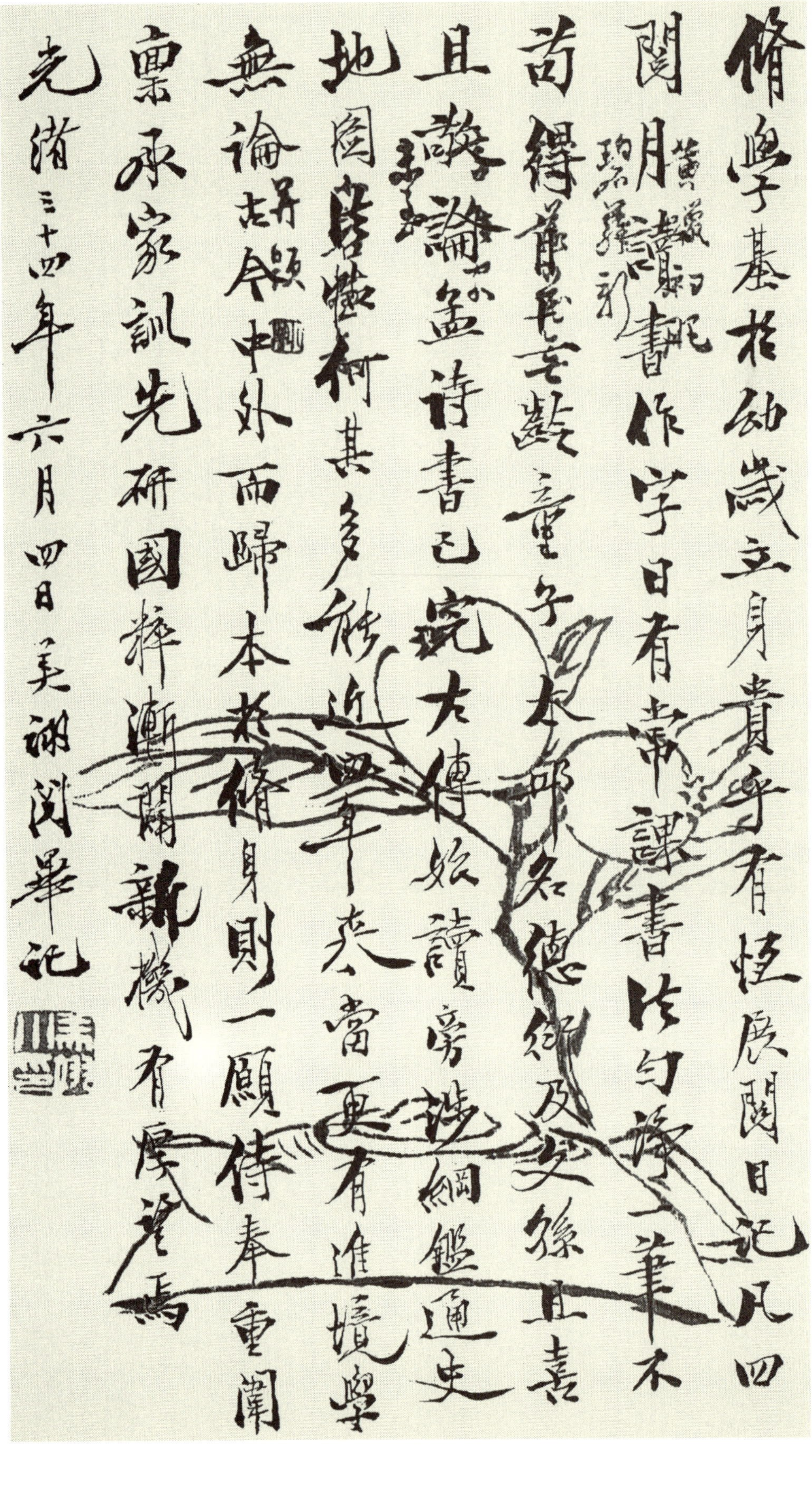

脩學基於幼歲立身貴乎有恆庶閱日記凡四

閱月讀書作字日有常課時句讀筆不

苟得華年光陰童子知德行及父孫且喜

且敬論益詩書已竟大傳妨讀旁涉綱鑑通史

地圖醫藥柯其多修近四十秦當更有進境學

無論古今中外而歸本恭脩身則一願侍奉重闈

稟承家訓先研國粹漸開新機有屢茲冀焉

光緒三十四年六月四日美湖閏華記